Dreamweaver 3

SYBEX-WebBook®

Dreamweaver 3

David Crowder
Rhonda Crowder

SYBEX

Titel der Originalausgabe: Mastering Macromedia Dreamweaver 3 by David Crowder and Rhonda Crowder.
Authorized translation from English Language Edition. Original copyright ©SYBEX, Inc., 2000.
Translation ©SYBEX-Verlag GmbH, 2000.
Übersetzer: Heidemarie Günther, Alexandra Nieder, TexPress Redaktionsbüro Freiburg und Schirmer GdbR.

Projektmanager: Katja Roth, Gisela Pohl-Jünger
DTP: Renate Felmet-Starke, Willich
Produktion: Mathias Kaiser, Redaktionsbüro, Düsseldorf
Umschlaggestaltung: Guido Krüsselsberg, Neuss
Farbreproduktionen: More Colour, Meerbusch
Belichtung, Druck und buchbinderische Verarbeitung: Media-Print GmbH, Paderborn

ISBN 3-8155-0140-7
1. Auflage 2000

Printed in Germany

Danksagung

Kein Buch ist allein das Werk desjenigen, dessen Name auf dem Umschlag steht. Daher danken wir Ben Tomkins, Cheryl Applewood, Colleen Wheeler Strand, Ginger Warner, Keith McNeil, Leslie Higbee, Mauree Forys, Marilyn Smith, Susan Glinert, Molly Glover, Elizabeth „B“ Holroyd sowie jedem anderen aus dem SYBEX-Team, den wir an dieser Stelle vielleicht zu erwähnen vergessen haben. All diese Menschen bilden gemeinsam ein Team, das zusammenarbeitet, damit aus einer Idee ein Konzept und daraus dann ein Buch wird, das seinen Weg in Ihren Buchladen gefunden hat. Jane Chue und Leona Lapez von Macromedia gebührt ebenfalls ein herzliches Dankeschön. Und, wie immer an dieser Stelle, auch ein Ausdruck der Dankbarkeit an unseren Agenten David Fugate.

Inhaltsverzeichnis

Einleitung

Dreamveaver 3 ist eines der beeindruckendsten Web-Designprogramme, die jemals entwickelt wurden, und Fireworks 3 ist das grafische Gegenstück dazu. Beide zusammen bieten Ihnen die Möglichkeit, Ihrer Konkurrenz immer ein kleines Stück voraus zu sein. Viele Programme sind brauchbar, aber mit manchen ist das Arbeiten eine reine Freude. Dreamweaver 3 und Fireworks gehören zu den Letztgenannten.

Beide können bei Windows- und Macintosh-Systemen eingesetzt werden und beide bieten leistungsfähige Add-On-Programme, die dem jeweiligen Hauptprogramm in nichts nachstehen. Ebenfalls enthalten sind auch die HTML-Editoren HomeSite für Windows und BBEdit für Macintosh.

Ziel dieses Buches ist es, Ihnen zu zeigen, wie Sie den Leistungsumfang von Dreamweaver und Fireworks in vollem Umfang nutzen können. Es ist nicht einfach nur eine Neuauflage der Hilfefunktion – vielmehr bietet es Ihnen eine Fülle von Informationen zu Handhabung und Anwendung sowie eine Vielzahl praktischer Tipps, Warnungen und Arbeitsbeispiele.

Wer sollte dieses Buch lesen?

Dieses Buch wurde für Menschen geschrieben, die qualitativ anspruchsvolle Web-Seiten erstellen wollen. Dabei spielt es keine Rolle, ob Sie bereits jahrelange Erfahrung im Web-Design besitzen oder ob Sie sich mit dieser Materie erst seit kurzem befassen. Sie brauchen sich nicht mit all den Kniffen und Tücken von HTML und JavaScript auszukennen – um all diese Dinge und kleinen Details kümmert sich Dreamweaver für Sie und gibt Ihnen so die Möglichkeit, sich voll auf Ihre Kreativität zu konzentrieren. Andererseits bietet Dreamweaver auch erfahreren HTML- und JavaScript-Profis alle Möglichkeiten. Es liegt ganz alleine an Ihnen, auf welchem Level des Quellcodes Sie arbeiten wollen – Sie haben die freie Wahl der Ebene, von der niedrigsten bis hin zur höchsten.

Das Gleiche gilt auch für Fireworks, dem Grafikprogramm, das mit Dreamweaver Hand in Hand arbeitet. Sofern Sie Ihre Web-Seiten mit irgendeiner Art von Grafik attraktiver machen wollen, werden Sie den Leistungsumfang und die einfache Handhabung von Fireworks auf jeden Fall zu schätzen wissen.

Was erwartet Sie in diesem Buch?

Etwa zwei Drittel dieses Buches befassen sich mit Dreamweaver und im restlichen Drittel geht es um Fireworks. Abgedeckt werden alle Bereiche – von der besten Farbgestaltung Ihrer Seiten, bis hin zur Automatisierung Ihrer Web-Seiten mit Hilfe von Bibliotheken. Das Buch ist in fünf Teile gegliedert, gefolgt von einigen Anhängen. Am Ende eines jeden Teils finden Sie ein Tutorial mit Schritt-für-Schritt-Anleitungen und erhalten so die Gelegenheit, das Erlernte aus den vorangegangenen Kapiteln anzuwenden.

Einführung in Dreamweaver

Der erste Teil führt Sie in die Welt von Dreamweaver ein und deckt die Grundlagen zur Erstellung neuer Sites, Seiten und Ordner ab. Sie erlernen die Handhabung von HTML-Source-Inspector und erfahren, auf welche Weise Dreamweaver in die FTP-Software integriert ist. Ferner lernen Sie, wie Sie HTML-Code mit oder ohne Änderung der Formatierung aus anderen Code-Generierungsprogrammen importieren und wie Sie Ihre eigene Tag-Datenbank konfigurieren können.

Erstellen von Web-Seiten

Dann geht es ins Detail. Hier erfahren Sie, wie Sie mit Dreamweaver die Grundelemente einer Web-Seite erstellen, und lernen das Einfügen von Text und Farbe sowie das Formatieren Ihrer Web-Seite. Außerdem finden Sie hier Informationen über das Einbinden von Bildern und Links.

Web-Design

Weiter führt Sie dieses Buches über die Grundlagen hinaus und beschäftigt sich mit weiterführenden Themen, wie die Nutzung von Bibliotheken sowie von Suchen/Ersetzen-Funktionen und Vorlagen. Außerdem lernen Sie hier den Einsatz kaskadierender Formatvorlagen und gestapelter Web-Elemente in Layern sowie das Einbinden animierter Elemente und den Umgang mit den vorcodierten JavaScripts.

Bilderstellung und -bearbeitung mit Fireworks

Fireworks, das leistungsfähige Bildbearbeitungsprogramm ist das Thema der nächsten Kapitel dieses Buches. Von der Einführung in das Programm, über die Bedieneroberfläche, bis hin zur Beschreibung aller Werkzeuge finden Sie hier alle Informationen, die Sie zum Erstellen und Bearbeiten von Bildern benötigen.

Bildverwaltung

Hier wird Ihnen gezeigt, wie Sie Bilder miteinander kombinieren und Bildüberlagerungen erzeugen, um besonders ausdrucksstarke, interaktive Web-Seiten zu gestalten. Außerdem lernen Sie Erstellung und Einsatz grafischer Symbole, die ähnlich den Dreamweaver-Bibliotheken, immer wieder verwendet werden können. Hinzu kommen der Import von Bilddateien nach Fireworks, die Verwendung animierter GIFs und der Export von Firework-Dateien in einer Vielzahl von Dateiformaten.

Die Tutorials

Die Tutorials nach den einzelnen Themen bieten Ihnen die Möglichkeit, die Dreamweaver- und Fireworks-Funktionen im erlernten Umfang einzusetzen.

In den ersten drei Tutorials nutzen Sie Dreamweaver für die Erstellung bzw. Entwicklung von Web-Sites und Web-Seiten, während die nächsten beiden Tutorials sich mit der Bilderstellung und -bearbeitung in Fireworks sowie der Übernahme der Bilder nach Dreamweaver befassen. Im letzten Tutorial nutzen Sie Dreamweaver und seine Eigenschaften dazu, um Ihre neu erstelle Site zu testen.

Die CD

Die CD enthält Testversionen von Dreamweaver 3 und Fireworks 3 sowie weiteres Material, mit dem Sie Erfahrungen in der Nutzung beider Programme bekommen können. Sie finden hier auch zusätzliche Software wie den Acrobat Reader, QuickTime, LinkBot und Links auf Web-Seiten mit Dreamweaver-Erweiterungen.

Außerdem enthält die CD alle Dateien, um die Anleitungen im Buch nachzuvollziehen, sowie die fertige Beispiel-Web-Site, wie sie nach den sechs Tutorials aussehen sollte.

Dreamweaver – Grundlagen

1

Bereits wenn Sie den Dreamweaver zum ersten Mal aufrufen, stellen Sie sofort fest, dass es sich hierbei um ein einzigartiges Programm handelt. Es ist offensichtlich gut durchdacht – und das nicht nur in seiner Grundfunktionalität, sondern auch in seiner Bedieneroberfläche. Das Programm besitzt alle klassischen Elemente eines guten Werkzeugs: Einfachheit, Eleganz und Effektivität. Sind Sie noch Anfänger im Web-Design, dann werden Sie von Dreamweaver nicht gleich eingeschüchtert. Aber auch wenn Sie bereits zu den erfahrenen Nutzern zählen, die sich schon seit Jahren mit der Erstellung von Web-Seiten befassen, dann werden Sie immer noch die Vielfalt der Optionen zu schätzen wissen. Viele Web-Designprogramme sind im Grunde nicht mehr als nur eine Textverarbeitung mit einigen zusätzlichen Schaltflächen – von diesen unterscheidet sich Dreamweaver wohltuend, weil es von Grund auf nur zu dem Zweck konzipiert wurde, Sie bei der Erstellung professioneller Web-Sites zu unterstützen.

In diesem Kapitel werden Ihnen Dreamweaver und seine Oberfläche vorgestellt. Sie lernen die einzelnen Elemente des Programms sowie deren Handhabung kennen.

Sobald Sie Dreamweaver starten, erscheint nicht nur das Dokumentfenster, sondern auch eine Auswahl von Werkzeugen, die Ihnen sofort zur Verfügung stehen. Die Abbildung 1.1 zeigt Ihnen den Anfangsbildschirm.

Tipp

Die Installation von Dreamweaver ist einfach und unkompliziert. Die vom Installationsassistenten vorgeschlagenen Verzeichnisse und Ordner können Sie akzeptieren oder Ihren Anforderungen entsprechend ändern. Sollten Sie mit der Installation von Programmen nicht vertraut sein, finden Sie im Handbuch von Dreamweaver die genaue Anleitung.

Den Hauptteil des Bildschirms nimmt das Dokumentfenster ein. Hier sehen Sie die Web-Seite, an der Sie gerade arbeiten. Unmittelbar links davon befindet sich das Fenster Objekte, das dem Einbinden von Objekten in die Web-Seite dient. Oben rechts vom Objektfenster sehen Sie das Fenster Launcher, das Ihnen den schnellen Zugriff auf häufig benutzte Paletten und Fenster ermöglicht. Unterhalb des Dokumentfensters befindet sich ein Fenster, in dem Sie die aktuellen Formatinformationen des jeweils markierten Elements sehen und ändern können.

Werfen Sie nun einen näheren Blick auf jedes dieser Fenster.

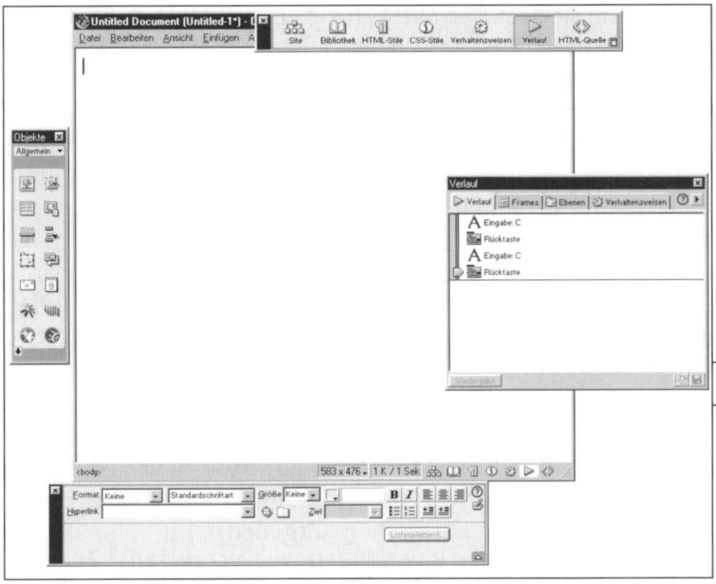

Der Startbildschirm von Dreamweaver

Abb. 1.1

Das Dokumentfenster

Hinter dem Dokumentfenster steckt weit mehr, als nur eine große weiße Fläche, in die Sie etwas eingeben können. Es besitzt eine Titelleiste, eine Menüleiste sowie eine Statusleiste und bietet eine Fülle von Informationen und Möglichkeiten.

Die Titelleiste

Die Titelleiste zeigt Ihnen den Namen bzw. Titel des Dokuments an. Haben Sie dem aktuellen Dokument noch keinen Namen gegeben, so enthält die Titelleiste den Eintrag *Untitled Document (Untitled-1)*, wobei der Text in der Klammer für den Dateinamen steht und sich für jedes weitere neue und noch unbenannte Dokument die angezeigte Zahl um eins erhöht.

Tipp

Der Titel einer Web-Seite und der Dateiname sind nicht dasselbe. Weitere Informationen zur Titelleiste finden Sie im Kapitel Erstellen von Web-Sites und Web-Seiten.

Während Sie an Ihrer Web-Seite arbeiten, wird am Ende des Dateinamens ein Asterisk (*) angezeigt – er signalisiert. dass Änderungen vorgenommen wurden, die jedoch noch nicht gespeichert sind. Sobald Sie das aktuelle Dokument speichern, verschwindet der Asterisk und erscheint erst dann wieder, wenn Sie weitere Änderungen durchführen. Er ist kein tatsächlicher Teil des Dateinamens, sondern dient lediglich als kleine Erinnerung daran, dass noch nicht gespeicherte Änderungen vorhanden sind.

Die Menüleiste

Die Menüleiste befindet sich unterhalb der Titelleiste. Eine kurze Übersicht der Menüeinträge und ihrer jeweiligen Funktion zeigt Ihnen die Tabelle 1.1. Detaillierte Informationen zu den einzelnen Menüoptionen finden Sie in den späteren Kapiteln, wenn es um die Durchführung der spezifischen Aufgaben geht.

Tabelle 1.1

Kurzübersicht der Menüleiste und ihrer Funktionen

Menü	Funktionen
Datei	Neu Neu von Vorlage Öffnen und Speichern von Web-Sites und Web-Seiten Design-Notes hinzufügen Importieren, Exportieren und Konvertieren von Dateien Links und Zielbrowser überprüfen
Bearbeiten	Rückgängig Wiederherstellen Ausschneiden, Kopieren, Einfügen Als Text kopieren bzw. Als Text einfügen Markieren Übergeordneten Tag auswählen Untergeordnetes Objekt auswählen Suchen, Weitersuchen, Ersetzen Externen Editor starten Einstellungen
Ansicht	Head-Inhalt Unsichtbare Elemente Elemente, wie Ebene-Rahmen, Tabellenrahmen und Frame-Rahmen

Tabelle 1.1 - Fortsetzung

Menü	Funktionen
	Lineale und Gitternetz
	Tracing-Bild
	Plug-Ins
	Statusleiste
Einfügen	Einfügen von diversen Objekten und Elementen (entspricht in etwa dem Inhalt des Fensters Objekte)
Ändern	Ändern von Attributen der Elemente einer Web-Seite (z.B. Zeilen in eine Tabelle einfügen, Frames teilen). Dazu kommt u.a. noch das Ändern von Auswahleigenschaften, Links und Ansichts-modus.
Text	Setzen aller Attribute für die Textelemente sowie Starten der RechtschreibprüfungFunktionen
Befehle	Befehle aufzeichnen und bearbeiten, HTML- und Word-HTML-Befehle optimieren, Quellenforma-tierung, Farbschema einstellen, Sortieren und Formatieren von Tabellen sowie Optimieren von Bildern in Fireworks. (Das Macromedia-Werkzeug zum Erstellen und Optimieren von Bildern wird später in diesem Buch behandelt.)
Site	Öffnen, Erstellen und Definieren von Sites, Anzei gen von Site-Maps, Dateien übertragen und lokalisieren.
Fenster	Auswahl der Fenster und Leisten, die am Bild schirm sichtbar sind, und Wechseln zwischen den jeweiligen Fenstern.
Hilfe	Aufrufen der HTML-basierten Hilfeseiten von Dreamweaver, Zugriff auf die Dreamweaver-Webs-Site von Macromedia und Online-Regis-trierung.

Tipp

Die Menüs von Dreamweaver sind mittels einer XML-Datei gesetzt und können individuell angepasst werden.

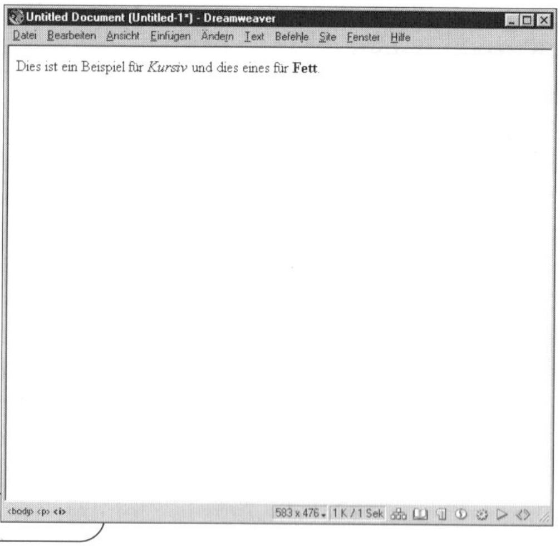

Elemente der Statusleiste

Abb. 1.2

Die Statusleiste

Die Statusleiste zeigt nicht nur Informationen über den Inhalt des Dokumentfensters an, sondern bietet auch noch Möglichkeiten der Interaktion mit Dreamweaver. Von links angefangen sind in der Statusleiste zu sehen: die Element-Tags, die Fenstergröße, der Umfang des Dokuments, die Download-Zeit sowie der Mini-Launcher (Abbildung 1.2).

Element-Tags

Die linke Seite der Statusleiste zeigt die Hierarchie der Elemente, die das jeweils markierte Element (bzw. die markierten Elemente) umgeben. Ganz am Anfang, noch bevor Sie Ihrer Web-Seite irgendein Element hinzugefügt haben, wird in der Statusleiste lediglich das Element BODY angezeigt. BODY wird immer angezeigt, weil es sich hierbei um das Element handelt, das alle anderen Elemente der Web-Seite enthält. Basiert die Seite auf Frames, dann ist FRAMESET dasjenige Element, das all die anderen enthält. Auf diese Weise haben Sie eine weitere Möglichkeit, die ganze Seite samt aller darin enthaltenen Elemente auf einmal auszuwählen bzw. zu markieren – indem Sie einfach in der Statusleiste auf BODY klicken. Wollen Sie nur ein Element auswählen bzw. markieren, brauchen Sie in der Statusleiste nur den entsprechenden Tag anzuklicken.

Tipp

Falls Sie mit HTML noch keine Erfahrung haben, sollten Sie sich gegebenenfalls ein Exemplar von „Top Ten Themen HTML und

JavaScript" oder „PC avanti HTML 4.x" (SYBEX, 2000, Bestell-Nr. 104) zulegen.

Wie Sie in der Abbildung 1.2 sehen können, erscheinen in der Statusleiste lediglich die Start-Tags der verschachtelten Elemente. Beim Beispiel in der Abbildung befindet sich der Cursor im kursiv geschriebenen Wort des Satzes und daher zeigt die Statusleiste <body> <p> <i> an – im BODY-Element befindet sich ein P-Element (P = Paragraph, also ein Absatz-Element), das seinerseits ein I-Element (I = Italic) enthält. Wenn Sie also auf <body> klicken, markieren Sie das gesamte Dokument, klicken Sie jedoch auf den Tag <p>, dann markieren Sie lediglich den ganzen Satz, während ein Klick auf <i> nur noch das kursiv geschriebene Wort markiert.

Tipp

Dreamweaver zeigt die Tags in Kleinbuchstaben an, was jedoch nicht dem HTML-Standard entspricht. Dieser Standard besagt nämlich, dass Elemente in Großbuchstaben und Attribute von Elementen in Kleinbuchstaben angezeigt werden. Allerdings handelt es sich dabei nicht um eine technische Anforderung, sondern eher um eine stilistische Anregung. Die Schreibweise der Tags hat keinerlei Auswirkung auf die Ausführung einer Web-Seite. Sie haben jedoch bei *Einstellungen* die Möglichkeit, die Schreibweise der Tags so festlegen, dass sie im HTML-Quellcode in Großbuchstaben ausgegeben werden (siehe das Kapitel über die Nutzung von HTML). Allerdings berührt dies nicht das Erscheinungsbild in der Statusleiste – unabhängig von den Vorgaben bei *Einstellungen* werden in der Statusleiste die Tags stets in Kleinbuchstaben angezeigt.

Start- und Schluss-Tags

HTML (Hypertext Markup Language) lebt davon, dass Elemente in anderen Elementen enthalten sind. Der Anfang eines Elements wird durch ein so genanntes Start-Tag angezeigt – es besteht aus dem Namen des Elements, der von spitzen Klammern umgeben ist. Das Ende eines Elements wird durch ein Schluss-Tag gekennzeichnet, das sich vom Start-Tag nur durch einen zusätzlichen Schrägstrich vor dem Tag-Namen unterscheidet. Das Hauptelement heißt HTML. Es beginnt mit dem Start-Tag <HTML> und endet mit dem Schluss-Tag </HTML>. Innerhalb dieses Hauptelements befinden sich die Elemente HEAD und BODY, die ihrerseits die rein informativen sowie die sichtbaren Format-Elemente der Web-Seite enthalten. Auch diese Elemente erstrecken sich von <HEAD> bis </HEAD> bzw. von <BODY> bis </BODY>. Daher sieht das Code-Gerüst einer typischen Web-Seite wie folgt aus:

```
<HTML>
<HEAD>
</HEAD>
<BODY>
</BODY>
</HTML>
```

Allerdings befinden sich bei diesem Gerüst zwischen den BODY-Tags keine weiteren Tags und demzufolge würde die Web-Seite in diesem Fall noch leer aussehen.

Um die Dinge jedoch etwas komplizierter zu machen, haben nicht alle Elemente ein Schluss-Tag. Ein Beispiel dafür ist das IMG-Element für das Einfügen von Bildern. Außerdem gibt es auch Elemente, die zwar ein Schluss-Tag besitzen, dessen Einsatz jedoch nicht zwingend erforderlich ist. Zu diesen gehört zum Beispiel das P-Element (für Absätze) – es hat zwar sowohl ein Start- als auch ein Schluss-Tag, aber das Schluss-Tag wird nur sehr selten benutzt. Beachten Sie bitte, dass Dreamweaver das Schluss-Tag des P-Elements setzt – das führt zu einem saubereren Code, der wiederum leichter zu lesen ist.

Fenstergröße

Das nächste Element der Statusleiste ist die Größe des aktuellen Fensters in Pixel. Das Dokumentfenster ist nicht auf seine Ausgangsgröße festgelegt und kann wie jedes andere Fenster auch den individuellen Bedürfnissen angepasst werden (über die *Maximieren*-Schaltfläche in der oberen rechten Ecke oder mittels der Maus). Außerdem bietet Dreamweaver eine schnelle Möglichkeit, die Fenstergröße auf ein genau festgelegtes Maß zu setzen. Klicken Sie in der Statusbar auf die aktuelle Größe, erscheint ein Menü mit mehreren vordefinierten Größen.

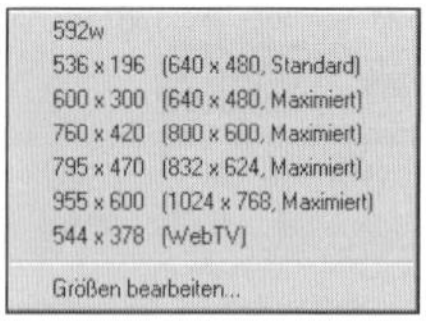

Sollte keine der Vorgaben Ihren Wünschen entsprechen, können Sie eine individuelle Fenstergröße festlegen. Gehen Sie dazu wie folgt vor:

1. Klicken Sie auf den Eintrag *Größen bearbeiten*. Am Bildschirm erscheint nun das Dialogfenster *Voreinstellungen* mit den vordefinierten Fenstergrößen sowie dem markierten Eintrag *Statusleiste* (Abbildung 1.3).

2. Klicken Sie im oberen Bereich von *Fenstergrößen* auf die Schaltfläche *Breite* – unter der letzten vordefinierten Brei-

te erscheint eine blaue Markierung, die durch einen Mausklick zum Eingabefeld wird. Geben Sie nun die gewünschte Breite in Pixel ein und drücken Sie die [Tab]-Taste. Es öffnet sich nun unter *Höhe* ein weiteres Eingabefeld, in das Sie die gewünschte Höhe in Pixel eingeben.

3. Wollen Sie eine weitere Fenstergröße definieren, drücken Sie erneut die [Tab]-Taste, um der Liste eine neue Zeile hinzuzufügen.

4. Haben Sie die gewünschten Maße definiert, klicken Sie auf die Schaltfläche OK.

Sämtliche von Ihnen definierten Größen stehen nun ebenfalls im Menü zur Verfügung.

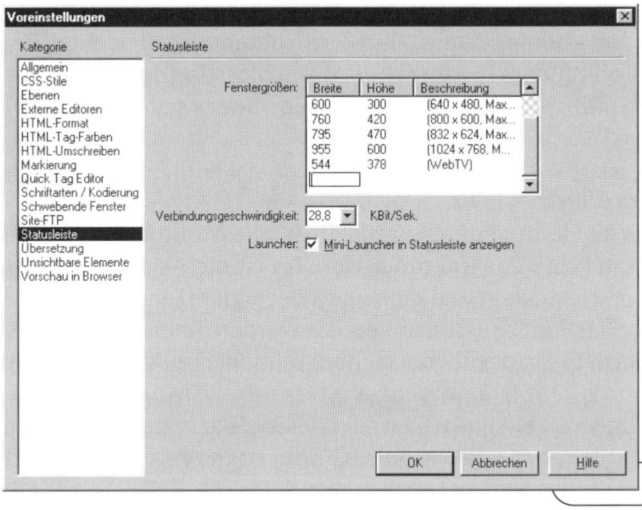

Das Dialogfenster *Voreinstellungen*

Abb. 1.3

Tipp

Sie haben auch die Möglichkeit, eine der vordefinierten Fenstergrößen zu überschreiben. Allerdings sollten Sie sich in diesem Fall die angezeigte Vorgabe notieren, um sie gegebenenfalls wieder auf den ursprünglichen Wert zurücksetzen zu können.

Tipp

Da Web-Seiten unendlich lang sein können, ist die Breite wesentlich wichtiger als die Höhe. Demzufolge brauchen Sie die Höhe nicht unbedingt vorzugeben. Es reicht vollkommen aus, wenn Sie im Dialogfenster *Voreinstellungen* die Breite festlegen und die Höhe weglassen. Natürlich könnten Sie auch nur eine Höhe eingeben und auf die Eingabe der Breite verzichten – allerdings dürfte sich diese Vorgehensweise in der Praxis wohl kaum als sinnvoll erweisen.

Dokumentgröße und Download-Zeit

Die nächste Anzeige der Statusleiste betrifft die Größe des Dokuments und die Download-Zeit. Bei der angezeigten Größe handelt es sich jedoch nicht um die Größe der eigentlichen HTML-Code-Datei – Dreamweaver geht da noch einen Schritt weiter, addiert zur HTML-Datei auch noch die Größe aller weiteren, an der Seite beteiligten Dateien und zeigt Ihnen die Gesamtgröße der fertigen Web-Seite an. Haben Sie zum Beispiel eine HTML-Datei von 2 KB und eine verknüpfte Bilddatei von 9 KB, dann wird die Dokumentgröße mit 11K angezeigt.

Die Download-Zeit basiert auf einen Zugriff über ein Modem mit 28,8 Kbps (Kilobits pro Sekunde). Sie können diese Einstellung jedoch ändern, um die Zugriffszeit zu ermitteln, die sich bei den anderen Zugriffsmöglichkeiten ergibt (angefangen von einem langsamen Modem, bis hin zu einer T1-Verbindung). Wollen Sie die Voreinstellungen für die Download-Zeit ändern, gehen Sie wie folgt vor:

1. Wählen Sie in der Menüleiste des Dokumentfensters das Menü *Bearbeiten* und dort den Eintrag *Einstellungen*.

2. Im Dialogfenster *Voreinstellungen* klicken Sie in der Liste *Kategorie* auf den Eintrag *Statusleiste*.

3. Klicken Sie mit der Maus auf die Pfeilschaltfäche von *Verbindungsgeschwindigkeit* und wählen Sie den gewünschten Eintrag aus. Sie haben die Wahl zwischen 14.4, 28.8, 33.6, 56, 64, 128 oder 1500 Kbps (Kilobits pro Sekunde).

4. Bestätigen Sie Ihre Auswahl mit einem Klick auf die Schaltfläche *OK*.

Tipp

Da die Einstellungen für Download-Zeit und Fenstergröße im selben Dialogfenster vorgenommen werden, können Sie sich einen Arbeitsschritt sparen, indem Sie in der Statusleiste gleich auf die Fenstergröße klicken und das Dialogfenster direkt aufrufen. Anschließend brauchen Sie nur noch die Liste *Verbindungsgeschwindigkeit* zu öffnen und einen der Werte auszuwählen.

Der Mini-Launcher
Ganz rechts auf der Statusleiste befindet sich der so genannte Mini-Launcher, der die selben Symbole wie der *Launcher* enthält. Auch hier haben Sie die Möglichkeit, die gebräuchlichsten Paletten und Dialogfenster aufzurufen. Die Symbole haben die folgende Bedeutung: *Einblenden Site, Einblenden Bibliothek, Einblenden HTML-Stile, Einblenden CSS-Stile, Einblenden Verhaltensweisen, Einblenden Verlauf* und *Einblenden HTML-Quelle*. Weitere Informationen über diese Paletten finden Sie im Kapitel über den Launcher.

Die Objektpalette

Die so genannte Objektpalette bietet eine unkomplizierte Möglichkeit, Objekte in Ihr Dokument einzufügen. Ein Klick auf eines der Symbole in der Palette genügt, um das betreffende Objekt in Ihre Web-Seite zu stellen. In der Standardeinstellung zeigt die Objektpalette ausschließlich Symbole. Allerdings können Sie dieses Fenster so einstellen, dass es auch Text (den Namen des Objekts) oder auch Symbole und Text gleichzeitig darstellt. Wie das genau funktioniert, erfahren Sie später in diesem Kapitel, im Abschnitt über die Anpassung dieser Palette.

Genaugenommen besteht das Fenster *Objekte* aus sechs verschiedenen Tafeln, die jede eine Gruppe von Objekten umfasst. Welche Tafel gerade aktuell ist, wird unterhalb der Titelleiste angezeigt. Um von einer Tafel zu einer anderen zu wechseln, klicken Sie einfach auf den Namen der aktuellen Tafel – es erscheint eine Liste mit allen verfügbaren Tafeln und Sie brauchen nichts weiter zu tun, als den betreffenden Eintrag mit der Maus anzuklicken. Wollen Sie das Fenster Objekte schließen, klicken Sie oben rechts auf die Schaltfläche X.

Folgende Tafeln stehen zur Verfügung: *Allgemein, Formulare, Frames, Head, Unsichtbare Elemente* und *Zeichen*. Die Gruppierung der Objekte beruht auf ihrem jeweiligen Verwendungszweck. Eine Ausnahme davon bildet die Tafel *Allgemein*, sie enthält die Objekte, die normalerweise am häufigsten verwendet werden.

In den nächsten Abschnitten finden Sie eine Kurzbeschreibung aller Tafeln der Objektpalette. Detaillierte Informationen zu den verschiedenen Objekten und ihrer Nutzung folgen in den späteren Kapiteln dieses Buchs.

Die Objekte der Tafel *Zeichen*

In der Tafel *Zeichen* finden Sie Sonderzeichen, die auf einer typischen Tastatur normalerweise nicht zu finden sind. Obwohl HTML bereits Möglichkeiten für das Einfügen derartiger Zeichen bietet (Eingeben der C**haracter-Entity-References** oder des ASCII-Zeichencodes), macht Dreamweaver die Sache noch einfacher und stellt hier Schaltflächen mit den gebräuchlichsten Sonderzeichen zur Verfügung.

Tipp

Die Schalftläche *Anderes Zeichen einfügen* ruft das gleichnamige Dialogfenster auf, das eine Reihe weiterer Sonderzeichen enthält, die Sie in Ihre Seite einfügen können.

Die Objekte der Tafel *Allgemein*

Die Objekte dieser Tafel sind diejenigen, die von der Mehrheit der Designer von Web-Seiten am häufigsten benutzt werden, wie Bilder, Tabellen und horizontale Linien. Die Symbole in der unteren Hälfte der Tafel stehen für Objekte, die sich keiner der anderen Kategorien der Objektpallette zuordnen lassen. Auch würde wohl kaum jemand vermuten, dass zum Beispiel Java-Applets gebräuchlicher sind als Formular-Elemente oder benannte Anker, während die letzten zwei Objektarten sowohl in die Tafel Formulare als auch in Unsichtbare Elemente passen würden.

Tipp

Wenn Sie die Höhe des Fensters Objekte verringern, dann können nicht mehr alle Symbole der Tafel *Allgemein* gleichzeitig angezeigt werden und Sie müssen den Inhalt der Tafel über die kleine Pfeil-Schaltfläche am unteren Ende des Fensters scrollen. Sobald Sie das getan haben, erscheint am oberen Ende der Tafel ein ebensolcher Pfeil, mit dem Sie den Inhalt wieder in die andere Richtung bewegen können. Allerdings sollten Sie diesen unnötigen Mehraufwand vermeiden, indem Sie die Höhe des Fensters mit der Maus so weit verändern, dass alle Symbole gleichzeitig angezeigt werden.

Die Objekte der Tafel *Formulare*

Die Objekte dieser Tafel dienen der Erstellung und Bearbeitung von Formularen. Einzige Ausnahme hiervon stellt die Schaltfläche *Sprung-Menü einfügen* dar, weil es sich dabei um ein eigenständiges Spezialformular handelt. Dieses Menü wird zur Erstellung von Optionen verwendet, mit deren Hilfe der Benutzer zu einer anderen URL weitergeleitet werden kann. Detaillierte Informationen zu Formularen finden Sie im entsprechenden Kapitel.

Die Objekte der Tafel *Frames*

Die Objekte dieser Tafel stellen eine schier unglaublich einfache Möglichkeit dar, um Seiten zu erstellen, die auf Frames basieren. Sie brauchen nichts weiter zu tun, als das gewünschte Rahmenlayout anzuklicken und es auf Ihre aktuelle Web-Seite zu ziehen. Sogar einer Web-Seite, die bereits andere Elemente enthält, können Sie ein Rahmenlayout hinzufügen – allerdings könnte es in diesem Fall durchaus sein, dass das Ergebnis Ihren Vorstellungen nicht ganz entspricht. Weitere Informationen zum Einsatz von Frames finden Sie im entsprechenden Kapitel.

Die Objekte der Tafel *Head*

Diese Objekte tauchen im sichtbaren Teil einer Web-Seite (dem BODY-Element) nicht auf, sondern existieren ausschließlich im HEAD-Element.

Die Objekte der Tafel *Unsichtbare Elemente*

Unsichtbare Objekte, wie beispielsweise die HEAD-Objekte, sind in einem Web-Browser nicht sichtbar. Im Gegensatz zu den HEAD-Objekten sind diese Objekte jedoch ein echter Teil der Haupt-Web-Seite und wie alle sichtbaren Elemente befinden auch sie sich innerhalb des BODY-Elements.

Der Launcher

Der Launcher ermöglicht Ihnen den schnellen Zugriff auf die Fenster, Paletten und Funktionen, die am häufigsten benutzt werden.

Die Tabelle 1.2 listet die Standardschaltflächen des Launchers auf und enthält eine Kurzbeschreibung der jeweiligen Funktion. Die Einzelheiten über Nutzung und Verwendung dieser Fenster, Paletten und Funktionen finden Sie in den entsprechenden Kapiteln später in diesem Buch.

Tabelle 1.2 Fenster, Paletten und Funktionen, die über den Launcher gestartet werden können

Launcher-Schaltfläche	Funktion
Site	Öffnet das Fenster *Site*, die zentrale Kontrollstelle für alle Operationen, die der Verwaltung von Web-Sites dienen (z.B. Site-Maps erstellen, Dateien laden).
Bibliothek	Öffnet das Fenster *Bibliothek für Site*. Hier werden Elemente verwaltet, die auf mehreren verschiedenen Web-Seiten identisch sind. Ändern Sie hier eines der Elemente, wird diese Änderung auf allen Seiten wirksam, in denen sich dieses Element befindet.
HTML-Stile	Öffnet das gleichnamige Fenster, über das Sie HTML-Schriftartenstile festlegen können.
CSS-Stile	Öffnet das gleichnamige Fenster, über das Sie Elementen individuelle Stile zuweisen können.

Tabelle 1.2 – Fortsetzung

Launcher-Schaltfläche	Funktion
Verhaltensweisen	Öffnet das gleichnamige Fenster, über das Sie JavaScript-Aktionen festlegen oder ändern können, die im Fall bestimmter Ereignisse (wie beispielsweise Mausklicks) stattfinden.
Verlauf	Öffnet das gleichnamige Fenster, in dem all Ihre Aktionen protokolliert werden. Durchgeführte Aktionen können Sie wiederholen oder rückgängig machen.
HTML-Quelle	Öffnet das gleichnamige Fenster. Hier können Sie den HTML-Code für die aktuelle Web-Seite lesen oder bearbeiten sowie auf Wunsch einen externen Edtior starten.

Tipp

Beträgt Ihre Bildschirmauflösung weniger als 1024 x 786, überdeckt der Launcher teilweise das Dokumentfenster. Glücklicherweise ist der Launcher nicht wirklich wichtig, da all seine Schaltflächen auch in der Statusleiste des Dokumentfensters enthalten sind. Demzufolge können Sie ihn getrost schließen (durch einen Klick auf die X-Schaltfläche in der linken oberen Ecke). Wollen Sie den Launcher trotz geringer Auflösung dennoch am Bildschirm stehen haben, können Sie ihn mit der Maus verschieben oder durch einen Klick auf das kleine Symbol am unteren rechten Rand in die Horizontale bzw. wieder in die Vertikale drehen.

Dreamweaver bietet Ihnen zusätzlich die Möglichkeit, selbst festzulegen, welche Symbole der Launcher enthalten und in welcher Reihenfolge die Anzeige erfolgen soll. Weitere Informationen hierzu finden Sie im Abschnitt über die individuelle Anpassung von Paletten.

Der Eigenschaften-Inspector

Der Eigenschaften-Inspector unterscheidet sich von der Objektpalette und dem Launcher nicht nur in seiner Funktionsweise, sondern auch darin, dass die angezeigten Optionen nicht immer dieselben sind, sondern vom jeweils markierten Element abhängen. Standardmäßig werden hier die gebräuchlichsten Attribute bzw. Eigenschaften des markierten Elements angezeigt. Bei Text zum Beispiel sind dies unter anderem die Formatierungs-Attribute wie Schriftgröße und -ausrichtung. Der Eigenschaften-Inspector ist kontextsensitiv und demzufolge ändert sich sein Inhalt entsprechend dem Element, das gerade markiert ist. Bei einer noch leeren Web-Seite erscheint das Dialogfenster mit den Optionen für Textattribute.

Neben den üblichen Attributen bietet der Eigenschaften-Inspector auch Zugriff auf weniger gebräuchliche Elemente. Um diese zu sehen, müssen Sie in der unteren linken Ecke auf die kleine Pfeilschaltfläche klicken und so das Dialogfenster nach unten erweitern. Ein erneuter Klick auf die Pfeilschaltfläche setzt das Dialogfenster wieder auf die nicht erweiterte Größe zurück.

Der Eigenschaften-Inspector dient nicht nur zur Anzeige von Informationen – Sie können die aktuellen Eigenschaften eines Elements nicht nur sehen, sondern auch ändern. Jede hier vorgenommene Änderung wirkt sich unmittelbar auf das Dokumentfenster aus. Wenn Sie beispielsweise kursiven Text markieren und anschließend im Eigenschaften-Inspector die Schriftformatierung von *Kursiv* auf *Fett* ändern, dann erscheint der markierte Text im Dokumentfenster ebenfalls sofort in Fettschrift. Weitere Details zu diesem Dialogfenster finden Sie im entsprechenden Kapitel.

Tipp

In Dreamweaver 3 hat der Eigenschaften-Inspector am rechten Rand eine neue Schaltfläche, die wie ein gelbes Blatt Papier mit einem Pinsel aussieht und mit der Sie den *Quick Tag Editor* aufrufen können. Der *Quick Tag Editor* ist ein kleines Fenster, in dem Sie den HTML-Code für ein bestimmtes Tag ändern können, ohne dazu das Fenster HTML-Quelle benutzen zu müssen.

Das Dialogfenster *Verlauf*

Der *Verlauf* ist neu bei Dreamweaver 3.0 und kann weit mehr, als nur eine Liste der von Ihnen durchgeführten Aktionen anzeigen.

Sie haben hier auch noch die Möglichkeit, Aktionen zu wiederholen oder rückgängig zu machen, ohne dafür über das normale Menü gehen oder entsprechende Befehle eingeben zu müssen.

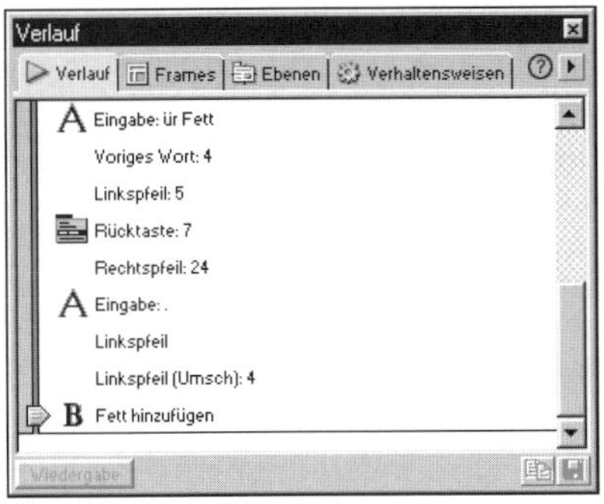

Besonders erwähnenswert ist die Tatsache, dass Sie über das Dialogfenster *Verlauf* jede Ihrer Aktionen wiederholen können und nicht nur die zuletzt ausgeführte. Sie brauchen nichts weiter zu tun, als in der Liste die Aktion zu markieren, die wiederholt werden soll, und anschließend die Schaltläche *Wiederholen* anzuklicken.

Mit der *Verlauf*-Palette können Sie eine Serie nicht aufeinander folgender Schritte wiederholen. Markieren Sie die gewünschten Aktionen durch Mausklick und gleichzeitigem Drücken von *S* und klicken Sie anschließend auf die Schaltfläche ***Wiederholen***. Die Aktionen werden dann in der Reihenfolge wiederholt, in der sie ursprünglich ausgeführt wurden – die Reihenfolge, in der Sie sie markiert haben, ist dabei vollkommen unerheblich. Jene Aktionen, die sich zwischen den ausgewählten befinden, aber nicht markiert sind, werden jedoch auch nicht wiederholt.

Tipp

Leider ist die Palette *Verlauf* nur dazu in der Lage, aufeinander folgende Aktionen oder Schritte rückgängig zu machen. Der Vorteil gegenüber der konventionellen Arbeit über das Menü liegt jedoch darin, dass Sie mehrere Aktionen markieren und in einem Arbeitsgang rückgängig machen können.

Tipp

Wenn Sie mit Frames arbeiten, werden die Aktionen innerhalb eines jeden der Frames separat verwaltet. Um die Aktionen eines Frames zu bearbeiten, klicken Sie einfach bei geöffneter Palette in den jeweiligen Rahmen und sofort werden die betreffenden Aktionen in der Liste angezeigt.

Außerdem haben Sie die Möglichkeit, mehrere aufeinander folgende Aktionen für eine spätere Wiederverwendung zu speichern. Nehmen Sie zum Beispiel immer wiederkehrende Elemente, wie ein Zeilenumbruch mit anschließender horizontaler Linie und erneutem Zeilenumbruch – statt die entsprechenden Aktionen ständig neu durchzuführen oder sie zu kopieren und dann im Bedarfsfall in den Quellcode einzufügen, können Sie diese Schritte nun einfach und problemlos im Dokumentfenster wiederholen. Zum Speichern und Wiederholen von Aktionen stehen Ihnen zwei Vorgehensweisen zur Verfügung:

- Sie können die Schritte in die Zwischenablage kopieren und sie dann anschließend in ein Dokument einfügen. Markieren Sie in der Verlaufsliste die gewünschten Aktionen und klicken Sie anschließend mit der rechten Maustaste auf einen der markierten Schritte. Es erscheint ein Popup-Menü, in dem Sie den Eintrag *Schritte kopieren* wählen. Wollen Sie kopierte Schritte wiederholen, öffnen Sie im Dokumentfenster das Menü *Bearbeiten* und anschließend den Befehl *Einfügen*. Im Gegensatz zu einer gewöhnlichen *Kopieren/Einfügen*-Operation wird hierbei nicht einfach nur die Liste der kopierten Schritte eingefügt, sondern die Aktionen werden tatsächlich wiederholt.

- Eine andere Möglichkeit ist es, die gewünschte Aktionenfolge in das Menü *Befehle* des Dokumentfensters einzubinden. Markieren Sie die betreffenden Schritte und klicken Sie mit der rechten Maustaste auf einen davon. Im Popup-Menü wählen Sie anschließend den Eintrag *Als Befehl speichern*. Es erscheint ein Dialogfenster am Bildschirm, in das Sie einen Namen für diesen Befehl eingeben. Sobald Sie dann auf die Schaltfläche *OK* klicken, wird der neue Befehl dem Menü *Befehle* hinzugefügt. Wollen Sie als Befehl gespeicherte Schrittfolgen wiederholen, öffnen Sie im Dokumentfenster einfach das Menü *Befehle* und klicken anschließend auf den Namen des betreffenden Eintrags.

Das Dialogfenster *Voreinstellungen*

Da Dreamweaver so angelegt ist, dass Sie das Programm individuell anpassen können, haben Sie die Möglichkeit, das Standardlayout Ihren Wünschen gemäß einzurichten. Sie können festlegen, welche Paletten und Dialogfenster am Bildschirm erscheinen, und auch die Zusammensetzung der Paletten ändern.

Paletten anzeigen oder verbergen

Die einfachste Methode, um die Paletten auszuwählen, die am Bildschirm angezeigt werden sollen, geht über das Menü *Fenster* im Dokumentfenster. Öffnen Sie dieses Menü und klicken Sie auf die Fenster, die Sie am Bildschirm stehen haben wollen. Möchten Sie lieber nur über die Menüs arbeiten, dann deaktivieren Sie im Menü *Fenster* alle als aktiv markierten Einträge. Aber natürlich können Sie auch alle Fenster und Paletten gleichzeitig anzeigen lassen, indem Sie alle Einträge aktivieren (allerdings dürfte der Bildschirm danach ziemlich unübersichtlich werden). Am besten ist es, wenn Sie nur die Fenster und Paletten offen haben, die Sie für Ihre aktuelle Arbeit auch tatsächlich benötigen. Die Abbildung 1.4 zeigt Dreamweaver mit nur einigen aktiven Paletten.

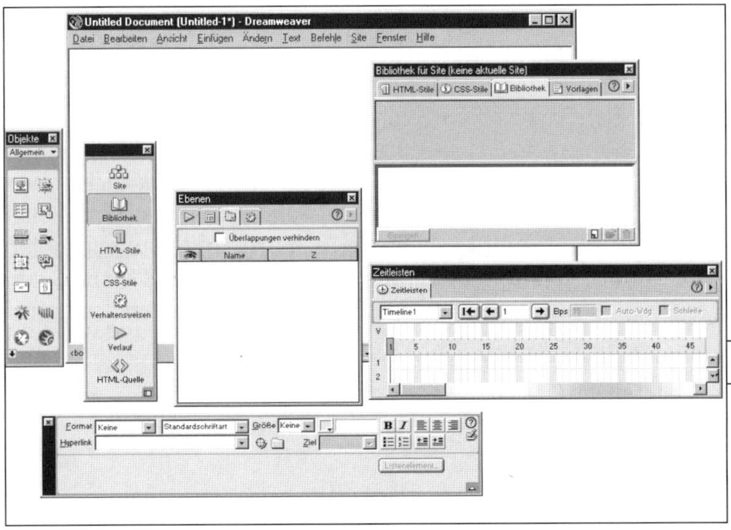

Dreamweaver mit geöffneten Paletten

Abb. 1.4

Standardmäßig stehen geöffnete Paletten oder Dialogfenster immer im Vordergrund des Dokumentfensters. Im Dialogfenster *Voreinstellungen* können Sie unter anderem festlegen, welche Fenster und Paletten im Vordergrund erscheinen sollen. Dazu gehen Sie wie folgt vor:

1. Öffnen Sie das Menü *Bearbeiten* und wählen Sie dort den Eintrag *Einstellungen*.
2. Im Dialogfenster *Voreinstellungen* klicken Sie in der Liste *Kategorie* den Eintrag *Schwebende Fenster* an (siehe Abbildung 1.5).
3. Deaktivieren Sie die Kontrollkästchen neben den Namen der Paletten, die nicht im Vordergrund erscheinen sollen.
4. Bestätigen Sie Ihre Auswahl mit einem Klick auf die Schaltfläche *OK*.

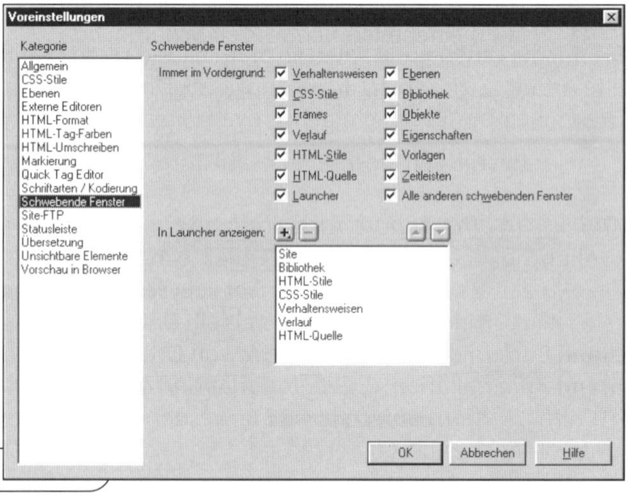

Voreinstellungen für *Schwebende Fenster*

Abb. 1.5

Mit der Taste 4 können Sie alle geöffneten Fenster und Paletten aus dem Vordergrund entfernen. Drücken Sie diese Taste erneut, erscheinen die Paletten wieder am Bildschirm. Hierzu brauchen Sie nicht den Umweg über das Menü *Bearbeiten* zu gehen.

Objektpalette ändern

Die flexible Oberfläche von Dreamweaver bietet Ihnen die Möglichkeit, selbst festzulegen, welche Objekte in den jeweiligen Leisten erscheinen und in welcher Form sie dort angezeigt werden sollen.

Symbole, Text oder beides
Sie können die Objektpalette so einstellen, dass nur Symbole (Standardeinstellung), Text (der Name der Objekte) oder beides angezeigt werden. Wollen Sie die aktuelle Einstellung ändern, gehen Sie wie folgt vor:

1. Öffnen Sie das Menü *Bearbeiten* und wählen Sie dort den Eintrag *Voreinstellungen*.
2. Im Dialogfenster *Voreinstellungen* klicken Sie in der Liste *Kategorie* den Eintrag *Allgemein* an.
3. Öffnen Sie das Listenfeld *Objektpalette* durch einen Klick auf die nebenstehende Pfeil-Schaltfläche.
4. Wählen Sie aus der Liste die gewünschte Einstellung aus.
5. Bestätigen Sie Ihre Auswahl durch Anklicken von *OK*.

Objekte in eine andere Tafel stellen
Wollen Sie eines oder mehrere Objekte in eine andere Tafel der Objektpalette stellen, so ist auch dies kein Problem. Jeder dieser Tafeln ist im Grunde nichts anderes, als ein Unterordner – werfen Sie einen Blick in den Ordner *Objekte* von Dreamweaver (bei einer Standardinstallation: *C:\Programme\Macromedia\Dreamweaver 3\Configuration\Objects*) und Sie werden sehen, dass er sechs Unterordner besitzt, *Characters*, *Common*, *Forms*, *Frames*, *Head* und *Invisibles*.

In jedem dieser Unterordner finden Sie GIF- und HTML-Dateien. Die GIF-Dateien liefern die Bilder, die Sie in den Tafeln sehen, und die HTML-Dateien steuern die Standardeinstellungen sowie den Code für die Platzierung des Objekts (sollten Sie sich die HTML-Dateien betrachten wollen, aber nichts sehen können, dann müssen Sie die Funktion Ihres Browsers zum Anzeigen von Quellcode benutzen).

Soll ein Objekt in eine andere Tafel gestellt werden, ziehen Sie einfach die entsprechenden GIF- und HTM-Dateien aus dem gegenwärtigen in den gewünschten Unterordner. Wollen Sie zum Beispiel das Objekt *Skript einfügen* aus der Tafel *Unsichtbare Elemente* in die Tafel *Allgemein* stellen, dann ziehen Sie die Dateien *Script.gif* und *Script.htm* aus dem Unterordner *Invisibles* in den Unterordner *Common*. Falls Dreamweaver während dieses Vorgangs geöffnet war, müssen Sie das Programm schließen und anschließend neu starten, damit die Änderung wirksam wird.

Stellen Sie Objektdateien von einem in einen anderen Unterordner, während Dreamweaver geöffnet ist, und schließen das Programm anschließend nicht, dann wird die Objektpalette nicht korrekt funktionieren, weil das Programm ja nicht weiß, wo die entsprechenden Dateien zu finden sind.

Natürlich können Sie auch eine eigene Tafel erstellen, die dann der Objektpalette hinzugefügt wird. Zu diesem Zweck legen Sie im Ordner *Objects* einen neuen Unterordner an und ziehen anschließend die betreffenden GIF- und HTM-Dateien hinüber. Auch hier müssen Sie das Programm gegebenenfalls erst schließen sowie neu starten, damit die Änderungen zum Tragen kommen und Sie auf die neue Tafel zugreifen können.

Tipp

Weiterhin bietet Ihnen Dreamweaver die Möglichkeit, eigene Objekte zu erstellen. Allerdings erfordert dies einige Kenntnisse in der JavaScript-Programmierung.

Eine Sache, ohne die Dreamweaver sehr gut auskommen kann, ist das Dialogfenster, das beim Verlassen des Programms automatisch erscheint und Sie fragt, ob Sie wirklich beenden wollen (beim Schließen über *Datei > Beenden* erscheint dieses Dialogfenster jedoch nicht). Wollen Sie dieses Dialogfenster für immer loswerden, aktivieren Sie einfach das Kontrollkästchen *Nicht mehr fragen*, bevor Sie auf die Schaltfläche *Ja* klicken. Das Dialogfenster, das sie warnt, dass noch nicht alle Änderungen gespeichert wurden, sehen Sie jedoch immer.

Launcher modifizieren

Sie können den Launcher Ihren eigenen Bedürfnissen anpassen und festlegen, welche Symbole er enthalten soll und in welcher Reihenfolge sie angezeigt werden. Um dies zu tun, gehen Sie wie folgt vor:

1. Öffnen Sie das Menü *Bearbeiten* und wählen Sie den Eintrag *Einstellungen*.

2. Im Dialogfenster *Voreinstellungen* klicken Sie in der Liste *Kategorie* auf den Eintrag *Schwebende Fenster*. Rechts daneben erscheint nun die Liste *In Launcher anzeigen*, über der sich Symbolschaltflächen für *Plus*, *Minus* und *Aufwärts/Abwärts* befinden (siehe Abbildung 1.5). In der Liste können Sie sehen, welche Paletten und Fenster gegenwärtig im Launcher zur Verfügung stehen.

3. Wollen Sie dem Launcher ein Symbol hinzufügen, klicken Sie auf die Schaltfläche mit dem Pluszeichen. Am Bildschirm erscheint ein Popup-Menü, das die Namen aller Symbole enthält, die noch hinzugefügt werden können. Einträge von bereits eingebundenen Symbolen erscheinen in grauer Schrift und können nicht gewählt werden. Klicken Sie einfach auf den Eintrag, dessen Symbol dem Launcher hinzugefügt werden soll.

Tipp

Hinzugefügte Symbole erscheinen am Ende der Liste.

4. Soll ein Symbol aus dem Launcher entfernt werden, markieren Sie den betreffenden Eintrag in der Liste und klicken anschließend auf die *Minus*-Schaltfläche.

5. Wollen Sie die Position eines Symbols innerhalb des Launchers verändern, markieren Sie ihn in der Liste und klicken anschließend auf die Schaltfläche mit dem Auf- bzw. dem Abwärtspfeil.

6. Haben Sie die gewünschten Änderungen vorgenommen, bestätigen Sie diese mit der Schaltfläche *OK*.

Tipp

Alle am Launcher vorgenommenen Änderungen wirken sich auch auf den Mini-Launcher in der Statuszeile aus.

Das Dialogfenster *Verlauf* modifizieren

Sie können sowohl die Anzahl der protokollierten Aktionen festlegen als auch den gesamten Verlauf löschen (macht etwas RAM frei). Wollen Sie die gegenwärtige Anzahl der zu speichernden Aktionen ändern, gehen Sie wie folgt vor:

1 Öffnen Sie das Menü *Bearbeiten* und wählen Sie den Eintrag *Einstellungen*.

2 Im Dialogfenster *Voreinstellungen* klicken Sie in der Liste *Kategorien* den Eintrag *Allgemein* an.

3 Unter den Optionen befindet sich ein Eingabefeld *Zulässige Höchstzahl der Verlaufsschritte*, in das Sie den gewünschten Wert eintragen (siehe Abbildung 1.6).

4 Bestätigen Sie Ihre Änderungen mit *OK*.

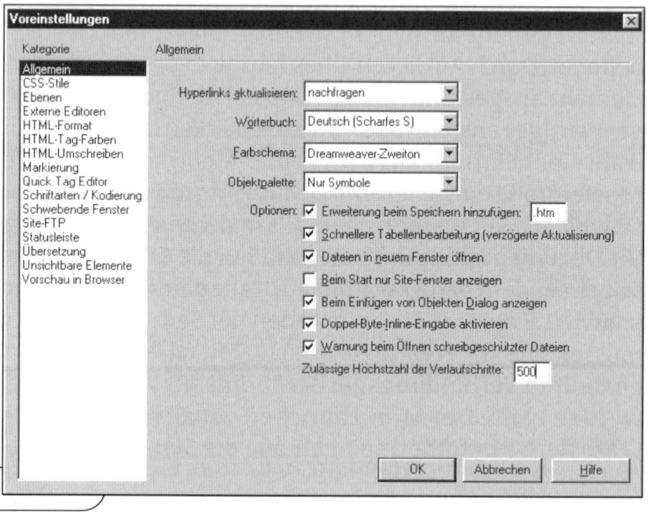

Anzahl der zu protokollierenden Aktionen festlegen

Abb. 1.6

Wollen Sie den Verlauf löschen, klicken Sie mit der rechten Maustaste in das Fenster und wählen im Popup-Menü den Eintrag *Verlauf leeren*. Anschließend werden Sie aufgefordert, den Vorgang zu bestätigen. Das Leeren des Verlaufs bezieht sich immer nur auf das aktuelle Dokument bzw. den Frame, in dem Sie sich gerade befinden.

! Das Leeren des Verlaufs löscht gleichzeitig auch den Speicher für das Rückgängigmachen, so dass Sie die betreffenden Schritte nicht mehr mittels der gleichnamigen Funktion rückgängig machen können.

Zusammenfassung

In diesem Kapitel haben Sie sich mit der Bedieneroberfläche von Dreamweaver vertraut gemacht. Sie haben gelernt, dass der Ausgangsbildschirm sich aus dem Dokumentfenster, der Objektpalette, dem Launcher, dem Eigenschaften-Inspector und dem Verlauf zusammensetzt.

Das Dokumentfenster zeigt in der Titelleiste Informationen über die aktuelle Seite an und macht Sie durch einen Asterisk nach dem Dateinamen auf noch nicht gespeicherte Änderungen aufmerksam. Die Menüleiste ermöglicht den Zugriff auf alle Befehle und Optionen. Die Statusleiste zeigt die HTML-Tags für das Container-Element an, in dem sich das zuletzt markierte Element befindet. Durch Anklicken eines Tags wird das damit verbundene Element ausgewählt. In der Statusleiste finden Sie auch die gegenwärtige Fenstergröße – durch Anklicken der Anzeige und Auswahl eines Eintrags aus dem Popup-Menü können Sie eine neue Fenstergröße einstellen. Die Dokumentgröße und die geschätzte Download-Zeit werden ebenfalls in der Statusleiste angezeigt. Die Dokumentgröße umfasst nicht nur die Größe des Dokuments selbst, sondern berücksichtigt auch alle damit verknüpften Dateien (wie z.B. Bilder), die beim Laden der Seite aufgebaut werden müssen. Die angezeigte Download-Zeit basiert auf einer voreingestellten Verbindungsgeschwindigkeit, die jedoch geändert werden kann. Der Mini-Launcher, der sich ganz rechts in der Statusleiste befindet, spiegelt alle die Symbole des Launchers wider.

Mit der Objektpalette können Sie Ihrer Web-Seite die verschiedensten Objekte hinzufügen, indem Sie einfach in der entsprechenden Tafel das betreffende Symbol anklicken. Die Objektpalette hat sechs Tafeln, von denen jede verschiedene Arten von Objekten enthält. In diesem Kapitel haben Sie sich nur einen kurzen Überblick über alle Objekte verschafft, die weiterführenden Einzelheiten sowie die Erstellung von Web-Seiten werden dann aber in den späteren Kapiteln noch detailliert behandelt.

Der Launcher liefert den schnellen Zugriff auf die Fenster Site und Bibliothek sowie auf die HTML-Stile, CSS-Stile, Verhaltensweisen, den Verlauf und den HTML-Quellcode. Sie haben die wichtigsten Funktionen dieser Fenster und Paletten gelernt, die jedoch in späteren Kapiteln noch detailliert behandeln werden.

Der Eigenschaften-Inspector zeigt Ihnen die gegenwärtigen Eigenschaften eines Elements an. Sie können es sowohl zur Anzeige als auch zum Ändern dieser Eigenschaften verwenden.

Das Dialogfenster Verlauf protokolliert Ihre Aktionen und erlaubt es Ihnen, sie zu wiederholen oder rückgängig zu machen. Außerdem können Sie hier Aktionen in die Zwischenablage kopieren oder sie als Befehl speichern.

Am Ende dieses Kapitels wurde Ihnen gezeigt, wie Sie den Anfangsbildschirm von Dreamweaver Ihren eigenen Bedürfnissen und Anforderungen anpassen können. Sie können die einzelnen Paletten in den Vordergrund stellen oder verbergen sowie die Objektpalette, den Launcher und den Verlauf individuell einstellen.

Im nächsten Kapitel schauen Sie sich an, wie Sie mit Dreamweaver lokale Sites oder neue Web-Seiten erstellen oder bestehende Web-Seiten öffnen können. Außerdem werfen Sie einen Blick auf das integrierte FTP (File Transfer Protocol), mit dem Dateien von anderen Web-Servern heruntergeladen bzw. auf andere Server geladen werden.

Erstellen von Web-Sites und Webseiten

2

In diesem Kapitel geht es um die Erstellung neuer Web-Sites und Web-Seiten mittels Dokumentfenster und Dialogfenster *Site* sowie um den Import von existierenden Sites und Seiten nach Dreamweaver. Außerdem wird Ihnen gezeigt, wie Sie das integrierte FTP-Programm dazu verwenden, um Dateien zwischen Ihrem lokalen System und Remote-Servern zu übertragen. Aber schauen Sie zuerst einmal, welche Möglichkeiten Ihnen für das Speichern von Web-Site-Dateien zur Verfügung stehen.

Speichern von Web-Sites

Eine Web-Site kann aus einer einzelnen Web-Seite oder auch aus einer Vielzahl von Dateien bestehen, wie Web-Seiten, Grafikdateien, Sounddateien, Videodateien oder alles nur erdenklich andere. Unabhängig davon, ob ihr Inhalt komplex oder ganz einfach ist, braucht eine Web-Site ein Plätzchen, an dem sie existieren kann. Jede von Ihnen angelegte Site erfordert einen eigenen Ordner an Ihrem lokalen System.

Es gibt gute Gründe dafür, warum alle Dateien einer Site in einem separaten Ordner abgelegt werden. Erstens hat die Homepage einer jeden Site – also der Startpunkt für jeden Besucher einer Site – normalerweise den gleichen Namen, nämlich *index.htm*. Allein dies macht es schon unmöglich, mehr als eine Site pro Ordner abzulegen, weil ja jede neue Homepage die ältere überschreiben würde. Selbst wenn man diese Hürde umgehen könnte, wäre es immer noch keine besonders gute Idee, verschiedene Sites in einem Ordner unterzubringen. Allein das Auseinanderhalten, welche Datei nun zu welcher Site gehört, kann bereits schnell zu einem Alptraum ausarten.

Der Möglichkeiten, Site-Ordner auf den lokalen Festplatten zu organisieren, existieren wahrscheinlich so viele, wie es weltweit Web-Designer gibt. Dennoch tendieren die meisten zu einem von diesen zwei grundlegenden Ansätzen:

- Jede Site bekommt im Hauptverzeichnis des Laufwerks einen separaten Ordner. Haben Ihre Sites zum Beispiel die Namen *abc.com*, *def.com* und *ghi.com*, dann legen Sie die Ordner *C:\abc*, *C:\def* und *C:\ghi* an.
- Sie richten im Hauptverzeichnis des Laufwerks einen Hauptordner ein und legen anschließend für jede Site ei-

nen separaten Unterordner an. So könnte der Hauptordner beispielsweise *C:\sites* heißen und die Unterordner *C:\sites\abc*, *C:\sites\def* und *C:\sites\ghi* haben.

Erstellen und Öffnen von Sites

Dreamweaver macht Ihnen das Erstellen von Sites einfach. Sie können von zwei verschiedenen Stellen aus mit einer neuen Site anfangen – im Dokumentfenster oder mittels des Dialogfensters *Site*. Das Dialogfenster *Site* zeigt die Hierarchie oder die Ordner und Dateien Ihrer Site an. Um es zu öffnen, klicken Sie im Launcher oder im Mini-Launcher auf das Symbol *Site*. Alternativ können Sie auch im Dokumentfenster das Menü *Fenster* öffnen und dort den Eintrag *Dateien der Site* wählen.

Das Erstellen einer Site funktioniert von jedem dieser beiden Fenster aus ziemlich gleich. Allerdings können Sie über das Fenster *Site* auf die Schnelle auch neue Seiten sowie Ordner erstellen und Links zwischen ihnen einrichten. Auf diese Weise können Sie im Handumdrehen eine ganze Site zusammenstellen. Wie das genau geht, erfahren Sie im Abschnitt über das Erstellen neuer Seiten, später in diesem Kapitel. Details über die Vorgehensweise beim Einrichten von Links finden Sie im Abschnitt *Links und URLs*.

Site erstellen – über das Dokumentfenster

Benutzen Sie das Dokumentfenster, um eine Site zu erstellen, dann geht der ganze Vorgang über nur ein einziges Dialogfenster vonstatten. Sie haben die Möglichkeit, alle Informationen über Ihre Site einzugeben und die jeweils gewünschten Optionen zu wählen. Alternativ können Sie sich aber auch zuerst auf das absolute Minimum beschränken und die restlichen Informationen zu einem späteren Zeitpunkt hinzufügen.

Im Dialogfenster *Site-Definition* stehen fünf Kategorien zur Verfügung:

- *Lokale Infos*: Dies ist die einzige Kategorie, die unbedingt ausgefüllt werden muss. Allerdings reicht es aus, wenn Sie nur einen Namen für die Site eingeben und einen Ordner wählen, der die Dateien der Site enthalten soll. Dieser so genannte *lokale Hauptordner* entspricht dem HTML-Hauptordner an Ihrem entfernten Web-Server.

- *Web-Server-Infos*: Hier lassen Sie Dreamweaver wissen, welche Art von Zugriff für Ihren Web-Server erforderlich ist.

- *Ein-/Auschecken*: Diese Kategorie ist optional und hat mit Mehrbenutzerumgebungen zu tun. Sie wird dazu benutzt, um jene Dateien zu markieren, an denen Sie gerade arbeiten. Auf diese Weise werden andere, die eventuell an derselben Site arbeiten, darauf aufmerksam gemacht, dass sie an den betreffenden Dateien so lange keine Änderungen vornehmen sollten, bis Sie damit fertig sind.

- *Sitemap-Layout* Hier setzen Sie die Parameter für die visuelle Darstellung der Struktur Ihrer Web-Site. Detaillierte Informationen zu Site-Maps finden Sie im entsprechenden Kapitel.

- *Design Notes* Design-Notes sind genau das, wonach sie sich anhören – eine Art digitaler Notizzettel, auf dem Sie alles Mögliche über eine bestimmte Datei vermerken können. Diese Notizen werden in einer separaten Datei gespeichert, die der betreffenden Datei angehängt ist.

Tipp

Was aber, wenn Sie nicht von Grund auf neu anfangen, sondern HTML-Dateien benutzen, die Sie bereits haben? Der Vorgang ist immer noch der gleiche – der einzige Unterschied besteht darin, dass Sie Dreamweaver statt des Standorts eines leeren Ordners, den Standort des Ordners mitteilen, in dem sich die betreffenden Dateien befinden.

Die Kategorie *Lokale Infos*

Um eine neue Site zu erstellen, gehen Sie wie folgt vor:

1. Öffnen Sie im Dokumentfenster das Menü *Site* und wählen Sie dort den Eintrag *Neue Site*. Damit rufen Sie das Dialogfenster *Site-Definition* auf (Abbildung 2.1). Die Kategorie *Lokale Infos* ist bereits markiert.

2. Tragen Sie in das Eingabefeld *Site-Name* den Namen Ihrer Site ein.

3. Tragen Sie in das Eingabefeld *Lokaler Stammordner* den Standort des Ordners ein, der die Dateien dieser Site enthalten soll. Alternativ können Sie auch auf das Ordnersymbol neben dem Eingabefeld klicken und im Dialog-

fenster *Lokalen Ordner wählen* den gewünschten Ordner suchen, markieren und anschließend speichern (Abbildung 2.2).

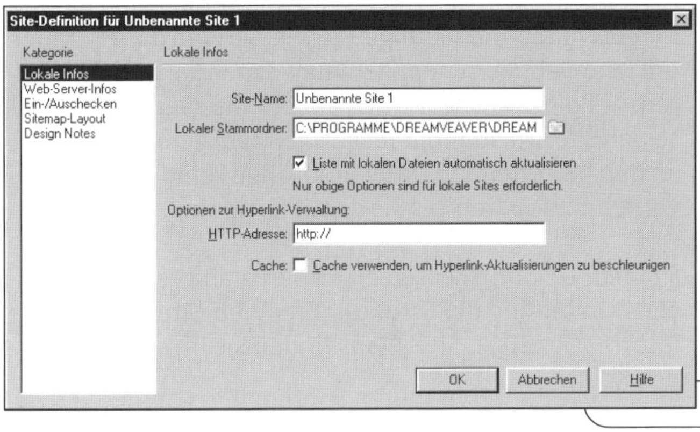

Das Dialogfenster *Site-Definition*

Abb. 2.1

Tipp

Nach dem Aufruf des Dialogfensters wird der Standort angezeigt, an dem Sie Ihre zuletzt erstellte Site gespeichert haben. Haben Sie noch gar keine Site erstellt, steht hier der Ordner, der Dreamweaver enthält.

Das Dialogfenster *Lokalen Ordner wählen*

Abb. 2.2

Jetzt steht der gewünschte Standort im Eingabefeld. Haben Sie einen Ordner eingegeben, der noch nicht existiert, so wird Dreamweaver diesen nicht für Sie anlegen, sondern Sie auffordern, einen gültigen Standort einzugeben. Durch diese Verfahrensweise sind Sie gezwungen, entweder den Ordner vorab anzulegen oder das Ordnersymbol zu benutzen, um einen existenten Ordner zu wählen.

Tipp

Wenn Sie noch niemals eine entfernte Web-Site angelegt haben, dann sollten Sie an dieser Stelle aufhören und die Schaltfläche *OK* anklicken. Sie können den Rest der Site-Informationen später immer noch hinzufügen, sobald die entfernte Site fertig ist. Der Name der Site und der Standort des lokalen Ordners sind die beiden einzigen Angaben, die Dreamweaver unbedingt braucht. Ist die entfernte Site jedoch bereits fertig, so können Sie auch fortfahren und den Rest der Informationen eingeben, die Dreamweaver für die Koordination mit Ihrem entfernten Web-Server benötigt.

4 Soll Dreamweaver die Dateiliste nach jedem Kopiervorgang aktualisieren, dann aktivieren Sie das Kontrollkästchen *Liste mit lokalen Dateien automatisch aktualisieren*. Dieser Refresh verbraucht nur sehr wenig Systemressourcen und gelegentlich ein kleines bisschen Systemzeit. Diese Funktion sollten Sie eigentlich immer aktivieren, sofern Ihr System nicht wirklich überlastet ist.

5 In das Eingabefeld unter *Optionen zur Hyperlink-Verwaltung* tragen Sie die HTTP-Adresse Ihrer Web-Site ein. Heißt Ihre Site zum Beispiel *abc.com*, dann geben Sie hier **http://www.abc.com/** ein.

6 Wollen Sie die Hyperlink-Aktualisierungen beschleunigen, dann aktivieren Sie das Kontrollkästchen neben *Cache*. In diesem Fall wird in Ihrem Hauptordner eine Datei angelegt, die Informationen über die Links in Ihrer Site enthält. Wie beim automatischen Refresh, sollten Sie auch auf diese Option nur dann verzichten, wenn Ihr System kurz vor einem Kollaps steht.

Die Kategorie Web-Server-Infos

Nachdem Sie die Informationen für die *Lokalen Infos* eingetragen haben, können Sie in die Kategorie *Web-Server-Infos* wechseln. Klicken Sie dazu im Dialogfenster *Site-Definition* auf den entsprechenden Eintrag in der Kategorien-Liste.

Beim ersten Öffnen ist die Option *Server-Zugriff* auf *keine* gesetzt. Klicken Sie auf die Pfeil-Schalftläche und wählen Sie aus der Liste entweder den Eintrag *FTP* (für einen Remote-Server) oder *Lokal/Netzwerk*.

Haben Sie sich für *Lokal/Netzwerk* entschieden, verändert sich das Dialogfenster entsprechend (siehe Abbildung 2.3). Sie brauchen nun nichts weiter zu tun, als den Standort für *Entfernter Ordner* einzutragen oder ihn über das Ordnersymbol zu suchen und auszuwählen.

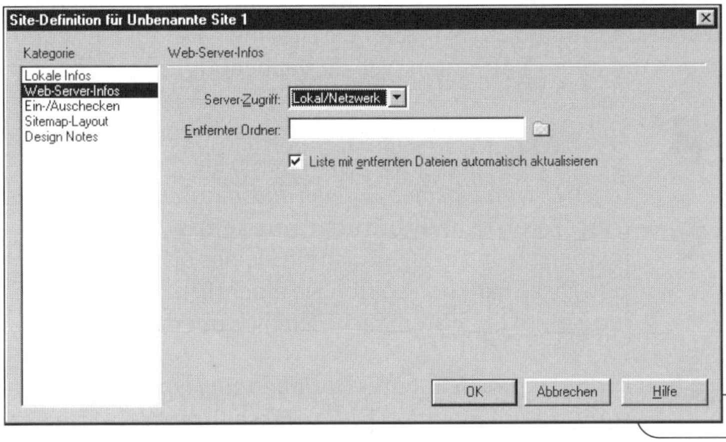

Informationen für den Zugriff *Lokal/Netzwerk*

Abb. 2.3

Für einen FTP-Zugriff sind ein paar mehr Informationen erforderlich. FTP wird später in diesem Kapitel noch genauer besprochen, aber wenn Sie hier die Option *FTP* gewählt hatten, sieht das Dialogfenster danach wie in Abbildung 2.4 aus.

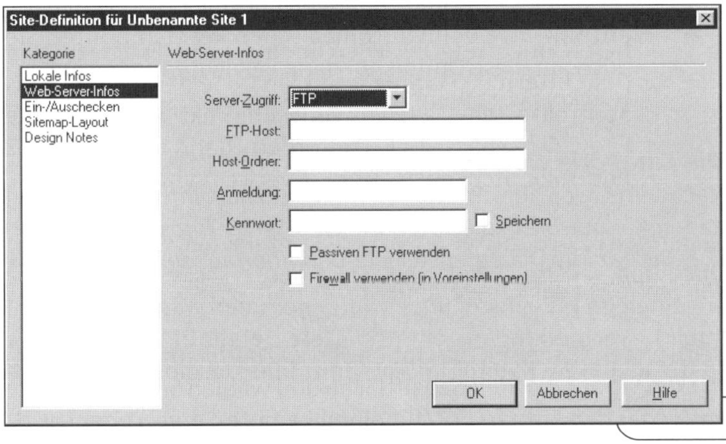

Informationen für den FTP-Zugriff

Abb. 2.4

Um die Informationen für den FTP-Zugriff einzutragen, gehen Sie wie folgt vor:

1. Geben Sie den Namen Ihres FTP-Hosts ein. Stellen Sie dem Host-Namen nicht *ftp://* vor, sondern geben Sie nur den Namen selbst ein.

2. Tragen Sie den Standort des Host-Ordners auf dem Remote-Server ein. Es handelt sich hierbei um das Verzeichnis bzw. den Ordner, in dem Ihre HTML-Dateien gespeichert sind. Falls Sie das Host-Verzeichnis nicht kennen, dann können Sie dieses Feld auch so lange leer lassen, bis Sie die nötigen Angaben ermittelt haben.

3. In das Textfeld *Anmeldung* geben Sie den Namen ein, den Sie zur Anmeldung am FTP-Server verwenden.

4. Bei *Kennwort* geben Sie Ihr Kennwort ein – aus Sicherheitsgründen wird es jedoch nicht in Klartext dargestellt, sondern für jeden eingegebenen Buchstaben erscheint ein Asterisk angezeigt.

Tipp

Sobald Sie ein Kennwort eingeben, wird das Kontrollkästchen *Speichern* automatisch aktiviert. Das bedeutet, dass Sie Ihr Kennwort nicht jedes Mal neu eingeben müssen, wenn Sie auf die entfernte FTP-Site zugreifen wollen. Wenn Sie das Kontrollkästchen deaktivieren, dann müssen Sie zwar Ihr Kennwort immer wieder neu eingeben, verhindern damit aber auch dessen unbefugte Nutzung durch andere, die ebenfalls Zugriff auf Ihren Computer haben.

5. Wenn Sie sich hinter einer Firewall befinden (eine Sicherheitseinrichtung zwischen Ihrem lokalen Netzwerk und dem Internet), dann achten Sie bitte darauf, dass das Kontrollkästchen *Firewall verwenden* aktiv ist. Sollte Ihre Firewall ein passives FTP erfordern, dann muss auch das Kontrollkästchen *Passiven FTP verwenden* aktiviert sein.

Neben den FTP-Spezifikationen für die einzelne Seite, die Sie hier im Dialogfenster *Site-Definitionen* eingeben, müssen auch noch die allgemeinen FTP-Einstellungen vorgenommen werden, die für all Ihre FTP-Verbindungen gelten. Weitere Details hierzu finden Sie später in diesem Kapitel, im Abschnitt über die globalen FTP-Einstellungen.

Die Kategorie Ein-/Auschecken

Arbeiten mehr als nur eine Person an einer Site, dann klicken Sie im Dialogfenster *Site-Definition* die Kategorie Ein-/Auschecken an (Abbildung 2.5).

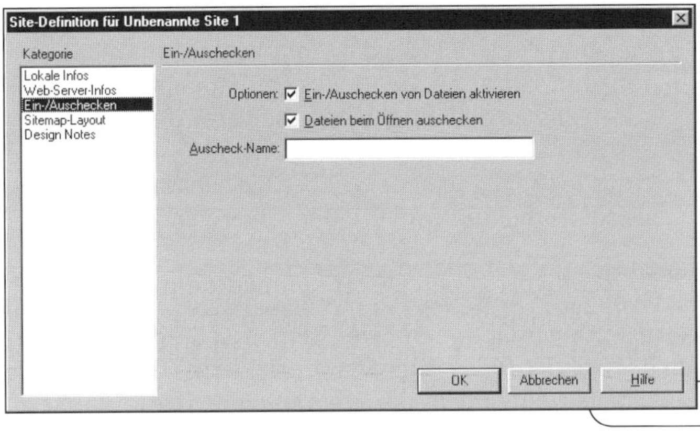

Informationen für die Kategorie *Ein-/Auschecken*

Abb. 2.5

Wenn nur einer allein an einer Site arbeitet, dann brauchen Sie sich mit diesen Einstellungen nicht weiter zu befassen und Sie können gleich zum nächsten Abschnitt übergehen. Falls Sie jedoch diese Einstellungen vornehmen wollen, gehen Sie wie folgt vor:

1. Aktivieren Sie das Kontrollkästchen *Ein-/Auschecken*.
2. Das Kontrollkästchen *Dateien beim Öffnen auschecken* ist standardmäßig aktiviert. Wollen Sie nicht, dass die offenen Dateien beim entfernten Server entsprechend angezeigt werden, dann deaktivieren Sie dieses Kontrollkästchen.
3. Geben Sie bei *Auscheck-Name* den Namen ein, der in der Dateiliste neben den Dateien erscheinen soll, die Sie gerade bearbeiten.

Das Aktivieren von *Ein-/Auschecken* berührt den Dateitransfer mittels FTP. Weitere Informationen hierzu finden Sie im Abschnitt *FTP*.

Die Kategorie Sitemap-Layout

Die Abbildung 2.6 zeigt Ihnen, wie das Dialogfenster *Site-Definition* aussieht, wenn die Kategorie *Sitemap-Layout* markiert ist.

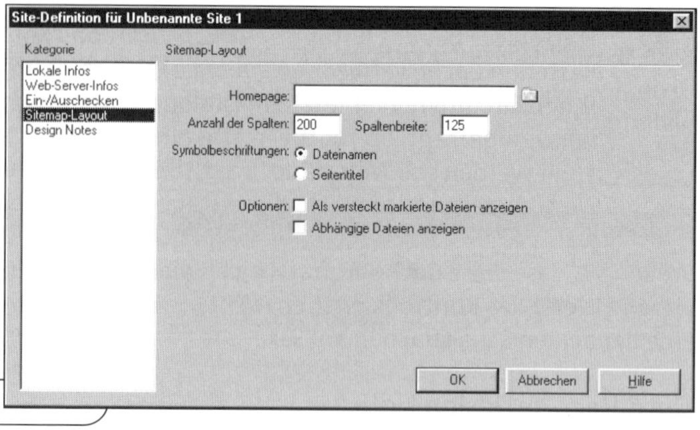

Die Kategorie *Sitemap-Layout*

Abb. 2.6

Hier tragen Sie Informationen über die Sitemap ein – den Dateinamen der Homepage, Anzahl und Breite der Spalten für die Sitemap sowie diverse andere Optionen. Eine Sitemap ist die grafische Darstellung der Dateistruktur Ihrer Site. Detaillierte Informationen über das Erstellen und Ändern von Sitemaps finden Sie im Kapitel 6.

1 Geben Sie im Feld *Homepage* den Namen der Homepage für die Site ein. Die Homepage muss sich im lokalen Hauptordner befinden. Wissen Sie den genauen Standort nicht mehr, können Sie auch das Ordnersymbol anklicken und die Datei suchen.

Tipp

Sie können zwar den kompletten Pfad und den Dateinamen der Homepage eingeben, aber im Grunde ist es nicht notwendig. Wenn Sie nur den Dateinamen eintragen, stellt Dreamweaver dem Dateinamen automatisch den Pfad des lokalen Hauptordners voran.

3 Geben Sie die Anzahl der Spalten für Ihre Sitemap ein.

3 Tragen Sie die Spaltenbreite ein.

4 Bei *Symbolbeschriftungen* entscheiden Sie, ob die Namen der Dateien oder der Seitentitel angezeigt werden sollen.

5 Bei *Optionen* legen Sie fest, ob in der Sitemap auch als versteckt markierte Dateien und/oder abhängige Dateien (wie beispielsweise Image-Links, externe Formatvorlagendateien usw.) angezeigt werden sollen.

6 Haben Sie alle Angaben gemacht, beenden Sie mit der Schaltfläche *OK*.

7 Hatten Sie bei der Kategorie *Lokale Infos* das Kontrollkästchen *Cache verwenden...* nicht aktiviert, dann zeigt Ihnen Dreamweaver jetzt ein Dialogfenster an und Sie werden gefragt, ob für diese Site eine Cache-Datei erstellt werden soll. Mittels der Schaltflächen *Erstellen* und *Nicht erstellen* können Sie diese Frage beantworten.

Tipp

Wollen Sie, dass diese Cache-Abfrage nicht wieder erscheint, aktivieren Sie erst das Kontrollkästchen *Nicht mehr fragen*, bevor Sie eine der beiden Schaltflächen anklicken.

Die Kategorie Design Notes

Das Dialogfenster für die Kategorie *Design Notes* sehen Sie in der Abbildung 2.7. Sie werden hier nur mit zwei Optionen konfrontiert und beide sind bereits in der Voreinstellung aktiviert.

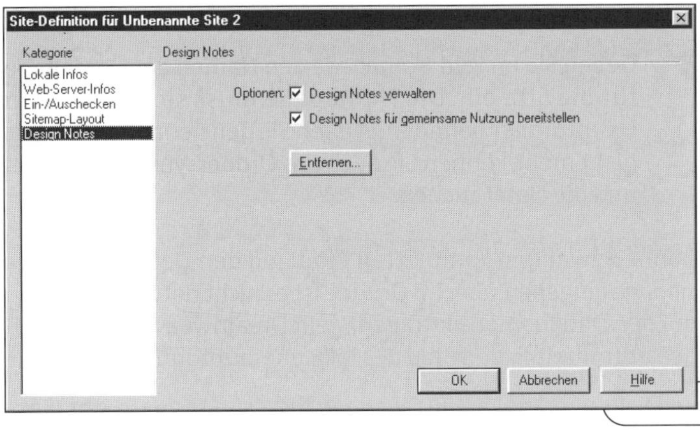

Optionen für die Kategorie *Design Notes*

Abb. 2.7

Mit der ersten Option entscheiden Sie, ob die Dateien der Site Design Notes verwenden können oder nicht. Sollen sie dies nicht tun, dann müssen Sie diese Option deaktivieren.

Tipp

Wollen Sie vorhandene Design Notes entfernen, dann deaktivieren Sie einfach das Kontrollkästchen *Design Notes verwalten*. Alternativ können Sie Design Notes auch über den Windows Explorer löschen, aber die Methode mit dem Dialogfenster *Site-Definition* ist eindeutig einfacher.

Die Option *Design Notes für gemeinsame Nutzung bereitstellen* veranlasst, dass die Dateien zusammen mit Ihren entsprechenden Design Notes geladen werden. Sollen die Design Notes ausschließlich am lokalen System verbleiben, müssen Sie dieses Kontrollkästchen deaktivieren.

Mit der Schaltfläche *Entfernen* können Sie alte Design Notes entfernen, deren Dateien bereits gelöscht worden sind. Klicken Sie diese Schaltfläche an, erscheint eine Warnung und Sie werden darauf aufmerksam gemacht, dass alle Design Notes gelöscht werden, die nicht mit einer Datei verknüpft sind. Wollen Sie die alten Design Notes dennoch löschen, dann klicken Sie jetzt auf die Schaltfläche *Ja*.

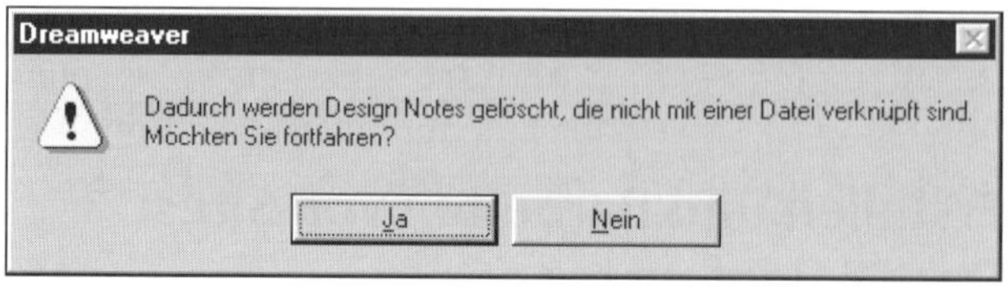

Design Notes können sowohl für jede Art von Datei angelegt werden, als auch für viele Objekte einer Web-Site (auch für die Seite selbst, weil es sich bei ihr ja ebenfalls um eine Datei handelt). Weitere Informationen über das Verknüpfen von Design Notes finden Sie im entsprechen Abschnitt dieses Kapitels.

Das Dialogfenster Site einer neuen Site

Sie befinden sich nun im Dialogfenster *Site* (Abbildung 2.8). Ein Fensterausschnitt ist den Dateien der entfernten Site und der andere den Dateien im lokalen Ordner vorbehalten (Abbildung 2.8). Welcher Fensterausschnitt rechts und welcher links stehen soll, legen Sie im Dialogfenster *Voreinstellungen* fest. Wie das gemacht wird, wird Ihnen im Abschnitt über die globalen FTP-Präferenzen erklärt.

Handelt es sich um eine neue Site ohne Inhalt, dann sind beide Fensterausschnitte leer, bis auf den lokalen Hauptordner, der unter *Lokaler Ordner* angezeigt wird. Befinden sich in diesem Ordner bereits Dateien, so werden auch diese hier aufgeführt. Falls in der entfernten Seite bereits Dateien existieren sollten, so bleibt der Fensterausschnitt *Entfernte Site* jedoch noch so lange leer, bis Sie eine Verbindung dorthin aufgebaut haben. Ohne eine stehende Verbindung hat Dreamweaver keine Möglichkeit an diese Informationen zu gelangen und kann sie demzufolge auch nicht anzeigen. Wie Sie eine Verbindung zur entfernten Seite erstellen erfahren Sie später in diesem Kapitel, im Abschnitt *FTP*.

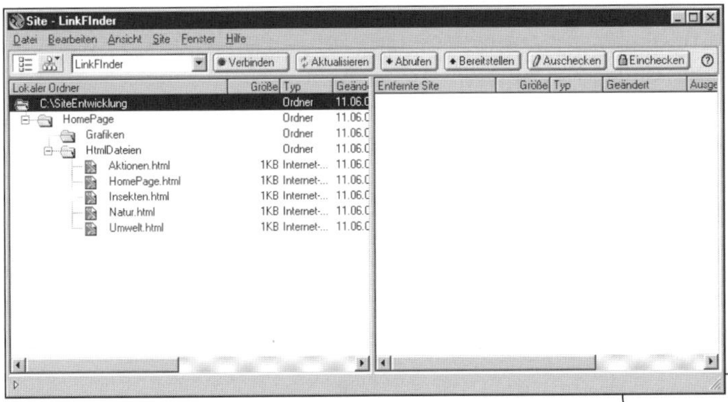

Das Dialogfenster *Site*

Abb. 2.8

Erstellen und Barbeiten von Sites: Das Dialogfenster *Sites*

Eine neue Site können Sie nicht nur über das Dokumentenster, sondern auch über das Dialogfenster *Site* anlegen, das Ihnen dazu zwei Möglichkeiten bietet. Die Einfachere ist die, im Fenster das Menü *Site* zu öffnen und dort den Eintrag *Neue Site* zu wählen. Es erscheint dasselbe Dialogfenster *Site-Definition*, das Sie auch über das Dokumentfenster aufrufen können. Von hier aus verfahren Sie genau so, wie in den vorangegangenen Abschnitten beschrieben.

Die andere Methode ist die, über das Dialogfenster *Sites definieren* zu beginnen. Um es aufzurufen, öffnen Sie entweder das Menü *Site* und wählen dort den Eintrag *Site definieren* oder Sie öffnen in der Symbolleiste des Fensters das Listenfeld und wählen dort den Eintrag *Sites definieren*. Dieser Eintrag ist stets der letzte in der Liste und wird auch dann angezeigt, wenn bislang noch keine Sites definiert wurden.

Tipp

Das Dialogfenster *Sites definieren* können Sie auch über das Dokumentfenster aufrufen, indem Sie dort das Menü *Site* öffnen und anschließend den Eintrag *Sites definieren* auswählen.

Tipp

Das Dialogfenster *Sites definieren* (Abbildung 2.9) enthält eine Liste aller gegenwärtigen Sites sowie die vier Schaltflächen *Neu*, *Bearbeiten*, *Duplizieren* und *Entfernen*.

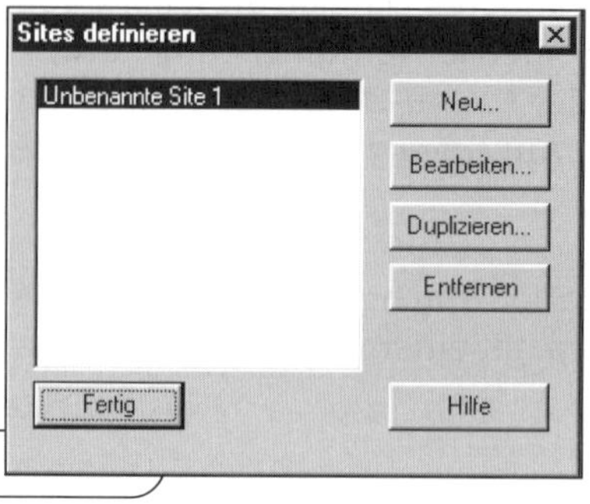

Das Dialogfenster *Sites definieren*

Abb. 2.9

Über das Dialogfenster *Sites definieren* können Sie eine neue Site anlegen und existierende Sites bearbeiten, kopieren oder löschen.

- Wollen Sie eine neue Site erstellen, klicken Sie auf die Sachaltfläche *Neu*. Damit rufen Sie das Dialogfenster *Site-Definition* auf (dasselbe Fenster, das Sie auch über *Site > Neue Site* im Dokumentfenster oder Dialogfenster *Site* aufrufen können).

- Möchten Sie die Einstellungen zu einer existierenden Site ändern, markieren Sie im Listenfeld den betreffenden Eintrag und klicken anschließend auf die Schaltfläche *Bearbeiten*.

- Um eine Site zu kopieren, markieren Sie den betreffenden Eintrag in der Liste und klicken danach auf die Schaltfläche *Duplizieren*. Damit erstellen Sie eine Kopie der duplizierten Site, die in allen Einstellungen identisch ist – lediglich dem Namen der Site wird am Ende das Wort *Kopie* angehängt.

- Wenn Sie eine Site löschen wollen, markieren Sie den Namen in der Liste und klicken anschließend auf *Entfernen*. Am Bildschirm erscheint die Warnung, dass dieser Vorgang, einmal ausgeführt, danach nicht wieder rückgängig gemacht werden kann. Klicken Sie jetzt auf die Schaltfläche *Ja*, wird die Site gelöscht, klicken Sie auf *Nein*, wird der Vorgang abgebrochen.

Tipp

Beim Entfernen einer Site aus den Dreamweaver-Listen wird lediglich eine einzige Datei gelöscht – nämlich diejenige mit den Cache-Informationen für diese Site. Da sich diese Datei nicht im Ordner dieser Site befindet, bleiben die anderen Dateien dieser Site von diesem Vorgang unberührt. Bei einer konventionellen Windows-Installation ist der Standort der Cache-Datei der Ordner *C:\Programme\Macromedia\Dreamweaver 3\Configuration\Site Cache*.

Haben Sie die gewünschte Operation durchgeführt, schließen Sie das Dialogfenster *Sites definieren* mit einem Klick auf die Schaltfläche *Fertig*.

Site öffnen

Um eine bereits existierende Site zu öffnen, öffnen Sie in der Symbolleiste einfach das Listenfeld und klicken auf den entsprechenden Eintrag (es handelt sich dabei um dasselbe Listenfeld, in dem sich auch der Eintrag *Sites definieren* befindet, über den bereits im vorangegangenen Abschnitt gesprochen wurde). Alternativ können Sie im Dokumentfenster oder im Dialogfenster *Site* auch das Menü *Site* öffnen und dort den Eintrag *Site öffnen* wählen. Jede der genannten Möglichkeiten führt Sie zu einer Liste aller bereits definierten Sites – Sie brauchen nun nichts weiter zu tun, als einen der Namen anzuklicken, um die entsprechende Site zu öffnen.

Das Öffnen einer Site wirkt sich keiner Weise auf das Dokumentfenster aus, weil dabei ja keine der Seiten der Site zur Bearbeitung geöffnet wird. Es erscheint lediglich das Dialogfenster *Site* (falls es nicht bereits geöffnet war), das nun die Informationen zu der gewählten Site enthält. Tatsächlich können Sie im Dokumentfenster eine Datei offen haben oder bearbeiten, die zu einer ganz anderer Site gehört, als zu der Site, die im gleichnamigen Dialogfenster angezeigt wird.

Mit dem Dialogfenster *Site* arbeiten

Viele Benutzer von Dreamweaver ziehen das Dialogfenster *Site* dem Dokumentfenster vor, weil sie das Dokumentfenster weniger als Schnittstelle zum Programm, sondern mehr als einen Platz ansehen, an dem bestimmte Aufgaben durchgeführt werden.

Wollen Sie das Programm so einstellen, dass das Dialogfenster *Site* bei jedem Start von Dreamweaver automatisch am Bildschirm erscheint, dann gehen Sie wie folgt vor:

1. Öffnen Sie im Dokumentfenster das Menü *Bearbeiten* und wählen Sie dort den Eintrag *Einstellungen*.
2. Im Dialogfenster *Voreinstellungen* klicken Sie auf die Kategorie *Allgemein*.
3. Aktivieren Sie das Kontrollkästchen *Beim Start nur Site-Fenster anzeigen*.
4. Bestätigen Sie Ihre Einstellung durch einen Klick auf die Schaltfläche *OK*.

Wenn Sie nun Dreamweaver das nächste Mal starten, erscheint nur das Fenster *Site* am Bildschirm.

Seiten erstellen, speichern und öffnen

Wie eine Site können Sie eine Seite ebenfalls sowohl über das Dokumentfenster, als auch über das Dialogfenster *Site* neu anlegen oder öffnen.

Neue Seiten und Ordner anlegen

Der übliche Weg, um eine neue Seite zu erstellen, führt über das Dokumentfenster. Öffnen Sie das Menü *Datei* und wählen Sie dort den Eintrag *Neu*.

Das Dialogfenster *Site* bietet ebenfalls zwei Möglichkeiten, um eine neue Seite zu erstellen. Die eine entspricht der Variante im Dokumentfenster (sie öffnen das Menü *Datei* und wählen dort *Neue Datei*) und bei der anderen gehen Sie einfach in den betreffenden Fensterabschnitt, klicken mit der rechten Maustaste und wählen im Popup-Menü den Eintrag *Neue Datei*.

Wenn Sie mit einem neuen Dokument beginnen, erscheint in der Dateiliste eine neue Datei mit dem Namen *untitled.htm*. Bei jeder weiteren neuen Datei wird dem provisorischen Dateinamen eine fortlaufende Nummer angehängt, angefangen mit der o (*untitled0.htm, untitled1.htm, untitled2.htm* usw.). Haben Sie eine neue Datei angelegt, ist der provisorische Dateiname automatisch markiert, so dass Sie ihn sofort ändern können.

Tipp

Auch in der Sitemap-Ansicht können Sie eine neue Datei anlegen, indem Sie die neue Datei während Ihrer Erstellung mit einer existierenden Datei verknüpfen.

Das Dialogfenster *Site* bietet für die Erstellung von Dateien einen unschätzbaren Vorteil gegenüber dem Dokumentfenster – die Dateien befinden sich vom ersten Moment an bereits auf Ihrer Festplatte und müssen nicht erst durch eine zusätzliche Aktion gespeichert werden. Außerdem sparen Sie eine Menge Zeit und Aufwand, weil Sie alle HTML-Dateien für die neue Web-Seite in einem Arbeitsgang erstellen und speichern können. Sind erst einmal alle Dateien angelegt, können Sie die leeren Seiten in Ruhe mit Inhalt füllen.

Auf genau die gleiche Weise, wie Sie eine neue Datei erstellen, können Sie auch einen neuen Unterordner anlegen. Zu diesem Zweck finden Sie im Menü *Datei* des *Site*-Fensters und im Popup-Menü der rechten Maustaste den Eintrag *Neuer Ordner*. Manche Web-Designer ziehen es vor, alles in einem einzigen Ordner zu speichern, andere wiederum möchten ein allzu großes Durcheinander vermeiden (besonders bei umfangreichen Sites) und arbeiten lieber mit mehreren Unterordnern. Eine sinnvolle Möglichkeit ist die Variante, bestimmte Dateiarten, wie beispielsweise Grafikdateien, in separaten Unterordnern abzulegen. Allerdings kann die Technik mit den Unterordnern den Dateitransfer via FTP ein klein wenig komplizierter machen, weil Sie dabei von einem Ordner in einen anderen wechseln müssen.

Seiten speichern

Die beste Regel für das Speichern von Seiten ist der gute alte Spruch „Speichere früh und speichere oft". Es gibt ungezählte Dinge, die bei einem Computer schief gehen können – von einem Stromausfall, bis hin zu unvorhergesehenen und unerklärlichen Abstürzen – und daher ist die Vorsicht auch tatsächlich die beste Maßnahme, um die Porzellankiste vor Scherben zu schützen. Wann immer Sie eine wesentliche Änderung an einem Dokument vornehmen, sollten Sie es unmittelbar danach speichern.

Das Speichern funktioniert bei Dreamweaver genau so, wie bei den meisten anderen Windows-Programmen. Sie können im Menü *Datei* den Eintrag *Speichern* wählen oder die Tastenkombination [Strg] + [S] (bzw. Command + [S] bei Macintosh) drücken. Wollen Sie den Dateinamen ändern bzw. die geänderte Datei in einem anderen Ordner speichern, dann benutzen Sie im Menü *Datei* den Eintrag *Speichern unter*.

Dreamweaver fügt allen Dateien, die über das Dokumentfenster gespeichert werden, standardmäßig die Namenerweiterung *htm* hinzu. Allerdings ist die Standarderweiterung für HTML.-Dateien jedoch *html* und nicht *htm*, aber es gibt kaum einen Browser, der nicht mehr als drei Buchstaben für die Namenerweiterung unterstützt. Die paar wenigen DOS- oder Windows 3.1-Browser, die noch in Gebrauch sind, würden den vierten Buchstaben einfach ignorieren und *html* als *htm* lesen. Wollen Sie die Voreinstellung für die Namenerweiterung ändern, gehen Sie wie folgt vor:

1. Öffnen Sie im Dokumentfenster das Menü *Bearbeiten* und wählen Sie dort den Eintrag *Einstellungen*.

2. Im Dialogfenster *Voreinstellungen* markieren Sie die Kategorie *Allgemein*.

3. Bei den Optionen sehen Sie nach dem Kontrollkästchen *Erweiterung beim Speichern hinzufügen:* ein Eingabefeld und dort ändern Sie die Vorgabe htm durch **html**. Natürlich können Sie dieses Eingabefeld auch ganz leer lassen, aber dann müssten Sie bei jedem Speichern die Namenerweiterung manuell eingeben.

4. Bestätigen Sie Ihre Änderung mit einem Klick auf die Schaltfläche *OK*.

Tipp

Das Ändern der Namenerweiterung im Dialogfenster *Voreinstellungen* hat keinerlei Auswirkungen auf die Namenerweiterungen im Dialogfenster *Site*. Alle im *Site*-Fenster erstellten Dateien haben auch weiterhin die Erweiterung *htm* – und das vollkommen unabhängig davon, ob und welche Erweiterung sie bei den Voreinstellungen im Dokumentfenster eingetragen haben. Glücklicherweise ist es kein besonders großer Aufwand, bei der Eingabe des Dateinamens die Namenerweiterung *html* mit einzutippen.

Existierende Seiten öffnen

Bei Dreamweaver gibt es drei verschiedene Methoden, um bereits vorhandene Web-Seiten zu öffnen. Die zwei Methoden, die das Dokumentfenster bietet, sind normaler Standard und entsprechen der Vorgehensweise bei den meisten Windows-Programmen. Sie können im Menü *Datei* den Eintrag *Öffnen* wählen oder, falls die Datei kürzlich erst geöffnet war, den betreffenden Eintrag ganz unten im *Datei*-Menü direkt anklicken.

Beim Dialogfenster *Site* brauchen Sie hingegen jedoch nichts weiter zu tun, als auf dem Eintrag der gewünschten Web-Seite einen Doppelklick auszuführen (in der Sitemap-Ansicht ist es ein Doppelklick auf das Seitensymbol). In beiden Fällen öffnet Dreamweaver die Datei im Dokumentfenster und Sie können mit der Bearbeitung beginnen.

Standardmäßig erscheint jede geöffnete Datei in einem separaten Fenster, was im Klartext bedeutet, dass Sie mehrere Instanzen von Dreamweaver laufen lassen können. Wenn Sie also zum Beispiel an einer Seite arbeiten und dann noch drei weitere Seiten öffnen, haben Sie Dreamweaver letztendlich viermal gestartet.

Tipp

Obwohl das Öffnen mehrerer Seiten mehrere Kopien von Dreamweaver startet, werden die Paletten und Funktionsfenster nur einmal angezeigt. Allerdings beziehen sich die darin gezeigten Informationen immer nur auf die Seite, an der Sie gerade arbeiten. Besonders gut wird Ihnen diese Verfahrensweise deutlich, wenn Sie das Dialogfenster *HTML-Quelle* öffnen und dann von einer Dreamweaver-Instanz zur nächsten wechseln.

Wollen Sie dieses Standardverhalten beim Öffnen neuer Seiten ändern, dann gehen Sie wie folgt vor:

1. Öffnen Sie im Dokumentfenster das Menü *Bearbeiten* und wählen Sie dort den Eintrag *Einstellungen*.

2. Im Dialogfenster *Voreinstellungen* markieren Sie die Kategorie *Allgemein*.

3. Deaktivieren Sie das Kontrollkästchen *Dateien in neuem Fenster öffnen*.

4. Bestätigen Sie Ihre Änderung mit einem Klick auf die Schaltfläche *OK*.

Tipp

Die Option *Dateien in neuem Fenster öffnen* hat keinerlei Auswirkungen auf die Erstellung neuer Seiten. Wann immer Sie über das Dokumentfenster eine neue Seite anlegen, wird automatisch ein neues Fenster geöffnet. Das Gleiche gilt auch für den Fall, dass Sie eine bereits vorhandene Seite über die Dateiliste oder das Dialogfenster *Site* öffnen. Die Einstellung im Dialogfenster *Voreinstellungen* bezieht sich ausschließlich auf das Öffnen bereits existierender Seiten im Dokumentfenster.

Design Notes

Wie früher in diesem Kapitel bereits erwähnt, können Sie Dateien und manchen Objekten so genannte Design-Noten zuordnen. Folgende Objekte einer Web-Seite können Design Notes haben:

- ActiveX-Bedienelemente
- Flash Movies
- Image-Fields in Formularen
- IMG-Elemente
- Java-Applets
- Shockware-Objekte

Wollen Sie für eine Datei Design Notes anlegen und befinden Sie sich gerade im Dialogfenster *Site*, dann gehen Sie mit dem Mauszeiger einfach auf die betreffende Datei, drücken die rechte Maustaste und wählen im Popup-Menü den Eintrag *Design Notes*. Alternativ können Sie auch den Eintrag nur markieren, das Menü *Datei* öffnen und anschließend *Design Notes* anklicken. So oder so muss die betreffende Seite bereits gespeichert und Bestandteil einer Site sein, bei der die Option *Design Notes* aktiviert wurde. Ist die Datei nicht gespeichert, werden Sie aufgefordert, dies zu tun.

Am Bildschirm erscheint nun das Dialogfenster *Design Notes* (Abbildung 2.10). In der Registerkarte *Basis-Info* haben Sie die Möglichkeit, einen Status für die Datei anzugeben. Im Textfeld *Anmerkungen* erfassen Sie alle Informationen, die nicht verloren gehen sollen.

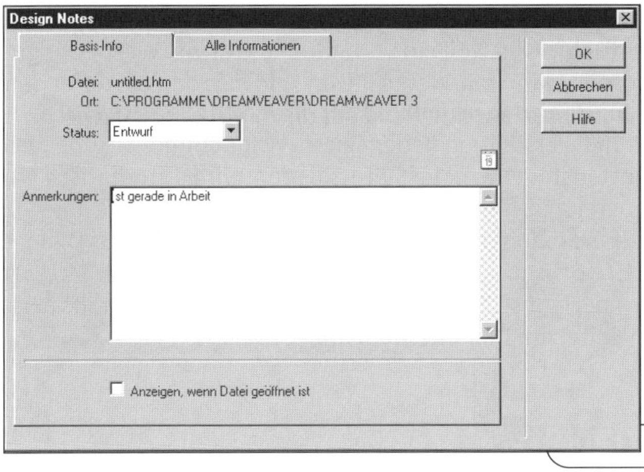

Das Dialogfenster *Design Notes*

Abb. 2.10

Tipp

Obwohl Sie in der Liste *Status* keine neuen Einträge vornehmen können, so haben Sie doch die Möglichkeit, über die Registerkarte *Alle Informationen* dieser Liste einen neuen Eintrag hinzuzufügen. Statusangaben, die auf diese Weise erzeugt wurden, gelten ausschließlich für die Datei, in der sie hinzugefügt wurden.

Das Kalendersymbol auf der rechten Seite der Registerkarte *Basis-Infos* bietet eine bequeme Möglichkeit, die Anmerkungen mit dem aktuellen Tagesdatum zu versehen. Klicken Sie dieses Symbol an, wird am Anfang des Textbereichs das Datum eingefügt, wobei eventuell bereits eingetragene Informationen um eine Zeile nach unten geschoben werden. Wenn Sie jedoch nur das Kalendersymbol anklicken aber keinerlei Informationen eintragen, dann speichert Dreamweaver auch keine Design Note ab. Allerdings genügt bereits ein Leerzeichen nach dem Datum, damit die Design Note angelegt wird.

Alle Informationen in einer Design Note werden als Name/Wert-Paare abgespeichert (z.B. *status=Entwurf*). Wollen Sie auf den Code existierender Notes direkt zugreifen oder weitere Name/Wert-Paare anlegen, dann gehen Sie auf die Registerkarte *Alle Informationen*. Wie Sie in der Abbildung 2.11 sehen können, enthält der Bereich *Info* den eigentlichen Code für die Name/Wert-Paare. Die jeweiligen Elemente eines Name/Wert-Paars erscheinen auch in den Feldern *Name* und *Wert*, wo sie auch bearbeitet werden können.

Die ersten beiden Name/Wert-Paar sind *status* und *notes* (immer davon ausgehend, dass Sie in der Registerkarte *Basis-Info* tatsächlich irgendwelche Einträge gemacht haben). Wollen Sie ein neues Name/Wert-Paar anlegen, klicken Sie zuerst auf die *Plus*-Schaltfläche und geben dann den Namen und den Wert in die beiden entsprechend Felder ein. Soll ein vorhandenes Name/Wert-Paar gelöscht werden, dann markieren Sie im Feld *Info* den betreffenden Eintrag und klicken anschließend auf die *Minus*-Schaltfläche.

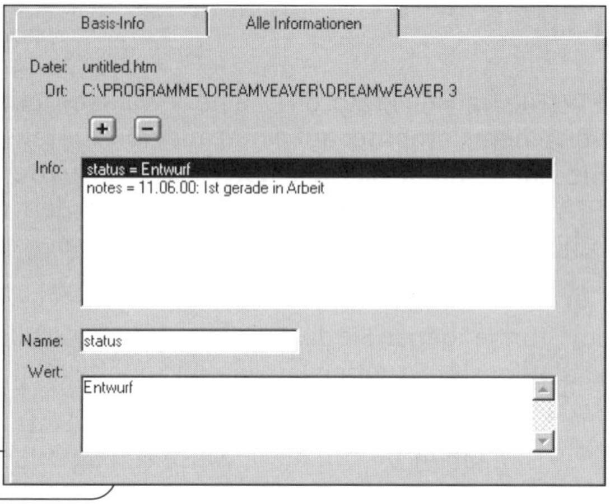

Die Registerkarte *Alle Informationen*

Abb. 2.11

Wollen Sie ein bereits existierendes Name/Wert-Paar ändern, dann markieren Sie es in der Liste *Info* und führen in den Feldern *Name* und *Wert* die gewünschte Änderung durch. Wenn Sie das Name/Wert-Paar für *Status* oder *Notes* ändern, dann werden die Daten zwar aus der Registerkarte *Basis-Infos* entfernt, stehen aber noch unter dem neuen Namen in der Registerkarte *Alle Informationen* zur Verfügung. Ändern Sie hingegen in der Registerkarte *Alle Informationen* nur den Wert von *Status*, dann wird dieser neue Status der Liste in der Registerkarte *Basis-Infos* hinzugefügt.

Sind Sie mit Ihrer Arbeit im Dialogfenster *Design Notes* fertig, dann klicken Sie auf die Schaltfläche *OK*.

Wollen Sie sich die Design Notes zu einer Datei ansehen, klicken Sie einfach mit der rechten Maustaste auf die betreffende Datei bzw. das Objekt und wählen im Popup-Menü den Eintrag *Design Notes*.

Tipp

Design Notes werden im Ordner der Site in einem Unterordner namens *_notes* abgelegt. Das Dialogfenster *Site* berücksichtigt diese Tatsache allerdings nicht – für die Site-Ansicht ist dieser Unterordner nicht existent. Im Windows-Explorer können Sie jedoch sehen, dass jede Design Note den gleichen Namen besitzt wie die Datei, mit der sie verknüpft ist. Lediglich die Namenerweiterung ist anders, da dem ursprünglichen Dateinamen noch die Endung *.mno* hinzugefügt wird. Wenn Sie also beispielsweise eine Design Note für eine Datei namens koala.html anlegen, dann wird die Design Note den Namen *koala.html.mno* haben.

FTP

FTP (File Transfer Protocol) ist eine bewährte Methode, um Dateien von einem Computer auf einen anderen zu transportieren. Wenn Sie schon einmal mit Unix-Systemen zu tun hatten, dann haben Sie FTP wahrscheinlich bereits benutzt. Außerdem dürften Sie auch schon das eine oder andere bekannte Windows- oder Macintosh-FTP-Programm aus der Nähe gesehen haben.

Tipp

Im Grunde können Sie das Dokumentfenster schließen und nur das Dialogfenster *Site* offen lassen – im Endeffekt haben Sie damit ein separates FTP-Programm.

Globale FTP-Einstellungen

Bei Dreamweaver gibt es zwei Stellen, an denen Sie FTP-Spezifikationen vornehmen müssen. Zum einen sind da die Informationen für die Site, an der Sie gerade arbeiten (wurde bereits im Abschnitt über das Erstellen einer Site besprochen) und zum anderen gibt es da noch die allgemeinen Einstellungen, die für jede FTP-Verbindung Gültigkeit haben.

Um die allgemeinen FTP-Einstellungen zu ändern, gehen Sie wie folgt vor:

1. Öffnen Sie das Menü *Bearbeiten* und wählen Sie dort den Eintrag *Einstellungen*.

2. Im Dialogfenster *Voreinstellungen* markieren Sie die Kategorie *Site FTP* (Abbildung 2.12).

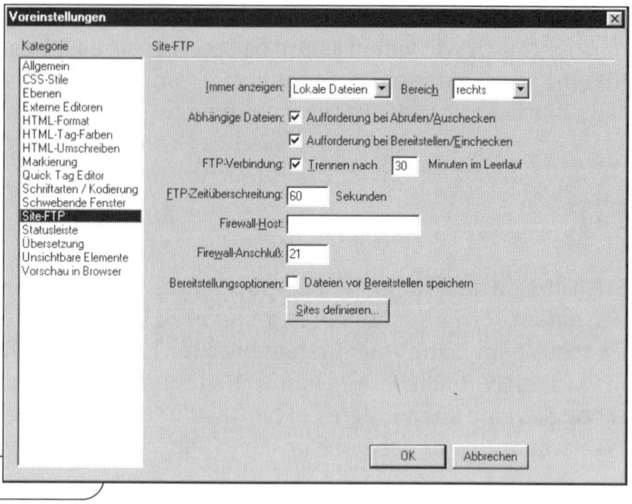

FTP-Einstellungen vornehmen

Abb. 2.12

3 Im Listenfeld *Immer anzeigen* haben Sie die Wahl zwischen *Lokale Dateien* und *Entfernte Dateien*. Mit dem Listenfeld *Bereich* legen Sie fest, ob die gewählten Dateien im linken oder im rechten Fensterausschnitt des *Site*-Fensters angezeigt werden sollen.

Tipp Im Grunde ist es vollkommen gleichgültig, für welchen der beiden Einträge Sie sich im Listenfeld *Immer anzeigen* entscheiden. Nehmen Sie zum Beispiel *Lokale Dateien* und setzen Sie diese auf *rechts*, dann versteht es sich von selbst, dass die entfernten Dateien im linken Fensterausschnitt angezeigt werden.

4 Mit den Kontrollkästchen bei *Abhängige Dateien* legen Sie fest, ob Sie beim Aufrufen bzw. Auschecken und/oder beim Bereitstellen bzw. Einchecken daran erinnert werden wollen, die jeweils abhängigen Dateien zu laden.

Tipp Beim Dateitransfer hat der Begriff *laden* zweierlei Bedeutung. Einerseits bezieht er sich darauf, dass Sie eine Datei von Ihrem lokalen System zum entfernten System senden, und andererseits kann er auch bedeuten, dass Sie vom entfernten System eine Datei auf Ihr lokales System *herunterladen*. Abhängige Dateien sind Dateien, die mit der Web-Seite verbunden sind und ohne die ein Browser die Web-Seite nicht vollständig anzeigen kann (wie beispielsweise Bilddateien).

5. Mit der Option *FTP-Verbindung* legen Sie fest, ob bzw. nach wie vielen Minuten Leerlauf eine FTP-Verbindung automatisch getrennt werden soll. Entweder Sie geben bei *Minuten im Leerlauf* die gewünschte Minutenzahl ein oder Sie deaktivieren das Kontrollkästchen, damit diese Option überhaupt nicht zum Tragen kommt.

6. Mit *FTP-Zeitüberschreitung* legen Sie fest, wie lange Dreamweaver versuchen soll, eine Verbindung mit einem entfernten FTP-Server aufzubauen. Die Voreinstellung beträgt 60 Sekunden, aber Sie können jede beliebige Sekundenzahl eingeben.

7. Wenn Sie sich hinter einer Firewall befinden (ein extra dafür eingerichteter Computer, der als Sicherheitspuffer zwischen Ihrem lokalen Netzwerk und dem Internet dient), dann geben Sie in das Feld *Firewall-Host* die Adresse Ihres Proxy-Servers ein.

8. Im Feld *Firewall-Anschluss* wird der FTP-Standard-Port, also 21, angezeigt. Falls Sie sich hinter einer Firewall befinden und einen Nicht-Standard FTP-Port verwenden, dann müssen Sie hier die entsprechende Nummer eintragen.

9. Wollen Sie, dass alle noch nicht gespeicherten Dateien vor der Bereitstellung gespeichert werden, dann aktivieren Sie das Kontrollkästchen *Dateien vor Bereitstellen speichern*.

10. Nachdem Sie alle Einstellungen vorgenommen haben, klicken Sie auf die Schaltfläche *OK*.

Tipp

Mit der Schaltfläche *Sites definieren* können Sie vom Dialogfenster *Voreinstellungen* aus direkt auf das Dialogfenster *Sites definieren* zugreifen.

Dateien transferieren

Die Abbildung 2.13 zeigt ein Beispiel für ein *Site*-Fenster, bei dem die lokalen Ordner im linken Fensterausschnitt angezeigt werden. Die Auflistung umfasst sowohl Unterordner als auch einzelne Dateien.

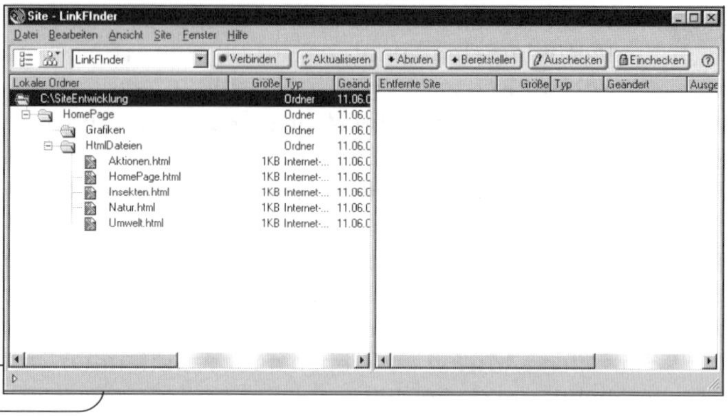

Das *Site*-Fenster vor der Einrichtung einer FTP-Verbindung

Abb. 2.13

Tipp

Welche Schaltflächen im *Site*-Fenster verfügbar sind, hängt davon ab, welche Optionen für die jeweilige Site gesetzt wurden. Die Schaltflächen *Verbinden*, *Abrufen* und *Bereitstellen* sind jedoch immer präsent. Wurde bei den Site-Definitionen die Option Ein-/Auschecken aktiviert (was jedoch nur dann der Fall sein sollte, wenn mehrere Personen an einer Site arbeiten), dann werden auch die Schaltflächen *Einchecken* und *Auschecken* zur Verfügung stehen (siehe Abbildung 2.13).

Klicken Sie in der Symbolleiste des *Site*-Fensters auf die Schaltfläche *Verbinden*, wird die Verbindung mit dem entfernten Server via FTP geöffnet. Die Abbildung 2.14 zeigt das *Site*-Fenster, nachdem die Verbindung aufgebaut wurde. Die Dateien des entfernten Ordners erscheinen im rechten Fensterausschnitt (handelt es sich um einen neue Site, sind dort keine Dateien zu sehen und es wird nur der Hauptordner angezeigt). Beachten Sie bitte, dass die Schaltfläche *Verbinden* nach dem Verbindungsaufbau zur Schaltfläche *Trennen* wird. Wie Sie sich nun bereits denken können, führt ein Klick auf diese Schaltfläche dazu, dass die FTP-Verbindung abgebrochen wird und anschließend wieder die Schaltfläche *Verbinden* zu sehen ist.

Je nachdem, ob Sie alleine arbeiten oder Mitglied eines Teams sind, werden Sie zum Laden oder Herunterladen von Dateien verschiedene Schaltflächen benutzen.

Ein einzelner Entwickler würde in der Liste der lokalen Ordner einen Dateinamen markieren und anschließend auf die Schaltfläche *Bereitstellen* klicken. Wollen Sie eine Datei herunterladen, markieren Sie sie in der Liste *Entfernte Site* und klicken anschließend auf *Abrufen*. Arbeiten Sie alleine an einer Web-Site, dann dürfte die Option *Ein-/Auschecken* im Dialogfenster *Site-Definition* deaktiviert sein, so dass die Schaltflächen *Einchecken* und *Auschecken* in diesem Fall nicht zur Verfügung stehen.

Sind Sie jedoch Teil eines Entwicklerteams, dann müssen Sie die Schaltflächen *Einchecken* und *Auschecken* benutzen, damit die betreffenden Dateien jeweils als in Benutzung oder verfügbar gekennzeichnet sind. Das hält Ihre Kollegen davon ab, den Fehler zu begehen und zeitgleich mit Ihnen an derselben Seite zu arbeiten. Um eine Datei herunterzuladen, markieren Sie den Dateieintrag in einem der beiden Fensterausschnitte und klicken anschließend auf die Schaltfläche *Auschecken*. Neben dem betreffenden Dateinamen erscheint nun ein Zeichen, dass die Datei gegenwärtig in Bearbeitung ist. An Ihrem Bildschirm erscheint dieses Zeichen in Grün, während es am Bildschirm Ihrer Teamkollegen in Rot angezeigt wird. Ebenso angezeigt werden auch Ihr Name sowie Ihre Anmelde-ID. Sind Sie mit der Bearbeitung einer Datei fertig, laden Sie sie wieder zurück und stellen sie mit der Schaltfläche *Auschecken* den anderen wieder zur Verfügung.

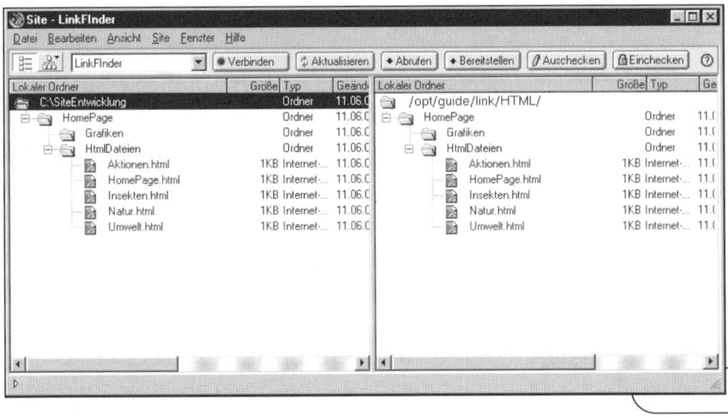

Das Site-Fenster während einer FTP-Verbindung

Abb. 2.14

Tipp

Eine aktivierte Option *Ein-/Auschecken* bedeutet auch, dass jede mit der Schaltfläche *Abrufen* geladene Datei für alle anderen automatisch auf *Nur-Lesen* gesetzt wird. Das Zurückladen einer Datei mit der Schaltfläche *Bereitstellen* hat denselben Effekt wie die Schaltfläche *Auschecken*.

Unabhängig von der Methode, die Sie zum Herunterladen oder Zurückladen verwenden, werden Sie stets gefragt, ob die abhängigen Dateien eingeschlossen sein sollen. Allerdings erfolgt diese Abfrage, ohne dass vorab geprüft wird, ob tatsächlich irgendwelche abhängigen Dateien vorhanden sind.

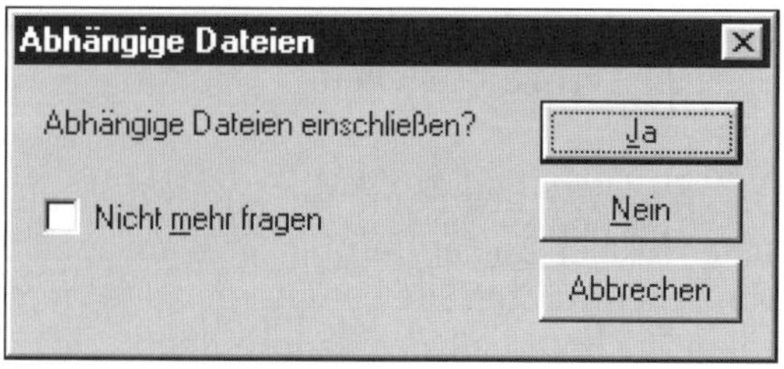

Tipp

Während Sie mit der entfernten Site verbunden sind, werden Sie durch Meldungen in der Statusleiste über die Fortschritte all Ihrer Aktionen auf dem Laufenden gehalten.

Die Abbildung 2.15 zeigt einige Dateien im lokalen Ordner, die entweder abgerufen oder ausgecheckt sind. Das grüne Häkchen kennzeichnet eine ausgecheckte Datei, während zum Beispiel die Datei Aktionen.html abgerufen worden ist und auf *Nur-Lesen* steht, weil die Option Ein-/Auschecken aktiviert wurde.

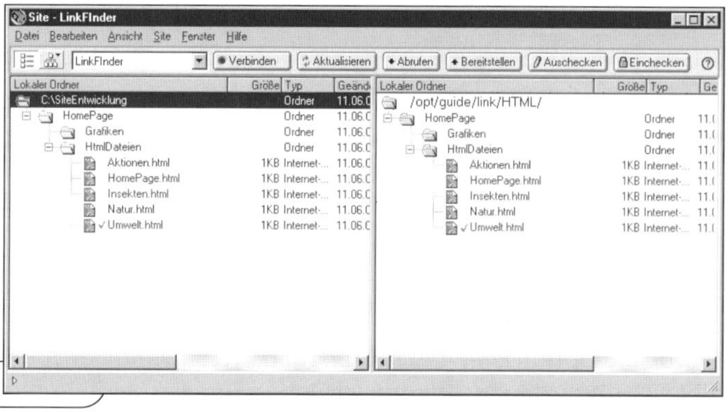

Gekennzeichnete Dateien

Abb. 2.15

Tipp

Die Schaltflächen *Einchecken* und *Auschecken* verhalten sich entsprechend der jeweiligen Situation. Markieren Sie beispielsweise eine Datei, die bereits ausgecheckt ist, dann ist die Schaltfläche *Auschecken* inaktiv und Sie können nur noch die Schaltfläche *Einchecken* benutzen. Markieren Sie jedoch eine Datei, die noch nicht ausgecheckt ist, dann haben Sie nur die Möglichkeit, die Schaltfläche *Auschecken* anzuklicken.

Ordnerstruktur in der lokalen und der entfernten Site

Dreamweaver achtet immer darauf, dass die Dateistruktur zwischen lokalen und entfernten Sites ausgeglichen ist. Dateien, die von der entfernten Site heruntergeladen werden, landen in der lokalen Site unterhalb des Hauptordners und nicht im Unterordner. Die Abbildung 2.16 zeigt, was passiert, wenn Sie eine Datei aus einem Unterordner der lokalen Site in die entfernte Site laden – der betreffende Unterordner wird in der entfernten Site automatisch angelegt, so dass die Struktur der beiden Sites identisch bleibt.

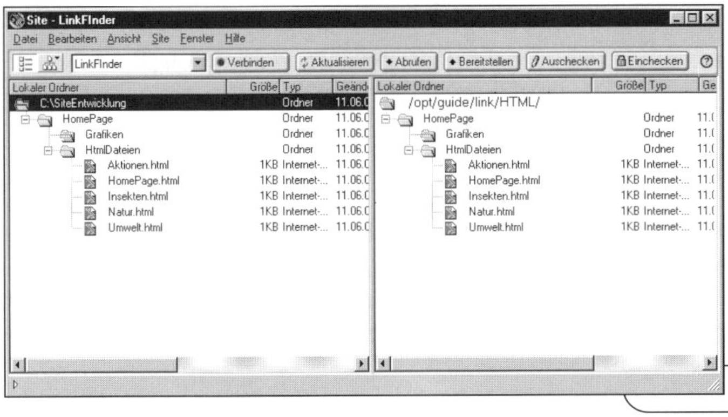

Ausgleich der Ordnerstruktur zwischen lokaler und entfernter Site

Abb. 2.16

Tipp

Ein Doppelklick auf den Dateinamen – sei es im lokalen Ordner oder in der entfernten Site – ruft die Datei zur Bearbeitung auf. Wurde die Option *Ein-/Auschecken* für diese Site aktiviert, dann ergibt sich durch die Einstellung der Option *Dateien beim Öffnen auschecken* (Dialogfenster *Site-Definition*), welche Datei nun tatsächlich geöffnet wird. Ist die Option *Dateien beim Öffnen auschecken* aktiviert, dann wird immer die Datei in der entfernten Site geöffnet – unabhängig davon, ob Sie den Doppelklick auf dem Dateinamen im lokalen Ordner oder in der entfernten Site ausgeführt haben. Ist diese Option nicht aktiv, dann wird auch genau die Datei geöffnet, auf der Sie den Doppelklick durchführen.

Um die Dateien eines Ordners bzw. eines Unterordners zu laden, brauchen Sie nicht alle Dateien einzeln zu markieren. Die Abbildung 2.17 zeigt, was passiert, wenn Sie einen Ordner markieren und laden. Der Ordner wird, falls erforderlich, in der betreffenden Site neu angelegt und alle darin enthaltenen Dateien werden ebenfalls übertragen. Dieses Prinzip gilt übrigens sowohl für das Herunterladen als auch für das „Hinüberladen" von Ordnern.

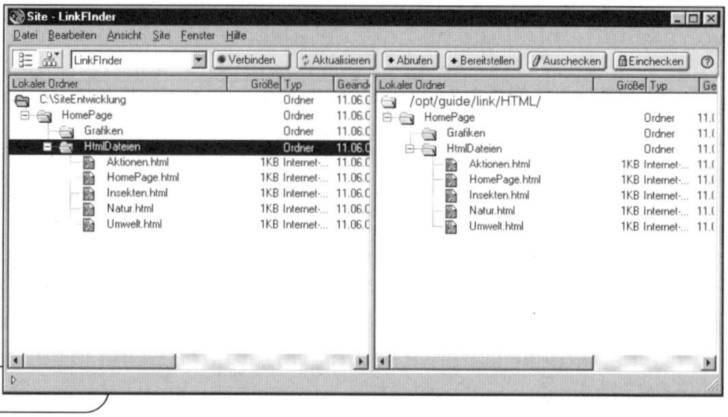

Kompletten Ordner laden

Abb. 2.17

Tipp

Wenn Sie den Hauptordner der entfernten Site markieren und anschließend auf die Schaltfläche *Abrufen* anklicken, dann wird die komplette entfernte Site in einem Arbeitsgang heruntergeladen. Ebenso können Sie eine ganze lokale Site laden, wenn Sie Ihren Hauptordner markieren und danach auf die Schaltfläche *Bereitstellen* klicken.

Lokale und entfernte Site synchronisieren

Dreamweaver 3 besitzt eine neue und extrem praktische Funktion namens *Synchronisieren*. Diese Funktion bietet Ihnen die Möglichkeit sicherzustellen, dass die lokale und auch die entfernte Seite stets die aktuellsten Dateien enthalten.

Die Synchronisierung führt dazu, dass die alten Dateien durch die jeweils neueren überschrieben werden. Sie können entweder eine komplette Site oder auch nur bestimmte einzelne Dateien synchronisieren lassen.

Eine entfernte Site komplett in den lokalen Computer laden

Die überwiegende Mehrheit aller Web-Sites wird an lokalen Computersystemen erstellt und erst danach auf einen entfernten Web-Server geladen. Wie Sie jedoch bereits gesehen haben, unterstützt

Dreamweaver auch den umgekehrten Weg. Sie können alle Dateien einer Site von einem entfernten Web-Server nehmen und sie in Ihren lokalen Computer laden. Bleibt aber immer noch die Frage, wann und wozu dies überhaupt notwendig werden könnte – zum Beispiel dann, wenn Sie aus irgendeinem Grund eine bereits existierende Web-Site analysieren oder bearbeiten sollen.

Stellen Sie sich vor, dass alle lokalen Dateien aufgrund eines Festplattendefekts verloren gegangen sind. Idealerweise haben Sie alles auf Disketten oder einem anderen Speichermedium, wie einem Bandlaufwerk oder einem Zip-Laufwerk, gesichert. Unglücklicherweise verhält es sich mit der Datensicherung in etwa so wie mit dem Säubern des Eisfachs in Ihrem Kühlschrank – beides sollte man regelmäßig tun, lässt es aber dennoch oft bleiben. Demzufolge kann es also durchaus passieren, dass alle Dateien verloren sind und keine aktuelle Datensicherung verfügbar ist. Und in genau so einem Fall werden Sie in der Lage sein, sich die betreffenden Dateien von der entfernten Site herunterzuladen.

Falls Sie Dateien von einer fremden Web-Site herunterladen müssen, denken Sie bitte daran, dass Sie für dieses System ein Zugriffsrecht benötigen. Demzufolge brauchen Sie ein Kennwort, das die FTP-Software senden kann, um Sie zu identifizieren. Was aber tun, wenn Sie zum Beispiel einen Kunden haben, der Ihnen noch kein Kennwort gegeben hat, bei dem Sie jedoch sofort tätig werden müssen? In einem solchen Fall bleibt Ihnen nichts anderes übrig, als die betreffenden Dateien über Ihren Web-Browser manuell mit der Funktion *Datei/Speichern unter* auf Ihre Festplatte zu übertragen. Der Nachteil daran ist, dass es ein mühseliges Unterfangen darstellt, der Vorteil jedoch liegt darin, dass es in annehmbarer Zeit zu bewerkstelligen ist.

Befinden sich die lokale und die entfernte Site in verschiedenen Zeitzonen, könnte es beim Datenvergleich zu Fehlermeldungen kommen.

Um eine lokale und eine entfernte Site untereinander zu synchronisieren, gehen Sie wie folgt vor:

1. Öffnen Sie Im Dialogfenster *Site* das Menü *Site* und wählen Sie dort den Eintrag *Synchronisieren*.

2. Wählen Sie im Listenfeld *Synchronisieren* entweder *Gesamte Site* oder *Nur lokale Dateien auswählen*.

3. Öffnen Sie das Listenfeld *Richtung* und wählen Sie einer der gebotenen Alternativen. Sie haben die Wahl zwischen *Aktuellere Dateien für entferntes Objekt bereitstellen* (der entfernte Server wird vom lokalen Server aktualisiert), *Aktuellere Dateien vom entfernten Objekt beziehen* (die lokalen Dateien werden vom entfernten Server aktualisiert) und *Aktuellere Dateien beziehen und bereitstellen* (die jeweils weniger aktuelle Datei wird überschrieben).

4. Wollen Sie, dass beide Sites nicht nur aktualisiert, sondern absolut identisch gehalten werden, aktivieren Sie das Kontrollkästchen *Entfernte Dateien nicht auf lokalem Laufwerk löschen*. Im Gegensatz zu dem, was der Name vermuten lässt, werden hierbei (je nach gewählter Richtung) Dateien sowohl auf der lokalen als auch auf der entfernten Site gelöscht. Stellen Sie neue Dateien in die entfernte Site, dann werden in der lokalen Site alle entfernten Dateien gelöscht, zu denen es keine Entsprechung gibt.

! **Gehen Sie mit der Option *Entfernte Dateien nicht auf lokalem Laufwerk löschen* vorsichtig um. Haben Sie Dateien, die zu einem späteren Zeitpunkt erst auf die eine oder andere Seite transferiert werden sollen, so könnten auch diese unbeabsichtigt gelöscht werden, weil sie ja noch nicht geladen worden sind. Ist der Vorgang erst einmal gestartet, kann er als Ganzes in Dreamweaver nicht wieder angehalten werden, bis alle Dateien geprüft worden sind. Außer den Stecker aus der Dose zu ziehen oder die DFÜ-Verbindung zu trennen, liegt die einzige Möglichkeit, den Vorgang in seinem Verlauf zu blockieren darin, kontinuierlich auf die Schaltfläche Stop zu klicken, sobald jede Datei geprüft wurde.**

5. Klicken Sie auf die Schaltfläche *OK*, um den Vorgang zu starten. Alle Dateien, die den vorgegebenen Kriterien (Transfer oder löschen) entsprechen, werden aufgelistet (Abbildung 2.18). Deaktivieren Sie die Kontrollkästchen vor den Einträgen, die vom Vorgang ausgenommen werden sollen.

6. Bestätigen Sie Ihre Auswahl mit *OK*.

Dreamweaver führt die Synchronisierung durch und aktualisiert die Dateien in der lokalen bzw. entfernten Site entsprechend den von Ihnen gemachten Vorgaben.

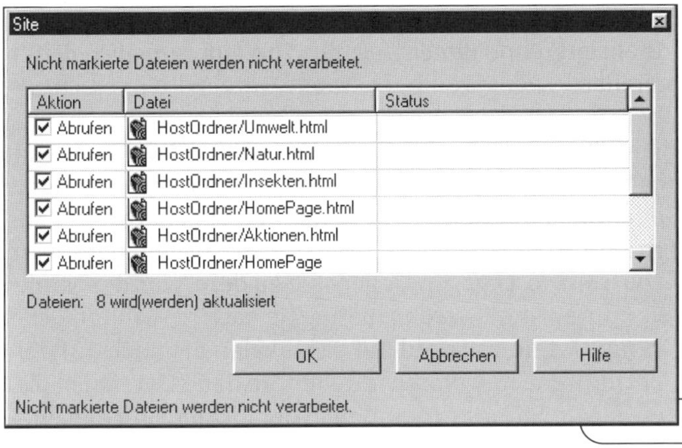

Start der Synchronisierung bestätigen

Abb. 2.18

Zusammenfassung

In diesem Kapitel wurde Ihnen gezeigt, wie Sie Web-Sites und Webseiten anlegen und wie Sie mit der FTP-Funktionalität Dateien zwischen lokaler und entfernter Site hin- und herbewegen.

Sie haben gelernt, dass Sie die Optionen für eine Site im Dialogfenster *Sites definieren* festlegen und dass Sie dieses Fenster sowohl vom Dokumentfenster aus als auch über das *Site*-Fenster aufrufen können. Ähnlich funktioniert es auch mit der Erstellung neuer Seiten – auch sie können über das Dokumentfenster und das *Site*-Fenster angelegt werden. Seiten, die über das Site-Fenster erstellt werden, brauchen Sie nicht in einem separaten Vorgang zu speichern. Existierende Seiten rufen Sie entweder über das Menü des Dokumentfensters auf oder im *Site*-Fenster mittels Doppelklick auf ihren Dateinamen.

Anschließend wurde Ihnen gezeigt, wie der Dateitransfer zwischen lokaler und entfernter Site mittels FTP (File Transfer Protocol) funktioniert. In Umgebungen, bei denen mehrere Personen an einer Site arbeiten, müssen Dateien ein- bzw. ausgecheckt werden. Arbeiten Sie alleine, dann brauchen Sie nichts weiter zu tun, als Dateien abzurufen (herunterzuladen) oder bereitzustellen (zurückzuladen). Wenn Sie Dateien von einer Site in die andere transferieren, sorgt Dreamweaver dafür, dass die Dateistruktur in beiden Sites identisch bleibt, indem es gegebenenfalls automatisch einen Unterordner in der betreffenden Site erstellt.

Zu guter Letzt wurde über den neuen Befehl *Synchronisieren* gesprochen, mit dessen Hilfe Sie sicherstellen können, dass sich die Dateien auf der lokalen und der entfernten Site auf dem aktuellsten Stand befinden.

Im nächsten Kapitel lernen Sie, das Dialogfenster HTML-Quelle näher kennen und erfahren, wie Sie mit Dreamweaver existierende HTML-Seiten laden und speichern können, ohne dabei deren Code zu ändern.

Dreamweaver und HTML

3

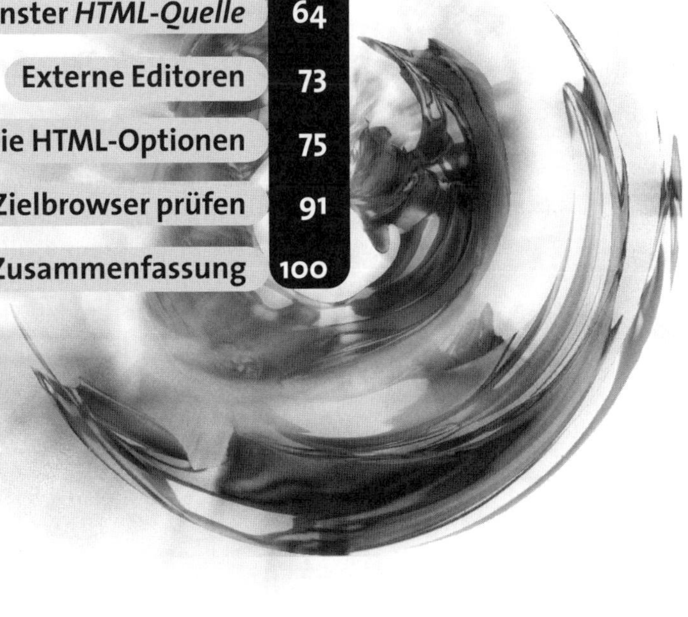

Dreamweaver erzeugt nicht nur automatisch perfekten HMTL-Code, sondern kann zudem auch noch Fehler ermitteln, die von anderen Programmen gemacht wurden. Direkt gesagt, Dreamweaver ist sehr funktional. Sie brauchen gar nicht zu wissen, wie dieses Programm seine Aufgaben erledigt – Sie brauchen nichts weiter zu tun, als seine Paletten und Menüoptionen zu nutzen und schon können Sie mit überraschender Leichtigkeit wunderbare Web-Seiten damit erstellen.

Aber dennoch erlaubt Ihnen das Programm auch, tiefer in die Materie zu gehen. Das Dialogfenster *HTML-Quelle* gewährt Ihnen Einblick in den HTML-Code, den Sie gerade erstellen, und ist zudem auch noch dazu in der Lage, als Schnittstelle zu weitaus komplexeren Editoren wie HomeSite und BBEdit zu dienen. Es kann den Quellcode anderer Web-Design-Programme verändern oder den Originalcode absolut unverändert belassen. Dreamweaver ist wie ein guter Freund – je länger und besser Sie ihn kennen, umso mehr Eigenschaften entdecken Sie an ihm, die Sie mögen und schätzen.

Dieses Kapitel wirft einen Blick auf die Optionen, die Ihnen zur Verfügung stehen, falls Sie sich mit dem HTML-Code näher befassen wollen. Zunächst einmal schauen Sie sich den *Quick Tag Editor* an, der eine einfach zu handhabende Möglichkeit darstellt, um mit einzelnen Tags zu arbeiten. Danach werden Sie sich das Dialogfenster *HTML-Quelle* näher betrachten, das Ihnen all den Quellcode anzeigt. Anschließend lernen Sie etwas über den Umgang mit externen HTML-Editoren und zum Schluss sehen Sie, wie Sie Ihren HTML-Code auf seine Eignung für die meisten handelsüblichen Webbrowser testen können.

Tags mit dem *Quick Tag Editor* bearbeiten

Wenn Sie lediglich den HTML-Code für ein bestimmtes Tag ändern wollen, können Sie dafür den *Quick Tag Editor* von Dreamweaver benutzen. Um dieses Hilfsprogramm aufzurufen, öffnen Sie das Dialogfenster *Eigenschaften* und klicken anschließend auf der rechten Seite das kleine Symbol an, das wie ein gelbes Blatt Papier mit einem Stift aussieht. Alternativ können Sie den *Quick Tag Editor* aber auch mit der Tastenkombination [Strg] + [T] (Command + [T] bei Mac) aufrufen.

Je nachdem, was gerade markiert ist, führt der *Quick Tag Editor* unterschiedliche Aktionen aus:

- Ist kein bestimmtes Element markiert, wird der *Quick Tag Editor* im Einfügemodus gestartet und Sie können den HTML-Code für ein neues Element eingeben, das dann in der Web-Seite an der aktuellen Cursorposition eingefügt wird.

- Umfasst Ihre Markierung keine Anfangs- und Endetags – wenn Sie zum Beispiel nur den Teil eines Wortes markiert haben – dann wird der *Quick Tag Editor* im so genannten Wrap-Modus gestartet. Obwohl dieser Modus genau wie der Einfügemodus aussieht, wählen Sie hier ein Element aus, das dann den markierten Teil „umhüllt".

- Umfasst Ihre Markierung Anfangs- und Endetags, dann wird der *Quick Tag Editor* im Bearbeitungsmodus gestartet, der den gegenwärtigen HTML-Code für das markierte Element anzeigt.

In jedem der genannten Fälle erhalten Sie vom Programm eine kleine Hilfestellung. Wenn Sie nach dem Start von *Quick Tag Editor* einige Sekunden warten, erscheint ein Popup-Menü mit einer dem jeweiligen Kontext entsprechenden Auswahl von Elementen bzw. Attributen. Scrollen Sie das Menü gegebenenfalls so weit nach unten, bis Sie den gewünschten Eintrag gefunden haben. Sind Sie an dieser Hilfestellung nicht interessiert, dann beginnen Sie einfach sofort mir der Eingabe (ist das Popup-Menü bereits erschienen, drücken Sie die [Esc]-Taste, um es wieder vom Bildschirm zu entfernen).

Tipp

Während Sie den Quellcode für ein Element bearbeiten, können Sie mit der [Tab]-Taste von einem Punkt zum nächsten wechseln (z.B. vom Attribut zum Wert und dann weiter zum nächsten Attribut).

Haben Sie Ihre Arbeit mit dem *Quick Tag Editor* beendet, klicken Sie einfach auf eine Stelle außerhalb des Editors oder drücken die [Esc]-Taste. Wollen Sie mehr HTML-Code sehen, als nur den markierten, dann benutzen Sie bitte das Dialogfenster *HTML-Quelle*, das im nächsten Abschnitt beschrieben wird.

Tags, Elemente und Attribute

Obwohl die Begriffe *Tag* und *Element* oftmals als austauschbar behandelt werden, gibt es bei HTML dennoch einen Unterschied zwischen ihnen. Ein Tag definiert den Anfang und das Ende eines Elements – das Start-Tag kennzeichnet seinen Anfang und ein Schluss-Tag sein Ende. Zwischen dem Start- und dem Endetag befindet sich der Inhalt eines Elements. Das Element selbst besteht aus der Kombination von Start-Tag, Inhalt und Endetag. Nehmen Sie zum Beispiel die Zeile

```
<H1>Dies ist eine Hauptüberschrift.</H1>
```

Die Tags <H1> und </H1> kennzeichnen Anfang und Ende des Elements, der Inhalt ist der Satz Dies ist eine Hauptüberschrift. und die gesamte Zeile als Ganzes ist das Element selbst.

Attribute sind die *Aspekte* eines Elements und legen fest, worin und wie es sich von der Basisdefinition dieses Elements unterscheidet. Das Attribut *size* zum Beispiel legt fest, wie sich ein FONT-Element von der Standardgröße unterscheidet. Das Attribut *color* zeigt dem Browser, wie er die Farben im Vergleich zur Standardfarbe modifizieren soll. Beim HTML-Code werden die Attribute in das Start-Tag eines Elements gesetzt. Auf diese Weise erhält der Browser bereits vorab alle notwendigen Informationen, die er braucht, um das Element und seinen Inhalt korrekt anzeigen zu können.

Das Dialogfenster *HTML-Quelle*

Das Hilfsprogramm *HTML-Quelle* ist eines der wichtigsten Werkzeuge von Dreamweaver. Es bietet Ihnen ein Fenster zum eigentlichen Quellcode, der all dem zugrunde liegt, was Sie im Dokumentfenster sehen.

Wenn es Sie jedoch gar nicht interessiert, was „unter der Motorhaube" so abgeht, dann brauchen Sie *HTML-Quelle* gar nicht zu benutzen. Dreamweaver passt auf jedes Benutzerniveau und wird niemals von Ihnen verlangen, sich ungewollt mit dem Quellcode beschäftigen zu müssen.

HTML-Quelle ist zwar nicht als voll ausgestatteter HTML-Editor gedacht, wird sich jedoch als wertvoll erweisen, wenn Sie HTML lernen wollen oder auch einfach mal nur in den Code reinschauen müssen, während Sie an einer Web-Seite arbeiten. Mehr über

HTML-Editoren mit vollem Funktionsumfang erfahren Sie im Abschnitt über externe HTML-Editoren.

Tipp

Dreamweaver ist in der Lage, Fehler, die Sie mit externen HTML-Editoren versehentlich gemacht haben, automatisch zu finden und zu beheben. Dagegen werden Fehler, die Sie mit *HTML-Quelle* begehen, lediglich angezeigt und Sie müssen selbst sehen, wie Sie damit zurechtkommen. Dies ist also einer der besten Gründe, sich nicht nur auf *HTML-Quelle* zu beschränken, sondern einen externen HTML-Editor zu benutzen.

Das Dialogfenster *HTML-Quelle* können Sie auf verschiedene Arten aufrufen:

- Klicken Sie im Launcher oder Mini-Launcher auf das Symbol mit dem gelben Blatt Papier.
- Öffnen Sie im Dokumentfenster das Menü *Fenster* und wählen Sie dort den Eintrag *HTML-Quelle*.
- Drücken Sie die Funktionstaste F10.

HTML-Quelle – Anzeige einstellen

Die Abbildung 3.1 zeigt *HTML-Quelle* in seiner typischen Darstellungsform, also die Web-Seite überlagernd, deren Code gerade angezeigt wird. In seiner ursprünglichen Größe ist dieses Fenster jedoch etwas zu klein, um wirklich nützlich zu sein. Ebenfalls unglaublich ist die Tatsache, dass es in seiner rechten oberen Ecke nur das Standardsymbol zum Schließen besitzt, aber die üblichen Schaltflächen für *Minimieren* und *Vollbildmodus* komplett fehlen.

Natürlich hätten Sie nun die Möglichkeit, den sichtbaren Ausschnitt mit Hilfe der Bildlaufleisten hin und her zu schieben, aber das brauchen Sie glücklicherweise nun doch nicht zu tun. Soll der gesamte Text im Dialogfenster zu sehen sein, können Sie entweder die Option *Umbruch* aktivieren oder die Größe des Dialogfensters von *HTML-Quelle* verändern. Bitte beachten Sie, dass diese Option den Quellcode selbst weder modifiziert noch neu schreibt, sondern lediglich seine Darstellung im Fenster ändert.

Das Dialogfenster *HTML-Quelle*

Abb. 3.1

Um das Fenster von *HTML-Quelle* manuell zu ändern, brauchen Sie nichts weiter zu tun, als mit der Maus auf einen der Ränder oder eine der Ecken zu gehen, mit der Maus daraufzuklicken und dann die Maus mit gedrückter Maustaste in die gewünschte Richtung zu ziehen. Wenn Sie zum Beispiel den Mauszeiger auf die obere linke Ecke platzieren und ihn entsprechend weit herausziehen und anschließend mit der rechten unteren Ecke ebenso verfahren, dann können Sie das Fenster in nur zwei Arbeitsschritten auf die gewünschte Größe bringen. Die Abbildung 3.2 zeigt das Fenster *HTML-Quelle* in einer Größe, bei der dessen Inhalt leichter zu lesen ist. Die letzte Größe des Fensters merkt sich das System, so dass Sie beim nächsten Start von Dreamweaver nichts neu einstellen müssen.

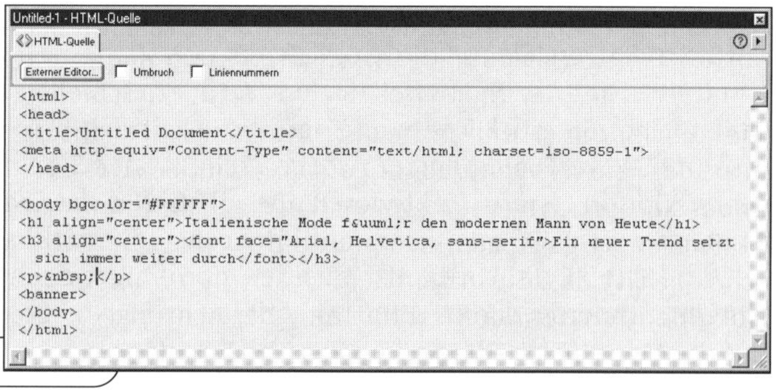

Das Fenster *HTML-Quelle* in geänderter Größe

Abb. 3.2

Tipp

Wenn Sie das Fenster *HTML-Qelle* so groß machen, dass es die Statusleiste des Dokumentfensters überdeckt, dann verlieren Sie den Zugriff auf den Mini-Launcher. In diesem Fall müssten Sie entweder den Launcher starten und günstig positionieren oder das Fenster *HTML-Quelle* ständig vom Vordergrund in den Hintergrund und wieder zurück stellen.

Sollten Sie Zeile, an der Sie gerade arbeiten, nun immer noch nicht als Ganzes im Fenster sehen können und auch keine Lust haben, die Bildlaufleiste zu benutzen, dann aktivieren Sie einfach die Option *Umbruch*, die bei jeder beliebigen Fenstergröße funktioniert.

Tipp

In der ursprünglichen Anfangsgröße kann das Dialogfenster *HTML-Quelle* eine Zeile von bis zu 1.697 Zeichen anzeigen. Über diese Grenze hinaus fangen die Zeichen an sich zu überlappen und auch der Cursor geht nicht weiter nach rechts. Zeilen, die diese Zeichenzahl überschreiten, sind zwar eigentlich eher selten, können aber dennoch einmal vorkommen – beispielsweise dann, wenn Sie eine Menge Schlüsselwörter für eine Suchmaschine hinzugefügt haben. Aber auch dieses Problem können Sie lösen, indem Sie das Fenster vergrößern oder die Option *Umbruch* benutzen. Außerdem tritt dieses Problem auch nur bei Dateien auf, die nicht mit Dreamweaver erstellt wurden, sondern nur importiert sind. Zeilen, die in Dreamweaver eingegeben werden haben eine vorgegebene Länge von 76 Zeichen.

HTML-Quelle – Eingabe

Nach dem Start ist *HTML-Quelle* zwar präsent, aber noch nicht wirklich aktiv. Wollen Sie es zu mehr nutzen, als nur für einen schnellen Blick auf den gerade markierten Code, müssen Sie mit der Maus auf das Fenster klicken, um darin arbeiten zu können.

!

Die Aktivierung erkennen Sie daran, dass sich die Hintergrundfarbe des Fensters von Hellgrau auf Weiß ändert. Der Cursor befindet sich jedoch nach wie vor an derselben Position wie vor der Aktivierung. Das ist ziemlich praktisch, weil es ja relativ wahrscheinlich ist, dass Sie in dem Bereich arbeiten wollen, den Sie im Dokumentfenster markiert hatten. Aber Achtung – klicken Sie mit der Maus in den Textbereich des Fensters, dann wird es aktiviert, aber der Cursor positioniert sich an der Stelle, an der Sie die Maustaste gedrückt haben. Aus diesem Grund ist es immer besser, Sie klicken mit der Maus auf die Titelleiste, die Statuszeile oder die Bildlaufleiste.

Nichts von dem, was Sie in das Fenster *HTML-Quelle* eingeben, wirkt sich im Dokumentfenster aus, bis Sie wieder einen Punkt außerhalb dieses Fensters anklicken oder die Tastenkombination [Strg] + [⇥] drücken. Allerdings gibt es von dieser Regel auch eine Ausnahme – ob es sich dabei jedoch nun um einen Fehler oder um eine Funktionalität handelt, das müssen Sie selbst entscheiden. Wenn Sie *HTML-Quelle* starten und mit dem Schreiben beginnen, ohne das Fenster vorab per Mausklick aktiviert zu haben, dann wirkt sich Ihre Eingabe gleichzeitig auch im Dokumentfenster aus. Im Grunde also das gleiche Prinzip, wie sonst auch in Dreamweaver – schließlich wird ja auch jede Eingabe im Dokumentfenster sofort Bestandteil des Codes.

HTML-Quelle – Optionen setzen

Sie haben die Möglichkeit, das Erscheinungsbild des HTML-Codes mittels einiger Optionen zu ändern. Allerdings haben diese Einstellungen keinerlei Auswirkung auf das Erscheinungsbild des Textes in der Web-Seite selbst, sondern betreffen nur die Anzeige des Codes im Dialogfenster.

Neben der Option *Umbruch* stehen noch drei weitere Optionen zur Verfügung, um das Dialogfenster *HTML-Quelle* Ihren persönlichen Präferenzen anzupassen: die Schriftart, in der Ihnen der Code angezeigt wird, die Farbe der einzelnen Elemente und die Darstellung von bzw. der Verzicht auf Zeilennummern.

Schriftart einstellen

Die voreingestellte Standardschrift ist bei *HTML-Quelle* Courier in der Größe 10 Punkt. Eigentlich eine vernünftige Schriftart und -größe, aber falls Sie nicht mit Adleraugen gesegnet sind, könnten Sie dennoch das Bedürfnis verspüren, doch eine etwas größere Schrift verwenden zu wollen. Der Wechsel von 10 Punkt auf beispielsweise 12 Punkt – also eine Vergrößerung von 20% – nimmt nicht viel mehr Platz auf dem Bildschirm ein, macht jedoch das Lesen um vieles einfacher.

Tipp

Ein *Punkt* entspricht 1/72 eines Inch und demzufolge ist eine 12-Punkt-Schrift 1/6 Inch und eine 18-Punkt-Font fb Inch hoch. Der Schriftstil selbst (z.B. *Fett* oder *Kursiv*) wird mit Hilfe der entsprechenden Tags festgelegt.

Für die Anzeige des Codes im Fenster *HTML-Quelle* können Sie jede Schrift wählen, die an Ihrem System installiert ist. Allerdings gibt es gute Gründe dafür, warum Sie bei der Wahl der Schriftarten für Ihre Web-Seite eine gewisse Vorsicht walten lassen sollten (Näheres hierzu erfahren Sie im nächsten Kapitel). Bei der Wahl der Schrift für das Dialogfenster *HTML-Quelle* haben Sie jedoch freie Hand, weil es ja niemand außer Ihnen zu Gesicht bekommt.

Um Schriftart oder -größe zu ändern, gehen Sie wie folgt vor:

1. Öffnen Sie im Dokumentfenster das Menü *Bearbeiten*, wählen Sie dort den Eintrag *Einstellungen* und markieren Sie anschließend die Kategorie *Schriftarten/Kodierung* (Abbildung 3.3).

2. Die beiden letzten Listenfelder steuern die Anzeige des HTML-Codes, wobei das Listenfeld *HTML-Inspektor* eine Liste aller Schriftarten beinhaltet, die gegenwärtig auf Ihrem System installiert sind. Öffnen Sie das Listenfeld mit einem Klick auf die Pfeil-Schaltfläche und wählen Sie die gewünschte Schrift aus.

3. Gehen Sie zum letzten Listenfeld, öffnen Sie es und wählen Sie die gewünschte Schriftgröße.

4. Bestätigen Sie Ihre Einstellungen durch einen Klick auf die Schaltfläche *OK*.

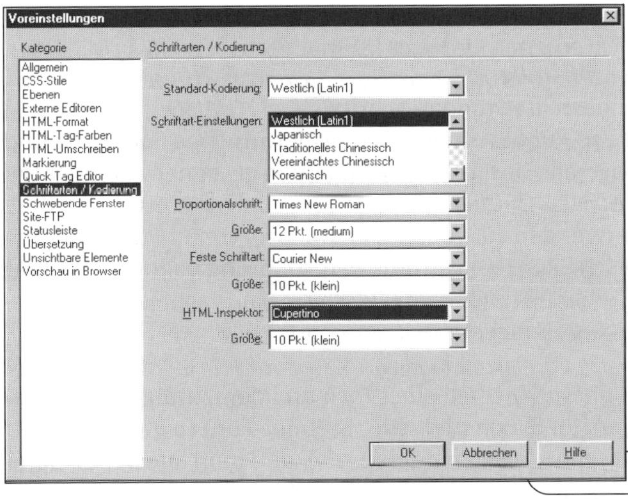

Schriftart für *HTML-Quelle* ändern

Abb. 3.3

Die Änderungen, die Sie im Dialogfenster *Voreinstellungen* durchgeführt haben, kommen sofort zum Tragen und daher können Sie nun unmittelbar darauf das Fenster *HTML-Quelle* öffnen.

Farbliche Darstellung der Elemente

Die für *HTML-Quelle* voreingestellten Farben sind etwas einfallslos, können aber glücklicherweise geändert werden. Allerdings liegt der Zweck dieses Unterfangens eher weniger darin, Farbe auf den Bildschirm zu bringen oder der Ästhetik Genüge zu tun, sondern soll vielmehr der Übersichtlichkeit dienen. Die Farbgebung kann entweder auf globaler Basis erfolgen oder Tag für Tag. Der zweite Ansatz könnte Ihnen dabei helfen, die einzelnen Elemente besser voneinander zu unterscheiden – das menschliche Auge erkennt den Symbolismus der Farben viel einfacher und schneller als den Symbolismus der Wörter.

Die HTML-Farbeinstellungen im Dialogfenster *Voreinstellungen* sehen Sie in der Abbildung 3.4. Jeder der ersten vier Optionen ist ein Farbwahlfeld vorangestellt. Klicken Sie dieses an, erscheint die Farbpalette mit mehreren Methoden, anhand derer Sie die jeweilige Farbe auswählen oder definieren können. Unter den Farboptionen befindet sich das Listenfeld *Tag-spezifisch*, in dem Sie für jeden Tag eine spezifische Farbe festlegen können. Die Definition der Farbe erfolgt hier entweder durch Eingabe eines Farbnamens oder des hexadezimalen Farbwerts. Demzufolge führt beispielsweise die Eingabe von **Red** zum gleichen Ergebnis wie **#FF0000** (tatsächlich brauchen Sie aber das Nummernzeichen gar nicht mit einzugeben, weil Dreamweaver auch so die korrekte Farbe anzeigt). Allerdings können Sie über den Hexadezimalwert auf weit mehr Farben zugreifen als über den Farbnamen – schließlich ergeben die Hexadezimalwerte beinahe 17 Millionen Farben, während nur 140 benannte Farben existieren.

Tipp

Weitere Details über das Definieren von Farben anhand von Hexadezimalwerten oder Farbpaletten finden Sie später in diesem Buch, im Kapitel 7.

Um die Hintergrundfarbe für das Dialogfenster *HTML-Quelle* zu ändern, öffnen Sie im Dokumentfenster das Menü *Bearbeiten*, wählen dort den Eintrag *Einstellungen* und markieren anschließend im Dialogfenster *Voreinstellungen* die Kategorie *HTML-Tag-Farben* (siehe Abbildung 3.4). Im Textfeld der Option *Hintergrund* befindet sich kein hexadezimaler Wert, was bedeutet, dass die Standard-Hintergrundfarbe des Browsers verwendet wird. Wollen Sie diese

Voreinstellung ändern, klicken Sie entweder auf das Farbsymbol oder geben den gewünschten Farbwert in das Textfeld ein. Die Optionen *Text*, *Kommentare* und *Tag-Standard* werden ebenfalls wie eben beschrieben gehandhabt. Mit *Tag-Standard* legen Sie die Farbe für alle Tags fest, für die keine eigene Farbe definiert wurde.

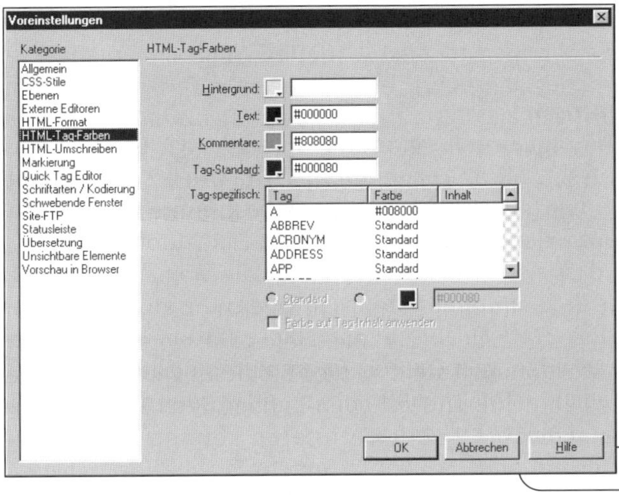

Farbgebung für HTML-Elemente

Abb. 3.4

Über das Listenfeld *Tag-spezifisch* können Sie die Farben einzelner Tags festlegen. Dazu gehen Sie wie folgt vor:

1. Scrollen Sie den Inhalt des Listenfelds, bis Sie das Tag gefunden haben, das Sie bearbeiten wollen.

Tipp

Sie können die Tag-Liste in ab- oder aufsteigender alphabetischer Reihenfolge sortieren, indem Sie einfach auf die Spaltenüberschrift *Tag* klicken. Auch das Anklicken von *Farbe* und *Inhalt* ist möglich, bleibt jedoch ohne jeden praktischen Effekt.

2. Klicken Sie auf den Namen des gewünschten Tags. Die Optionen unterhalb der Tag-LIste, die bislang inaktiv waren, werden nun wählbar.

3. Wollen Sie dem Tag die Standardfarbe zuweisen, aktivieren Sie auf die Optionsschaltfläche *Standard*. Soll der Tag jedoch eine bestimmte Farbe bekommen, aktivieren Sie die Optionsschaltfläche neben dem Farbfeld. Um die Farbe festzulegen, klicken Sie entweder auf das Farbfeld oder tragen den hexadezimalen Farbwert in das Eingabefeld ein.

4 Soll der Inhalt des Tags dieselbe Farbe haben wie der Tag selbst, dann aktivieren Sie auch das Kontrollkästchen *Farbe auf Tag-Inhalt* anwenden.

5 Wiederholen Sie die Schritte 1-4 für jeden der Tags, den Sie ändern wollen.

6 Sind Sie mit allem fertig, beenden Sie abschließend mit *OK*.

Zeilennummern

Wenn Sie häufiger mit Programmiersprachen wie BASIC zu tun haben, dann sind Sie an Zeilennummern im Quellcode gewöhnt und wissen, wie hilfreich diese sind, um bestimmte Dinge einfacher zu identifizieren bzw. zu lokalisieren. Demzufolge dürfte es Sie freuen, dass auch Dreamweaver Ihnen die Möglichkeit bietet, Ihrem Code Zeilennummern hinzuzufügen. Wie all die anderen Optionen von *HTML-Quelle* hat auch diese Option keinerlei tatsächliche Auswirkungen. Die Zeilennummern sind ausschließlich im Dialogfenster *HTML-Quelle* sichtbar und werden dem eigentlichen Code gar nicht hinzugefügt.

Um die Zeilennummern ein- oder auszuschalten, klicken Sie im Dialogfenster *HTML-Quelle* einfach in das Kontrollkästchen *Liniennummern* (es befindet sich rechts neben dem Kontrollkästchen *Umbruch*). Liniennummern werden links neben dem Code in einer grau unterlegten Marginalspalte angezeigt.

Tipp

Die Liniennummern beginnen mit 1 und gehen dann in aufsteigender Reihenfolge weiter. Es gibt keine Möglichkeit, andere arithmetische Folgen einzustellen, wie beispielsweise Zehnerschritte. Allerdings gibt es auch keinen Grund dafür, weil alle Zeilen automatisch neu nummeriert werden, sobald eine neue Zeile eingefügt wird. Anderseits müssen Sie auch darauf achten, dass Sie nicht durcheinander kommen, wenn Sie eine automatische Neunummerierung nicht gewöhnt sind.

Ist die Option *Liniennummern* aktiv, können Sie eine ganze Zeile einfach markieren, indem Sie auf die betreffende Liniennummer klicken. Wollen Sie mehrere Zeilen markieren, dann klicken Sie entweder die erste dieser Zeilen an und ziehen die Maus mit gedrückter Maustaste bis zur letzten gewünschten Zeile, oder Sie drücken nach dem Mausklick auf die erste der Zeilen die ⇧ Taste und klicken bei gedrückter ⇧-Taste dann die letzte der zu markierenden Zeilen an. Zeilen, die nicht aufeinanderfolgen, können nicht gleichzeitig markiert werden.

Externe Editoren

HTML-Quelle ist nicht als voll ausgestatteter HTML-Editor gedacht. So eignet er sich beispielsweise nicht dafür, um eine Web-Seite von Grund auf neu zu erstellen, indem Sie einfach die Tags und den dazugehörigen Inhalt eintippen. Vielmehr handelt es sich hier um ein Werkzeug, mit dem Sie HTML-Code, der während des normalen Erstellungsvorgangs erzeugt wird, ansehen und bearbeiten können. Sollte jedoch *HTML-Quelle* Ihren Anforderungen nicht entsprechen, kann Dreamweaver auch mit externen Editoren zusammenarbeiten. Und damit Sie nicht erst einen solchen erwerben müssen, sind bei Dreamweaver bereits zwei der besten HTML-Editoren gleich mit dabei – HomeSite für Windows und BBEdit für Macintosh.

Tipp

Wenn Sie Dreamweaver mittels Download erworben haben, dann sind diese beiden Editoren nicht mit enthalten. In diesem Fall müssen Sie sich mit Macromedia in Verbindung setzen und die CD-ROM anfordern.

Ein Vorteil bei der Benutzung eines externen HTML-Editors liegt darin, dass Dreamweaver dazu in der Lage ist, automatisch viele der typischen Fehler aufspüren, die bei der Arbeit mit einem externen Editor gemacht werden können. Im Gegensatz dazu, bleiben Fehler, die Ihnen mit *HTML-Quelle* unterlaufen, unentdeckt und Sie müssen diese selbst ermitteln und korrigieren.

Externen HTML-Editor spezifizieren

Bevor Sie auf einen externen Editor zugreifen können, müssen Sie Dreamweaver erst einmal sagen, welcher Editor benutzt wird und wo dieser zu finden ist. Um dieses zu tun, gehen Sie wie folgt vor:

1. Öffnen Sie im Dokumentfenster das Menü *Bearbeiten*, wählen Sie den Eintrag *Einstellungen* und markieren Sie im Dialogfenster *Voreinstellungen* die Kategorie *Externe Editoren* (Abbildung 3.5).

❷ Geben Sie im Textfeld HTML-Editor den Pfad und den Dateinamen des gewünschten Editors ein. Alternativ klicken Sie auf die Schaltfläche *Durchsuchen* und lokalisieren die gesuchte Datei.

❸ Mit der Option Geänderte *Dateien neu laden* können Sie festlegen, wie sich Dreamweaver verhalten soll, wenn eine Datei bereits in das Dokumentfenster geladen wurde und Sie diese mit einem anderen Programm (wie z.B. HomeSite) ändern. Die Standardeinstellung ist *nachfragen* und bedeutet, dass Sie gefragt werden, ob die Datei neu geladen werden soll. Die beiden anderen Möglichkeiten sind *nie* und *immer*.

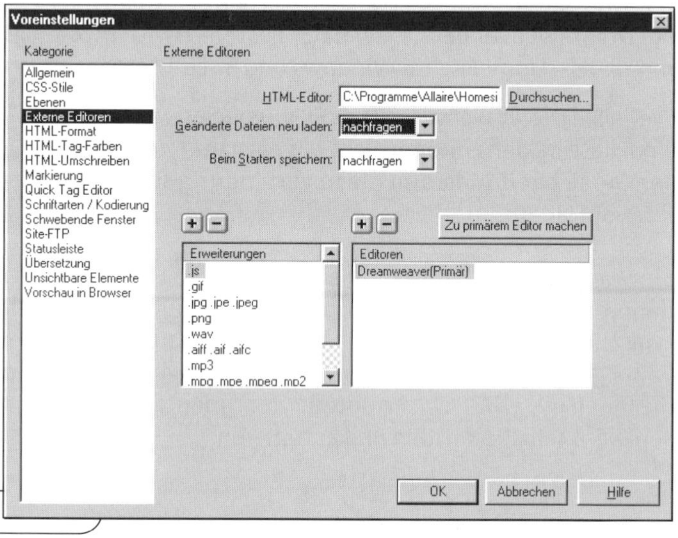

Externen Editor auswählen

Abb. 3.5

❹ Mit der Option *Beim Starten speichern* legen Sie fest, wie Dreamweaver beim Start eines externen Editors mit einer Datei verfahren soll, die sich im Dokumentfenster befindet und noch nicht gespeicherte Änderungen aufweist. Normalerweise wird Dreamweaver Sie dazu auffordern, diese Datei zu speichern, aber Sie können auch *immer* oder *nie* auswählen.

❺ Haben Sie die gewünschten Optionen gesetzt, beenden Sie den Vorgang mit der Schaltfläche *OK*.

Tipp

Wenn Sie wollen, können Sie sich natürlich auch für einen anderen externen Editor entscheiden, wie beispielsweise einen Bildeditor – allerdings verläuft dessen Einstellung ein klein wenig anders. Informationen hierzu finden Sie im Kapitel *Bilder hinzufügen*. Details über die Verwendung von Fireworks, Macromedias preisgekrönten Web-Image-Editor, können Sie in den entsprechenden Kapiteln dieses Buchs ebenfalls nachlesen.

Auf einen externen Editor zugreifen

Befinden Sie sich im Dialogfenster *HTML-Quelle*, dann klicken Sie einfach auf die Schaltfläche *Externen Editor,* um auf den Editor zuzugreifen, den Sie im Dialogfenster *Voreinstellungen* spezifiziert haben. Befinden Sie sich im Dokumentfenster, öffnen Sie das Menü *Bearbeiten* und wählen dann den Eintrag *Externen Editor starten*. Alternativ können Sie aber auch von jedem der beiden genannten Fenster aus den externen Editor auch mit der Tastenkombination [Strg] + [Esc] (bzw. Command + [Esc] bei Macintosh) starten.

Tipp

Vom Dialogfenster *Site* aus können Sie einen externen Editor nicht starten. Sie müssen zuerst einen Doppelklick auf einen Dateieintrag machen, um diese Datei im Dokumentfenster zu öffnen. Sobald dies geschehen ist, können Sie den externen Editor mit [Strg] + [Esc] oder mit *Bearbeiten/Externer Editor* starten.

Wenn Sie eine Web-Seite öffnen, die mit einem externen HTML-Editor bzw. einem einfachen Texteditor erstellt oder modifiziert wurde, dann korrigiert Dreamweaver standardmäßig alle Fehler, die es im Code findet. Wollen Sie diese automatische Korrektur unterbinden, können Sie die HTML-Voreinstellungen so setzen, dass Dreamweaver den Code unverändert belässt. Außerdem ist es an Ihnen zu entscheiden, ob die Dreamweaver die Struktur des Codes dahingehend ändert, dass er einfacher zu lesen ist. All diese Einstellungsmöglichkeiten werden in den nachfolgenden Abschnitten beschrieben.

Die HTML-Optionen

Viele HTML-Editoren bestehen darauf, den Quellcode so zu konvertieren, dass er Ihren eigenen internen Standards entspricht. Sofern Sie es jedoch wünschen, macht Dreamweaver es Ihnen jedoch auch möglich, eine existierende HTML-Datei (oder auch einen anderen

Markup-Typ, wie beispielsweise CFML) zu öffnen, ohne dabei irgend eine Änderung daran vorzunehmen. Diese Funktion nennt sich *Roundtrip Server Markup*.

In den folgenden Abschnitten werfen Sie einen Blick auf die Optionen, die bei *Roundtrip Server Markup* zur Verfügung stehen.

HTML-Umschreibungsoptionen setzen

Standardmäßig überprüft Dreamweaver jedes geladene Dokument nach Fehlern und korrigiert diese dann automatisch. Dabei spielt es keine Rolle, ob das betreffende Dokument in Dreamweaver oder sonstwo erstellt wurde – sofern Sie die Standardeinstellungen nicht ändern, findet die Überprüfung und Korrektur des HTML-Codes auf jeden Fall statt.

Grundsätzlich ist es gar nicht schlecht, diese Einstellungen so zu belassen, wie sie sind, weil sie Ihnen dabei helfen, normale Probleme zu erkennen zu lösen. Anderseits könnte es auch den einen oder anderen Grund geben, den HTML-Code ohne Rücksicht auf eventuelle Fehler genauso zu belassen, wie er ist (beispielsweise dann, wenn Sie die Absicht haben, zusätzlich noch ein weiteres, weniger genaues Programm zu benutzen). Wollen Sie die Voreinstellungen ändern, gehen Sie wie folgt vor:

1. Öffnen Sie im Dokumentfenster das Menü *Bearbeiten*, wählen Sie den Eintrag *Einstellungen* und markieren Sie im Dialogfenster *Voreinstellungen* die Kategorie *HTML-Umschreiben* (Abbildung 3.6).

2. Sollen falsch verschachtelte und nicht geschlossene Tags so belassen werden, dann deaktivieren Sie das oberste Kontrollkästchen.

3. Sollen überzählige Schluss-Tags nicht entfernt werden, dann deaktivieren Sie das entsprechende Kontrollkästchen.

4. Haben Sie eine der ersten zwei Optionen (oder beide) aktiv gelassen, dann können Sie das Kontrollkästchen *Beim Reparieren oder Entfernen von Tags Warnmeldung anzeigen* aktivieren. In diesem Fall erhalten Sie zu jeder Aktion eine entsprechende Warnmeldung.

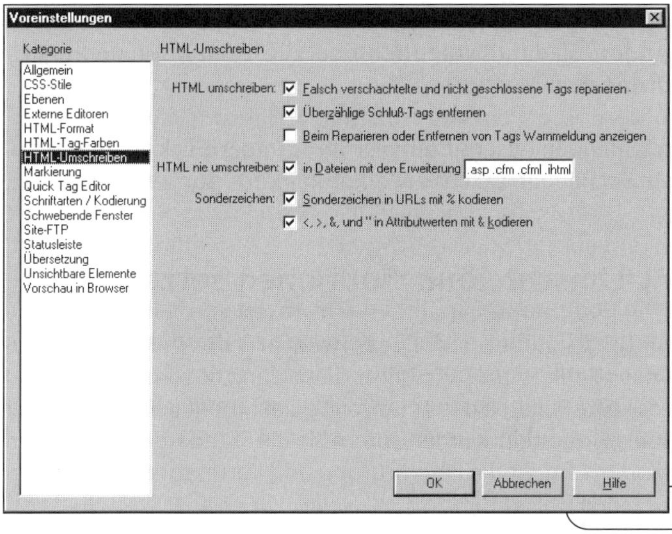

Die Optionen von *HTML-Umschreiben*

Abb. 3.6

Der Gedanke einer „Warnung" impliziert normalerweise, dass Sie vor etwas gewarnt werden und die Möglichkeit haben, das jeweilige Ereignis abzuwenden. In diesem Fall hier jedoch erscheint die Warnung erst, nachdem Dreamweaver die jeweilige Aktion durchgeführt hat. Demzufolge handelt es sich hier nicht um eine „Warnung", sondern um das Melden einer vollendeten Tatsache.

5 Benutzen Sie andere Dateien als HTML (wie beispielsweise *.asp* oder *.cfml*), dann stellen Sie sicher, dass die Option *Nie umschreiben* aktiviert ist und die betreffenden Dateiendungen im Textfeld aufgeführt sind. Geben Sie die Dateiendung stets mit einem vorangestellten Punkt ein.

6 Die zwei Kontrollkästchen zur Option *Sonderzeichen* sind standardmäßig aktiviert. Mit dem ersten legen Sie fest, dass Sonderzeichen in ihre %xx-Äquivalente konvertiert werden (das Leerzeichen wird beispielsweise zu %20). Das zweite Kontrollkästchen sorgt dafür, dass die Zeichen >, <, & und „ in Attributwerten mit einem & codiert werden, damit es in Webbrowsern nicht zu Fehlinterpretationen kommt.

7 Beenden Sie Ihre Einstellungen mit einem Klick auf die Schaltfläche *OK*.

HTML-Fehler erkennen

Dreamweaver macht im HTML-Code, den es erzeugt, keine Fehler. Sofern Sie all Ihre Web-Seiten damit erstellen und niemals mit Seiten zu tun haben, die mit anderen Programmen erstellt wurden, dann brauchen Sie sich über Fehler keinerlei Sorgen zu machen. Sollten Sie jedoch die voreingestellten Korrekturoptionen geändert haben und eine HTML-Datei importieren, die Fehler in sich birgt, oder Sie machen in *HTML-Quelle* Fehler bei der manuellen Bearbeitung von Code, dann wird Ihnen Dreamweaver sicher den einen oder anderen Codeteil als fehlerhaft melden. In einem solchen Fall wird der betreffende Codeteil sowohl im Dokumentfenster als auch in *HTML-Quelle* gelb markiert angezeigt. Dreamweaver erkennt vier der häufigsten Fehlerklassen:

- Falsch verschachtelte und nicht geschlossene Tags: Hierbei handelt es sich um verschachtelte Tags, deren Anfangs- oder Schluss-Tags nicht sauber gesetzt sind. Beim Verschachteln von Tags muss das erste Start-Tag zum letzten Schluss-Tag, das zweite Start-Tag zum vorletzten Schluss-Tag usw. passen.

- Offene Tags: Dies sind Tags, bei denen entweder das entsprechende Schluss-Tag fehlt oder bei deren Schluss-Tag die spitze Klammer fehlt. Dreamweaver prüft außerdem noch auf fehlende Anführungszeichen in den Element-Attributen.

- Überzählige Schluss-Tags: Hierbei handelt es sich um Tags, zu denen es keine entsprechenden Start-Tags gibt.

- Tags, die fehl am Platz sind: Dies ist beispielsweise dann der Fall, wenn sich zwischen dem HEAD- und dem BODY-Element Text befindet oder das Tag </HTML> an irgendeiner anderen Stelle steht, als am Ende des Dokuments.

Alle oben aufgeführten Fehler kommen durchaus häufig vor. Allerdings gibt es bei HTML noch eine Unmenge anderer möglicher Fehler, die Dreamweaver nicht überprüft. Manche davon erfordern ein HTML-Prüfprogramm, wie es in guten externen Editoren wie HomeSite zu finden ist.

Wenn Dreamweaver ein Stück HTML-Code als fehlerhaft markiert, so muss es sich bei der Markierung nicht zwangsläufig auch um die tatsächliche Ursache des Fehlers handeln. Oftmals ist es zum Beispiel ein Schluss-Tag, das markiert wird, weil erst an dieser Stelle auffällt, dass es mit den gesetzten Start-Tags nicht übereinstimmt. Der Fehler liegt also nicht am Schluss-Tag selbst, sondern vielmehr am Start-Tag, zu dem Sie nun zurückgehen müssen, um es zu korrigieren. Dreamweaver ist also nicht in der Lage, den Fehler als Ganzes zu erfassen.

Nehmen Sie zum Beispiel einmal an, Sie erstellen einen Text-Link, bearbeiten diesen dann direkt im Dialogfenster *HTML-Quelle* und dass Ihnen dann dabei einige Fehler unterlaufen. Wenn Sie das führende A beim Link löschen, würde dies zu einer Meldung führen, dass ein überzähliges Schluss-Tag vorhanden ist. Andererseits, wenn Sie sich zum Beispiel versehentlich bei href verschreiben und es steht nun hreff oder hre dort, dann würde dieser Fehler überhaupt nicht als solcher erkannt werden. Allerdings würde Ihnen im Dokumentfenster sicher auffallen, dass der Link nicht als solcher, sondern als normaler Text angezeigt wird und somit hätten Sie natürlich schon einen Hinweis darauf, dass irgendetwas nicht stimmen kann.

Tipp

Sofern Sie sich mit HTML nicht wirklich gut auskennen, sollten Sie lieber auf Dreamweaver vertrauen und den von Dreamweaver erzeugten HTML-Code unverändert belassen. Auf diese Weise brauchen Sie sich nämlich überhaupt nicht mit irgendwelchen Fehlern auseinanderzusetzen.

HTML-Format setzen

Diese Kategorie ist dazu da, um Struktur in Ihren HTML-Code zu bringen, damit er leichter zu lesen ist. Sie können diese Einstellungen so setzen, dass der Code in genau der Form angezeigt wird, wie Sie ihn haben wollen. Die Voreinstellungen für das HTML-Format umfassen Optionen für Einzüge, Zeilenlänge, Zeilenumbruch, Schreibweise von Tags und Attributen sowie für das Zentrieren.

Alle Formateinstellungen kommen sofort für alle Dokumente zum Tragen, die Sie danach in Dreamweaver erstellen. Sollen diese Einstellungen auch auf andere Dokumente angewendet werden – solche, die mit anderen Programmen erzeugt wurden, oder Dokumenten, bei deren Erstellung andere Format-Optionen aktiv waren –, dann müssen Sie Dreamweaver im Einzelfall jeweils dazu veranlassen.

Tipp

Von der oben genannte Regel gibt es eine Ausnahme: Wenn Sie die Option *Schreibweise außer Kraft setzen* für Tags oder Attribute aktiviert haben, dann findet die Konvertierung automatisch statt, sobald ein Dokument geladen wird.

Die Format-Optionen sind an zwei Stellen des Programms zu finden – im Dialogfenster *Voreinstellungen* und in einer Tag-Datenbank in einer internen Datei namens *SourceFormat.txt*. Die Format-Optionen im Fenster *Voreinstellungen* sind jedoch lediglich die Spitze eines Eisbergs. Wollen Sie eine weitergehende Kontrolle über das Format, dann sollten Sie mit der Datei *SourceFormat.txt* arbeiten, weil diese deutlich mehr Optionen zu bieten hat.

Die Format-Optionen im Dialogfenster Voreinstellungen

Um die HTML-Formateinstellungen vorzunehmen, gehen Sie wie folgt vor:

1. Öffnen Sie im Dokumentfenster das Menü *Bearbeiten*, wählen Sie den Eintrag *Einstellungen* und markieren Sie anschließend die Kategorie *HTML-Format* (Abbildung 3.7).

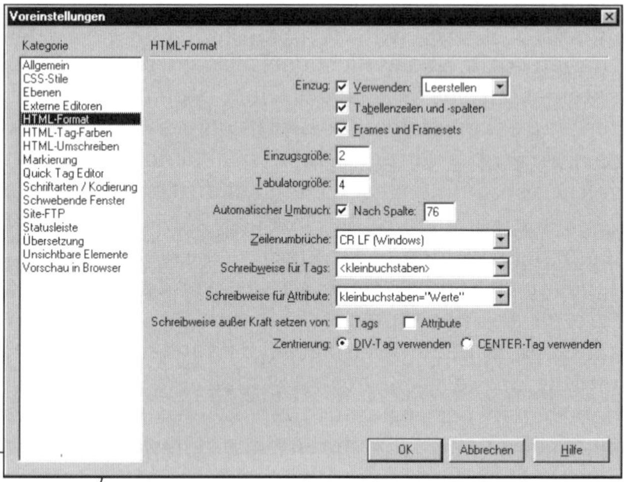

HTML-Formate

Abb. 3.7

2. Soll der Code aus Gründen der Übersichtlichkeit Einzüge enthalten, dann muss das Kontrollkästchen *Einzug* aktiviert sein, damit die entsprechenden Optionen zur Verfügung stehen.

- Wählen Sie in der Liste *Verwenden* den Eintrag *Leerstellen* oder *Tabulatoren*.
- Sollen auch Tabellenzeilen und -spalten eingezogen dargestellt werden, dann muss das entsprechende Kontrollkästchen ebenfalls aktiviert sein.
- Sollen auch Frames und Framesets Einzüge erhalten, dann achten Sie darauf, dass die gleichnamige Option aktiviert ist.
- Die Anzahl der Leerzeichen für einen Einzug legen Sie mit dem Option *Einzugsgröße* fest. Die Voreinstellung ist 2.
- Bei *Tabulatorgröße* bestimmen Sie, wie vielen Leerzeichen die Länge eines Tabulators entsprechen soll.

Tipp

Damit Tabulatoren als Einzug funktionieren, muss die Anzahl der bei *Einzugsgröße* eingestellten Leerzeichen durch die Anzahl der Leerzeichen teilbar sein, die Sie bei *Tabulatorgröße* eingegeben haben. Ist zum Beispiel die Tabulatorgröße 4, dann kann die Anzahl der Leerzeichen für den Einzug 4, 8, 12, 16 oder jeder andere Vielfache von 4 sein. Ist dies nicht der Fall, dann benutzt Dreamweaver automatisch eine Mischung aus Tabulatoren und Leerzeichen. Setzen Sie die *Tabulatorgröße* beispielsweise auf 8 und den Einzug auf 10, dann wird der Einzug aus einem Tabulatorschritt und zwei Leerzeichen zusammengesetzt, um auf die Gesamtzahl von 10 Leerzeichen zu kommen. Ist die Einzugsgröße kleiner als die Tabulatorlänge, dann werden für Einzüge Leerzeichen verwendet und nicht Tabulatoren – und das unabhängig davon, ob *Leerstellen* oder *Tabulatoren* als Methode gewählt wurden. Ist demzufolge die Tabulatorgröße zum Beispiel auf 8 (Standardeinstellung) gesetzt und die Einzugsgröße auf 2 (ebenfalls die Standardeinstellung), dann beträgt der Einzug auch dann zwei Leerzeichen, wenn als Einzugsmethode die Tabulatoren eingestellt sind.

3 Ist die Option Aut*omatischer Umbruc*h aktiviert (Voreinstellung), dann überschreiten mit Dreamweaver erzeugte Codezeilen die dort eingestellte Länge nicht. Mit dieser Option können Sie dafür sorgen, dass der Code für Sie leichter zu lesen ist, sie hat jedoch keinerlei Auswirkun-

gen auf einen Webbrowser. Die Standardeinstellung ist 76 Zeichen. Sollen Ihre Zeilen nicht umgebrochen werden, dann muss das Kontrollkästchen *Automatischer Umbruch* deaktiviert sein. Wollen Sie eine andere Zeilenlänge haben, dann geben Sie einfach in das Eingabefeld einen neuen Wert ein.

Tipp

Eine Änderung der Zeilenlänge hat keinerlei Auswirkungen auf Ihre Web-Seite. HTML schert sich nicht darum, wie viele Zeilen Ihr Code lang ist – es benutzt andere Merkmale, die in den Tags selbst stecken, um Absätze oder Zeilenumbrüche für die Web-Seite zu definieren.

4 Zeilenumbrüche werden je nach Computersystem unterschiedlich gehandhabt. Windows verwendet sowohl CR (Carriage Return) als auch LF (Line Feed), Macintosh nutzt nur CR und Unix dagegen nur LF. Um die Kompatibilität mit dem System zu gewährleisten, auf dem sich Ihr entfernter Web-Server befindet, sollten Sie den Zeilenumbruch auf den korrekten Typ einstellen und in den Liste *Zeilenumbrüche* den entsprechenden Eintrag wählen.

5 Der HTML-Standard legt fest, dass Tags in Großbuchstaben und ihre Attribute in Kleinbuchstaben geschrieben werden sollten. Allerdings handelt es sich hierbei um eine Empfehlung und nicht um eine verbindliche Vorgabe. Die Voreinstellung von Dreamweaver entspricht nicht dem HTML-Standard und demzufolge müssen Sie, sollten Sie dies ändern wollen, in der Liste *Schreibweise für Tags* den Eintrag *Großbuchstaben* wählen.

6 Wollen Sie die Voreinstellung für die Schreibweise von Attributen ändern, dann wählen Sie in der Liste *Schreibweise für Attribute* den entsprechenden Eintrag.

!

Achten Sie darauf, dass die Einstellungen für die Schreibweise von Tags und Attributen unterschiedlich sind. Haben Sie für beides dieselbe Schreibweise gewählt, wird die Lesbarkeit Ihres Codes erheblich darunter leiden.

7 Soll Dreamweaver die Groß-/Kleinschreibung von solchen Tags und/oder Attributen überschreiben, die nicht Ihren Einstellungen entsprechen, dann aktivieren Sie bei *Schreibweise außer Kraft setzen* die jeweiligen Kontroll-

kästchen. Um Verwirrung zu vermeiden wird jedoch empfohlen, dass entweder Tags und Attribute oder keines von beiden überschrieben werden sollte. Diese Option ist übrigens die einzige in der Kategorie *Format-Einstellung*, die existierende HTML-Dateien beim Laden automatisch neu schreibt.

8 Mit der letzten Option entscheiden Sie, welche Art der Zentrierung verwendet werden soll. Die alte Methode besteht darin, ein Element einfach in ein CENTER-Element zu setzen. Bei der neuen Methode hingegen wird ein Element zuerst in ein DIV-Element (DIV = Division) positioniert und anschließend mittels der Attribute für die Ausrichtung zentriert. Entscheiden Sie sich, welche der beiden Methoden angewendet werden soll, und aktivieren Sie entweder die Option *DIV-Tag verwenden* oder *CENTER-Tag verwenden*.

9 Haben Sie alle Änderungen vorgenommen, beenden Sie mit einem Klick auf die Schaltfläche *OK*.

Tipp

Ob Sie es nun glauben oder auch nicht, die Art der Zentrierung ist unter Web-Designern schwer umstritten. Aber wie dem auch sei, unumstritten bleibt die Tatsache, dass die alte Methode mit dem CENTER-Element im Moment von mehr Browsern unterstützt wird als die neue mit dem DIV-Element.

Sollen neue HTML-Formateinstellungen auf ein bereits bestehendes Dokument angewendet werden, öffnen Sie im Dokumentfenster das Menü *Befehle* und wählen dort den Eintrag *Quellenformatierung übernehmen*. Dies ist insbesondere dann sinnvoll, wenn Sie diese Einstellungen während der Arbeit an einem Dokument geändert haben. Ohne eine Übernahme der Formatierung würden die neuen Elemente den neuen Einstellungen entsprechen und somit nicht mehr zu den bereits vorhandenen älteren Teilen passen. Mit dieser Funktion sorgen Sie jedoch dafür, dass alle Elemente des Dokuments einheitlich formatiert sind.

Die Datei SourceFormat.txt

Dreamweaver hat mehr Formatierungsmöglichkeiten zu bieten, als im Dialogfenster *Voreinstellungen* zu sehen sind. Erfahrene Benutzer können mit der Datei *SourceFormat.txt* arbeiten und somit mehr Kontrolle über die Formatierung des Quellcodes erlangen. Bei einer typischen Windows-Installation finden Sie diese Datei im Ordner *C:\Programme\Macromedia\Dreamweaver 3\Configuration*.

Am besten öffnen Sie *SourceFormat.txt* mit einem einfachen Texteditor wie NotePad. Wenn Sie diese Datei in Dreamweaver öffnen und bearbeiten wollen, dann müssen Sie dies in *HTML-Quelle* tun. Unglücklicherweise „denkt" *HTML-Quelle* jedoch, dass es sich hierbei um eine HTML-Datei handelt, die voll fehlerhaften Codes ist, und zeigt Ihnen dies mit einem Haufen gelber Markierungen an.

SourceFormat.txt ist in Englisch geschrieben und hat drei Abschnitte: Options, Elements und Attributes. Am Anfang eines jeden Abschnitts steht eine Beschreibung der jeweiligen Einstellungen. Die eigentlichen Einstellungen kommen nach den kommentierten Parametern. Der Abschnitt mit den jeweiligen Einstellungen ist wie folgt dargestellt: <?NAME DES ABSCHNITTS>. Demzufolge beginnt der Abschnitt über die Optionen mit <?options>, der über die Elemente mit <?elements> und derjenige über die Attribute mit <?attributes>.

Tipp

Dreamweaver lädt die Informationen aus *SourceFormat.txt* während das Programm läuft. Wenn Sie also Änderungen an dieser Datei durchführen, dann müssen Sie Dreamweaver anschließend beenden und neu starten, damit die Änderungen zum Tragen kommen.

Der Abschnitt Options

Dieser Abschnitt der Datei *SourceFormat.txt* gibt einfach nur die Einstellungen wieder, die im Dialogfenster *Voreinstellungen* für die Kategorie *HTML-Formate* gesetzt sind. Sie sehen hier also die Einstellungen für Einzug, Zeilenlänge und die Schreibweise für Elemente und Attribute. Haben Sie zum Beispiel die Schreibweise für Attribute auf K*leinschreibung* gesetzt, dann finden Sie im Abschnitt *options* folgende Zeile vor:

```
<attribute case="lower" always>
```

Vielleicht wundern Sie sich über das Attribut active bei indention (erste Zeile unter <?options>) – der genaue Inhalt dieser Zeile hängt zwar von Ihren Einstellungen ab, dürfte aber so ähnlich aussehen wie

```
<indentation enable indent="2" tabs="8"
use="spaces" active="1,2">
```

Die Werte des Attributs `active` hängen direkt mit den Einstellungen zusammen, die Sie im Dialogfenster *Voreinstellungen* für die Kategorie *HTML-Formate* vorgenommen haben. Dort legen Sie fest, ob Tabellenteile und/oder Frames mit Einzug dargestellt werden sollen oder nicht. In der Datei *SourceFormat.txt* stehen die Tabelleneinstellungen unter `indention group number 1` und die Frames unter `indention group number 2`. Sind beide Optionen im Dialogfenster *Voreinstellungen* aktiviert, erhält das Attribut `active` demzufolge den Wert „`1,2`", ist nur eine der beiden Optionen gewählt, ist der Wert „`1`" (Tabellen) bzw. „`2`" (Frames). Ist keine dieser beiden Optionen aktiviert, dann wird das Attribut `active` überhaupt nicht erst aufgeführt.

Der Abschnitt Elements

Diese Bereich von *SourceFormat.txt* ist einer der interessantesten. Hier wird das Erscheinungsbild bestimmter Tags im Code festgelegt – unter anderem die Position für Zeilenumbrüche, die Art der Einzüge, die Zugehörigkeit zu einer Indentation Group sowie das totale Unterbinden irgendeiner Formatierung.

Das Element TABLE dient als gutes Beispiel für die meisten dieser Einstellungen. Die diesbezügliche Zeile lautet:

```
<TABLE break="1,1,1,1" indent igroup="1">
```

Nach dem Namen des Elements kommt das erste Attribut, in diesem Fall `break`, für den Zeilenumbruch. Die Einstellung zeigt, wo im Code Zeilenumbrüche zu finden sind. Die vier Zahlen nach dem Attribut `break` beziehen sich auf die Zeilenumbrüche vor dem Start-Tag, direkt nach dem Start-Tag, direkt vor dem Schluss-Tag und direkt nach dem Schluss-Tag. Eine 1 bedeutet, dass ein Zeilenumbruch existiert, und eine 0 zeigt, dass keiner vorhanden ist. Sind alle vier Zeilenumbrüche gesetzt, so führt dies dazu, dass Start- und Schluss-Tag in jeweils einer eigenen Zeile im Code erscheinen.

Das Attribut `indent` bedeutet, dass der Inhalt des Elements, sofern vorhanden, um die Anzahl der Leerzeichen eingerückt wird, die im Dialogfenster *Voreinstellungen* in der Kategorie *HTML-Format* festgelegt worden ist. Wurde also die Einzugsgröße auf 4 gesetzt. dann wird der Tabelleninhalt `TR` (Table Row) um vier Leerzeichen eingerückt, was zu einer einfacheren Identifizierung einer Tabelle führt. Beachten Sie bitte, dass dieses Attribut in `SourceFormat.txt` nicht den Wert für das Attribut `indent` anzeigt, sondern lediglich erkennen lässt, dass dieses Attribut gesetzt ist.

Das Attribut `igroup` dient dazu, verschiedene Elemente zu gruppieren, damit sie in gleicher Weise gehandhabt werden können. Demzufolge sind alle Elemente, aus denen sich eine Tabelle zusammensetzt – TABLE, TD, TH und TR – Teil von `indendation group 1` und teilen sich das Attribut bzw. den Wert `igroup="1"`. Auf diese Weise ist es möglich, den Einzug für alle Elemente einer Tabelle gleichzeitig in Rahmen nur einer einzigen Operation zu aktivieren bzw. zu deaktivieren. Wie Sie sich sicher noch aus dem Abschnitt über die Optionen erinnern, geschieht dies über das Attribut `active`. Ist `active="1"`, dann werden die Elemente der Tabelle eingerückt und ist `active` nicht aufgeführt, dann ist dies eben nicht der Fall.

Tipp

Dreamweaver macht es Ihnen möglich, eigene Indentation Groups anzulegen. Die maximal zulässige Anzahl ist 8, also können Sie noch bis zu 6 neue Gruppen erstellen. Allerdings müssen die Gruppen 3 bis 8 über die Datei *SourceFormat.txt* aktiviert werden. Es gibt jedoch einen Trick, der Ihnen die ganze Sache etwas vereinfacht – wenn Sie das/den Attribut/Wert `igroup="1"` oder `igroup="2"` noch anderen Elementen als den Standardelementen zuweisen, dann können Sie diese über das Dialogfenster *Voreinstellungen* aktivieren bzw. deaktivieren. Wollen Sie zum Beispiel das Element DIV auf diese Weise setzen können, dann fügen Sie seinen Einstellungen `igroup="1"` hinzu. Danach sind Sie dazu in der Lage, den Einzug dafür zusammen mit den Tabellenelementen ein- bzw. auszuschalten, indem Sie im Dialogfenster *Voreinstellungen* in der Kategorie HTML-Format die entsprechende Option aktivieren bzw. deaktivieren.

Der Abschnitt Attributes

Die Attribute sind der letze Abschnitt von *SourceFormat.txt* und haben lediglich zwei Einstellungen. Die erste davon ist namecase und dient dazu, spezielle Formatierungen zu erhalten. In der Datei können Sie sehen, dass sie dazu benutzt wird, um zu verhindern, dass JavaScript-Befehle geändert werden. Wäre dem nicht so, dann würde zum Beispiel onMouseOver zu onemouseover mutieren. Die zweite Einstellung ist samecase und bedeutet, dass die Werte eines Attributs immer in Kleinbuchstaben geschrieben werden, wenn dies auch auf das Attribut selbst zutrifft und in Großbuchstaben, wenn auch das Attribut in Großbuchstaben geschrieben wird.

HTML optimieren

HTML selbst verzeiht eine Menge an schwacher Programmiertechnik und auch die meisten Webbrowser sind sogar noch nachlässiger bei der Interpretation von HTML-Quellcode, als es der HTML-Standard erfordern würde. Das bedeutet, Sie können sich eventuell recht viel schlampigen Code leisten, ohne dass der eigentliche Eindruck Ihrer Web-Seite darunter leidet. Allerdings trachten die meisten Programmierer danach, einen „sauberen" Quellcode zu erzeugen, also einen Code, der seine Aufgabe mit einem Minimum an Befehlen erfüllt.

Normalerweise arbeitet Dreamweaver genau nach dieser Prämisse und der HTML-Code, den es erzeugt, ist wirklich ordentlich. Allerdings können mit Dokumenten, die außerhalb von Dreamweaver erstellt wurden, ohne weiteres Fehler eingeschleppt werden. Dasselbe gilt auch für Änderungen, die Sie mittels *HTML-Quelle* durchführen.

So gibt es zum Beispiel keinerlei Möglichkeit mittels des Dialogfensters für die Formatzuweisung einen Textteil zweimal als kursiv zu setzen. Es funktioniert einfach nicht und natürlich ist es im Grunde auch nicht nötig, weil einmal kursiv ja korrekt ist. Jedoch gibt es in HTML selbst nichts, was es Ihnen verbieten würde, zwei <I>-Tags um ein Wort zu setzen und kein Webbrowser würde vor einem solchen Code zurückschrecken, auch wenn er eigentlich redundant ist. Mit einem externen Editor oder mit *HTML-Quelle* könnten Sie jedoch derartigen Code erzeugen und er würde auch in Dreamweaver funktionieren. Richtig ist ein solcher Code dadurch aber immer noch nicht.

Mit Dreamweaver können Sie einen solchen Code straffen, damit er technisch korrekt und leichter zu lesen ist. Und zu genau diesem Zweck gibt es in den *Befehl*-Menüs die Optionen *HTML optimieren* und *Word-HTML optimieren*, zu denen Sie in den folgenden Abschnitten nun mehr erfahren werden.

Der Befehl HTML optimieren

Die Tabelle 3.1 beschreibt die Elemente, auf die der Befehl *HTML optimieren* angewendet werden kann.

Tabelle 3.1 HTML optimieren

Element	Aktion	Standard-einstellung
Leere Tags	Entfernt Elemente, die zwischen Start- und Schluss-Tag keinen Inhalt aufweisen. Derartige Elemente haben in der Web-Seite keinerlei Auswirkungen und sind demzufolge überflüssig.	An
Überflüssige verschachtelte Tags	Entfernt Tags, die doppelt gesetzt sind, weil nur eines davon notwendig ist. HTML-Kommentare, nicht	An
Dreamweaver	Entfernt Standard-HTML-Kommentare	Aus
HTML-Kommentare, Dreamweaver	Entfernt Kommentare, die Dreamweaver zur eigenen Information in den Text einfügt. Derartige Kommentare werden vom Programm dazu benutzt, um sich über bestimmte eigene Features (z.B. die Bibliothek betreffend) auf dem Laufenden zu halten.	Aus
Spezifische Tags	Löscht jeden HTML-Tag, den Sie spezifizieren.	Aus
Verschachtelte Font-Tags	Kombiniert FONT-Elemente miteinander, die gefahrlos miteinander gemischt werden können, ohne dass sich dabei ihr Effekt ändert.	An

Tipp

Standardkommentare dienen im HTML-Code oder jedem anderen Programmiercode dazu, um Informationen über den Code selbst festzuhalten – sei es für den Programmierer selbst oder für andere

Programmierer, die sich mit diesem Code befassen müssen. HTML-Kommentare werden von Webbrowsern ignoriert.

Um die Optimierungsfunktion zu nutzen, gehen Sie wie folgt vor:

1. Öffnen Sie das Menü *Befehle* und wählen Sie den Eintrag *HTML optimieren*. Es erscheint das gleichnamige Dialogfenster, das Sie auch in der Abbildung 3.8 sehen.

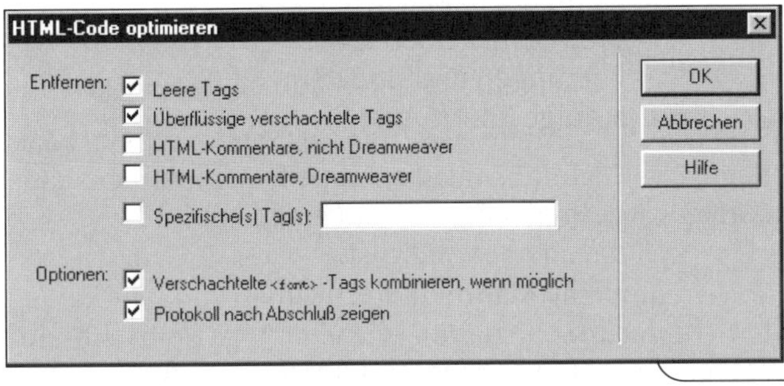

HTML optimieren

Abb. 3.8

2. Standardmäßig ist Dreamweaver so eingestellt, dass sowohl leere als auch überflüssige Tags entfernt werden. Sollten Sie damit nicht einverstanden sein, deaktivieren Sie das bzw. die betreffende(n) Kontrollkästchen.

3. Falls gewünscht, aktivieren Sie das Kontrollkästchen *HTML-Kommentare, nicht Dreamweaver*.

4. Falls gewünscht, aktivieren Sie das Kontrollkästchen *HTML-Kommentare, Dreamweaver*.

Das Entfernen von Dreamweaver-eigenen Kommentaren schaltet die Dreamweaver-Features aus, die diese Kommentare betreffen. Entfernen Sie diese Kommentare nur dann, wenn es Ihnen nichts ausmacht, die diesbezügliche Funktionalität zu verlieren. Ein Beispiel hierfür wäre eine HTML-Seite, die ausschließlich in einem anderem Programm genutzt und niemals wieder in Dreamweaver geöffnet werden wird. Andernfalls werden Sie diese Features manuell wieder in Gang bringen müssen, um die Seite erneut in ihren ursprünglichen Zustand zu versetzen.

5. Falls gewünscht, aktivieren Sie das Kontrollkästchen *Spezifische(s) Tag(s)* und geben anschließend den Namen

der betreffenden Tags in das Textfeld ein, wobei Sie bitte die einzelnen Tags durch ein Komma und ein Leerzeichen voneinander trennen. Ein Beispiel dafür wäre BASEFONT, FONT – damit weisen Sie Dreamweaver an, alle Instanzen dieser beiden Tags zu löschen. Die Schreibweise für die Tags ist an dieser Stelle völlig unerheblich, also können Sie auch basefont, font eingeben.

Tipp

Setzen Sie keine spitzen Klammern um den Tag-Namen, sondern tragen Sie nur den Namen selbst ein. Wenn Sie beispielsweise <A> oder </A> (für ein Anker-Element) eingeben, dann würde Dreamweaver nicht eines davon finden.

6 Sollen verschachtelte FONT-Tags nicht miteinander kombiniert werden, dann deaktivieren Sie das entsprechende Kontrollkästchen.

7 Soll Dreamweaver nach dem Entfernen von Tags keinen Bericht darüber anzeigen, wie viele Tags gelöscht wurden, dann deaktivieren Sie das letzte Kontrollkästchen.

8 Bestätigen Sie die neuen Einstellungen mit der Schaltfläche *OK*.

!

Die Optionen im Dialogfenster *HTML-Code optimieren* werden nach dem Optimieren auf die Standardeinstellung zurückgesetzt. Achten Sie also darauf, dass Sie alle gewünschten Optionen gesetzt haben, bevor Sie auf *OK* klicken.

9 Dreamweaver führt nun die Optimierung durch. Die dafür benötigte Zeit hängt von der Komplexität des HTML-Dokuments sowie von der Komplexität des Aufwands ab, der dafür erforderlich ist (bei einer typischen HTML-Seite dauert der Vorgang nur einige Sekunden). Haben Sie die Standardeinstellung für das Protokoll unverändert belassen, dann wird ihnen jetzt ein Dialogfenster angezeigt und Sie erfahren, wie viele und welche Tags gelöscht wurden. Um diese Anzeige abzubrechen, klicken Sie auf die Schaltfläche *OK*.

Der Befehl Word-HTML optimieren

Dreamweaver 3 besitzt einen neuen Befehl, der sich speziell auf Web-Seiten bezieht, die mit Microsoft Word erstellt wurden. Haben Sie es mit einem solchen Dokument zu tun, öffnen Sie das Menü

Befehle und wählen dort den Eintrag *Word-HTML optimieren*. Am Bildschirm erscheint nun das gleichnamige Dialogfenster, das Sie in der Abbildung 3.9 sehen. Dieses Dialogfenster hat zwei Registerkarten, *Grundeinstellungen* und *Erweitert*. Die Abbildung 3.9 zeigt die Grundeinstellungen, die normalerweise absolut ausreichend sind. Nur falls Sie ein Mehr an Steuerung haben wollen, klicken Sie auf die Registerkarte *Erweitert*.

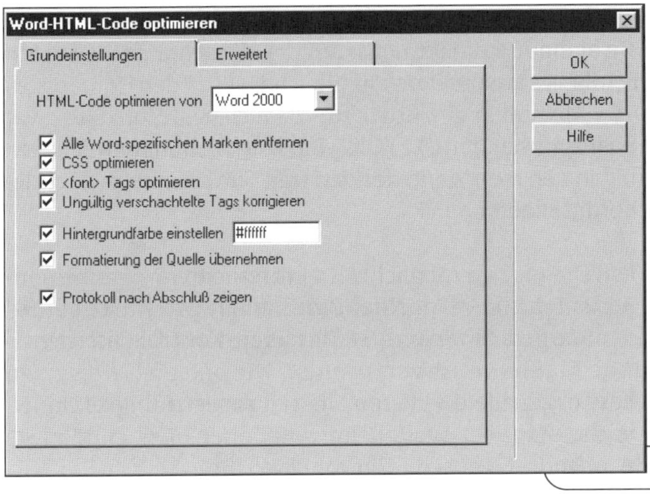

Word-HTML optimieren

Abb. 3.9

Vergessen Sie nicht im Listenfeld HTML-*Code optimieren von* die Word-Version auszuwählen, die bei der Erstellung der Web-Seite benutzt wurde. Standardmäßig sind in beiden Registerkarten alle Optionen aktiviert. Demzufolge deaktivieren Sie die Optionen, die Sie nicht haben wollen, und bestätigen anschließend mit *OK*. Dreamweaver optimiert dann den Word-HTML-Code und zeigt Ihnen anschließend ein Protokoll an, das Sie mit einem Klick auf *OK* wieder vom Bildschirm entfernen können.

HTML für Zielbrowser prüfen

Dreamweaver kann Ihren HTML-Code auf seine Eignung für einen bestimmten Zielbrowser prüfen. Auf diese Weise können Sie sicherstellen, dass Ihre Web-Seiten genau so funktionieren, wie Sie es beabsichtigen – und das unabhängig davon, ob der Besucher nun den Netscape Navigator oder den Internet Explorer benutzt. Zeigt der Test, dass es mit einem oder beiden Browsern ein Problem gibt, dann teilt Ihnen Dreamweaver dieses Problem mit und Sie haben die Chance es zu beheben.

Bei der Prüfung richtet sich Dreamweaver mehr nach dem Typ des Browsers und nicht nach einer bestimmten Marke. So prüft Dreamweaver beispielsweise gleichzeitig auf Internet Explorer 2 und Netscape Navigator 3 – auf diese Weise haben Sie unter anderem die Möglichkeit herauszufinden, ob Ihre Web-Seite gleichermaßen gut auf der Version 3 beider Browser funktionieren würde. Sobald Sie die Eigenheiten Ihrer Web-Seite kennen, könnten Sie eine Mitteilung einbauen, die Besucher auf die Mindestanforderungen hinweist. Außerdem ist es durchaus üblich, Links zu den Homepages der Browser-Hersteller einzubinden – Besucher, die Ihre Site zwar sehen möchten, aber den aktuellen Browser nicht haben, können sich direkt an den Hersteller wenden und sich die entsprechende Version herunterladen.

Tipp

Dreamweaver bietet die Möglichkeit, ein JavaScript-Programm einzubinden, das Typ und Version des Browsers ermittelt, den ein Benutzer Ihrer Site gerade verwendet. Sie haben dann die Chance entsprechende Maßnahmen vorzusehen, wie beispielsweise den Besucher auf eine andere Seite umzuleiten, die den Fähigkeiten seines Browsers entspricht. Weitere Informationen hierzu finden Sie im Kapitel über die Eigenschaften von JavaScript.

Keiner der getesteten Browser muss auf Ihrem Computer installiert sein. Dreamweaver benutzt so genannte Profile, die alle Informationen umfassen, die für den Kompatibilitätstest erforderlich sind.

Haben Sie noch keinen Standard-Webbrowser für die Vorschau auf Ihre Web-Seite gewählt, dann ist dies der erste Schritt, denn Sie nun tun müssen. Dreamweaver verlangt diese Einstellung, bevor Sie mit den Browser-Kompatibilitätstests beginnen können. Der Grund für diese Maßgabe ist einfach – Dreamweaver benutzt den primären Browser, um Ihnen die Ergebnisse seiner Tests anzuzeigen. Haben Sie nur einen Webbrowser an Ihrem System installiert, dann ist dieser automatisch Ihr primärer Browser und Sie brauchen ihn nicht als solchen zu spezifizieren.

Im nächsten Abschnitt lesen Sie, wie Sie den primären Browser einstellen, Kompatibilitätstests durchführen und Browserprofile verändern.

Primär-Browser einstellen

Wenn Sie im Dokumentfenster das Menü *Datei* öffnen dort den Eintrag *Vorschau in Browser* wählen, dann erscheint der Primär- oder Standardbrowser, der in Ihrem Computersystem definiert ist. Dennoch kann es Fälle geben, in denen Sie eine Seite in einem anderen Browser ansehen möchten. Ein Beispiel dafür wäre eine Situation, in der Sie Web-Seite für den Microsoft Explorer erstellen müssen, aber den Netscape Navigator als Standardbrowser für Ihre eigenen Zwecke behalten wollen.

Um den Primär-Browser einzustellen, gehen Sie wie folgt vor:

1. Öffnen Sie das Menü *Bearbeiten*, wählen Sie den Eintrag *Einstellungen* und markieren Sie im Dialogfenster *Voreinstellungen* die Kategorie *Vorschau in Browser* (Abbildung 3.10).

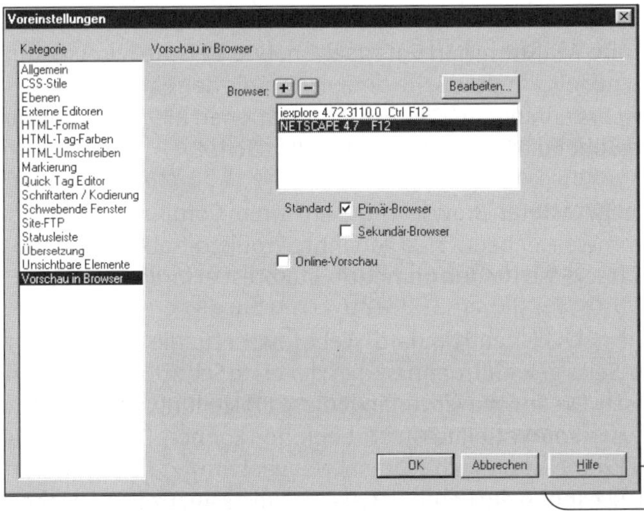

Standard-Browser einstellen

Abb. 3.10

2. Wählen Sie einen Browser aus der Liste und aktivieren Sie gegebenenfalls das Kontrollkästchen *Primär-Browser*.

3. Wollen Sie auch einen Sekundär-Browser festlegen, dann wählen Sie einen aus und aktivieren dann das Kontrollkästchen *Sekundär-Browser*.

4 Wollen Sie der Liste einen weiteren Browser hinzufügen, dann klicken Sie auf die Plus-Schaltfläche, um das Dialogfenster *Browser hinzufügen* aufzurufen (Abbildung 3.11).

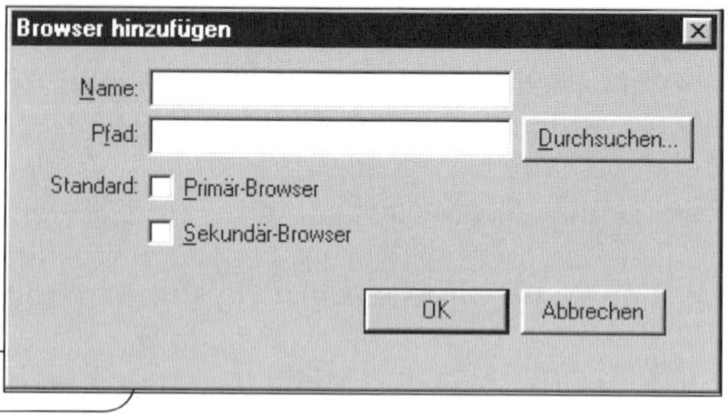

Browser hinzufügen

Abb. 3.11

5 Im Textfeld *Name* müssen Sie den Namen des Webbrowsers eintragen.

6 Bei *Pfad* geben Sie nun entweder Dateiname und Pfad des Browsers ein, oder Sie suchen die entsprechende Datei über die Schaltfläche *Durchsuchen*.

Tipp

Wenn Sie zuerst den Namen des Browsers eingeben, danach aber den Dateinamen und den Pfad über die Schaltfläche *Durchsuchen* ermitteln, dann wird der Name anschließend durch den Dateinamen überschrieben.

7 Je nachdem ob dieser Browser als Primär- oder Sekundär-Browser dienen soll, aktivieren Sie das entsprechende Kontrollkästchen.

8 Klicken Sie auf *OK*, um wieder zum Dialogfenster *Voreinstellungen* zu gelangen.

9 Klicken Sie auch hier auf die Schaltfläche *OK*, um Ihre Einstellungen zu bestätigen und das Fenster zu schließen.

Tipp

Das Dialogfenster Voreinstellungen enthält in der Windows-Version von Dreamweaver ein Kontrollkästchen *Online-Vorschau*. Ist dieses aktiviert, wird Ihre Web-Seite nicht mit dem Präfix `file://` sondern mit `http://localhost/` geöffnet.

Kompatibilitätstest ausführen

Der Kompatibilitätstest kann vom Dokumentfenster aus gestartet werden. Auch im Site-Fenster können Sie diesen Test für eine Reihe von Dateien, einen Ordner (mit all seinen Unterordnern) oder sogar für eine komplette Site durchführen. Befinden sich im selben Ordner auch Nicht-HTML-Dateien (wie beispielsweise Bilddateien), so werden diese von Dreamweaver ignoriert.

Der Kompatibilitätstest kann nur auf Dateien angewendet werden, die am lokalen System gespeichert sind. Haben Sie gerade noch Änderungen an Ihrem Dokument vorgenommen, sollten Sie diese vor dem Start des Kompatibilitätstests speichern.

Um den Kompatibilitätstest zu starten, gehen Sie wie folgt vor:

1. Befinden Sie sich im *Site*-Fenster, markieren Sie die Datei(en) oder Ordner, die geprüft werden sollen.

Tipp

Um eine komplette Site zu prüfen, markieren Sie den Hauptordner dieser Site. Wollen Sie mehrere aufeinanderfolgende Dateien überprüfen, drücken Sie zuerst die ⇧-Taste und klicken dann mit der Maus zuerst auf die erste und dann auf die letzte der betreffenden Dateien.

2. Unabhängig davon, ob Sie sich im Dokumentfenster oder im *Site*-Fenster befinden, öffnen Sie das jeweilige Menü *Datei* und wählen anschließend den Eintrag *Ziel-Browser überprüfen*. Es erscheint nun das gleichnamige Dialogfenster, wie es in der Abbildung 3.12 zu sehen ist.

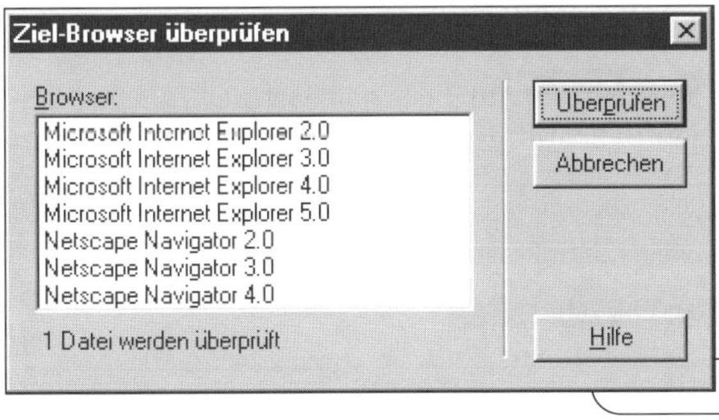

Zielbrowser zum Überprüfen auswählen

Abb. 3.12

3. Klicken Sie auf den Browser, den Sie testen wollen. Aufeinanderfolgende Einträge können Sie mit der ⇧-Taste und Mausklick markieren, nicht zusammenhängende Einträge mit Strg und Mausklick. Die Anzahl der markierten Einträge wird unter der Liste angezeigt.

4. Starten Sie den Test durch Anklicken der Schaltfläche *Überprüfen*. Dreamweaver analysiert die Browserprofile und weiß daher genau, worauf zu achten ist. Während des Tests hält Sie ein Statusbericht auf dem Laufenden, damit Sie wissen, welche Datei gerade getestet wird. Der Test ist sehr schnell und kann Hunderte von Dateien binnen einer Minute bewältigen.

5. Sobald der Test abgeschlossen ist, startet Dreamweaver Ihren Primär-Browser und lädt einen Bericht der ermittelten Ergebnisse (Abbildung 3.13). Bei diesem Bericht handelt es sich um eine temporäre Datei, so dass Sie diese speichern müssen, wenn Sie den Bericht noch einmal ansehen wollen. Um den Bericht zu speichern, öffnen Sie im Browserfenster das Menü *Datei* und wählen dort den Eintrag *Speichern unter*. Wenn Sie den Bericht nicht speichern, dann ist er unwiederbringlich verloren, sobald sie eine andere Seite aufrufen oder den Browser schließen.

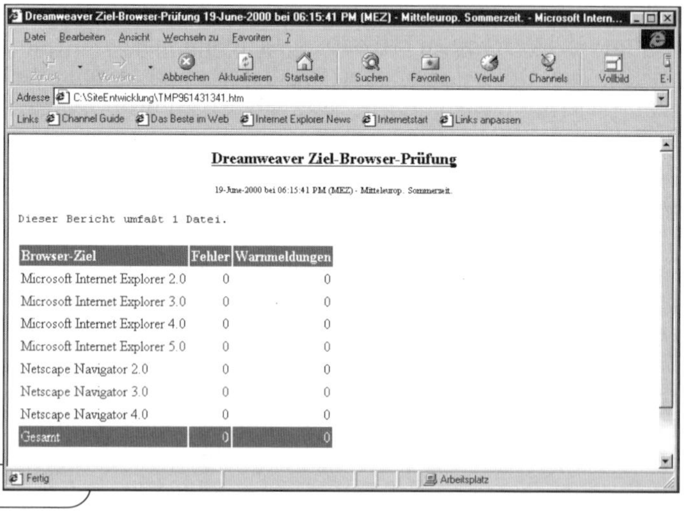

Der Kompatibilitätsbericht

Abb. 3.13

Sollten irgendwelche Fehler gefunden worden sein, werden auch diese dokumentiert. Der Fehlerbericht nennt Ihnen die genaue Zeile und Spalte, in der ein Kompatibilitätsproblem ermittelt wurde. Leider zeigt Ihnen das Dialogfenster *HTML-Quelle* nur die Zeilennummer der Zeile an, in der Sie sich gerade befinden, aber nicht die Spaltennummer. Demzufolge müssen Sie noch einmal nach dem betreffenden Codeteil suchen, sobald in der korrekten Zeile angelangt sind. Alternativ können Sie aber auch einen externen HTML-Editor wie HomeSite benutzen, der Ihnen sowohl Zeilen- als auch Spaltennummer anzeigt.

Browser-Profile hinzufügen und bearbeiten

Es gibt noch weit mehr Webbrowser als nur die beiden wohlbekannten Netscape Navigator und Microsoft Internet Explorer – und demzufolge kann es durchaus vorkommen, dass Sie auch für andere Browser Kompatibilitätstests durchführen wollen.

Die Liste der möglichen Programme umfasst eine Anzahl weiterer „Benutzer-Agenten", die zwar zum Surfen im Netz verwendet werden, aber genau genommen doch keine richtigen Webbrowser sind. Zu diesen gehören beispielsweise auch jene Programme, mit denen blinde Menschen die Inhalte von Web-Seiten lesen können. Es kann aber auch sein, dass Sie gezwungen sind, mit speziellen Webbrowsern zu arbeiten, weil Ihnen diese vom Arbeitgeber oder Kunden vorgegeben sind, oder dass Sie es mit Versionen von Netscape zu tun haben, an denen sich bereits die Entwickler Ihres Unternehmens zu schaffen gemacht haben, da Netscape für Entwickler verschiedene Modifikationsmöglichkeiten bietet.

Das Schreiben und Bearbeiten von Browser-Profilen ist keine Sache für Anfänger oder für Leute, die nur gelegentlich mit HTML arbeiten. Sind Sie mit den Fähigkeiten und Eigenheiten des betreffenden Browsers nicht absolut vertraut und kennen Sie sich nicht sehr gut mit HTML aus, dann sollten Sie lieber die Finger davon lassen, Browser-Profile zu schreiben oder zu ändern.

Sind Sie jedoch firm in der Materie, dann können Sie viele der üblichen Probleme vermeiden, indem Sie den Programmierrichtlinien für Dreamweaver-Browser-Profile genau folgen.

In einer typischen Windows-Installation befinden sich die Browser-Profile im Ordner *C:\Programme\Macromedia\ Dreamweaver 3\Configuration\BrowserProfiles*. Dreamweaver hat sieben installierte Profile – für die Versionen 2, 3 und 4 von Netscape Navigator und Internet Explorer sowie für die Version 5 vom Internet Explorer.

Bei den Profilen handelt es sich um einfache ASCII-Textdateien und alle haben sie streng das gleiche Format. Die erste Zeile enthält den Namen des Profils, so wie es im Dialogfenster *Ziel-Browser überprüfen* angezeigt wird. Dieser Name muss eindeutig sein, keine zwei Browser-Profile dürfen denselben Namen haben und das auch dann nicht, wenn deren Dateinamen identisch sein sollten.

Tipp

Ist ein Browsername länger als 38 Zeichen, dann bekommt das Dialogfenster *Ziel-Browser überprüfen* eine horizontale Bildlaufleiste.

Die zweite Zeile muss genau wie folgt aussehen:

```
PROFILE_TYPE=BROWSER_PROFILE
```

In den mitgelieferten Browser-Profilen ist die nächste Zeile eine Kommentarzeile mit Copyrightinformationen und ist demzufolge nicht zwingend erforderlich. Kommentarzeilen beginnen mit zwei Bindestrichen (—). Wie bei den Kommentarzeilen in HTML, wird auch bei Dreamweaver alles ignoriert, was nach diesen zwei Bindestrichen kommt.

Anschließend kommt der erste Tag-Eintrag. Ein Tag-Eintrag besteht aus dem HTML-Elementnamen, dem dann der landläufige Name dieses Elements folgt. Demzufolge sieht der erste Tag-Eintrag in der Datei *Navigator_4.0.txt* so aus:

```
<!ELEMENT A Name="Hyperlink Anchor" >
```

Beachten Sie bitte das Leerzeichen vor der abschließenden spitzen Klammer – dieses Leerzeichen ist zwingend erforderlich.

Ebenfalls erforderlich ist das Schlüsselwort `ELEMENT`, dem dann das eigentliche HTML-Tag folgt (in unserem Beispiel das `A`). Das Schlüsselwort `Name` ist optional, aber dennoch sinnvoll, weil in diesem Fall im Bericht der Kompatibilitätsprüfung die Wörter *Hyperlink Anchor* verwendet werden. Ist das A nicht präsent, dann bezieht sich der Bericht lediglich auf das Tag selbst und zeigt nur ein A an.

Dem Tag-Eintrag folgt die Attributliste für den betreffenden Tag. Sie beginnt ähnlich wie der Tag-Eintrag und sieht also wie folgt aus:

```
<!ATTLIST A
```

Die nachfolgenden Zeilen listen jeweils eines der Attribute auf, die vom Tag unterstützt, und manchmal sogar auch jene Attribute, die nicht unterstützt werden. In vielen Fällen steht dort nichts weiter als der Name eines Attributs. Hat ein Attribut mehrere mögliche Werte, werden diese Werte in genau der Weise aufgelistet, wie es dem HTML-Standard entspricht. Das Element CAPTION kann zum beispielsweise entweder oben oder unten an einer Tabelle ausgerichtet werden. Da dieses Attribut zwei mögliche Werte hat, wird es wie folgt darstellt:

```
Align ( top | bottom )
```

Beachten Sie, dass die Leerzeichen nach der ersten, vor und nach dem | und vor der letzten Klammer zwingend erforderlich sind.

Natürlich kann es auch ein Attribut geben, das zwar von einem der großen Browser unterstützt wird, aber nicht von jenem, für den Sie gerade das Profil schreiben. Dennoch könnte es sein, dass Sie es auflisten wollen, damit es eine Fehlermeldung verursacht, falls es doch benutzt werden sollte. Um zu zeigen, dass ein Attribut nicht unterstützt wird, benutzen Sie entweder das Schlüsselwort `!Warning` oder `!Error`. Beispiel:

```
Valign !Error
```

Beide Schlüsselwörter funktionieren gleich, aber `!Error` hat eine stärkere Aussagekraft.

Tipp

Sie können die Schlüsselwörter `!Error` und `!Warning` auch im Tag-Eintrag verwenden. Eigentlich brauchen Sie überhaupt keine Attributliste anzulegen, wenn Sie ein Element lediglich als „Nicht unterstützt“ kennzeichnen wollen.

Möglicherweise wollen Sie eine bestimmte Fehlermeldung einbinden, statt nur darauf hinzuweisen, dass ein Attribut nicht unterstützt wird. Um dies zu tun müssen Sie dem Schlüsselwort `!Error` entweder eine einfache Text-Fehlermeldung oder eine HTML-codierte Fehlermeldung hinzufügen. Zu diesem Zweck verwenden Sie entweder das Schlüsselwort `!msg` oder `!HTMLmsg`. Beispiel:

```
!Error !msg="Das funktioniert nicht!"

!Error !HTMLmsg="Das <B>wird nicht</B> funktionie-
ren!"
```

Sie können ein Browser-Profil erstellen oder bearbeiten und es dann verwenden, ohne Dreamweaver beenden und neu starten zu müssen, weil die Profile erst in dem Moment gelesen werden, in dem Sie einen Kompatibilitätstest starten.

Zusammenfassung

In diesem Kapitel haben Sie sich sowohl mit den HTML-Eigenschaften von Dreamweaver als auch mit den externen Editoren befasst.

Sie haben gelernt, wie Sie mit dem *Quick Tag Editor* schnell und einfach einzelne HTML-Tags bearbeiten. *HTML-Quelle* ist Editor mit einem größeren Leistungsumfang, mit dem Sie den Quellcode von Web-Seiten ansehen und für die Anzeige strukturieren können, ohne ihn jedoch dabei zu ändern. Außerdem können Sie mit *HTML-Quelle* Schriftarten und -größen zuweisen, die Farbe für den Hintergrund sowie die HTML-Elemente festlegen und auch Zeilennummern anzeigen.

Anschließend wurde über die Nutzung externer HTML-Editoren gesprochen und Sie haben erfahren, dass Sie selbst festlegen können, wie weit der Code aus extern erzeugten Dateien beim Laden und Speichern verändert werden soll. Dazu kam noch die der Befehl *HTML optimieren*, der Ihnen die Möglichkeit bietet, übersichtlicheren und „sauberen" Quellcode zu erstellen.

Anhand der Webbrowser-Profile können Sie Ihre Web-Seiten auf Kompatibilität mit den gängigsten Webbrowsern prüfen, ohne dass diese auf Ihrem System installiert sein müssen. Im nächsten Kapitel werden Sie nun sehen, wie Sie die Textfunktionen dazu benutzen, um Ihre Web-Seiten informativer, attraktiver und verständlicher zu gestalten.

Projekt 1: Eine Web-Site einrichten

Das folgende Kapitel beschreibt das erste von sechs Projekten in diesem Buch. Diese Projekte enthalten schrittweise Anleitungen zum Erstellen einer Web-Site mit dem Dreamweaver 3/Fireworks 3 Studio von Macromedia. Mit Dreamweaver 3 wird eine Web-Site mit einigen Seiten entwickelt und mit Fireworks 3 das zugehörige Bildmaterial erstellt. Zunächst wird eine Gemeinde-Site für Glendale, einer fiktive, verkabelten Gemeinde am Stadtrand von Bigtown, USA, angelegt.

Tipp

Auf der beiliegenden CD-ROM finden Sie eine Version der Glendale-Gemeinde-Site nach Abschluss aller sechs Projekte. Diese Version, die aus Referenzgründen hinzugefügt wurde, enthält unvollständige Hyperlinks und leere Ordner. Wenn Sie die Projekte durchgearbeitet haben, können Sie die erlernten Fähigkeiten üben, indem Sie weitere Seiten für die Gemeinde-Site anhand eigener Texte und Abbildungen anlegen oder aber eine eigene Site erstellen.

Um die Aufgaben, denen Sie sich als Web-Designer gegenübersehen, zu veranschaulichen, wurde das folgende Szenario konstruiert: Ihre fiktiven Nachbarn haben Sie dazu überredet, eine Site für die Gemeinde zu entwickeln und zu programmieren. Diese Site soll alle erwähnenswerten Fakten über die Gemeinde Glendale beinhalten. Andere Nachbarn übernehmen die Texterstellung und der Inhalt der Site wurde gemeinsam diskutiert. In die Indexseite, die oberste Ebene der Site, sollen Verknüpfungen aufgenommen werden, die zu den folgenden Themenbereichen (der zweiten Ebene) der Site verzweigen:

- *Gemeinde*: Dieser Bereich soll einen Überblick über das gesamte Gemeindegebiet enthalten.
- *Immobilien*: Dieser Bereich soll Informationen über Mietshäuser und Verknüpfungen zu Grundstücksmaklern und Hausbesitzern aufnehmen, die Immobilien in der Gegend zum Kauf anbieten.
- *Freizeit*: In diesem Bereich sollen die Parks, der See und die Radwege der Gemeinde beschrieben werden.
- *Geschäfte*: Dieser Bereich soll ortsansässigen Geschäftsinhabern als eigene Seite zur Verfügung stehen.

- *Bigtown*: Dieser Bereich soll Informationen über die nahegelegene Stadt, in der viele Einwohner von Glendale arbeiten, und Verknüpfungen zu wichtigen, lokalen Sites bieten.
- *Verkehr*: Dieser Bereich soll eine Straßenkarte und eine kurze Erläuterung der öffentlichen Beförderungsmittel, des Flughafens und der wichtigsten Fernverkehrsstraßen enthalten.
- *Mitglieder*: Dieser Bereich soll ein passwortgeschütztes Forum für Gemeindemitglieder bieten, in dem über Kommunalpolitik diskutiert und persönliche Web-Seiten abgelegt werden können.

Außerdem soll die Indexseite auch direkte Verknüpfungen zu der Landkarte im Bereich *Gemeinde*, zu dem Veranstaltungskalender im Bereich *Freizeit* und zu der Site *Nachrichten aus der Nachbarschaft* aufweisen.

In die Site sollen für jeden Bereich repräsentative Informationen, Illustrationen und Fotografien der Landschaft und der Gebäude aufgenommen werden. Die Entscheidung über das weitere Design wurde in Ihre Hände gelegt.

Tipp

Auf der beiliegenden CD-ROM finden Sie alle Dateien, die für dieses Projekt erforderlich sind. Die Dateien befinden sich in dem Ordner *Tutorial/Source*.

Die Site definieren

Sie setzen sich zu Hause sofort an Ihren Computer und fangen mit der Arbeit an. Um alle Vorteile von Dreamweaver zu nutzen, beginnen Sie mit der Definition der Site.

1. Erstellen Sie auf Ihrer Festplatte ein Verzeichnis mit dem Namen *Glendale*. Dieses Verzeichnis stellt die oberste Ebene der Gemeinde-Site dar und soll alle anderen Elemente der Site aufnehmen.
2. Starten Sie Dreamweaver und wählen Sie im Dokumentfenster *Site > Neue Site*. Daraufhin wird das Dialogfeld *Site-Definition* geöffnet.

3. Geben Sie in das Textfeld *Site-Name Glendale* ein.

4. Klicken Sie die *Durchsuchen*-Schaltfläche (das Ordnersymbol rechts neben dem Textfeld *Lokaler Stammordner*) an, um das Verzeichnis *Glendale* (das Sie im ersten Schritt angelegt haben) zu suchen und auszuwählen. Das Dialogfeld *Site-Definition* sollte jetzt in etwa der folgenden Abbildung entsprechen.

5. Klicken Sie die Schaltfläche *OK* an.

6. Daraufhin wird ein Meldungsfenster mit der Frage angezeigt, ob Sie für die Site eine Cache-Datei erstellen möchten. Klicken Sie die Schaltfläche *Nicht erstellen* an.

7. Das Meldungsfenster wird geschlossen und das Site-Fenster angezeigt.

Damit haben Sie die für die Definition einer Site in Dreamweaver erforderlichen Minimalinformationen festgelegt.

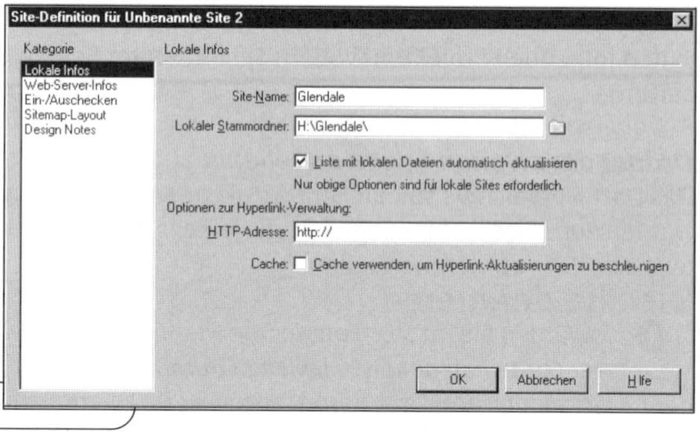

Die Site für die Gemeinde Glendale definieren

Abb. 1

Web-Seiten erstellen

Die einfachste Methoden zum Erstellen von Web-Seiten ist, in einem beliebigen Dokumentfenster die Menüoption *Datei > Neu* zu wählen und das Ergebnis zu speichern. Da Sie aber gerade die Glendale-Site definiert haben und das Site-Fenster mit dem Ordner *Glendale* noch geöffnet ist, können Sie gleich in diesem Fenster eine Indexseite für die Site anlegen. Anschließend werden die Ordner der zweiten Ebene erstellt und einige Texte hineinkopiert.

Eine Indexseite erstellen

Web-Surfer geben meist nur den Namen des gewünschten Zielverzeichnisses, wie z.B. *http://www.sybex.com/*, in ihrem Browser ein. Alle Web-Server, die einen solchen Aufruf empfangen, suchen zuerst in dem angegebenen Verzeichnis nach einer Datei mit dem Namen *index.html* oder *index.htm*. Falls diese Datei nicht vorhanden ist, gibt der Server entweder eine Fehlermeldung aus oder stellt – falls er dementsprechend konfiguriert ist – eine Liste mit Hyperlinks zu den anzeigbaren Dateien in diesem Verzeichnis bereit. Da dies für die Gemeinde-Site nicht vorgesehen ist, wird für jedes Verzeichnis in der Site eine Indexdatei (*index.html*) angelegt.

1. Wählen Sie im Site-Fenster *Datei > Neue Datei*. In der Liste *Lokaler Ordner* wird daraufhin ein neues Dokument mit dem Namen *untitled.htm* angezeigt. Der Dateiname ist bereits markiert, so dass Sie ihn sofort ändern können.

2. Geben Sie *index.html* ein drücken Sie die Taste [↵].

Tipp

Wenn Sie die Site-Definition für das Sitemap-Layout (*siehe das Kapitel 2*) aktualisieren, wird die Datei *index.html* zusammen mit dem Ordnernamen als Name für die Homepage verwendet.

In den folgenden Projekten werden Sie mit dieser Seite weiterarbeiten.

Ordner der zweiten Ebene erstellen

Das Dateiverzeichnis soll die Site-Struktur widerspiegeln, daher werden nun Unterordner angelegt, die jeweils den Inhalt eines Bereichs der Site aufnehmen sollen.

1. Wählen Sie im Site-Fenster die Menüoption *Datei > Neuer Ordner*. In der Liste *Lokaler Ordner* wird daraufhin ein neuer Ordner mit dem Namen *untitled* angezeigt. Der Ordnername ist bereits markiert, so dass Sie ihn sofort ändern können.

2. Geben Sie *Community* ein und drücken Sie die Taste [↵].

3. Klicken Sie den Ordner *Glendale* mit der rechten Maustaste an und wählen Sie aus dem Popup-Menü die Opti-

on *Neuer Ordner*. Es wird ein neuer Ordner mit dem bereits markierten Standardnamen *untitled* angezeigt. Geben Sie als neuen Namen für den Ordner *Residential* ein.

4 Klicken Sie den Ordner *Glendale* an und drücken Sie die Tastenkombination [Strg] + [Alt] + [⇧] + [N] (Befehlstaste + Optionstaste + [⇧] + [N] bei Macs). Geben Sie als neuen Namen für den Ordner *Recreation* ein.

5 Belassen Sie den Ordner *Recreation* markiert und drücken Sie die Tastenkombination [Strg] + [C] (Befehlstaste + [C] bei Macs), um den Ordner in die Zwischenablage zu kopieren.

6 Drücken Sie die Tastenkombination [Strg] + [V] (Befehlstaste + [V] bei Macs), um eine Kopie des Ordners einzufügen. Am Ende der Dateiliste wird daraufhin ein neuer Ordner mit dem Namen *KopievonRecreation* angezeigt.

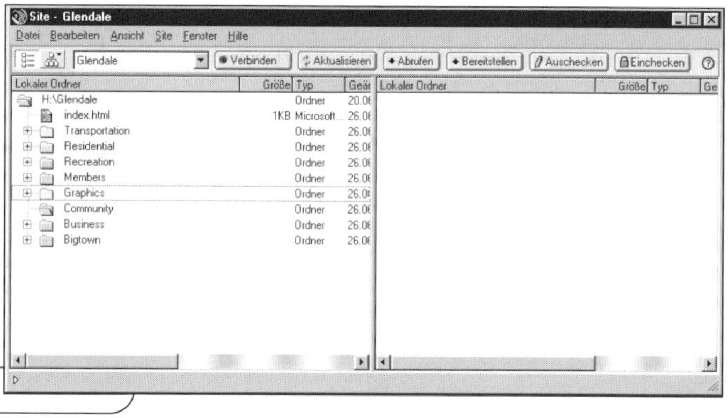

Die lokalen Ordner der neu definierten Site *Glendale* im *Site*-Fenster

Abb. 2

7 Klicken Sie *KopievonRecreation* zweimal langsam an, um den Ordnernamen zu markieren. Geben Sie *Business* ein und drücken Sie die Taste [↵].

8 Klicken Sie erneut den Ordner *Glendale* an, wählen Sie dann *Datei > Neuer Ordner* und geben Sie *Bigtown* ein.

9 Legen Sie im Verzeichnis *Glendale* noch drei weitere Ordner mit den Namen *Transportation*, *Members* und *Graphics* an.

Das Site-Fenster sollte nun weitgehend der folgenden Abbildung entsprechen.

Text in ein Dokument kopieren

Sie haben von einem Mitarbeiter aus Ihrer Gemeinde den Text für die Inhaltsseite des Bereichs *Freizeit* als Anlage zu einem Email erhalten. Der Text, der als .TXT-Datei vorliegt, enthält einige Überschriften und Textabsätze. Den Text in die Zwischenablage zu kopieren und in ein geöffnetes Dokumentfenster einzufügen wäre der schnellste und einfachste Weg, den Inhalt in ein Dokument zu übernehmen. Beim Kopieren und Einfügen gingen jedoch sämtliche Formatinformationen verloren und der Text würde aus nur einem zusammenhängenden Absatz bestehen. Um dies zu vermeiden wird der Text mit Hilfe der Option *Als Text einfügen* in die Datei *index.html* kopiert.

Der einzufügende Text ist in der Datei *RecPage.txt* im Verzeichnis *Tutorial\Source* auf der beiliegenden CD-ROM enthalten. Öffnen Sie diese Datei in einem beliebigen Texteditor (wie z.B. dem Editor von Windows), bevor Sie die folgenden Arbeitsschritte ausführen.

1. Erstellen Sie im Ordner *Recreation* eine neue Datei mit dem Namen *index.html*.
2. Klicken Sie die neue Datei zweimal an, um sie in einem Dokumentfenster zu öffnen.
3. Kopieren Sie im Editor den Text der Textdatei in die Zwischenablage.
4. Wechseln Sie in das Fenster *Recreation/index.html* und wählen Sie die Menüoption *Bearbeiten > Als Text einfügen*.
5. Drücken Sie [Strg] + [S] (Befehlstaste + [S] bei Macs), um die Datei zu speichern.

Der eingefügte Text ist in einem gewissen Umfang formatiert. Um die übernommenen Formatierungen einzublenden, müssen Sie die Anzeige von unsichtbaren Elementen aktivieren.

Unsichtbare Elemente anzeigen

In Dreamweaver werden Leerzeilen zur Kennzeichnung von Absatz-Tags verwendet und an das Ende jeder Zeile wird ein Zeilenumbruch eingefügt. Um im Dokumentfenster die Symbole für Zeilenumbrüche anzuzeigen, müssen Sie die entsprechende Option im Dialogfeld *Voreinstellungen* aktivieren.

1. Wählen Sie im Dokumentfenster die Menüoption *Bearbeiten > Einstellugen*, um das Dialogfeld *Voreinstellungen* zu öffnen.
2. Markieren Sie in der Liste *Kategorie* den Eintrag *Unsichtbare Elemente*.
3. Markieren Sie das Kontrollkästchen *Zeilenumbruch*.
4. Klicken Sie die Schaltfläche *OK* an.

Der im Dokumentfenster angezeigte Text sollte nun der folgenden Abbildung entsprechen.

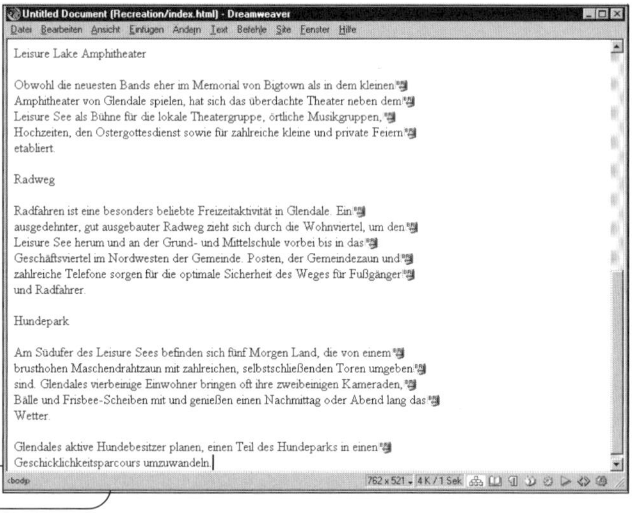

Das Ergebnis der Operation *Als Text einfügen* im Dokumentfenster

Abb. 3

Zeilenumbrüche ersetzen

Unerwünschte Zeilenumbrüche lassen sich am einfachsten entfernen, indem Sie den Code für einen Zeilenumbruch (
) suchen und durch ein Leerzeichen ersetzen.

1. Wählen Sie *Bearbeiten > Ersetzen*, um das Dialogfeld *Ersetzen* zu öffnen.

2. Wählen Sie aus der Dropdown-Liste *Suchen nach* den Eintrag *HTML-Quelle* aus.

3. Geben Sie in das Textfeld neben der Dropdown-Liste *Suchen nach* den Code *
* ein.

4. Drücken Sie die Taste ⇥, um in das Textfeld *Ersetzen durch* zu wechseln. Drücken Sie die Taste ␣, um ein Leerzeichen einzufügen. Das Dialogfeld *Ersetzen* sollte nun der folgenden Abbildung entsprechen.

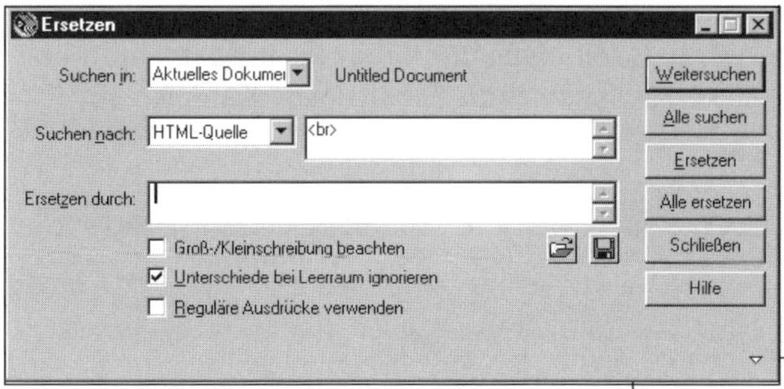

Die Einträge zum Ersetzen von Zeilenumbrüchen durch Leerzeichen

Abb. 4

5. Klicken Sie die Schaltfläche *Alle ersetzen* an. Der HTML-Quell-Inspector wird geöffnet und das Suchen und Ersetzen ausgeführt. Anschließend wird ein Zusammenfassungsfeld angezeigt und das Dialogfeld *Ersetzen* enthält alle ersetzten Vorkommen des Zeichens für den Zeilenumbruch (*siehe die folgende Abbildung*).

6. Klicken Sie in dem Informationsdialogfeld die Schaltfläche *OK* an.

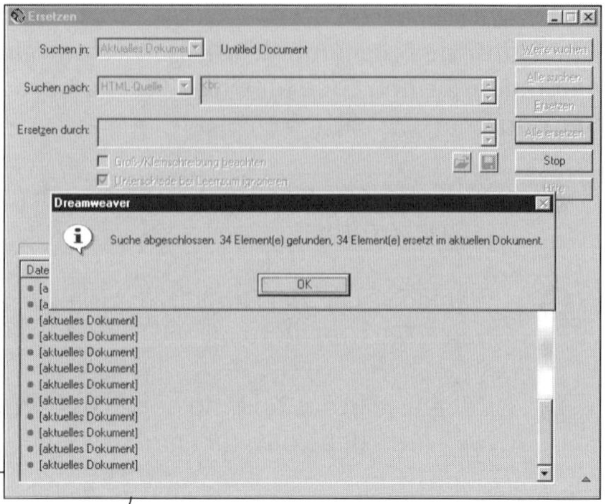

Im Dialogfeld *Ersetzen* wird das Ende des Suchvorgangs angezeigt

Abb. 5

7 Wenn Sie das Dialogfeld *Ersetzen* schließen, bleibt das Fenster des HTML-Quell-Inspectors geöffnet. Sie können darin erkennen, dass alle Zeilenumbruchzeichen entfernt wurden und dass die HTML-Codes für Absätze jeweils am Beginn und am Ende eines Absatzes stehen. Schließen Sie den HTML-Quell-Inspector, indem Sie in der rechten, oberen Ecke des Fensters die Schaltfläche *X* anklicken.

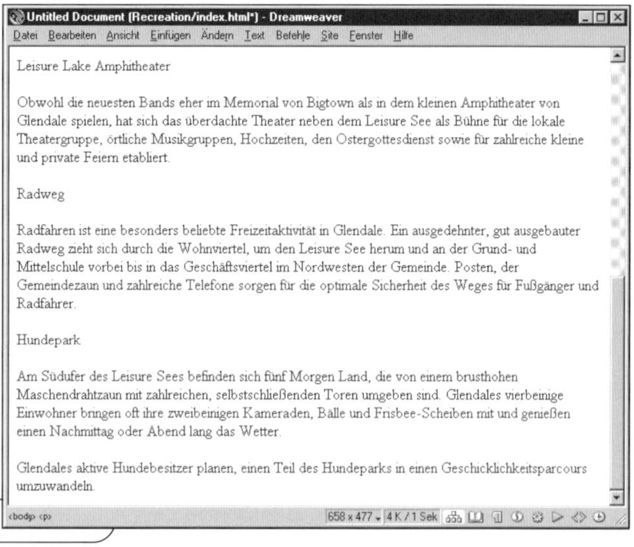

Der Text mit den entfernten Zeilenumbrüchen

Abb. 6

Tipp

Wenn Sie im Dialogfeld *Ersetzen* eine ersetzte Zeile anklicken, wird im HTML-Quell-Inspector das entsprechende Zeichen markiert.

8 Drücken Sie Strg + S (Befehlstaste + S bei Macs), um die Datei zu speichern.

Das Dokumentfenster sollte nun der folgenden Abbildung entsprechen.

HTML-Codes zuweisen und bearbeiten

Im Folgendem sollen dem in die Seite kopierten Text Überschriftformate zugewiesen werden. Der Name des Bereichs soll gleichzeitig als Überschrift der ersten Ordnung dienen. Die weiteren Überschriften werden je nach Wichtigkeit in abfolgender Reihenfolge formatiert.

Die Überschrift der ersten Ordnung zuweisen

Zunächst wird die Überschrift der ersten Ordnung, *Freizeit*, in die Seite eingefügt.

1 Setzen Sie die Einfügemarke vor die erste Zeile (*Der Leisure See*) des Textes, geben Sie *Freizeit* ein und drücken Sie die Taste ↵.

2 Setzen Sie die Einfügemarke an eine beliebige Stelle in das gerade eingegebene Wort. Beachten Sie, dass in der Statusleiste des Dokumentfensters (am unteren Ende des Fensters) der Code `<p>` direkt nach `<body>` angezeigt wird.

3 Drücken Sie Strg + 1 (Befehlstaste + 1 bei Macs), um das Tag für eine Überschrift der ersten Ordnung zuzuweisen. Der Absatz wird in dem neuen Format angezeigt und der Code `<p>` in der Statusleiste wird durch den Code `<h1>` ersetzt.

4 Drücken Sie Strg + S (Befehlstaste + S bei Macs), um die Datei zu speichern.

Überschriften der zweiten Ordnung zuweisen

Als Nächstes werden anhand verschiedener Methoden die Tags für die Überschriften zweiter Ordnung zugewiesen.

1. Setzen Sie die Einfügemarke an eine beliebige Position in der Zeile *Der Leisure See*.
2. Drücken Sie [Strg] + [2] (Befehlstaste + [2] bei Macs).
3. Setzen Sie die Einfügemarke in die Zeile *Leisure Park*.
4. Klicken Sie im Eigenschaften-Inspector die Dropdown-Liste *Format* an. Wenn der Eigenschaften-Inspector nicht im Vordergrund angezeigt wird, drücken Sie [Strg] + [F3] (Befehlstaste + [F3] bei Macs). Wählen Sie *Überschrift 2* aus.
5. Setzen Sie die Einfügemarke in die Zeile *Leisure Lake Amphitheater*. Wählen Sie die Menüoption *Text > Formatieren > Überschrift 2*.
6. Setzen Sie die Einfügemarke in die Zeile *Radweg*. Drücken Sie [Alt] + [T] (Optionstaste + [T] bei Macs), dann [F] und [2].
7. Setzen Sie die Einfügemarke in die Zeile *Hundepark*.
8. Klicken Sie in der Statusleiste <p> an, um das Absatz-Tag samt dem zugehörigen Text zu markieren.
9. Klicken Sie auf der rechten Seite des Eigenschaften-Inspectors die Schaltfläche *Quick Tag Editor* (das Symbol mit dem Papier und dem Bleistift) an. Drücken Sie die Taste [⇦], um den Buchstaben *p* aus dem Tag zu löschen. Geben Sie *h2* ein und drücken Sie die Taste [↵].
10. Drücken Sie [Strg] + [S] (Befehlstaste + [S] bei Macs), um die Datei zu speichern.

Das Dokument sollte nun der folgenden Abbildung entsprechen.

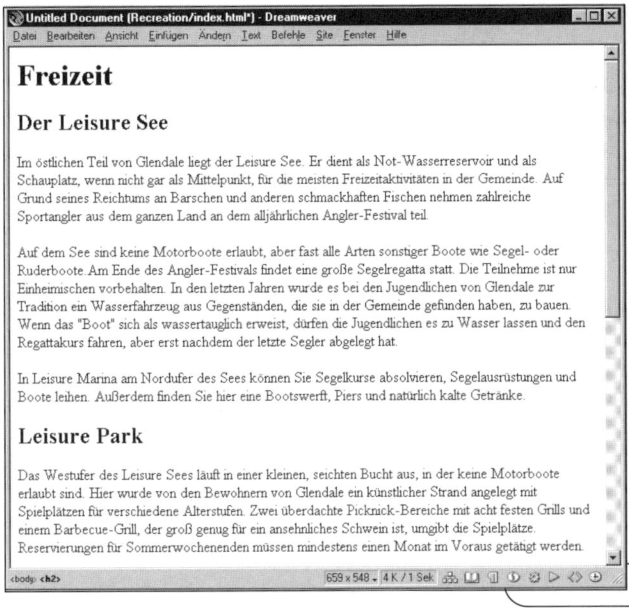

Das Dreamweaver-Dokument mit den zugewiesenen Überschriften-Tags

Abb. 7

Ein Word-HTML-Dokument importieren und optimieren

Ein weiterer Mitarbeiter hat als Hauptseite des Bereichs *Gemeinde* ein im HTML-Format gespeichertes Word-97-Dokument vorbereitet. Glücklicherweise können Sie in Dreamweaver die Code-überfrachteten mit Word erzeugten HTML-Dateien optimieren. Dazu wird im Folgenden die Word-HTML-Datei importiert und mit den Optionen des Dialogfeldes *Word-HTML-Code optimieren* bereinigt.

Das Word-Dokument ist in der Datei *ComPage.htm* im Verzeichnis *Tutorial\Source* auf der beiliegenden CD-ROM enthalten. Kopieren Sie mit einer beliebigen Methode die Datei *ComPage.htm* in den Ordner *Glendale\Community*.

1. Markieren Sie in dem Site-Fenster den Ordner *Community* und drücken Sie Strg + ⇧ + N (Befehlstaste + ⇧ + N bei Macs), um eine neue Datei anzulegen. Geben Sie *Community.html* ein, um den Standardnamen zu ersetzen und drücken Sie zum Öffnen der Datei die Taste ↵.

2. Wählen Sie im Dokumentfenster die Menüoption *Datei > Importieren > Word-HTML importieren.*

3 Suchen und markieren Sie im Dialogfeld *Zu importierende Word-HTML-Datei auswählen* die Datei *Glendale\Community\ComPage.htm*. Klicken Sie anschließend die Schaltfläche *Öffnen* an. Die Datei wird in dem Dokumentfenster geöffnet und das Dialogfeld *Word-HTML-Code optimieren* mit der aktiven Registerseite *Grundeinstellungen* angezeigt (siehe die folgende Abbildung).

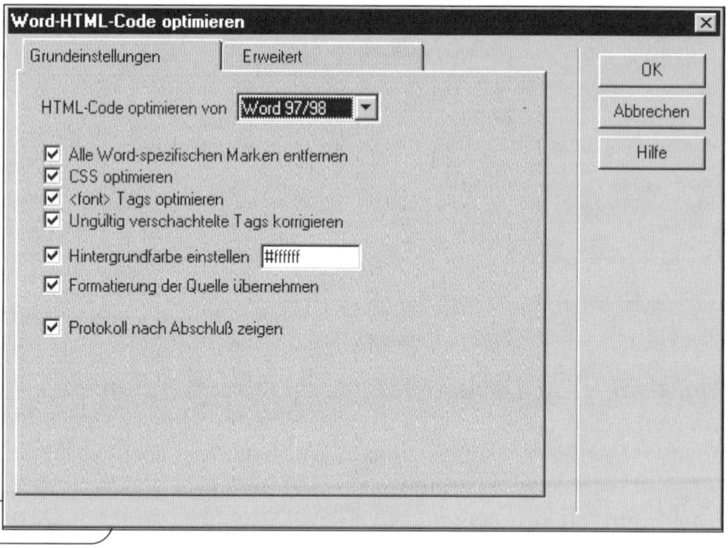

Die Registerseite *Grundeinstellungen* des Dialogfeldes *Word-HTML-Code optimieren*

Abb. 8

4 Klicken Sie das Register *Erweitert* an, um die weiteren Optionen anzuzeigen (siehe die folgende Abbildung).

5 Belassen Sie alle Optionen der Registerseiten *Grundeinstellungen* und *Erweitert* markiert und klicken Sie *OK* an. Dreamweaver führt die Optimierung durch und blendet ein Dialogfeld mit einer Zusammenfassung der ausgeführten Änderungen ein. Klicken Sie *OK* an.

6 Speichern Sie die Datei unter dem Namen *Community*.

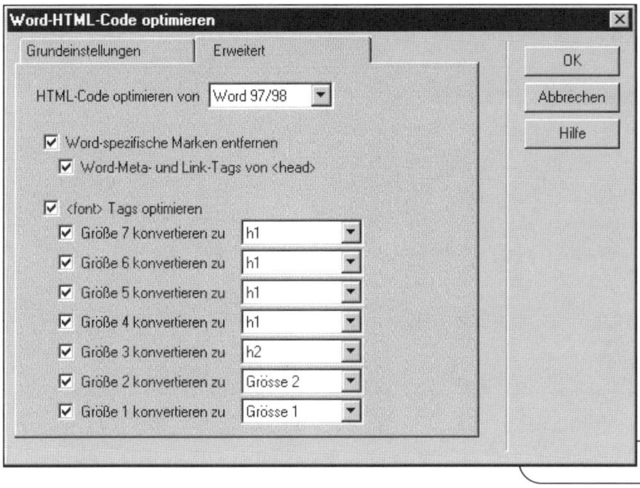

Die Registerseite *Erweitert* des Dialogfeldes *Word-HTML-Code optimieren*

Abb. 9

Zusammenfassung

Die ersten Schritte für die Definition der Gemeinde-Web-Site für Glendale sind gemacht. Im Einzelnen wurden die folgenden Aufgaben ausgeführt:

- Das lokale Site-Verzeichnis auf der Festplatte eingerichtet
- Ordner für alle Bereiche der Site angelegt
- Eine Web-Seite aus dem Site-Fenster heraus angelegt
- Text mit der Option *Als Text einfügen* in ein neues Dokument kopiert, wobei die meisten Formatierungen beibehalten wurden und mit der Suchen-und-Ersetzen-Funktion von Dreamweaver überflüssige Zeilenumbrüche entfernt
- Ein HTML-Dokument von Word importiert und optimiert
- Überschriftformate der ersten und zweiten Ordnung hinzugefügt

Nach dem Abschluss dieses Projekts sollte die Liste *Lokaler Ordner* des Site-Fensters der folgenden Abbildung entsprechen.

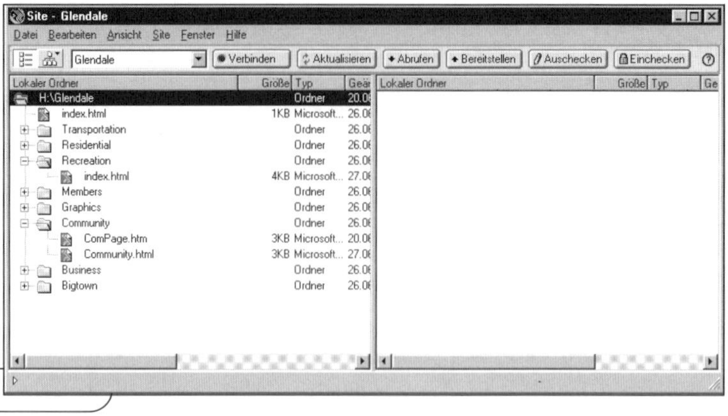

Die Site *Glendale* nach Abschluss des ersten Projekts

Abb. 10

Im zweiten Projekt werden den Dokumenten Hyperlinks, Bilder und Farben hinzugefügt. Außerdem wird ein Formular und ein Frameset angelegt.

Mehr als nur Worte

4

Manche Leute sagen, dass es überhaupt keine große Kunst ist, Wörter in eine Web-Seite zu setzen, und dass im Grunde nichts weiter zu tun wäre als diese einfach nur einzutippen. Nichts könnte von der Wahrheit weiter entfernt sein, als eine solche Aussage! Die Zeit und die Aufmerksamkeit, die Sie dem Text Ihrer Web-Seite widmen, stellt vielleicht den wichtigsten Beitrag zu deren Gelingen dar.

Die Entscheidungen, die Sie bezüglich der Formatierung der einzelnen Textelemente treffen, beeinflussen die Struktur Ihrer Seiten und machen den Unterschied zwischen attraktiven sowie leicht verständlichen Seiten und der Sorte von Web-Seiten aus, denen der Benutzer fassungslos gegenübersteht und mit denen er nur eine Menge Zeit vergeudet. Fundiertes Wissen darüber, wie die verschiedenen Textelemente funktionieren und wie sie einzusetzen sind, um Ihre Ziele damit zu erreichen, ist der Grundstein für den Erfolg bei der Gestaltung Ihrer Web-Seiten.

Dieses Kapitel beschreibt die Hilfsmittel, die Ihnen Dreamweaver für den Umgang mit Text zur Verfügung stellt. Sie lernen, wie Sie mit dem *Eigenschaften-Inspector* und den *HTML-Stilen* Text formatieren, wie Sie spezielle Textobjekte und Sonderzeichen einfügen und wie die Rechtschreibprüfung von Dreamweaver funktioniert. Aber zuallererst werden Sie lernen, wie Sie Ihre Seiten vorab im Browser betrachten, um deren Erscheinungsbild bereits in der Entwicklungsphase beurteilen zu können.

Vorschau im Browser

Das Dokumentfenster in Dreamweaver ist eine so genannte WYSIWYG-Umgebung (What You See Is What You Get) und zeigt Ihnen in ungefähr genau das, was später dabei herauskommen wird. Allerdings gibt der HTML-Standard den einzelnen Browsern einen sehr großen Spielraum darin, wie die Dinge dann letztendlich tatsächlich angezeigt werden. Das bedeutet, dass es durchaus Unterschiede zwischen dem Erscheinungsbild im Dokumentfenster und dem gibt, was dann im Webbrowser zu sehen sein wird. Hinzu kommt noch das Problem, dass manche Ihrer Einstellungen, wie beispielsweise die Schriftgröße, von den Browsereinstellungen des Benutzers überschrieben werden können.

Von Zeit zu Zeit sollten Sie sich daher etwas Zeit nehmen und sich die Seite, an der Sie gerade arbeiten, in einem richtigen Webbrowser betrachten – nur um zu sehen, ob alles genau so aussieht, wie es ursprünglich beabsichtigt haben. Sollte die korrekte Darstellung Ihrer Web-Seite für die Erreichung Ihrer Ziele wirklich wichtig sein, dann müssen Sie Ihre Web-Seite sogar auf allen Browsern prüfen, die als Zielbrowser in Frage kommen. Wollen Sie sehen, wie Ihre aktuelle Seite in einem Browser aussieht, dann klicken Sie einfach auf die Funktionstaste F12.

Tipp

Natürlich sollten Sie auch den HTML-Code auf Kompatibilität mit den angestrebten Ziel-Browsern prüfen. Details hierzu und wie Sie den Primär-Browser einstellen, finden Sie in Kapitel 3.

Textformatierung mit dem Eigenschaften-Inspector

Text in Ihre Web-Seite zu stellen ist eine unkomplizierte Angelegenheit. Sie gehen ins Dokumentfenster, legen einfach eine neue Seite an oder öffnen eine bereits bestehende (siehe Kapitel 2) – und fangen einfach an zu tippen. Interessant wird es erst, wenn es darum geht, wie das Erscheinungsbild des Textes auszusehen hat, damit beim Besucher der von Ihnen gewünschte Gesamteindruck entsteht.

Selbst wenn Ihnen nichts anderes zur Verfügung steht als die Formatierungsfähigkeiten vom *Eigenschaften-Inspector*, so können Sie damit bereits über 90 Prozent der Aufgaben erledigen, die für das Gelingen einer typischen Web-Seite erforderlich sind. Sie können damit nicht nur festlegen, welche Elemente den Text betreffen, sondern auch Attribute hinzufügen bzw. vorhandene Attribute Ihren Wünschen entsprechend ändern.

Wie Sie in Kapitel 1 bereits gelernt haben, erscheint der *Eigenschaften-Inspector* unter dem Dokumentfenster. Sollte er sich noch nicht am Bildschirm befinden, können Sie ihn über das Menü *Fenster* aufrufen. In der Abbildung 4.1 sehen Sie ein Beispiel dafür, wie der *Eigenschaften-Inspector* Informationen über den Text anzeigt.

Eigenschaften-Inspector

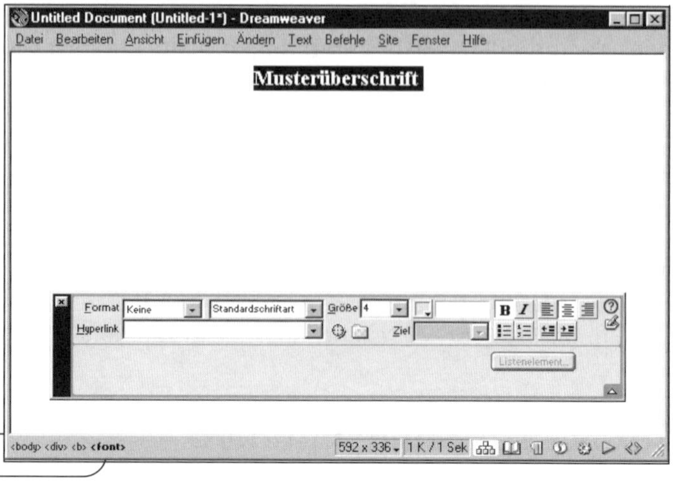

Abb. 4.1

In den nachfolgenden Abschnitten wird Ihnen gezeigt, wie Sie mit Hilfe von *Eigenschaften-Inspector* Text formatieren können.

Block-Level- und Inline-Elemente formatieren

Block-Level-Elemente sind solche Elemente, die Webbrowser dazu veranlassen, auf der Web-Seite eine neue Zeile anzufangen. Zu diesen Elementen zählen beispielsweise auch `H1` (Überschrift 1) und `P` (normaler Absatz). Da diese Elemente dazu benutzt werden, um ganze "Blöcke" Web-Seiteninhalt voneinander abzusetzen, müssen Sie diese Blöcke zwangsläufig in irgendeiner Form separieren.

Inline-Elemente (sie werden auch Text-Level-Elemente genannt) führen nicht zu einem Zeilenumbruch. Beispiele gebräuchlicher Inline-Elemente sind `B` (Bold = *Fett*) und `I` (Italic = *Kursiv*). Sie können sich sicher vorstellen, welch Alptraum es wäre, würde jede dieser Formatierungen zwangsläufig auch einen Zeilenumbruch mit sich bringen.

Allerdings gibt es manche Elemente, die man eigentlich auf Block-Ebene vermuten würde, bei denen es sich aber tatsächlich um Inline-Elemente handelt. So zum Beispiel das `IMG`-Element, das zum Einfügen von Bildern verwendet wird – es ist ein Inline-Element, weil Sie ja schließlich niemand davon abhalten kann, ein Bild mitten in eine Zeile zu setzen. (Wie Bilder eingefügt werden, lesen Sie in Kapitel 5.)

Bei Dreamweaver wird die Formatierung von einer Zeile in die nächste übernommen, sobald Sie die [↵]-Taste gedrückt haben. Sei es nun ein Block-Element, bei dem alles formatiert ist, oder sei es ein Inline-Element, das bis zum Ende des Blockes geht – was immer Sie auch eintippen, nachdem Sie die [↵]-Taste gedrückt haben, wird es dasselbe Format haben wie die vorangegangene Zeile. Falls Sie das nicht wollen, dann sollten Sie zuerst den Text eingeben und diesen erst danach formatieren.

Absatzformate

Dreamweaver bietet drei grundlegende Absatzformate: *Absatz*, *Überschrift* und *Vorformatiert*. Das Absatz- bzw. P-Element ist in einer Web-Seite der Standardcontainer für Text. Im Gegensatz zu den Formaten Überschrift und Vorformatiert übt es keinerlei Einfluss auf den Inhalt selbst oder seine Darstellung aus. Die Überschriften sollen die Web-Seite strukturieren und Textsegmente optisch und physikalisch voneinander trennen. Vorformatierter Text dient dazu, das absolute Format eines Textes zu gewährleisten.

Tipp

In Dreamweaver besitzt ein P-Element sowohl ein Start- als auch ein Schluss-Tag, obwohl Letzeres eigentlich nicht notwendig wäre. Wird ein Absatz angelegt, besteht er erst einmal aus einem geschützten Leerzeichen, der dann durch das ersetzt wird, was Sie eingeben.

Um ein Absatzformat zuzuweisen, setzen Sie den Cursor in den Absatz, öffnen dann im *Eigenschaften-Inspector* das Listenfeld *Format* und wählen anschließend das gewünschte Absatzformat aus. Alternativ können Sie auch das Menü *Text* öffnen, dort den Eintrag *Formatieren* wählen und anschließend im Untermenü das gewünschte Format aussuchen.

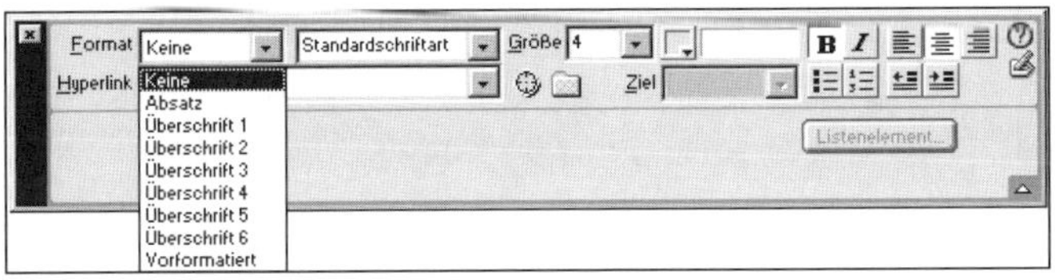

Das Absatzformat Überschriften

Die Überschriften (sie heißen *Überschrift 1*, *Überschrift 2* usw.) entsprechen den HTML-Elementen *H2*, *H2* usw. Das Zuweisen des

Überschrift-Formats hat denselben Effekt, als würden alle Zeichen des Absatzes in Fettschrift und in einer bestimmten Schriftgröße formatiert werden. Die Wechselbeziehung zwischen der Überschriftsgröße und der Schriftgröße hat sjedoch wahrscheinlich jemand festgelegt, der einen etwas ausgefallenen Sinn für Humor besessen haben muss – aber überzeugen Sie sich selbst:

Überschrift	Schriftgröße
H1	6
H2	5
H3	4
H4	3
H5	2
H6	1

Wie Sie sehen können, kommen hier zwei verschiedene Ansätze zum Tragen. Die Schriftgröße beginnt mit 6 und geht fortlaufend abwärts bis 1, während die Überschriften mit 1 beginnen und dann aufwärts bis 6 gehen. Allerdings bezeichnet bei der Schriftgröße die 6 die größte Schrift, wohingegen H6 die kleinste aller Überschriften ist. Die Abbildung 4.2 zeigt die relativen Größenunterschiede der verschiedenen Überschriften.

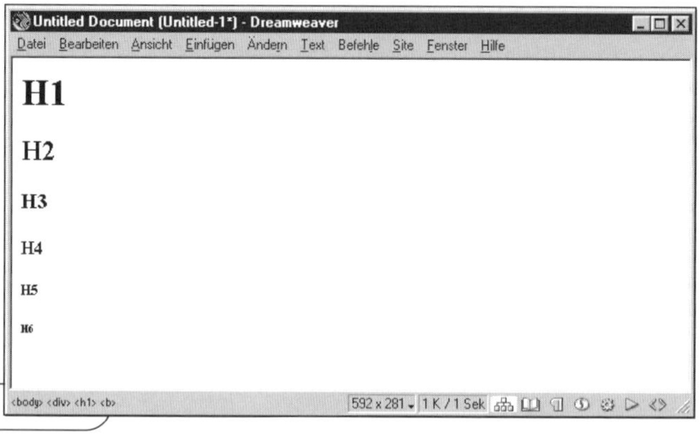

Die sechs Überschriftsgrößen

Abb. 4.2

Tipp

Tatsächlich gibt es sieben Schriftgrößen, aber nur sechs Überschriftsgrößen. Weitere Informationen über Schriftgrößen finden Sie im Abschnitt über das Festlegen von Schriftgrößen und Farben.

Praktisch betrachtet gibt es sehr wenig Gelegenheiten, bei denen eine Überschrift kleiner als *H3* ist. Tatsächlich verwenden die meisten Web-Seiten ausschließlich *H1*- und *H2*-Überschriften.

Das Absatzformat Vorformatiert

Dieses Absatzformat wird in Situationen benutzt, bei denen Sie nicht zulassen wollen, dass ein Webbrowser die Zeile in irgendeiner Weise verändert. Dieses Format benutzt eine Schrift mit festem Zeichenabstand und übergeht die übliche Neigung der Browser, Zeichen zu ignorieren, die nur Leerräume erzeugen. Zu diesen Zeichen zählen beispielsweise das Leerzeichen, der Wagenrücklauf (CR) oder das Tabulatorzeichen.

Wenn Sie beim Schreiben von Quellcode die [↵]-Taste drücken, so hat dies keinerlei Auswirkung in der Seite – eine Codezeile, die in der HTML-Datei auf mehrere Zeilen verteilt ist, wird im Webbrowser dennoch als eine Zeile angezeigt, weil dieser die [⇧]-Taste nun einmal ignoriert. Normalerweise ist das Leerzeichen zwischen zwei Wörtern der einzige Leerraum, den ein Webbrowser anzeigt. Dabei ist es vollkommen unerheblich, ob Sie zwischen diesen beiden Wörtern ein Leerzeichen oder ein Dutzend davon eingegeben hatten – angezeigt wird lediglich nur eines. Dasselbe gilt auch für Tabulatoreinzüge. Der Tab mag ja in Ihrem Code ruhig acht Zeichen betragen, aber auf der Web-Seite erscheint er nur als ein einziges Leerzeichen. Das liegt daran, dass Webbrowser so angelegt sind, jede beliebige Anzahl aufeinander folgender Leerzeichen als ein einziges zu interpretieren.

Mit dem Absatzformat *Vorformatiert* können Sie die Vorgaben des Browsers übergehen. Solange sich der Text innerhalb der Tags <PRE> und </PRE> befindet, werden alle Leerzeichen und Leerräume auch genau so angezeigt, wie sie im Code eingegeben wurden. Geben Sie bei diesem Format beispielsweise vor dem ersten Wort drei Leerzeichen ein, dann wird der Text auch mit drei Zeichen Abstand vom Rand anfangen. Drücken Sie beim Schreiben Ihres Textes die [↵]-Taste, dann wird auf Ihrer Web-Seite die Zeile an dieser Stelle umgebrochen und eine neue Zeile begonnen. In der Abbildung 4.3 ist die erste Textzeile als *Absatz* formatiert und die zweite Zeile als *Vorformatiert*.

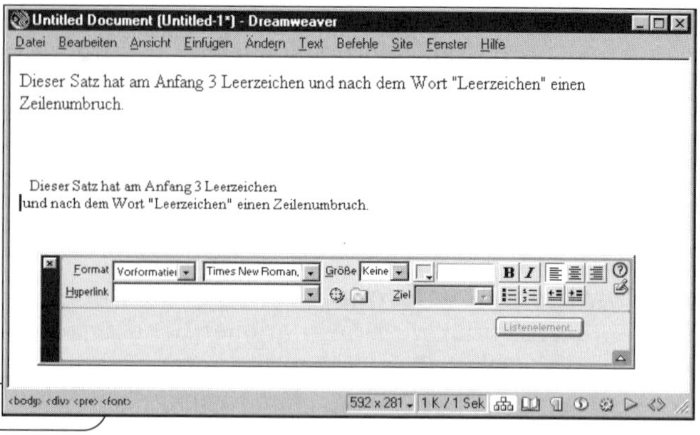

Absatz-Format und *Vorformatiert*

Abb. 4.3

Wenn Sie vorformatierten Text benutzen, dann müssen Sie sich vergegenwärtigen, dass dies den Wortumbruch deaktiviert. Ist eine Web-Seite dafür vorgesehen, ausgedruckt zu werden, so könnte diese Tatsache ein Problem darstellen. Je nach Länge der vorformatierten Zeile und der Größe der vom Benutzer verwendeten Standardschrift könnte eine solche Zeile beim Drucken über den Rand hinauslaufen. Generell gilt die Regel, dass vorformatierte Zeilen nicht mehr als 70 Zeichen lang sein sollten.

Die Formatierung Keine

Wie steht es nun aber mit dem Eintrag *Keine*, der im Listenfeld *Format* vom *Eigenschaften-Inspector* ebenfalls zu finden ist? Tatsächlich gibt es in HTML so etwas wie ein <NONE>-Tag nicht. Die eigentliche Aufgabe dieses Formats liegt darin, alle anderen Absatzformate, die eventuell bereits zugewiesen wurden, wieder zu entfernen.

Im Normalfall weisen Sie *Keine* zu, bevor Sie mit der Eingabe einer Textzeile beginnen – nur um sicherzugehen, dass keinerlei unerwünschte Formatierung aus den vorangegangenen Einstellungen übernommen wird. Außerdem können Sie dieses Format auch auf einen bereits existierenden Absatz anwenden, wenn der Text einfach nur so auf der Web-Seite erscheinen soll und sich nicht innerhalb eines anderen Tags befindet. Das wirkt sich auf die Anmutung der Seite nicht negativ aus, der Text wird so behandelt, als ob er innerhalb eines P-Elements stehen würde.

Wie ist das möglich? Aus demselben Grund, aus dem beim P-Tag kein Schluss-Tag erforderlich ist. In seinem Bestreben, perfekten HTML-Code zu erzeugen, setzt Dreamweaver zwar stets das

Schluss-Tag </P>, aber laut HTML-Standard ist dies wirklich nicht erforderlich. Der Grund dafür liegt darin, dass jedes auf ein P-Element folgende Block-Element denselben Effekt hat, als ob an dieser Stelle ein Schluss-Tag gesetzt wäre.

Schriftart festlegen

Im Gegensatz zum Absatzformat, bei dem es sich um ein Blockelement handelt, das alle Zeichen eines Absatzes gleichermaßen betrifft, ist die Schriftart ein Inline-Element, das auf beliebig kleine Textteile, ja sogar nur auf einen einzigen Buchstaben, angewendet werden kann.

Schriftarten für Web-Seiten

Die Art einer Schrift bezieht sich auf die grundlegende Anmutung ihrer Buchstaben. Im World Wide Web sind eigentlich nur drei Schriftarten gebräuchlich. Der Grund dafür liegt darin, dass diese drei Schriftarten normalerweise auf jedem Computersystem zur Verfügung stehen, das ans Netz angeschlossen ist. Unabhängig davon, ob Besucher Ihrer Site einen Macintosh, einen PC mit Windows oder ein Unix-System benutzen, auf jeden Fall haben sie irgendeine Version von Helvetica, Times oder Courier. Die Namen der Schriften können vielleicht etwas variieren – Helvetica heißt in Windows Arial, Times wird häufig auch New Times oder Times New Roman genannt und Courier kann Courier New heißen –, aber unabhängig vom jeweiligen Namen können Sie sich darauf verlassen, dass ein Besucher Ihrer Site die gleiche Schriftart zu sehen bekommt, die Sie bei der Erstellung Ihrer Web-Seite benutzt haben. Wenn Sie jedoch ausgefallenere Schriftarten einsetzen, wie Arabian, Penguin oder Cosmic, dann werden Sie wahrscheinlich einer der Wenigen sein, der die Möglichkeit haben wird, sich an Ihren Gestaltungskünsten zu erfreuen.

Die meistbenutzte Standardschrift ist wohl Times. Sie ist die Schrift, die andere zu sehen bekommen, falls Sie keine bestimmte Schriftart spezifiziert haben, um die Normaleinstellungen zu übergehen.

Allgemein gesagt, haben Serifenschriften (wie die Times) eine deutlich bessere Lesbarkeit als Sans-Serif-Schriften (wie Helvetica) und werden demzufolge am häufigsten für Text benutzt. Wenn Sie das nicht glauben wollen, dann konvertieren Sie doch einmal eine ganze Seite voller Text von Times zu Arial oder Helvetica und versuchen dann, das ganze Ding zu lesen. Sie werden sehen, es wird Ihnen ziemlich schwerfallen – vielleicht liegt es daran, dass unser Auge aus Büchern und Zeitschriften bereits an Serifenschriften gewöhnt ist oder möglicherweise sind Serifenschriften tatsächlich einfacher zu lesen. So oder so ist es auf jeden Fall besser, sich an das zu halten, was allgemein üblich ist. Allerdings soll Ihnen auch nicht verhehlt werden, dass es zu dieser Meinung über Serifenschriften kulturelle Unterschiede gibt. Viele Verleger in Europa veröffentlichen bevorzugt mit Sans-Serif-Schriften, weil sie denken, dass diese leichter zu lesen wären. Da aber die meisten Browser standardmäßig für alle Texte die Times verwenden, brauchen Sie in dieser Hinsicht nichts weiter zu unternehmen.

Überschriften sind, wie jeder andere Text auf einer Web-Seite, standardmäßig ebenfalls in Times. Allerdings sollten sich Überschriften vom Rest des Textes optisch abheben und daher ist es gar keine so schlechte Idee, sie nicht nur groß und fett, sondern auch in einer anderen Schrift darzustellen. Wenn Sie sich andere Publikationen anschauen, Tageszeitungen mal davon ausgenommen, werden Sie bemerken, dass Überschriften meist in einer Sans-Serif-Schrift gesetzt sind.

Der Einsatz verschiedener Schriftarten ermöglicht das Hervorheben bestimmter Textteile. Neben den Überschriften sollten, nur um einige Beispiele zu nennen, auch Aufzählungszahlen, Tabellenköpfe und die Namen von Menschen und Unternehmen in einer anderen Schriftart dargestellt werden.

Schriften-Klassifizierungen

Es gibt viele Arten, Schriften zu klassifizieren. Die gebräuchlichste ist die, die basierend auf ihren Gemeinsamkeiten in verschiedene Familien zu unterteilen. Hier nun die fünf grundlegenden Schriftfamilien:

- Serif, wie beispielsweise Times
- Sans-Serif, wie beispielsweise Arial und Helvetic
- Monospace, wie beiıspielsweise Courier
- Cursive, wie beispielsweise Mistral (sieht ähnlich wie eine Handschrift aus)

- Fantasy bzw. Decorative, wie beispielsweise alle Dekorschriften. Diese Gruppe ist auch ein gutes Auffangbecken für alle Schriften, die in keine der anderen Kategorien so richtig passen.

Die ersten drei Schriftfamilien sind jene, die in der überwiegenden Mehrheit der Web-Seiten benutzt werden.

Das Wort *Serif* bezieht sich auf die kleinen Striche, die der Grundstruktur der Buchstaben als Verzierung hinzugefügt sind. Vergleichen Sie einmal dieses **W** mit diesem **W**. Das zweite W ist in einer Sans-Serif-Schrift gesetzt und hat keinerlei Verzierung. Das Wort *sans* kommt aus dem Französischen und bedeutet „ohne" und demzufolge kommen Sans-Serif-Schriften ohne jeden Schnickschnack einher. Eine Serifenschrift dagegen, ist eine Schrift mit kleinen Verzierungen und unterscheidet sich in genau diesem Punkt von einer Sans-Serif-Schrift.

Monospaced-Schriften sind Schriften, bei denen der Platzbedarf der einzelnen Buchstaben, der Abstand zwischen den Buchstaben sowie die Größe der Leerzeichen immer absolut identisch ist. Bei einer Monospaced-Schrift, wie beispielsweise Courier, nimmt ein *i* genau den gleichen Platz wie ein *W* ein. Eine Zeile mit 80 Zeichen wird immer dieselbe Länge haben, unabhängig der darin verwendeten Zeichen bzw. Buchstaben. Im Gegensatz dazu stehen die so genannten Proportionalschriften, bei denen jedes Zeichen einen anderen Platzbedarf hat. Bei einer solchen Schrift hängt die Länge einer Zeile von 80 Zeichen direkt von den Buchstaben bzw. Zeichen ab, die dafür verwendet wurden.

Manche Schriftarten gehören technisch betrachtet in mehr als nur eine Klasse. So hat eine Monospaced-Schrift wie Courier Serifen, während es sich beim Webdesign bei einer Schrift der Serif- bzw. Nicht-Serif-Kategorie jedoch stets um eine Proportionalschrift handelt.

Schriftarten zuweisen

Wenn Sie in HTML Schriftarten festlegen, dann ist es sinnvoll, mehrere Variationen der gewünschten Schrift aufzuführen, damit die Benutzer verschiedener Computersysteme eine faire Chance haben, diese Schrift auch zu sehen. Um diesem Bedürfnis entgegenzukommen, bietet Dreamweaver im Eigenschaften-Inspector eine Liste mit verschiedenen Schriftkombinationen.

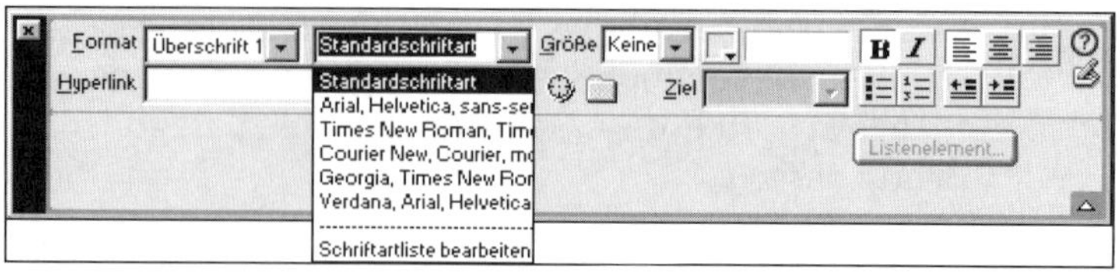

Wie Sie sehen können, ist eine der Kombinationen *Arial, Helvetica, sans-serif*. Dies teilt einem Webserver mit, dass er normalerweise Arial verwenden soll, jedoch Helvetica, falls die erstgenannte Schrift nicht verfügbar ist. Sollte keine der beiden Schriftfamilien zur Verfügung stehen, dann greift der Browser auf die generelle Schriftfamilie zurück und nimmt die erstbeste Sans-Serif-Schriftart, die auf dem System zu finden ist. Wählen Sie die Kombination, die der von Ihnen benutzten Schrift entspricht und der Webbrowser Ihrer Besucher kümmert sich dann um den Rest.

Um die Schriftart zu ändern, markieren Sie den betreffenden Text und öffnen im *Eigenschaften-Inspector* das Listenfeld mit den Schriftarten. Suchen Sie sich eine Schriftkombination aus und klicken Sie diese mit der Maus an. Alternativ können Sie auch im Dokumentfenster das Menü *Text* öffnen, dann auf den Eintrag *Formatieren* gehen und im Untermenü die gewünschte Schriftkombination wählen. Die Wahl von *Standardschriftart* entfernt jede andere Schriftart aus dem markierten Text.

Schriftenkombinationen neu anlegen oder ändern

Wollen Sie eigene Schriftartenkombinationen anlegen oder eine bestehende Kombination ändern – dies kann zum Beispiel dann notwendig werden, wenn es um ein bestimmtes Netzwerk geht, das andere und bereits festgelegte Schriftartenkombinationen hat –, klicken Sie im unteren Teil der Schriftartliste auf den Eintrag *Schriftartliste bearbeiten*, um das Dialogfenster *Schriftartliste* aufzurufen (Abbildung 4.4). Die Option *Schriftarten in folgende Liste einfügen* ist standardmäßig bereits markiert.

Um eine neue Schriftartenkombination zu erstellen, markieren Sie in der Liste *Verfügbare Schriftarten* den Namen einer Schrift oder einer Schriftfamilie (benutzen Sie gegebenenfalls die Bildlaufleiste) und klicken anschließend auf die Schaltfläche mit dem nach links zeigenden Doppelpfeil. Wollen Sie eine Schrift hinzufügen, die nicht an Ihrem System installiert ist, können Sie deren Namen in das Textfeld unterhalb der Liste eingeben und dann auf die Schaltfläche mit dem nach links zeigenden Doppelpfeil klicken. Der Name der Schrift erscheint jetzt in der Liste *Ausgewählte Schriftarten* und ersetzt in der Schirftartliste den Eintrag *Schriftarten in folgende Liste einfügen*. Wiederholen Sie diesen Vorgang für jede Schriftart, die Sie dieser Kombination hinzufügen wollen.

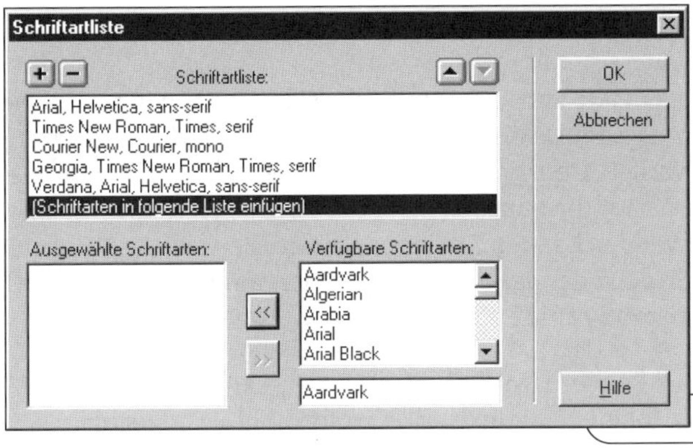

Das Dialogfenster *Schriftartliste*

Abb. 4.4

Wollen Sie eine weitere Kombination erstellen, klicken Sie auf die Plus-Schaltfläche und in der Liste erscheint wieder der Eintrag *Schriftarten in folgende Liste einfügen*. Um einen Eintrag aus der Liste zu löschen, markieren Sie ihn und klicken anschließend auf die Minus-Schaltfläche.

Die Schriftarten werden in der Reihenfolge aufgeführt, in der sie von Ihnen hinzugefügt wurden. Denken Sie daran, dass die Reihenfolge für den Webbrowser wichtig ist, weil er sich für die Schriftart entscheiden wird, die auf dem System des Benutzers als erste gefunden wird. Um die Reihenfolge der Kombinationen in der Liste zu ändern, markieren Sie eine davon und klicken anschließend auf die Schaltfläche mit dem Aufwärts- oder dem Abwärtspfeil. Die Schaltfläche mit dem Aufwärtspfeil bewegt die markierte Kombination bei jedem Klick um eine Zeile nach oben, die andere um je eine Zeile nach unten.

Wollen Sie die Schriftarten innerhalb einer Kombination ändern, markieren Sie die betreffende Kombination und sofort erscheinen die einzelnen Schriftarten in der Liste *Ausgewählte Schriftarten*. Markieren Sie hier die Schrift, die Sie entfernen wollen, und klicken Sie anschließend auf die Schaltfläche mit dem nach rechts zeigenden Doppelpfeil. Um dieser Kombination eine andere bzw. weitere Schriftart hinzuzufügen, wählen Sie in der Liste *Verfügbare Schriftarten* eine aus und klicken anschließend auf den nach links zeigenden Doppelpfeil.

Sobald Sie mit allem fertig sind, schließen Sie das Dialogfenster durch einen Klick auf die Schaltfläche *OK*. Ihre neue bzw. geänderte Schriftenkombination steht jetzt sowohl im *Eigenschaften-Inspector* als auch im Menü *Text* zur Verfügung.

Schriftgröße und -farbe festlegen

Der kreative Einsatz von Farbe und Schriftgröße kann Ihnen dabei helfen, das Auge des Lesers auf die Dinge zu lenken, die Sie ihm nahebringen wollen. Denken Sie daran, dass Sie sowohl Schriftgröße als auch Farbe auf die ganze Seite oder aber auch nur auf einzelne Zeichen anwenden können. So haben Sie zum Beispiel die Möglichkeit, einen Stufen oder Bergeffekt zu erzielen, indem Sie jedem einzelnen Buchstaben eine andere Größe zuweisen.

Die Schriftgrößen in HTML gehen von 1 bis 7. Laut Konvention entsprechen Sie folgenden Punktgrößen (ein Punkt = 1/72 Inch):

Schriftgröße	Größe in Punkt
1	8
2	10
3	12
4	14
5	18
6	24
7	36

Schriftgröße 3 (12 Punkt) ist der Standardwert für normalen Text auf einer Web-Seite. Allerdings ist die Darstellung der Punktgrößen nichts anderes als eine Faustregel. In der Praxis können die Benutzer von Webbrowsern ihre eigenen Schriftgrößen bestimmen, so dass, wenn jemand in Netscape Navigator die Standardschriftgröße beispielsweise auf 14 Punkt festlegt, Ihr Text der Schriftgröße 3 bei ihm in 14 Punkt und nicht in 12 Punkt dargestellt werden würde.

Um die Schriftgröße zu ändern, markieren Sie den betreffenden Text, öffnen im *Eigenschaften-Inspector* das Listenfeld *Größe* und klicken auf die gewünschte Angabe. Alternativ können Sie auch im

Dokumentfenster das Menü *Text* öffnen, auf den Eintrag *Formatierung* gehen und im Untermenü die gewünschte Schriftgröße wählen. In beiden Fällen haben Sie die Wahl zwischen festen und relativen Schriftgrößen. Auf die relativen Schriftgrößen wird im nächsten Abschnitt dann genauer eingegangen.

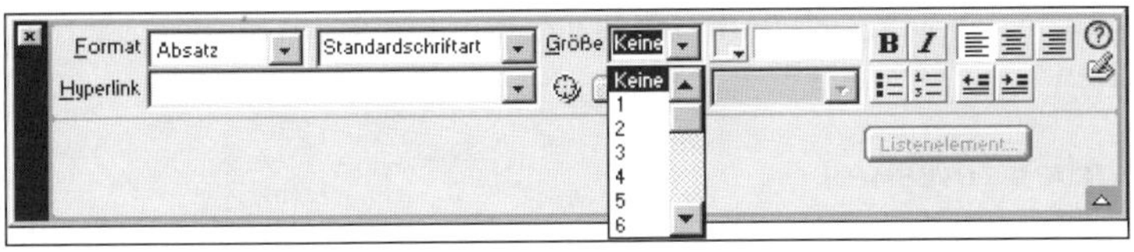

Relative Schriftgrößen

Die Methode der relativen Größe ist eine weitere Möglichkeit, die Schriftgröße festzulegen. Bei dieser Methode ist die Basis die Schriftgröße, die mit dem BASEFONT-Element festgelegt wurde. Mit den Angaben -1 bis -7 und +1 bis +7 können Sie dann bestimmen, um wie viel die Basisschriftgröße erhöht oder verkleinert werden soll. Demzufolge sind all diese Größenangaben *relativ* zur Basisschriftgröße, aber nicht relativ zur Schriftgröße des markierten Textteils.

Nehmen Sie zum Beispiel einmal an, die Buchstaben des Wortes *Test* haben eine Größe von 2 und BASEFONT hat einen Wert von 5. Wenn Sie jetzt die Schriftgröße für dieses Wort um +1 erhöhen, dann erzielen Sie damit eine Schriftgröße von 6 (5+1) und nicht eine von 3 (2+1)!

Ist für das Dokument kein BASEFONT-Wert gesetzt, dann ist der Standardwert 3. Demzufolge würde in einem solchen Dokument die relative Schriftgröße +3 der festen Schriftgröße 6 entsprechen und -1 wäre dasselbe wie 2. Da die Schriftgrößen jedoch nur von 1 bis 7 gehen, kann als Schriftgröße auch nur einer dieser Werte herauskommen. Ist das Ergebnis der Subtraktion kleiner als 1, dann resultiert daraus die Schriftgröße 1, ist das Ergebnis größer als 7, dann bleibt es dennoch bei der Schriftgröße 7.

Tipp

Dreamweaver hat weder in den Menüs noch in den Paletten einen Befehl, mit dem Sie ein BASEFONT-Element samt Wert einfügen können. Wollen Sie einen BASEFONT-Wert setzen, dann müssen Sie diesen entweder über *HTML-Quelle* oder einen externen Editor eingeben. Bis auf die ersten vier Buchstaben ist die Syntax mit der des FONT-Elements identisch: `<BASEFONT size="n" color="c" face="f">`, wobei `n` die Nummer der Schriftgröße, `c` der Name oder der Hexadezimalwert der Farbe und `f` die Schriftart oder die Schriftartenkombination ist. Dreamweaver zeigt eine Änderung der Schriftgröße aufgrund eines gesetzten BASEFONT-Werts nicht an, aber sie wird sich dennoch in den Webbrowsern bemerkbar machen.

Farben zuweisen

Farbe kann dazu beitragen Schwerpunkte zu setzen oder die Struktur einer Seite zu betonen. Farbige Überschriften sind zum Beispiel eine gute Methode, um die verschiedenen Wertigkeiten und Ebenen zu verdeutlichen und sie bieten weit mehr Möglichkeiten als Schriftart oder Schriftgröße. Ein in Rot gesetztes Wort kann mehr Effekt verursachen als ein Wort, dass "nur" kursiv oder fett dargestellt wird. Farben haben auch symbolische Bedeutungen und können demzufolge bestimmte Assoziationen implizieren – Grün für die Natur oder Rot für Gefahr, Blut oder Liebe. Denken Sie stets darüber nach, wo der Einsatz von Farbe die Aussage Ihres Textes unterstützen könnte.

Wollen Sie eine Farbe zuweisen, markieren Sie den betreffenden Text und klicken anschließend auf die Farbbox. Es erscheint die Standard-Farbpalette und Sie können sich nun entweder eine dieser Farben aussuchen oder auf eine der anderen Methoden zugreifen, um Farben aus anderen Paletten zu wählen oder eigene Farben zu mischen. Weitere Details zu den Farbpaletten finden Sie in Kapitel 7. Alternativ können Sie jedoch auch den hexadezimalen Farbwert in das Textfeld neben der Farbbox eingeben. Sobald Sie die [↵]-Taste gedrückt oder mit der Maus außerhalb von *Eigenschaften-Insepector* geklickt haben, wird der markierte Text in der gewählten Farbe dargestellt.

Tipp

Farbe, sei es für einzelne Buchstaben oder für ganze Absätze, kann die Attraktivität Ihrer Seite um einiges erhöhen. Allerdings sollten Sie darauf achten, dass zu viele Farben die Lesbarkeit Ihrer Seite auch beeinträchtigen könnte. Entscheidungshilfen für den Einsatz von Farben in Bezug auf die Funktionalität von Web-Seiten finden Sie in Kapitel 7.

Schriftschnitt festlegen

Der *Eigenschaften-Inspector* hat nur zwei Schriftschnitte zu bieten, *Kursiv* oder *Fett*, also die beiden, die am häufigsten verwendet werden und am gebräuchlichsten sind. Wie Sie jedoch an der nachfolgenden Abbildung erkennen können, unterstützt Dreamweaver über das Menü *Text/Stil* auch eine Anzahl weiterer Schriftschnitte.

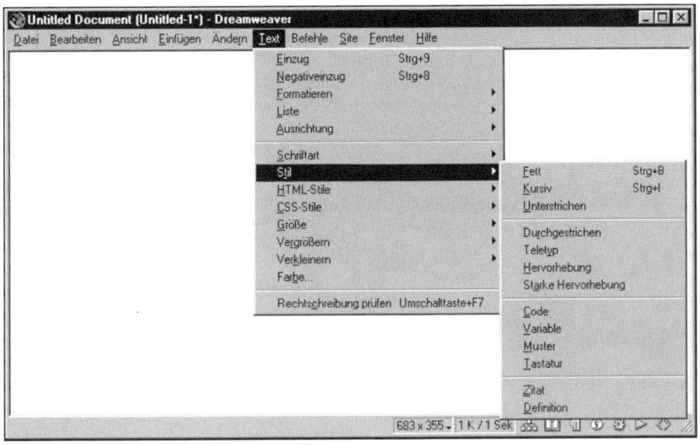

Tipp

Warum hat der *Eigenschaften-Inspector* keine Unterstreichungsfunktion? Weil zu viele HTML-Editoren die Troika an Schaltflächen für *Fett, Kursiv* besitzen, gerade als ob sie für normale Textverarbeitung benutzt werden würden. Das Unterstreichen wird beim Webdesign aus gutem Grund fast gar nicht mehr verwendet, weil die Links auf diese Weise vom normalen Text abgehoben werden und demzufolge unterstrichener Text nur unnötig zu Mißverständnissen führt. Sollten Sie dennoch Text unbedingt unterstreichen müssen, dann finden Sie diese Option im Menü *Text/Stil*.

Die Abbildung 4.7 zeigt Beispiele dafür, wie die Schriftschnitte am Bildschirm erscheinen, und die Tabelle 4.1 beschreibt, wie die Auswirkungen aussehen.

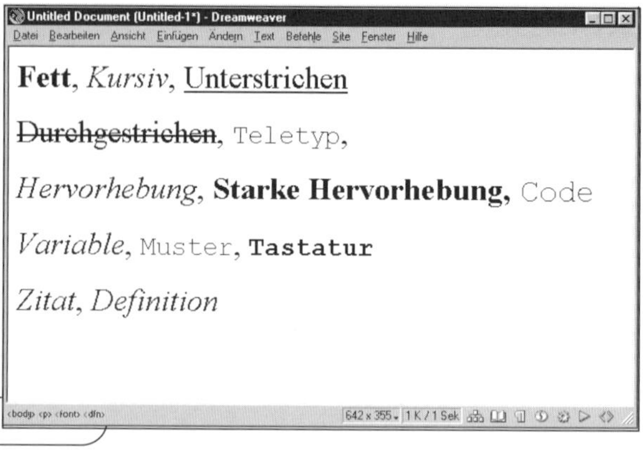

Abb. 4.7 Verschiedene Schriftschnitte

Tabelle 4.1 Dreamweaver-Schriftschnitte

Stil	HTML-Code	Auswirkung
Fett	B	Text ist dunkler und dicker.
Kursiv	I	Text ist dünner und schräg.
Unterstrichen	U	Text ist unterstrichen.
Durchgestrichen	S oder Strikestrough	Text ist durchgestrichen.
Teletyp	TT	Text wird in einer Monospaced-Schrift dargestellt.
Hervorhebung	EM	Normalerweise *Kursiv*
Starke Hervorhebung	STRONG	Soll eine stärkere Hervorhebung verdeutlichen, wird normalerweise aber als *Fett* dargestellt.
Code	CODE	Zeigt, dass der Text Teil eines Programmlistings ist. Wird normalerweise als Monotyp dargestellt.
Variable	VAR	Zeigt, dass der Text eine Programmvariable ist. Wird normalerweise als *Kursiv* dargestellt.
Muster	SAMP	Zeigt, dass der Text eine Programmausgabe ist. Wird normalerweise als Monotyp dargestellt.

Tabelle 4.1 - Fortsetzung

Stil	HTML-Code	Auswirkung
Tastatur	KBD	Zeigt, dass der Text eine Benutzereingabe ist. Wird normalerweise als *Monotyp+Fett* dargestellt.
Zitat	CITE	Kennzeichnet ein Zitat. Wird normalerweise als *Kursiv* dargestellt.
Definition	DFN	Kennzeichnet eine Definition. Wird normalerweise als *Kursiv* dargestellt.

Tipp

In der Tabelle 4.1 haben Sie des öfteren „wird normalerweise als...dargestell" gelesen. Den Grund dafür liefert die Tatsache, dass das visuelle Erscheinungsbild von Browser zu Browser unterschiedlich sein kann, weil laut HTML-Standard die Darstellung von Phrasen-Elementen vom Benutzerbrowser abhängig ist.

Wollen Sie einem Text bzw. Textteil einen anderen Schriftschnitt zuweisen, müssen Sie ihn zuvor markieren. Für *Fett* oder *Kursiv* klicken Sie einfach im *Eigenschaften-Inspector* auf die Schaltfläche *B* (*Fett*) oder *I* (*Kursiv*). Für jeden anderen Schriftstil öffnen Sie im Dokumentfenster das Menü *Text*, gehen auf den Eintrag *Stil* und wählen dann im Untermenü den gewünschten Schriftstil aus.

Sie können den Schriftstil auch auswählen, noch bevor Sie irgendetwas eingeben. In diesem Fall wirkt sich der gewählte Stil auf alles aus, was nach der Auswahl eingegeben wird. Allerdings hat diese Methode auch einen kleinen Nachteil – irgendwann werden Sie wieder in einem anderen Stil weitertippen wollen und es gibt keine Option, um sofort wieder ohne besonderen Stil weiterschreiben zu können. Nehmen Sie einmal an, Sie haben Text mit Unterstreichung eingegeben und nun soll der nachfolgende Text wieder normal dargestellt sein. In diesem Fall müssen Sie wieder das Menü *Text* öffnen und im Untermenü von *Stil* den betreffenden Schriftstil wieder deaktivieren. Haben Sie bereits Text in einem unerwünschten Stil eingegeben, müssen Sie diesen markieren, bevor Sie den gegenwärtigen Stil deaktivieren. Die Ausnahme von dieser Regel bilden *Fett* und *Kursiv*; durch erneutes Anklicken der jeweiligen Schaltfläche im *Eigenschaften-Inspector* können Sie jederzeit wieder auf „normal" zurückschalten.

Unnötiger Aufwand bei HTML?

Warum scheint es so, als ob in HTML bestimmte Effekte ständig wiederholt werden? Warum „Starke Hervorhebung", wenn es doch nur auf *Fett* hinausläuft? Wenn Sie zwischen Teletyp, Code und Muster irgendeinen Unterschied feststellen konnten, dann haben Sie wohl bessere Augen als wir. Auch die Stile *Kursiv*, *Hervorhebung*, *Variable* und *Zitat* sind überhaupt nicht voneinander zu unterscheiden.

Aber ob Sie es nun glauben oder nicht, es gibt für all dies eine logische Erklärung. Je nach Motivation und Anspruch können die verschiedenen Stile für Ihre tägliche Praxis von Bedeutung sein. Denken Sie daran, dass nicht alle Web-Surfer Ihre Web-Seite „sehen" können. Für einen blinden Benutzer, der Ihre Web-Seite mittels eines Spezialprogramms lesen kann, macht es durchaus einen Unterschied, ob ein Textteil nur *Kursiv* ist oder eine Programmvariable darstellt.

Ein weiterer Grund ist der, dass verschiedene ernsthafte Pläne im Gange sind, Web-Seiten vernünftig zu katalogisieren. Während dies den durchschnittlichen Web-Surfer oder Webdesigner eher kalt lassen dürfte, so könnte eine korrekte Formatierung für Bibliothekare und professionelle Indexersteller von weitaus größerer Bedeutung sein. Es gibt viele Elemente, die für diesen Zweck vorgesehen sind. wie beispielsweise ACRONYM und ABBR (Abbreviation) und die meisten davon werden gegenwärtig von den populären Webbrowsern nicht unterstützt. Allerdings können Sie davon ausgehen, dass sich dies in der Zukunft ändern wird, da die verschiedenen Gruppen, die damit zu tun haben, dem World Wide Web Consortium auch weiterhin entsprechende Vorschläge unterbreiten werden.

Text ausrichten

Standardmäßig ist Text in HTML linksbündig ausgerichtet und hat keinerlei Einrückung. Allerdings kann dies ganz einfach geändert werden und Sie können die Ausrichtung absatzweise variieren. Für die Ausrichtung stehen Ihnen drei Möglichkeiten zur Verfügung:

- Linksbündig ausgerichteter Text, der rechts zu einem „Flattersatz" führt: Jede Zeile endet an der Stelle, an der ein Zeilenumbruch möglich ist, ohne dass die Zeile über den Rand hinausgeht.

- Rechtsbündig ausgerichteter Text, der links zu einem „Flattersatz“ führt
- Zentrierter Text, der weder nach dem linken bzw. rechten Rand, sondern genau mittig zwischen den Rändern ausgerichtet ist: In diesem Fall ergibt sich sowohl links als auch recht ein „Flattersatz“.

Die Abbildung 4.8 zeigt Beispiele für diese drei Arten der Ausrichtung.

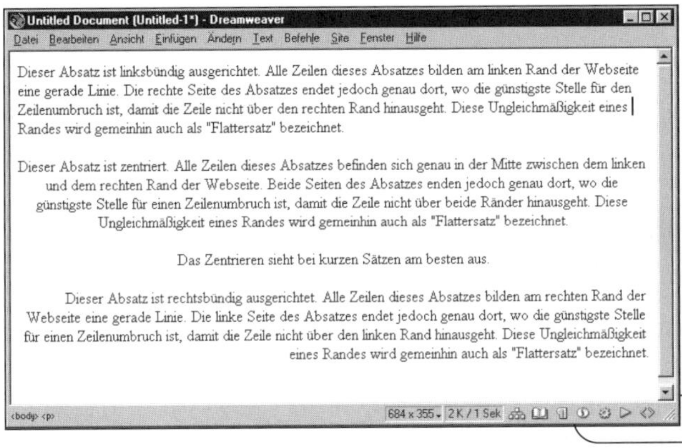

Die drei Arten der Ausrichtung

Abb. 4.8

Tipp

Gegenwärtig sind Browser noch nicht dazu in der Lage, so genannten „Blocksatz“ (Text, der sowohl am linken als auch am rechten Rand ausgerichtet ist) anzuzeigen.

Um die Ausrichtung von Text zu ändern, markieren Sie den betreffenden Text und klicken Sie im *Eigenschaften-Inspector* auf die Schaltfläche mit dem jeweiligen Symbol.

Text einrücken

Einzüge betreffen sowohl den linken als auch den rechten Rand. Jede Seite eines Satzes oder Absatzes hat von beiden Rändern genau dieselbe Entfernung. Jeder Einzug beträgt zwei Leerzeichen. Die Zeilen des Absatzes werden entsprechend der geringeren Länge umgebrochen, was dazu führt, dass sich die Zeilenzahl des Absatzes erhöht und er vertikal mehr Platz einnimmt. Die Abbildung 4.9 zeigt denselben Text in normaler und in eingerückter Form.

Tipp

Um einen normalen Absatz so e1inzurücken, dass pro Zeile nur noch ein Wort steht, bedarf es 12 bis 15 Einzüge.

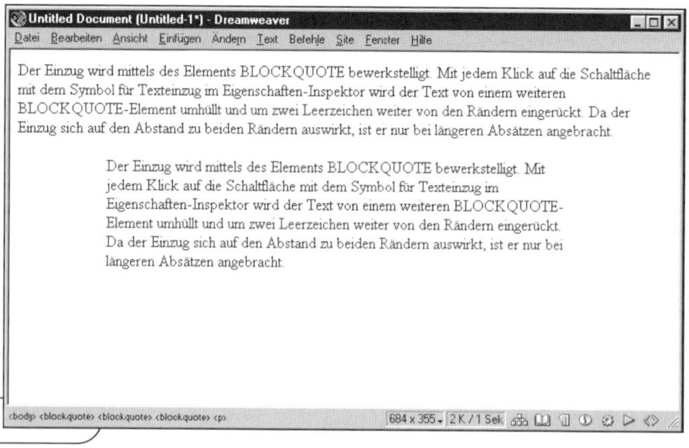

Eingerückter Text

Abb. 4.9

Das Gegenteil vom Einzug ist der so genannte negative Einzug. Er macht den Effekt des Einzugs jeweils um zwei Leerzeichen rückgängig. Einen Absatz, der nicht eingerückt ist, können Sie auch nicht wieder breiter machen – der negative Einzug endet an den Rändern.

Um Text einzurücken oder eingerückten Text wieder breiter zu machen, klicken Sie einfach in *Eigenschaften-Inspector* auf die jeweilige Symbolschaltfläche. Mit jedem Klick wird der Absatz um zwei Leerzeichen eingerückt bzw. wieder verbreitert.

Einzug zu anderen Zwecken

Wie jeder andere HTML-Editor auch benutzt Dreamweaver das Element BLOCKQUOTE, um Text einzurücken. Wie sein Name schon sagt, ist dieses Element eigentlich dafür gedacht, längere Textteile einzurücken, die als Zitat aus anderen Quellen übernommen wurden. Um diese Passagen vom übrigen Text auf Ihrer Web-Site abzugrenzen, rücken Webbrowser automatisch alles ein, was sich innerhalb eines BLOCKQUOTE befindet. Da HTML keine andere Methode zum Einrücken von Text bietet, haben Webdesigner sich die Eigenschaften von BLOCKQUOTE zunutze gemacht und es etwas zweckentfremdet.

Das World Wide Web Consortium (W3C), das den HTML-Standard verbreitet, hat diese zweckentfremdete Nutzung von BLOCKQUOTE niemals gebilligt, weil sie eine potentielle Fehlerquelle für die in

Zukunft geplanten Klassifizierungssysteme bildet, die zum Indizieren von Web-Seiteninhalten entwickelt werden sollen. Aber solange es keine Alternative zu BLOCKQUOTE gibt, werden Webdesigner dieses Element wohl auch weiterhin für ihre Zwecke nutzen.

Listen

Owohl Überschriften die bevorzugte Methode sind, um Web-Seiten zu strukturieren, brauchen Sie ab und zu auch noch weitere Gestaltungselemente, um einen bestimmten Sachverhalt besser herausstellen zu können. HTML bietet verschiedene Arten von Listen, die für solche Zwecke wunderbar geeignet sind. Die beiden gebräuchlichsten Listentypen sind ungeordnete Listen und nummerierte Listen.

Hier wird Ihnen gezeigt, wie Sie Listen für Ihre Textgestaltung nutzen können. Allerdings können Sie auch noch viele andere Elemente als Listeninhalt verwenden. Mehr darüber erfahren Sie in den nachfolgenden Kapiteln, aber wenn es soweit ist, erinnern Sie sich an das, was Sie hier gelernt haben. Denken Sie darüber nach, wie Sie andere Elemente (beispielsweise Bilder oder Links) zusätzlich zum Text in Ihre Liste einbinden könnten.

Tipp

Jeder Liste können Sie auch nachträglich noch Zeilen hinzufügen. Setzen Sie einfach den Textcursor in die Zeile, nach der eine neue Zeile eingefügt werden soll, und drücken Sie die [↵]-Taste. Auf diese Weise erzeugen Sie eine neue Zeile, die wie die vorherige formatiert ist und Sie brauchen nun nichts weiter zu tun, als den gewünschten Inhalt einzugeben. Bei einer nummerierten Liste erfolgt nach dem Einfügen einer Zeile eine Neunummerierung.

Ungeordnete und geordnete Listen

Ungeordnete Listen enthalten Informationen, die nicht in einer bestimmten Reihenfolge zu stehen brauchen, damit sie noch Sinn machen. Wenn Sie zum Beispiel die Namen einiger der Spitzenunternehmen des letzen Jahrzehnts auflisten, aber in die Liste keinerlei Wertung einbringen wollen, dann könnten Sie eine ungeordnete Liste anlegen. Andererseits können Sie auch dann eine ungeordnete Liste verwenden, wenn die Inhalte zwar einer bestimmten Reihenfolge unterliegen, wie beispielsweise einer chronologischen, aber eine Nummerierung der Zeilen dennoch nicht erforderlich ist.

Die einzelnen Abschnitte einer ungeordneten Liste können mit einer Vielzahl von Aufzählungszeichen versehen werden. Die Voreinstellung ist ein so genannter *Bullet*, also ein massiver gefüllter Kreis. Zusätzlich haben Sie noch die Wahl zwischen leeren Kreisen oder gefüllten Rechtecken. Die Abbildung zeigt verschiedene Arten von Aufzählungszeichen.

Geordnete Listen werden auch als *nummerierte Listen* bezeichnet. Sie werden für Informationen benutzt, die in einer strukturierten Art dargestellt werden müssen. Im Allgemeinen werden derartige Listen für Inhalte benutzt, die einer festen Reihenfolge unterliegen, wie Schritt-für-Schritt-Verfahren, Rezepte oder für alles andere, bei dem eine Sache nach der anderen kommt.

Obwohl die Inhalte einer Liste normalerweise mit Nummern versehen sind, können Sie auch aufeinanderfolgende Buchstaben dafür verwenden. Ein weiteres gebräuchliches Nummerierungssystem sind die römischen Zahlen. Für geordnete Listen stehen Ihnen folgende Möglichkeiten zur Verfügung:

- Nummer (1, 2, 3 ...)
- Kleine römische Zahlen (i, ii, iii ...)
- Große römische Zahlen (I, II, III ...)
- Kleinbuchstaben (a, b, c ...)
- Großbuchstaben (A, B, C ...)

Die Abbildung 4.11 zeigt eine Auswahl geordneter Listen.

Listen erstellen

Die Vorgehensweise bei der Erstellung von geordneten und ungeordneten Listen ist weitgehends identisch. Gehen Sie wie folgt vor:

1. Setzen Sie den Cursor an die Stelle, an der Sie eine Liste anfangen wollen.
2. Klicken Sie im *Eigenschaften-Inspector* entweder auf die Symbolschaltfläche für eine geordnete oder auf jene für eine ungeordnete Liste. Je nachdem, welche Schaltfläche Sie benutzt haben, erscheint vor dem Cursor entweder ein Punkt oder eine Zahl.

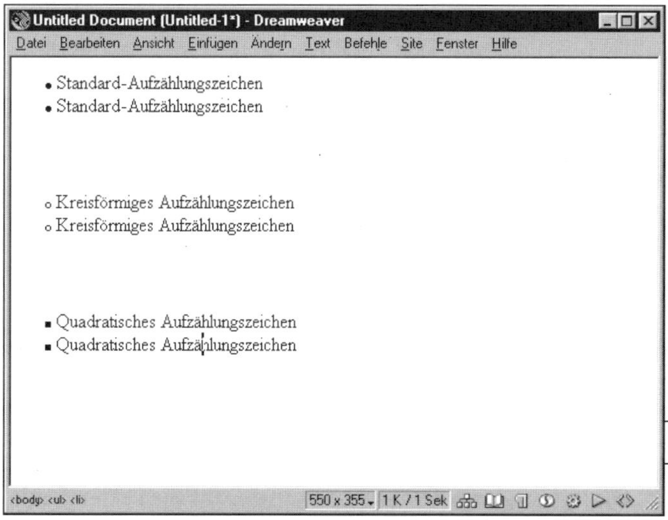

Aufzählungszeichen für ungeordnete Listen

Abb. 4.10

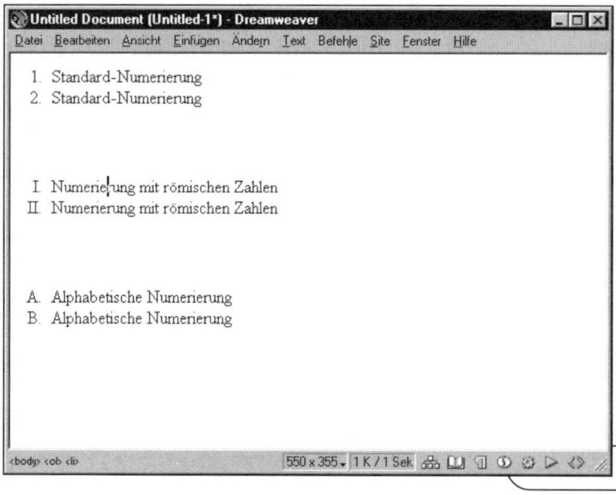

Beispiele für geordnete Listen

Abb. 4.11

3. Geben Sie den Inhalt des ersten Listenpunktes ein.

4. Drücken Sie die ⏎-Taste. Bei ungeordneten Listen beginnt die nächste Zeile wieder mit einem Punkt, bei geordneten Listen mit der nächsthöheren Zahl.

5. Wiederholen Sie die Schritte 3 und 4, bis die Liste fertig eingegeben ist.

6 Drücken Sie zweimal nacheinander die ⏎-Taste, um die Liste zu beenden. Das Aufzählungszeichen bzw. die Nummer am Anfang der Zeile verschwindet und der Cursor steht wieder am Anfang eines normalen Absatzes.

Aufzählungszeichen oder Nummerierungszeichen ändern

Um das Aufzählungszeichen oder die Art der Nummerierung zu ändern, gehen Sie wie folgt vor:

1 Setzen Sie den Cursor in die Liste. Wollen Sie nur einen bestimmten Listenpunkt bearbeiten, dann achten Sie darauf, dass sich der Cursor in diesem befindet.

2 Klicken Sie im *Eigenschaften-Inspector* auf die Schaltfläche *Listenelemenst*. Am Bildschirm erscheint nun das Dialogfenster *Listeneigenschaften*, das Sie in der Abbildung 4.12 sehen. Der obere Bereich steuert die gesamte Liste, während der untere Bereich sich nur auf das Listenelement bezieht, in dem sich der Cursor befindet.

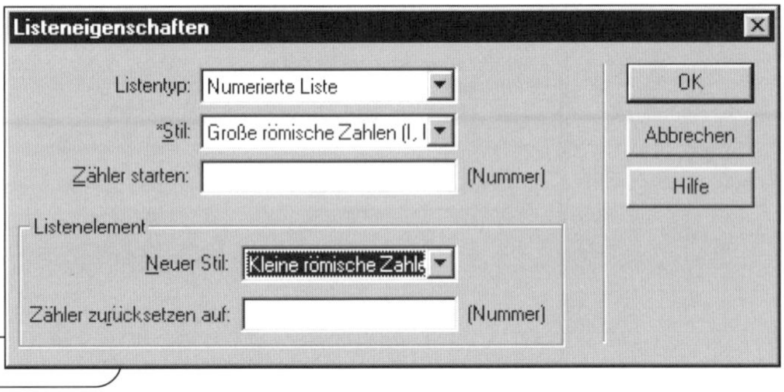

Dialogfenster *Listeneigenschaften*

Abb. 4.12

Tipp

Sie können die Art der Liste von geordnet auf ungeordnet und umgekehrt ändern, indem Sie 1das Listenfeld *Listentyp* öffnen und dort einen anderen Typ auswählen. In diesem Listenfeld finden Sie auch die Listenarten *Ordnerliste* und *Menüliste*. Allerdings sind diese beiden Listentypen keiner weiteren Erwähnung wert, weil sie von keinem Webbrowser unterstützt werden. Sie erscheinen am Bildschirm als ungeordnete Liste mit dem Standard-Aufzählungszeichen. Nur zur Kenntnisnahme: Ordnerlisten waren ursprünglich dafür gedacht, mehrspaltige Listen anzuzeigen, ähnlich wie eine Dateiliste, und Menülisten hatten den gedachten Zweck, Listen mit Optionen anzuzeigen.

3 Um das Aufzählungszeichen oder die Art der Nummerierung für die ganze Liste zu ändern, öffnen Sie das Listenfeld *Stil* und wählen den gewünschten Stil aus. Für was auch immer Sie sich hier entscheiden, es betrifft stets die ganze Liste.

4 Handelt es sich um eine nummerierte Liste, können Sie im Textfeld *Zähler starten* eine Zahl oder Buchstaben eingeben, mit der/dem die Nummerierung beginnen soll.

5 Wollen Sie nur den Stil eines einzelnen Listenpunkte ändern, öffnen Sie im unteren Teil des Dialogfensters das Listenfeld *Neuer Stil* und wählen den gewünschten Stil aus. Für was auch immer Sie sich hier entscheiden, es betrifft stets nur den Listenpunkt, in dem sich der Cursor gerade befindet, sowie alle darauffolgenden Listenpunkte.

6 Handelt es sich um eine nummerierte Liste, können Sie die Anfangsnummer für den neuen Stil festlegen, indem Sie diese in das *Feld Zähler zurücksetzen auf* eintragen. Der markierte Listenpunkt und alle darauffolgenden Punkte sind dann von der neuen Nummerierung betroffen.

7 Haben Sie alle Einstellungen vorgenommen, beenden Sie mit *OK*.

Definitionsliste

Im Gegensatz zu den geordneten und ungeordneten Listen sind die Definitionslisten nicht im *Eigenschaften-Inspector* enthalten. Der Grund dafür ist einfach – sie werden nur selten benutzt. Dennoch sind sie ganz pratisch und demzufolge hat Dreamweaver sie nicht ganz ignoriert.

Wie der Name schon vermuten lässt, werden Definitionslisten für Einträge verwendet, die ähnlich denen in einem Lexikon sind. Der erste Eintrag ist derjenige, der definiert wird, und in der darauffolgenden Zeile steht dann die jeweilige Definition. Die Abbildung 4.13 zeigt ein Beispiel einer Definitionsliste.

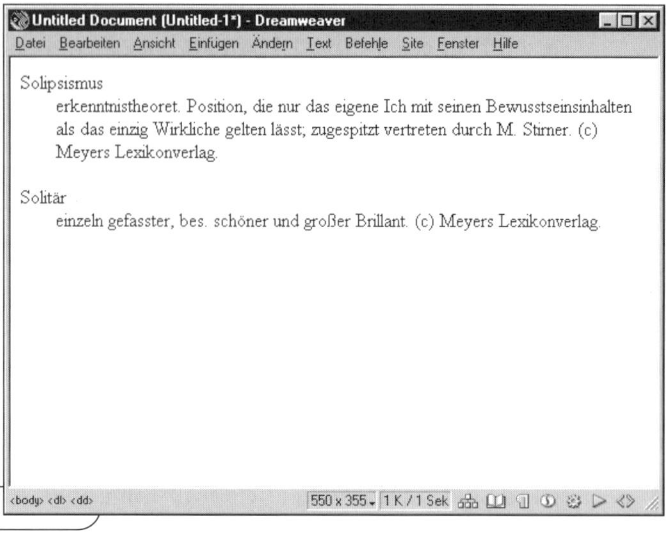

Definitionsliste

Abb. 4.13

Um eine Definitionsliste zu erstellen, gehen Sie wie folgt vor:

1. Setzen Sie den Cursor an die Stelle, an der die Liste anfangen soll.
2. Öffnen Sie das Menü *Text*, gehen Sie auf den Eintrag *Liste* und wählen Sie im Untermenü *Definitionsliste*.
3. Geben Sie den Begriff ein, der definiert werden soll.
4. Drücken Sie die [↵]-Taste.
5. Schreiben Sie die Definition des Begriffs.
6. Wiederholen Sie die Schritte 3 bis 5, bis Sie alle Begriffe und deren Definitionen eingegeben haben.
7. Drücken Sie zweimal die [↵]-Taste, um die Liste zu beenden.

Definitionslisten habe nichts mit dem Element DFN (Defintion) zu tun (siehe auch Tabelle 4.1, früher in diesem Kapitel). Ein <DFN>-Tag wird dazu benutzt, um eine Definition zu kennzeichnen, die Teil eines normalen Satzes ist. Eine Definitionsliste wird hingegen dazu verwendet, um eine Liste mehrerer aufeinanderfolgender Begriffe und deren Definition zu erstellen, ähnlich wie bei einem Lexikon.

Der folgende HTML-Code verdeutlicht den Unterschied zwischen den zwei Verwendungsarten:

```
<P>A <DFN>Ein Lexikon definiert Begriffe</DFN> in alpha-
betischer Reihenfolge.</P>
<DL>
  <DT>Solipsismus</DT>
  <DD>Erkenntnistheoret. Position, die nur das
      eigene Ich mit seinen Bewusstseinsinhalten als
      das einzig Wirkliche gelten lässt.</DD>
  <DT>Solitär</DT>
  <DD>einzeln gefasster, bes. schöner und großer
      Brillant.</DD>
</DL>
```

Verschachtelte Listen

Listen können zu einer Hierarchie von Listen kombiniert werden. So könnten Sie beispielsweise eine nummerierte Liste haben, bei der einer der Listeneinträge wiederum eine ungeordnete Liste erfordert. Ein konkretes Beispiel dafür wäre ein Rezept, bei der gewisse Dinge in einer bestimmten Reihenfolge gemacht werden müssen und wo bei einem der Schritte bestimmte Zutaten zu mischen sind, deren Reihenfolge aber beliebig ist. Für ein solches Rezept wäre für die einzelnen Arbeitsschritte eine nummerierte Liste angebracht, bei der die Zutaten für einen oder mehrere der Schritte jeweils in einer ungeordneten Liste aufgeführt sind. Die Abbildung 4.14 zeigt eine solche verschachtelte Liste.

Achten Sie darauf, wie sich der Einzug ändert, sobald sich die Liste verschachtelt. Der normale Abstand zwischen zwei separaten Listen ist aufgehoben und die Reihe der verschachtelten Listen stellt sich mit der gleichen Einrückung dar, wie es bei normalen Listenpunkten der Fall gewesen wäre.

Es gibt mehr Arten von verschachtelten Listen, als Sie sich überhaupt vorstellen können, und Dreamweaver bietet mehrere Methoden, um diese zu erstellen. Es werden Ihnen zwei Kategorien von verschachtelten Listen vorgestellt, verschachtelte Listen des gleichen Typs und verschachtelte Listen unterschiedlichen Typs. Dennoch sollten Sie nicht vergessen, dass es noch sehr viele andere Möglichkeiten gibt, um Listen zu verschachteln.

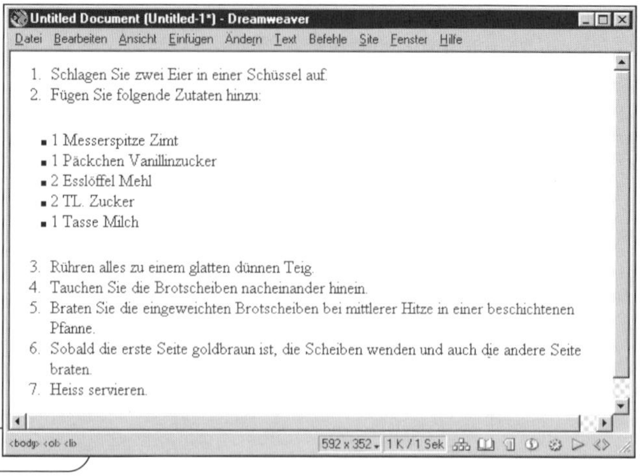

Verschachtelte Liste

Abb. 4.14

Verschachtelte Listen desselben Typs werden oft benutzt, um Dinge zu umreißen. Wollen Sie eine solche Liste erstellen, gehen Sie wie folgt vor:

1. Setzen Sie den Cursor an die Stelle, an der die Liste anfangen soll.

2. Klicken Sie im *Eigenschaften-Inspector* auf die Symbolschaltfläche, die dem gewünschten Listentyp entspricht. Bei einer geordneten Liste erscheint nun die Nummer 1 bei einer ungeordneten das Standard-Aufzählungszeichen.

3. Geben Sie den Listenpunkt ein und drücken Sie danach die [↵]-Taste.

4. Bei einer geordneten Liste erscheint nun die darauffolgende Nummer, bei einer ungeordneten das nächste Aufzählungszeichen. Geben Sie nun den nächsten Listenpunkt ein und drücken Sie anschließend wieder die [↵]-Taste.

5. Wiederholen Sie die Schritte 3 und 4, bis Sie an die Stelle kommen, an der die erste verschachtelte Liste beginnen soll.

6. Sobald sich der Cursor in der betreffenden Zeile befindet, klicken Sie im *Eigenschaften-Inspector* auf die Symbolschaltfläche für den Texteinzug. Bei einer geordneten Lis-

te wird die Nummerierung für diese Zeile nun wieder mit einer 1 beginnen. Bei einer ungeordneten Liste erscheint nun als Aufzählungszeichen der Kreis und bei einem weiteren Einzug das Quadrat.

Tipp

Handelt es sich um eine nummerierte Liste, wäre es wegen der Übersichtlichkeit sicher besser, wenn Sie für die eingerückte Liste eine andere Art der Nummerierung wählen. Ist die Hauptliste mit arabischen Zahlen nummeriert, könnten Sie für die Unterliste zum Beispiel Buchstaben oder römische Zahlen verwenden. Wie die Art der Nummerierung geändert wird, haben Sie bereits im entsprechenden Abschnitt gelesen.

7. Geben Sie nun alle Punkte der untergeordneten Liste ein und beenden Sie den Eintrag jeweils mit der ↵-Taste.

8. Haben Sie alle Listenpunkte für die Unterliste eingegeben und das letzte Mal die ↵-Taste gedrückt, dann klicken Sie im *Eigenschaften-Inspector* auf die Symbolschaltfläche für den Negativ-Einzug. Die aktuelle Zeile erhält nun wieder die Nummerierung bzw. das Aufzählungszeichen der Hauptliste.

9. Wollen Sie die Hauptliste fortführen, geben Sie nun die weiteren Listenpunkte der Hauptliste ein.

10. Wollen Sie die Hauptliste beenden, drücken Sie nach der letzten Zeile zweimal nacheinander die ↵-Taste. Das Nummerierungs- bzw. Aufzählungszeichen verschwindet und der Cursor befindet sich am Anfang eines neuen Absatzes.

Verschachtelte Listen unterschiedlichen Typs

Verschachtelte Listen eines anderen Typs werden dann verwendet, wenn ihr Inhalt nicht dem Muster des Hauptliste entspricht. Sollen Unterlisten einem anderen Typ als die Hauptliste angehören, dann gehen Sie wie folgt vor:

1. Erstellen Sie die Hauptliste.

2. Setzen Sie den Cursor an das Ende der Zeile, nach der die Unterliste beginnen soll, und drücken Sie die ↵-Taste, um eine neue leere Zeile zu erzeugen.

3. Klicken Sie im *Eigenschaften-Inspector* auf die Symbolschaltfläche für den gewünschten Listentyp oder wählen Sie diesen über das Menü *Text > Liste* aus.

4. Klicken Sie im *Eigenschaften-Inspector* auf die Symbolschaltfläche für Texteinzug.

5. Geben Sie nun die Listenpunkte für die untergeordnete Liste ein und beenden Sie jeden Punkt mit der [↵]-Taste.

6. Haben Sie den letzten Punkt der untergeordneten Liste eingegeben, klicken Sie mit der Maus auf eine beliebige Stelle außerhalb der Liste.

HTML-Stile

Im kleinen Rahmen bietet der *Eigenschaften-Inspector* recht gute Bedingungen, um HTML-Stile zu wählen und anzuwenden. Allerdings gibt es in Dreamweaver 3 noch eine weitere und viel effizientere Methode für die Anwendung von HTML-Stilen. Das Programm besitzt nun eine Palette namens HTML-Stile, in der Sie Stile speichern können, die Sie am häufigsten verwenden. Auf diese Weise können Sie diese Stile immer und immer wieder zuweisen, ohne dabei all die Schritte durchlaufen zu müssen, die mit der Verwendung von *Eigenschaften-Inspector* einhergehen.

Standard-Stile

Um die Palette *HTML-Stile* aufzurufen, klicken Sie im Launcher oder Mini-Launcher auf das gleichnamige Symbol. Alternativ können Sie auch die Tastenkombination [Strg] + [F7] drücken oder das Menü *Fenster* öffnen und dort den Eintrag *HTML-Stile* wählen.

Tipp

Das Dialogfenster HTML-Stile besteht aus vier Registerkarten, die jeweils einer Palette entsprechen – *HTML-Stile, CSS-Stile, Bibliothek* und *Vorlagen*. Alle Paletten sind in einem Dialogfenster zusammengefasst, um Platz zu sparen, wenn mehrere davon gleichzeitig benutzt werden. Allerdings haben Sie die Möglichkeit die Paletten zu trennen oder mit anderen Paletten zu verbinden.

Die Palette *HTML-Stile* enthält bereits einige Standard-Stile, die in der Tabelle 4.2 aufgeführt und beschrieben sind.

Tabelle 4.2

Standard-Stile der Palette HTML-Stile

Stil	Funktion
Auswahl-Stil entfernen	Entfernt die Formatierung aus dem markierten Text.
Absatz-Stil entfernen	Entfernt die Formatierung des aktuellen Absatzes.
Fett	Formatiert markierten Text fett.
Bildunterschrift	Formatiert den aktuellen Absatz in Arial, Größe 2, fett, kursiv und mit der Schriftfarbe *Mittelgrau*. Außerdem wird der Absatz zentriert ausgerichtet.
Copyright	Formatiert den aktuellen Absatz in Times, Größe 1, kursiv und mit zentrierter Ausrichtung.
Hervorhebung, sans-serif	Formatiert markierten Text in eine serifenfreie Schrift mit dem Schriftstil *Fett*.
Feste Breite	Formatiert markierten Text in Courierschrift.
Überschrift	Formatiert den aktuellen Absatz in eine serifenfreie Schrift mit einer relativen Größe von 15 und einer linksbündigen Ausrichtung.
Standard	Formatiert den aktuellen Absatz auf Times mit einer relativen Größe von +1.
Rot	Formatiert die markierten Text in die Farbe Rot.

Um einen der aufgeführten Stile zuzuweisen, markieren Sie den gewünschten Text und klicken in der Palette *HTML-Stile* auf den betreffenden Eintrag.

Eigene HTML-Stile anlegen

Die wahre Stärke der Palette *HTML-Stile* liegt darin, dass Sie Ihre eigenen Stile anlegen und verwenden können. Um einen neuen HTML-Stil anzulegen, gehen Sie wie folgt vor:

1. Klicken Sie auf die Symbolschaltfläche *Neuer Stil* (unten rechts, neben der Symbolschaltfläche für den Papierkorb). Alternativ können Sie auch die rechte Maustaste drücken und im Popup-Menü den Eintrag *Neu* wählen. Am Bildschirm erscheint nun das Dialogfenster *HTML-Stil definieren* (Abbildung 4.15).

! Achten Sie darauf, dass Sie nicht versehentlich die Symbolschaltfläche für den Papierkorb anklicken, weil in diesem Fall der aktuell gewählte Stil ohne jede Vorwarnung gelöscht wird und es demzufolge auch keine Option gibt, mit der Sie diesen Vorgang abbrechen könnten.

2. Im Dialogfenster *HTML-Stil definieren* geben Sie als Erstes einen Namen für den neuen Stil ein.

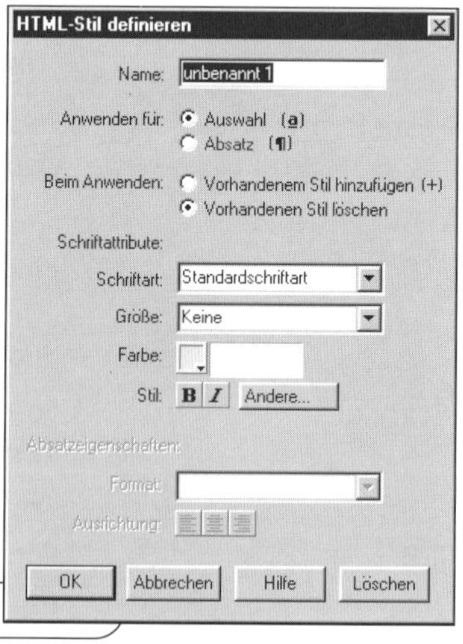

Das Dialogfenster *HTML-Stil definieren*

Abb. 4.15

3 Legen Sie fest, ob der neue Stil auf einen Absatz oder auf markierten Text angewendet werden soll, indem Sie die entsprechende Option wählen.

4 Aktivieren Sie entweder die Option Vorhandenem *Stil hinzufügen* oder *Vorhandenen Stil löschen*. Bei der ersten Option wird dieser Stil einer eventuell bereits vorhandenen Formatierung hinzugefügt, während die zweite Option jeden vorhandenen Stil durch den neuen ersetzt.

5 Bei *Schriftattribute* legen Sie Schriftart, Größe, Farbe und Schriftschnitt des neuen Stils fest. Die Vorgehensweise und die Auswahl entspricht dem *Eigenschaften-Inspector*, nur dass Sie hier auch noch eine Schaltfläche *Andere* vorfinden. Über diese Schaltfläche haben Sie den Zugriff auf die Stile aus dem Menü *Text/Stile* (allerdings fehlen hier *Fett* und *Kursiv*, weil diese Schriftschnitte ja bereits durch die entsprechenden Symbolschaltflächen abgedeckt sind).

6 Die *Absatzeigenschaften* sind nur dann wählbar, wenn Sie oben im Dialogfenster die Option *Absatz* gewählt hatten. Die Auswahl von Absatzformat und -ausrichtung funktioniert wie beim *Eigenschaften-Inspector* – bei *Format* stehen *Keine, Absatz, Überschrift* und *Vorformatiert* zur Verfügung und bei *Ausrichtung* können Sie zwischen den Symbolschaltflächen für Linksbündig, Zentriert und Rechtsbündig wählen.

7 Haben Sie Ihre Eingaben gemacht und die gewünschten Optionen gewählt, schließen Sie das Dialogfenster durch einen Klick auf die Schaltfläche *OK*. Der neue Stil erscheint jetzt in der Palette *HTML-Stile* und kann sofort verwendet werden. Sollten Sie inzwischen Ihre Meinung geändert haben und noch einmal ganz von vorn anfangen wollen, dann können Sie den neuen Stil mittels der Schaltfläche für Löschen wieder entfernen.

Textobjekte und Sonderzeichen einfügen

In Kapitel 1 wurden Ihnen die Objektpalette und ihre Tafeln vorgestellt. Zusätzlich zu dem, was Sie über die Tastatur eingeben können, gibt es noch drei Textobjekte, die über die Objektpalette eingefügt werden. In der Tafel *Allgemein* finden Sie die Symbole für Zeilenumbruch und für das Einfügen einer horizontalen Linie – eine horizontale Linie ist bekanntlich eines der nützlichsten Elemente, um eine Seite in verschiedene Abschnitte zu unterteilen. Das Symbol für das geschützte Leerzeichen befindet sich standardmäßig in der Tafel *Unsichtbare Elemente*.

Horizontale Linien einfügen

Horizontale Linien sind gerade Linien, die sich quer von einem Rand zu anderem erstrecken. Horizontale Linien können entweder als durchgezogener Strich oder als schattierte Linie dargestellt werden, wobei sich letztere von einem hellen Untergrund weniger kontrastiert abhebt. Bei einem getönten Hintergrund erzielen die schattierten Linien eine Art von 3D-Effekt, den Sie zur Gestaltung Ihrer Seite nutzen können.

Tipp

Horizontale Linien sind standardmäßig schattiert. Wenn Sie einen Blick in den Quellcode werfen, werden Sie feststellen, dass der Code für eine horizontale Linie einfach `<HR>` ist, während der für eine durchgezogene Linie `<HR noshade>` lautet.

Die Abbildung 4.16 zeigt mehrere horizontale Linien unterschiedlicher Breite, Höhe und Schattierung. Der HTML-Code für die Linien in dieser Abbildung ist

```
<HR>
<HR size="2" noshade>
<HR size="6">
<HR size="4" width="33%">
<HR size="5" noshade id="halfline" width="50%">
```

Um eine horizontale Linie in eine Web-Seite einzufügen, setzen Sie den Cursor an die betreffende Stelle und klicken Sie in der Palette *Allgemein* auf das Symbol *Horizontale Linie einfügen*. Alternativ können Sie natürlich auch das Menü *Einfügen* öffnen und dort den Eintrag *Horizontales Lineal* wählen.

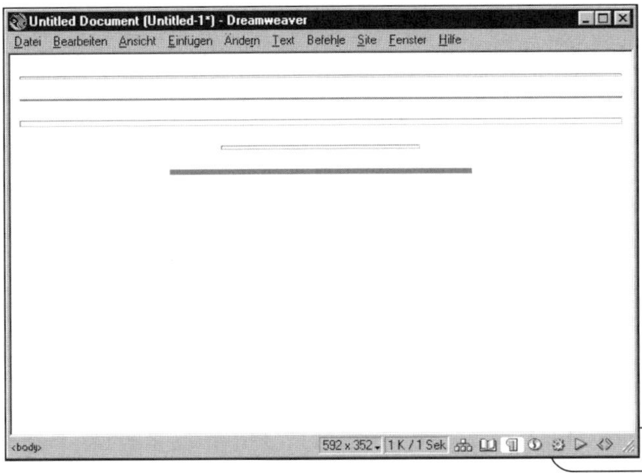

Horizontale Linien

Abb. 4.16

Tipp

Befindet sich die Objektpalette nicht am Bildschirm, drücken Sie die Tastenkombination [Strg] + [F2] (Command + [F2] bei Macintosh) oder öffnen Sie das Menü *Fenster* und wählen Sie dort den Eintrag *Objekte*.

Die eingefügte horizontale Linie ist sofort markiert und der *Eigenschaften-Inspector* zeigt die Attribute dieses neuen Elements an. Ist eine horizontale Linie markiert, dann wirkt sie durch die Markierung viel dicker, als sie es in Wirklichkeit ist. Wollen Sie die Markierung aufheben, um die tatsächliche Dicke der Linie beurteilen zu können, klicken Sie mit der Maus neben die Linie oder auf irgendeine andere Stelle der Seite.

Höhe und Breite horizontaler Linien festlegen

Die Standardhöhe einer horizontalen Linie variiert von Browser zu Browser. Wenn Sie keine Höhe festlegen, dann geben Sie die Kontrolle über die Anmutung Ihrer Seite an den Browser des Besuchers ab. Am Dreamweaver-Bildschirm beträgt die Standardhöhe für eine durchgezogene Linie 2 Pixel und für eine schattierte 3 Pixel. Beim Internet Explorer und dem Netscape Navigator ist die Standardhöhe immer 2 Pixel, unabhängig davon, ob die Linie schattiert ist oder nicht. Die optimale Höhe für eine schattierte Linie ist 4 bis 6 Pixel – ist die Höhe geringer, geht der 3D-Effekt verloren, ist sie viel höher, dann wirkt die Linie mehr wie ein Kasten denn wie eine Linie. Für eine massive Linie wird eine Höhe von mindestens 2, jedoch von nicht mehr als 6 Pixeln empfohlen.

Für die Festlegung der Breite einer horizontalen Linie haben Sie zweierlei Möglichkeiten:

- Sie können die Breite als absoluten Pixelwert festlegen. Der Vorteil eines absoluten Wertes liegt darin, dass die Linie immer dieselbe Breite hat, unabhängig von der Auflösung des Bilschirms. Falls es die Gestaltung der Seite erforderlich macht, dass die Linie genau zu einem anderen, ebenfalls fest definierten Element passt (z.B. ein Bild), dann ist ein absoluter Wert die beste Variante.

- Sie können die Breite einer Linie in Relation zur Breite der Web-Seite definieren und einen Prozentwert festlegen. Dies ist dann die bessere Lösung, wenn Ihre Seitengestaltung sich mehr an den Proportionen statt an genauen Massen orientiert. Unabhängig von der Bildschirmauflösung haben Linien mit einer relativen Breite stets dieselben Proportionen zum Rest der Seite – *50%* entspricht eben immer einer halben Web-Seite, egal welche Auflösung der Bildschirm auch haben mag.

Horizontale Linie ändern

Der *Eigenschaften-Inspector* bietet Einstellungen für die Höhe, Breite, Ausrichtung und Schattierung einer horizontalen Linie.

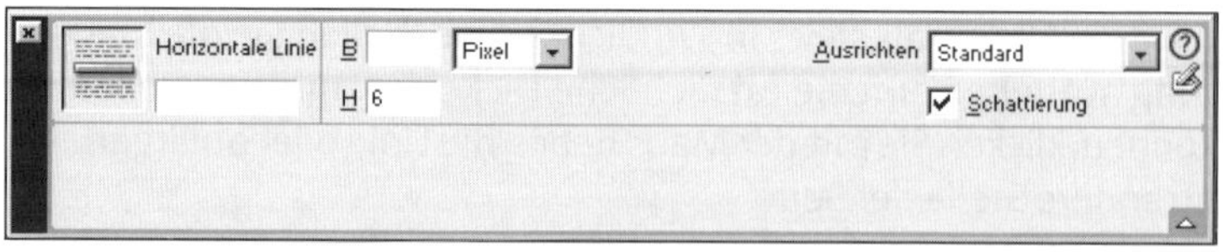

Um die Eigenschaften einer horizontalen Linie zu ändern, gehen Sie wie folgt vor:

1. Möchten Sie der horizontalen Linie eine eindeutige Bezeichnung zuweisen (so, als wenn Sie über Skripte oder Formatvorlagen darauf zugreifen wollten), dann geben Sie diese in das Textfeld ein, das sich im *Eigenschaften-Inspector* unterhalb von *Horizontale Linie* befindet.

2. Die Breite geben Sie in das Textfeld *B* und die Höhe in das Textfeld *H* ein. Legen Sie für die Breite keinen Wert fest, dann beträgt sie immer *100%* der Web-Seite. Im Listenfeld rechts neben der Breite können Sie zwischen den Einträgen *Pixel* (für eine absolute Breite) und % wählen (für eine relative Breite).

3 Im Listenfeld *Ausrichten* wählen Sie die gewünschte Ausrichtung für die Linie – es stehen die Einträge *Standard*, *Links*, *Zentrieren* und *Rechts* zur Auswahl. Da horizontale Linien standardmäßig zentriert erstellt werden, gibt es zwischen der ersten und der dritten Option im Grunde keinen Unterschied. Allerdings wird bei *Standard* im HTML-Code für die Ausrichtung kein Attribut gesetzt.

Tipp

Entspricht die Breite einer Linie der Seitenbreite, dann hat die Ausrichtung keinerlei Bedeutung. Damit die Ausrichtung einer Linie sichtbaren Effekt zeigt, muss sie deutlich kürzer als die Breite der Seite sein.

4 Mit Hilfe des Kontrollkästchens *Schattierung* legen Sie fest, ob die Linie schattiert oder massiv sein soll.

Geschützte Leerzeichen einfügen

Geschützte Leerzeichen und Zeilenumbrüche führen auf einer Web-Seite zu leerem Raum. Wie Sie sich vielleicht noch aus dem Abschnitt über die Absatzformatierung erinnern, erfüllen die geschützten Leerzeichen bei HTML einen besonderen Zweck, weil Webbrowser alle normalen Leerzeichen ignorieren, sofern es sich nicht um das Leerzeichen zwischen zwei Wörtern handelt. Egal wie viele normale Leerzeichen Sie auch eingeben, der Browser wird dieses stets auf ein einziges Leerzeichen reduzieren. Demzufolge brauchen Sie geschützte Leerzeichen, wenn der Text am Anfang einer Zeile um mehr als ein Zeichen eingerückt dargestellt werden soll.

!

Seien Sie mit der Verwendung geschützter Leerzeichen etwas vorsichtig – es hat seinen Grund, warum sie als „geschützt“ bezeichnet werden. Werden sie statt normaler Leerzeichen in einem Text benutzt, dann unterbinden sie den automatischen Zeilenumbruch und der Text kann über die normale Breite der Web-Seite hinausgehen, so dass der Benutzer auf die horizontale Bildlaufleiste zurückgreifen muss, um den ganzen Text sehen zu können.

Um ein geschütztes Leerzeichen einzufügen, setzen Sie den Cursor an die betreffende Stelle und klicken in der Tafel *Unsichtbare Elemente* auf das Symbol *Geschütztes Leerzeichen einfügen*. Um auf die Tafel *Unsichtbare Elemente* zuzugreifen, klicken Sie in der Objektpalette auf den Abwärtspfeil und wählen im Popup-Menü anschließend den gleichnamigen Eintrag aus. Alternativ können Sie aber auch die Tasten Strg, ⇧ und ␣-Taste gleichzeitig drücken (bei Mac ist es statt Strg die Command-Taste) oder im Menü *Einfügen* den Eintrag *Geschütztes Leerzeichen* wählen.

Zeilenumbrüche einfügen

Ein Zeilenumbruch erzeugt zwischen zwei Elementen eine Leerzeile, etwa so, als ob Sie in einer Textverarbeitung zweimal die ↵-Taste drücken, um zwei Absätze mit einer Leerzeile zu trennen. Aufgrund des Verhaltens vom P-Element ist der Zeilenumbruch in HTML jedoch etwas kritisch. Bei den meisten HTML-Editoren erzeugt das Drücken der ↵-Taste ein neues P-Element – aber die Webbrowser ignorieren ein P-Element, das keinerlei Inhalt hat. Wollen Sie zwischen zwei Elementen eine leere Zeile haben, dann müssen Sie ein BR-Element (Line Break) einfügen.

Bei Dreamweaver hat das normale Verhalten des P-Elements keine so große Bedeutung, weil dieses Programm sowieso keine leeren P-Elemente erstellt. Drücken Sie am Ende eines Absatzes die ↵-Taste, dann erzeugt Dreamweaver ein neues P-Element, in dem sich bereits ein geschütztes Leerzeichen befindet. Geben Sie an dieser Stelle Text ein, dann wird das geschützte Leerzeichen durch Ihre Eingabe überschrieben. Wenn Sie aber stattdessen sofort ein zweites Mal die ↵-Taste drücken, dann bleibt der Absatz, der nur das geschützte Leerzeichen enthält, bestehen und es wird ein weiterer Absatz angefangen. Diese Lösung ist sehr clever, weil sie das Problem einer Leerzeile hervorragend löst und zudem auch noch den Anforderungen des HTML-Standards in jeder Weise entspricht. Das Drücken der ↵-Taste ist wesentlich einfacher als das Einfügen eines Zeilenumbruchs über die Objektpalette.

Sollten Sie dennoch einen Zeilenumbruch als Objekt einfügen wollen, setzen Sie den Cursor an die betreffende Stelle und klicken Sie in der Objektpalette in der Tafel *Allgemein* auf das entsprechende Symbol. Alternativ gibt es auch in diesem Fall eine Tastenkombination (⇧ + ↵) oder den Zugriff über ein Menü (*Einfügen > Zeilenumbruch*).

Sonderzeichen

Interessanterweise ist das geschützte Leerzeichen eigentlich überhaupt kein HTML-Element, sondern vielmehr ein Sonderzeichen und ist Teil der ISO-8859-1-Spezifikation. Obwohl Dreamweaver mit der Tafel *Zeichen* der Objektpalette eine gesonderte Methode zum Einfügen von Sonderzeichen anbietet (siehe Kapitel 1), werden dort dennoch nicht alle Sonderzeichen abgedeckt. Allerdings habe Sie ja immer noch die Möglichkeit, in *HTML-Quelle* jedes beliebige Sonderzeichen mittels seines Zeichencodes direkt einzugeben.

Tipp

Das World Wide Web Consortium stellt auf seiner Web-Site unter der URL `http://www.w3.org/TR/REC-html40/sgml/entities.html` eine Liste der Zeichencodes zur Verfügung.

Wenn Sie über *HTML-Quelle* einen Blick in das HEAD-Element Ihrer Web-Seiten werfen wollen, dann sehen Sie die folgende Zeile:

```
<META http-equiv="Content-Type" content="text/html;
charset=iso-8859-1">
```

Tipp

Beachten Sie bitte, dass im META-Element der Name der Spezifikation in Kleinbuchstaben geschrieben ist (iso statt ISO). Bei Namen von Zeichencodierungsmethoden ist die Schreibweise unwichtig.

Technisch gesehen ist ISO-8859-1 eigentlich kein Zeichensatz, sondern ein System, um Zeichen für die elektronische Übermittlung zu codieren. Sie wird auch Westlich- bzw. Latin-1-Zeichencodierung genannt und enthält die Zeichen, die in den europäischen Sprachen am häufigsten benutzt werden. Sie ist nur eine von vielen verschiedenen Zeichencodierungen – es gibt andere für chinesische Zeichen, kyrillische Zeichen, Griechisch, Japanisch usw. Die folgende Liste zeigt die Zeichencodierungen, die von Dreamweaver unterstützt werden.

Westlich (Latin-1)	Mitteleuropäisch (Windows-1250)
Japanisch (Shift JIS)	Kyrillisch (ISO-8859-5)
Japanisch (JIS)	Kyrillisch (KOI8-R)
Japanisch (EUC)	Kyrillisch (MacCyrillic)

Traditionelles Chinesisch (Big5)	Kyrillisch (Windows-1251)
Vereinfachtes Chinesisch (GB2312)	Griechisch (ISO-8859-7)
Koreanisch (EUC-KR)	Griechisch (MacGreek)
Mitteleuropäisch (ISO-8859-2)	Griechisch (Windows-1253)
Mitteleuropäisch (MacCE)	Isländisch Mac (ISO-8859-1)

Wenn keine davon funktioniert, können Sie die Dreamweaver-Option *Weitere* verwenden und das Attribut `charset` manuell setzen.

Über die Kategorie *Schriftarten > Kodierung* können Sie Dreamweaver so einstellen, dass es irgendeinen dieser Zeichencodierungen als Standardcodierung verwendet. Wie das genau funktioniert, wird im folgenden Absatz beschrieben.

Zusätzlich zu den globalen Einstellungen besitzt jede Web-Seite auch eine eigene Zeichencodierungsmethode als Bestandteil ihrer eigenen Eigenschaften. Standardmäßig ist dies die Codierung *Westlich* bzw. *Latin-1*. Die Zeichencodierungsmethode einer Seite ändern Sie über ihr jeweiliges Dialogfenster *Seiteneigenschaften* (Abbildung 4.17).

Tipp

Wie der Name schon sagt, ist dies das Dialogfenster, über das Sie Eigenschaften festlegen, die sich auf die gesamte Web-Seite erstrecken. Die restlichen Einstellungen dieses Dialogfensters, wie Hintergrundbild und Link-Farbe wird in Kapitel 12 besprochen.

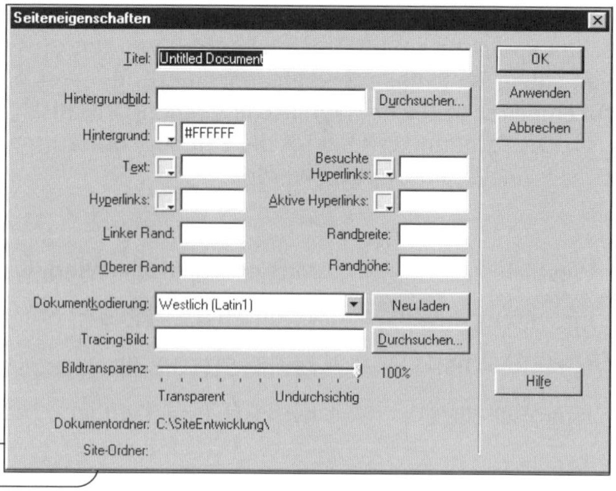

Dialogfenster *Seiteneigenschaften*

Abb. 4.17

Um das Dialogfenster *Seiteneigenschaften* aufzurufen, klicken Sie mit der rechten Maustaste in einen leeren Bereich der Seite und wählen anschließend im Popup-Menü den Eintrag *Seiteneigenschaften*. Alternativ können Sie aber auch die Tastenkombination Strg + F12 (bzw. Command + F12 für Mac) drücken oder im Menü *Ändern* den Eintrag *Seiteneigenschaften* wählen. Im Dialogfenster *Seiteneigenschaften* öffnen Sie das Listenfeld *Dokumentkodierung* und Sie sehen die verfügbaren Codierungsmethoden.

Sollte keiner der Einträge Ihren Anforderungen entsprechen, wählen Sie den Eintrag *Andere*. In diesem Fall ist Dreamweaver der Name der Codierungsmethode, die Sie verwenden wollen, nicht bekannt. Um dieses Problem zu lösen, entfernen Sie im META-Tag des HEAD-Elements einfach den Wert von `charset`, so dass `charset` zwar erhalten, aber eben ohne Wert bleibt. Sie müssen ihn dann manuell über *HTML-Quelle* oder einem externen Editor eingeben.

Tipp

Haben Sie über die Option *Andere* einen Wert für die Zeichencodierung eingegeben und rufen danach das Dialogfenster *Seiteneigenschaften* auf, dann werden Sie feststellen, dass bei *Dokumentkodierung* nach wie vor *Westlich (Latin1)* angezeigt wird. Allerdings ist nur das maßgeblich, was im HTML-Code eingetragen ist.

Standardschriften für Dreamweaver festlegen

Natürlich können Sie Standardeinstellungen für Dreamweaver vornehmen, sollten sich jedoch darüber im Klaren sein, dass die Besucher Ihrer Web-Seiten an ihren Webbrowsern wiederum ihre eigenen Voreinstellungen vornehmen, die dann Ihre Einstellungen außer Kraft setzen.

Sie können die Schriftart festlegen, die Sie sehen, wenn Sie eine Proportionalschrift oder eine Monospaceschrift eingestellt haben. Wie bei den Webbrowsern ist auch hier die Standardeinstellung Times bzw. Courier. Natürlich können Sie diese Einstellung auf jede andere Schrift ändern, aber dennoch ist es auf jeden Fall besser, Schriften zu verwenden, bei denen das Ergebnis tatsächlich auch dem entspricht, was in einem Browser zu sehen sein wird.

Die Standardschriftart legen Sie im selben Dialogfenster fest wie die Standard-Codierung, die ja bereits im vorangegangenen Abschnitt besprochen wurde. Allerdings hat die Zeichencodierung direkte Auswirkungen darauf, wie andere Ihre Web-Seite sehen, während dies bei der Einstellung der Schriften nicht der Fall ist. Sie betrifft das Standard-META-Tag, in dem das `charset`-Attribut für diese Seite spezifiziert ist.

Um die Voreinstellungen für Schrift und Codierung vorzunehmen, gehen Sie wie folgt vor:

1. Öffnen Sie das Menü *Bearbeiten*, wählen Sie dort den Eintrag *Einstellungen* und markieren Sie im Dialogfenster *Voreinstellungen* die Kategorie *Schriftarten > Kodierung* (Abbildung 4.18).

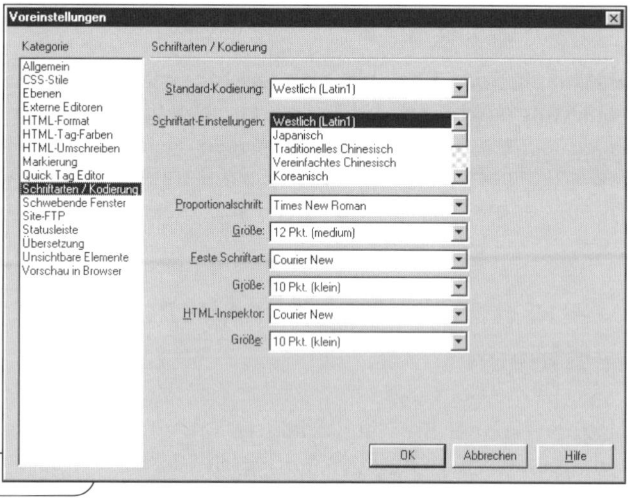

Schriftarten und Codierung festlegen

Abb. 4.18

2. Im Listenfeld *Standard-Codierung* wählen Sie die gewünschte Codierungsmethode aus.

3. Im Listenfeld *Schriftart-Einstellung* markieren Sie einen entsprechenden Zeichensatz.

4. Im Listenfeld *Proportionalschrift* suchen Sie sich die Schrift aus, die bei Proportionalschriften verwendet werden soll.

Tipp

Für diese und andere Schrifteinstellungen werden in den Auswahllisten nur solche Schriften angezeigt, die an Ihrem Computer auch tatsächlich installiert sind.

5. Im Listenfeld *Größe* legen Sie die Größe der Proportionalschrift fest.

6. Im Listenfeld *Feste Schriftart* entscheiden Sie, welche Schriftart als Monospace-Schrift verwendet werden soll.

7. Im zugehörigen Listenfeld *Größe* wählen Sie die Größe für diese Schrift aus.

8. Im Listenfeld *HTML-Inspektor* legen Sie die Schrift fest, die im Dialogfenster *HTML-Quelle* angezeigt werden soll.

9. Im zugehörigen Listenfeld *Größe* wählen Sie die Größe für die gewählte Schrift aus.

10. Haben Sie alle Einstellungen vorgenommen, beenden Sie mit *OK*.

Wenn Sie Chinesisch, Japanisch, Koreanisch oder irgendeine andere Sprache verwenden, für die Doppel-Byte-Schriften erforderlich sind, dann muss in der Kategorie *Allgemein* die Option *Doppel-Byte-Inline-Eingabe aktivieren* als gewählt markiert sein. Obwohl diese Option standardmäßig aktiviert ist, sollten Sie sich dennoch sicherheitshalber vergewissern und sie gegebenenfalls aktivieren (Abbildung 4.19).

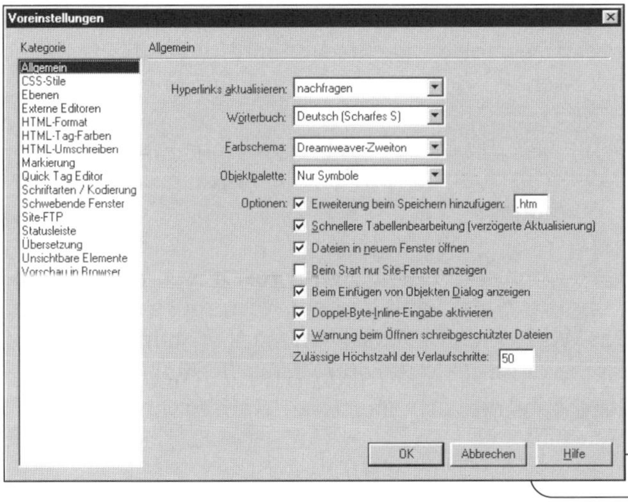

Die Option *Doppel-Byte-Inline-Eingabe aktivieren*

Abb. 4.19

Die Rechtschreibprüfung

Es gibt da etwas, dem viel zu viele Leute zu wenig Beachtung schenken – nämlich die Tatsache, dass eine korrekte Rechtschreibung für Ihr Image ungemein wichtig ist. Egal, wie cool eine Seite auf dem ersten Blick auch aussehen mag, ist sie voller Fehler, dann werden Sie nicht ernst genommen und Ihre Botschaft kommt gar nicht erst an. Würden Sie sich einem Unternehmensberater anvertrauen, der von sich behauptet "qualifiziert" zu sein? Wahrscheinlich eher nicht und niemand wird Ihnen in Ihrem Bereich Kompetenz unterstellen, wenn Ihre geschriebenen Wörter diesen Eindruck nicht unterstützen. Sie können in Ihrem Metier der Beste sein – niemand wird es Ihnen glauben, wenn Ihre Rechtschreibung etwas anderes vermuten lässt.

Die Rechtschreibprüfung hilft Ihnen da etwas weiter. Natürlich kann keine Rechtschreibprüfung alle Schreibfehler verhindern. Schreiben Sie beispielsweise *keine* statt *keiner*, dann wird dies nicht beanstandet werden, weil beide Wörter ja völlig korrekt geschrieben sind. Denken Sie also daran, dass Sie Ihre Texte auch nach der Rechtschreibprüfung noch einmal genau durchlesen.

Die Rechtschreibprüfung in Dreamweaver erfordert zwei Schritte. Zuerst einmal müssen Sie festlegen, welches Wörterbuch benutzt werden soll. Um dies zu tun, öffnen Sie das Menü *Bearbeiten*, wählen den Eintrag *Einstellungen* und markieren die Kategorie *Allgemein* (siehe Abbildung 4.19). Im Listenfeld *Wörterbuch* wählen Sie das gewünschte aus und klicken anschließend auf *OK*. Im nächsten Schritt müssen Sie dann die Rechtschreibprüfung auf ein offenes Dokument anwenden. Gehen Sie dazu wie folgt vor:

1. Öffnen Sie das Menü Text und wählen Sie dort den Eintrag *Rechtschreibung prüfen* oder drücken Sie die Tastenkombination [⇧] + [F7].

2. Die Rechtschreibprüfung wird gestartet und stoppt am ersten Wort, dass es in seinem Wörterbuch nicht findet. Das Wort wird am Bildschirm markiert dargestellt und erscheint im Dialogfenster *Rechtschreibprüfung* (Abbildung 4.20).

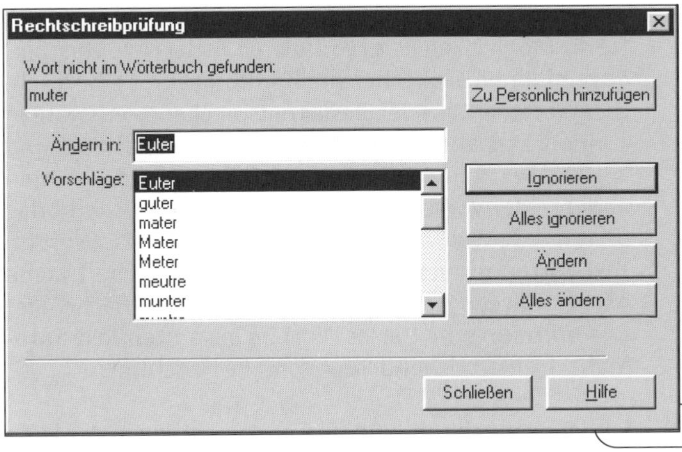

Dialogfenster *Rechtschreibprüfung*

Abb. 4.20

3 Ist das Wort richtig geschrieben, aber nicht im Wörterbuch von Dreamweaver enthalten, können Sie es Ihrem eigenen Wörterbuch hinzufügen, indem Sie die Schaltfläche *Zu Persönlich hinzufügen* anklicken. Damit wird dieser Begriff in der Datei *Personal.dat* gespeichert, die sich im selben Ordner wie das Hauptwörterbuch von Dreamweaver befindet. Da bei einer Rechtschreibprüfung sowohl das Hauptwörterbuch als auch das persönliche Wörterbuch herangezogen werden, wird dieser Begriff bei seinem nächsten Auftreten nicht mehr beanstandet.

Tipp

Sie können dem persönlichen Wörterbuch zwar neue Begriffe hinzufügen aber es gibt in Dreamweaver selbst keine Funktion, um diese auch wieder zu löschen. Wollen Sie Begriffe aus dem Wörterbuch entfernen, müssen Sie es in einen Texteditor laden und dort entsprechend bearbeiten. In einer typischen Windows-Installation finden Sie die Wörterbücher im Ordner *C:\Programme \Macromedia\ Dreamweaver 3\Configuration\Dictionaries.*

4 Ist das Wort korrekt geschrieben, soll aber dennoch nicht in das Wörterbuch aufgenommen werden, dann klicken Sie auf die Schaltfläche *Ignorieren*. Auf diese Weise veranlassen Sie die Rechtschreibprüfung, das Wort dieses eine Mal zu übergehen. Mit der Schaltfläche *Alles ignorieren* legen Sie fest, dass dieses Wort nicht nur diesmal, sondern auch zukünftig übergangen und nicht mehr als falsch gemeldet wird.

5 War das Wort tatsächlich falsch geschrieben, dann haben Sie die Möglichkeit es zu korrigieren. In der Liste *Vorschläge* zeigt Ihnen die Rechtschreibprüfung eine Reihe ähnlicher Wörter an, aus der Sie das entsprechende auswählen können. Das ähnlichste Wort ist bereits markiert und wird im Textfeld *Ändern in* angezeigt. Sobald Sie einen anderen der Vorschläge markiert haben, erscheint das betreffende Wort im Textfeld *Ändern in*. Soll das Wort im Text korrigiert werden, klicken Sie auf die Schaltfläche *Ändern*. Klicken Sie stattdessen auf die Schaltfläche *Alles ändern*, dann wird dieses Wort im gesamten Text automatisch entsprechend Ihrer Vorgabe berichtigt.

6 Sind Sie jedoch mit keinem der Vorschläge in der Liste nicht einverstanden, können Sie die gewünschte Schreibweise in das Feld *Ändern in* direkt eingeben. Anschließend klicken Sie dann entweder auf die Schaltfläche *Ändern* oder *Alles ändern*.

7 Ist die Rechtschreibprüfung beendet, erscheint ein Dialogfenster mit der Meldung, dass die Rechtschreibprüfung abgeschlossen ist, und Sie brauchen nichts weiter zu tun, als sie mit *OK* zu bestätigen.

Soll sich die Rechtschreibprüfung nur auf eines oder mehrere Wörter oder auf einen bestimmten Textabschnitt beschränken, dann müssen Sie das Wort bzw. den Bereich markieren, bevor Sie die Rechtschreibprüfung starten. Fahren Sie anschließend dann doch mit der Rechtschreibprüfung fort, werden Sie am Ende des Dokuments gefragt, ob die Rechtschreibprüfung am Anfang des Dokuments fortgesetzt werden soll. Wollen Sie dies, dann klicken Sie auf die Schaltfläche *Ja*, andernfalls auf *Nein*.

Nicht unterstützte Tags

Sie haben bereits gesehen, wie Sie in Dreamweaver Text mit dem *Eigenschaften-Inspector* und der Palette *HTML-Stile* formatieren können. Allerdings gibt es noch eine Vielzahl von Elementen bei der Textformatierung, die dort nicht unterstützt werden, wie beispielsweise das ADDRESS-Element. Wollen Sie derartige Tags verwenden, müssen Sie diese mittels *HTML-Quelle* oder einem anderen HTL-Editor direkt eingeben. Immerhin zeigt Dreamweaver den Text innerhalb eines ADDRESS-Elements korrekt an – es gibt da nämlich einige obskure Elemente, bei denen dies nicht der Fall ist, wie zum Beispiel bei DEL (Deletion = Löschen).

Tags, die Dreamweaver nicht erkennt, können mit dem Befehl *HTML optimieren* **nicht entfernt werden und Sie müssen sie manuell löschen. Dies gilt sogar auch für den Fall, dass Sie den Namen des Tags vorgeben oder wenn der Tag leer ist.**

Mit den Textformatierungs-Tags, die es nicht erkennt hat, Dreamweaver auch noch ein weiteres Problem. Wenn Sie Text in ein P-Element oder eines der HEAD-Elemente (H1, H2 usw.) eingeben und die ↵-Taste drücken, um eine neue Zeile anzufangen, dann hat der Text in der neuen Zeile automatisch dieselbe Formatierung wie die vorangegangene (bei der Absatzformatierung *Vorformatiert* funktioniert das etwas anders, weil das Drücken der ↵-Taste zum Einfügen eines CR (Carriage Return) führt). Der folgende HTML-Code zeigt eine typische Situation dieser Art:

```
<H1>Das ist ein Absatz.</H1>
<H1></H1>
```

Nach einem nicht unterstützten Element, wie beispielsweise ADDRESS, erleben Sie Ähnliches:

```
<ADDRESS>Hier ist eine Adresse.</ADDRESS>
<ADDRESS></ADDRESS>
```

Bis dahin ist ja noch alles in Ordnung. Die Schwierigkeiten tauchen in dem Moment auf, wo die zweite Zeile eine andere Formatierung als die erste haben soll. Bei den normalen Absatzformatierungen brauchten Sie jetzt nichts weiter zu tun, als im *Eigenschaften-Inspector* für die zweite Zeile eine andere Formatierung zu wählen. Da Sie jedoch ein Absatzformat verwenden, das von Dreamweaver nicht unterstützt wird, ist das in diesem Fall nicht möglich. Sie können machen, was Sie wollen, aber das Absatzformat lässt sich nicht ändern. Sofern es den *Eigenschaften-Inspector* betrifft, lautet das Format *Keine* – aber der HTML-Code sagt etwas ganz anderes, nämlich dass das Format der zweiten Zeile nach wie vor dem der ersten Zeile entspricht. Sie haben keine andere Wahl, als den Quellcode manuell zu ändern.

Neben den Problemen bei Block-Elementen wie ADDRESS, können Inline-Elemente zusätzlich noch echte Schwierigkeiten bereiten. Auch hier resultiert das Problem aus der Tatsache, dass Dreamweaver nach dem Drücken der ↵-Taste die Textformatierung in die nächste Zeile übernimmt. Dies passiert jedoch nur dann, wenn das Tag des Inline-Elements direkt vor dem Schluss-

Tag des Block-Elements steht. Ein Beispiel hierfür zeigt dieser Code:

```
<P>Dieser Text ist <B>fett.</B></P>
<P> </P>
```

Scheinbar ist die zweite Zeile normal, also ohne dass eine andere Formatierung (mit Ausnahme der Formatierung als Absatz) mit übernommen worden wäre. Sobald Sie jedoch anfangen zu schreiben, und das geschützte Leerzeichen durch Ihre Eingabe überschrieben wird, übernimmt die zweite Zeile die Formatierung der vorangegangenen. Danach sieht der Quellcode dann so aus:

```
<P>Dieser Text ist <B>fett.</B></P>
<P><B>Demzufolge ist auch dieser Text fett, obwohl
dies so nicht vorgesehen war.</B></P>
```

Wie bei den normalen Absatzformaten auch, ist dies jedoch keine große Sache, weil Sie die Formatierung mit Hilfe der Schaltflächen von *Eigenschaften-Inspector* wieder ändern können. Das gleiche Problem haben Sie natürlich auch mit den nicht unterstützten Inline-Stilen – Sie können sie nicht so ohne weiteres loswerden.

Tipp

Sie können den Cursor mit den Steuertasten aus der zweiten Zeile heraus bewegen und dann wieder hinein. Auf diese Weise wird die Fortführung der Textformatierung abgebrochen.

Nehmen Sie einmal an, Sie binden ein DEL-Element ein (es wird dazu benutzt, um Text zu kennzeichnen, der gelöscht werden soll). Dies ist zum Beispiel in Dokumenten erforderlich, bei denen Änderungen im Text als solche erkennbar sein müssen. Normalerweise wird dabei das korrigierte durchgestrichen Wort und das neuere Wort mit Hilfe eines INS-Elements unterstrichen dargestellt. Dieser Effekt könnte natürlich auch mit den Elementen STRIKETHROUGH und U erzielt werden, aber DEL und INS sind besser dazu geeignet, weil sie sowohl die funktionale Bedeutung des jeweiligen Textes erkennen lassen als auch die gewünschte optische Darstellung bewirken.

Wenn Sie in diesem Fall nach der ersten Zeile die [↵]-Taste drücken, um in eine neue Zeile zu kommen, dann wird die Formatierung wie gehabt übernommen und der Quellcode sieht in etwa so aus:

```
<P>Dieser Text soll <DEL>gelöscht</DEL>werden</P>
<P><DEL></DEL></P>
```

Die Formatierung ist da und auch durch keine Bewegung der Cursortasten wieder wegzubekommen – es hat eine Art von Hard-Codierung stattgefunden, die so ohne weiteres nicht mehr entfernt werden kann. Sie haben jetzt nur noch die Möglichkeit, diese Formatierung im Quellcode manuell zu löschen.

Aus diesem Grund ist es wohl das Beste, Tags zu vermeiden, die von Dreamweaver nicht unterstützt werden, wenn Sie mit der Bearbeitung von HTML-Code nicht besonders gut vertraut sind.

Zusammenfassung

In diesem Kapitel haben Sie sich mit Block- und Inline-Elementen sowie mit deren Attributen beschäftigt. Block-Elememte veranlassen den Beginn einer neuen Zeile, während Inline-Elemente (auch Text-Elemente genannt) sich nur die Zeichen beziehen, auf die sie angewendet werden.

Als Erstes wurde erklärt, wie Sie mit dem *Eigenschaften-Inspector* Formatierungen wie Absatzformat, Schriftart, Schriftschnitt, und Textausrichtung durchführen und wie Sie geordnete (nummerierte) bzw. ungeordnete Listen erstellen. Außerdem haben Sie gelernt, wie Sie mit Hilfe der Palette *HTML-Stile* Standardstile und eigene Stile zuweisen.

Danach haben Sie gesehen, wie besondere Textobjekte und Sonderzeichen eingefügt werden. Die Objektpalette enthält ein Symbol für horizontale Linien, Zeilenumbruch und das geschützte Leerzeichen. Web-Seiten können in verschiedenen Sprachen und mittels unterschiedlicher Alphabete geschrieben werden. Im Dialogfenster *Voreinstellungen* können Sie Dreamweaver so einstellen, dass es global eine Standardmethode zur Zeichencodierung benutzt. Außerdem haben Sie die Möglichkeit, im Dialogfenster *Seiteneigenschaften* die Codierungsmethode für eine bestimmte Seite festzulegen.

Nachdem Sie Ihren Text eingegeben haben, können Sie die Rechtschreibprüfung aufrufen und nach möglichen Tippfehlern suchen lassen. Wie Sie nun wissen, funktioniert die Rechtschreibprüfung von Dreamweaver so ähnlich wie jene in einer Textverarbeitung.

Zum Schluss wurde über die Probleme gesprochen, die auftreten können, wenn Sie Tags benutzen, die Dreamweaver nicht unterstützt. Da normalerweise die manuelle Bearbeitung des Quellcodes die einzige Möglichkeit darstellt, derartige Probleme wieder zu beheben, wird Ihnen empfohlen, derartige Tags nur dann zu verwenden, wenn Sie sich mit dem Editieren von HTML-Code einigermaßen sicher auskennen.

Im nächsten Kapitel werden Sie sich mit dem Für und Wider von Bildern auf Web-Seiten befassen.

Webseiten mit Bildern

5

Wenn Wörter das Fleisch einer Web-Seite sind, dann stellen die Bilder die leckere Sauce dar, die das Ganze geschmacklich erst so richtig abrundet. Von Romanen einmal abgesehen, gibt es wohl kaum Veröffentlichungen, die keine Bilder oder Grafiken beinhalten – und im Web schon gar nicht. Aber auch ein Roman hat meist einen bunten Umschlag, um die Aufmerksamkeit des potentiellen Lesers zu erhaschen und ihn zum Kauf des Buches zu bewegen.

In diesem Kapitel werden die Werkzeuge, die Dreamweaver bereithält, besprochen, damit Sie Ihre Web-Seiten mit Bildern anreichern können. Sie lernen, wie Sie Bilder mit einer Seite verknüpfen und diese in die gewünschte Position bringen. Außerdem erfahren Sie, dass es mehrere Arten von Bildern gibt, wie beispielsweise Hintergrundbilder und Tracing-Bilder. Aber zuallererst werden Sie sich damit befassen, warum Bilder für die Gestaltung einer Web-Seite so wichtig sind.

Warum Bilder?

Bilder fördern das Verständnis für ein Thema und erfreuen zudem noch das Auge. Bereits lange bevor die Schrift erfunden wurde, haben die Menschen Bilder benutzt, um untereinander zu kommunizieren. Die Bedeutung eines gut gemachten Bildes erfasst jedermann sofort und auch heute noch werden für unsere Kommunikation oft grafische Darstellungen verwendet – wie beispielsweise Verkehrszeichen –, statt uns nur auf das geschriebene Wort zu verlassen. Bilder haben auch einen künstlerischen Aspekt. Wir mögen Bilder und wir haben uns allen Epochen unserer Geschichte sehr viel Mühe gegeben, um einmalige Kunstwerke zu schaffen. Das Volk hungert noch immer nach neuen visuellen Erfahrungen und es ist an uns Web-Designern, diesen Hunger zu stillen.

Allerdings haben Bilder auch eine Schattenseite – sie sind unvergleichlich größer als HTML-Dateien und verlangsamen dadurch den Aufbau der Web-Seite im Browserfenster. Da es seine Zeit braucht, bis ein Bild geladen ist, können viele Bilder auf Ihrer Seite dazu führen, dass es ziemlich lange dauert, bis Ihre Seite vollständig am Bildschirm erscheint. Tatsächlich ist die immer weiter fortschreitende Verbreitung von Bildern daran schuld, dass der Begriff des WWW neuerdings oft auch mit „Welt Weites Warten“ übersetzt wird.

Wie dem auch sei, es werden ständig schnellere Methoden entwickelt, um Informationen durch das Internet zu jagen, und es eine Menge Leute befassen sich damit, Bilddateien kleiner zu machen, ohne dass dabei die Qualität leidet. Auch clevere Werkzeuge, wie beispielsweise die *Image-Slicing-Funktion* von Fireworks (siehe Kapitel 17) dienen dazu, das Problem mit der Ladezeit von Bildern zu lösen. Natürlich ist die Technik der Bilddarstellung wichtig, aber dennoch sollten wir die Tatsache nicht aus dem Auge verlieren, dass all die Technik nur da ist, weil Bilder ein unverzichtbarer Teil des Webs und der Web-Seiten sind.

Das richtige Bild auswählen

Es gibt viele Dinge, die berücksichtigt werden wollen, wenn es um die Entscheidung geht, welches Bild in einer bestimmten Situation das jeweils beste ist. Hier einige Fragen, die sich dabei selbst beantworten sollten:

- Wer ist Ihr Publikum?
- Was sind die Erwartungen des Betrachters?
- Welche technische Ausstattung ist erforderlich?
- Wie sieht das absolute Minimum aus, das funktioniert und dennoch alle gestellten Anforderungen erfüllt?
- Welche Technologie können Sie maximal einsetzen, ohne dass dabei die allgemeine Funktionalität verloren geht?

Nehmen Sie sich die Zeit, alles genau zu auszuloten. Versuchen Sie die Situation zu erfassen, bevor Sie sich in irgendwelche Aktionen stürzen. Alles, was Sie im Voraus planen und bedenken, wird Ihnen dabei helfen zu vermeiden, dass Sie im Nachhinein Rückzieher machen oder Ihre Arbeit neu angehen müssen.

Farbe ist normalerweise ebenfalls zwingend. Natürlich gibt es einige wenige Fälle, nämlich da, wo Einfachheit akzeptabel ist, in denen auch Schwarzweißbilder ausreichen könnten – aber im Allgemeinen wollen die Leute Farbe sehen. Sollten Sie immer noch an dieser Aussage zweifeln, vergleichen Sie einfach einen alten Schwarzweiß-Werbespot mit einem neuen, der in Farbe gedreht ist. Auf jeden Fall aber sollten die Farben in Ihren Bildern mit den Farben harmonieren, die Sie sonst noch auf Ihrer Web-Seite verwendet haben. Weitere Details zum Einsatz von Farben finden Sie in Kapitel 7.

Denken Sie daran, dass es ein himmelweiter Unterschied ist, ob eine Web-Seite für einen Normalverbraucher oder einen professionellen Künstler gestaltet wird. Der Erstgenannte hat nämlich im Normalfall keinerlei Verständnis für lange Ladezeiten und ist auch nicht bereit sie in Kauf zu nehmen, nur um sich an einer größeren Farbtiefe oder schöneren Bildern zu erfreuen – dauert ihm das Laden Ihrer Seite zu lange, wird er wahrscheinlich wieder seiner Wege ziehen, ohne Ihre Arbeit je zu Gesicht bekommen zu haben.

Neben all den Erwägungen über Farbtiefe und Dateigröße müssen Sie aber auch an den Inhalt denken. Nehmen Sie einmal an, Sie arbeiten an einem Artikel über Salz. Wollen Sie Kinder ansprechen, die an Naturwissenschaften interessiert sind, oder Chemiker, die tiefergehende technische Informationen haben wollen? Sollte man besser ein Foto eines Salzstreuers verwenden, oder wäre eine grafische Darstellung der Molekularstruktur von Natriumchlorid angebracht?

Aber letztendlich sollten Sie auch Ihrem Instinkt vertrauen. Wenn ihnen ein bestimmtes Bild viel besser als alle anderen gefällt, dann folgen Sie am besten einfach Ihrem Gefühl.

Bildbearbeitungsprogramm

Manchmal kommt es vor, dass ein Bild noch nicht ganz den Anforderungen entspricht, aber mit etwas Überarbeitung genau das wäre, was Sie gerade brauchen. Das ist dann der Moment, um sich anderweitig Hilfe zu holen – im Fall von Dreamweaver bedeutet dies, einen externen Bildeditor aufzurufen. Nachdem Sie erst einmal spezifiziert haben, welches Programm Sie mit Dreamweaver zusammen verwenden wollen, können Sie es sowohl vom Dokumentfenster aus als auch über das *Site*-Fenster starten.

Bildbearbeitungsprogramm spezifizieren

Einen externen Bildeditor spezifizieren Sie im Dialogfenster *Voreinstellungen* über die Kategorie *Externe Editoren*. Öffnen Sie das Menü

Bearbeiten, wählen Sie dort den Eintrag *Einstellungen* und markieren Sie anschließend die Kategorie *Externe Editoren*.

Wie Sie in der Abbildung 5.1 sehen können, zeigt die unter Hälfte des Dialogfensters eine Liste mit Dateierweiterungen und den dazugehörigen Editoren. Zu diesen gehören beispielsweise *.js* (JavaScript) und, in Abhängigkeit von Ihrem System, auch solche wie *.mp3* (komprimierte Musikdateien). Wollen Sie sehen, welche Programme gegenwärtig mit den jeweiligen Dateiarten verknüpft sind, dann klicken Sie im Listenfeld *Erweiterungen* auf einen der Einträge und schon wird das zugehörige Programm im Listenfeld *Editoren* angezeigt.

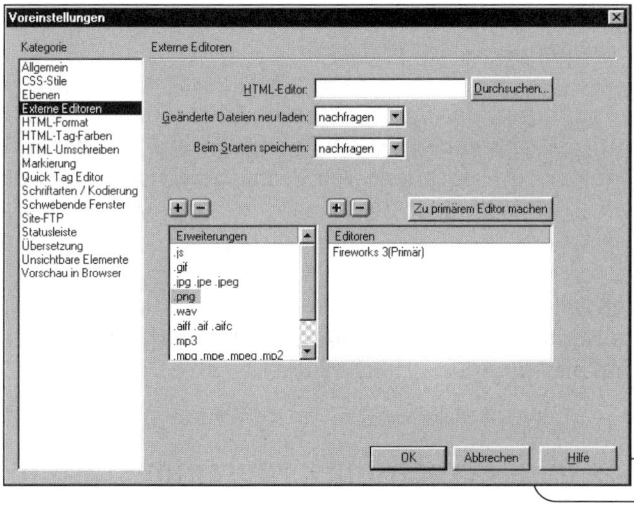

Bildbearbeitung spezifizieren

Abb. 5.1

In diesem Dialogfenster können Sie Dateierweiterungen hinzufügen oder löschen und einer Dateierweiterung einen oder mehrere externe Editoren zuweisen. Dazu gehen Sie wie folgt vor:

- Um eine neue Dateierweiterung hinzufügen, klicken Sie über dem Listenfeld *Erweiterungen* auf die *Plus*-Schaltfläche. Am Ende der Liste erscheint nun ein leeres Eingabefeld, in das Sie die Erweiterung eingeben. Achten Sie darauf, dass Sie bei der Eingabe den Punkt vor der Erweiterung nicht vergessen. Wollen Sie mehrere Erweiterungen aufführen, geben Sie diese einfach nacheinander und mit einem Leerzeichen voneinander getrennt ein.

- Wollen Sie eine Dateierweiterung aus der Liste entfernen, markieren Sie diese und klicken anschließend auf die *Minus*-Schaltfläche.

- Um eine Dateierweiterung mit einem externen Editor zu verknüpfen, klicken Sie zuerst auf die betreffende Erweiterung und anschließend auf die *Plus*-Schaltfläche über der Liste *Editoren*. Damit rufen Sie das Dialogfenster *Externen Editor auswählen* auf, bei dem es sich um ein Standard-Auswahlfenster handelt. Suchen Sie die *.exe*-Datei des gewünschten externen Editors und führen Sie darauf einen Doppelklick aus. Unmittelbar danach erscheint der neue externe Editor in der Liste *Externe Editoren*. Diesen Vorgang können Sie beliebig oft wiederholen, bis Sie alle gewünschten Editoren mit der betreffenden Dateierweiterung verknüpft haben.

Das erste Programm, das Sie als externen Editor für eine Dateierweiterung gewählt haben, wird der primäre Editor. Um den primären Editor zu wechseln, markieren Sie den gewünschten Editor und klicken anschließend auf die Schaltfläche *Zu primärem Editor machen*.

Tipp

Wie bei den Dateierweiterungen können Sie auch einen Editor aus der Liste entfernen, wenn Sie ihn markieren und anschließend über der Liste auf die *Minus*-Schaltfläche klicken.

Externes Bildbearbeitungsprogramm starten

Um einen externen Bildeditor zu starten, können Sie nach einer der folgenden Methoden vorgehen:

- Markieren Sie das Bild im Dokumentfenster und klicken Sie im *Eigenschaften-Inspector* auf die Schaltfläche *Bearbeiten*.

- Führen Sie im Dokumentfenster auf dem Bild einen Doppelklick aus und halten Sie dabei die Taste Strg (bei Mac die Taste Command) gedrückt.

- Klicken Sie im Dokumentfenster mit der rechten Maustaste auf das Bild und gehen Sie im Popup-Menü auf den Eintrag *Bearbeiten* (danach im Untermenü den Browsernamen wählen).

Führen Sie im *Site*-Fenster einen Doppelklick auf der Bilddatei aus.

Warum hat Dreamveaver keine interne Bildbearbeitung?
Wahrscheinlich haben auch Sie bereits einmal die Erfahrung gemacht, dass ein Werkzeug mit allzu vielen Verwendungsmöglichkeiten meist nur wenig taugt – denken Sie da nur mal an die berühmte „Eierlegende Wollmilchsau", die es in Wahrheit nämlich gar nicht geben kann. Je mehr Facetten ein Ding hat, umso größer die Wahrscheinlichkeit, dass keine davon besonders gut ausgeprägt ist. Daher ist es viel sinnvoller, ein Werkzeug zu benutzen, das nur eine bestimmte Aufgabe erfüllen kann, diese dafür aber sehr gut erledigt. Mit Computerprogrammen ist es da nicht anders und Dreamweaver ist nun einmal ein gutes Programm zur Erstellung von Web-Seiten, jedoch kein Bildeditor. Allerdings ist es so konzipiert, dass es mit einem Bildeditor gekoppelt werden kann – sicherlich eine deutlich bessere Lösung, als wenn einfach nur irgendwelche halbgaren Funktionen zu Bildbearbeitung eingebaut worden wären.

Aus diesem Grund ist Dreamweaver so, wie es ist, und die Entwickler von Macromedia haben sich viel Mühe gegeben, mit Fireworks ein passendes Gegenstück zu schaffen. Fireworks ist vielleicht das beste Web-Bildbearbeitungsprogramm, das es je gab, und ist zudem so angelegt, dass es hervorragend mit Dreamweaver zusammenarbeiten kann. Sie können Fireworks separat erwerben oder sie bekommen es als Paket zusammen mit Dreamweaver. Aber so oder so, wenn Sie Dreamweaver haben, dann haben Sie auch Fireworks – und sei es nur als zeitbegrenzte Testversion, die auf der Dreamweaver-CD mit dabei war.

Dass beide Programme voneinander getrennt sind, ist kein Trick, um Sie dazu zu bewegen, beide zu kaufen. Jedes der beiden Programme ist eigenständig und funktioniert völlig unabhängig vom jeweils anderen. Sie können bei Dreamweaver jeden anderen Bildeditor Ihrer Wahl benutzen. Allerdings wird Ihnen empfohlen, Fireworks zumindest einmal zu testen und zu sehen, ob Sie damit zufrieden sind. Es wäre eigentlich überraschend, wenn Sie danach nicht der Meinung sind, dass Fireworks zur Zeit das beste Programm zur Bearbeitung von Web-Grafiken ist. Weitere Informationen zu Fireworks finden Sie in den Kapiteln 15-20.

Tipp

Es gibt keine Hauptmenü-Option, um einen Bildeditor zu starten. Das Menü *Bearbeiten > Externen Editor* starten ruft den externen HTML-Editor auf und nicht das Bildbearbeitungsprogramm.

Bilder

Eigentlich sind Bilder keine tatsächlichen Bestandteile einer Web-Seite. Es handelt sich bei ihnen um vollkommen separate Dateien, die mit der Seite verknüpft sind. Es gehört zu den Aufgaben des Webbrowsers, diese separaten Dateien zu nehmen und sie so am Bildschirm darzustellen, dass die Web-Seite als eine Einheit wirkt.

Tipp

Die drei Hauptarten von Bilddateien für das Web sind GIF, JPEG (oder JPG) und PNG. Jedes dieser Dateiformate hat seine Vor- und Nachteile, über die in Kapitel 15 noch gesprochen wird.

Die Verknüpfung wird erstellt, indem Sie ein IMG-Element in Ihre Web-Seite einbinden. Das IMG-Element enthält die Information, wo dieses Bild zu finden ist. Der Webbrowser liest die Information und holt sich dann das Bild. Das IMG-Element besitzt kein Schluss-Tag, weil es keinen Inhalt hat und es demzufolge auch nicht notwendig ist, das Ende des Inhalts zu kennzeichnen. Weder das Bild noch der Standort der Bilddatei sind Inhalt des IMG-Elements – der Dateistandort ist lediglich ein Attribut des IMG-Elements, gehört aber keinesfalls zu seinem Inhalt.

Bilder einfügen

Wollen Sie ein Bild einfügen, setzen Sie den Cursor an die Stelle, an der das Bild eingebunden werden soll, und klicken anschließend in der Tafel *Allgemein* der Objektpalette auf das Symbol *Bild einfügen*. Alternativ können Sie auch die Tastenkombination [Strg] + [Alt] + [I] (bei Mac Command + Option + [I]) drücken oder das Menü *Einfügen* öffnen und dort den Eintrag *Bild* wählen. Am Bildschirm erscheint nun das Dialogfenster *Bildquelle auswählen*, das Sie in der Abbildung 5.2 sehen.

Tipp

Befindet sich die Objektpalette noch nicht auf Ihrem Bildschirm, dann drücken Sie entweder die Tastenkombination [Strg] + [F2] (bei Mac Command + [F2]) oder Sie öffnen Sie das Menü *Fenster* und wählen dort den Eintrag *Objekte*. Zeigt die Objektpalette nicht die Tafel *Allgemein*, dann müssen Sie auf den kleinen Abwärtspfeil klicken und im Popup-Menü den entsprechenden Eintrag wählen.

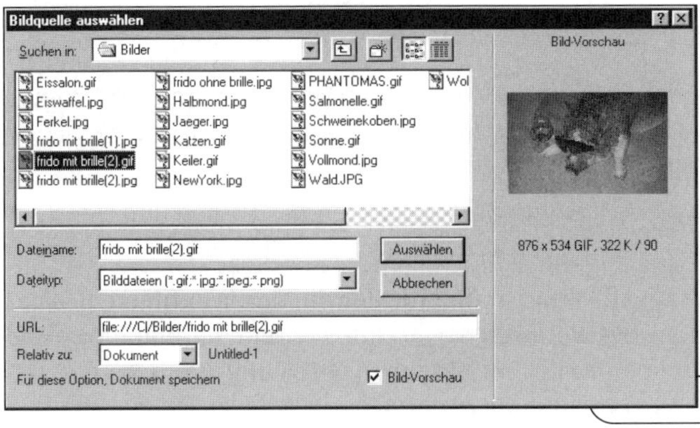

Das Dialogfenster *Bildquelle auswählen*

Abb. 5.2

Ist der angezeigte Ordner nicht derjenige, der das gewünschte Bild enthält, dann gehen Sie über die Funktion *Suchen in* zum Standort der betreffenden Bilddatei. Um die Datei auszuwählen, führen Sie entweder einen Doppelklick auf dem Eintrag aus oder klicken die Schaltfläche *Auswählen* an.

Mit der Vorschau-Funktion können Sie bereits vor dem Einfügen eines Bildes einen Blick darauf werfen. Ist das Kontrollkästchen *Vorschau* aktiviert und markieren Sie einen Dateieintrag, dann erscheint rechts im Dialogfenster eine verkleinerte Ausgabe des gewählten Bildes. Unter der Vorschau werden Ihnen Breite und Höhe des Bildes sowie die Größe der Datei angezeigt.

Wollen Sie ein Bild auf einer Seite durch ein anderes ersetzen, führen Sie darauf einen Doppelklick aus und es erscheint das Dialogfenster *Bildquelle auswählen* und Sie können wie gewohnt einen Dateieintrag markieren und auswählen.

Bilder beim Verschieben kopieren

Ist ein Bild erst einmal eingebunden, können Sie seine Position jederzeit ändern. Klicken Sie es an und ziehen Sie es mit der Maus einfach an den gewünschten Platz. Danach nimmt Dreamweaver automatisch die entsprechende Änderung im Quellcode vor.

Wollen Sie das Bild nicht nur verschieben, sondern dabei gleichzeitig auch kopieren, dann halten Sie beim Verschieben des Bildes einfach die [Strg]-Taste (bei Mac die Command-Taste) gedrückt. Das Originalbild verbleibt an Ort und Stelle, während an der neuen Position eine Kopie eingefügt wird.

Größe von Bildern ändern

Bilder sind Rechtecke mit einer festen Höhe und Breite. Allerdings kommt es häufig vor, dass ein Bild nur dann genau in Ihre Web-Seite passt, wenn seine Größe verändert würde.

Glücklicherweise ist das Verändern der Bildgröße bei HTML eine einfache Angelegenheit. IMG-Elemente besitzen die zwei Attribute `width` und `height`, mit denen Sie die Größe definieren, in der ein Bild auf einer Web-Seite angezeigt wird. Jede Veränderung eines oder beider Werte wirkt sich auf die Darstellung des Bildes aus. Die Abbildung 5.3 zeigt drei Versionen desselben Bildes. Die erste ist eine Verkleinerung, die zweite zeigt die ursprüngliche Größe und bei der dritten handelt es sich um eine Vergrößerung.

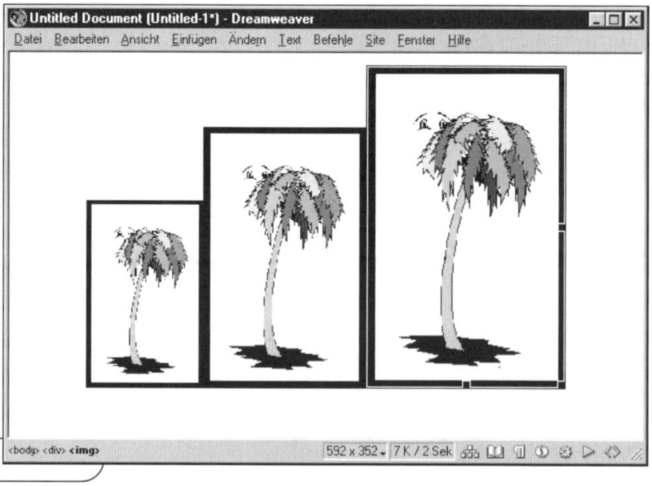

Drei Versionen eines Bildes

Abb. 5.3

Tipp: Befindet sich mehr als eine Kopie eines Bildes im Dokumentfenster, dann wirkt sich eine Größenänderung immer nur auf das Bild aus, das Sie gerade bearbeiten.

Die Größe eines Bildes können Sie über den *Eigenschaften-Inspector* oder mit Hilfe der Maus ändern. Markieren Sie das betreffende Bild und gehen Sie anschließend nach einer dieser beiden Methoden vor:

- Geben Sie im *Eigenschaften-Inspector* bei *B* eine neue Breite und bei *H* eine neue Höhe ein und drücken Sie danach die [↵]-Taste oder klicken Sie mit der Maus auf eine Stelle außerhalb von *Eigenschaften-Inspector*.

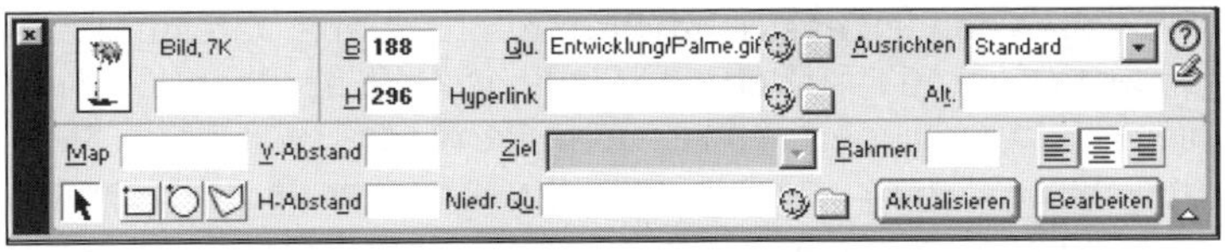

Klicken das Bild mit der Maus an, um es bearbeiten zu können. Anschließend gehen Sie mit dem Mauszeiger auf einen der beiden Bearbeitungspunkte und ziehen das Bild mit gedrückter Maustaste in die gewünschte Größe. Wollen Sie Höhe und Breite des Bildes gleichzeitig ändern, verwenden Sie den Bearbeitungspunkt in der rechten unteren Ecke des Bildes. Sollen die Proportionen des Bildes dabei erhalten bleiben, halten Sie beim Ziehen gleichzeitig auch die ⇧-Taste gedrückt.

Die Bilddatei selbst wird von keinem dieser Vorgänge berührt und bleibt unverändert. Stattdessen ändert Dreamweaver im HTML-Code die Werte der IMG-Attribute `width` und `height`. Das bedeutet, dass die ursprünglichen Informationen zur Größe des Bildes in der Datei selbst stets unverändert bleiben und dass jede Änderung jederzeit wieder rückgängig gemacht werden kann.

Tipp

Um ein Bild wieder auf seine Originalgröße zu bringen, markieren Sie es und klicken anschließend im *Eigenschaften-Inspector* auf die Schaltfläche *Aktualisieren*. Wollen Sie lediglich nur eine der beiden Dimensionen in die Originalgröße zurückversetzen, dann klicken Sie im *Eigenschaften-Inspector* einfach auf die Bezeichnung des jeweiligen Textfeldes (*W* oder *H*) und schon wird die betreffende Dimension wieder auf den ursprünglichen Wert zurückgesetzt.

Normalerweise wollen Sie beim Ändern der Größe die ursprünglichen Proportionen beibehalten. Es gibt eigentlich nur wenig Fälle, bei denen das Ändern nur einer der beiden Dimensionen das Erscheinungsbild verbessert. Allerdings können vorsichtige und kleine Veränderungen an einer der beiden Dimensionen sich durchaus vorteilhaft auswirken. Ein Beispiel dafür sind eingescannte Fotografien – durch eine vorsichtige manuelle Korrektur können Sie die betreffende Person etwas schlanker oder auch fülliger aussehen lassen, ohne dass die ursprüngliche Bildqualität darunter leidet.

Wollen Sie ein Bild erheblich vergrößern, müssen Sie mit dem *Blockiness Faktor* operieren. Bei allen gängigen Dateiformaten für

Web-Seiten handelt es sich um Bitmap-orientierte Dateien, die einen festgelegten Farbwert von Pixeln je Zeile besitzen. Wird ein solches Bild verkleinert, wird es normalerweise etwas klarer. Allerdings passiert genau das Gegenteil, wenn sie es deutlich vergrößern. Wollen Sie eine wirklich gute Vergrößerung erzielen, dann sollten Sie das Bild in einen externen Bildeditor laden, dort entsprechend bearbeiten und anschließend als neue Bilddatei speichern.

Tipp

Möglicherweise wundern Sie sich, warum die Höhe und Breite eines Bildes auch dann im HTML-Code aufgeführt sind, wenn Sie die Größe überhaupt nicht geändert haben. Der Grund dafür liegt darin, dass die Textteile einer Web-Seite wesentlich schneller geladen werden als die Grafiken und Bilder. Sobald ein Browser den Quellcode analysiert, um das Layout einer Seite zu ermitteln, muss er wissen, wie viel Platz er für die Bilder freihalten soll. Ohne diese Information müsste die Seite nach dem Laden der Bilder neu aufgebaut werden, um genügend Raum für sie zu schaffen.

Bildsubstitute

Bildsubstitute sind eine Möglichkeit, dem Besucher die Wartezeit auf den Aufbau der Bilder etwas erträglicher zu machen. In diesem Abschnitt wird Ihnen gezeigt, wie Sie Alt-Text (Alternativtext) oder Bilder mit geringer Auflösung als Bildsubstitute verwenden können. Diese Techniken sind jedoch kein Ersatz für Bilder, sondern sollen lediglich das Auge während der Zeit beschäftigt halten, in der die eigentlichen Bilder geladen werden.

Alt-Text

Alt ist eine Abkürzung für „Alternative" und ein wichtiger Bestandteil Ihres Bildrepertoires bei der Gestaltung von Web-Seiten. Leider ignorieren viele Designer die Existenz dieses Attributs, obwohl es sich in vielerlei Hinsicht als sehr nützlich erweisen kann. Der ganze Sinn und Zweck von Alt-Text ist der, dem Besucher Informationen über das Bild zu liefern, das er sehen würde, wäre die ganze Seite vollständig geladen und das Bild sichtbar. Die Ursache dafür, dass ein Bild nicht zu sehen ist, kann einerseits darin liegen, dass die Bildanzeige ausgeschaltet ist oder dass der Besucher einen User-Agent benutzt, der keine Bilder anzeigt (wie beispielsweise einen Sprach-Synthesizer).

Tipp

Nicht jedes IMG-Element erfordert zwangsläufig einen Alt-Text. Verwenden Sie ihn nur für die Bilder, bei denen diese Information zum besseren Verständnis Ihrer Web-Seite beiträgt.

Wollen Sie einen Alt-Text einbinden, markieren Sie das Bild und schreiben dann den gewünschten Text in das Feld *Alt* vom *Eigenschaften-Inspector*. In der Abbildung 5.5 sehen Sie ein Beispiel für einen Alt-Text, der während des Ladevorgangs angezeigt wird.

Beide großen Webbrowser besitzen mittlerweile ein Feature, das mit Alt-Text im Zusammenhang steht. Setzen Sie den Mauszeiger auf ein Bild, das Alt-Text enthält, dann wird dieser Text in einem kleinen, das Bild etwas überlagernden Kasten angezeigt. Da es jedoch eigentlich keinen Grund gibt, warum Alt-Text sichtbar sein sollte, wenn das Bild selbst bereits angezeigt wird, scheint diese Funktionalität, gelinde gesagt, etwas nutzlos zu sein. Von den beiden Großen ist der Internet Explorer von Microsoft jedoch das größere Übel, weil hier der Alt-Text fünf bis sechs Sekunden lang am Bildschirm stehen bleibt und während dieser Zeit das Bild teilweise verdeckt – doppelt so lange, wie es bei Netscape Navigator der Fall ist. Die Abbildung 5.6 zeigt ein Beispiel für einen Alt-Text, der das angezeigte Bild überlagert.

Tipp

Technisch gesehen, ist das Attribut `alt` ein erforderlicher Teil des IMG-Elements. Allerdings hat es keinerlei Auswirkung, wenn es komplett weggelassen wird.

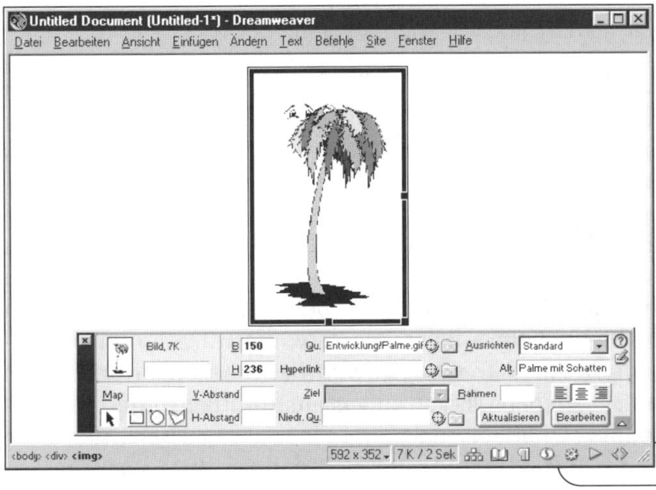

Alt-Text eingeben

Abb. 5.4

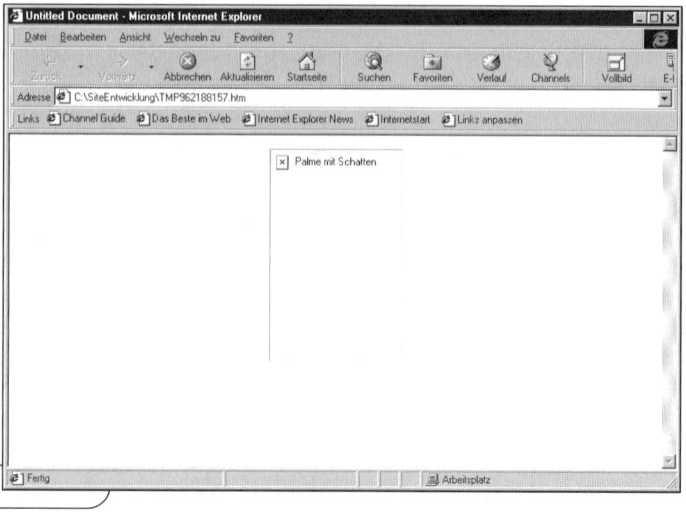

Alt-Text während des Ladevorgangs

Abb. 5.5

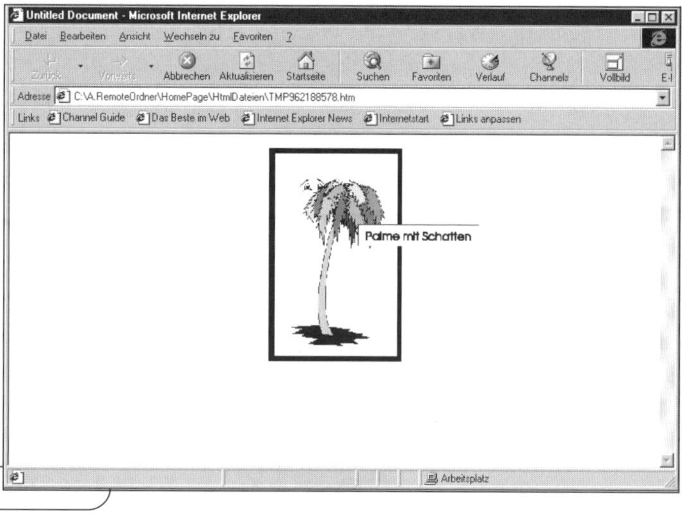

Alt-Text, der ein Bild überlagert

Abb. 5.6

Substitutbilder mit niedriger Auflösung

Zusätzlich zum Alt-Text benutzen manche Webdesigner gerne auch eine Version des Originalbildes, die eine wesentlich geringere Auflösung hat. Wie der Alt-Text auch, wird diese Version „niederer Qualität“ des Bildes ebenfalls vorzeitig geladen und vermittelt dem Betrachter einen Eindruck auf das, was ihn letztendlich erwartet. Derartige Substitutbilder sind besonders dann sinnvoll, wenn es sich beim Bild selbst um eine große Datei mit einer hohen Downloadzeit handelt.

Die niedrig auflösende Version wird in einem Bildeditor erzeugt. Sie kann schwarzweiß mit Graustufen sein oder auch farbig, aber mit weniger Farben als das Original und sie sollte in der kleinsten möglichen Dateigröße erstellt werden, die gerade noch den richtigen Eindruck des Originalbildes vermittelt. In jedem Fall muss das Substitutbild jedoch dieselben Maße wie das Original besitzen – achten Sie also darauf, dass Sie es während der Bearbeitung nicht verkleinern.

Um ein Substitutbild mit niedriger Auflösung festzulegen, markieren Sie im Dokumentfenster das betreffende Bild und klicken anschließend im *Eigenschaften-Inspector* auf das Ordnersymbol, das sich rechts neben dem Eingabefeld *Niedr.Qu.* befindet.

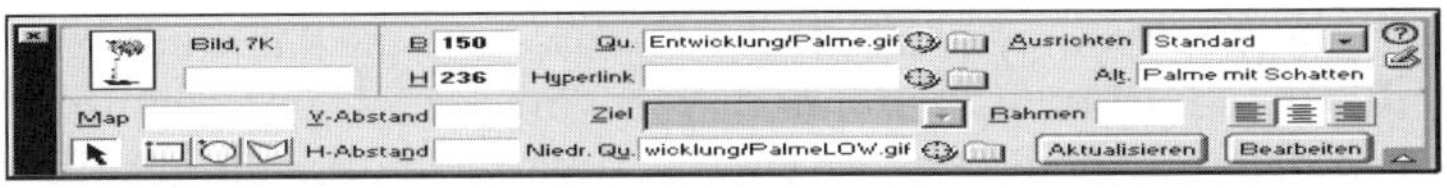

Dreamweaver zeigt nun das bereits bekannte Dialogfenster *Bildquelle auswählen* (siehe Abbildung 5.2) an. Wechseln Sie wie gewohnt zum Standort des gewünschten Bildes, markieren Sie es und klicken Sie anschließend auf die Schaltfläche *Auswählen*.

Tipp

Das Substitutbild können Sie auch mittels der Schaltfläche *Point to File* festlegen. Diese Technik wird Ihnen in Kapitel 6 gezeigt, in dem es um Links und URLs geht.

Rahmen

Das Erscheinungsbild einiger (aber nicht aller) Bilder kann durchaus davon profitieren, wenn Sie einen Rahmen hinzufügen. In seiner Art mehr wie der Rand eines Fotos, dient der Rahmen dazu, das Bild von den restlichen Teilen der Web-Seite abzuheben.

Wollen Sie einen Rahmen um ein Bild setzen, markieren Sie es und geben danach im *Eigenschaften-Inspector* in das Feld *Rahmen* die Breite des Rahmens in Pixel ein. Anschließend drücken Sie die ↵-Taste oder klicken mit der Maus auf eine Stelle außerhalb von *Eigenschaften-Inspector*.

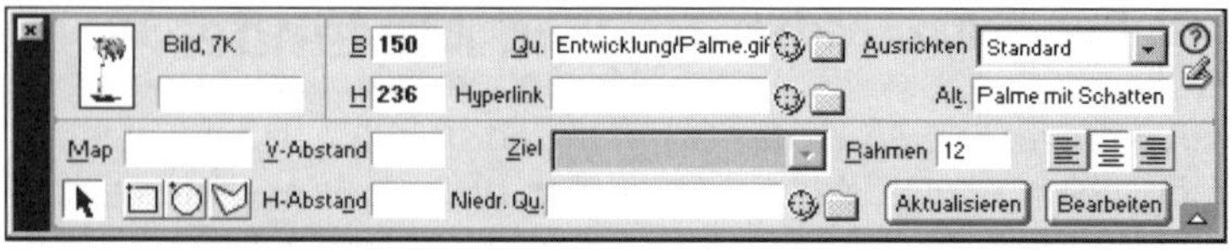

Die Abbildung 5.7 zeigt einige Bilder mit unterschiedlichen Rahmenbreiten. Beim linken Bild hat der Rahmen eine Breite von 1, beim mittleren von 4 und beim rechten eine Breite von 12 Pixel. Ein Rahmen in einer Breite von 1 bis 12 Pixel entspricht dem, was für die normale Gestaltung einer Web-Seite üblich ist. Alles über 12 Pixel kann „erschlagend“ wirken und ist demzufolge allenfalls im Einzelfall opportun.

Tipp

Wenn Sie das Bild als Bilder-Link verwenden wollen, sollten Sie sich darüber im Klaren sein, dass Dreamweaver die Rahmenbreite dafür standardmäßig auf einen Wert von 0 setzt. Das bedeutet, dass der Benutzer die Existenz dieses Links nicht unbedingt sofort erkennt. Wollen Sie um Bilder-Links einen sichtbaren Rand haben, dann müssen Sie den Standardrahmen für Bilder-Links ändern. Weitere Informationen dazu finden Sie in Kapitel 6.

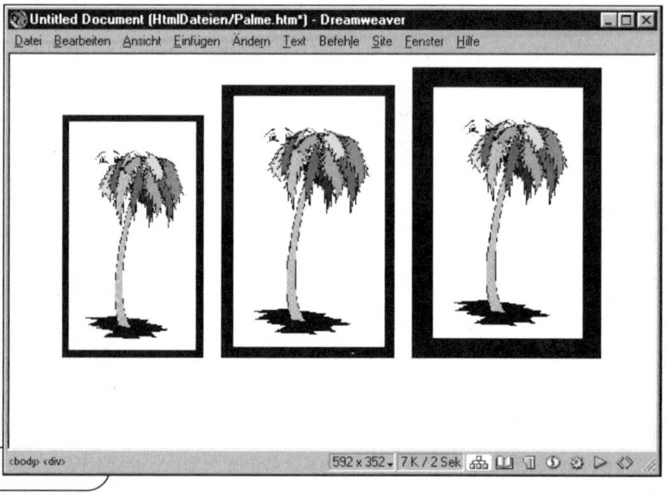

Bilder mit Rahmen verschiedener Breite

Abb. 5.7

Bilder – Ausrichtung und Abstände

Von allen möglichen Variationen der Ausrichtung hat bei HTML lediglich die links- oder rechtsbündige Ausrichtung eines Bildes bzw. eines IMG-Elements tatsächlich eine sichtbare Auswirkung. Wenn es um Bilder geht, bezieht sich der Begriff der Ausrichtung hauptsächlich auf ein Phänomen namens „Textfluss". Das ist zwar nicht dasselbe, aber dennoch so ähnlich wie ein Zeilenumbruch, bei dem Text in die nächste Zeile fließt, sobald er den Rand Ihrer Web-Seite erreicht hat. In diesem Zusammenhang bezieht sich die Ausrichtung auf das Verhalten des Textes, wenn er an ein Bild stößt – kennen Sie sich damit nicht aus, kann das recht fatale Folgen haben.

Die Optionen für die Bildausrichtung

Dreamweaver bietet für Bilder zehn verschiedene Arten der Ausrichtung, wobei *Standard* das Gleiche ist wie *Unten*. Im HTML-Standard hat das IMG-Element für die Ausrichtung jedoch nur die Attribute `left`, `right`, `bottom`, `middle` und `top`. Allerdings sind auch die anderen Einstellungen – *Grundlinie*, *Textoberkante*, *Absolute Mitte* und *Absolut unten* – immer noch ziemlich gebräuchlich. Nun ja, „gebräuchlich" ist möglicherweise nicht ganz die richtige Umschreibung dafür, weil sich in der Praxis kaum Verwendungsmöglichkeiten für derartige Ausrichtungen ergeben.

Einige der genannten Variationen stehen im Zusammenhang mit den so genannten *Unterlängen*, also den Teilen der Buchstaben, die unter die Grundlinie gehen. Die *Grundlinie* ist eine imaginäre Linie, die von der Unterkante der meisten Buchstaben gebildet wird. Im Wort „Flagge" zum Beispiel, befinden sich mit Ausnahme des „g" alle Buchstaben auf der Grundlinie. Der untere Teil des „g" – die Unterlänge – geht über die Grundlinie nach unten hinaus. Unterlängen besitzen nur die Buchstaben g, j, p, q und y.

Die Tabelle 5.1 erläutert die Unterschiede zwischen den einzelnen Ausrichtungsoptionen.

Tabelle . 5.1 Optionen für die Ausrichtung von Bildern

Ausrichtung	Auswirkung
Links	Positioniert das Bild am linken Rand.
Rechts	Positioniert das Bild am rechten Rand.
Oben	Richtet die Oberkante des Textes an der Oberkante des Bildes aus.

Tabelle . 5.1 – Fortsetztung

Ausrichtung	Auswirkung
Textoberkante	Das gleiche wie *Oben*
Mitte	Richtet die Grundlinie des Textes an der Mitte des Bildes aus.
Absolute Mitte	Richtet die Mitte des Textes an der Mitte des Bildes aus.
Unten	Richtet die Grundlinie des Textes an der Unter kante des Bildes aus.
Grundlinie	Das gleiche wie *Unten*
Standard	Das gleiche wie *Unten*
Absolut unten	Richtet die Unterkante der Unterlängen an der Unterkante des Bildes aus.

Tatsächlich sind *Oben* und *Textoberkante* nicht identisch. Allerdings ist dieser Effekt mit Text alleine nicht sichtbar. Setzen Sie in eine Zeile zwei Bilder und haben beide Bilder eine unterschiedliche Höhe, dann können Sie den Unterschied leicht erkennen. *Oben* richtet das Bild an der höchsten Stelle der Zeile aus, während *Textoberkante* das Bild an der Oberkante des höchsten Buchstabens der Zeile ausrichtet.

Die Ausrichtungen *Links* und *Rechts* haben eine besondere Funktion, weil sie einen weichen Zeilenumbruch herbeiführen, bei dem der Textfluss um das Bild herum geht. Die Abbildung 5.8 zeigt ein linksbündig ausgerichtetes Bild und den dazugehörigen Text.

Bei allen anderen Optionen geht der Textfluss nicht neben dem Bild weiter, sondern hört vor dem Bild auf und setzt sich erst nach dem Bild wieder fort. Wie die Abbildung 5.9 zeigt (die Ausrichtung ist hier *Oben*), kann dies zu einer recht armseligen Anmutung führen. Um Probleme mit dem Textfluss zu vermeiden, wird dringend empfohlen, lieber die anderen Ausrichtungsoptionen nur dann zu verwenden, wenn Sie kurze Textstücke haben, wie beispielsweise Erläuterungen.

Bilder sind Inline-Elemente und das bedeutet, sie können in eine Textzeile eingefügt werden. Für HTML gibt es im Grunde keinen Unterschied zwischen etwas fett geschriebenem Text und einem Bild – beides sind nichts weiter als Inline-Elemente, die in den nor-

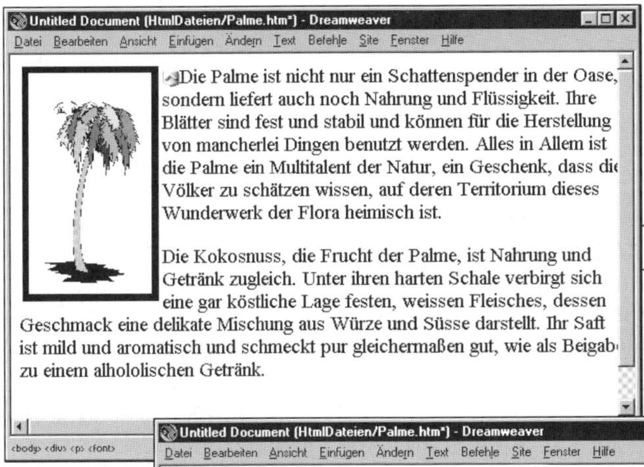

Links ausgerichtetes Bild mit Textfluss

Abb. 5.8

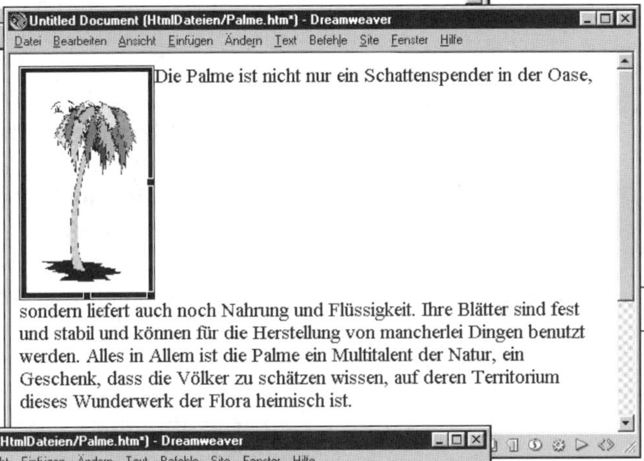

Bild mit Ausrichtung *Oben*

Abb 5.9

Ein Bild stört den Lesefluss eines Satzes

Abb. 5.10

malen Textfluss eingebunden werden müssen. Fügen Sie ein Bild einfach so in den Text ein, führt dies zu einem Loch zwischen zwei Zeilen und kann somit das Lesen des Satzes erheblich erschweren. Die Abbildung 5.10 zeigt ein Beispiel dafür.

Haben Sie ein Bild in die Mitte eines Textes gestellt, dann sollten Sie sich dessen bewusst sein, dass die Ausrichtung Links oder Rechts die eigentliche Position des Bildes außer Kraft setzt. Beide Ausrichtungen „reißen" das Bild aus dem Textfluss heraus und setzen es in die nächste Zeile an den jeweiligen Rand. Das IGM-Element selbst verbleibt jedoch im HTML-Code an derselben Stelle – also nach wie vor mitten im Text. Dreamweaver zeigt dies im Dokumentfenster durch ein Objektsymbol an, aber das Bild selbst erscheint dann an anderer Stelle.

Die Verwendung mehrerer Bilder in einer Zeile führt zu gewissen Problemen bei der Textausrichtung. Allerdings greifen hier einige logische Regeln, so ist beispielsweise die Ausrichtung der einzelnen Bilder jeweils korrekt. Die üblichen Regeln des normalen Textflusses und der Bildausrichtung werden außer Acht gelassen, weil nun ja alles in Relation zu jedem der Bilder steht. Wenn Sie also beispielsweise für das erste Bild die Ausrichtung *Mitte* festlegen, dann wird der Text entsprechend positioniert. Setzen Sie dann für das zweite Bild die Ausrichtung *Unten*, wird auch dies berücksichtigt. Die Position der Bilder wird jeweils angepasst, was zu interessanten Effekten führen kann. Die Abbildung 5.11 zeigt, wie sich zwei Bilder mit unterschiedlichen Ausrichtungen auf den Text auswirken können.

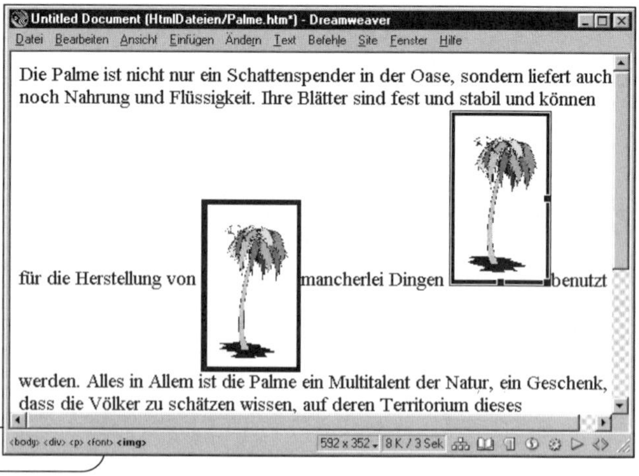

Verschiedene Ausrichtungen

Abb. 5.11

Bildausrichtung festlegen

Um die Ausrichtung eines Bildes festzulegen, markieren Sie das Bild und öffnen im *Eigenschaften-Inspector* das Listenfeld *Ausrichten*. Sobald Sie einen der Einträge mit der Maus anklicken, tritt die gewählte Ausrichtung in Kraft.

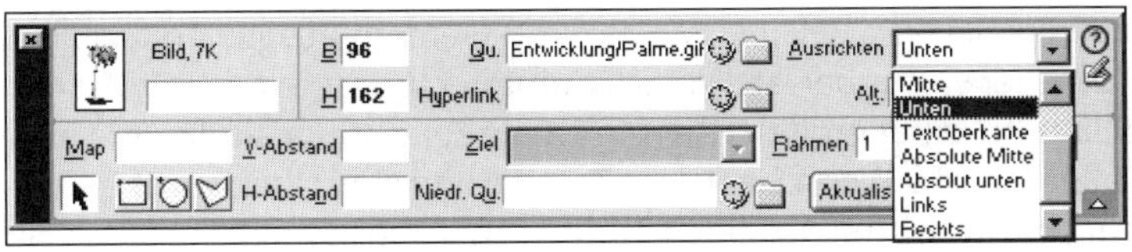

Bilder zentrieren

Es scheint seltsam, dass es für Bilder keine Ausrichtungsoption *Zentriert* gibt. Dennoch können Bilder, wie jedes andere Element auch, ebenfalls zentriert werden. Da das Attribut `align` nun einmal keinen Wert `center` besitzt, müssen Sie das Bild in ein Element einbinden, das Sie zentrieren können. Für dieses Vorhaben gibt es sowohl zwei offizielle Varianten als auch einen ganz einfachen Trick, der Ihnen gleich gezeigt wird.

Bei der konventionellen Methode stellen Sie das Bild in ein CENTER-Element. Der Code dafür ist einfach und Sie brauchen eigentlich nichts weiter zu tun, als die entsprechenden Tags um die Tags des Bildes zu setzen:

```
<CENTER><IMG src="xyz.gif" width="100"
height="100"></CENTER>
```

Die neuere Methode ist komplexer und wird von jenen vorgezogen, denen die Hintergründe dafür bekannt sind. Bei dieser Methode wird das Bild in ein DIV-Element gesetzt, das einen `center`-Wert für die Ausrichtung besitzt. Der Code für die Ausrichtung sieht in etwa so aus:

```
<DIV align="center">
<IMG src="xyz.gif" width="100" height="100">
</DIV>
```

Glücklicherweise steht den Benutzern von Dreamweaver noch eine einfachere Möglichkeit zur Verfügung, die zwar der DIV-Methode genau entspricht, aber dennoch keine manuelle Bearbeitung des Codes erfordert. Es wird hier vom P-Element gesprochen, das für normale Textoperationen verwendet wird und ganz einfach zentriert werden kann. Da Dreamweaver das P-Element für jede Zeile benutzt, die nicht als etwas anderes spezifiziert ist, brauchen Sie nichts weiter zu tun, als eine normale Leerzeile zu zentrieren und dann ein Bild darin einzufügen. Der Dreh dabei ist der, dass Sie hierbei das P-Element zentrieren und nicht das Bild selbst.

Tipp

Auch die Überschriften-Elemente können Sie in derselben Weise nutzen. Bei dem Beispiel wurde das P-Element ausgewählt, weil es schneller verfügbar ist. Hinzu kommt noch, dass je nach Größe des Bildes bei einer großen Überschrift die Zeile höher als das Bild ausfallen könnte. Wenn Sie für die Zentrierung eine Überschrift benutzen, dann sollten Sie eine kleinere Ausführung nehmen, wie H3 oder kleiner. In diesem Fall richtet sich die Höhe der Zeile nach der Höhe des Bildes und nicht nach dem Containerelement. Fall Sie ein Überschriften-Element zum Zentrieren verwenden, dann sollten Sie außerdem noch bedenken, dass das Überschriften-Element sich auch auf die Schriftgröße des Textes auswirkt, der das zentrierte Bild gegebenenfalls umgibt.

Um ein Bild zu zentrieren, gehen Sie wie folgt vor:

1. Setzen Sie den Cursor in eine leere Zeile. Ist keine vorhanden, drücken Sie die [↵]-Taste, um eine neue Zeile zu erzeugen.

3. Sehen Sie im *Eigenschaften-Inspector*, dass diese Zeile noch nicht als Absatz (P-Element) oder Überschrift (H-Element) formatiert ist, dann holen Sie dies jetzt nach (siehe auch Kapitel 4).

3. Klicken Sie im *Eigenschaften-Inspector* auf die Symbolschaltfläche für Zentrieren.

4. Fügen Sie das Bild in diese Zeile ein.

Da sich das Bild innerhalb eine P-Elements befindet, nimmt es dessen Ausrichtung an und wird wie bei einem DIV-Element zentriert. Der Vorteil an dieser Methode liegt jedoch darin, dass Sie eine Zentrierung erreichen, ohne in den Code manuell ein CENTER- oder DIV-Element einbinden zu müssen.

Ist das Bild erst einmal zentriert, können Sie immer noch die Ausrichtungsoptionen benutzen und auf den Text anwenden, der das Bild umgibt. Da die ja nicht das Bild selbst ausgerichtet haben, stehen die Ausrichtungsoptionen immer noch zur Verfügung. Allerdings dürfen Sie natürlich nicht die Ausrichtung *Links* oder *Rechts* wählen, weil diese die Zentrierung außer Kraft setzen würden.

Abstände

Manchmal ist es angebracht, etwas Luft zwischen einem Bild und seiner Umgebung zu haben. HTML versetzt Sie in die Lage, den Leerraum rund um ein Bild festzulegen. Allerdings geht diese Option nicht so weit, dass Sie für jede der vier Seiten eines Bildes unterschiedliche Abstände einrichten könnten. Sie haben lediglich die Möglichkeit, einen vertikalen und einen horizontalen Abstand zu definieren. Der vertikale Abstand betrifft den Leerraum an der Ober- und Unterkante und der horizontale Abstand die beiden Seiten eines Bildes.

Die Abbildung 5.12 zeigt zwei Versionen eines Bildes. In diesem Beispiel hat das obere Bild überhaupt keinen Abstand, während für das untere Bild ein umlaufender Leerraum von 50 Pixel gesetzt ist.

Wollen Sie einen vertikalen Abstand festlegen, markieren Sie das Bild und geben im *Eigenschaften-Inspector* den gewünschten Pixelwert in das Feld *V* ein. Für einen horizontalen Abstand schreiben Sie einen Wert in das Feld *H*. Anschließend drücken Sie die ⏎-Taste oder klicken mit der Maus auf eine Stelle außerhalb von *Eigenschaften-Inspector*.

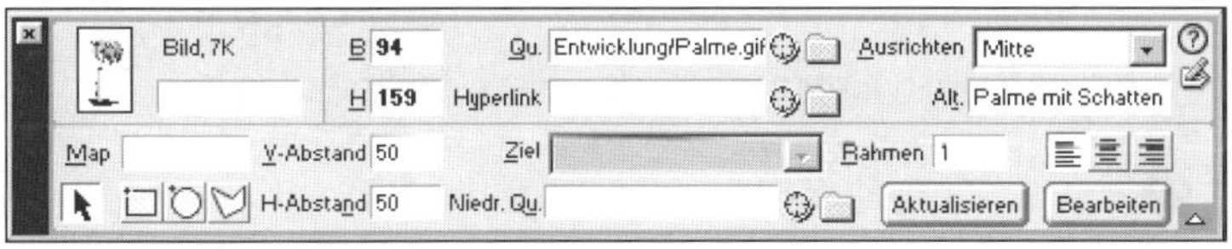

Der Abstand wirkt sich nicht nur auf Dinge ober- oder unterhalb des Bildes aus, sondern auch auf alles, was sich in derselben Zeile wie das Bild befindet.

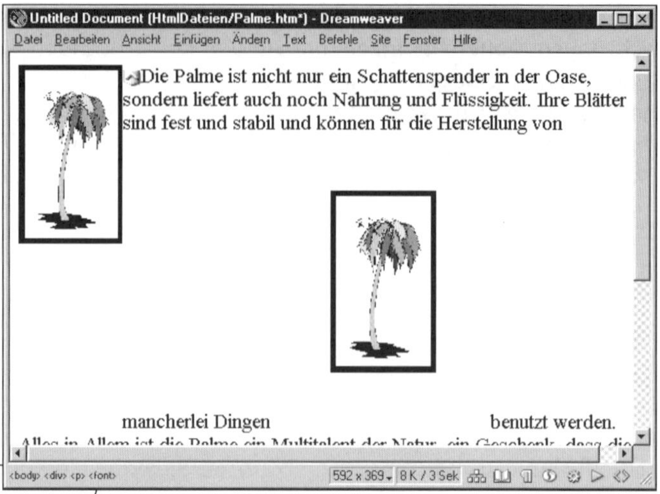

Bild ohne Abstand und Bild mit 50 Pixel Abstand umlaufend

Abb. 5.12

Hintergrundbilder

Viele Web-Seiten haben einen farbigen Hintergrund, aber manche benutzen stattdessen auch ein Hintergrundbild. Bei einem Hintergrundbild handelt es sich nicht um eine große Grafik, die so weit vergrößert wird, dass sie sich über die ganze Seite erstreckt. Das wäre auch ein sinnloses Unterfangen, weil Web-Seiten ja unbegrenzt lang sein können. Hintergrundbilder funktionieren nach dem Prinzip von Kacheln, bei dem ein kleines Bild so oft wiederholt wird, bis es am Bildschirm eine ganze Zeile füllt, dann die nächste Zeile, so lange, bis die ganze Seite mit Kopien dieses einen Bildes gefüllt ist. Die Abbildung 5.13 zeigt ein Beispiel für ein Hintergrundbild, das mittels Kacheln entstanden ist.

Gute Hintergrundbilder „beißen“ sich nicht mit den anderen Elementen der Seite. Das ist jedoch leider meist leichter gesagt als getan. Hier zwei Richtlinien, an die Sie stets denken sollten:

- Das Bild sollte nicht allzu unruhig sein.
- Helle oder verschwommene Farben sind besser als kräftige Töne.

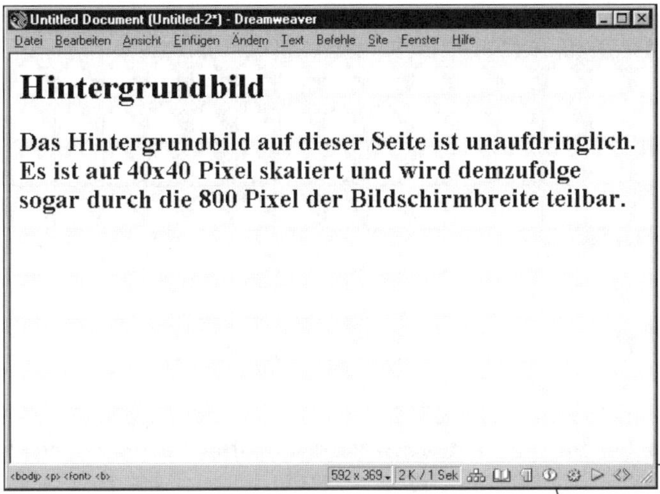

Hintergrundbild mit Kacheln

Abb. 5.13

Wenn Sie eine bestimmte Bildschirmauflösung im Auge haben, dann sollte das Bild durch diese teilbar sein. Entwerfen Sie zum Beispiel eine Seite für eine Auflösung von 800x600, dann sollte das Hintergrundbild eine Breite von 8, 10, 16, 20, 25, 32 40... Pixel haben. Aus praktischen Erwägungen heraus dürften sich Bilder mit weniger als 32 und mehr als 80 Pixel als Hintergrund nicht so gut eignen.

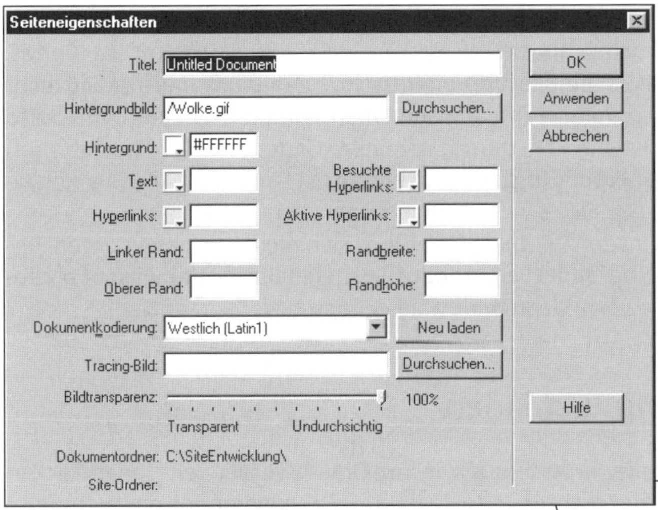

Festlegen eines Hintergrundbildes

Abb. 5.14

Um ein Hintergrundbild festzulegen, klicken Sie mit der rechten Maustaste irgendwo auf einen leeren Teil der Web-Seite und wählen Sie im Popup-Menü den Eintrag *Seiteneigenschaften*. Im gleichnamigen Dialogfenster (Abbildung 5.14) geben Sie in das Feld *Hintergrundbild* entweder den Pfad und den Dateinamen des Hintergrundbildes ein, oder Sie lokalisieren die Datei mittels der Schaltfläche *Durchsuchen*. Anschließend beenden Sie den Vorgang mit *OK*.

Tracing

Es ist beim Webdesign zwar nicht üblich, aber dennoch kommt es vor, dass Sie mit einer Seitengestaltung arbeiten müssen, die nicht von Ihnen selbst stammt. Es könne also durchaus passieren, dass Sie nichts anderes an die Hand bekommen als eine CD mit etwas, was nicht einmal mit einem Webdesign-Programm erstellt wurde, und Sie nun das Vergnügen haben, eine Web-Seite daraus machen zu müssen.

Bei Dreamweaver laden Sie sich einfach den ganzen Krempel als *Tracing-Bild* und bauen dann darauf die Web-Seite auf. Ein Tracing-Bild ist so etwas Ähnliches wie ein Hintergrundbild. Die beiden wesentlichen Unterschiede zwischen einem Tracing-Bild und einem Hintergrundbild liegen darin, dass ein Tracing-Bild auf einer Web-Seite niemals zu sehen ist und dass es nicht als Kachel eingebunden wird. Tracing-Bilder sind auch kein Bestandteil des HTML-Codes, sondern nur ein Feature von Dreamweaver. Da ein Tracing-Bild nicht aus Kacheln besteht, müssen Sie es auf die Größe der Web-Seite bringen, an der Sie gerade arbeiten. Gegebenenfalls bleibt Ihnen nichts anderes übrig, als es in einem externen Bildeditor zu vergrößern, bevor Sie es in Dreamweaver nutzen.

Tipp

Für Tracing-Bilder verwenden Sie am besten eine absolute Positionierung. Mehr dazu finden Sie in Kapitel 13.

Tracing-Bild laden

Wollen Sie ein Tracing-Bild in Ihre Dreamweaver-Seite laden, klicken Sie mit der rechten Maustaste auf einen leeren Teil der Web-Seite und wählen Sie im Popup-Menü den Eintrag *Seiteneigenschaften*. Im gleichnamigen Dialogfenster (siehe Abbildung 5.14) geben Sie in das Feld *Tracing-Bild* den Pfad und den Dateinamen des Bildes ein.

Alternativ können Sie die Datei auch mit Hilfe der Schaltfläche *Durchsuchen* lokalisieren.

Nachdem Sie die Datei spezifiziert haben, können Sie die Bildtransparenz festlegen. Der Schieberegler geht von *Transparent* bis *Undurchsichtig*, wobei *0%* unsichtbar und *100%* voll deckend ergibt. Eine Einstellung zwischen *5%* und *20%* ist für die meisten Aufgaben richtig. Die Transparenz können Sie jederzeit wieder ändern, indem Sie den Schieberegler mit der Maus auf die gewünschte Position ziehen oder einfach auf die entsprechende Stelle der Skala klicken. Haben Sie Ihre Einstellungen vorgenommen, beenden Sie den Vorgang mit *OK*.

Tipp

Das Tracing-Bild können Sie auch über das Menü *Ansicht > Tracing-Bild > Laden* aufrufen.

Tracing-Bilder als Arbeitsgrundlage verwenden

Sobald sich das Tracing-Bild an Ort und Stelle befindet, müssen Sie einige Einstellungen in Hinsicht auf den Standorte oder seinem Bezug mit bestimmten Seitenelementen vornehmen. Die Optionen des Menüs *Ansicht > Tracing-Bild* erlauben Ihnen folgende Möglichkeiten.

- Die Option *Zeigen* schaltet die Sichtbarkeit des Tracing-Bildes ein und aus.

- Die Option *An Auswahl ausrichten* richtet die obere linke Ecke des Tracing-Bildes an der linken oberen Ecke eines markierten Elements aus.

- Die Option *Position einstellen* ruft das Dialogfenster *Position des Tracing-Bilds einstellen* auf. Spezifizieren Sie die neue Position des Tracing-Bilds, indem Sie die X- und Y-Koordinaten für seine obere linke Ecke eingeben. Alternativ drücken Sie die Pfeiltasten um das Tracing-Bild pixelweise zu bewegen. Halten Sie gleichzeitig auch die ⇧-Taste gedrückt, wird das Tracing-Bild jeweils um 5 Pixel bewegt.

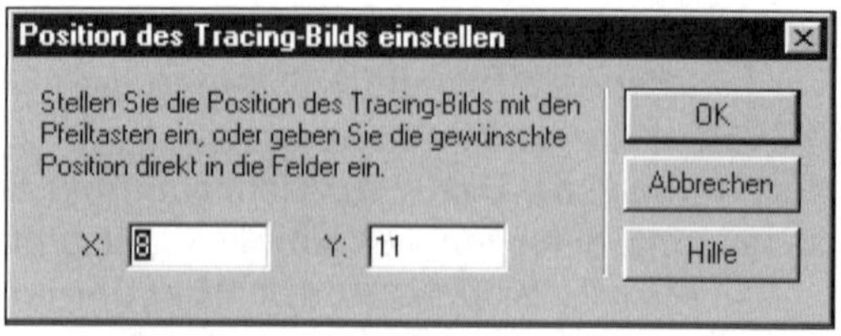

- Die Option *Position zurücksetzen* positioniert das Tracing-Bild in die linke obere Ecke der Web-Seite.
- Mit der Option *Laden* können Sie das gewünschte Tracing-Bild auswählen. Diese Option kann sowohl zum Laden eines neuen als auch zum Ersetzen des aktuellen Tracing-Bildes verwendet werden.

Clip-Art

Die überwiegende Mehrheit der Bilder, die Sie auf Web-Seiten zu sehen bekommen, wurden bereits lange vor der betreffenden Seite erstellt. Das Gleiche gilt auch für praktisch jede Art von Publikation – Clip-Art- und Bildbibliotheken gibt es schon seit geraumer Zeit und jeder von uns hat wohl schon mal ein Bild genutzt, das er nicht selbst produziert hat. Mit Ausnahme von Firmenlogos und Ähnlichem ist es in der Regel eher unüblich, jedes verwendete Bild vorab selbst zu erstellen. Für beinahe jede Werbekampagne, von der Sie vielleicht denken, dass sie von Grund auf „hausgemacht" ist, wurde wahrscheinlich dennoch auf Bild- und Filmarchive zurückgegriffen.

Hier einige mögliche Quellen für Clip-Art:

- Dieselben Unternehmen, die Verlage und Werbeagenturen so lange Zeit mit Material versorgt haben, erkannten in den letzten Jahren auch die Wichtigkeit des digitalen Marktes. Sie bieten jede Menge Material, das Sie für Ihre Web-Seiten verwenden können.
- Viele Programme beinhalten eine breite Palette an Clip-Art. Bei jeder Art von Grafiksoftware sind zumindest einige Clip-Arts mit dabei. Dazu kommen die vielen Software-Firmen, die Ihre Aufgabe darin sehen, ganze CDs voller Clip-Arts auf den Markt zu bringen.

Eine ständig wachsende Anzahl von Digital-Künstlern haben ihre eigenen Homepages im Web. Viele dieser Leute bieten Dateien an, die kostenlos heruntergeladen und zumindest für nicht-kommerzielle Seiten genutzt werden können. Normalerweise haben Sie keine weitere Verpflichtung, als den Künstlern dadurch zu danken, dass Sie in Ihre Seite einen Link zu deren Seite einbinden. Auf diese Weise kommen Sie zu kostenloser Kunst und die Künstler bekommen bei Ihnen eine kostenlose Werbung. Und jeder Besucher Ihrer Seite, dem die Werke des jeweiligen Künstlers gefallen haben, kann sich direkt mit ihm in Verbindung setzen und gegebenenfalls beauftragen.

Copyright-Bestimmungen
Nur, weil Sie technisch in der Lage dazu sind, eine Kopie eines Bildes zu erstellen, so bedeutet das noch lange nicht, dass Sie dies auch legal tun dürfen. Copyright bedeutet übersetzt „Kopier-Recht" und sagt damit genau aus, dass Sie das Recht haben müssen, eine Kopie zu erstellen. Haben Sie dieses Recht nicht, können Sie eine Menge Ärger bekommen, falls Sie es dennoch tun. Das Copyright gehört normalerweise dem Schöpfer eines Kunstwerks bzw. eines Bildes. Allerdings kann das Copyright oft noch eine viel komplexere Angelegenheit sein – wie jedes andere Eigentum, kann auch das Copyright übertragen oder verkauft werden. Wird ein Künstler zum Beispiel für eine bestimmte Sache beauftragt, dann geht das Copyright üblicherweise nach Abgabe und Bezahlung der Arbeit in den Besitz des Auftraggebers über. Allerdings bedarf die Übergabe eines Copyrights stets der Schriftform bzw. der vertraglichen Vereinbarung. Normalerweise ist bei jedem Copyright mit angegeben, wer es besitzt und in welcher Form Vervielfältigungen erlaubt bzw. verboten sind. Ist Ihnen der Halter eines Copyrights nicht bekannt und/oder haben Sie keine schriftliche Erlaubnis zur Nutzung, dann können Sie im Zweifelsfall gerichtlich belangt werden, falls Sie das diesbezügliche Gesetz Ihres Landes brechen.

Bilder speichern

Eine der wichtigsten Entscheidungen bei der Verwaltung von Web-Dateien ist der Speicherort der Bilder und Grafiken. Denken Sie daran, dass die Bilder nicht wirklich zur Web-Seite gehören, sondern separate Dateien und die lediglich mit der Web-Seite verknüpft sind. Erst der Browser vermittelt die Illusion, Bilder und Web-Seite wären ein einheitliches Ganzes. Allerdings handelt es sich bei den Bildern, ebenso wie beim HTML-Code der Seite, um Dateien, die irgendeinen Speicherort brauchen.

Die meisten Leute speichern die Bilddateien einfach im gleichen Ordner wie die HTML-Dateien. Für eine einfache Homepage mag dies ein gangbarer Weg sein, aber bei einer große Web-Site mit Dutzenden von Seiten sollten Sie die Bilder und Grafiken lieber in einen separaten Unterordner stellen. Es wird vieles einfacher, wenn Dateien verschiedenen Typs in jeweils eigenen Ordnern gespeichert sind.

Die Verwendung von Unterordnern erfordert jedoch eine etwas andere Methode bei der Erstellung von Bilder-Links. Allerdings macht Dreamweaver diesen Vorgang für Sie transparent, so dass Sie sich darüber keine Sorgen zu machen brauchen. Im nächsten Kapitel befassen Sie sich mit Site-Verwaltung, Dateistandorten und Links (Bilder-Links eingeschlossen) und Sie sollten, wenn Sie dieses Kapitel lesen, auch die Speicherung von Bildern im Auge haben.

Zusammenfassung

In diesem Kapitel wurde Ihnen gezeigt, was es mit den Bildern in einer Web-Seite auf sich hat. Sie haben gelernt, wie Sie einen externen Bildeditor einrichten, um Änderungen an Bildern vorzunehmen, die sich bereits in Ihren Web-Seiten befinden. Danach wurde darüber gesprochen, wie Sie Ihrer Web-Seite Bilder hinzufügen können. Bilder sind kein wirklicher Bestandteil einer Web-Seite, sondern separate Dateien, die mittels IMG-Elementen mit der Web-Seite verknüpft sind und die dann vom Webbrowser am Bildschirm als eine Einheit dargestellt werden. Sie haben gelernt, wie Sie eine Bilddatei mit Ihrer Web-Seite verbinden und wie Sie Bilder verschieben oder ihre Größe verändern können.

Danach haben Sie sich mit den Bildsubstituten beschäftigt. Diese sind dann sinnvoll, wenn Bilder eine lange Ladezeit brauchen. Es wurde der Einsatz von niedrig aufgelösten Bildern und Alternativtext besprochen – eine gute Maßnahme, um dem Besucher die Wartezeit auf den Bildaufbau zu verkürzen.

Anschließend ging es darum, wie Bild und Text auf einer Web-Seite miteinander interagieren. Bilder können verschiedene Ausrichtungen haben, von denen aber nur zwei (Links und Rechts) die Position des Elements tatsächlich beeinflussen. Alle anderen Ausrichtungen wirken sich lediglich auf den Text aus, der das jeweilige Bild umgibt. Dreamweaver macht es Ihnen zudem auch möglich, den horizontalen und vertikalen Abstand festzulegen, den ein Bild von seiner Umgebung haben soll.

Ferner wurde Ihnen gezeigt, wie Sie Ihrer Web-Seite ein Hintergrundbild hinzufügen können. Hintergrundbilder sind kleine Bilder, die wie eine Art von Kacheln über die Web-Seite verteilt werden. Hintergrundbilder fügen Sie über das Dialogfenster *Seiteneigenschaften* hinzu.

Eine weitere Art von Hintergrund stellen die so genannten Tracing-Bilder dar. Hierbei handelt es sich um Grafikdateien, die ein Web-Seiten-Design enthalten, das Sie der Gestaltung einer Web-Seite zugrunde legen können. Tracing-Bilder werden ebenfalls über das Dialogfenster *Seiteneigenschaften* eingefügt und dienen als eine Art Unterlage, auf der Sie dann die eigentlichen Elemente der Web-Seite platzieren können. Das Menü *Ansicht > Tracing-Bild* liefert Ihnen die Optionen, die Sie bei der Arbeit mit Tracing-Bildern untersützen.

Im nächsten Kapitel befassen Sie sich damit, wie Sie Text- und Bilder-Links dazu benutzen können, um Ihre Web-Seiten miteinander zu verbinden.

Links und URLs

6

In diesem Kapitel lernen Sie alles über URLs und wie Dateien anhand von Links mit dem Internet verbunden werden. Sie schauen sich nicht nur die normalen Text- und Bilder-Links an, sondern befassen auch mit dem so genannten Image-Mapping – eine Methode, um ein einzelnes Bild mit mehreren Links zu versehen. Außerdem erkunden Sie das Site-Mapping von Dreamweaver, das es Ihnen ermöglicht, Links in eine interaktive grafische Umgebung einzubinden. Abschließend werden Sie lernen, wie Sie mit Hilfe vom Hyperlink-Prüfer die Integrität Ihrer Links prüfen können.

Was sind Links und URLs?

Alles und jedes im Internet ist durch Links verbunden. Webbrowser verwenden eindeutige Kennungen, so genannte URLs (Uniform Resource Locators), um festzuhalten, was sich am jedem Ende eines Links befindet. Die wohl vertrauteste Form einer URL ist sicherlich die Adresse einer Web-Seite, wie beispielsweise *http://www.linkfinder.com/*.

Manchmal sehen Sie auch numerische Adressen, wie beispielsweise *http://151.196.75.225/* (sie werden aus offensichtlichen Gründen auch als *Dotted Quads* bezeichnet), die jedoch auch nichts anderes als URLs sind. Tatsächlich ist die Verwendung von normal lesbaren Domänenamen nur ein Akt des Entgegenkommens, den Ihnen eine Web-Software zu Ihrer Bequemlichkeit erweist. Für Ihre eigenen Zwecke, konvertieren die Programme diese netten kleinen Wörter geradewegs wieder in die bereits erwähnten Dotted Quads zurück.

Text-Links werden auf einer Web-Seite normalerweise als blaue und unterstrichene Wörter dargestellt. Bilder-Links erkennen Sie üblicherweise an ihrem blauen Rahmen. Die Standardfarbe kann jedoch geändert werden – entweder durch Sie, bei der Erstellung Ihrer Web-Seite, oder durch den Benutzer in ihrem jeweils eigenen Webbrowser.

Absolute URLs

Absolute URLs sind absolut und zudem einfach in der Handhabung. Wenn Sie den Speicherort einer Datei spezifizieren, dann geben Sie **http://host/dateiname** ein. Befindet sich die Datei nicht im Hauptverzeichnis, dann lautet die URL *http://host/ordner/*

dateiname. Wenn Sie zum Beispiel zur Homepage der Site LinkFinder wollen, könnte die URL *http://www.linkfinder.com/index.html* lauten. Das gleiche Ergebnis würden Sie jedoch auch mit der URL *http://www.linkfinder.com/* erzielen, weil der Browser automatisch nach der Standarddatei eines Ordners sucht, wenn Sie mit der URL auf einen Ordner der Web-Seite zugreifen (in diesem Fall ist es der Hauptordner).

Tipp

Findet der Webserver keine Standarddatei, dann wird Ihnen die Dateiliste des Ordners in Form einer HTML-Seite angezeigt, die der Webserver automatisch erstellt. In dieser Liste sind alle Dateien als Link dargestellt und ein Klick auf den jeweiligen Eintrag ruft die betreffende Seite zu Anzeige auf.

Relative URLs

Relative URLs sind eine Art von Web-Abkürzungen. Sie werden nur für den Zugriff auf Dateien benutzt, die sich innerhalb derselben Web-Site befinden. Absolute URLs brauchen Sie für alles, was sich außerhalb der Web-Site befindet. Relative URLs, sie werden oft auch als *partielle URLs* bezeichnet, ersparen Ihnen die vollständige Adresse und benutzen nur den letzten Teil davon.

Nehmen Sie zum Beispiel an Sie arbeiten an der Homepage (*index.html*) für eine Site namens *abcde.com* und Sie wollen einen Link zu einer Seite namens *produkte.html* setzen, die sich im selben Ordner befindet, dann könnten Sie den Link als absolute URL *http://www.abcde.com/produkte.html* definieren oder als relative URL *produkte.html* angeben. Da Sie bereits bei **abcde.com** sind, gibt es eigentlich keinen Grund, warum Sie noch einmal dorthin sollten, um nach *produkte.html* zu suchen. Demzufolge können Sie sich auf *produkte.html* beschränken und die Software den Rest ermitteln lassen.

Wenn Sie eine relative URL benutzen, nimmt der Browser die Adresse der Seite, auf der sich der Link befindet, sucht nach dem letzen Slash (/) in dieser Adresse und löscht alles, was danach kommt. Anschließend setzt er die relative URL hinter diesen letzten Slash. Gehen Sie ein diesbezügliches Beispiel Schritt für Schritt durch. Die relative URL für *produkte.html* befindet sich auf einer Seite, die unter *http://www.abcde.com/index.html* steht. Der Webbrowser sieht, dass der Link nicht absolut ist und löscht demzufolge das *index.html* aus der absoluten URL, so dass nur noch *http://www.abcde.com/* übrig bleibt. Anschließend hängt er die relative URL *produkte.html* an, was zum Ergebnis *http://www.abcde.com/produkte.html* führt.

Befindet sich die Datei, zu der Sie die Verknüpfung erstellen, nicht im selben Ordner, dann braucht der Link die korrekte Adresse des anderen Ordners. Ist die Datei in einem Unterordner desselben Ordners beheimatet, dann verwenden Sie den Namen dieses Unterordners, gefolgt von einem „angehängten" Slash und dem Namen der Datei. Ist die Datei *produkte.html* beispielsweise in einem Unterordner namens *info* kann lautet der Link *info/produkte.html*. Befinden sich Datei und Link jeweils in einem übergeordneten und einem untergeordneten Ordner, dann müssen Sie dem Dateinamen zwei Punkte (..) voranstellen, wie beispielsweise *../produkte.html*. Ist sie zwei Ebenen höher, wird die Referenz zu *../../produkte.html* und so weiter. Um anzugeben, dass sich die Datei im Hauptordner befindet, benutzen Sie */produkte.html*.

Senden Sie eine URL, die nicht mit einem abschließenden Slash endet, dann denkt der Webserver, dass Sie nach einer Datei suchen und nicht nach einem Ordner. Der Server sucht und stellt fest, dass da keine solche Datei ist. Je nach Serversoftware wird der Server an dieser Stelle entweder den Webbrowser um eine Korrektur ersuchen oder das Problem selbst lösen. Im ersten Fall, also wenn der Browser noch einmal reagieren muss, sind statt einer zwei Verbindungen erforderlich, bevor die Index-Seite angezeigt werden kann. Im Fall, dass der Server den Fehler selbst korrigiert, bedeutet dies jedoch mehr Prozessorlast sowie unnötige Fehlermeldungen in der Protokolldatei des Servers. In jedem der beiden Fälle ist die Software aber intelligent genug, um zu merken, dass Sie wahrscheinlich die Standarddatei dieses Servers gemeint haben, und daher merken Sie nur dann etwas von diesem ganzen Vorgang, wenn Sie die Statuszeile Ihres Webbrowsers genau beobachten. Bei einer Verbindung zu einem langsamen Server oder wenn das Netzwerk langsam ist, dann kann es allerdings in jedem der beiden genannten Fälle deutlich länger dauern, bis die Seite angezeigt wird.

Tipp

Der Internet Explorer 5 fügt inzwischen den abschließenden Slash automatisch hinzu. Aber auch wenn die Software sich vielleicht allein zu helfen weiß, so ist es eigentlich nur ein kleiner Aufwand, selbst darauf zu achten, dass die URL ordnungsgemäß codiert ist.

Links

Glücklicherweise handhabt Dreamweaver alle technischen Details der Codierung von URLs automatisch. Sie brauchen nichts weiter zu tun, als die Datei anzugeben oder sie aus einem Dialogfenster auszusuchen und können den Rest dann getrost Dreamweaver überlassen.

Links erstellen

Um einen Link zu erstellen, markieren Sie den Text oder das Bild, das Sie zu einem Link machen wollen. Anschließend geben Sie im *Eigenschaften-Inspector* die URL der Datei, die mit dem Link verknüpft werden soll, in das Textfeld *Hyperlink* ein.

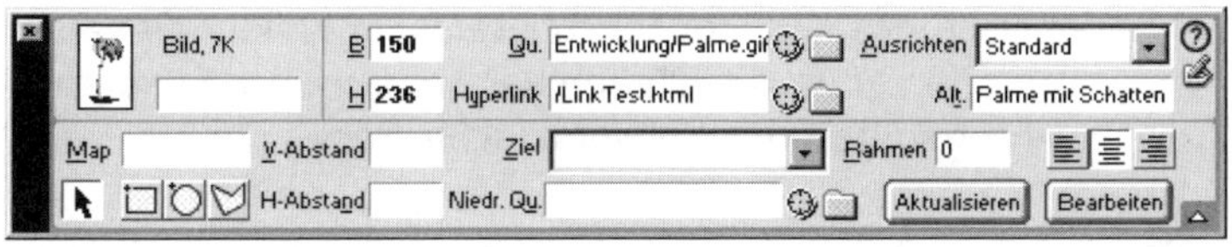

Spezifizieren Sie den Link auf eine der folgenden Arten:

- Bei Text-Links können Sie mit dem Abwärtspfeil das Listenfeld *Hyperlink* öffnen und dort einen der zuvor verwendeten Links auswählen. Diese Option ist jedoch für Bilder-Links nicht verfügbar.

- Klicken Sie auf das Ordnersymbol neben dem Feld *Hyperlink* und suchen Sie nach der gewünschten Datei.

- Klicken Sie neben dem Feld *Hyperlink* auf die runde Symbolschaltfläche *Auf Datei zeigen* und ziehen Sie es mit gedrückter Maustaste auf eine Datei im *Site*-Fenster. Befindet sich der Mauszeiger auf der gewünschten Datei, lassen Sie die Maustaste wieder los. Weitere Details zu dieser Technik finden Sie im nächsten Kapitel.

- Ziehen Sie eine Datei aus dem *Site*-Fenster in das Feld *Hyperlink*.

Die Schaltfläche *Auf Datei zeigen*

Klicken Sie auf die Schaltfläche *Auf Datei zeigen*, sehen Sie im Textfeld die Anweisung *Zeigen Sie auf eine Datei, um einen Hyperlink zu erstellen*. Das mag sich zwar einfach anhören, aber es auszuführen erfordert etwas Nachdenken. Wenn Sie etwas im Dokumentfenster markieren und dann das *Site*-Fenster aufrufen, dann geht der *Eigenschaften-Inspector* in den Hintergrund. Wenn Sie aber das *Site*-Fenster klein genug machen, damit das Dokumentfenster noch zu sehen ist und dann den *Eigenschaften-Inspector* anklicken, dann verlieren Sie das *Site*-Fenster. Es gibt zwei Möglichkeiten, dieses Problem zu umgehen:

- Nachdem Sie den Text markiert haben, öffnen Sie das *Site*-Fenster und drücken anschließend zweimal die Taste [F4]. Auf diese Weise positionieren Sie den *Eigenschaften-Inspector* vor das *Site*-Fenster. Leider geschieht dies auch mit allen anderen offenen Paletten, so dass Sie darauf achten sollten, diese zuvor zu schließen.

- Richten Sie die Größe des Dokumentfensters und des *Site*-Fensters so ein, dass beide gut sichtbar sind (Abbildung 6.1).

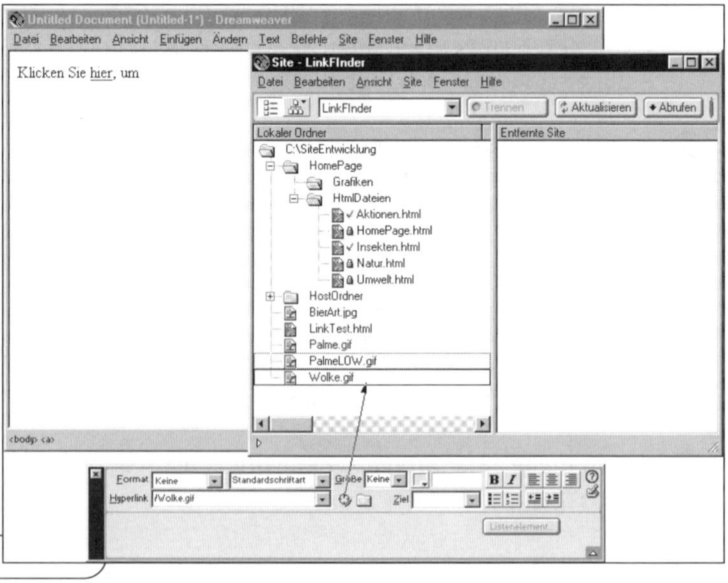

Auf eine Datei zeigen

Abb. 6.1

Benannte Anker

Benannte Anker, auch Fragment-URLs genannt, sind eine große Navigationshilfe. Innerhalb einer Web-Seite können Sie mittels benannter Anker Hyperlinks setzen, um von einem Teil der Seite in einen anderen zu springen. Im Zusammenhang mit anderen Web-Seiten benutzt, gelangen Sie über benannten Anker auch an andere Stellen der Web-Seite, als nur in die erste Zeile.

Benannten Anker erstellen

Um einen benannten Anker zu erstellen, setzen Sie den Cursor an die Stelle, an die der Anker eingefügt werden soll. Anschließend klicken Sie in der Tafel *Unsichtbare Elemente* (Objektpalette) auf das Symbol *Benannten Anker einfügen* (Abbildung 6.2). Alternativ können Sie auch das Menü *Einfügen* öffnen und den Eintrag *Benannter Ankerpunkt* wählen.

Tipp

Befindet sich die Objektpalette noch nicht auf Ihrem Bildschirm, dann drücken Sie entweder die Tastenkombination Strg + F2 (bei Mac Command + F2) oder Sie öffnen das Menü *Fenster* und wählen dort den Eintrag *Objekte*. Zeigt die Objektpalette nicht die Tafel *Unsichtbare Elemente*, dann müssen Sie auf den kleinen Abwärtspfeil klicken und im Popup-Menü den entsprechenden Eintrag wählen.

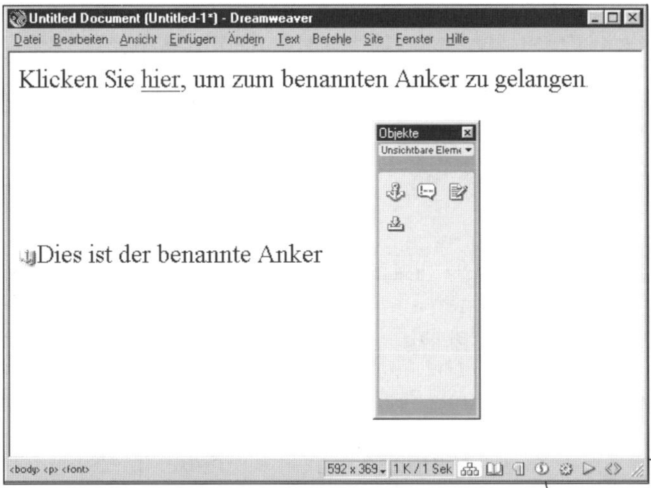

Benannten Anker erstellen

Abb. 6.2

In das Dialogfeld *Benannten Anker einfügen* geben Sie nun den Namen des Ankers ein und beenden anschließend mit *OK*.

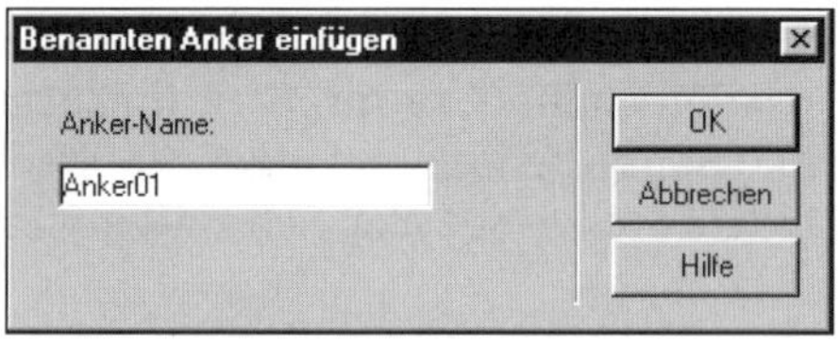

Link zu einem benannten Anker erstellen

Um einen Link zu einem benannten Anker zu erstellen, markieren Sie den gewünschten Text bzw. das betreffende Bild. Anschließend geben Sie im *Eigenschaften-Inspector* in das Feld *Hyperlink* ein Nummernzeichen (#) und den Namen des Ankers ein.

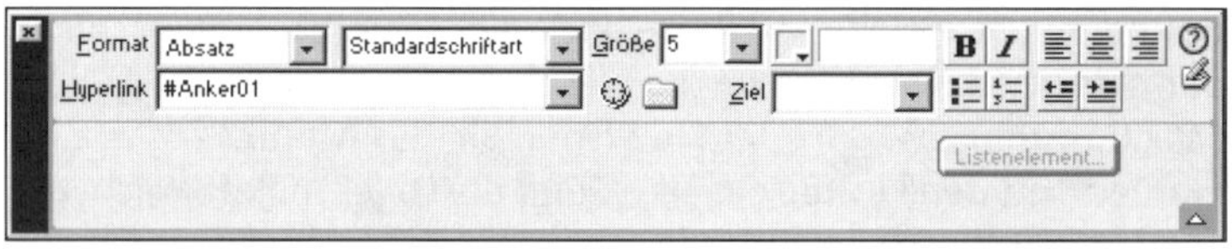

Handelt es sich bei einem benannten Anker um einen Text-Link, dann können Sie im *Eigenschaften-Inspector* mit dem Abwärtspfeil das Listenfeld *Hyperlink* öffnen und dort einen der zuvor verwendeten Links, benannte Anker eingeschlossen, auswählen. Alternativ können Sie, wie im vorangegangenen Abschnitt beschrieben, auch die runde Symbolschaltfläche *Auf Datei zeigen* verwenden. Um zum angegebenen Anker zu springen, wird die Web-Seite automatisch gescrollt, falls sich dieser im gegenwärtig unsichtbaren Teil der Seite befindet.

Wollen Sie einen Anker mit einer anderen Web-Seite verknüpfen, richten Sie einen normalen Link zu diesem Dokument ein und hängen den Ankernamen an. Alternativ können Sie das zweite Dokument in einem separaten Dokumentfenster öffnen und die runde Symbolschaltfläche *Auf Datei zeigen* verwenden, um den Anker im zweiten Dokument zu wählen. Entscheiden Sie sich für die erste Methode, dann vergessen Sie nicht, das Nummernzeichen vor dem Ankernamen einzugeben. Beispiel: *http://zweitdat.html#anker*.

Sie können keinen Anker einrichten, indem Sie mit der Maus ein Ankersymbol in das Feld *Hyperlink* ziehen, weil das Anklicken des Symbols einen benannten Anker auswählt.

Tipp

Der Link-Typ *Nowhere* ist im Wesentlichen das Gleiche wie ein benannter Anker, nur dass hierbei lediglich das Nummernzeichen, aber nicht der Ankername eingegeben wird. Natürlich stellt sich aber nun die Frage, wozu ein Link gut sein kann, der nach nirgendwo führt? Er ist ein Instrument für bestimmte Eigentümlichkeiten, die beim Einsatz von JavaScript für bestimmte Elemente zu berücksichtigen sind. Mehr über JavaScript-Links erfahren Sie im Kapitel 14.

Weitere URL-Varianten

HTTP (Hypertext Transfer Protocol) ist die URL-Variante, die auf Web-Seiten am häufigsten verwendet wird. Sie ist die übliche Methode, um Daten zwischen Web-Servern und Webbrowsern zu transferieren.

Wann immer Sie eine Datei auswählen oder darauf zeigen, erstellt Dreamweaver HTTP-Links. Alle anderen Arten von URLs müssen Sie in das Feld *Hyperlink* manuell eingeben, was ja nun auch wieder nicht allzu schwer ist. Bei anderen Programmen für die Erstellung von Web-Seiten müssen Sie jedoch normalerweise erst auf ein Sendesymbol klicken und anschließend die Informationen in einem separaten Dialogfenster erfassen – ein Arbeitsschritt, den Ihnen Dreamweaver an dieser Stelle freundlicherweise erspart.

Es gibt ungezählte Arten von URLs, die jedoch von der Allgemeinheit (oder gar von vielen Web-Designern) überhaupt nicht zur Kenntnis genommen werden. Gründe dafür gibt es viele – einige dieser URLs unterstützen obskure Technologien, die nicht den gebräuchlichen HTTP- oder URL-Mustern entsprechen, andere wiederum, wie Gopher-URL, sind veraltet und werden nicht mehr verwendet, weil sie bereits durch neuere Methoden ersetzt wurden. Und da ist noch die dritte Gruppe von URLs, die gegenwärtig noch zu neu sind, aber in der Zukunft zweifellos gebräuchlich sein werden. Unter diese Kategorie fallen unter anderem URL-Muster für TV, Radio, und call-to. Die ersten beiden dienen dazu, um Fernseh- und Radiosignale über das Internet zu empfangen, während das letzte das Telefonieren über das Web ermöglicht. Da die Internet-

Technologie ständig weiter und in immer neuere und unerforschte Gebiete vordringt – und damit die reale Welt immer mehr in das Web einbringt –, ist es sehr wahrscheinlich, dass noch viele neue URL-Muster hinzukommen werden.

Und nun lernen Sie, wie Sie Mailto-, FTP-, News- und Telnet-Links erstellen.

Mailto-Links

Mailto-Links starten das Mailprogramm von Benutzern und sind so gebräuchlich, dass sie beinahe auf jeder normalen Web-Seite vorkommen. Üblicherweise stehen Mailto-Links ganz unten auf einer Web-Seite, können aber im Grunde überall zu finden sein. Die Syntax eines Mailto-Links sieht wie folgt aus:

```
mailto:<e-mail-adresse > ?<thema >
```

Ein Beispiel dafür wäre:

```
mailto:debitoren@abcde.com?Mai2000
```

Zu erwartende Verbesserungen für Mailto

Die Mailto-URL könnte in der Zukunft mehr Leistungsfähigkeit erhalten. Gegenwärtig haben Sie nur die Möglichkeit, die Adresse und das Thema anzuführen. Allerdings plant die IETF (Internet Engineering Task Force), zukünftig auch das Spezifizieren des Textkörpers zuzulassen. (Falls Sie weitere Informationen dazu wünschen, hier deren URL: *http://www.ietf.org/*)

Auf den ersten Blick scheint das Einbinden der eigentlichen Mitteilung nicht besonders sinnvoll zu sein. Aber einmal anders betrachtet – wollen Sie denn gar nicht wissen, was Ihre Benutzer zu sagen haben? Andererseits könnte diese Möglichkeit gewisse Probleme lösen, besonders in Fällen, bei denen der Inhalt einer E-Mail sehr genau sein muss bzw. vorgegeben ist. Ein Beispiel für eine solche Situation wären Antworten, die durch automatisierte Listserver verarbeitet werden.

FTP-Links

FTP (File Transfer Protocol) ist nach wie vor eine der verbreitetsten Methoden, um Dateien über Web-Seiten-Links herunterzuladen. Natürlich wird FTP auch noch für andere Dinge benutzt, aber das tut an dieser Stelle nichts zur Sache. Die Syntax für einen FTP-Link sieht wie folgt aus:

```
ftp://<host > /<pfad >
```

Ein Beispiel dafür wäre:

```
ftp://ftp.abcde.com/preise.txt
```

Tipp

Es gibt da noch die Datei-URL, die dazu benutzt wird, um eine Datei auf ihrem lokalen Server zu bezeichnen. Dreamweaver verwendet die Datei-URL für Links aus Seiten, die noch nicht gespeichert wurden. Technisch gesehen, kann die Datei-URL als Ersatz für eine FTP-URL benutzt werden. Die Syntax ist dabei die gleiche, außer dass die Zeile statt mit `file://` mit `ftp://` beginnt. Allerdings gibt es keinen vernünftigen Grund, dies auch zu tun.

News-Links

Die News-URLs werden zwar sehr selten verwendet, sind jedoch nicht uninteressant. News-URLs sind als Links zu Newsgroups gedacht und haben folgende Syntax:

```
news:<newsgroup name >
```

Ein Beispiel dafür wäre:

```
news:macromedia.dreamweaver
```

Eine News-URL auf Ihre Web-Seite zu setzen ist nicht automatisch damit gleichbedeutend, dass man nur darauf zu klicken braucht, um Zugriff auf die jeweilige Newsgroup zu bekommen. Damit das Ganze auch funktioniert, muss der Benutzer einen Newsreader an seinem System konfiguriert haben. Ist der Link wirklich wichtig und dient nicht nur der Information, dann sollten Sie eine Mitteilung einbinden, die den Benutzer darauf aufmerksam macht, dass er einen konfigurierten Newsreader haben muss, um die News-Links auf Ihrer Seite nutzen zu können.

Telnet-Links

Telnet wird dazu benutzt, um sich an einem entfernten System so einzuloggen, als ob man an dessen Tastatur sitzen würde. Allerdings wird auf mehr und mehr der Daten, die früher via Telnet abgerufen wurden, heute direkt über die Web-Seite zugegriffen. Dennoch gibt es immer noch einige Stellen, die ausschließlich über Telnet erreicht werden können. Die Syntax für einen Telnet-Link lautet:

```
telnet://host
```

Ein Beispiel dafür wäre:

```
telnet://abcde.com
```

Bilder-Links

Bilder-Links werden auf die gleiche Weise wie Text-Links erstellt. Allerdings gibt es hier einige Besonderheiten, die zu berücksichtigen sind. Bei Bilder-Links müssen Sie sicherstellen, dass der Betrachter das Bild auch als Link erkennt, und zudem noch darauf achten, dass es keine Probleme mit der Größe der Bilddateien gibt.

Eine andere Möglichkeit, eine Web-Seite zu gestalten, sind so genannte Image-Maps. Ein Image-Map macht es möglich, dass ein Bild mehrere Links besitzt.

Bilder-Links kennzeichnen

Während die Rahmen von Bildern normalerweise dieselbe Farbe wie der Text einer Web-Seite haben, erscheinen die Rahmen von Bilder-Links in derselben Farbe wie die Text-Links. Falls Sie die Standardeinstellung für Text und Links nicht geändert haben, werden die Rahmen von Bildern in Schwarz und die Rahmen von Bilder-Links in Blau angezeigt. Die andere Farbe ist für den Benutzer ein optischer Hinweis, dass ihn das betreffende Bild irgendwohin führen kann.

Achten Sie darauf, dass die Rahmenbreite für Bilder-Links nicht auf Null gesetzt ist. Dreamweaver hat nämlich für die Rahmenbreite die Standardeinstellung 0, was bedeuten würde, dass der Benutzer keinen Rahmen sieht, der ihn das Bild als Link erkennen lässt.

Es gibt aber noch zwei weitere Kennzeichen, die einem Besucher zeigen, dass es sich bei einem Bild gleichzeitig auch um einen Link handelt. Befindet sich der Mauszeiger über einem Link, verwandelt er sich zu einer Hand, die auch als *Mouseover* bezeichnet wird. Außerdem wird in der Statusleiste des Webbrowsers die jeweilige URL angezeigt. Wie beides aussieht, zeigt Ihnen die Abbildung 6.3. Allerdings sollten Sie sich nicht darauf verlassen, dass eines von beiden Merkmalen ausreichend sein könnte. Lassen Sie beispielsweise die Rahmen weg, dann müsste der Benutzer mit dem Mauszeiger über alle Bilder gehen, um festzustellen, welches davon ein Link ist und welches nicht. Kaum anzunehmen, dass sich viele Leute diese Mühe machen werden.

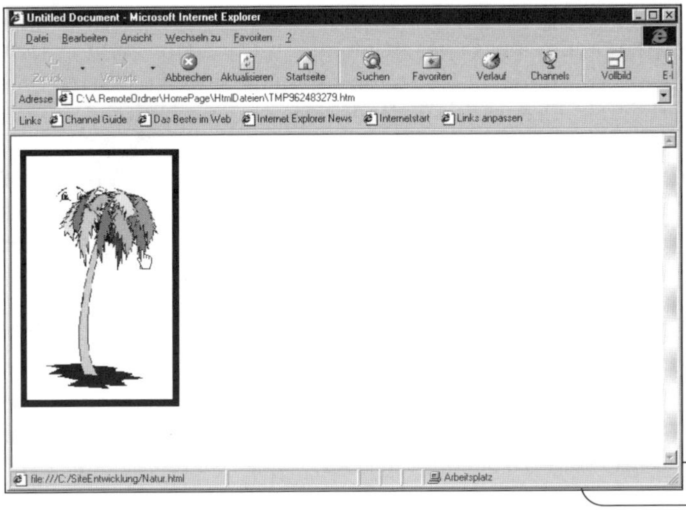

Ein Mauszeiger über einem Bilder-Link

Abb. 6.3

Miniaturansichten

Mindestens 90 Prozent aller Bilder-Links führen wahrscheinlich zu irgendwelchen Web-Seiten. Allerdings gibt es noch andere Art von Bilder-Link, der für Sie interessant sein könnte – und dies besonders dann, wenn Sie Probleme mit der Ladezeit von Bildern haben.

Statt die grafische Gestaltung zu beschränken, um es möglichst allen Recht zu machen, können Sie auch dem jeweiligen Besucher die Wahl überlassen, was er sich genau ansehen will. Haben Sie eine große Bilddatei, dann können Sie auch einen Bilder-Link zu dieser Datei einrichten, statt die Datei selbst einzubinden. Beim Bilder-Link handelt es sich in diesem Fall um eine so genannte *Miniaturansicht*, also um kleinere Version desselben Bildes. Da Miniaturansichten ein kleineres Format haben, sind auch die Bilddateien entsprechend kleiner.

Dieser Methode hat den Vorteil, dass die Web-Seite viel schneller geladen wird. Jene Besucher, denen es nicht so wichtig ist, sich das Bild in voller Größe anzusehen, bekommen zumindest einen Eindruck davon, ohne jedoch die lange Ladezeit in Kauf nehmen zu müssen. Diejenigen aber, die sich das Bild tatsächlich ansehen wollen, brauchen nur auf die Miniatur zu klicken, um darauf zuzugreifen.

Tipp

Verwechseln Sie Miniaturansichten nicht mit der Fähigkeit von HTML, die Größe eines Bildes zu verändern. Die „Vergrößerung“ von HTML ist im Grunde nichts anderes als eine optische Illusion und ändert die Größe des verknüpften Bildes nicht wirklich.

Miniaturansichten werden normalerweise für Portraits, Landkarten oder Bilder verwendet, die auch in einer weniger detaillierten Version noch erkennbar sind. Die Miniaturansicht müssen Sie mit einem externen Grafikprogramm erstellen. Aber glücklicherweise hat so ziemlich jeder Bildeditor, der seinen Namen verdient, auch eine derartige Funktion.

Wie klein sollte eine Miniaturansicht sein? Das ist tatsächlich eine Sache, die von Fall zu Fall entschieden werden muss. Um sich eine Meinung darüber zu bilden, müssen Sie einige Faktoren berücksichtigen:

- Wie fügt sich das Bild in die allgemeine Seitengestaltung ein?
- Wie klar ist das kleinere Bild?
- Reicht die Größe der Miniaturansicht aus, um zumindest einen Eindruck über das Bild vermitteln zu können?
- Ist die Dateigröße einer brauchbaren Miniaturansicht auch signifikant kleiner als die eigentliche Bilddatei?

Sobald die Antworten auf diese Fragen für Sie befriedigend ausfallen, können Sie mit der Arbeit anfangen.

Tipp

Der Dateityp einer Miniaturansicht muss nicht dem Dateityp des Originalbildes entsprechen. Ist das Originalbild beispielsweise eine GIF-Datei, so kann für die Miniaturansicht auch eine JPEG-Datei bereits ausreichend sein. Da JPEG-Dateien normalerweise kleiner sind als das identische Bild im GIF-Format, könnte dies, wenn sich auf einer Web-Seite viele Miniaturansichten befinden, zu einer erheblichen Speicherersparnis führen.

Image-Maps

Image-Maps sind eine natürliche Weiterentwicklung der Bilder-Links. Während ein normales Bild nur einen einzigen Link beinhalten kann, handelt es sich bei Image-Maps um Bilder, in die Sie beliebig viele Links packen können.

Die einzelnen Links eines Image-Maps werden als *Hotspot* bezeichnet und jeder dieser Hotspots führt zu einer anderen Stelle.

Tipp

Fireworks bietet ebenfalls die Möglichkeit für Image-Maps. Weitere Informationen dazu finden Sie in Kapitel 19.

Nicht jedes Bild eignet sich als Image-Map. Das Bild sollte zumindest aus ausreichend vielen Elementen bestehen, die für die einzelnen Links verwendet werden können. Ein Klassenfoto könnte zum Beispiel sehr gut als Image-Map verwendet werden, indem jedem der abgebildeten Gesichter ein Link unterlegt wird, der dann zu einer Seite führt, die den Betreffenden näher beschreibt. Landkarten eignen sich ebenfalls hervorragend für Image-Maps.

Abgesehen vom Inhalt eines Bildes sollten Sie auch darauf achten, wie einfach es das Bild dem Betrachter macht, die einzelnen Bildelemente voneinander zu unterscheiden und die Bereiche auszumachen, die er anklicken soll. Falls das Bild nicht ausreichend eindeutig ist, sollten Sie sicherheitshalber unter das Image-Map auch noch einen erläuternden Text einfügen. Ein Beispiel für einen solchen Text wäre die Aussage *Klicken Sie auf den Namen der Stadt, zu der Sie weiterführende Informationen haben wollen*.

Image-Maps erstellen

Um ein Image-Map zu erstellen, gehen Sie wie folgt vor:

1. Markieren Sie das Bild, das zum Image-Map gemacht werden soll.

2. Falls der *Eigenschaften-Inspector* noch nicht erweitert ist, holen Sie dies jetzt nach, damit die Map-Eigenschaften sichtbar sind.

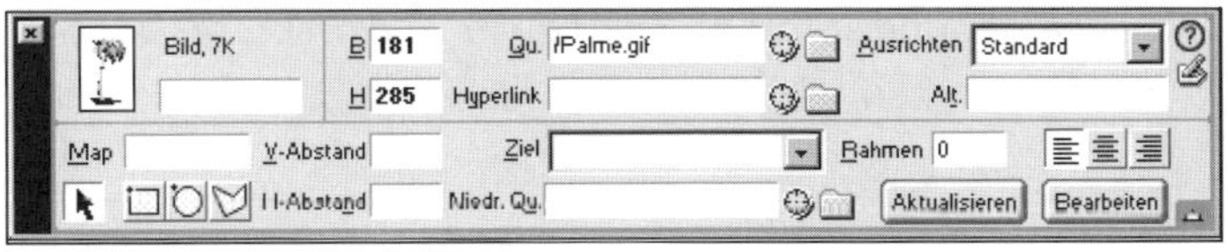

3. Geben Sie in das Textfeld *Map* den Namen für das Image-Map ein.

4. Erstellen Sie einen rechteckigen, mehreckigen oder runden Hotspot. Gehen Sie dazu wie folgt vor:

   - Um einen rechteckigen Hotspot zu erstellen, klicken Sie auf die entsprechende Symbolschaltfläche. Anschließend setzen Sie den Mauszeiger auf eine Ecke des geplanten Rechtecks und ziehen mit der Maus bei gedrückter Maustaste den gewünschten rechteckigen Bereich. Danach lassen Sie die Maustaste wieder los.

   - Um einen kreisförmigen Hotspot zu erstellen, klicken Sie auf die entsprechende Symbolschaltfläche. Anschließend setzen Sie den Mauszeiger auf einen Punkt des geplanten Kreises und ziehen mit der Maus bei gedrückter Maustaste den gewünschten kreisförmigen Bereich. Danach lassen Sie die Maustaste wieder los.

   - Um einen mehreckigen Hotspot zu erstellen (ein unregelmäßiger Bereich, der weder kreisförmig noch rechteckig ist), klicken Sie die entsprechende Symbolschaltfläche an. Anschließend setzen Sie den Mauszeiger auf einen beliebigen Punkt des geplanten Bereichsrandes und drücken die Maustaste. Danach gehen Sie mit dem Mauszeiger auf den nächsten Punkt des Mehrecks und drücken die Maustaste erneut. Beide Punkte werden dann automatisch durch eine Linie zu einer Teilstrecke miteinander verbunden. Um eine neue Teilstrecke zu erstellen, gehen Sie mit dem Mauszeiger auf den nächsten Punkt und drücken erneut die Maustaste. Wiederholen Sie diesen Vorgang so lange, bis das gewünschte Mehreck vollendet ist.

5. Klicken Sie auf die Symbolschaltfläche mit dem Mauszeiger und sofort erscheinen im *Eigenschaften-Inspector* neue Optionen.

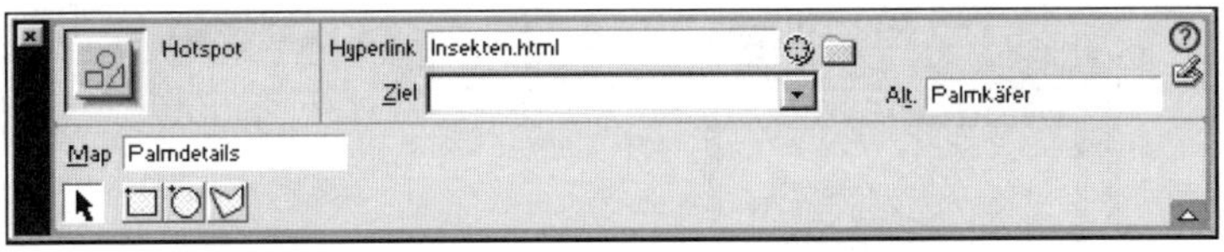

Tipp

Um neue Hotspots hinzuzufügen oder bestehende zu ändern, brauchen Sie nicht zur Bildansicht zurückzukehren, weil die Hotspot-Version vom *Eigenschaften-Inspector* dieselben Schaltflächen zum Erstellen von Hotspots aufweist.

6. Um einen Link für den Hotspot einzurichten, geben Sie entweder den Namen der Datei in das Feld *Hyperlink* ein oder klicken auf das Ordnersymbol, um nach der betreffenden Datei zu suchen. Alternativ können Sie natürlich auch die Symbolschaltfläche *Auf Datei zeigen* verwenden. Mit den Links brauchen Sie nicht zu warten, bis alle Hotspots an Ort und Stelle sind – Sie können nach jedem einzelnen Hotspot gleich auch den jeweiligen Link eingeben.

7. Falls gewünscht, können Sie im Textfeld *Alt* zusätzlich einen Alternativtext erfassen. Wenn Sie mit Frames arbeiten (jeder Frame enthält eine separate Web-Seite), können Sie im Textfeld *Ziel* ein Ziel spezifizieren. Frames und Ziele werden im Kapitel 10 gesondert behandelt.

8. Wiederholen Sie für jeden Hotspot die Schritte 5 bis 7.

   Die Abbildung 6.4 zeigt ein Image-Map mit allen drei Arten von Hotspots. In der Baumkrone befindet sich ein kreisförmiger, am Stamm ein rechteckiger und am Schatten ein mehreckiger Hotspot. Der markierte Hotspot (in diesem Fall das Mehreck) wird hervorgehoben. Auf der Web-Seite selbst ist später natürlich weder der Umriss des Hotspots noch die Hervorhebung zu sehen.

Um einen Hotspot zu bewegen, klicken Sie auf die Symbolschaltfläche mit dem Mauszeiger und anschließend auf den Hotspot. Danach ziehen Sie den Hotspot mit gedrückter Maustaste an die gewünschte Position.

Tipp

Wenn zwei Hotspots einander überlagern und ein Benutzer klickt auf die Überlagerung, dann wird der Hotspot aktiviert, der im HMTL-Code zuerst kommt.

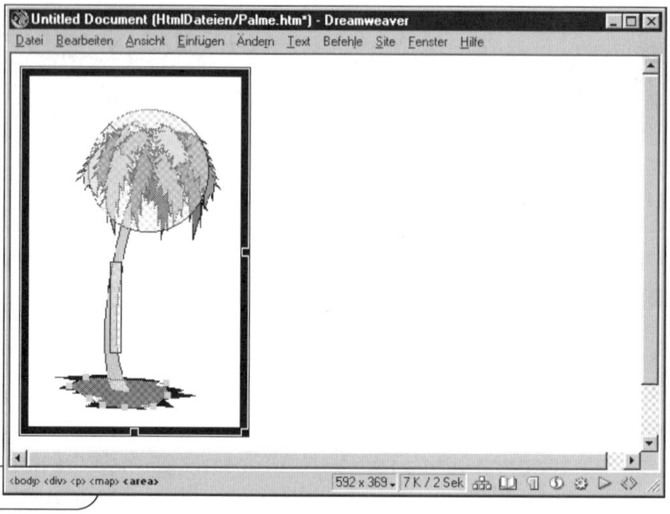

Image-Map mit Hotspots

Abb. 6.4

Standard Image-Map-Links

Neben dem Rechteck, dem Kreis und dem Mehreck gibt es noch eine vierte Art von Image-Map-Links, den so genannten „Standard"-Link. Leider kann diese Art von Link nicht über den *Eigenschaften-Inspector* gesetzt werden. Der Standard-Link ist zwar nicht unbedingt notwendig, aber dennoch ein normaler Bestandteil von Image-Maps. Sein Zweck ist es, jene Klicks zu verarbeiten, die zwar auf dem Bild, aber außerhalb eines Hotspots erfolgen.

Wollen Sie einen Standard-Link einfügen, müssen Sie dies manuell tun – entweder in *HTML-Quelle* oder mittels eines externen HTML-Editors. Zu diesem Zweck fügen Sie in den Code im MAP-Element einfach eine Zeile wie diese ein:

```
<AREA shape=default href="http://
www.linkfinder.com" >
```

Selbstverständlich müssen Sie für Ihren Link den Teil `www.linkfinder.com` durch die jeweilige URL ersetzen.

Site-Maps erstellen und ändern

Die Site-Map ist eine wunderbare Methode, um die Struktur Ihrer Web-Site deutlich zu machen. Sie liefert nicht nur ein Bild der Struktur Ihrer Site, sondern gibt Ihnen auch die Möglichkeit an die Hand, diese Struktur visuell darzustellen und zu ändern.

Site-Map erstellen

Site-Maps erstellen Sie über das Dokumentfenster oder das *Site*-Fenster.

- Im *Site*-Fenster klicken Sie auf die Symbolschaltfläche *Site-Map* (das ist in der Symbolleiste die zweite Schaltfläche von links).

- Im Dokumentfenster öffnen Sie das Menü Fenster und wählen dort den Eintrag *Site*-Map.

Tipp

Um das Site-Fenster zu öffnen, klicken Sie im Launcher oder Mini-Launcher auf die Symbolschaltfläche *Site*.

Kann Dreamweaver die Homepage der Site identifizieren, wird nun sofort die Site-Map angezeigt.

Hat die Site noch eindeutig benannte Homepage, werden Sie von Dreamweaver aufgefordert, die Homepage anzugeben.

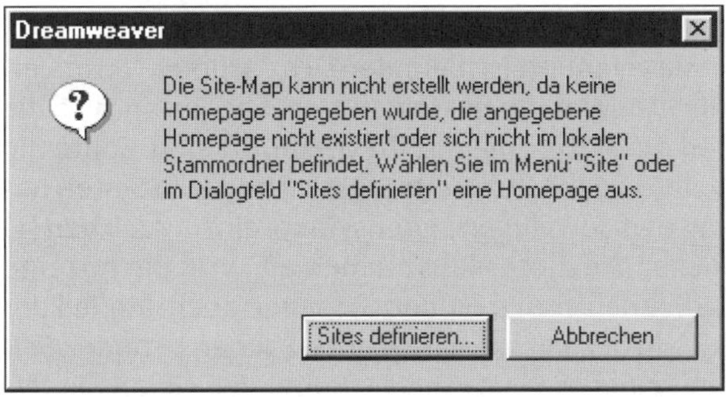

In diesem Fall klicken Sie auf die Schaltfläche *Sites definieren*, um eine Homepage festzulegen.

Im Dialogfenster *Sites definieren* klicken Sie auf die Schaltfläche *Bearbeiten*, um das Dialogfenster *Site-Definition* aufzurufen. In diesem Dialogfenster markieren Sie die Kategorie Sitemap-Layout. Geben Sie anschließend im Feld *Homepage* den Pfad zur Homepage ein oder wählen Sie ihn mittels des Ordner-Symbols aus (Abbildung 6.5). Sobald Sie danach auf *OK* klicken, erscheint die Site-Map am Bildschirm.

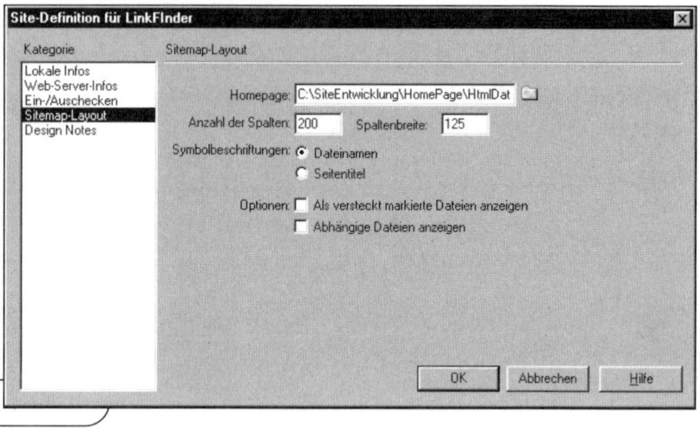

Homepage einer Site spezifizieren

Abb. 6.5

Tipp

Die Optionen im Dialogfenster *Site-Definition* wurden bereits im Kapitel 2 behandelt. Falls Sie dieses Kapitel übersprungen haben, sollten Sie dort noch einmal die Details nachschlagen.

Site-Map lesen

Die Abbildung 6.6 zeigt ein Beispiel einer Site-Map. Die Homepage steht an der Spitze der hierarchischen Struktur und die Seiten, mit denen sie verknüpft ist, befinden sich darunter. Normalerweise zeigt die Site-Map nur die ersten zwei Ebenen an, also die Homepage und die Seiten, die mit ihr verknüpft sind. Sollte die Seiten der zweiten Ebene ihrerseits Links zu anderen Seiten haben, wird neben dem jeweiligen Seitensymbol ein Pluszeichen (+) angezeigt. Klicken Sie dieses Pluszeichen an, wird die Anzeige auch um diese Ebenen erweitert und Sie sehen auch den Teil der Struktur, der sich in den darunter liegenden Ebenen befindet. Seiten, die nicht mit einer der Seiten an der Spitze der Hierarchie verknüpft sind, werden in der Site-Map nicht angezeigt.

!

Nehmen Sie in der Site-Map Änderungen an einer Datei vor, die im Dokumentfenster geöffnet ist, müssen Sie diese Datei im Dokumentfenster speichern, damit die Änderungen nicht verloren gehen. Ist die Datei, die Sie in der Site-Map geändert haben, nicht im Dokumentfenster geöffnet, dann werden die Änderungen automatisch gespeichert.

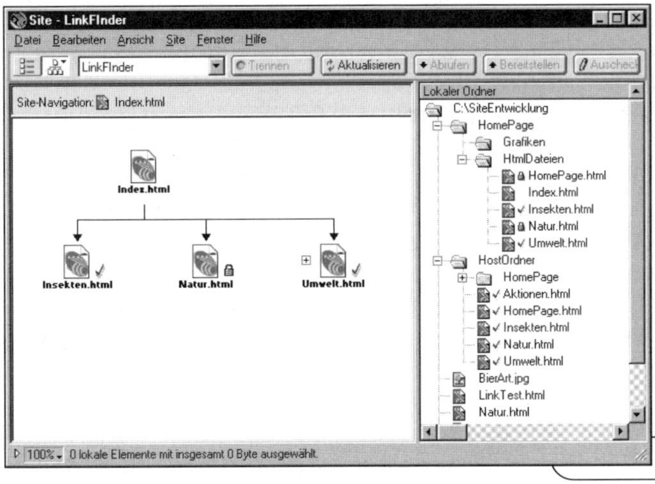

Eine Site-Map

Abb. 6.6

Neben dem Pluszeichen gibt es noch eine Reihe anderer Symbole und visueller Hinweise, die zum Verständnis der Struktur Ihrer Site beitragen:

- Dateinamen normaler Dateien werden in Schwarz angezeigt.
- Dateinamen, die in Blau angezeigt werden, stellen externe Links, JavaScript-Links, Mailto-Links oder andere Links dar. Der blaue Text wird von einer blauen Kugel begleitet. Damit sie nicht mit dem Symbol *Auf Datei zeigen* verwechselt werden kann, steht die blaue Kugel rechts unten neben dem Seitensymbol, während das runde Symbol *Auf Datei zeigen* grau ist und sich stets oben rechts neben dem Seitensymbol befindet.
- Gebrochene Links werden durch rote Dateinamen dargestellt und haben zusätzlich auch noch ein entsprechendes Symbol, das in etwa wie zwei ineinander gestülpte Vs aussieht.
- Grüne bzw. rote Häkchen bedeuten, dass die Datei von Ihnen bzw. von jemand anderem ausgecheckt wurde.
- Das Schlosssymbol zeigt an, dass die betreffende Datei auf *Nur-Lesen* gesetzt ist.

Tipp

Die Site-Map können Sie auch als Grafik-Datei abspeichern, indem Sie einfach das Menü *Datei* öffnen und den Eintrag *Site-Map speichern* wählen. Bei Windows haben Sie die Wahl zwischen den Formaten *Windows Bitmap* (.bmp) und *PNG*.

Dateinamen werden nur für die Dateien der ersten fünf Ebenen der Hierarchie angezeigt. Die Dateinamen der sechsten Ebene sind zwar ebenfalls verfügbar, erscheinen aber nur, wenn Sie den Mauszeiger rechts neben das betreffende Symbol setzen. Informationen über die jeweilige Datei werden jedoch auch in der Statusleiste angezeigt.

Tipp

Führen Sie einen langsamen Doppelklick auf einem Dateinamen aus, gelangen Sie in den Bearbeitungsmodus und können den Dateinamen ändern. Ist die Anzeige auf *Seitentitel* eingestellt, können auch Seitentitel auf die gleiche Weise geändert werden. Wie in Kapitel 2 bereits erläutert, enthält das Dialogfenster *Site-Definition* auch eine Kategorie *Sitemap-Layout*, die ihrerseits eine Option *Symbolbeschriftungen* umfasst, mit der Sie wählen können, ob die Dateinamen oder die Seitentitel angezeigt werden sollen.

Standpunkt ändern

Sie können den Standpunkt innerhalb der Site ändern und somit auch Links von Seiten anzeigen, die nicht die Homepage sind. Führen Sie dazu den Mauszeiger auf das gewünschte Seitensymbol, drücken Sie die rechte Maustaste und wählen Sie im Popup-Menü den Eintrag *Als Stammordner anzeigen*. Die Site-Map zeigt nur diese Datei als Spitze der Hierarchie an (Abbildung 6.7).

Wichtig ist, dass Sie verstehen, dass die Option *Als Stammordner anzeigen* die betreffende Datei nicht zur Homepage macht, sondern lediglich den Standpunkt ändert, von dem aus die Hierarchie betrachtet wird. Es steckt nicht mehr dahinter, als dass die gewählte Seite nun oben steht und die Seiten angezeigt werden, die mit ihr verknüpft sind.

Mit der Option *Als Stammordner anzeigen* können Sie zwar in der Hierarchie der Ebenen nach unten gehen, aber nicht wieder zurück. Wollen Sie die ursprüngliche Anzeige der Site-Map wiederherstellen, müssen Sie in der Navigationsleiste der Site-Map das Symbol für die Homepage anklicken. Klicken Sie auf eines der anderen Seitensymbole in der Navigationsleiste, wird die betreffende Seite als Stammordner angezeigt.

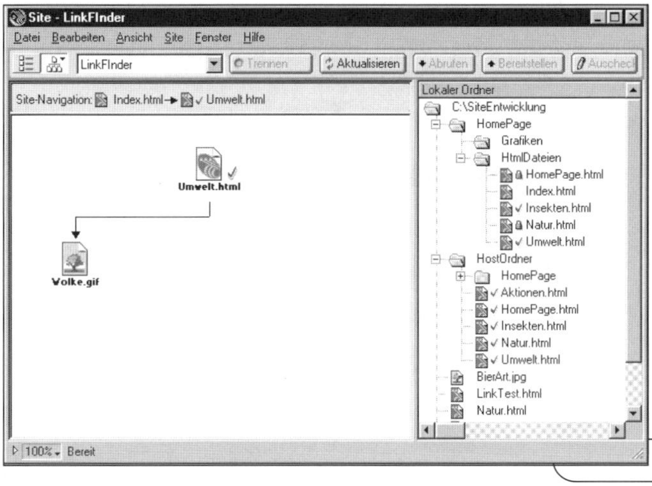

Datei als Stammordner anzeigen

Abb. 6.7

Links in Site-Maps

Ihre Site-Map ist mehr als nur ein hübsches Bild. Ist sie einmal eingerichtet, ist sie gleichzeitig auch ein funktionelles Werkzeug, mit dem Sie mancherlei Aufgaben erledigen können. So können Sie unter anderem neue Dateien anlegen, Links zu neuen Dateien erstellen und existierende Links bearbeiten.

Tipp

Wollen Sie sich im Dokumentfenster die Seite ansehen, die Quelle eines Links ist, klicken Sie in der Site-Map mit der rechten Maustaste auf das betreffende Seitensymbol und wählen im Popup-Menü den Eintrag *Quelle des Hyperlinks öffnen*. Zeigt die Site-Map die soeben durchgeführten Änderungen nicht an, klicken Sie auf die Schaltfläche *Aktualisieren*.

Seiten verknüpfen

Wenn Sie ein Seitensymbol markieren, erscheint rechts daneben das runde Symbol *Auf Datei zeigen*. Sie können es anklicken und dann auf jede Datei in der Site-Map ziehen, zu der Sie einen Link einrichten wollen (Abbildung 6.8).

Normalerweise richten Sie einen Link zwischen einem Text bzw. einem Bild einer Seite und einer anderen Seite ein. Was also hat es damit auf sich, einen Link zwischen zwei Seiten einzurichten? Setzen Sie einen Link über die Site-Map, wird auf der Seite, von der aus Sie den Link initiieren, an der Stelle ein Text-Link eingefügt, an dem sich der Cursor gerade befindet. Daher sollten Sie mit dieser Funktion sehr sorgfältig umgehen, weil danach im Dokumentfenster möglicherweise noch viel Arbeit auf Sie wartet, wenn Sie den neuen Link ordentlich in die Seitengestaltung einbinden wollen.

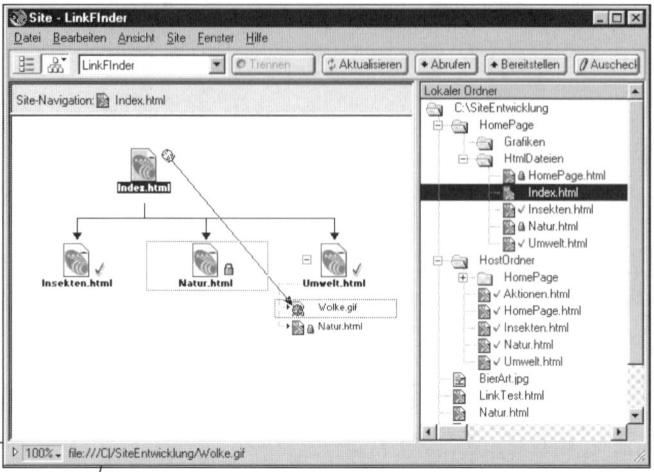

Zwei Seiten miteinander verknüpfen

Abb. 6.8

Tipp

Diese Technik funktioniert nur mit dem Textcursor. Ein Bild zu markieren und dann davon einen Links ausgehen zu lassen ist über die Site-Map nicht möglich.

Wichtig ist zu wissen, dass die Schaltfläche *Als Auf Datei zeigen* nur für die Seiten der ersten zwei Ebenen zur Verfügung steht. Sie können zwar eine Seite einer nachfolgenden Ebene anklicken, aber diese Schalftläche erscheint dennoch nicht. Wollen Sie Links auf Seiten einrichten, sie sich in der dritten Ebene oder darunter befinden, müssen Sie das Popup-Menü der rechten Maustaste verwenden. Wie diese Technik genau funktioniert, wird in den kommenden Abschnitten beschrieben.

Links zu neuen Dateien

Die Option *Verknüpfen mit neuer Datei* legt eine neue Seite an und richtet gleichzeitig auch einen Link zu ihr ein. Um einen Link zu einer neuen Datei zu erstellen, klicken Sie das gewünschte Seitensymbol mit der rechten Maustaste an und wählen im Popup-Menü den Eintrag *Verknüpfen mit neuer Datei*. Geben Sie anschließend in die drei Textfelder den Dateinamen, den Titel sowie den Text des Hyperlinks ein und klicken Sie anschließend auf *OK*.

Links zu existierenden Dateien

Mit der Option *Verknüpfen mit bestehender Datei* können Sie einen Link zu einer beliebigen existierenden Datei einrichten – übrigens auch dann, wenn diese Datei in der aktuellen Site-Map nicht angezeigt wird. Klicken Sie mit der rechten Maustaste auf das Seitensymbol und wählen Sie im Popup-Menü den Eintrag *Verknüpfen mit bestehender Datei*. Dreamweaver zeigt Ihnen nun das Dialogfenster *HTML-Datei auswählen* an, das Sie in der Abbildung 6.9 sehen. Wählen Sie in der Liste die gewünschte Datei aus (durch Doppelklick oder mittels der Schaltfläche *Auswählen*).

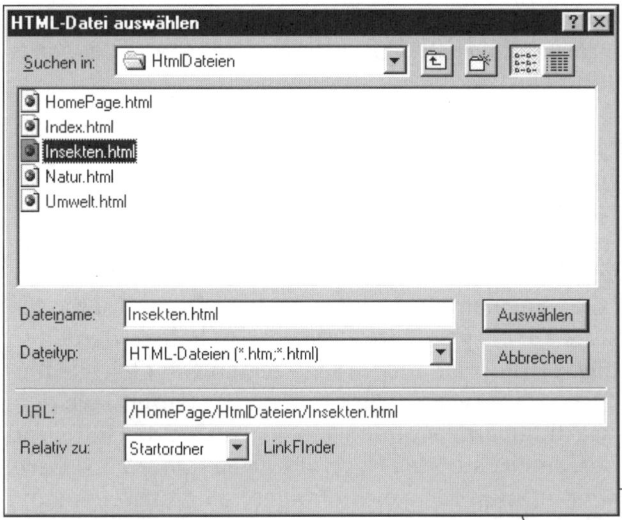

Link zu einer existierenden Datei einrichten

Abb. 6.9

Tipp

Sie können einen Link zu einer bestehenden Datei auch einrichten, indem Sie die betreffende Datei aus dem Windows Explorer in die Site-Map ziehen.

Links ändern und löschen

Die Option *Hyperlink ändern* macht es Ihnen möglich, die Zieldatei eines markierten Links zu ändern. Um dies zu tun, klicken

Sie mit der rechten Maustaste auf das Seitensymbol und wählen im Popup-Menü den Eintrag *Hyperlink ändern*. Im Dialogfenster *HTML-Datei auswählen* (siehe Abbildung 6.9) markieren Sie in der Liste den gewünschten Dateinamen. Hatten Sie im Dialogfenster *Voreinstellungen* in der Kategorie *Allgemein* bei *Hyperlinks aktualisieren* die Option *nachfragen* gesetzt, dann erscheint jetzt das Dialogfenster *Dateien aktualisieren*. Über die Schaltfläche *Aktualisieren* rufen Sie eine Liste der Dateien auf, die von der Änderung betroffen wären. Soll der Link geändert werden, klicken Sie jetzt auf die Schaltfläche *Aktualisieren* (die Schaltfläche *Nicht aktualisieren* bricht den Vorgang ab). Hatten Sie in den Voreinstellungen bei *Hyperlinks aktualisieren* die Option *immer* oder *nie* eingestellt, dann erscheint das Dialogfenster *Dateien aktualisieren* nicht.

Die Änderung des Links aktualisiert lediglich die URL, aber nicht den Text, der mit diesem Link verknüpft ist. Das Gleiche gilt auch für das Löschen eines Links – es wird nur der Link selbst gelöscht, aber nicht der dazugehörige Text.

Markieren Sie eine Datei und wählen im Popup-Menü der rechten Maustaste die Option *Hyperlink entfernen*, dann wird der ganze Link komplett gelöscht.

Hyperlink für die ganze Site ändern

Statt die Optionen *Hyperlink ändern* und *Hyperlink entfernen* im Popup-Menü der rechten Maustaste zu benutzen, können Sie auch das Menü Site öffnen und die Option *Hyperlink für die ganze Site ändern* verwenden und einen Link manuell bearbeiten. Im Grunde ist dies eine Kombination der beiden anderen Methoden – alle Links, die auf die gewählte Seite gezeigt haben, werden so geändert, dass sie nun eine andere Seite zeigen, was gleichbedeutend damit ist, dass sie von der gewählten Seite entfernt werden. Um diese Methode anzuwenden, markieren Sie die Seite und wählen in der Menüleiste *Site > Hyperlink für die ganze Site ändern*. Dreamweaver ruft nun das gleichnamige Dialogfenster auf und zeigt im Feld *Alle Hyperlinks zu* die Adresse der markierten Seite an.

Geben Sie in das Feld *ändern in Hyperlinks zu* die Adresse der Seite ein, zu der die Links geleitet werden sollen, und achten Sie dabei darauf, dass die Adresse mit einem Slash (/) beginnt. Alternativ können Sie auch das Ordnersymbol anklicken und nach der gewünschten Datei suchen.

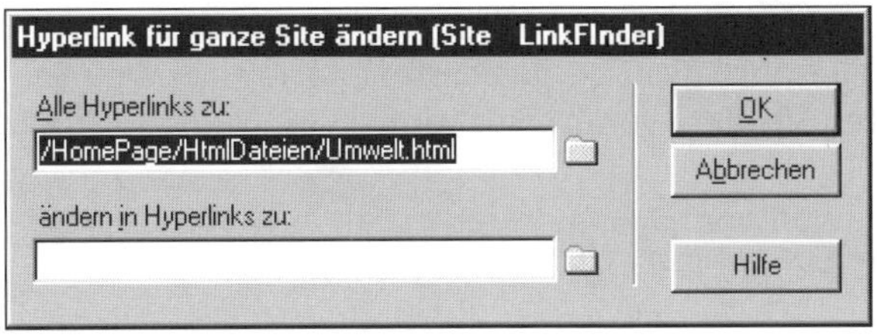

Der Slash (/) vor der Adresse ist zwingend und daher müssen Sie darauf achten, dass Sie ihn auch wirklich setzen.

Nachdem Sie mit der Schaltfläche OK beendet haben, kommt entsprechend Ihren Voreinstellungen (siehe vorangegangener Abschnitt) gegebenenfalls das Dialogfenster *Dateien aktualisieren* mit der Liste der betroffenen Dateien. Klicken Sie auf die Schaltfläche *Aktualisieren*, um den Vorgang abzuschließen. Wollen Sie abbrechen, klicken Sie auf *Nicht aktualisieren*.

Links einblenden/ausblenden

Die Option Hyperlink *einblenden/ausblenden* setzt eine Datei auf „verborgen" oder „nicht verborgen". In der Menüleiste gibt es im Menü *Ansicht* die Option *Als verborgen markierte Datei anzeigen*, die standardmäßig deaktivert ist, so dass als „verborgen" markierte Dateien in der Site-Map nicht angezeigt werden. Wenn Sie die Option *Als verborgen markierte Datei anzeigen* aktivieren, dann werden verborgene Dateien angezeigt, jedoch mit einem kursiv dargestellten Dateinamen. Erstellen Sie einen Link von einer Seite zu einer Datei, die sich entweder auf der gleichen hierarchischen Ebene oder einer höheren befindet, dann ist der Link automatisch als verborgen markiert.

Tipp

Bei den abhängigen Dateien handelt es sich um Nicht-HTML-Dateien (wie beispielsweise Bilddateien), die ebenfalls mit der Seite verknüpft sind. Diese Dateien sind standardmäßig verborgen, können aber mit *Anzeige > Als verborgen markierte Datei anzeigen* angezeigt werden.

Der Hyperlink-Prüfer

Die Integritätsprüfung Ihrer Links ist sowohl entscheidend als auch unerlässlich. Allerdings macht Ihnen der Hyperlink-Prüfer von Dreamweaver diese Aufgabe recht einfach.

Der Hyperlink-Prüfer berücksichtigt nur die gespeicherten Dateien. Haben Sie eine noch nicht gespeicherte Datei in einer Web-Seite, dann müssen Sie diese vorab speichern.

Links können sowohl vom Dokumentfenster als auch von *Site*-Fenster aus geprüft werden. Gehen Sie dazu wie folgt vor:

- Im Dokumentfenster öffnen Sie das Menü *Datei* und wählen dort den Eintrag *Links überprüfen*. Um jeden Link in jeder Web-Seite einer Site zu überprüfen, öffnen Sie das Menü *Site* und wählen den Eintrag *Hyperlinks auf gesamter Site prüfen*.

- Wollen Sie im Site-Fenster einzelne Dateien prüfen, dann markieren Sie eine oder mehrere Dateien, führen mit der Maus auf einer der Dateien einen rechten Mausklick aus und wählen im Popup-Menü den Eintrag *Hyperlinks überprüfen*. Sollen alle Links in allen Web-Seiten der Site geprüft werden, öffnen Sie das Menü *Site* und wählen den Eintrag *Hyperlinks auf gesamter Site prüfen*.

Tipp

Das Markieren von mehreren Dateien erfolgt auch in der Dateiliste des *Site*-Fensters entsprechend dem Windows-Standard. Mit ⇧ + Mausklick markieren Sie eine Gruppe aufeinander folgender und mit Strg + Mausklick eine Gruppe nicht aufeinanderfolgender Dateien. In der Site-Map dagegen können Sie mit ⇧ Taste + Mausklick sowohl aufeinander folgende als auch nicht aufeinander folgende Dateien markieren.

Das Dialogfenster *Hyperlink-Prüfer* erstellt einen Statusbericht über Ihre Links. Im unteren Teil sehen eine Statistik der Gesamtergebnisse. In den beiden oberen Listen erscheinen die Namen der beanstandeten Dateien.

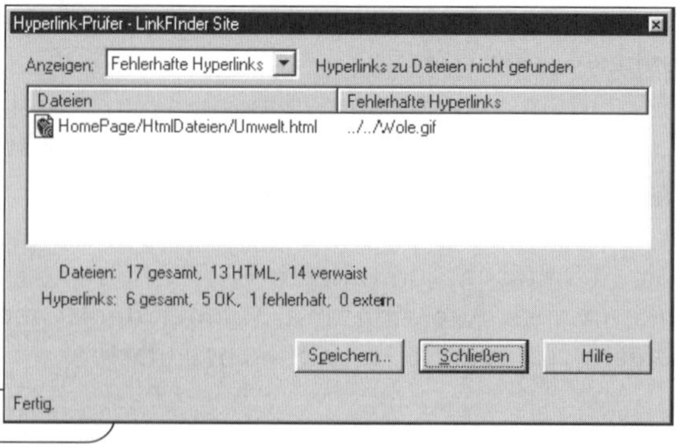

Bericht über fehlerhafte Hyperlinks

Abb. 6.10

Um die Datei, die den fehlerhaften Link enthält, im Dokumentfenster zur Bearbeitung zu öffnen, führen Sie in der Spalte *Dateien* einen Doppelklick auf dem Dateinamen aus. Wollen Sie den Link über das Dialogfenster *Hyperlink-Prüfer* korrigieren, dann brauchen Sie nichts weiter zu tun, als in der Spalte *Fehlerhafte Hyperlinks* auf den Dateinamen zu klicken. Anschließend können Sie die URL manuell bearbeiten oder auf das Ordnersymbol klicken, das nach dem Anklicken des Dateinamens erscheint. Haben Sie die Korrektur vorgenommen, drücken Sie entweder die [↵]-Taste oder die [⇆]-Taste, um die Änderung wirksam werden zu lassen. Unmittelbar danach verschwindet der Eintrag aus dem Fehlerbericht. Wurde der fehlerhafte Link in mehr als nur in einer Datei gefunden, erscheint ein Dialogfenster und Sie werden gefragt, ob die anderen fehlerhaften Links ebenfalls korrigiert werden sollen. Je nachdem, wie Sie sich entscheiden, klicken Sie entweder auf die Schaltfläche *Ja* oder auf die Schaltfläche *Nein*.

Um den Bericht für externe Links zu sehen, öffnen Sie das Listenfeld *Anzeigen* und wählen den Eintrag *Externe Hyperlinks*. Der Bericht *Externe Links* sieht beinahe so aus wie der Bericht über die fehlerhaften Links. Allerdings erscheint kein Ordnersymbol, wenn Sie in der Spalte *Externe Hyperlinks* auf einen Eintrag klicken, weil sich die Links ja nicht auf Dateien an Ihrem Lokalen System beziehen. Allerdings können Sie die URL wie gehabt manuell ändern.

Der Hyperlink-Prüfer prüft ausschließlich darauf, ob die Links innerhalb Ihrer Site in Ordnung sind. Links, die sich außerhalb der Site befinden, werden nicht geprüft. Wollen Sie auch die Links prüfen, die extern sind, dann brauchen Sie ein Programm wie InfoLink (InfoLink ist verfügbar über *www.biggbyte.com/infolink/index.html*). Alternativ können Sie diese Links auch manuell über den Webbrowser prüfen.

Die dritte Option im Listenfeld *Anzeigen* ist *Verwaiste Dateien*. Wählen Sie diesen Eintrag, ändert sich das Dialogfenster *Hyperlink-Prufer* (Abbildung 6.11). Dieser Fehlerbericht ist rein informa tiv und Sie können hier nichts weiter tun, als einen Doppelklick auf einem Dateinamen auszuführen, um die betreffende Datei zur Bearbeitung zu öffnen.

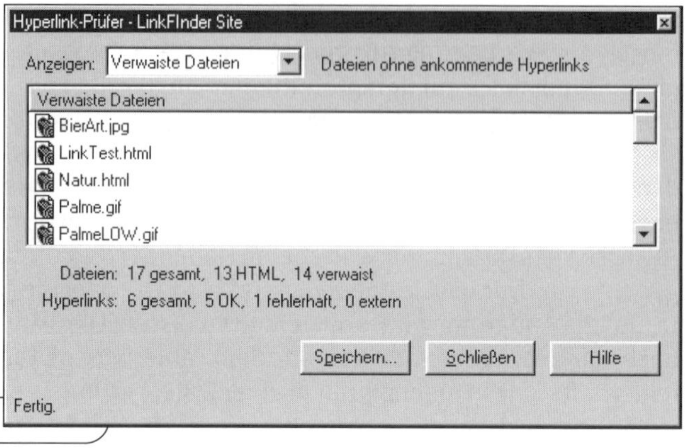

Der Fehlerbericht über verwaiste Dateien

Abb. 6.11

Beeilen Sie sich nicht damit, verwaiste Dateien zu löschen. Es handelt sich dabei um Dateien, auf die kein Link gerichtet ist. Dazu gehört in vielen Fällen die Homepage, die möglicherweise nur ausgehende Links besitzt.

Mit der Schaltfläche *Speichern* können Sie eine Kopie des Fehlerberichtes in einer Tabulator-separierten Textdatei ablegen.

Zusammenfassung

In diesem Kapitel haben Sie sich damit befasst, wie in Dreamweaver Links erstellt werden und wie Sie die Site-Map und den Hyperlink-Prüfer zur Verwaltung und Pflege von Web-Sites nutzen können.

Sie haben gelernt, dass eine absolute URLs eine vollständige Adresse enthält, die ein Webbrowser benötigt, um eine Datei zu lokalisieren. Relative URLs geben nur die Richtung an, in der sich eine Datei befindet. Ausgangspunkt hierfür ist stets die Web-Seite, die diese Datei enthält.

Anschließend wurde erläutert, wie mit Dreamweaver Links erstellt werden. Das ist eine ganz einfache Sache, weil Sie nichts weiter tun müssen, als den Text oder das Bild zu markieren und danach im *Eigenschaften-Inspector* die URL der Zieldatei in das Feld *Hyperlink* einzugeben. Für Links zu einzelnen Bereichen innerhalb einer Web-Seite können Sie auch benannte Anker verwenden.

Danach wurde erklärt, welche Faktoren für Bilder-Links in Erwägung gezogen werden sollten. Ihnen wurde gezeigt, wie Sie Miniaturansichten dazu nutzen können, um Links zu Bilddateien einzurichten und wie Sie Image-Maps erstellen.

In diesem Kapitel ging es auch darum, wie Site-Maps angelegt werden. Site-Maps sind eine visuelle Präsentation der Verbindungen zwischen den Dateien in Ihrer Site. Neben einer grafischen Darstellung der Struktur Ihrer Site haben Sie zudem auch noch die Möglichkeit, die Optionen der Site-Map zur Verwaltung der Links zu nutzen.

Zum Schluss haben Sie erfahren, wie der Hyperlink-Prüfer die Integritätsprüfung der Links automatisiert, die sich innerhalb Ihrer Site befinden.

Im nächsten Kapitel befassen Sie sich mit dem Einsatz von Farbe auf Web-Seiten und natürlich auch mit der überaus wichtigen Web-sicheren Farbpalette.

Farben

7

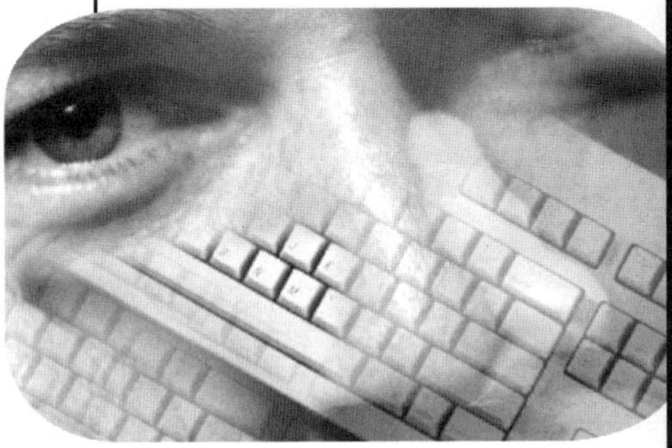

Sie können praktisch die Farbe jedes Elements einer Web-Seite ändern – vom Text bis hin zum Hintergrund von Tabellen. Die meisten Web-Designer sind sich der wesentlichsten Folgen bei der Farbauswahl bewusst, wie z.B., dass heller Text auf einem hellen Hintergrund schlecht lesbar ist. Aber die Farbgebung ist weit komplexer und der ungeschickte Einsatz von Farben kann das gesamte Design ruinieren.

Der erste Teil dieses Kapitels erläutert einige grundlegende Richtlinien bei der Farbauswahl für Web-Seiten. Im zweiten Teil wird beschrieben, wie mit den Dreamweaver-Tools Farben festgelegt werden.

Effektive Farben wählen

Farben haben Charakter und immanente Bedeutungen. Grün kann Geld oder die Umwelt repräsentieren. Rot kann für Gefahr, Blut oder das Leben an sich stehen. Durch Zusammenfügen von mehreren verschiedenen Farben kann Harmonie oder Dissonanz erzeugt werden. Bestimmte Farbkombinationen verstärken inhärente Assoziationen, andere machen diese zunichte.

Farben dienen nicht allein dazu, schwarzweiße Seiten zu vermeiden. Sie umgehen unseren logischen Verstand und sprechen direkt unsere emotionale Seite an. Wir mögen Farben, wir ziehen Farben der stumpfsinnigen Eintönigkeit vor. Durch das Mischen von Farben und das Verhältnis der Farben untereinander wird nicht nur das Aussehen, sondern auch die emotionale Aussage einer Seite verändert.

Wie die besten Soundtracks bei Filmen bleiben auch die besten Farbschemata im Allgemeinen vom Publikum weitgehend unbeachtet. Sie wirken so selbstverständlich und passend, dass eine andere Kombination kaum möglich erscheint. Ohne Farbe wäre das gesamte Design dürftig.

Eine gute Farbauswahl zu treffen ist ein Talent, über das aber bis zu einem gewissen Grad alle Menschen verfügen und es lässt sich durch Übung steigern. Auf diesem Gebiet müssen Sie Ihre eigenen Erfahrungen sammeln, aber es gibt einige Richtlinien, an die Sie sich halten können.

Auf der beiliegenden CD-ROM finden Sie im Verzeichnis *Color Gallery* Illustrationen zu den Farbkonzepten.

Tipp

Warme und kalte Farben

Farben werden auch mit Temperaturbegriffen beschrieben (z.B. heiß, warm, kalt, kühl). Alle Künstler stimmen darin überein, dass Rot die heißeste Farbe ist. Darüber welche Farbe die kälteste ist, gibt es aber große Meinungsverschiedenheiten. Die, die an der strikten Interpretation des Farbspektrums festhalten, vertreten die Meinung, dass Farben, je weiter sie von Rot entfernt liegen, umso kälter werden. Andere sagen, dass die Natur und die menschliche Erfahrung diktieren, dass Winterfarben wie Blau und Weiß die kältesten Farben sind.

Die Wärme von Farben wird im Wesentlichen durch deren Nähe zu Rot bestimmt. Daher sind Orange und Gelb die nächst heißesten Farben. Pastelltöne mildern Hitze ab. Beispielsweise ist Pink, obwohl es eine Schattierung von Rot ist, nicht so heiß wie reines Rot und ein helles Orange kann erheblich heißer als Pink wirken.

Warme Farben sind kraftvoll und aufregend. Auf einer Seite mit warmen und kalten Farben wird das Auge automatisch zuerst von den warmen Farben angezogen. Verwenden Sie diese Farben für die wichtigsten Elemente, achten Sie aber darauf, dass Ihr gesamtes Design nicht davon beherrscht wird.

Kalte Farben, wie Grün- und Blautöne, sind wohltuend und beruhigend. Sie eignen sich am besten für den Hintergrund oder für große Seitenbereiche und gleichen die intensive Wirkung von heißen Farben aus. Im Folgenden sind einige wärmere und kältere Farben aufgeführt:

Tabelle 7.1

Heiße und kalte Farben

Heiß und warm	Kalt und kühl
Braun	Grün
Orange	Blau
Gelb	Grau
Rot	Violett

Die Bedeutung von heiß und kalt im Farbdesign ist vergleichbar mit Yin und Yang. Für diese alten chinesischen Konzepte gibt es jeweils ungefähr tausend Definitionen. Yin verweist auf Begriffe wie sanft, kühl, feminin, abgerundet und dunkel. Yang bedeutet Strenge, Hitze, Männlichkeit, Geradlinigkeit, Schärfe und Licht. Daher erzielen wärmere Farben die beste Wirkung in glanzvollen Designs mit vielen geraden Kanten. Kältere Farben finden sich meist in subtilen Kombinationen mit runden Formen und gedämpften Schatten. Wie die Yin- und Yang-Symbolik werden die beiden Farbtemperaturen normalerweise miteinander verwendet.

Natürlich müssen Sie warme und kalte Farben nicht miteinander kombinieren. Das hängt von der Stimmung ab, die Sie erzeugen wollen. Beispielsweise würde eine Meditationsseite wahrscheinlich bei der Verwendung von heißeren Farben an Wirkung verlieren. Eine wichtige Navigationsleiste dagegen würde zweifellos in heißen Farben einen besseren Blickfang bieten als in kühlen Farben.

Komplementär- und Kontrastfarben

Anhand des Farbrads lassen sich die Beziehungen zwischen Farben zeigen. Das erste Farbrad wurde von Sir Isaac Newton erfunden und seitdem stellen Variationen davon die Fundamente der Kunst dar.

Das traditionelle Farbrad (siehe die folgende Abbildung) ist für die meisten Menschen, die die RGB-Farblehre kennen, etwas verwirrend. Das Generieren von Farben auf einem Computer-Bildschirm geht genau umgekehrt vonstatten wie auf Papier oder auf Leinwand. Das Licht in einer Farbe wird von Computer-Monitoren hinzugefügt, während bei traditionellen Medien Materialien verwendet werden, die einige Wellenlängen des Lichts absorbieren und entgegengesetzte Wellenlängen reflektieren.

Ungeachtet der physikalischen Unterschiede, die für die Erzeugung einer künstlerischen Komposition in den verschiedenen Medien zuständig sind, bleibt das Farbrad aber eine der besten Methoden, um zusammenpassende Farben zu ermitteln. Es spielt eigentlich keine Rolle, wie diese Farben erzeugt werden. Wichtig ist nur, was diese Farben am Ende für eine Wirkung erzielen.

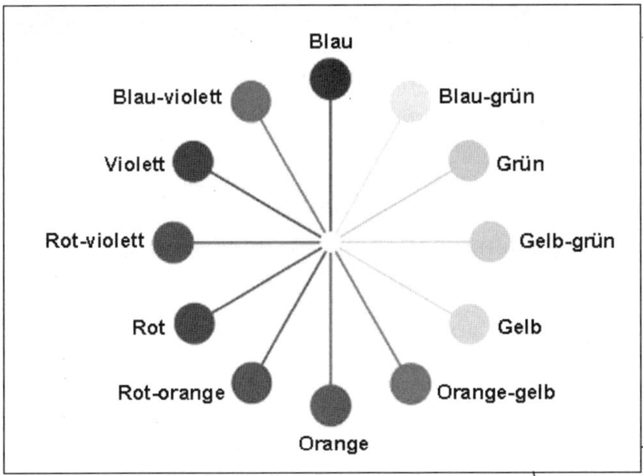

Das traditionelle Farbrad

Abb. 7.1

Ähnliche Farben sind auf dem Farbrad nebeneinander angeordnet. Komplementärfarben liegen sich auf dem Farbrad gegenüber. Wenn diese Farben gemischt werden, entsteht ein Mittelgrau, wenn sie nebeneinander verwendet werden, heben sie sich gegenseitig hervor. Kontrastfarben sind Farben, die auf dem Farbrad durch drei andere Farben getrennt sind.

Tipp

Komplementärfarben sind nicht nur ein künstlerisches Axiom, sondern eine physikalische Tatsache. Starren Sie so lange auf eine beliebige Farbe, bis Ihnen beinahe schwindlig wird, schauen Sie dann auf eine weiße Fläche; Sie werden die Komplementärfarbe der ersten Farbe sehen.

Die folgende Tabelle fasst die Beziehungen zwischen den Farben auf dem Farbrad zusammen.

Tabelle 7.2

Farbbeziehungen auf dem Farbrad

Farbe	Ähnlich	Komplementär	Kontrast
Blau	Blaugrün, Blauviolett	Orange	Gelbgrün, Rotviolett
Blaugrün	Blau, Grün	Rot	Gelb, Violett
Grün	Blaugrün, Gelbgrün	Rotviolett	Orange, Blauviolett
Gelbgrün	Grün, Gelb	Violett	Rot, Blau
Gelb	Gelbgrün, Orange	Blauviolett	Blaugrün, Rotviolett

Tabelle 7.2 - Fortsetzung

Farbe	Ähnlich	Komplementär	Kontrast
Orange	Gelb, Rot	Blau	Grün, Violett
Rot	Orange, Rotviolett Blauviolett	Blaugrün	Gelbgrün,
Rotviolett	Rot, Violett	Grün	Gelb, Blau
Violett	Rotviolett, Blau- violett, Blaugrün	Gelbgrün	Orange,
Blauviolett	Violett, Blau	Gelb	Grün, Rot

Das Farbrad ermöglicht einen klaren, mathematisch genauen Zugang zur Farbverwendung. Aber Kunst ist keine Mathematik. Obwohl es viele Richtlinien für Kunst gibt, existieren keine strengen Gesetze. Bedenken Sie, dass Kunst vom Herzen kommt. Wenn Ihre gefühlsmäßige Reaktion auf eine Farbkombination positiv ist, dann ist diese Kombination gut. Im künstlerischen Bereich sollten Sie immer Ihren Instinkten folgen.

Tipp

Normalerweise werden Sie eher harmonische Farbkombinationen verwenden, in speziellen Fällen können Sie aber Farbkombinationen auch zum Aufrütteln einsetzen.

Naturfarben

Unsere Umwelt legt die Interpretation von einigen Farben fest. Wälder sind reich an Grün- und Brauntönen. Der Himmel ist blau, außer beim Sonnenuntergang, wenn sich eine Vielzahl warmer Farben zeigt. Wolken haben alle erdenklichen Schattierungen von Weiß und Schwarz. Das Meer ist für die meisten Menschen blau, es rangiert aber bei normalem Licht abhängig von der Tiefe zwischen Blau und Grün und Braun. Das Wasser kann bei unterschiedlichen Wetterbedingungen praktisch jede Farbe annehmen. Der Stand der Sonne in den jeweiligen Jahreszeiten und auf verschiedenen geografischen Breiten trägt außerdem viel zu der Farbe des Meeres bei.

Der Kommentar zum Meer ist nicht sehr ausführlich, aber er sollte einen wichtigen Punkt herausstellen: Es ist nicht bloß die Natur, die in Betracht gezogen werden muss, wenn Naturfarben dargestellt werden sollen, sondern auch unsere Annahmen über die Natur. Ein Künstler in einer Novelle von Dudley Pope beklagte sich bitter darüber, dass er seine genauen Gemälde lebhafter karibischer Farben nicht an ein englisches Publikum verkaufen konnte, weil das Publikum nicht glaubte, dass solche Farben in der realen Welt existieren könnten. Obwohl nur wenige Web-Seitendesigner zwischen ihrer künstlerischen Ehrlichkeit und ihrem Bedürfnis zu überleben hin und her gerissen sein werden, sollten Sie diesen wichtigen Gesichtspunkt im Gedächtnis behalten.

Das vielleicht Allerwichtigste bei Naturfarben ist, dass wir anhand dieser Farben die Welt wahrzunehmen gelernt haben. Auch jene, die ihr Erwachsenenleben vorwiegend drinnen verbringen, haben als Kinder viel Zeit draußen zugebracht. Die Wahrnehmung wurde unbewusst durch die Art und Weise, wie die Sonne auf Blätter scheint, wie Fußspuren im Sand aussehen und durch die natürlichen, harmonischen Farben der Landschaft herangebildet.

Aus diesen Gründen neigt die Kunst dazu, die Natur zu imitieren. Gleichgültig wie entfernt ein Thema von der natürlichen Welt ist, neigt das Verhältnis der dargestellten hellen und dunklen Farben dazu, die Anteile von Licht und Schatten des Tageslichtes nachzuahmen. Die relativen Anteile von lebhaften und ruhigen Farbtönen weisen eine bemerkenswerte Ähnlichkeit damit auf, wie Blumen zwischen Büschen herausragen. Sehen Sie sich das nächste Mal, wenn Sie draußen sind, aufmerksam um. Auch wenn dies wenig mit dem Design von Web-Seiten zu tun haben mag, werden Sie dadurch einen unleugbaren Vorsprung vor Ihren Mitbewerbern erzielen.

Mit Farben Effekte erzeugen

Einige Farbkombinationen erzeugen selbstredend bestimmte Effekte. Dies ist weniger eine Funktion der Farbe selbst, sondern eher ein glücklicher Zufall der menschlichen Anatomie. Unsere Augen sind unvollkommen. Sie zeigen uns die Welt nicht wirklich so, wie sie ist, sondern so, wie sie den Augen erscheint. Diese Tatsache ist die Grundlage aller optischen Illusionen und Sie können sich dies beim Entwerfen von Web-Seiten zunutze machen.

Absolut identische Web-Seiten können abhängig von dem Zusammenspiel der verwendeten Farben außerordentlich unterschiedlich aussehen. Mit den falschen Farben werden Beschriftungen, die zuvor klar und lesbar waren, plötzlich dünn und schwer zu entziffern. Mit bestimmten Farben sind Wörter, die allem Anschein nach auf der Seite lagen, auf einmal erhaben und scheinen über der Seite zu schweben. Blau und Magenta können diesen 3D-Effekt vor allem auf einem schwarzen Hintergrund hervorrufen. Dieser Effekt lässt sich mit Hilfe eines Hintergrundbildes noch verstärken.

Tipp

Im Ordner *Color Gallery* auf der beiliegenden CD-ROM finden Sie ein Beispiel für den Effekt *Schwebender Text*.

Bei der Auswahl der Farben für Text und Hintergrund sollten Sie sorgfältig auf die Auswirkung der Farbkombination auf die Sichtbarkeit der Schrift achten. Helle Schrift auf einem dunklen Hintergrund sieht im allgemeinen dünner aus als dieselbe Größe einer dunklen Schrift auf einem hellen Hintergrund. Ganz gleich wie hübsch eine Seite ist, die Farbe darf der Funktionalität einer Site nicht im Wege stehen.

Ein weiteres, häufiges Problem, mit dem alle Künstler rechnen müssen, ist, dass unterschiedliche Farben den Anschein erwecken, als handle es sich um verschiedene Größen. Beispielsweise sieht ein schwarzes Quadrat innerhalb eines weißen kleiner aus als ein identisches weißes Quadrat in einem schwarzen. Wenn Ihr Design proportional aussehen soll, kann dies ein Problem sein. Wenn eine Tabelle z.B. verschiedenfarbige Zellen enthält, können alle Zellen exakt gleich groß sein, aber sie werden nicht so aussehen. In solchen Fällen müssen Sie eventuell die Größe einiger Seitenelemente per Augenmaß festlegen, anstatt diese zu berechnen.

Nachdem einige grundlegende Gesichtspunkte bei der Verwendung von Farben erläutert wurden, wird im Folgenden beschrieben, wie Sie in Dreamweaver Farben festlegen.

Die Farbeinstellungen von Dreamweaver

In Dreamweaver gibt es zwei grundlegende Methoden zum Festlegen von Farben:

- Geben Sie den Namen oder die Hexadezimalzahl (Hex) einer Farbe in das Textfeld ein.
- Klicken Sie das Farbfeld an und wählen Sie mit Hilfe der Farbpipette eine Farbe aus der Palette aus.

Der Eigenschaften-Inspector

Abb. 7.2

In den meisten Dialogfeldern stehen Ihnen wie im Eigenschaften-Inspector (siehe die obige Abbildung) beide Optionen zur Verfügung. Einige enthalten jedoch nur das Textfeld für den Namen oder die Hexzahl der Farbe.

Tipp

Sie müssen weder das Nummernzeichen (#) vor der Hexzahl im HTML-Quellcode noch Großbuchstaben eingeben, obwohl beides den Konventionen entspricht. Wenn Sie eine Farbe mit der Pipette zuweisen, stellt Dreamweaver der Hexzahl das Nummernzeichen voran, wenn Sie einen Farbwert eingeben, jedoch nicht. Eine von Ihnen eingegebene Hexzahl wird genauso, wie Sie sie geschrieben haben, in den Quellcode übernommen.

Die folgenden Abschnitte erläutern, wie mit Farbennamen, der Farbpipette und der Farbpalette Elementen der Web-Seite Farben zugewiesen werden.

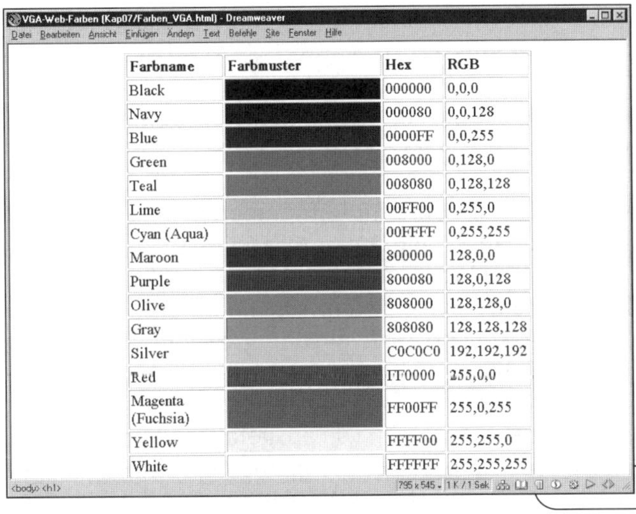

Farbname	Farbmuster	Hex	RGB
Black		000000	0,0,0
Navy		000080	0,0,128
Blue		0000FF	0,0,255
Green		008000	0,128,0
Teal		008080	0,128,128
Lime		00FF00	0,255,0
Cyan (Aqua)		00FFFF	0,255,255
Maroon		800000	128,0,0
Purple		800080	128,0,128
Olive		808000	128,128,0
Gray		808080	128,128,128
Silver		C0C0C0	192,192,192
Red		FF0000	255,0,0
Magenta (Fuchsia)		FF00FF	255,0,255
Yellow		FFFF00	255,255,0
White		FFFFFF	255,255,255

Die 16 VGA-Farben

Abb. 7.3

Farbnamen verwenden

Zu den benannten Farben gehören die in der folgenden Abbildung dargestellten 16 VGA-Standardfarben (wie Blau und Cyan) als auch eine Reihe weiterer Farbtöne. Bitte beachten Sie, dass die Farbnamen in Dreamweaver in englischer Sprache eingegeben werden müssen.

Web-sichere Farben werden in unterschiedlichen Browsern gleich angezeigt. Im Abschnitt *Dithering und die Web-sichere Farbpalette* weiter unten in diesem Kapitel erhalten Sie dazu nähere Informationen.

Bei der Verwendung von Farbnamen werden Sie eine Reihe von Überraschungen erleben. Magenta und Fuchsia sind beispielsweise identisch, genau wie Cyan und Aqua. Aber Grün, eine der drei Hauptstützen der RGB-Farben, wird vollkommen falsch dargestellt. Der Hexwert für Grün ist #00FF00; der Dezimalwert lautet 0, 255, 0, was bedeutet: kein Rot, voll Grün, kein Blau. Die Verwendung des Farbnamens *Green* ergibt jedoch #008000 bzw. 0, 128, 0. Um das richtige Grün mit dem korrekten Farbwert zu erhalten, müssen Sie den Farbnamen *Lime* eingeben.

Farbe mit der Pipette übertragen

Mit der Farbpipette wird in Dreamweaver Farbe von einer Stelle aufgenommen und auf ein markiertes Element der Web-Seite übertragen. Dabei müssen Sie – außer die Pipette auf die gewünschte Farbe zu setzen – zum Übertragen der Farbe nichts weiter ausführen. Die Farbe wird automatisch übernommen, nachdem Sie sie angeklickt haben.

Außer ihrer Hauptfunktion, dem Aufnehmen von Web-sicherer Farbe aus der Farbpalette von Dreamweaver, lassen sich mit der Pipette auch perfekte Farbübereinstimmungen zwischen unterschiedlichen Elementtypen erzielen. Angenommen Sie möchten einen Anfangs-Großbuchstaben (ein übergroßer und stilisierter Buchstabe, der häufig am Beginn eines Absatzes steht) verwenden. Auf Web-Seiten sind Anfangs-Großbuchstaben wegen der Schwierigkeiten beim Anzeigen von ausgefallenen Schriftarten normalerweise Bilder. Dieses Bild ist jedoch Teil der Schrift des Absatzes und es kann sehr störend wirken, wenn der übrige Text eine andere Farbe als der Anfangsbuchstabe hat. Sie können den Absatz einheitlich gestalten, indem Sie die Farbe des Bildes aufnehmen und auf den Text übertragen.

Um mit der Farbpipette zu arbeiten, klicken Sie im Eigenschaften-Inspector oder in einem Dialogfeld auf ein Farbfeld. Der Mauszeiger ändert seine Form in eine Pipette und die Farbpalette wird angezeigt (siehe die folgende Abbildung). Wählen Sie die Farbe aus, die Sie übertragen wollen. Dazu können Sie unter den folgenden Möglichkeiten wählen:

- Klicken Sie in der Farbpalette von Dreamweaver die gewünschte Farbe an.
- Bewegen Sie die Pipette an eine beliebige Position auf dem Bildschirm. Sobald Sie klicken, wird die Farbe des unter der Pipette befindlichen Objekts aufgenommen.
- Klicken Sie in der unteren rechten Ecke der Farbpalette die mittlere Schaltfläche (Radiergummi) an, um die aktuelle Farbe eines Elements zu entfernen und wieder die Standardfarbe zuzuweisen. Die beiden anderen Schaltflächen in der unteren rechten Ecke der Farbpalette werden in den folgenden Abschnitten beschrieben.

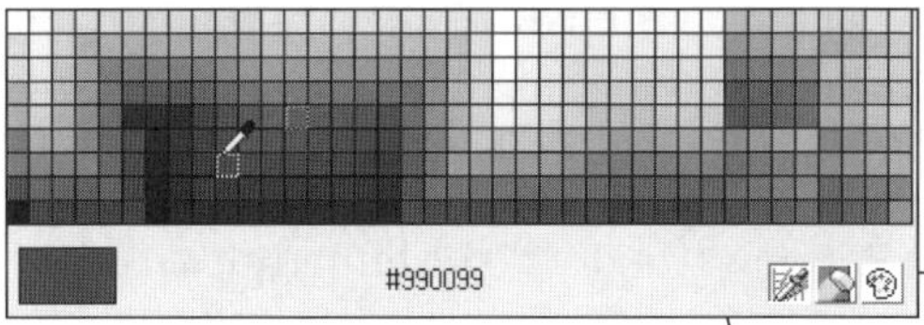

Die Farbpalette von Dreamweaver

Abb. 7.4

Mit der Farbpipette können Sie sogar Farben außerhalb des Dreamweaver-Fensters, wie z.B. auf dem Desktop oder in einer anderen Anwendung, auswählen. Um die Pipette auch außerhalb von Dreamweaver zu verwenden, müssen Sie die linke Maustaste drücken und gedrückt halten, bevor Sie zu einem anderen Programm wechseln. Ansonsten führen Sie nichts anderes aus, als ein Fenster anzuklicken und dieses Programm zu aktivieren. Das andere Fenster muss neben Dreamweaver geöffnet sein, damit Sie darauf zugreifen können. Halten Sie die Maustaste dann so lange gedrückt, bis Sie die Pipette auf die gewünschte Farbe gesetzt haben.

Tipp

Der Mauszeiger nimmt wieder seine Standardform an, wenn Sie ihn in den unteren Bereich der Farbpalette setzen, da er hier zum Anklicken der Schaltflächen benutzt wird. Überall sonst behält er so lange die Form einer Pipette, bis Sie eine Farbe angeklickt haben.

Dithering und die Web-sichere Farbpalette

Es gibt zwei verschiedene Methoden der Verwendung der Pipette oder vielmehr zwei verschiedene Paletten, aus denen Farben ausgewählt werden können. Im Standardmodus nimmt die Pipette jede beliebige Farbe auf und das bedeutet, dass Sie möglicherweise Farben verwenden, die weit über die Anzeigemöglichkeiten einiger Computer-Systeme hinausgehen.

Es gibt immer noch Computer, die nur 256 Farben anzeigen können. Obwohl sich dies wegen der sinkenden Preise für verbesserte Grafikkarten und Monitore ändert, müssen Web-Designer dieser Situation Rechnung tragen. Wenn ein System eine Farbe anzeigen soll, die weit über dessen Darstellungsmöglichkeiten hinausgeht, wird das so genannte *Dithering-Verfahren* verwendet. Beim Dithering werden die verfügbaren Farben gemischt, um eine Farbe zu erhalten, die der ursprünglichen Farbe so ähnlich wie möglich ist. Die Ergebnisse sind oft sehr enttäuschend und das geringste Problem dabei ist, dass die Gleichmäßigkeit der Originalfarbe verloren geht.

Die beste Lösung für dieses Problem ist, Farben zu verwenden, die unabhängig davon, wie viele Farben das Zielsystem anzeigen kann, immer gleich dargestellt werden. In der Farbpalette von Dreamweaver ist eine Gruppe von 212 Farben enthalten, die als *Web-sicher* erachtet werden. Web-sicher bedeutet, dass die Farben im 256-Farbmodus auf Windows- und Mac-Systemen gleich angezeigt werden.

Tipp

Sie fragen sich wahrscheinlich, warum nicht 256 Farben als Websicher eingestuft werden. Schließlich sind sie auf Computer-Systeme mit 256 Farben ausgerichtet. Nun, 40 Farben sind für den Gebrauch durch das System reserviert; so verbleiben noch 216 Farben. Die meisten Web-sicheren Paletten enthalten auch 216 Farben, aber Macromedia hat herausgefunden, dass in der Praxis vier dieser Farben nicht angemessen reproduziert werden. Der Internet Explorer zeigt die Blautöne mit den Hexwerten #0033FF und #3300FF und die Grüntöne mit den Hexwerten #00FF33 und #33FF00 nicht korrekt an. Wenn Sie diese Farben unbedingt einsetzen wollen, können Sie ihre Hexwerte in das Textfeld eingeben, aber sie werden nur im Netscape Navigator richtig angezeigt.

Wenn Sie aus der Farbpalette von Dreamweaver eine Farbe aufnehmen, wählen Sie automatisch eine Web-sichere Farbe. Was aber, wenn Sie mit der Pipette eine Farbe eines Bildes oder aus einem anderen Programm auswählen?

Hier tritt nun die erste Schaltfläche (*Pipette*) in der unteren rechten Ecke der Farbpalette von Dreamweaver in Aktion. in der Standardeinstellung können Sie mit der Pipette jede beliebige Farbe auswählen. Wenn Sie das Pipettensymbol anklicken, konvertiert Dreamweaver die ausgewählte Farbe in die ähnlichste Web-sichere.

Das Pipettensymbol ist eine umschaltbare Schaltfläche. Das heißt, nachdem Sie sie einmal angeklickt haben, verbleibt sie so lange gedrückt, bis Sie sie durch erneutes Anklicken zurücksetzen. Wenn Sie nicht aufpassen, könnte das dazu führen, dass Sie ungewollt unsichere Farben auswählen.

Gleichgültig wie sorgfältig Sie auch planen, Sie werden ein einfaches, der Computer-Welt inhärentes Problem nicht ausmerzen können: Verschiedene Systeme zeigen Farben unterschiedlich an. Es ändert auch nichts, wenn Sie Web-sichere Farben verwenden. Wenn Sie jemals einen neuen Monitor angeschlossen oder eine andere Grafikkarte installiert haben, wird Ihnen dies bereits aufgefallen sein. Es gibt keine Möglichkeit dies zu umgehen und Sie müssen sich mit der Tatsache abfinden, dass nicht alle Designs genauso aussehen werden wie auf Ihrem Bildschirm.

Benutzerdefinierte Farben festlegen

Mit der dritten Schaltfläche (*Palette*) in der Farbpalette von Dreamweaver wird die Farbpalette Ihres Systems geöffnet. Dieses Dialogfeld hat eine ähnliche Funktion wie die Farbpalette von Dreamweaver, wurde aber nicht für Web-sichere Farben entwickelt. Die folgende Abbildung zeigt das Dialogfeld *Farbe* von Windows.

Tipp

In diesem Abschnitt wird nur das Dialogfeld *Farbe* von Windows beschrieben. Die Farbpaletten von Macintosh und Unix arbeiten ähnlich.

Die linke Seite des Dialogfeldes *Farbe* enthält eine Reihe von Grundfarben. Zum Auswählen einer dieser Farben klicken Sie das entsprechende Farbfeld und anschließend die Schaltfläche *OK* an.

Auf der rechten Seite des Dialogfeldes befindet sich ein großes Rechteck (das so genannte *Regenbogenrechteck*), das 13.766.400 unterschiedliche Farben enthält. Indem Sie eine beliebige Stelle innerhalb dieses Rechtecks anklicken, wählen Sie eine Farbe aus. Wenn Sie nur einen schnellen Eindruck von der Farbbandbreite erhalten möchten, können Sie den Mauszeiger in das Rechteck setzen, die linke Maustaste drücken und den Mauszeiger bewegen. Erst wenn Sie die Maustaste loslassen, wird ein Farbwert ausgewählt. Der Mauszeiger lässt sich erst wieder aus dem Rechteck bewegen, wenn Sie die Maustaste losgelassen haben. Genau wie bei den Grundfarben müssen Sie hier auch nur eine Farbe und dann *OK* anklicken.

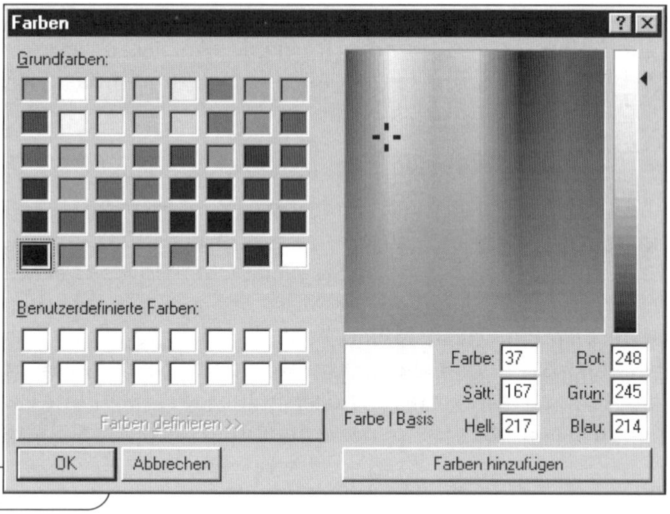

Das Dialogfeld *Farbe* von Windows

Abb. 7.5

Beim Anklicken von verschiedenen Farben in dem Regenbogenrechteck verändern sich die Werte in den darunter liegenden Feldern. Diese Werte stellen verschiedene Systeme für die Repräsentation von Farbwerten dar. Die linke Felderspalte zeigt die HSL-Werte (*Hue=Farbe, Saturation=Sättigung, Luminance=Helligkeit*) und die rechte Spalte die RGB-Werte (*Rot, Grün, Blau*). Wenn Sie die Werte manuell in die Felder eingeben, ist das Ergebnis dasselbe, wie wenn Sie mit dem Mauszeiger im Regenbogenrechteck Farben anklicken.

Tipp

Dreamweaver verwendet für Farben hexadezimale RGB-Werte. Weder die HSL-Werte noch die RGB-Werte werden im Dialogfeld *Farbe* in dem korrekten Format angezeigt, sie werden aber automatisch von Dreamweaver konvertiert.

Farbe (Hue) korrespondiert mit den grundlegenden Bestandteilen des Regenbogens. Die Farbbereich beginnt mit Rot, geht in Orange, Gelb, Grün, Blau und Indigo über und endet schließlich mit Violett. Der Wert für *Farbe* erhöht sich entsprechend von links nach rechts von 0 bis 239. Ganz rechts außen kehrt der Farbbereich wieder zu Rot zurück. Der Anteil einer bestimmten Basisfarbe – Rot, Grün oder Blau – in einer bestimmten Farbe ändert sich mit der Erhöhung des Farbwertes. Die Änderungspunkte sind jeweils ein Vielfaches von 40.

Tabelle 7.3

Farbwerte

Farbwert	Rot	Grün	Blau
0 (Rot)	255	0	0
40 (Gelb)	255	255	0
80 (Grün)	0	255	0
120 (Cyan)	0	255	255
160 (Blau)	0	0	255
200 (Magenta)	255	0	255

Tipp

Diese RGB-Farbwerte ergeben sich, wenn sowohl *Sättigung* als auch *Helligkeit* auf die Standardwerte von 240 bzw. 120 gesetzt sind. Wenn Sie die Werte für *Sättigung* oder *Helligkeit* ändern, erhalten Sie andere RGB-Werte.

Die Sättigung, die Reinheit der Farbe, nimmt von oben nach unten ab. Die Werte reichen von 0 bis 240, wobei 240 die Norm für eine reine Farbe ist. Bei einem Wert von 0 ergibt jede Änderung des Wertes von *Farbe* die Farbe Mittelgrau (RGB 127, 127, 127). Der Grund dafür ist, dass die Sättigung durch das Mischen von Komplementärfarben reduziert wird, und die Kombination von Komplementärfarben tendiert immer zu Grau.

Weiß und Schwarz sind in der Farbfolge der obigen Liste nicht enthalten, weil Weiß und Schwarz überhaupt keine Farben, sondern eine Funktion der Helligkeit (auch Leuchtkraft genannt) sind. Die Werte für die Helligkeit, die Leuchtkraft oder der Anteil von Weiß in einer Farbe, reichen von 0 bis 240. Ein Nullwert entspricht Schwarz, ein Wert von 120 ist eine reine Farbe des Originalfarbtons und ein Wert von 240 ist identisch mit Weiß.

Die Helligkeit wird mit dem Schieberegler auf der rechten Seite des Regenbogenrechtecks gesteuert. Auf diesem Schieberegler liegt der Wert 0 ganz unten und der Wert 240 ganz oben. Durch Verschieben des Schiebereglers nach oben oder unten wird der

Wert im Feld *Helligkeit* verändert. Wenn Sie in den Farbbereich des Schiebereglers klicken, wird der Regler sofort an diese Position gesetzt.

Tipp

Sie können bis zu 16 benutzerdefinierte Farben in der Systemfarbpalette speichern. Klicken Sie dazu einfach die Schaltfläche *Farbe hinzufügen* an, bevor Sie *OK* anklicken.

Farben für Hintergrund, Schrift und Hyperlinks festlegen

Jede Web-Seite enthält fünf Farbbereiche: die Hintergrundfarbe, die Schriftfarbe und drei Farben für Hyperlinks. Die drei Farben für Hyperlinks stellen die möglichen Stati eines Hyperlinks dar:

- Ein einfacher, nicht besuchter Hyperlink wurde noch nie angeklickt.
- Ein aktiver Hyperlink wird gerade angeklickt.
- Ein besuchter Hyperlink wurde bereits angeklickt.

Tipp

Die Farbe des aktiven Hyperlinks ist die unwichtigste von den dreien. Sie erscheint nur während der kurzen Zeit, wenn der Hyperlink gerade angeklickt wird.

Sie legen diese Farben fest, indem Sie sie entweder einzeln in dem Dialogfeld *Seiteneigenschaften* auswählen oder indem Sie ein vordefiniertes Farbschema von Dreamweaver verwenden.

Farben einzeln festlegen

Zum einzelnen Festlegen der Farben für eine Web-Seite wird das Dialogfeld *Seiteneigenschaften* (siehe die folgende Abbildung) verwendet. Um dieses Dialogfeld anzuzeigen, klicken Sie mit der rechten Maustaste in die Web-Seite und wählen *Seiteneigenschaften* aus dem Popup-Menü.

Für die Einstellungen für *Hintergrund*, *Text*, *Hyperlinks* (für nicht besuchte Hyperlinks), *Besuchte Hyperlinks* und *Aktive Hyperlinks* stehen sowohl Textfelder als auch Farbfelder zur Verfügung. Sie können das Farbfeld anklicken, um eine Farbe auszuwählen oder in das Textfeld einen Farbwert (einen Namen oder einen Hexwert) eingeben.

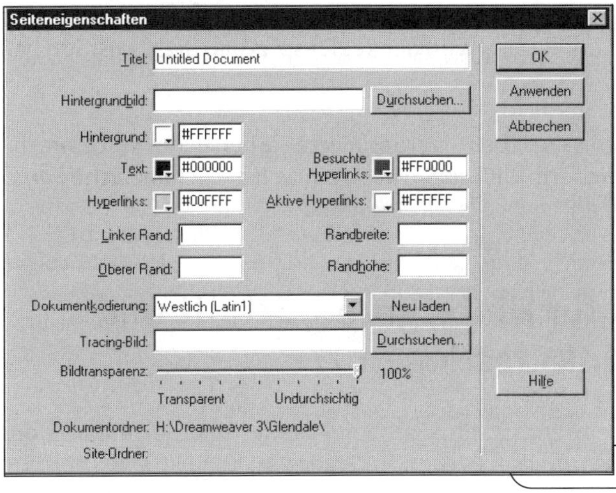

Das Dialogfeld *Seiteneigenschaften*

Abb. 7.6

Tipp

Mit der Textfarbe der Seite werden auch die Rahmen für normale Bilder gezeichnet. Die Farbe für die Hyperlinks wird für die Rahmen von Hyperlink-Bildern und auch als Textfarbe für Text-Hyperlinks verwendet.

Sie können die Textfarbe für bestimmte Bereiche einer Seite ändern, die Farbe der in diesen Textbereichen enthaltenen Hyperlinks wird aber dadurch nicht verändert. Wenn Sie beispielsweise als Farbe für Hyperlinks blau festgelegt haben, einen Textblock mit schwarzer Schrift, der einen Hyperlink enthält, markieren und mit dem Eigenschaften-Inspector diesem Textblock die Farbe Grün zuweisen, bleibt der Hyperlink weiterhin Blau. Sie können aber nur den Hyperlink markieren und ihm im Eigenschaften-Inspector eine andere Farbe zuweisen.

Horizontale Linien und Farbe

Eines der höchst erstaunlichen Defizite in HTML war immer schon, dass für horizontale Linien (Element HR) keine Farbattribute zur Verfügung stehen. Dieser Mangel ist besonders verblüffend, weil horizontale Linien zu den am meisten eingesetzten Elementen zählen. Deren übliche Funktion des visuellen Unterteilens von Web-Seiten würde beträchtlich verbessert werden, wenn sich der Kontrast zwischen der Linienfarbe und den anderen Elementen vernünftig steuern ließe.

Seit dem Aufkommen der CSS-Stylesheets (Cascading Style Sheets) lassen sich endlich Farben für horizontale Linien festlegen, aber wie bei vielen anderen Funktionen von CSS ist die Unterstützung von Web-Browsern bis dato sehr uneinheitlich. Die aktuelle Version des Internet

Explorers unterstützt Farbe für horizontale Linien, aber nur die Vordergrundfarbe. Netscape Navigator unterstützt weder Vorgrund- noch Hintergrundfarben für horizontale Linien.

Eine einfache, von vielen Web-Designern lange bevorzugte Lösung ist, ein Bild einer Art von Teilungslinie anstelle des HR-Elements zu verwenden. Dadurch erhalten Sie die vollständige Kontrolle über die Farbe und das Erscheinungsbild der Linie, aber zu Lasten der proportionalen Größeneinstellung. Wenn Sie jedoch mit einer absoluten Größe einer Trennungslinie leben können, sind die Möglichkeiten grenzenlos. Designer haben einige, wirklich raffinierte Ideen für Linien entwickelt, wie z.B. die folgenden:

- Eine brennende Lunte, die zu einer Bombe führt
- Mehrere Wellen mit einem Schiff auf einer Seite
- Eine mit Blumen bewachsene Liane
- Animierte GIFs, die eine Reihe von Lichtern darstellen, die langsam von der Mitte zu den Enden hin blinken

Durch das Hinzufügen einer auffallenden Trennungslinie können Sie das Design Ihrer Web-Seite erheblich verbessern.

Farbschemata verwenden

Dreamweaver enthält eine Reihe vordefinierter Farbschemata für die wichtigsten Seitenelemente. Sie brauchen sich nur diese Farbschemata anzusehen und zu entscheiden, welches Sie verwenden möchten.

Um ein vordefiniertes Farbschema auszuwählen, gehen Sie folgendermaßen vor:

1. Wählen Sie *Befehle > Farbschema einstellen*.
2. Wählen Sie aus der Liste *Hintergrund* des Dialogfeldes *Befehl 'Farbschema einstellen'* (siehe die folgende Abbildung) eine Farbe aus.
3. Wählen Sie aus der Liste *Text und Hyperlinks* eine Farbeinstellung aus.

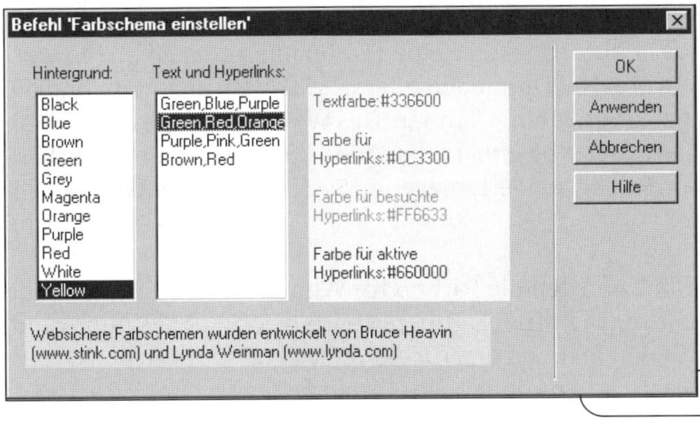

Das Dialogfeld *Befehl 'Farbschema einstellen'*

Abb. 7.7

4. Klicken Sie die Schaltfläche *Anwenden* an, um das Farbschema auf der Seite zu testen, ohne das Dialogfeld zu schließen.

5. Wiederholen Sie bei Bedarf die Schritte 2 bis 4, um andere Farbschemata zu auszuprobieren.

6. Klicken Sie die Schaltfläche *OK* an, um das Dialogfeld zu schließen.

Tipp

Mit der Menüoption *Befehle > Tabelle formatieren* wird ein Dialogfeld geöffnet, das mehrere vordefinierte Farbschemata für Tabellen enthält. Dieses Dialogfeld wird im Kapitel *Tabellen* behandelt. Wenn Sie in diesem Dialogfeld die integrierten Farbwerte ändern möchten, müssen Sie aber die Farbnamen oder -werte eingeben; in diesem Dialogfeld steht kein Farbfeld zur Verfügung.

Zusammenfassung

In diesem Kapitel wurden die Fragen behandelt, wie Sie die Farbtheorie für Ihr Web-Seitendesign nutzbar machen und wie Sie die verschiedenen Farb-Tools von Dreamweaver einsetzen können.

Sie haben gelernt, dass Farben am roten Ende des Spektrums Wärme und am blauen Ende Kühle vermitteln. Komplementärfarben verstärken sich gegenseitig. Außerdem wurden Sie darauf hingewiesen, dass Farben aufgrund von optischen Täuschungen eine unerwartete Wirkung auf Web-Seiten hervorrufen können.

Als Nächstes wurde die Farbauswahl in Dreamweaver behandelt. Es wurde erläutert, dass Sie einen Farbnamen oder einen Hexwert in das Farbtextfeld eingeben oder das Farbfeld anklicken und die Farbpipette verwenden können. Des Weiteren wurde die Web-sichere Farbpalette besprochen, anhand derer Sie sicherstellen können, dass Farben auf verschiedenen System konsistent dargestellt werden.

Schließlich wurden die Farben für Web-Seiten behandelt. Jede Web-Seite enthält fünf Farbbereiche: einen für den Hintergrund, einen für den Text und drei für die verschiedenen Stati von Hyperlinks. Diese Farben können Sie einzeln festlegen oder Sie verwenden ein vordefiniertes Farbschema von Dreamweaver.

Das nächste Kapitel behandelt den Einsatz von Tabellen für die einfache Datenanzeige bis hin zum Erstellen von unsichtbaren Strukturen für Ihre Web-Seiten.

Tabellen

8

Tabellen stellen – genauso wie Text und Bilder – Elemente dar, die zu Web-Seiten hinzugefügt werden können. Dreamweaver bietet zum Hinzufügen und Formatieren von Tabellen ähnliche Möglichkeiten wie zum Einfügen und Bearbeiten von Text und Bildern.

In diesem Kapitel erfahren Sie, wie eine Tabelle in eine Seite eingefügt und deren Attribute festgelegt werden, damit sich der Inhalt der Tabelle auf die bestmöglichste Weise bearbeiten lässt. Anschließend wird erläutert, wie eine Tabelle verändert wird und Tabellendaten hinzugefügt werden.

Warum Tabellen verwenden?

Tabellen werden im World Wide Web weitgehend unterschätzt. Viel zu viele Web-Seitendesigner sind dem Gedanken verhaftet, dass eine Tabelle zum Aufnehmen von Zahlenreihen oder höchstens von Wortreihen dient. Sie wissen, dass sich für die Darstellung von Telefonlisten oder den neuesten Konjunkturzahlen auf Web-Seiten Tabellen gut eignen.

Aber es stimmt auch, dass Sie eine Limousine mieten können, die Sie nur an die nächste Ecke zum Kaufen von Pommes Frites bringt. Eine Tabelle nur für Listen einzusetzen ist damit vergleichbar – Sie gebrauchen in diesem Falle ein mächtiges Instrument für eine simple Grundaufgabe. Eine Tabelle ist das leistungsstärkste Element in Web-Seiten und zwar deshalb, weil jede Tabellenzelle im Endeffekt eine Mini-Web-Seite ist. Die Zellen einer Tabelle können all das aufnehmen, was auch in einer normalen Web-Seite enthalten ist.

Wenn Sie Ihre Tabellen mit einer langweiligen Aufreihung von Fakten und Zahlen auf Wörter und Ziffern beschränken, kommen Sie noch nicht einmal in die Nähe des enormen Potentials von Tabellen. Tabellen können Hyperlinks, Bilder, Aufzählungen, Formulare, Schaltflächen und sogar andere Tabellen enthalten. Durch das Einfügen von allgemein Objekten in Tabellenzellen kann die wirkliche Leistungsstärke von Tabellen genutzt werden. Sie können die Tabellenränder entfernen und die Tabelle als ein unsichtbares Gerüst für die Struktur der Web-Seiten verwenden.

Natürlich sind einige Elemente in Tabellen nicht sinnvoll. Sie könnten beispielsweise eine absolut positionierte Ebene in eine Tabelle einfügen, aber da die Position relativ zu der Seite und nicht zu der

Tabelle ist, würde dies keine Auswirkungen haben. Daher bietet Dreamweaver diese Möglichkeit nicht an, obwohl Sie am HTML-Quellcode herumpfuschen könnten, um dieses Kunststück auszuführen, falls Sie dies wollten. Natürlich könnten Sie die Ebene relativ statt absolut positionieren; dies würde in Dreamweaver aber nicht richtig funktionieren, da Dreamweaver nur absolute Positionen verwendet. Um die Auswirkungen zu sehen, müssen Sie die Seite in einem Web-Browser anzeigen.

Tipp

Wie im Kapitel *Ebenen* beschrieben wird, kann eine Ebene als eine Miniatur-Web-Seite in einer gesamten Seite betrachtet werden. Dreamweaver bietet die Möglichkeit zwischen Tabellen und Ebenen zu Entwurfs- und Layoutzwecken hin und her zu konvertieren (siehe Kapitel *Ebenen*).

Tabellen einfügen

Die Standardeinstellungen für in Dreamweaver eingefügte Tabellen betragen 3 Zeilen und 3 Spalten bei einer Rahmenbreite von 1 Pixel. Die Breite der Tabelle beträgt ebenfalls standardmäßig 75 Prozent der gesamten Seitenbreite. Während des Einfügens können Sie diese Einstellungen ändern, aber es ist wahrscheinlich einfacher die Standardwerte zu akzeptieren, damit die Tabelle schnell eingefügt wird. Anschließend können Sie dann die eingefügte Tabelle bearbeiten, ihre Attribute und ihre Größe ändern.

Die folgenden Abschnitte beschreiben, wie eine Tabelle auf der Seite platziert wird, Voreinstellungen für Tabellen festgelegt und die Standardwerte verändert werden. Weiter unten in diesem Kapitel erfahren Sie, wie vorhandene Tabellen verändert werden.

Eine Tabelle auf einer Seite platzieren

Platzieren Sie zum Einfügen einer Tabelle die Einfügemarke an der Position im Dokumentfenster, an der die Tabelle angezeigt werden soll, und klicken Sie in der Tafel *Allgemein* der Objektpalette die Schaltfläche *Tabelle einfügen* an. Die Schaltfläche *Tabelle einfügen* lässt sich auch aus der Objektpalette an die gewünschte Stelle auf der Web-Seite ziehen. Alternativ dazu können Sie *Einfügen > Tabelle* wählen oder die Tastenkombination [Strg] + [Alt] + [T] (Befehlstaste + Wahltaste + [T] bei Macs) drücken. Das Dialogfeld *Tabelle einfügen* wird angezeigt (siehe die folgende Abbildung).

Tipp Wenn die Objektpalette nicht geöffnet ist, wählen Sie die Menüoption *Fenster > Objekte* oder drücken die Tastenkombination [Strg] + [F2] (Befehlstaste + [F2] bei Macs). Wenn die Tafel *Allgemein* der Objektpalette nicht angezeigt wird, klicken Sie im oberen Bereich der Objektpalette den nach unten weisenden Pfeil an und wählen aus dem Popup-Menü *Allgemein*.

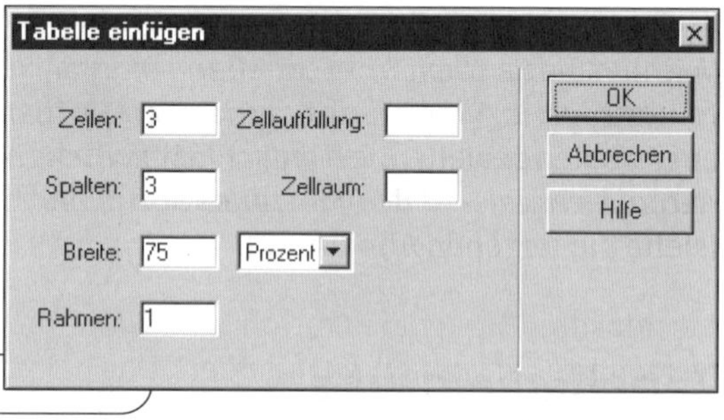

Das Dialogfeld *Tabelle einfügen*

Abb. 8.1

Wenn Sie vor dem Einfügen der Tabelle die Standardwerte ändern möchten, können Sie die gewünschten Werte in die Textfelder *Zeilen*, *Spalten*, *Breite* und *Rahmen* eingeben. In diesem Dialogfeld können Sie auch Werte für die *Zellauffüllung* und den *Zellraum* festlegen. Klicken Sie *OK* an, um das Einfügen der Tabelle abzuschließen. Die folgende Abbildung zeigt die eingefügte Standardtabelle.

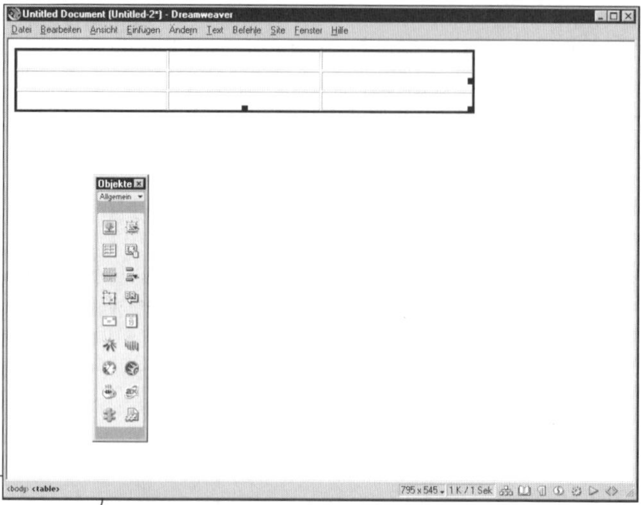

Die eingefügte Standardtabelle

Abb. 8.2

Tipp

Wenn Sie einen ungültigen Wert für *Zeilen* und *Spalten* eingeben – wie z.B. *0*, eine negative Zahl oder einen nicht-numerischen Wert (z.B. den Buchstaben *a*) –, setzt Dreamweaver den Wert automatisch auf *1*.

Tabellenvoreinstellungen festlegen

In der Kategorie *Allgemein* des Dialogfeldes *Voreinstellungen* (wählen Sie *Bearbeiten > Einstellungen* und klicken Sie im Listenfeld *Kategorie Allgemein* an) gibt es zwei Einstellungen, die sich auf Tabellen beziehen: *Schnellere Tabellenbearbeitung (verzögerte Aktualisierung)* und *Beim Einfügen von Objekten Dialog anzeigen* (siehe die folgende Abbildung).

Standardmäßig ist die Option *Schnellere Tabellenbearbeitung (verzögerte Aktualisierung)* markiert. Das heißt, dass Sie beim Tippen einen Sekundenbruchteil gewinnen, weil Dreamweaver die Zellhöhen und -breiten erst dann anpasst, wenn Sie außerhalb der Tabelle klicken. Selbst wenn Sie einen nur mäßig schnellen Computer verwenden, können Sie diese Einstellung deaktivieren, damit die Änderungen bereits, während Sie in die Tabelle schreiben, vorgenommen werden. Wenn Sie es jedoch störend finden, dass die Größe der Tabellenzellen während der Eingabe verändert wird, sollten Sie diese Option aktiviert belassen.

Die Option *Beim Einfügen von Objekten Dialog anzeigen* ist auch standardmäßig aktiviert. Das Deaktivieren dieser Option hat wesentlichere Folgen, da sie sich auf viel mehr als nur auf Tabellen bezieht. Wenn Sie die Option *Beim Einfügen von Objekten Dialog anzeigen* deaktivieren, werden beim Einfügen von allen Objekten – mit Ausnahme von Rollover-Bildern – keine Dialogfelder mehr angezeigt. Das bedeutet, dass eine Tabelle sofort nach dem Anklicken der Schaltfläche *Tabelle einfügen* in der Web-Seite platziert wird, ohne dass das Dialogfeld zum Ändern der Standardwerte angezeigt wird. Ebenso wird beim Einfügen eines Kommentars, eines Flashs, eines Schlüsselworts oder jedes anderen Elements das Element sofort platziert, aber ohne jegliche Werte. Da Sie aber mit dem Eigenschaften-Inspector jederzeit die Werte festlegen können, bedeutet dies keine Katastrophe.

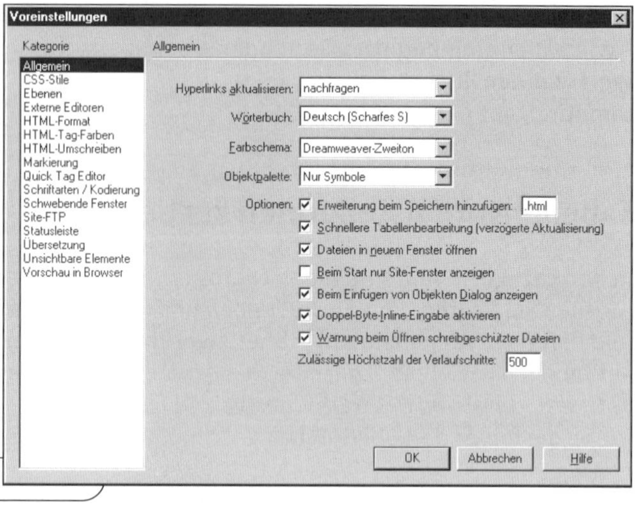

Das Dialogfeld *Voreinstellungen*

Abb. 8.3

Die Standardwerte einer Tabelle ändern

Was, wenn Sie mit einer 75 Prozent breiten, dreizeiligen und dreispaltigen Tabelle mit einem Rahmen von einem Pixel und keinen Werten für die Zellauffüllung und den Zellraum nichts anfangen können? In diesem Fall können Sie die Standardeinstellungen des Dialogfeldes *Tabelle einfügen* entsprechend Ihren Bedürfnissen ändern. Obwohl sich die Werte per Eingabe im Dialogfeld oder nach dem Erstellen der Tabelle mit dem Eigenschaften-Inspector ändern lassen, können Sie Zeit und Mühe sparen, wenn Sie stattdessen die Standardeinstellungen anpassen.

Die Datei *Table.htm*, die die Standardwerte für Tabellen steuert, befindet sich (bei einer normalen Windows-Installation) im Ordner *C:\Programme\Macromedia\Dreamweaver 3\Configuration\Objects\Common*. Wie jede andere HTML-Datei kann auch diese Datei bearbeitet werden. Die relevanten Einstellungen befinden sich bei den INPUT-Elementen des Formulars. Überall, wo Sie das Attribut *value* finden, ändern Sie einfach die Zahl in den gewünschten Wert. In der folgenden Zeile wird z.B. der Standardwert für Zeilen festgelegt:

```
<input type="text" name="Rows" size="8" value="3">
```

Um die Tabelle standardmäßig mit fünf Zeilen zu erstellen, ersetzen Sie nur *3* durch **5**.

Bei Einstellungen, die keinen Standardwert haben, müssen Sie das Attribut *value* hinzufügen. Die folgende Zeile zeigt die Einstellungen für die Zellauffüllung:

```
<input type="text" name="Cellpad" size="8">
```

Um einen Standardwert von beispielsweise 6 Pixel für die Zellauffüllung zu setzen, ändern Sie die Zeile folgendermaßen:

```
<input type="text" name="Cellpad" size="8"
value="6">
```

Tipp

Machen Sie nicht den Fehler zu glauben, dass das Attribut *size* die Größe der Zellauffüllung steuert. Dieses Attribut legt die Größe des Textfeldes fest, das den Wert anzeigt. Das hat mit HTML-Formularen zu tun, die im Kapitel *Formulare* behandelt werden.

Die Festlegungen aus diesem Formular werden von einem JavaScript-Programm verarbeitet. Wenn Ihnen JavaScript vertraut ist, können Sie das Formular und dessen Verarbeitung modifizieren, damit mehr Tabellenattribute in dem Formular zur Verfügung stehen.

Es kann immer passieren, dass Sie irgendetwas ändern, wodurch die von der Datei gesteuerte Funktion unausführbar wird, besonders dann, wenn Sie mit JavaScript arbeiten. Bevor Sie die mit Dreamweaver ausgelieferten Dateien bearbeiten, sollten Sie immer zuerst eine Sicherungskopie unter einem anderen Namen anlegen. Speichern Sie beispielsweise die Datei *Table.htm* unter dem Namen *Table_Original.htm* und bearbeiten Sie erst dann die Datei *Table.htm*.

Tabellenelemente markieren

Nach dem Einfügen einer Tabelle können Sie sie modifizieren, indem Sie ihre Attribute ändern, sie auf der Seite verschieben, ihre Größe abwandeln sowie Spalten und Zeilen einfügen oder löschen. Zum Ausführen dieser Änderungen müssen Sie zunächst entweder die gesamte Tabelle oder das zu bearbeitende Element markieren. Es gibt verschiedene Möglichkeiten zum Markieren von einzelnen Teilen einer Tabelle.

Tabellenelemente über die Statusleiste markieren

Eine Möglichkeit zum schnellen Markieren von Tabellenelementen bietet der *Tag-Selektor* in der Statusleiste. Nach dem Erstellen einer Tabelle wird die gesamte Tabelle automatisch markiert. Die Statusleiste enthält das folgende Listing:

```
<body> <table>
```

Wenn Sie in eine Zelle klicken, ändert sich die Statusleiste folgendermaßen:

```
<body> <table> <tr> <td>
```

Dabei spielt es keine Rolle, in welche Zelle Sie klicken. Die Statusleiste führt keine sich wiederholenden Elemente auf, daher wird unabhängig von der Anzahl der Zellen (TD-Elemente) in der Zeile nur eine aufgeführt.

Sie können Elemente folgendermaßen markieren

- Um die gesamte Tabelle zu markieren, klicken Sie eine beliebige Stelle in der Tabelle und dann den Tag *<table>* in der Statusleiste an.
- Um die gesamte Zeile zu markieren – wie in der folgenden Abbildung dargestellt –, in der sich der Cursor aktuell befindet, klicken Sie den Tag *<tr>* an.

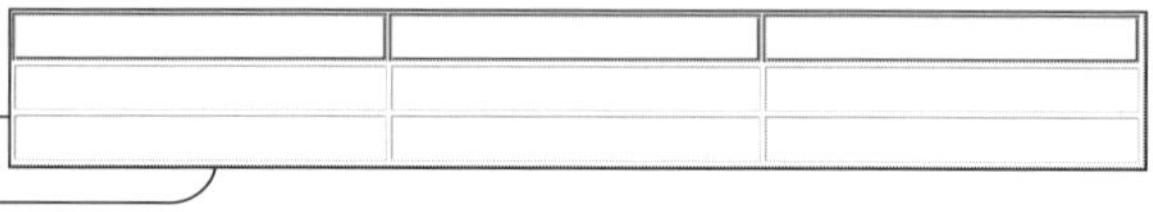

Eine markierte Tabellenzeile

Abb. 8.4

- Um nur die Zelle zu markieren, in der sich der Cursor aktuell befindet, klicken Sie den Tag *<td>* an.

Tipp

Sie können eine Tabelle auch markieren, indem Sie klicken, sobald sich der Mauszeiger auf dem Rand der Tabelle oder einer Zelle befindet und als Symbol zum Verlagern oder zum Ändern der Tabellengröße dargestellt wird.

Benachbarte und nicht-benachbarte Zellen markieren

Sie können eine Gruppe von aneinander grenzender Zellen (siehe die folgende Abbildung) markieren, indem Sie in eine Zelle klicken und dann den Mauszeiger über die gewünschten Zellen ziehen. Die erste angeklickte Zelle muss an einer Ecke des Zellbereichs liegen, den Sie markieren möchten. Eine andere Möglichkeit ist, die Zelle anzuklicken, die an einer Ecke des Bereichs liegt, die Taste ⇧ zu drücken und dann diejenige Zelle anzuklicken, die an der gegenüberliegenden Ecke des Bereichs liegt.

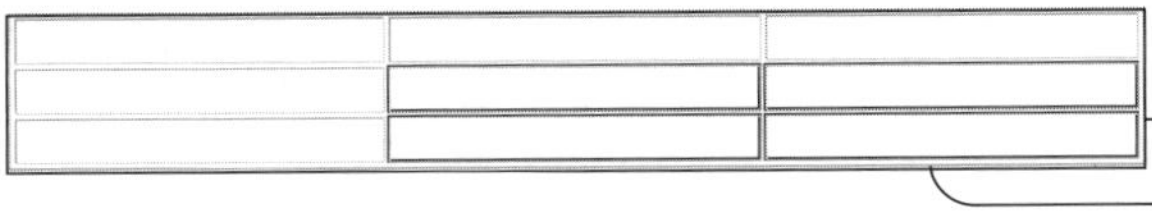

Benachbarte Zellen markieren

Abb. 8.5

Tipp

Nicht-benachbarte Zellen (siehe die folgende Abbildung) markieren Sie, indem Sie die gewünschten Zellen anklicken, während Sie die Taste Strg (oder die Befehlstaste bei Macs) gedrückt halten. Mit dieser Methode können Sie auch eine einzelne Zelle markieren oder die Markierung von einer bereits markierten Zelle entfernen, ohne dass andere markierte Zellen davon beeinflusst werden.

Eine weitere Methode zum Markieren einer einzelnen Zelle ist, den Mauszeiger in die gewünschte Zelle zu setzen, die Maustaste gedrückt zu halten und den Mauszeiger in eine angrenzende Zelle zu bewegen. Ziehen Sie, wenn beide Zellen umrahmt (also markiert) sind, den Mauszeiger so weit zurück, dass er sich fast wieder in der ersten Zelle befindet. Die Umrahmung wird von der zweiten Zelle entfernt und nur die erste Zelle bleibt markiert. Diese Methode klingt etwas kompliziert, sie ist aber schnell und wird Ihnen bald ganz selbstverständlich und komfortabel vorkommen.

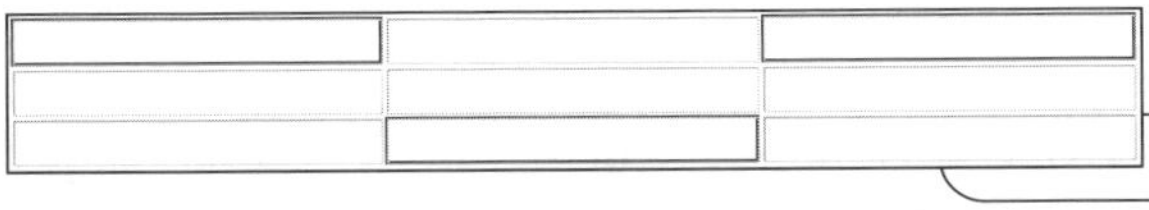

Nicht-benachbarte Zellen markieren

Abb. 8.6

Die Methoden zum Markieren von benachbarten und nicht-benachbarten Zellen können gemeinsam angewendet werden. Nachdem ein zusammenhängender Zellbereich markiert wurde, können Sie mit Strg + Klick die Markierung von einzelnen Zellen in diesem Bereich entfernen.

Spalten und Zeilen markieren

Zusätzlich zu den bereits beschriebenen Standardmethoden zum Markieren bietet Dreamweaver eine spezielle Technik zum Markieren von gesamten Spalten oder Zeilen.

- Setzen Sie zum Markieren einer Zeile den Mauszeiger auf den linken Rand der Zeile. Wenn der Mauszeiger in Form eines gefüllten, schwarzen, nach rechts weisenden Pfeils angezeigt wird, klicken Sie mit der linken Maustaste.

- Setzen Sie zum Markieren einer Spalte den Mauszeiger auf den oberen Rand der Spalte. Wenn der Mauszeiger in Form eines gefüllten, schwarzen, nach unten weisenden Pfeils angezeigt wird, klicken Sie mit der linken Maustaste.

Diese Methoden stehen nur zur Verfügung, wenn der Mauszeiger auf den linken oder den oberen Rand der Tabelle gesetzt wird; auf dem rechten und dem unteren Rand funktioniert diese Methode nicht. Beim Markieren einer Spalte werden Sie feststellen, dass der Mauszeiger in Form von gekreuzten Doppelpfeilen angezeigt wird, wenn Sie ihn von oben an den Tabellenrand bewegen. Diese Form des Mauszeigers signalisiert, dass die Tabelle nun verschoben werden kann (siehe Abschnitt *Tabellen verlagern*). Bewegen Sie den Mauszeiger weiter nach unten, bis der gefüllte, nach unten weisende Pfeil angezeigt wird (siehe die folgende Abbildung).

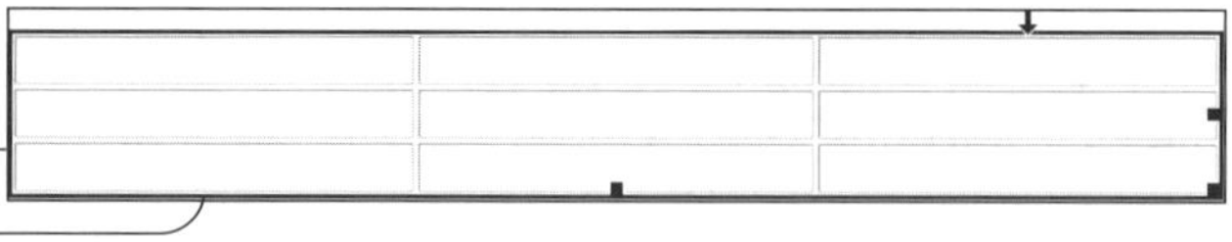

Der gefüllte Pfeil zum Markieren einer Spalte

Abb. 8.7

Tabellenattribute festlegen

Die Optionen des Eigenschaften-Inspectors ändern sich abhängig von dem markierten Element. Auf der linken Seite des Eigenschaften-Inspectors wird ein Symbol des markierten Elements angezeigt. Wenn Sie die gesamte Tabelle markiert haben, wird dieses Symbol im oberen linken Bereich angezeigt (siehe die folgende Abbildung). Sind einzelne Spalten oder Zeilen markiert, erscheint das Symbol auf der unteren linken Seite.

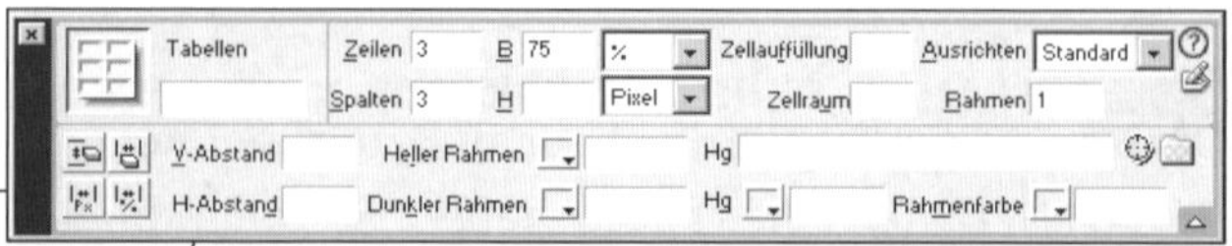

Der Eigenschaften-Inspector für Tabellen

Abb. 8.8

Die obere Hälfte des Eigenschaften-Inspectors für Zeilen, Spalten und Zellen entspricht dem Standard-Eigenschaften-Inspector für einfache Absätze. Die für Tabellenkomponenten spezifischen Einstellungen befinden sich in der unteren Hälfte. Mit Ausnahme einer einzigen bleiben diese Einstellungen unverändert, unabhängig davon, ob Sie mit Zeilen, Spalten oder Zellen arbeiten. Die Ausnahme sind die Schaltflächen zum Verbinden und Teilen von Zellen (siehe die folgende Abbildung). Diese Funktionen werden weiter unten in diesem Kapitel behandelt.

Der Eigenschaften-Inspector für Tabellenzeilen

Abb. 8.9

Tabellen, Zeilen und Zellen haben die folgenden gemeinsamen Attribute:

- Ausrichtung
- Hintergrundfarbe
- Hintergrundbild
- Rahmenfarbe
- Höhe und Breite

Außerdem verfügen Tabellen über einige Einstellungen, die sich auf die gesamte Tabelle beziehesn:

- Rahmenbreite
- Zellauffüllung
- Zellraum
- Horizontaler und vertikaler Abstand
- Helle und dunkle Rahmenfarben
- Name
- Spaltenanzahl
- Zeilenanzahl

Tipp

Der Name einer Tabelle dient nur als Bezeichner, der für das Erstellen von Skripten oder für CSS (Cascading Style Sheets) verwendet werden kann. Es ist nicht erforderlich, einer Tabelle einen Namen zuzuweisen.

Die Ausrichtung anpassen

Obwohl Tabellen, Zeilen, Spalten und Zellen über dieselben Ausrichtungsoptionen verfügen, gibt es einen funktionalen Unterschied zwischen dem Ausrichtungsattribut für die gesamte Tabelle und für Tabellenkomponenten. Tabellen werden auf der Seite ausgerichtet, bei Zeilen, Spalten und Zellen wird deren Inhalt ausgerichtet.

Die Tabellenausrichtung festlegen

Dreamweaver enthält Optionen zum linksbündigen, zentrierten und rechtsbündigen Ausrichten von Tabellen auf Web-Seiten. Ältere Web-Browser unterstützen aber die zentrierte Ausrichtung nicht. Dreamweaver ist für den Netscape Navigator und den Internet Explorer der Versionen 4 und höher optimiert. Um eine zentrierte Ausrichtung einer Tabelle festzulegen, die in früheren Browser-Versionen korrekt angezeigt wird, belassen Sie die Voreinstellung *Standard* und wählen dann die Menüoption *Text > Ausrichtung > Zentrieren*. Dadurch wird die Tabelle in ein CENTER-Element aufgenommen, das auch von älteren Web-Browsern unterstützt wird.

Wenn Sie in der Kategorie *HTML-Format* des Dialogfeldes *Voreinstellungen* die Option *DIV-Tag verwenden* anstelle von *CENTER-Tag verwenden* aktiviert haben, wird das Zentrieren in alten Browsern nicht funktionieren, und zwar deshalb, weil DIV ein relativ neues Element ist.

Die Zellausrichtung festlegen

Für Zellen lässt sich eine vertikale und eine horizontale Ausrichtung festlegen. Die Optionen für die vertikale Ausrichtung, die sich in der Dropdown-Liste *Vert* in der unteren Hälfte des Eigenschaften-Inspectors befinden, sind: *Standard*, *Oben*, *Mitte*, *Unten* und *Grundlinie*. Die horizontalen Ausrichtungsoption in der Dropdown-Liste *Horz* sind: *Standard*, *Links*, *Zentrieren* und *Rechts*.

In beiden Fällen bedeutet *Standard*, dass keine spezielle Ausrichtung festgelegt wurde. *Standard* überlässt die Ausrichtung der Elementhierarchie: Wenn Sie für eine Zelle keine Ausrichtung festlegen, wird die Ausrichtung von der Zeile übernommen. Wenn keine Zeilenausrichtung festgelegt wurde, dann bestimmt der Web-Browser, was Standard jeweils bedeutet.

Die anderen Optionen sind unmittelbar verständlich. *Links* bedeutet linksbündig, *Zentrieren* mittig, *Rechts* rechtsbündig ausgerichtet. *Oben* bedeutet, dass der Zellinhalt oben in der Zelle, *Mitte* in der Zellmitte und *Unten* unten in der Zelle angezeigt wird. *Grundlinie* ist jedoch ein vollkommen anderes Thema.

Die offizielle Definition von Grundlinien in den HTML-Spezifikationen lautet: "In allen Zellen in derselben Zeile wie die Zelle, deren Attribut *valign* [vertikale Ausrichtung] diesen Wert hat, sollten die Textdaten so positioniert sein, dass die erste Textzeile auf einer allen Zellen in der Zeile gemeinsamen Grundlinie ausgegeben wird. Diese Festlegung gilt nicht für folgende Textzeilen in diesen Zellen." Die Implementierung dieser einigermaßen verwirrenden Beschreibung variiert in unterschiedlichen Web-Browsern und sogar von Tabelle zu Tabelle in einem einzigen Browser. Das Festlegen der Ausrichtung *Grundlinie* in einer Tabelle ist normalerweise ein sicherer Weg die gesamte Tabelle zu ruinieren.

Sie haben gewiss schon bemerkt, dass es eigentlich zwei verschiedene Möglichkeiten zum Festlegen der horizontalen Ausrichtung im Eigenschaften-Inspector gibt. In der rechten oberen Ecke befinden sich – zusätzlich zu den tabellenspezifischen Optionen in der unteren Hälfte – die Ausrichtungs-Schaltflächen *Linksbündig*, *Zentrieren* und *Rechtsbündig*. Mit diesen Schaltflächen lässt sich die Ausrichtung festlegen, obwohl dadurch mitunter der HTML-Quellcode ungenauer wird. Wenn Sie z.B. die Ausrichtung *Zentrieren* für eine Zeile mit der Option aus der Dropdownliste festlegen, wird nur der Ausdruck `align=center` in den *open*-Tag des TR-Elements eingefügt. Wenn Sie dasselbe mit der Schaltfläche *Zentrieren* ausführen, erhalten Sie eine ganze Reihe von DIV- oder CENTER-Elementen, die großzügig im TD-Element jeder einzelnen Zelle der Zeile verteilt sind.

Hintergrundbilder und die Hintergrundfarbe festlegen

Hintergrundbilder und die Hintergrundfarbe bei Tabellen arbeiten genauso wie bei Web-Seiten, außer dass sie in Tabellen enthalten sind und sich nicht auf die gesamte Seite auswirken. Das Hinzufügen von Hintergrundbildern und der Hintergrundfarbe ist auch weitgehend identisch; allerdings wird dazu der Eigenschaften-Inspector anstelle des Dialogfeldes *Seiteneigenschaften* verwendet.

Zum Festlegen eines Hintergrundbildes markieren Sie die Tabelle und geben in das Textfeld *Hg* des Eigenschaften-Inspectors den Pfad- und Dateinamen des Bildes ein (siehe die folgende Abbildung). Die untere *Hg*-Einstellung ist für die Hintergrundfarbe vorgesehen. Alternativ dazu können Sie auch die Schaltflächen *Hintergrundbild* oder *Auf Datei zeigen* anklicken, um eine Bilddatei zu suchen.

Ein Hintergrundbild festlegen

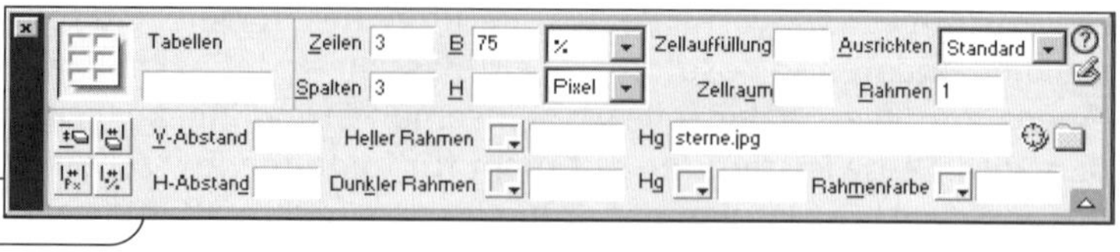

Abb. 8.10

Im Gegensatz zum Hintergrund von Web-Seiten wird das Hintergrundbild einer Tabelle sofort angezeigt (es gibt keine *OK*-Schaltfläche zum Anklicken). Auf dieselbe Art und Weise können Sie Hintergrundbilder für Zeilen, Spalten oder Zellen festlegen. Dabei müssen Sie allerdings zuvor die betreffende Zeile, Spalte oder Zelle anstelle der Tabelle markieren.

Tipp

Das Einfügen eines Bildes in eine Zelle und das Verwenden eines Hintergrundbildes ist nicht dasselbe. Beim Einfügen eines Bildes in eine Zelle wird deren Größe an die des eingefügten Bildes angepasst, bei Hintergrundbildern ist dies nicht der Fall. Wenn ein Hintergrundbild größer als die Tabelle, die Zeile oder die Zelle ist, der es zugewiesen werden soll, wird nur ein Teil des Bildes angezeigt. Wenn Sie wollen, dass die Zelle dieselbe Größe hat wie das Bild, müssen Sie die Werte für die Höhe und die Breite manuell eingeben oder Sie vergrößern die Zelle mit der Maus. Das Ändern der Größe von Zellen wird weiter unten in diesem Kapitel beschrieben.

Eine Hintergrundfarbe für die Tabelle festlegen

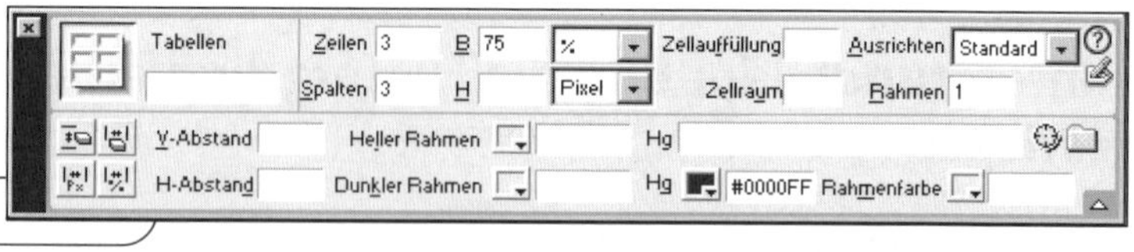

Abb. 8.11

Zum Festlegen der Hintergrundfarbe für die Tabelle markieren Sie sie und klicken im Eigenschaften-Inspector das Farbfeld *Hg* (die untere *Hg*-Einstellung) an. Wählen Sie anschließend eine Farbe aus. Alternativ dazu können Sie auch einen Farbwert in das Textfeld eingeben (siehe die folgende Abbildung). Um eine Hintergrundfarbe für eine Zelle, Spalte oder Zelle auszuwählen, markieren Sie das Element zunächst und gehen dann analog dem Hinzufügen eines Hintergrundbildes für die gesamte Tabelle vor. Genau wie das Hintergrundbild wird auch die neue Hintergrundfarbe sofort angezeigt. Weitere Einzelheiten zum Auswählen von Farben in Dreamweaver finden Sie im Kapitel *Farben*.

Die Rahmenfarbe festlegen

Zusätzlich zu der Hintergrundfarbe lässt sich auch die Farbe der Rahmen auswählen. Bei der Festlegung der Rahmenfarbe müssen Sie die verschiedenen Rahmenarten berücksichtigen. Jede Zelle hat einen eignen Rahmen und auch die Tabelle hat einen Rahmen, der alle Zellen umgibt. Wenn Sie nur die Farbe für den Tabellenrahmen festlegen, werden alle Zellen und die gesamte Tabelle mit dieser Farbe umrahmt (es sei denn, Sie wählen Farben für einzelne Zeilen, Spalten oder Zellen aus). Falls alle Zellen in der Tabelle bereits mit eigenen Rahmenfarben angezeigt werden, wirkt sich die Farbe des Tabellenrahmens nur auf den Umriss der Tabelle aus. Um eine Rahmenfarbe zuzuweisen, markieren Sie das betreffende Tabellenelement und klicken das Farbfeld *Rahmenfarbe* an oder geben einen Farbwert in das Textfeld ein.

Es gibt noch zwei weitere Einstellungen der Rahmenfarbe, deren Auswirkungen aber bei einer Standardrahmenbreite von einem Pixel nicht erkennbar sind und die überhaupt nicht angezeigt werden, wenn bereits eine Farbe für den Tabellerahmen zugewiesen wurde. Es handelt sich dabei um die Einstellungen für einen hellen (Feld *Heller Rahmen* im Eigenschaften-Inspector) bzw. einen dunklen Rahmen (Feld *Dunkler Rahmen* im Eigenschaften-Inspector).

Tipp

Die Einstellungen für helle und dunkle Rahmenfarben überschreiben die normale Rahmenfarbe.

Um die Auswirkungen der Einstellungen *Heller Rahmen* und *Dunkler Rahmen* auf das Erscheinungsbild der Tabelle zu veranschaulichen, erstellen Sie eine neue Tabelle und legen Sie eine Rahmenbreite von 5 – 6 Pixel fest (indem Sie den Wert im Eigenschaften-Inspector in das Textfeld *Rahmen* eingeben).

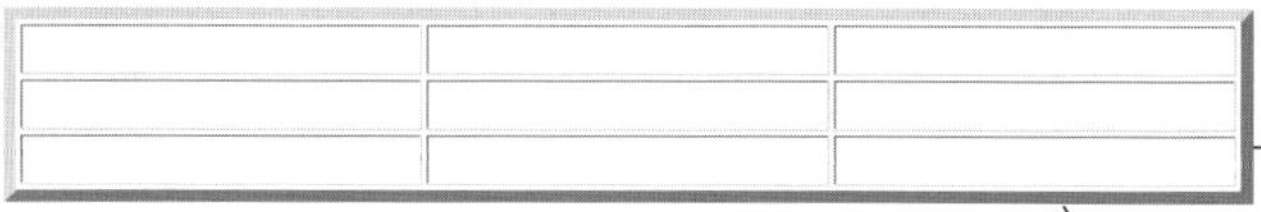

Eine Tabelle mit einem 3D-Rahmen

Abb. 8.12

Der helle Rahmen wird an der oberen und an der linke Seite der Tabelle angezeigt. Die Standardfarbe für den hellen Rahmen ist Hellgrau. Der dunkle Rahmen wird an der rechten und der unteren Seite der Tabelle angezeigt. Die Standardfarbe für den dunklen Rahmen ist Dunkelgrau. Dadurch entsteht der Effekt einer Schrägkante, die von oben links angeleuchtet wird und einen Schatten nach unten rechts wirft. Mit diesen beiden unterschiedlichen Schattierungen wird ein 3D-Effekt erzielt (siehe die obige Abbildung).

Tipp

Sie müssen weder für den hellen Rahmen eine helle Farbe noch für den dunklen Rahmen eine dunkle Farbe verwenden. Sie können jede beliebige Farbe auswählen. Durch das Ersetzen der hellen durch eine dunkle Rahmenfarbe und umgekehrt wird auch die Richtung des Lichteinfalls entgegengesetzt dargestellt. Wenn Sie ungefähr gleich dunkle Farben verwenden, können Sie eine Tabelle mit intensivfarbigen Rahmen erstellen.

Höhe und Breite festlegen

Um zu beeinflussen, wie die Tabelle auf der Seite angezeigt wird, können Sie die Höhen- und Breiten-Attribute für die gesamte Tabelle festlegen. Zellen haben eigene Attribute für die Höhe und die Breite.

Die Tabellenhöhe und -breite festlegen

Die Einstellungen für die Höhe und die Breite einer Tabelle ähneln den gleichnamigen Einstellungen für horizontale Linien (siehe Kapitel 4). Diese Einstellungen können entweder als Prozentanteil der Fenstergröße oder als absolutes Maß in Pixel angegeben werden.

Im Allgemeinen brauchen Sie sich nicht um die Höhe einer Tabelle zu kümmern. Da Web-Seiten endlos lang sein können, gibt es keinen Grund sich um die Tabellenhöhe Gedanken zu machen. Die Breite ist ein ganz anderes Thema.

Viele Web-Seitendesigner erstellen Seiten für bestimmte Bildschirmauflösungen und legen die Tabellenbreite entsprechend fest. Der Vorteil der Angabe der Tabellenbreite in Pixel liegt darin, dass die Tabelle unabhängig von der jeweiligen Bildschirmauflösung immer genau dieselbe physikalische Größe hat. Umgekehrt bedeutet das Festlegen einer relativen Tabellenbreite als Prozentanteil der Seitenbreite, dass das Größenverhältnis der Tabelle zu der Seite nicht variiert, ganz gleich welche Auflösung verwendet wird.

Wie bereits weiter oben erwähnt, beträgt die Standardbreite einer Tabelle 75 Prozent der Breite der Web-Seite. Um die Standardbreite zu ändern, geben Sie im Eigenschaften-Inspector in das Feld *B* einfach einen anderen Wert ein. Um die Breite stattdessen in Pixel anzugeben, klicken Sie den nach unten weisenden Pfeil neben dem Wert für die Breite an und wählen *Pixel* anstelle von *%*.

Tipp

Die Einstellungen für die Breite lassen sich auch mit den beiden unteren Schaltflächen auf der unteren linken Seite des Eigenschaften-Inspectors steuern. Mit der ersten Schaltfläche konvertieren Sie einen Prozentwert in eine Pixelangabe, mit der zweiten eine Pixelangabe in einen Prozentwert. Mit den beiden darüber liegenden Schaltflächen wird die Zeilenhöhe bzw. die Spaltenbreite gelöscht.

Die Höhe und Breite von Zellen festlegen

Die Größe von Tabellenzellen wird bei der Eingabe von Daten oder beim Einfügen von Objekten automatisch angepasst. Es könnte aber sein, dass Sie spezielle Gründe dazu veranlassen, eine bestimmte Höhe oder Breite festzulegen. Das Ändern der Breite und Höhe von Zellen ist sehr simpel: Geben Sie den Pixelwert für die Breite in das Textfeld *B* und den Pixelwert für die Höhe in das Textfeld *H* ein.

Obwohl der Eigenschaften-Inspector keine Dropdown-Liste für die Optionen *Pixel* bzw. *%* für die Breiten- und Höheneinstellungen von Zellen beinhaltet, können Sie für die Breite Pixel- oder Prozentangaben festlegen, indem Sie nach dem Wert ein Prozentzeichen eingeben. Wenn Sie **50** in das Textfeld *B* eingeben, erhält die Zelle eine Breite von 50 Pixel. Geben Sie **50%** ein, wird die Zelle halb so breit wie die Tabelle. Für die Zellenhöhe kann keine Prozentangabe verwendet werden.

Den Tabellenabstand festlegen

Die Abstandsoptionen für Tabellen umfassen interne und externe Abstandseinstellungen. Genau wie Bilder verfügen Tabellen über Einstellungen für den vertikalen und den horizontalen Abstand. Diese Einstellungen legen fest, wie viele Pixel sich zwischen der Außenkante der Tabelle und den benachbarten Elementen befinden dürfen. Wenn Sie in das Textfeld *V-Abstand* des Eigenschaften-Inspectors einen Wert eingeben, wird die Pixelanzahl für den Abstand von Elementen ober- und unterhalb der Tabelle festgelegt. Geben Sie in das Textfeld *H-Abstand* einen Wert ein, wird die Pixelanzahl für den Abstand von Elementen links und rechts von der Tabelle festgelegt.

Außerdem stehen zwei Optionen zum Festsetzen des internen Tabellenabstands zur Verfügung:

- Sie können den Abstand zwischen den einzelnen Zellen festlegen, indem Sie in das Textfeld *Zellraum* einen Pixelwert eingeben. Diese Option ist zu empfehlen, wenn Tabellenelemente voneinander getrennt dargestellt werden sollen.

- Wenn Sie in das Textfeld *Zellauffüllung* einen Pixelwert eingeben, legen Sie den Abstand zwischen den Zellränder und dem Zellinhalt fest. Normalerweise wird die Zellauffüllung dazu verwendet, die Lesbarkeit des Textes zu erhöhen, indem der Text um einige Pixel vom Zellrand entfernt angezeigt wird. Bei Bildern ist es meist ratsamer, die Zellauffüllung auf Null zu setzen, damit das Bild die gesamte Zelle ausfüllt.

Der Rahmen stellt auch eine wichtige Designüberlegung dar. Häufig sind Rahmen gänzlich überflüssig. Sie entfernen die Rahmen, indem Sie die Rahmenbreite auf Null setzen. In diesem Fall können Sie nur mit Hilfe der Einstellungen von *Zellraum* und *Zellauffüllung* zwischen dem Inhalt von verschiedenen Zellen unterscheiden.

Tipp

Die Einstellung der Rahmenbreite wirkt sich nur auf den äußeren Tabellenrahmen aus. Für Zellrahmen steht kein Breitenattribut zur Verfügung.

Den Zellraum festlegen

Normalerweise haben Tabellen eine interne Symmetrie. Eine Zelle liegt genau über oder neben einer anderen Zelle mit derselben Größe; dadurch werden exakte Spalten und Zeilen gebildet. Es gibt aber einige Designerfordernisse, für die eine asymmetrische Zellanordnung wünschenswert ist. Dafür können Sie durch Festlegen des Zellraums sorgen.

Sie können die Größe einer einzelnen Zelle so festlegen, dass sie mehr als eine Zeile oder Spalte umfasst. Eine einzelne Zelle kann auch geteilt werden, so dass mehrere Zellen denselben Platz in Anspruch nehmen, den zuvor eine einzige Zelle inne hatte. Diese Programmfunktionen sind besonders für Tabellenköpfe und Beschriftungen nützlich. Die folgende Abbildung zeigt eine Tabelle mit geteilten und verbundenen Zellen.

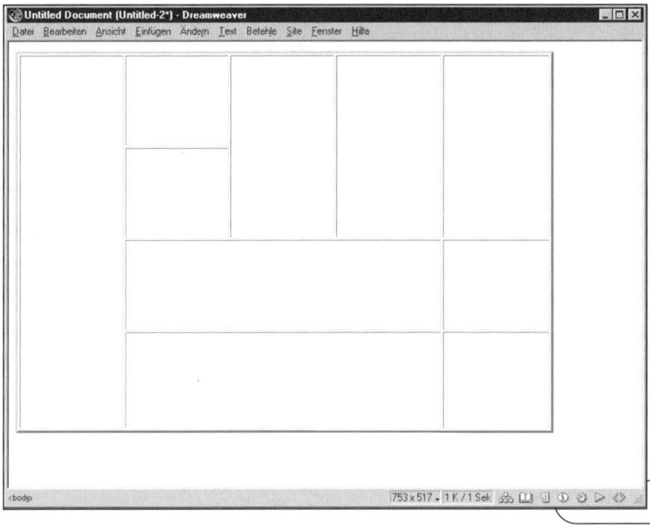

Eine Tabelle mit geteilten und verbundenen Zellen

Abb. 8.13

Zum Verbinden von Zellen klicken Sie in der unteren linken Ecke des Eigenschaften-Inspectors die Schaltfläche *Ausgewählte Zellen mit Raum verbinden* an. Um eine Zelle zu teilen, klicken Sie die Schaltfläche *Zelle durch Entfernen des Raums teilen* an, die sich neben der Schaltfläche *Ausgewählte Zellen mit Raum verbinden* befindet. Sie können nur jeweils eine Zelle gleichzeitig teilen. Es lassen sich aber mehr als zwei Zellen auf einmal verbinden, indem Sie die gewünschten Zellen markieren und dann die Schaltfläche *Ausgewählte Zellen mit Raum verbinden* anklicken.

Zum Ändern des Zellraums setzen Sie den Cursor in die betreffende Zelle, klicken mit der rechten Maustaste und wählen aus dem Popup-Menü *Tabelle > Zeilenraum vergrößern* oder *Tabelle > Zeilenraum verkleinern*. Mit diesen Optionen wird der Zellraum um jeweils eine Zeile vergrößert bzw. verkleinert. Für Spalten lauten die entsprechenden Optionen *Spaltenraum vergrößern* und *Spaltenraum verkleinern*.

Textumbruch verhindern

Wenn Sie in eine Tabelle Text eingeben, wird der Text automatisch umbrochen, sobald er den rechten Zellenrand erreicht hat und in der nächsten Zeile fortgesetzt. Wenn Sie dies verhindern möchten, klicken Sie im Eigenschaften-Inspector das Kontrollfeld *Kein Umbruch* an.

Der Nachteil dieser Einstellung ist, dass hier keine Eingrenzung der Zellbreite vorgenommen wird: Die Zelle wird so lange verbreitert, bis der gesamte Text aufgenommen werden kann. Wenn Sie diese Option auswählen, müssen Sie auf den Inhalt der Zelle achten. Die folgende Abbildung zeigt Beispiele von Standardzellen sowie Zellen mit der Einstellung *Kein Umbruch* und mit Kopfzeilenformaten.

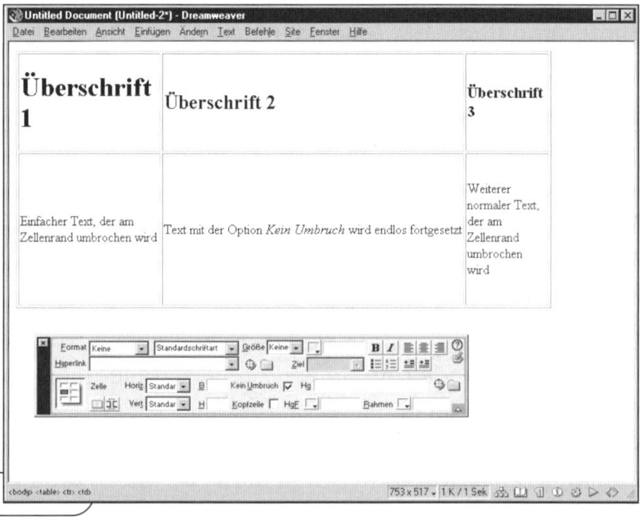

Kopfzeilenformate und die Einstellung *Kein Umbruch*

Abb. 8.14

Kopfzeilen festlegen

Mit dem Kontrollfeld *Kopfzeile* im Eigenschaften-Inspector lassen sich bestimmte Zellen von den übrigen Zellen einer Tabelle differenzieren. Normalerweise wird diese Option für Zellen verwendet, die Titel oder Spaltenüberschriften enthalten. Obwohl der HTML-Standard die eigentliche Festlegung von Kopfzeilen dem User Agent überlässt, ändert sowohl der Netscape Navigator als auch der Internet Explorer das Format des Textes in einer Kopfzeilenzelle in *Fett* um.

Mit den Standard-Stileinstellungen, wie *Fett*, *Kursiv*, *Schriftgröße* usw. haben Sie eine größere Kontrolle über das Erscheinungsbild von Kopfzeilen als mit der Einstellung *Kopfzeile*.

Die Priorität von Attributen

Beim Zuweisen von Attributen, die von einzelnen Tabellenelementen und der gesamten Tabelle gemeinsam benutzt werden, laufen Sie Gefahr Konflikte herbeizuführen. Bei HTML werden diese Konflikte durch das Setzen von Prioritäten umgangen. Zelleinstellungen überschreiben Zeileneinstellungen und Zeileneinstellungen überschreiben Tabelleneinstellungen.

Wenn Sie beispielsweise unterschiedliche Hintergrundfarben für die gesamte Tabelle, für eine Zeile in der Tabelle und für eine Zelle in dieser Zeile festgelegt haben, wird die Hintergrundfarbe der Tabelle von der Hintergrundfarbe der Zeile (nur in dieser Zeile) überdeckt. Die Hintergrundfarbe der Zeile wird wiederum von der Hintergrundfarbe der Zelle überdeckt. Dasselbe gilt für Hintergrundbilder.

Dreamweaver hält die Prioritäten der Tabellenelemente nicht immer exakt ein. Die Einstellungen einer Zeile werden korrekt beibehalten, wenn Sie die Einstellungen für die Tabelle ändern. Wenn Sie die Einstellungen für eine Zeile ändern, werden die Einstellungen einer darin enthaltenen Zelle überschrieben. Sie sollten deshalb die Zelleinstellungen zuletzt ändern.

Obwohl Sie in Dreamweaver eine Tabelle so behandeln, als ob sie aus Spalten und Zeilen zusammengesetzt wäre, gibt es im HTML-Quellcode von Dreamweaver tatsächlich kein Element *column* (Spalte). Stattdessen setzen sich Tabellen aus Zeilen (das TR- bzw. Tabellenzeilenelement), die Zellen enthalten (das TD- bzw. Tabellendatenelement) zusammen. Dies bedeutet für Web-Seitenentwickler, die mit Dreamweaver arbeiten, Folgendes: Wenn Sie Spaltenwerte verwenden, werden die Werte von mehreren Zellen gleichzeitig modifiziert und jede dieser Zellen befindet sich in einer anderen Zeile. Deshalb müssen manchmal auch die Werte, die sich auf eine Zeile beziehen, berücksichtigt werden. Nur „manchmal", weil Zellattribute Zeilen- und Tabellenattribute überschreiben, wenn aber kein Attributwert für die Zelle festgelegt ist, dann wird der Wert wirksam, der für das Zeilenattribut gesetzt ist. Wenn keine bestimmte Einstellung des Zeilenattributs vorhanden ist, werden die Einstellungen der Tabelle verwendet.

Probleme bei Tabellenattributen lösen

Für das Arbeiten mit Tabellen kann der Eigenschaften-Inspector sowohl ein Hindernis als auch ein leistungsstarkes Werkzeug darstellen. Diese Problematik taucht bei den folgenden Zellattributen auf:

- Hintergrundfarbe
- Hintergrundbilder
- Rahmenfarbe
- Höhe
- Breite

Wenn Sie eine beliebige Kombination von Zellen markieren, in der eine oder mehrere Zellen enthalten sind, für die diese Attribute bereits gesetzt sind, könnten Sie ernsthafte Probleme erhalten. Wenn die Zellen alle dieselben Werte verwenden, gibt es keine Schwierigkeiten. Wenn z.B. alle Zellen dieselbe Hintergrundfarbe haben, wird diese Farbe an der entsprechenden Stelle im Eigenschaften-Inspector angezeigt. Problematisch wird es, wenn einige Zellen andere Werte haben. Wenn die Zellkombination beispielsweise zwei oder mehr Hintergrundfarben enthält, gibt es im Eigenschaften-Inspector keine Möglichkeit diese gleichzeitig anzuzeigen. In diesem Fall wird im Eigenschaften-Inspector überhaupt keine Hintergrundfarbe angezeigt.

Dies entspricht der Eingabe keines Wertes für dieses Attribut und das bedeutet, dass die vorhandenen Werte aller Zellen der Auswahl gelöscht werden. Angenommen, eine Zelle hat einen blauen Hintergrund, eine andere einen roten, eine dritte einen gelben und eine vierte hat keinen Hintergrund. Markieren Sie alle vier Zellen, klicken Sie das Textfeld für die Hintergrundfarbe und dann eine beliebige andere Stelle an. Alle vier Zellen werden daraufhin weiß (bzw. in der Hintergrundfarbe der Tabelle) dargestellt. Um dasselbe Ergebnis zu erzielen, müssten Sie normalerweise die vorhandene Farbinformation aus dem Textfeld für die Hintergrundfarbe löschen oder das Farbfeld und anschließend in der Farbpalette die Schaltfläche mit dem Radiergummi anklicken.

Dieses Problem betrifft auch die Rahmenfarbe, nicht aber die Textfarbe oder Hyperlinks. Nur diejenigen Attribute, deren Textfelder sich in der unteren Hälfte des Eigenschaften-Inspectors befinden, weisen diese Problematik auf.

Bei der Zellenbreite und -höhe tritt dasselbe Problem auf. Wenn Sie zuerst ein leeres Breiten- oder Höhenfeld und dann eine beliebige andere Stelle anklicken, wird die vorhandene Information gelöscht. Auch hier passiert dies nur, wenn die Breite oder die Höhe der Zellen unterschiedlich ist.

Es gibt eine Situation, in der sich dieser Fehler offensichtlich nicht auf die Zellbreite und -höhe auswirkt, aber das scheint nur so. Wenn die Höhe einer einzelnen Zelle festgelegt wird, erhält jede Zelle der Zeile dieselbe Höhe. Genauso erhalten alle Zellen in einer Spalte dieselbe Breite, wenn die Breite einer einzelnen Zelle festgesetzt wird. Dadurch wird die Proportionalität der Tabelle erhalten. Sie können deshalb eine Zeile, Spalte oder eine Gruppe von Zellen markieren, die zwar alle keine Standardbreite oder -höhe aufweisen, aber deren Breiten- oder Höhenattribute trotzdem nicht gesetzt sind; ihre Abmessungen werden von Attributen einer oder mehrerer Zellen außerhalb des Markierungsbereiches gesteuert. In diesem Fall können Sie in die Textfelder für die Breite und/oder die Höhe klicken, ohne dass irgendwelche Änderungen vorgenommen werden.

Ein weiteres Problem, auf das Sie stoßen könnten, hat mit den Eigenschaften von Listenelementen zu tun. Wenn Sie ein Element in eine Tabellenzelle einfügen und das Element anschließend markieren, wird normalerweise der für diesen Elementtyp passende Eigenschaften-Inspector angezeigt. Wenn Sie z.B. ein Bild einfügen und es markieren, werden im Eigenschaften-Inspector die Eigenschaften für Bilder angezeigt. Dasselbe gilt für Formulare, horizontale Linien usw. Haben Sie jedoch eine Liste (eine geordnete oder eine ungeordnete) eingefügt, können Sie im Eigenschaften-Inspector nicht auf die Eigenschaften des Listenelements zugreifen und zwar aus dem folgendem Grund: Die Schaltfläche *Listenelement* befindet sich normalerweise in der unteren Hälfte des Eigenschaften-Inspectors, dieser Bereich wird aber bei Tabellen von den Zellattributen beansprucht. Ein Lösungsweg ist die Liste in der Zelle zu markieren und dann die Menüoption *Text > Liste > Eigenschaften* zu wählen. Daraufhin wird das Dialogfeld *Listeneigenschaften* geöffnet. Sie können die Liste auch in der Zelle markieren, mit der rechten Maustaste klicken und aus dem Popup-Menü *Liste > Eigenschaften* wählen.

Vordefinierte Tabelleformate verwenden

Wenn Sie die langweiligen Details beim Festlegen der verschiedenen Tabellenattribute lieber überspringen möchten, können Sie in Dreamweaver vordefinierte Tabellenformate verwenden. Wenn Sie mit keinem Format vollkommen zufrieden sind, verwenden Sie eines, das Ihren Vorstellungen am nächsten kommt und bearbeiten Sie es entsprechend.

Um auf die vordefinierten Formate zuzugreifen, gehen Sie folgendermaßen vor:

1. Klicken Sie eine beliebige Stelle in einer Tabelle an und wählen Sie *Befehle > Tabelle formatieren*, um das Dialogfeld *Tabelle formatieren* zu öffnen (siehe die folgende Abbildung).

2. Klicken Sie in der Liste auf der linken Seite des Dialogfeldes die verschiedenen Designs an, um ein Beispiel des Designs anzuzeigen. Wenn Sie die vordefinierten Einstellungen ändern, werden die Ergebnisse in dem Beispiel sofort wiedergegeben.

3. Geben Sie im Bereich *Zeilenfarbe* die Namen oder die Hexadezimalwerte der Farben ein, die Sie für den Textkörper der Tabelle verwenden möchten. Es stehen die beiden Textfelder *Erste* und *Zweite* zur Verfügung. Die Farben werden abwechselnd verwendet, was Sie im nächsten Schritt festlegen.

Tipp

Im Dialogfeld *Tabelle formatieren* fehlen die normalen Paletteoptionen von Dreamweaver. Sie müssen daher, bevor Sie mit dem Dialogfeld arbeiten, die Farbwerte kennen.

4. Wählen Sie in der Dropdown-Liste *Abwechseln* eine der folgenden Optionen: *Nicht wechseln*, *Jede zweite Zeile*, *Alle zwei Zeilen*, *Alle drei Zeilen* oder *Alle vier Zeilen*. Wenn Sie *Nicht wechseln* wählen, wird nur die erste Farbe benutzt.

5. Wählen Sie aus der Dropdown-Liste *Ausrichten* im Bereich *Oberste Zeile* eine Ausrichtung für die Zellinhalte der ersten Zeile aus. Folgende Optionen stehen zur Verfügung: *Keine*, *Links*, *Zentrieren* und *Rechts*.

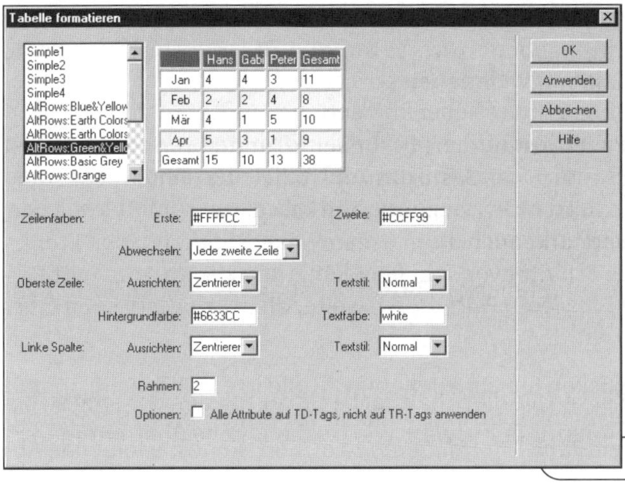

Das Dialogfeld *Tabelle formatieren*

Abb. 8.15

6 Wählen Sie in der Dropdown-Liste *Textstil Normal*, *Fett*, *Kursiv* oder *Fett/Kursiv* aus.

Tipp

Im Dialogfeld *Tabelle formatieren* können Sie keine Schriftart auswählen. Wenn Sie die Schriftart ändern möchten, müssen Sie sie, nachdem Sie das Dialogfeld geschlossen haben, auf der Web-Seite ändern.

7 Geben Sie in das Textfeld *Hintergrundfarbe* den Namen oder den Hexadezimalwert der Farbe ein, die Sie als Hintergrund für die oberste Zeile verwenden möchten.

8 Geben Sie in das Textfeld *Textfarbe* den Namen oder den Hexadezimalwert der Farbe ein, die Sie für die Schrift in der obersten Zeile verwenden möchten.

9 Wählen Sie im Bereich *Linke Spalte* aus der Dropdown-Liste *Ausrichten* eine Ausrichtung für die Zellinhalte der linken Spalte aus. Folgende Optionen stehen zur Verfügung: *Keine*, *Links*, *Zentrieren* und *Rechts*.

10 Wählen Sie in der Dropdown-Liste *Textstil Normal*, *Fett*, *Kursiv* oder *Fett/Kursiv* aus.

11 Geben Sie in das Textfeld *Rahmen* die Anzahl der Pixel für die Rahmenbreite ein.

12 Markieren Sie das Kontrollfeld *Optionen*, wenn sich alle eingegebenen Werte auf alle Zellen (*TD*) statt auf alle Zeilen (*TR*) beziehen sollen.

! Falls Sie nicht irgendwelche besonderen Anforderungen haben, ist es wahrscheinlich das Beste das Kontrollfeld *Optionen* nicht zu aktivieren. Es führt nicht nur zu unnötig komplexen HTML-Quellcode, sondern verstärkt auch die in Dreamweaver vorhandenen Probleme mit der Priorität von Tabellenelementen, die im Abschnitt *Probleme bei Tabelleattributen lösen* weiter oben in diesem Kapitel beschrieben wurden.

13 Klicken Sie die Schaltfläche *OK* an, um den Vorgang zu beenden. Ihre Auswahl wird in die Tabelle übernommen.

Tabellen bearbeiten

Dreamweaver stellt eine Reihe von Methoden zum Hinzufügen und Löschen von Zeilen und Spalten bereit. Auf einige davon greifen Sie über das Popup-Menü *Tabelle* zu (Sie öffnen dieses Popup-Menü, indem Sie in einer Tabelle mit der rechten Maustaste klicken). Andere befinden sich im Eigenschaften-Inspector und wieder andere arbeiten automatisch. Tabellen können auch an eine andere Position auf der Seite verschoben oder deren Größe verändert werden.

Zeilen und Spalten einfügen und löschen

Der einfachste Weg einer Tabelle eine Zeile hinzuzufügen, ist in der letzten Zelle der Tabelle (unten rechts) die Taste [Tab] zu drücken. Dreamweaver fügt automatisch eine neue Zeile hinzu. Eine vergleichbare Methode zum Hinzufügen von Spalten gibt es nicht.

Die einfachste Methode zum Löschen einer Zeile oder einer Spalte besteht darin, sie zu markieren und dann die Taste [Entf] zu drücken.

Tipp Wenn Sie den Inhalt einer gesamten Zeile löschen möchten, ohne die Zeile selbst zu entfernen, markieren Sie alle Zellen in der Zeile bis auf eine und löschen deren Inhalt mit der Taste [Entf]. Markieren Sie anschließend die letzte Zelle und löschen Sie auch deren Inhalt.

Die Methoden zum Ändern der Anzahl der Tabellenzeilen oder -spalten befinden sich im Eigenschaften-Inspector oder in dem Popup-Menü *Tabelle*.

Eigenschaften-Inspector

Sie können Zeilen oder Spalten hinzufügen oder löschen, indem Sie die entsprechende Einstellung im Eigenschaften-Inspector ändern. Wenn Sie die Zeilenanzahl erhöhen, werden leere Zeilen am Ende der Tabelle hinzugefügt. Verringern Sie die Zeilenanzahl, werden Zeilen am Ende der Tabelle gelöscht. Bei Spalten gehen Sie genauso vor. Die Spalten werden jeweils auf der rechten Seite der Tabelle hinzugefügt bzw. gelöscht.

Wenn Sie mit dem Eigenschaften-Inspector die Anzahl der Zeilen oder Spalten verringern, können Sie Daten verlieren. Dreamweaver unterscheidet nicht zwischen leeren Zellen und Zellen mit Daten. Diese Methode sollten Sie daher nur für Tabellen im Entwurfsstatus verwenden und nicht für solche, die bereits Daten enthalten.

Popup-Menü Tabelle

Um die Position, an der eine Zeile oder Spalte eingefügt wird, exakter festzulegen, klicken Sie eine Zelle mit der rechten Maustaste an (diese Zelle wird die Einfügeposition) und wählen aus dem Popup-Menü die Option *Tabelle*. Wählen Sie anschließend entweder *Zeile einfügen* oder *Spalte einfügen*. Sie können auf diese Weise auch Zeilen oder Spalten löschen, indem Sie *Zeile löschen* bzw. *Spalte löschen* wählen. Dies ist aber die schwerfälligste Lösch-Methode.

Das Einfügen von Zeilen oder Spalten mit dem Popup-Menü *Tabelle* wird etwas anders ausgeführt als das Einfügen mit dem Eigenschaften-Inspector. Spalten werden links von der Einfügeposition und Zeilen oberhalb der Einfügeposition eingefügt.

Dialogfeld Zeilen oder Spalten einfügen

Die größte Kontrolle beim Einfügen von Spalten und Zeilen erhalten Sie mit einer weiteren Option des Popup-Menüs *Tabelle* – nämlich der Option *Zeilen oder Spalten einfügen*. Die folgende Abbildung zeigt das entsprechende Dialogfeld.

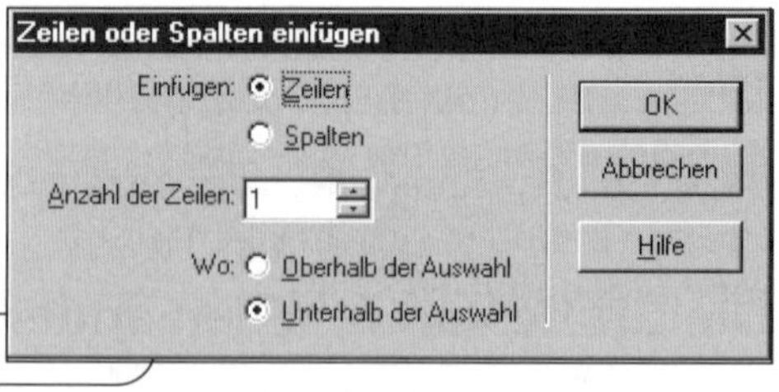

Das Dialogfeld *Zeilen oder Spalten einfügen*

Abb. 8.16

Klicken Sie in diesem Dialogfeld entweder das Optionsfeld *Zeilen* oder *Spalten* an, um das einzufügende Element festzulegen. Geben Sie dann die Anzahl der einzufügenden Zeilen oder Spalten ein. Mit den Pfeilen neben dem Textfeld lässt sich der Wert vergrößern oder verkleinern. Die Minimaleinstellung beträgt 1 und die Maximaleinstellung 50.

Schließlich wählen Sie aus, wo die neue Zeile oder Spalte eingefügt werden soll. Für Zeilen stehen die Optionen *Oberhalb der Auswahl* und *Unterhalb der Auswahl* („Auswahl" bezeichnet dabei die Zelle, in der sich der Cursor aktuell befindet) und für Spalten die Optionen *Vor aktueller Spalte* (links davon) und *Nach aktueller Spalte* (rechts davon) zur Verfügung. Klicken Sie *OK* an, um den Einfügevorgang abzuschließen.

Tabellen verlagern

Wie andere Seitenelemente können auch Tabellen von einer Position zu einer anderen verlagert werden, indem sie einfach von der aktuellen an die neue Position gezogen werden. Markieren Sie dazu die Tabelle und bewegen Sie den Mauszeiger über einen Rand. Wenn der Cursor die Form eines Vierfachpfeils annimmt (siehe die folgende Abbildung), können Sie die Tabelle an eine andere Position auf der Seite ziehen.

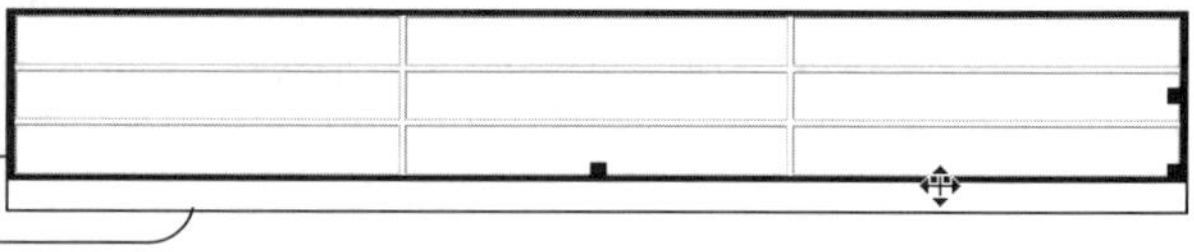

Der Mauszeiger zum Verlagern von Tabellen

Abb. 8.17

Eine Zelle kann eigentlich nicht verlagert werde, aber das Ausschneiden und Einfügen der Zelle führt zu demselben Ergebnis. Der Zellinhalt kann von einer Zelle in eine andere und an jede beliebige Position auf der Seite gezogen werden.

Tipp

Sie können eine neue Tabelle erstellen, indem Sie den Inhalt der Tabelle ausschneiden und außerhalb der Originaltabelle auf der Web-Seite einfügen.

Die Größe von Tabellen ändern

Wie Sie bereits weiter oben erfahren haben, lässt sich die Größe einer Tabelle oder einer Zelle mit dem Eigenschaften-Inspector ändern. Die Größe von Tabellen, Zellen, Zeilen und Spalten kann aber auch manuell verändert werden.

Um die Größe einer Tabelle zu ändern, setzen Sie den Cursor auf den unteren oder rechten Rand, drücken die Maustaste und ziehen. Auf diese Weise wird die Tabelle automatisch markiert. Wenn Sie die Größe der Tabelle noch weiter ändern wollen, setzen Sie den Mauszeiger auf einen der Auswahlgriffe. Mit dem unteren Auswahlgriff ändern Sie die Höhe, mit dem seitlichen die Breite und mit dem Auswahlgriff an der rechten Ecke können Sie gleichzeitig die Höhe und die Breite der Tabelle ändern. Der Mauszeiger nimmt die Form eines Doppelpfeils an (siehe die folgende Abbildung). Drücken Sie die linke Maustaste und ziehen Sie. Um die Tabellenproportionen beizubehalten, halten Sie beim Ziehen die Taste ⇧ gedrückt.

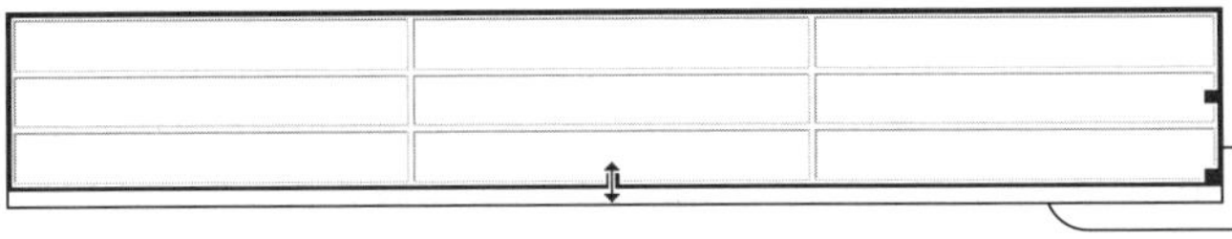

Der Mauszeiger zum Ändern der Tabellengröße

Abb. 8.18

Die Größenänderung von Zeilen und Spalten wird genauso ausgeführt. Sie müssen dazu nur zuerst eine Zelle markieren. Zellen verfügen nicht über Auswahlgriffe wie Tabellen. Um die Breite einer gesamten Spalte zu vergrößern oder zu verkleinern, bewegen Sie den Mauszeiger über den rechten Rahmen einer Zelle, bis er die Form eines Doppelpfeils annimmt, und ziehen den Rahmen nach links oder rechts. Dieselbe Methode können Sie für Zeilen anwenden. Hier zeigt der Doppelpfeil nach oben und unten und Sie ziehen an dem unteren Rahmen. Eine dem Ziehen an der Tabellenecke entsprechende Methode gibt es für Zellen nicht.

Mit Tabellendaten arbeiten

Anstatt Daten in eine Tabelle einzugeben, können Sie vorhandene Tabellendaten importieren. Dreamweaver stellt auch Optionen zum Sortieren von Tabellendaten bereit.

Daten einfügen

Wenn Sie über tabellarische Daten verfügen, können Sie sie in Dreamweaver importieren und sie in eine HTML-Tabelle einfügen. Sie müssen vor dem Einfügen nicht einmal eine Tabelle erstellen, um die Daten aufzunehmen – Dreamweaver erledigt das für Sie.

Die Daten müssen in einem Format mit Trennzeichen, wie z.B. als *.csv*-Datei (Comma-Separated Values) vorliegen. Um solche Daten zu importieren, gehen Sie folgendermaßen vor:

1. Setzen Sie den Cursor an die Position, an der die Tabelle erstellt werden soll und wählen Sie *Einfügen > Tabellendaten* oder *Datei > Importieren > Tabellendaten importieren* (mit beiden Optionen wird dasselbe Dialogfeld geöffnet, allerdings mit unterschiedlichem Namen *Tabellendaten importieren* bzw. *Tabellendaten einfügen*).

2. Geben Sie im Dialogfeld *Tabellendaten einfügen* (siehe die folgende Abbildung) den Speicherort und den Namen der zu importierenden Datei ein oder klicken Sie die Schaltfläche *Durchsuchen* an, um die Datei zu suchen.

3. Wählen Sie aus der Dropdown-Liste *Trennzeichen* den Typ des Trennzeichens – *Tabulator*, *Komma*, *Semikolon* oder *Doppelpunkt* – aus. Wenn Ihre Datei ein anderes Trennzeichen verwendet, wählen Sie *Anderes*. In diesem Fall wird ein neues Textfeld angezeigt, in das Sie das Trennzeichen eingeben können.

Tipp: Wenn Dreamweaver den Dateityp erkennt, wird automatisch das richtige Trennzeichen angezeigt.

4. Die Standardoption für die Tabellenbreite lautet *An Daten anpassen*. Wenn Sie eine Breite angeben möchten, klicken Sie das Optionsfeld *Set* an, geben in das Textfeld einen Wert ein und wählen aus der Dropdown-Liste entweder *Prozent* oder *Pixel*.

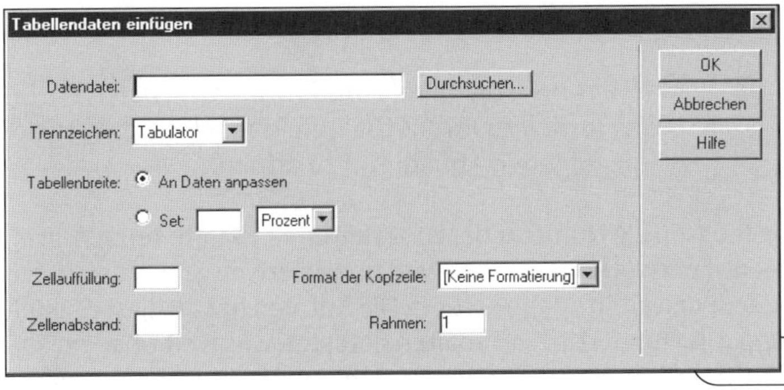

Das Dialogfeld *Tabellendaten einfügen*

Abb. 8.19

5 Geben Sie bei Bedarf Werte in die Textfelder *Zellauffüllung* und *Zellenabstand* ein.

6 Wenn die oberste Zeile der importierten Tabellendaten formatiert werden soll, wählen Sie aus der Dropdown-Liste *Format der Kopfzeile* eine Option aus.

7 Standardmäßig ist die Rahmenbreite auf 1 gesetzt. Wenn Sie eine andere Breite verwenden möchten, geben Sie in das Textfeld *Rahmen* den entsprechenden Wert ein.

8 Klicken Sie *OK* an, um das Dialogfeld wieder zu schließen.

Dreamweaver erstellt die neue Tabelle und füllt sie mit den Daten aus der Datei.

Tabellendaten sortieren

Eine Funktion, die in HTML aber nicht in Dreamweaver fehlt, ist die Möglichkeit, Tabellen anhand der Zellinhalte zu sortieren. Tabellen können in Dreamweaver nach einer Primär- und einer Sekundärspalte sortiert werden. Diese Funktion kann leider nicht online in einer Web-Site ausgeführt werden, aber sie ist trotzdem sehr nützlich.

Tipp

Nur Tabellen mit proportionalem Layout können sortiert werden. Bei geteilten oder verbundenen Zellen ist die Sortierfunktion deaktiviert.

Um eine Tabelle zu sortieren, gehen Sie folgendermaßen vor:

1. Markieren Sie die Tabelle und wählen Sie *Befehle > Tabellen sortieren*, um das Dialogfeld *Tabelle sortieren* (siehe die folgende Abbildung) zu öffnen.

Tipp Sie müssen die Nummer der zu sortierenden Spalte kennen. In einer gut entworfenen Tabelle wird normalerweise nach der ersten oder der zweiten Spalte sortiert. Die Autoren haben diese Einstellung mit Hunderten von Spalten getestet, was weit über ein vernünftiges Tabellendesign hinausgeht, und die Ergebnisse waren sehr gut.

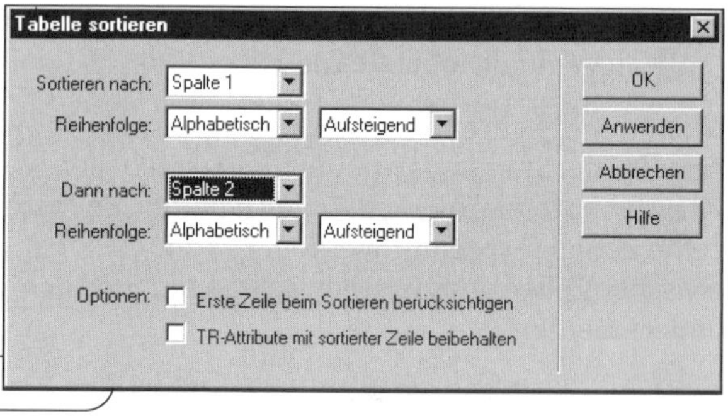

Das Dialogfeld *Tabelle sortieren*

Abb. 8.20

2. Wählen Sie aus der Dropdown-Liste *Sortieren nach* eine Spaltennummer aus.

3. Wählen Sie aus der ersten Dropdown-Liste *Reihenfolge* entweder *Alphabetisch* oder *Numerisch* aus. Wählen Sie aus der zweiten Dropdown-Liste neben *Reihenfolge* entweder *Aufsteigend* oder *Absteigend* aus.

4. Wenn Sie eine weitere Sortierung nach einer anderen Spalte ausführen möchten, wiederholen Sie für die Einstellungen *Dann nach* den dritten Schritt.

5. Wenn die erste Tabellenzeile normale Daten enthält, klicken Sie das Kontrollfeld *Erste Zeile beim Sortieren berücksichtigen* an. Enthält die erste Tabellenzeile Kopfzeilendaten, belassen Sie diese Option deaktiviert.

6. Wenn die Hintergrundfarbe und weitere Attribute nach der Sortierung der Daten übernommen werden sollen,

klicken Sie das Kontrollfeld *TR-Attribute mit sortierter Zeile beibehalten* an.

7 Klicken Sie *OK* an, um den Vorgang auszuführen.

Dreamweaver ordnet die Tabellezeilen entsprechend der im Dialogfeld *Tabelle sortieren* vorgenommen Einstellungen neu an.

Zusammenfassung

In diesem Kapitel wurde beschrieben, wie Tabellen eingefügt und geändert werden. Sie haben erfahren, dass Tabellen dieselben Elemente wie Web-Seiten enthalten können, wie z.B. Bilder, Hyperlinks und Text. Tabellen können auch Hintergrundfarben und -bilder zugewiesen werden.

Nach der Beschreibung des Einfügens von Tabellen und des Änderns der Standardattribute für neue Tabellen wurde erläutert, wie Attribute für Tabellen, Zeilen, Spalten, Zellbereiche und einzelne Zellen festgelegt werden. Es können sogar die Abstände zwischen Zellen und zwischen Zellrändern und dem Zellinhalt geändert werden.

Anschließend wurden die vordefinierten Tabellenformate von Dreamweaver behandelt. Anstatt einzelne Attribute zu setzen, können Sie die vordefinierten Formate verwenden und sie gegebenenfalls an Ihre Erfordernisse anpassen.

An Ende des Kapitels wurde beschrieben, wie Daten aus Dateien mit Trennzeichen als Tabellen importiert werden und wie die Sortierfunktion von Dreamweaver verwendet wird.

Im nächsten Kapitel wird erläutert, wie Sie Formulare für Eingaben von Besuchern Ihrer Web-Site einsetzen können.

Formulare

9

Formulare dienen als Hauptinstrument zur Ermittlung gezielter Eingaben von Besuchern Ihrer Web-Site. Sich über die Funktionen und Unterschiede der einzelnen Formularsteuerelemente (Schaltflächen, Textfelder, Kontrollkästchen usw.) im Klaren zu sein ist eine wichtige Voraussetzung für das Erstellen von leistungsfähigen Formularen.

Dieses Kapitel behandelt das Anlegen und Ändern von Formularen, das Verbinden von Formularen mit CGI-Skripten und das Übertragen von Formularen anhand von URL-Adressen. Die einzelnen Formularobjekte werden detailliert aufgeführt und es wird beschrieben, wie Sie sie am effektivsten einsetzen. Dabei wird auch auf Fehler und Unterschiede hingewiesen, die in den wichtigsten Web-Browsern beim Anzeigen von Formularen auftreten. Am Ende des Kapitels werden die Vorteile des Einsatzes von Tabellen in Verbindung mit Formularen zur Erzielung einer funktionsfähigen Struktur erörtert.

Formulare hinzufügen

In Formularen können Sie mit Hilfe von verschiedenen Steuerelementen jede Art von Informationen abfragen. Die Steuerelemente dienen der Übermittlung der Benutzereingaben. Die folgende Abbildung zeigt ein Beispiel eines typischen Eingabeformulars für Adressdaten.

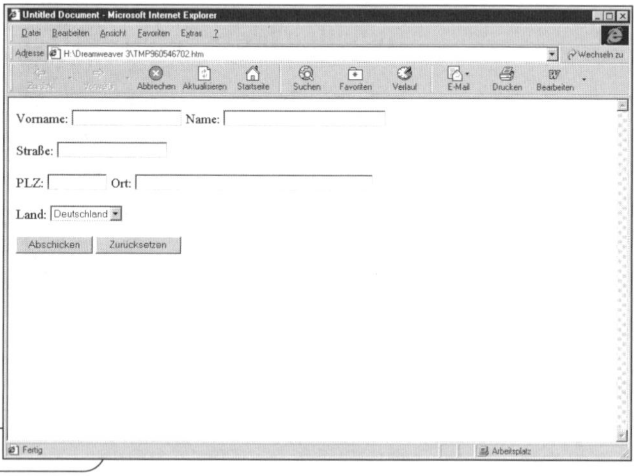

Ein Formular zur Abfrage von Adressinformationen

Abb. 9.1

Der erste Schritt beim Erstellen von Formularen ist das Platzieren eines leeren Formulars auf der Web-Seite. Anschließend legen Sie die Formulareigenschaften fest und fügen verschiedene Formularobjekte hinzu.

Ein Formular auf einer Seite platzieren

Um einer Web-Seite ein Formular hinzuzufügen, setzen Sie den Cursor an die Position, an der das Formular erscheinen soll, und klicken in der Tafel *Formulare* der Objektpalette die Schaltfläche *Formular einfügen* an. Sie können auch die Schaltfläche *Formular einfügen* an die gewünschte Stelle auf der Web-Seite ziehen oder die Menüoption *Einfügen > Formular* verwenden.

Tipp

Wenn die Objektpalette nicht angezeigt wird, wählen Sie *Fenster > Objekte* oder drücken Sie die Tastenkombination Strg + F2 (Befehlstaste + F2 bei Macs). Wenn die Tafel *Formulare* nicht angezeigt wird, klicken Sie im oberen Bereich der Objektpalette den nach unten weisenden Pfeil an und wählen Sie aus dem Popup-Menü *Formulare* aus.

Das Formular wird als gestrichelte Linie, dem so genannten *Formularbegrenzer*, angezeigt (siehe die folgende Abbildung). Nach dem Einfügen des Formulars wird es automatisch markiert und der Eigenschaften-Inspector enthält die Attribute des neuen Elements.

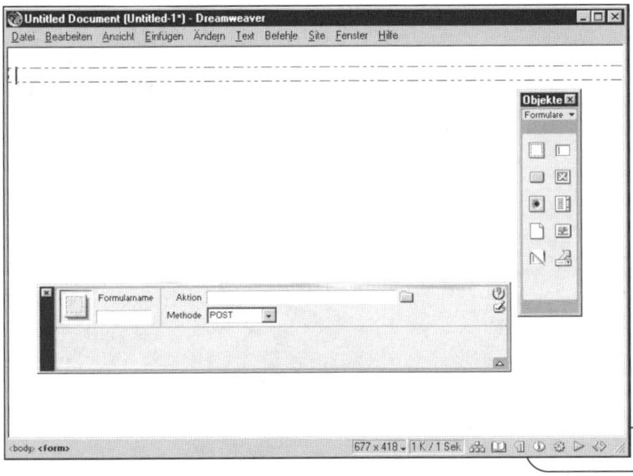

Der leere Formularbegrenzer

Abb. 9.2

Wenn Sie in den Voreinstellungen festgelegt haben, dass unsichtbare Elemente nicht angezeigt werden, ist der Formularbegrenzer nicht sichtbar. Es gibt zwei Voreinstellungen, die sich auf unsichtbare Elemente in Formularen auswirken.

- Mit der Menüoption *Ansicht > Unsichtbare Elemente* kann die Anzeige aller unsichtbaren Elemente ein- und ausgeschaltet werden. Wenn die Option *Unsichtbare Elemente* nicht aktiviert ist, klicken Sie sie an. Ist diese Option bereits aktiviert und der Formularbegrenzer wird trotzdem nicht angezeigt, überprüfen Sie die Einstellungen im Dialogfeld *Voreinstellungen*.

- In der Kategorie *Unsichtbare Elemente* im Dialogfeld *Voreinstellungen* können Sie die Anzeige von einzelnen unsichtbaren Elementen aktivieren und deaktivieren (siehe die folgende Abbildung). Wählen Sie *Bearbeiten > Einstellungen* und klicken Sie in der Liste *Kategorie* den Eintrag *Unsichtbare Elemente* an. Wenn das Kontrollkästchen *Formularbegrenzer* nicht markiert ist, klicken Sie es an. Aktivieren Sie außerdem das Kontrollkästchen *Versteckte Formularfelder*, damit auch versteckte Felder in Dreamweaver angezeigt werden.

Tipp Unabhängig von den Einstellungen, die Sie im Menü *Ansicht* oder im Dialogfeld *Voreinstellungen* treffen, werden die versteckten Elemente einer Web-Seite in einem Web-Browser nie angezeigt. Die unsichtbaren Elemente erscheinen nur in Dreamweaver.

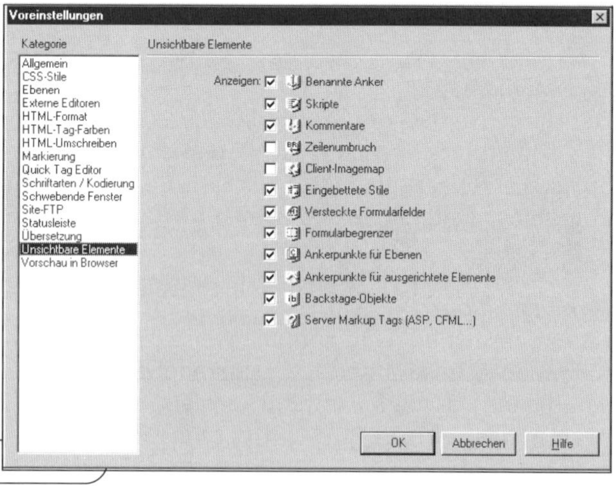

Voreinstellungen für unsichtbare Elemente festlegen

Abb. 9.3

Formulareigenschaften festlegen

Damit Formulare wirklich nützlich sind, müssen die von Benutzer eingegebenen Daten in irgendeiner Weise verarbeitet werden. Obwohl damit den folgenden Erläuterungen etwas vorgegriffen wird, sei schon hier darauf hingewiesen, dass der Verarbeitungsprozess beginnt, sobald der Benutzer die Schaltfläche *Abschicken* anklickt. Wenn Formulare gesendet werden, müssen die eingegebenen Daten auf irgendeine Weise verarbeitet werden. Normalerweise geschieht das durch ein externes Programm, manchmal aber auch durch ein JavaScript-Skript.

Zwei der drei Formulareigenschaften, die Sie im Eigenschaften-Inspector festlegen, beziehen sich auf die Verarbeitung und Weitergabe von Formulardaten. Wie aus der folgenden Abbildung ersichtlich ist, enthält der Eigenschaften-Inspector für Formulare die Einstellungen *Formularname*, *Aktion* und *Methode*. Wenn das Formular noch nicht markiert ist, klicken Sie auf dessen Rahmen, damit die Formulareigenschaften angezeigt werden.

Tipp

Ein leeres Formular können Sie markieren, indem Sie eine beliebige Stelle innerhalb des Formularbegrenzers anklicken. Wenn das Formular bereits Elemente enthält, müssen Sie zum Markieren des Formulars den Rahmen anklicken.

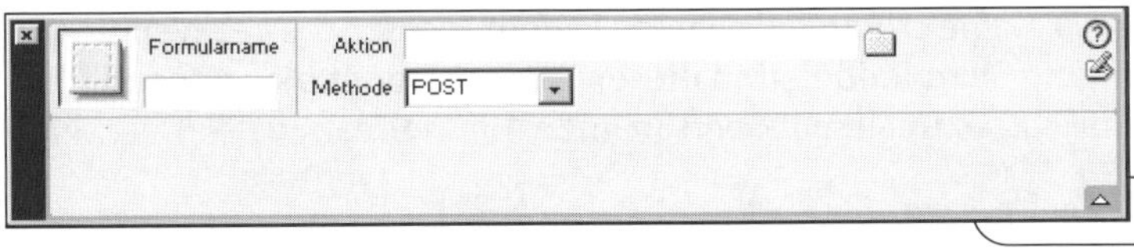

Der Eigenschaften-Inspector für Formulare

Abb. 9.4

Formularname

Der Name, den Sie dem Formular zuweisen, dient lediglich als Bezeichner, der nur wichtig ist, wenn Sie mit einer Skriptsprache auf das Formular zugreifen. Geben Sie in das Eingabefeld *Formularname* einen eindeutigen Bezeichner für das Formular ein.

Formularaktionen

Als Aktionsattribut wird normalerweise die URL eines CGI-Skripts (Common Gateway Interface) verwendet, das die Dateneingaben verarbeitet. Das Aktionsattribut kann auch auf ein JavaScript-Programm oder eine E-Mail-URL verweisen. Zum Festlegen des

Aktionsattributs geben Sie entweder eine URL ein oder wählen mit der Ordner-Schaltfläche eine Datei aus.

Wenn Sie eine URL eines CGI-Skripts eingeben, wird das Programm beim Abschicken des Formulars ausgeführt. Eine typische Aktion sieht z.B. folgendermaßen aus:

```
/cgi-bin/processform.pl
```

Um ein JavaScript-Programm anstelle einer normalen CGI-URL festzulegen, geben Sie z.B. Folgendes ein:

```
javascript:funktion()
```

Ersetzen Sie *funktion* mit dem Namen Ihrer eigenen Funktion.

Wenn die Formulardaten nicht von einem CGI-Skript verarbeitet, sondern per E-Mail an Sie gesendet werden sollen, geben Sie eine E-Mail-URL, wie z.B. die folgende, ein:

```
mailto:wherever@whatever.com
```

Soll auch der Betreff der zu sendenden Nachricht festlegt werden, geben Sie als URL etwa Folgendes an:

```
mailto:wherever@whatever.com?subject=whatever
```

Es gibt einige potentielle Nachteile bei der URL-Methode:

- Sie erhalten die Daten in dem Format, das der Web-Server verwendet, und dieses Format eignet sich nur zum maschinellen Lesen.

Tipp

Sie können die E-Mail-URL angeben und dann die Informationen aus dem Durcheinander von Feldnamen, Gleichheitszeichen und kaufmännische Unds heraussuchen. Es gibt aber eine bessere Lösung: Verbinden Sie die Schaltfläche *Abschicken* mit einem JavaScript-Programm, das die Formulardaten vor dem Senden in ein lesbares Format umwandelt. Wenn Sie kein eigenes JavaScript-Programm schreiben möchten, laden Sie das Skript *Mail It* von Andy Augustine unter der Adresse *http://home.hiwaay.net/~leopard/InetDev/JavaScript/Snips/JSEmailer1.txt* herunter. Es kann sehr einfach an fast jede Formular-E-Mail-Situation angepasst werden.

- Die E-Mail-Aktion ist davon abhängig, dass die Benutzer ihre Browser-E-Mail-Voreinstellungen so eingerichtet haben, dass ihr Mail-Server in der Liste für ausgehende E-Mails aufgeführt ist. Wenn dies nicht geschehen ist, können sie keine E-Mails abschicken.

Die Aktion gibt eine Warnung aus, dass möglicherweise Sicherheitsprobleme (unverschlüsselte Daten werden versendet) auftreten, was eventuell einige Benutzer verunsichert.

CGI-Programme

CGI (Common Gateway Interface) ermöglicht, dass Web-Seiten externe Programme ausführen können, die über weit größere Funktionen als HTML oder sogar JavaScript verfügen. CGI-Programme sind normalerweise in der Sprache Perl geschrieben; es gibt aber auch einige, die in C oder anderen Programmiersprachen entwickelt wurden.

Da die Perl-Programmierung den einigermaßen verdienten Ruf hat, normale Menschen in quasselnde Irre zu verwandeln, werden Sie froh sein, dass Sie wahrscheinlich nicht mit Perl programmieren müssen. Falls nicht ganz ungewöhnliche Erfordernisse vorliegen, können Sie ein bereits fertiges CGI-Programm unverändert verwenden oder dies zumindest einfach für Ihre Web-Seiten abwandeln. Es gibt Dutzende von verschiedenen CGI-Programmen zum Versenden von Formulardaten per E-Mail, zum Unterhalten eines Gästebuchs auf Ihrer Site, zum Warten von einfachen Flat-Datei-Datenbanken usw. Viele dieser CGI-Programme finden Sie z.B. in der Site von Selena Sol (*http://www.extropia.com/*) oder im Skriptarchiv von Matt (*http://www.worldwidemart.com/scripts/*).

Perl-Programme sind einfache Textdateien. Normalerweise ist zum Anpassen eines Perl-Programms nur etwas Schreibarbeit erforderlich, indem Sie die Beispiel-URLs durch die für Ihre Site erforderlichen URLs ersetzen. Jedes gute CGI-Programm enthält im Programmcode Kommentare zum Ändern des Programms. Speichern Sie die geänderte Datei und kopieren Sie sie in Ihr CGI-Verzeichnis. Anschließend müssen Sie nur noch dem Formular die URL des CGI-Programms als Aktionsattribut zuweisen.

Wenn Sie nicht sicher sind, was oder wo Ihr CGI-Verzeichnis ist, suchen Sie in Ihrem Root-Verzeichnis nach einem Verzeichnis mit dem Namen *cgi-bin*. Wenn das oder ein ähnliches Verzeichnis vorhanden ist, ist alles in Ordnung. Wenn nicht, ist Ihr weiteres Vorgehen davon abhängig, wer Ihren Web-Server betreibt. Wenn Sie ihn selber betreiben, muss Ihnen sicherlich nicht gesagt werden, wie er eingerichtet wird. Wenn nicht sollten Sie sich an Ihren ISP (Internet Service Provider) oder Netzwerkadministrator wenden.

Einige Internet Service Provider gestatten den Einsatz von CGI-Programmen nicht, weil sie Sicherheitsprobleme durch schlecht geschriebene Programme befürchten (und dies ist ein echtes Problem für Internet Service Provider, nicht nur deren Sturheit). Internet Service Provider könnten fordern, jedes CGI-Programm, das Sie ausführen möchten, zu überprüfen. Vorausgesetzt, dass sie den Einsatz Ihrer CGI-Programme gestatten, muss der Server vom Internet Service Provider so eingerichtet werden, dass Sie dies auch ausführen können. Wahrscheinlich erstellen Internet Service Provider das Verzeichnis für Sie. Falls nicht, müssen Sie es selber tun. Wenn Ihnen der Einsatz von CGI-Programmen unter keinen Umständen gestattet wird, sollten Sie zu einem anderen Internet-Provider wechseln.

Formularmethoden
Methoden bezeichnen die Art und Weise, wie Formulardaten an den Web-Server übertragen werden. Es gibt zwei Arten von Methoden: GET und POST. Die GET-Methode ist etwas eingeschränkter als die POST-Methode. GET hängt die Formulardaten an die URL an, die vom Formular (im Attribut *Aktion*) übergeben wird. POST sendet die Daten separat (im HTTP Entity-Body).

Um eine Methode festzulegen, klicken Sie den nach unten weisenden Pfeil neben dem Eingabefeld *Methode* an und wählen eine Methode aus der Dropdown-Liste (siehe die folgende Abbildung) aus. Die Methode *Standard* entspricht der Methode *GET*.

Die Methoden *Standard*, *GET* und *POST*

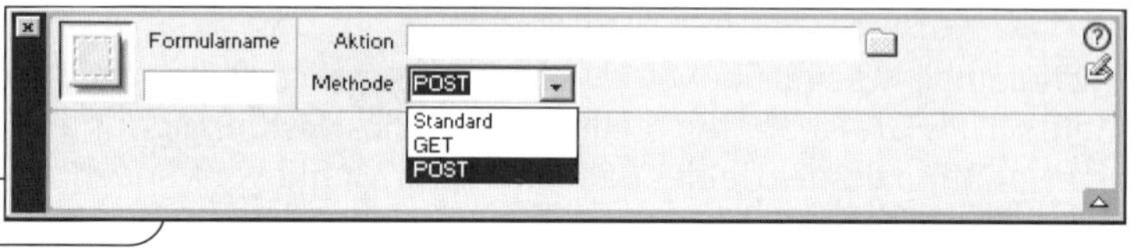

Abb. 9.5

Dem Formular Text hinzufügen
Natürlich müssen Formulare Wörter enthalten, damit irgendwas Sinnvolles vorhanden ist. Sie müssen Text hinzufügen, um Hinweise oder wenigstens Anhaltspunkte zu den gewünschten Eintragungen zu geben.

HTML verfügt neuerdings über das Element LABEL, das aber von Dreamweaver nicht verwendet wird (vermutlich, weil die Browser-Unterstützung dafür sehr uneinheitlich ist). Das Element LABEL ist speziell für Text vorgesehen, der auf das Formularobjekt, neben dem er angezeigt wird, abgestimmt ist. Die alte Methode von Dreamweaver funktioniert aber gut. Geben Sie Text auf dem Formular genauso wie auf der restlichen Web-Seite ein und fügen Sie dann das gewünschte Formularobjekt hinzu (siehe den folgenden Abschnitt).

Formularobjekte hinzufügen

Formulare enthalten verschiedene Elemente, die als Steuerelemente bezeichnet werden. In Dreamweaver werden sie Objekte genannt. Diese Objekte sind in der Tafel *Formulare* der Objektpalette enthalten (siehe die folgende Abbildung).

Die Tafel *Formulare* der Objektpalette

Abb. 9.6

Formularobjekte sind überwiegend unterschiedliche Typen des Elements INPUT. Ausnahmen stellen die Objekte Listen, Menüs und eine Variation des Textfeldes dar. Listen und Menüs verwenden die Elemente SELECT und OPTION und mehrzeilige Textfelder werden von dem Element TEXTAREA erzeugt.

Alle Objekte werden aber im Wesentlichen genauso in Web-Seiten eingefügt wie das Formular selbst. Setzen Sie einfach den Cursor in den Formularbegrenzer und klicken Sie in der Objektpalette das einzufügende Objekt an. Bei jedem Klick fügt Dreamweaver ein weiteres Objekt ein. Wenn ein Formularobjekt in eine andere Zeile gesetzt werden soll, drücken Sie vor dem Einfügen die Taste ↵. Sie können Objekte auch mit Hilfe des Hauptmenüs einfügen, indem Sie *Einfügen > Formularobjekt* wählen und dann das gewünschte Objekt im Untermenü anklicken.

Tipp

Wenn Sie eine größere Anzahl von Formularobjekten mit demselben Aussehen (wie z.B. mehrere Textfelder mit derselben Breite) in einem Formular benötigen, können Sie sich viel Arbeit sparen. Fügen Sie erst eines ein, legen Sie die gewünschten Einstellungen fest, kopieren Sie das Objekt und fügen Sie dann die Kopie so oft wie erforderlich ein.

Textfelder einfügen

In Dreamweaver stehen drei verschiedene Arten von Textfeldern zur Verfügung, die über dasselbe Symbol in Formulare eingefügt werden. Nach dem Einfügen eines Textfeldes können Sie im Eigenschaften-Inspector eine Vielzahl von Attributen festlegen.

Textfeldertypen

Nachdem Sie ein Textfeld in das Formular eingefügt haben, legen Sie dessen Typ fest, indem Sie im Eigenschaften-Inspector die betreffende Optionsschaltfläche anklicken.

- Das einzeilige Textfeld (der gebräuchlichste Textfeldertyp) wird normalerweise für die Eingabe von Informationen, wie Namen und Anschriften, verwendet.
- Das mehrzeilige Textfeld wird für längeren Text, wie z.B. Lieferbedingungen oder Kundenkommentare, verwendet.
- Das Kennwortfeld ist im Prinzip mit dem einzeiligen Textfeld identisch. Es besteht nur der Unterschied, dass Benutzereingaben als Sternchen anstelle von lesbaren Zeichen angezeigt werden (damit Kennwörter geheim bleiben).

Die folgende Abbildung zeigt die drei Textfeldertypen in einem Formular.

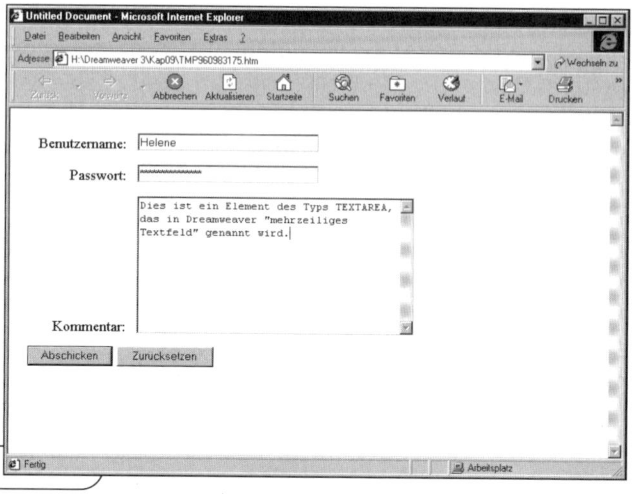

Die Textfeldertypen *Einzeilig*, *Mehrzeilig* und *Kennwort*

Abb. 9.7

Attribute von Textfeldern
Außer dem Typ enthält der Eigenschaften-Inspector für Textfelder Einstellungen für die ID des Textfeldes, für die Anzahl der Zeichen oder Zeilen, für den Zeilenumbruch und für die Anfangswerte (siehe die folgende Abbildung).

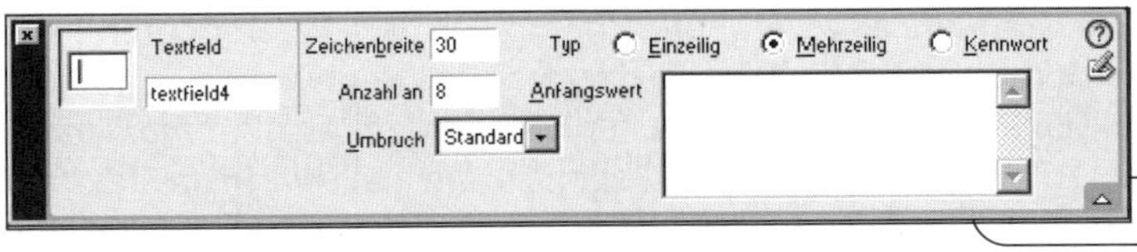

Der Eigenschaften-Inspector für mehrzeilige Textfelder
Abb. 9.8

Textfeld (ID): Die erste Option im Eigenschaften-Inspector ist das Feld für die ID des Textfeldes. Dreamweaver weist Textfeldern automatisch IDs beginnend mit *textfield* für das erste Feld, *textfield2* für das zweite, *textfield3* für das dritte usw. zu. Sie können diese zugewiesene ID durch einen anschaulicheren Feldnamen ersetzen.

Zeichenbreite: Die Einstellung *Zeichenbreite* entspricht dem Attribut *size* im HTML-Quellcode. Mit dieser Einstellung legen Sie die physikalische Breite des Textfeldes in Zeichen fest. Wenn Sie hier keinen Wert eingeben, wird die Standardeinstellung von 20 Zeichen für das Feld verwendet.

Tipp

Im Netscape Navigator wird noch ein kleines Stück des 21. Zeichens angezeigt, während der Internet Explorer auch das 21. Zeichen anzeigt. Wenn Sie also eine Zeichenbreite von 20 angeben, passen im Internet Explorer tatsächlich 21 Zeichen in das Textfeld, wenn Sie 21 Zeichen angeben, passen 22 hinein usw. Sonderbarerweise sehen Textfelder in Dreamweaver so aus, als ob sie 24 Zeichen breit wären, obwohl sie in Web-Browsern wie oben beschrieben angezeigt werden. Sie können dies überprüfen, indem Sie zwei Textfelder untereinander platzieren und die Breite für eines davon auf 24 Zeichen setzen.

Die Breite von Textfeldern stellt keine funktionale Festlegung, sondern eine Designüberlegung dar. Benutzer können mehr Zeichen als die durch die Breite vorgegebene Anzahl eingeben. Der Text wird dann einfach verschoben. Das heißt, dass auch wenn der Text nicht mehr sichtbar ist, er dennoch im Formular enthalten ist. Wenn aber ein breiteres Textfeld in das Layout des Formulars passt und es für die Art der Information erforderlich ist, sollten Sie eine größere Breite festlegen. Straßennamen sind beispielsweise häufig länger als 20 Zeichen. Wenn ein Textfeld für die Eingabe eines Straßennamens vorgesehen ist, fordern Sie unkorrekte Eingaben geradezu heraus, wenn der Benutzer anstelle der gesamten Zeile nur einen Teil davon sehen kann.

Max. Zeichen oder *Anzahl an*: Welches Attribut unterhalb von *Zeichenbreite* angezeigt wird, hängt von dem verwendeten Textfeldtyp ab. Bei einzeiligen Textfeldern und Kennwortfeldern heißt die Einstellung *Max. Zeichen* (entspricht dem Attribut *maxlength* im HTML-Quellcode). Damit legen Sie die maximal in das Textfeld eingebbaren Zeichen fest. Natürlich sollte diese Zahl niemals kleiner als die Breite (*Zeichenbreite*) des Feldes sein.

Tipp

Obwohl der Netscape Navigator und der Internet Explorer Zeichen in unbegrenzten Textfeldern unterschiedlich zählen, wird die Begrenzung der maximalen Zeichenanzahl in beiden Browsern auf dieselbe Weise behandelt.

Der einzige, wirkliche Grund für die Limitierung der Zeichenanzahl liegt bei den Programmen, die die Dateneingaben in Formularen verarbeiten. Ein einfaches Datenbankprogramm könnte z.B. eine bestimmte Länge für alle Felder verwenden. Wenn das Programm eine solche Limitierung aber nicht benötigt, sollten Sie auch keine festsetzen.

Wenn Sie mit mehrzeiligen Textfeldern arbeiten, bezieht sich diese Einstellung auf die Zeilenanzahl (die Höhe des Textbereiches). Die Einstellung entspricht dem Attribut *rows* im HTML-Quellcode. Die Breite wird durch das Attribut *cols* (columns = Spalten) definiert.

!

Das Erscheinungsbild von mehrzeiligen Textfeldern ist im Netscape Navigator und im Internet Explorer unterschiedlich. Während der Internet Explorer der Breite der anderen Textfeldtypen ein Zeichen hinzufügt, zieht er bei mehrzeiligen Textfeldern ein Zeichen ab. In einem 20 Zeichen breiten Textbereich werden im Internet Explorer pro Zeile nur 19 Zeichen angezeigt.

Umbruch: Diese Einstellung steht nur für mehrzeilige Textfelder zur Verfügung. Es gibt vier Auswahlmöglichkeiten: *Standard*, Aus, *Virtuell* und *Physisch*.

Aus bedeutet sowohl im Netscape Navigator als auch im Internet Explorer, dass die eingegebene Zeile nach links aus dem Textbereich verschoben wird. Erst wenn der Benutzer die Taste [↵] drückt, wird eine neue Zeile begonnen. Diese Umbruchmethode ist mit der Einstellung *Standard* identisch.

Im Netscape Navigator verhalten sich die Einstellungen *Virtuell* und *Physisch* exakt wie die Einstellung *Aus*. Nur wird bei der Umbruchsmethode *Physisch* keine Bildlaufleiste am unteren Rand des Textfeldes angezeigt. Zum Verschieben des Textes nach rechts oder links müssen die Pfeiltasten verwendet werden.

Im Internet Explorer legen die Einstellungen *Virtuell* und *Physisch* fest, dass der Text am Ende einer Zeile in die nächste Zeile umbrochen wird. Das ist die Standardmethode für den Zeilenumbruch im Internet Explorer.

Anfangswert: Diese Einstellung legt den Inhalt des Textfeldes fest. Der hier angegebene Inhalt wird nach dem Laden des Formulars angezeigt. Der Anfangswert kann zum Anzeigen von häufigen Antworten, die der Benutzer dann nicht mehr eingeben muss, oder von Beispielen, Hinweisen usw. dienen. In Sites mit Login-Dialogfeldern, für die Sicherheit aber nicht besonders wichtig ist, wird der Anfangswert oft dazu verwendet, einen spezifischen Benutzernamen anzuzeigen. Da einige Besucher nur widerwillig Login-Formulare ausfüllen, enthält das Textfeld für den Benutzernamen häufig das Wort *Gast*.

Schaltflächen einfügen

Obwohl es möglich ist, jedes beliebige Formularelement auch außerhalb eines Formulars zu platzieren, ist dies normalerweise wenig sinnvoll. Welchen Nutzen könnte ein Textfeld oder ein Optionsschalter außerhalb eines Formulars haben? Diese Elemente können allein nichts ausführen; ihre Funktionalität ist an Formulare gekoppelt und ihre Werte sind erst dann verwendbar, wenn das Formular abgeschickt wird. Schaltflächen stellen allerdings eine komplette Ausnahme dieser Einschränkung dar. Eine Schaltfläche kann absolut unabhängig von einem Formular eine Aktion auslösen und jedermann ist daran gewöhnt durch Anklicken einer Schaltfläche Aktionen zu starten. Sie können Formular-Schaltflächen also beliebig auf Ihrer Seite einfügen.

Das Platzieren von Formular-Schaltflächen außerhalb von Formularen wird gegenwärtig nur vom Internet Explorer unterstützt. Der

Tipp

Netscape Navigator zeigt kein Formularelement außerhalb von Formularen an. Es ist zu hoffen, dass die Version 6 des Netscape Navigator hier Abhilfe schafft. In der Zwischenzeit müssen Sie ein Formular erstellen, dass außer der Schaltfläche keine weiteren Elemente enthält, und wenn das Formular nicht angezeigt werden soll, für den Rahmen die Breite 0 angeben.

Schaltflächentypen
Mit dem Symbol *Schaltfläche einfügen* in der Objektpalette lassen sich drei Arten von Schaltflächen einfügen: *Abschicken*, *Zurücksetzen* und *Schaltfläche*. Die folgende Abbildung zeigt die drei Schaltflächentypen in einem Formular. Die beiden ersten Typen sind mit integrierten Funktionen gekoppelt. Die Schaltfläche *Abschicken* löst die Aktion des Formulars aus und die Schaltfläche *Zurücksetzen* setzt das Formular auf den Anfangszustand zurück.

Tipp

Obwohl es Macromedia dankenswerterweise in Dreamweaver weggelassen hat, gibt es in HTML das Element BUTTON als Gegenstück zu dem Element INPUT des Typs *button*. Es führt dieselbe Funktion wie das INPUT-Element des Typs *button* aus, hat dieselben Wahlmöglichkeiten (*Abschicken*, *Zurücksetzen* und *Schaltfläche*) und scheint nur ein überflüssiges Duplikat zu sein. Obendrein wird es vom Netscape Navigator überhaupt nicht unterstützt und im Internet Explorer arbeitet es nicht korrekt.

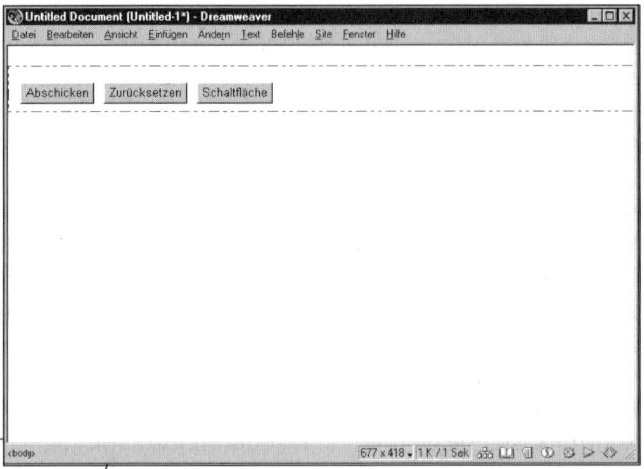

Die Schaltflächen *Abschicken*, *Zurücksetzen* und *Schaltfläche*

Abb. 9.9

Neu eingefügte Schaltfläche haben standardmäßig den Typ *Abschicken*. Um den Schaltflächentyp in *Zurücksetzen* zu ändern, klicken Sie im Eigenschaften-Inspector den Optionsschalter *Zurücksetzen* an (siehe die folgende Abbildung).

Der Eigenschaften-Inspector für die Schaltfläche *Zurücksetzen*

Abb. 9.10

Der dritte Schaltflächentyp wird durch das Anklicken des Optionsschalters *Keine* im Eigenschaften-Inspector ausgewählt. Die Option *Keine* für die Aktion ist etwas irreführend. Sie bedeutet nicht, dass nichts ausgeführt wird, wenn die Schaltfläche angeklickt wird, sondern nur, dass keine vordefinierte Aktion ausgeführt wird. Dies ist eine wichtige Unterscheidung und gibt Ihnen erhebliche Einflussmöglichkeiten. Es bedeutet, dass Sie der Schaltfläche JavaScript-Verhaltensweisen zuweisen und eigene Aktionen definieren können. Einzelheiten dazu finden Sie im Kapitel *JavaScript-Verhaltensweisen*.

Schaltflächenbeschriftungen und -namen
Besucher von Web-Sites sind an die Beschriftungen *Abschicken* und *Zurücksetzen* auf Schaltflächen, die diese Aktionen ausführen, gewöhnt. Es spricht aber nichts dagegen diese Beschriftungen zu ändern. Sie könnten z.B. statt *Abschicken Information senden* oder statt *Zurücksetzen Formular leeren* verwenden. Ersetzen Sie einfach im Eigenschaften-Inspector den Eintrag im Feld *Beschriftung* mit dem gewünschten Text.

Auch der Eintrag im Feld *Name* lässt sich im Eigenschaften-Inspector ändern, ohne dass dies Auswirkungen auf die Funktion der Schaltfläche hätte. Auf die Funktion der Schaltfläche wirkt sich nur der im Eigenschaften-Inspector unter *Aktion* markierte Optionsschalter aus.

Kontrollkästchen einfügen

Kontrollkästchen werden für Ja- oder Nein-Wahlmöglichkeiten einer Option verwendet. Sie sind das Äquivalent zu den Kästchen in Papierformularen, die Sie ankreuzen müssen. In einem Formular können mehrere Kontrollkästchen markiert werden. Die folgende Abbildung zeigt ein Beispielformular mit Kontrollkästchen.

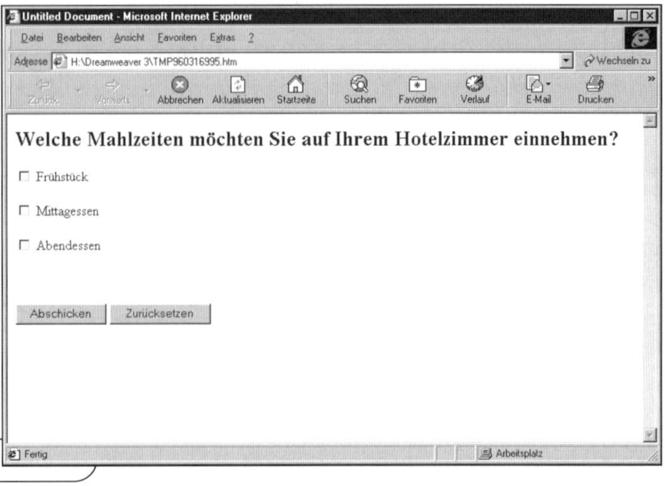

Kontrollkästchen in einem Formular

Abb. 9.11

Der Eigenschaften-Inspector für Kontrollkästchen ist in der nächsten Abbildung dargestellt. Wie Textfelder müssen auch Kontrollkästchen eindeutige Namen haben. Dreamweaver weist Kontrollkästchen automatisch eindeutige Bezeichner zu, die Sie aber bei Bedarf ändern können.

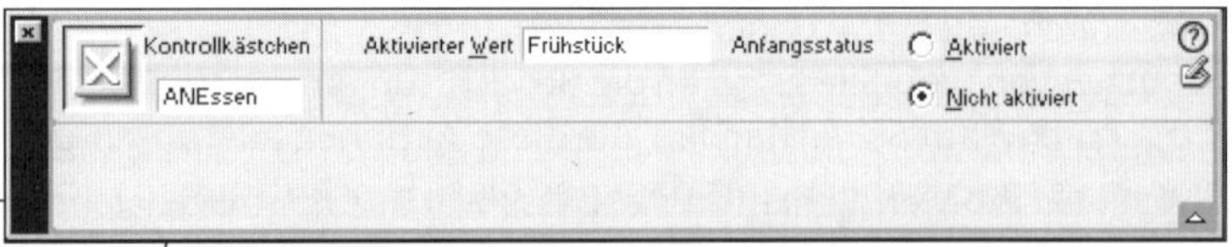

Der Eigenschaften-Inspector für Kontrollkästchen

Abb. 9.12

Der Bezeichner muss für jedes Kontrollkästchen unterschiedlich sein. Es werden nämlich nur die Werte der zum Zeitpunkt des Abschickens des Formulars markierten Kontrollkästchen übertragen.

Der Anfangsstatus von Kontrollkästchen kann *Aktiviert* oder *Nicht aktiviert* sein. Der einzige Grund, warum ein Kontrollkästchen beim Laden des Formulars *Aktiviert* ist, ist dem Benutzer zu suggerieren, das Kontrollkästchen zu deaktivieren.

Tipp Sie brauchen nicht mehrere Kontrollkästchen zu verwenden. Wenn nur eine Option ausgewählt werden kann, genügt ein Kontrollkästchen.

Optionsschalter einfügen

Optionsschalter werden wie Kontrollkästchen für Wahlmöglichkeiten eingesetzt. Und genau wie Kontrollkästchen haben sie Namen, Werte und einen Anfangsstatus, der auf *Aktiviert* gesetzt werden kann. Aber damit enden die Ähnlichkeiten auch schon. Optionsschalter legen eine Reihe sich gegenseitig ausschließender Optionen fest. Bei Kontrollkästchen sind Gruppen von Optionen möglich, die mehrere Ja- oder Nein-Antworten zulassen. Bei einer Gruppe von Optionsschaltern gibt es nur eine Ja-Antwort. Wenn ein Optionsschalter angeklickt wird, werden alle anderen derselben Gruppe deaktiviert.

Angenommen, Sie fragen in einem Formular ab, welche Mahlzeiten Gäste vom Zimmerservice auf ihr Hotelzimmer gebracht haben möchten. Dafür würden Sie Kontrollkästchen verwenden, weil die Gäste möglicherweise das Frühstück, das Mittagessen und das Abendessen auf ihrem Zimmer einnehmen wollen und daher alle drei Möglichkeiten ausgewählt werden können.

Zusätzlich enthält das Formular aber die Frage: „Was ist Ihre Lieblingsform? Kreis, Quadrat oder Dreieck?" Diese Möglichkeiten schließen sich gegenseitig aus, weil nur eine gewählt werden kann. In diesem Fall würden Sie drei Optionsschalter verwenden, weil durch das Anklicken von einem gleichzeitig die beiden anderen deaktiviert werden. Die folgende Abbildung zeigt ein Formular, nachdem alle drei Kontrollkästchen und alle drei Optionsschalter angeklickt wurden. Beachten Sie, dass zwar alle Kontrollkästchen, aber nur der letzte Optionsschalter markiert ist.

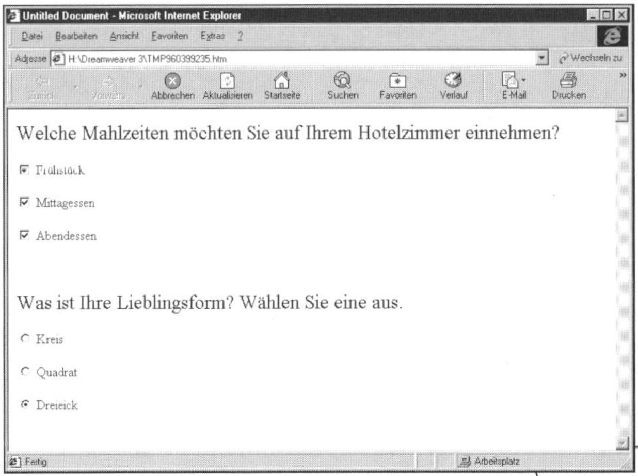

Ein Beispielformular mit Kontrollkästchen und Optionsschaltern

Abb. 9.13

Es können mehrere Kontrollkästchen, aber nur ein Optionsschalter gleichzeitig aktiviert sein.

Die folgende Abbildung zeigt den Eigenschaften-Inspector für Optionsschalter.

Der Eigenschaften-Inspector für Optionsschalter

Abb. 9.14

Im Gegensatz zu den anderen Formularobjekten ist der Name von Optionsschaltern sehr wichtig. Der Name von anderen Formularobjekten wird nur als Bezeichner verwendet und es ist gleichgültig, ob Sie diese Objekte *textfield3* oder *Cleopatras_Barke* nennen. Ein Optionsschalter funktioniert aber nicht ohne einen korrekten Namen, weil alle Optionsschalter einer Gruppen einen gemeinsamen Namen haben. Wenn sich auf der Seite zwei verschiedene Optionsschaltergruppen befinden, werden nur zwei Namen verwendet – einer pro Gruppe – unabhängig von der jeweils in einer Gruppe vorhandenen Anzahl an Optionsschaltern.

Tipp

Sie können den Optionsschaltern einer Gruppe nicht auf einmal einen Namen zuweisen, indem Sie sie beispielsweise alle markieren. Sie können aber mit *Kopieren* und *Einfügen* arbeiten. Wenn Sie allerdings einen Optionsschalter kopieren und einfügen, dessen Anfangsstatus auf *Aktiviert* gesetzt ist, übernehmen alle eingefügten Optionsschalter diese Eigenschaft, was bedeutet, dass die Gruppe nicht funktioniert. Stellen Sie sicher, dass nur höchstens ein Optionsschalter den Wert *Aktiviert* erhält.

Der Wert im Feld *Aktivierter Wert* des Eigenschaften-Inspectors muss für alle Optionsschalter der Gruppe unterschiedlich sein. Genau wie bei Kontrollkästchen wird nur der Wert des Optionsschalters übergeben, der zu dem Zeitpunkt, als das Formular abgeschickt wurde, markiert war.

Listen und Menüs einfügen

Listen und Dropdown-Menüs sind eigentlich, bis auf die Art und Weise, wie Optionen dem Benutzer präsentiert werden, identisch. Beide stellen Variationen des HTML-Elements SELECT dar. Optionen in Listen bleiben immer sichtbar, während in Optionen in Dropdown-Menüs nur angezeigt werden, wenn der Pfeil angeklickt wird. Dadurch wird auf dem Formular Platz gespart. Einen Kompromiss dieser beiden Variationen erzielen Sie, indem Sie eine Liste so definieren, dass nur ein Teil der Einträge angezeigt wird. Der Rest ist dann über die Bildlaufleiste zugänglich. Die folgende Abbildung zeigt einige Listen und Menüs mit unterschiedlichen Einstellungen.

Tipp

Listen und Menüs werden im Netscape Navigator und im Internet Explorer fast identisch dargestellt. Der einzige Unterschied ist, dass bei Listen im Netscape Navigator immer eine Bildlaufleiste eingeblendet wird, auch wenn die Liste lang genug ist, um alle Optionen gleichzeitig anzuzeigen (die Bildlaufleiste wird in diesem Fall abgedunkelt, da sie nicht funktionsfähig ist).

Listen und Menüs in einem Formular

Abb. 9.15

Die folgende Abbildung zeigt den Eigenschaften-Inspector für Listen und Menüs. Wenn Sie den Typ *Menü* wählen, sind die Optionen *Höhe* (zum Festlegen der Anzahl der angezeigten Optionen) und *Auswahl – Mehrere zulassen* (zum Gestatten einer Mehrfachauswahl) abgedunkelt.

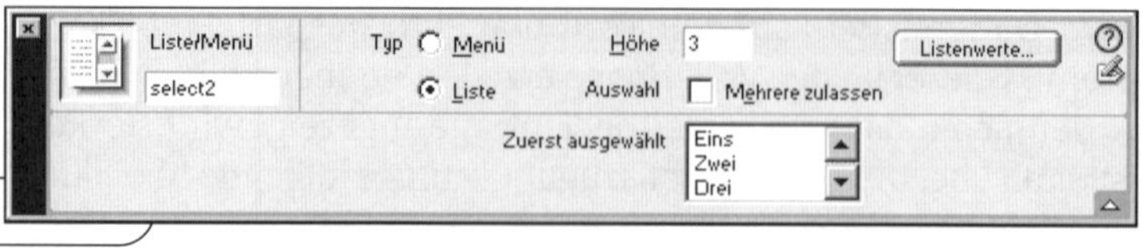

Der Eigenschaften-Inspector für Listen und Menüs

Abb. 9.16

Wie bei den anderen Formularobjekten betrifft die erste Einstellung den Namen der Liste bzw. des Menüs. Mit den folgenden beiden Optionsschaltern legen Sie den Typ fest: *Liste* oder *Menü*. Die rechten Seite des Eigenschaften-Inspectors enthält spezifische Listen- und Menüoptionen.

Listenhöhe und Mehrfachauswahl

Für Listen steht die Einstellung *Höhe* zur Verfügung. Normalerweise setzen Sie die Höhe auf die Anzahl der vorhandenen Einträge in der Liste. Wenn Sie einen niedrigeren Wert angeben, muss der Benutzer mit der Bildlaufleiste durch die Liste blättern (hierfür könnten Sie auch den Typ *Menü* verwenden).

Unterhalb der Einstellung *Höhe* befindet sich ein Kontrollkästchen, mit dem festgelegt wird, ob in der Liste mehrere Optionen gleichzeitig ausgewählt werden können. Die Entscheidung diese Einstellung zu wählen, hängt von den angebotenen Optionen ab. Eine Mehrfachauswahl anzubieten oder nicht entspricht ungefähr dem Unterschied zwischen Kontrollkästchen und Optionsschaltern. Wenn nur eine Antwort zulässig ist, markieren Sie dieses Kontrollkästchen nicht. Wenn dagegen mehrere Antworten sinnvoll sind, müssen Sie es markieren.

Tipp

Die Ergebnisse einer Mehrfachauswahl werden mit derselben Objekt-ID, aber mit mehr als einer Antwort übertragen. Diese Funktion ist in dem Element SELECT integriert und verursacht keine Probleme.

Listenwerte

Rechts oben im Eigenschaften-Inspector befindet sich die Schaltfläche *Listenwerte*. Wenn Sie diese Schaltfläche anklicken, können Sie die Einträge festlegen, die dem Benutzer in der Liste angezeigt werden. Das Dialogfeld *Listenwerte* (siehe die folgende Abbildung) enthält die beiden Spalten: *Elementbezeichnung* und *Wert*. In der Spalte *Elementbezeichnung* werden die Einträge festgelegt, die in der Liste oder in dem Menü enthalten sein sollen. Nur die in der Spalte *Wert* enthaltenen Einträge werden beim Abschicken des Formulars übertragen.

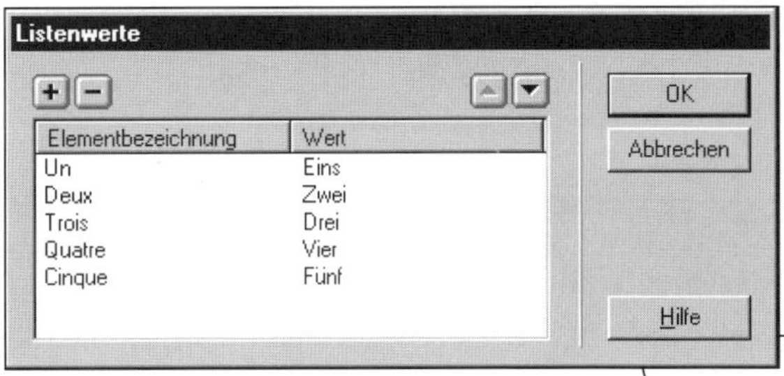

Listeneinträge festlegen

Abb. 9.17

Nach dem Öffnen des Dialogfeldes *Listenwerte* können Sie sofort die erste Elementbezeichnung eingeben. Drücken Sie dann die Taste [⇥], um den Wert für diese Bezeichnung festzulegen. Mit der Taste [⇥] wechseln Sie anschließend in die nächste Zeile. Fahren Sie auf diese Weise fort, bis Sie alle Listenwerte definiert haben. Wenn Sie einen Wert oder eine Bezeichnung ändern möchten, klicken Sie darauf und geben die Korrektur ein.

Mit den Schaltflächen *Plus* (+) und *Minus* (–) im oberen Bereich des Dialogfeldes fügen Sie einen Eintrag hinzu oder löschen ihn. Durch Anklicken der *Plus*-Schaltfläche wird am Ende der Liste eine leere Zeile hinzugefügt, in die Sie die gewünschte Bezeichnung eingeben können. Wenn Sie in der Spalte *Wert* des letzten Eintrags die Taste [⇥] drücken, erzielen Sie dasselbe Ergebnis. Wenn Sie die *Minus*-Schaltfläche anklicken, wird der aktuell markierte Eintrag entfernt.

Mit den Pfeil-Schaltflächen im oberen rechten Bereich des Dialogfeldes verschieben Sie einen Eintrag eine Zeile nach oben bzw. nach unten und ändern dadurch die Position dieses Eintrags in der Liste. Es lässt sich jeweils immer nur ein Eintrag verlagern; es gibt in diesem Dialogfeld keine Möglichkeit, mehrere Einträge zu markieren.

Wenn Sie mit den Einträgen zufrieden sind, klicken Sie die Schaltfläche *OK* an, um zum Eigenschaften-Inspector zurückzukehren. Die eingegebenen Elementbezeichnungen werden im Eigenschaften-Inspector im Feld *Zuerst ausgewählt* angezeigt.

Wenn Sie im Feld *Zuerst ausgewählt* eine Elementbezeichnung anklicken, wird dieser Eintrag beim Öffnen des Formulars markiert angezeigt. Der Benutzer kann durch Anklicken eines anderen Eintrags diese Voreinstellung ändern. Wenn jedoch kein anderer Eintrag ausgewählt wird, wird der diesem vordefinierten Eintrag zugeordnete Wert beim Abschicken des Formulars übertragen.

Wenn Sie das Kontrollkästchen *Auswahl – Mehrere zulassen* markieren, können Sie im Feld *Zuerst ausgewählt* mehrere oder alle Einträge markieren.

Tipp

Eine Liste mit der Höhe 1 entspricht in etwa einem Menü. Bei einer Liste wird ein nach oben und ein nach unten weisender Pfeil angezeigt, bei einem Menü nur der nach unten weisende. Der Benutzer kann jedoch nur einen Eintrag markieren, auch wenn Sie für die Liste *Mehrere zulassen* festlegt haben. Als Anfangseinstellung lassen sich aber dennoch mehrere Einträge markieren.

Dateifelder einfügen

Ein Dateifeld ist ein Textfeld mit der Schaltfläche *Durchsuchen* (siehe die folgende Abbildung). Dateifelder dienen der Auswahl einer Datei auf dem lokalen System. In der Regel werden Dateifelder hinzugefügt, damit Benutzer eine Datei übertragen können.

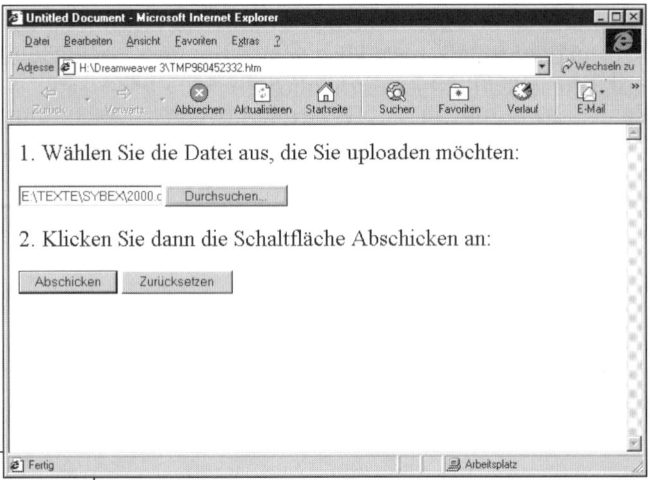

Ein Dateifeld auf einem Formular

Abb. 9.18

Die folgende Abbildung zeigt den Eigenschaften-Inspector für Dateifelder. Die Einstellungen *Zeichenbreite*, *Max. Zeichen* und *Anfangswert* für Dateifelder entsprechen den Einstellungen von Textfeldern, die weiter oben in diesem Kapitel beschrieben wurden.

!

Es gibt unterschiedliche Verschlüsselungsmethoden für Formulardaten. Wenn Sie mit Dateifeldern arbeiten, müssen Sie im HTML-Quellcode im Start-Tag für das Element FORM den Eintrag `enctype="multipart/form-data"` hinzufügen. Ansonsten wird die Datei nicht korrekt übertragen. Dreamweaver fügt diesen Eintrag fälschlicherweise dem Element INPUT hinzu. Das Attribut *enctype* ist aber ein Attribut des Elements FORM und nicht des Elements INPUT.

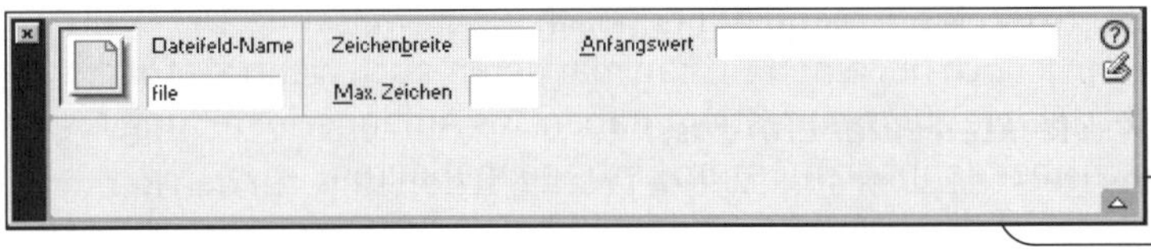

Der Eigenschaften-Inspector für Dateifelder

Abb. 9.19

Bildfelder einfügen

Sie wundern sich wahrscheinlich darüber, dass spezielle Bildfelder zur Verfügung stehen, da ja Bilder wie alle anderen Objekte direkt in Formulare eingefügt werden können. Bilder fügen Sie in Formulare genauso ein wie in Web-Seiten (siehe Kapitel 5).

Bildfelder haben aber eine andere Funktion. Sie dienen als grafische Variation der Schaltfläche *Abschicken*, um eine kreative Gestaltung dieser Funktion zu ermöglichen.

Tipp

Die Schaltfläche *Zurücksetzen* kann nicht durch ein Bild ersetzt werden. Bildfelder sind so definiert, dass sie wie die Schaltfläche *Abschicken* arbeiten, und diese Funktion kann nicht geändert werden.

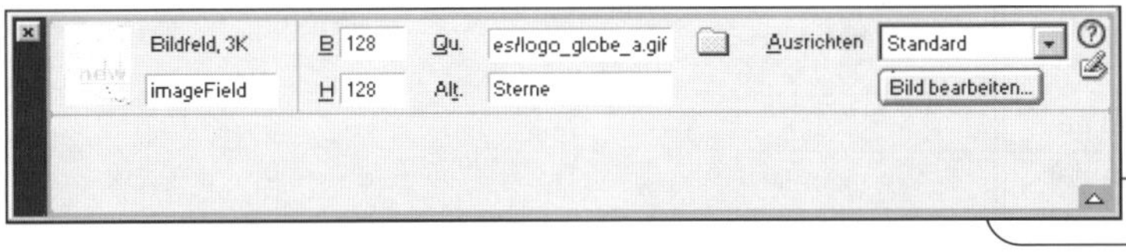

Der Eigenschaften-Inspector für Bildfelder

Abb. 9.20

Genau wie bei Bildern zeigt der Eigenschaften-Inspector für Bildfelder (siehe die obige Abbildung) die Dateigröße, die Breite, die Höhe, die Dateiquelle sowie die Ausrichtung an und erlaubt Ihnen die Verwendung von Alternativtext. Außerdem enthält der Eigenschaften-Inspector auch die Schaltfläche *Bild bearbeiten* wie bei Standardbildern. Sie müssen für die Bearbeitung von Bildern in den Voreinstellungen von Dreamweaver einen externen Bildeditor festgelegt haben. Im Kapitel 5 erfahren Sie, wie ein externer Editor für Bilder festgelegt wird. Die restlichen Optionen für Bilder, wie z.B. Client-Imagemaps, fehlen und die Ausrichtungsoptionen sind etwas eingeschränkter. Es fehlen die Optionen *Grundlinie*, *Textoberkante*, *Absolute Mitte* und *Absolut unten*.

Tipp

Wenn ein Bildfeld angeklickt wird, übergibt das Formular die genaue Position des Mauszeigers. In der Zukunft werden grafische Schaltflächen zum Abschicken des Formulars wahrscheinlich wie Miniatur-Client-Imagemaps arbeiten.

Versteckte Felder einfügen

Versteckte Felder sind, wie der Name schon sagt, für den Benutzer nicht sichtbar. Dieser Sachverhalt beleuchtet bereits die Funktion von versteckten Feldern. Benutzer können deren Werte nicht ändern, deshalb werden versteckte Felder für Informationen eingesetzt, die mit einem Formular übertragen werden, aber bei allen Übertragungen des Formulars unverändert bleiben sollen.

Zu den typischen Verwendungsmöglichkeiten von versteckten Feldern gehören beispielsweise die absolute Codierung des Speicherortes, von der aus das Formular übertragen wurde, eine Formularnummer und das Erstellungsdatum des Formulars. Wie die folgende Abbildung zeigt, werden versteckten Felder in Dreamweaver durch ein Symbol dargestellt. Wenn die Seite in einem Web-Browser geöffnet wird, erscheint dieses Symbol nicht.

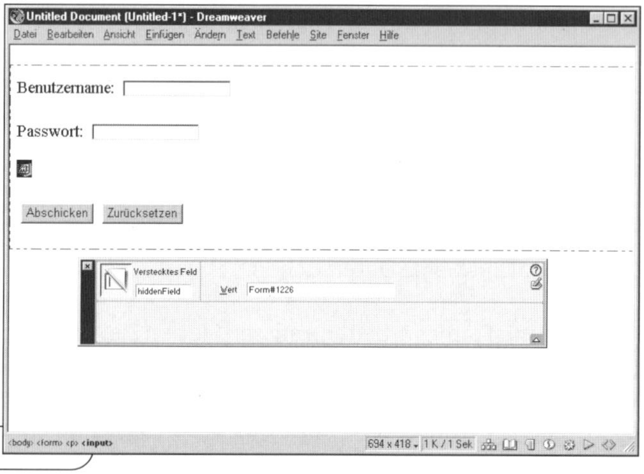

Ein verstecktes Feld in einem Dreamweaver-Formular

Abb. 9.21

Versteckte Felder verfügen nur über eine einzige Einstellung, den Feldwert. Wie alle anderen Feldwerte wird dieser Wert bei Abschicken des Formulars übertragen.

Sprung-Menüs einfügen

Sprung-Menüs enthalten eine Liste mit Hyperlinks zu anderen Dateien und stellen eine spezielle Verwendungsform des Elements SELECT dar. Die Hyperlinks werden durch die in JavaScript definierten Verhaltensweisen von Sprung-Menüs aktiviert (siehe Kapitel *JavaScript-Verhaltensweisen*). Die folgende Abbildung zeigt das Dialogfeld *Sprung-Menü einfügen*.

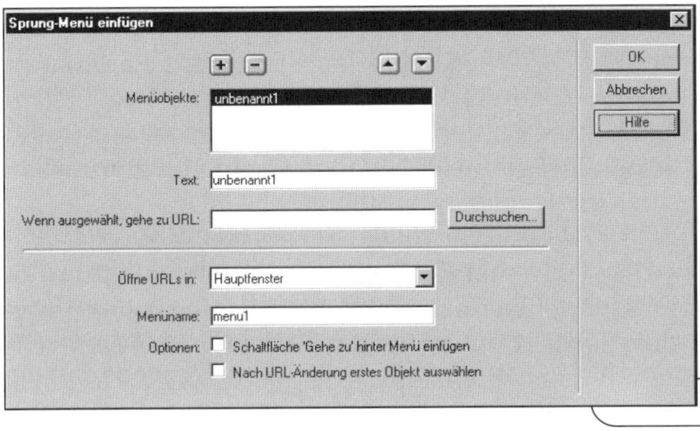

Das Dialogfeld *Sprung-Menü einfügen*

Abb. 9.22

Im oberen Bereich des Dialogfeldes werden die aktuellen Menüobjekte und der Text angezeigt. Wenn das Dialogfeld geöffnet wird, befindet sich in den Feldern *Menüobjekte* und *Text* nur der Eintrag *unbenannt1*. Der Eintrag im Feld *Menüobjekte* lässt sich nicht ändern. Dieser Wert wird aus Ihrer Eingabe im Feld *Text* übernommen. Der Wert in dem Feld *Text* stellt die Option dar, die dem Benutzer angezeigt wird.

Wechseln Sie mit der Taste ⇆ zu dem Feld *Wenn ausgewählt, gehe zu* und geben Sie die URL ein, zu der verzweigt werden soll, wenn die Option ausgewählt wird. Mit der Schaltfläche *Durchsuchen* können Sie optional auch eine Datei suchen.

Wenn Sie mit Frames arbeiten, müssen Sie den Ziel-Frame festlegen (im Kapitel *Frames* finden Sie nähere Informationen über die Verwendung von Frames). Wählen Sie in der Dropdown-Liste *Öffne URLs in* den gewünschten Frame aus. Wenn Sie keine Frames verwenden, enthält die Dropdown-Liste nur den Eintrag *Hauptfenster*.

Der Standardname des Menüs wird in dem Feld *Menüname* angezeigt. Sie ändern diesen Namen, indem Sie ihn einfach überschreiben.

Der untere Bereich des Dialogfeldes enthält zwei Kontrollkästchen. Beide dienen als Lösung für ein kleines Problem bei Sprung-Menüs. Wenn ein Benutzer im Menü eine Sprungoption ausgewählt, wird zu dem zugeordneten Hyperlink verzweigt. So weit, so gut. Wenn der Benutzer aber anschließend zu der ursprünglichen Seite zurückkehrt und versucht, den zuletzt ausgeführten Sprung erneut auszuwählen, wird nichts passieren.

Wenn Sie das Kontrollkästchen *Schaltfläche 'Gehe zu' hinter Menü einfügen* aktivieren, wird rechts neben dem Menü die Schaltfläche *Gehe zu* angezeigt. Diese Schalfläche verwendet das Verzweigungsverhalten von Sprung-Menüs. Durch Anklicken dieser Schalfläche *Gehe zu* wird zu dem ausgewählten Hyperlink verzweigt, unabhängig davon, ob dieser Hyperlink bereits aufgerufen wurde.

Mit der Option *Nach URL-Änderung erstes Objekt auswählen* legen Sie fest, dass der erste Listeneintrag automatisch markiert wird, nachdem eine beliebige, andere Auswahl getroffen wurde. Diese Methode eignet sich besser als die Schaltfläche *Gehe zu*, weil der Benutzer dabei nichts ausführen muss. Bei dieser Methode darf die erste Option in der Liste keinen Hyperlink enthalten. Sie könnten stattdessen eine Anweisung einfügen, wie z.B. *Wählen Sie eine Option*. Mit anderen Worten: Geben Sie die Anweisung in das Feld *Text* ein und weisen Sie der ersten Option keine URL zu. Wenn ein Benutzer auf die ursprüngliche Seite zurückkehrt, kann er bei diesem Vorgehen alle wirklichen Hyperlinks problemlos auswählen.

Mit den Schaltflächen *Plus* (+) und *Minus* (–) im oberen linken Bereich des Dialogfeldes können Sie Einträge hinzufügen oder löschen. Wenn Sie die Schaltfläche *Plus* (+) anklicken, wird an das Ende der Liste ein neuer, leerer Eintrag hinzugefügt. Mit der Schaltfläche *Minus* (–) wird der aktuell markierte Eintrag gelöscht.

Mit den Pfeil-Schaltflächen im oberen rechten Bereich des Dialogfeldes wird der aktuelle Eintrag eine Zeile nach oben bzw. nach unten verschoben und somit dessen Position in der Liste geändert.

Tipp

Wenn Sie eine Anweisung ohne Hyperlink-Verbindung erstellen möchten, aber bereits andere Optionen vorhanden sind, können Sie die Anweisung mit Hilfe der Schaltfläche mit dem nach oben weisenden Pfeil an die erste Position verlagern.

Generische Felder einfügen

Dreamweaver kann unbekannte Formularelemente erkennen. Diese Funktion ist eigentlich ziemlich überflüssig, denn ein Formularelement kann nur dann unbekannt sein, wenn Sie den HTML-Quellcode bearbeitet und das Tag eines normalen Formularobjekts ruiniert haben. Der in der folgenden Abbildung dargestellte Eigenschaften-Inspector für ein generisches Feld wurde beispielsweise durch das Ändern von `type="text"` in `type="tex"` generiert.

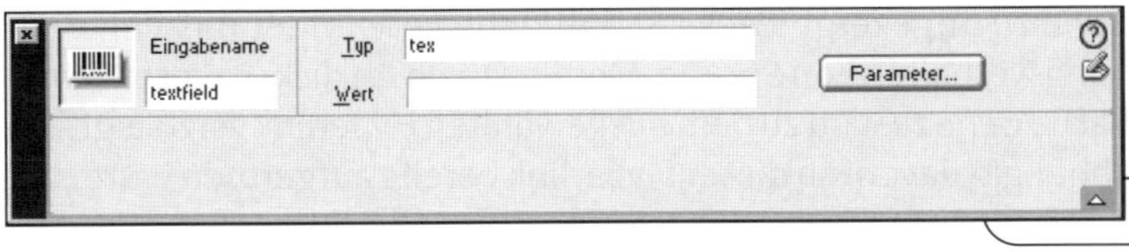

Der Eigenschaften-Inspector für ein generisches Feld

Abb. 9.23

Das Ergebnis dieser Änderung entspricht auf den ersten Blick einem normalen Textfeld. Der Eigenschaften-Inspector ist aber etwas anders als für normale Textfelder. Er enthält nur einige allgemeine Attribute. Mit der Schaltfläche *Parameter* wird dasselbe Dialogfeld geöffnet, das auch beim Festlegen von Werten für Listen und Menüs (siehe Abschnitt *Listen und Menüs einfügen*) erscheint.

Tabellen hinzufügen

Die Elemente in Formularen sind meist sehr ungleichmäßig ausgerichtet (siehe die folgende Abbildung). Das Element FORM bietet keine Möglichkeit, Formularelemente gleichmäßig auszurichten, wie Sie es von Papierformularen her kennen. Der Text beginnt am linken Seitenrand und anschließend wird das Formularobjekt angezeigt, das höchstwahrscheinlich nicht dieselbe Größe hat wie das in der nächsten Zeile. Selbst wenn die Formularobjekte dieselbe Größe haben, beginnen sie nicht an derselben Position. Für solche Fälle sind Tabellen sehr nützlich.

Tabellen können in Formularbegrenzern wie normale Objekte verwendet werden. Platzieren Sie dazu als erstes Objekt eine Tabelle in dem Formular (siehe Kapitel *Tabellen*). Die anderen Formularobjekte werden dann jeweils in eine Tabellenzelle eingefügt und die Zellausrichtung wird so festgelegt, dass sich eine gleichmäßige Anordnung der Objekte ergibt. Die folgende Abbildung zeigt ein Formular, dessen Objekte mit Hilfe einer Tabelle ausgerichtet wurden. Die erste und die dritte Tabellenspalte sind rechtsbündig, die zweite und die vierte linksbündig angeordnet. Die Breite des Tabellenrahmens wurde auf Null gesetzt, damit er in der Web-Seite nicht angezeigt wird (Sie sehen aber dessen Umriss in Dreamweaver).

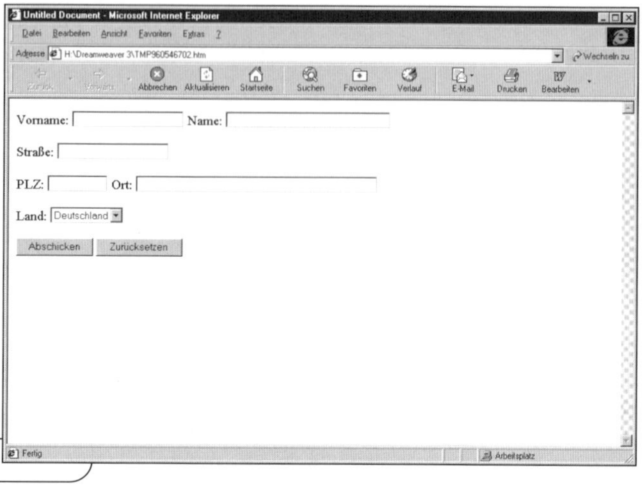

Ein typisches Formular mit ungleichmäßig angeordneten Elementen

Abb. 9.24

Den Gestaltungsmöglichkeiten von Formularen mit Hilfe von Tabellen sind – außer durch Ihr Vorstellungsvermögen und den Platz auf der Web-Seite – keine Grenzen gesetzt. Sie könnten Attribute hinzufügen, die für Formulare nicht vorgesehen sind, wie z.B. Hintergrundfarben und Hintergrundbilder. Mit Hilfe der Optionen *Zellauffüllung* und *Zellraum* lassen sich die Formularelemente auch relativ zueinander anordnen.

Tipp

Obwohl die meisten Web-Seitendesigner die Elemente eines Formulars bereits in der Reihenfolge einfügen, die sie sich für das endgültige Layout vorstellen, können auch zuerst alle erforderlichen Elemente eingefügt und dann an die gewünschte Position gezogen werden. Falls Sie etwas vergessen haben oder später entscheiden, etwas hinzuzufügen, platzieren Sie den Cursor nur an der gewünschten Stelle und das neue Element wird dort eingefügt. Als Alternative dazu können Sie auch zuerst die Tabelle erstellen und dann alle Formularelemente unterhalb der Tabelle in die Web-Seite einfügen. Von dort lassen sich die Formularelemente mit *Kopieren* und *Einfügen* in der Tabelle platzieren.

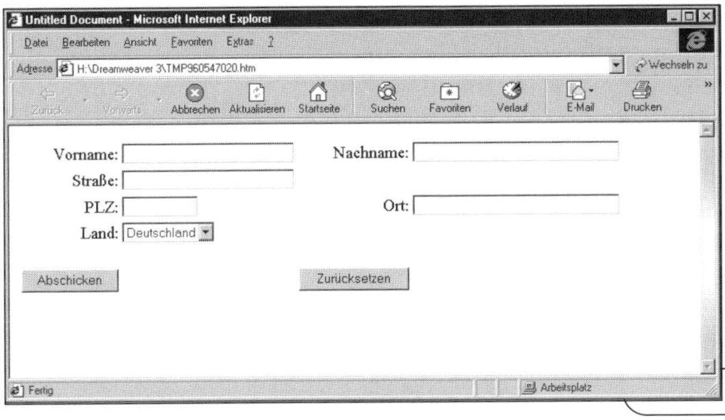

Ein mit Hilfe einer Tabelle gestaltetes Formular

Abb. 9.25

Zusammenfassung

In diesem Kapitel wurde beschrieben, wie Formulare erstellt und die verschiedenen Elemente, die funktionsfähige Formulare ausmachen, eingefügt werden.

Sie haben erfahren, dass beim Einfügen eines Formulars in die Web-Seite (mit der Schaltfläche *Formular einfügen* der Objektpalette oder der Menüoption *Einfügen > Formular*) in Dreamweaver ein leeres Formular angezeigt wird. Das Formular wird als rechteckiger, gestrichelter Rahmen, dem so genannten Formularbegrenzer, dargestellt. Der Formularbegrenzer wird nur angezeigt, wenn die entsprechende Voreinstellung (im Menü *Ansicht* oder in der Kategorie *Unsichtbare Elemente* des Dialogfeldes *Voreinstellungen*) aktiviert ist.

Anschließend wurde erläutert, wie die beiden wichtigen Formularattribute *Aktion* und *Methode* definiert werden. Aktionen sind die Ereignisse, die beim Abschicken des Formulars ausgelöst werden. Normalerweise enthält *Aktion* die URL eines CGI-Programms, aber Sie können auch eine E-Mail-Adresse oder ein JavaScript-Programm angeben. Es gibt zwei Formularmethoden, GET und POST. GET hängt die Formulardaten an die im Aktionsattribut angegebene URL an. POST sendet die Formulardaten separat.

Außerdem wurde behandelt, wie Formularobjekte in ein Formular über die Tafel *Formulare* der Objektpalette (oder mit Hilfe der Optionen unter *Einfügen > Formularobjekt*) eingefügt werden. Formularobjekte, wie z.B. Textfelder, Optionsschalter und Schaltflächen, stellen den Formularinhalt bereit.

Am Ende des Kapitels wurde erläutert, wie Formulare mit Hilfe von Tabellen gestaltet werden können.

Das nächste Kapitel behandelt Frames, die als Alternative zu einfachen Web-Seiten das simultane Anzeigen von mehreren, verschiedenen Seiten als Einheit ermöglichen.

Frames

10

Mit Hilfe von Frames lassen sich mehrere Web-Seiten gleichzeitig am Bildschirm anzeigen, wobei jeder Seite ein rechteckiger Bereich zugeordnet ist. Die Kombination mehrerer Frames, das so genannte Frameset, erscheint wie eine einzige Web-Seite mit verschiedenen Teilen.

Dieses Kapitel beschreibt, wie Frames erstellt werden und wie Sie mit Framesets und einzelnen Frames arbeiten. Zunächst werden die Gründe für den Einsatz von Frames und anschließend einige Ratschläge für die Planung von Web-Seiten mit Frames erläutert. Das restliche Kapitel beschäftigt sich mit dem Hinzufügen und Ändern von Frames, dem Festlegen von Framesets und Frame-Eigenschaften sowie der Erstellung von Frame-basierten Navigationsleisten mit Hyperlinks.

Vorteile von Frames

Frames sind ein Thema, an dem sich endlose Debatten in Web-Designerkreisen entzünden. Einige schwören auf Frames, andere verdammen sie. Dabei verursacht nicht so sehr das Konzept, das einfach und geradlinig ist, sondern der falsche Einsatz von Frames die Divergenzen.

Normalerweise verwenden die meisten Designer einen großen Frame, der den Hauptinhalt der Web-Site aufnimmt. Kleinere Frames am Beginn, am Ende oder an den Rändern enthalten Hilfen für die Navigation, Firmenlogos und andere Elemente, die nicht modifiziert oder verlagert werden sollten, wenn sich der Inhalt des Haupt-Frames ändert. Die folgende Abbildung zeigt typische Frames in einer Web-Seite.

Sie können Frames auch für andere Zwecke einsetzen. Da jeder Frame eine Web-Seite (oder jede andere Datei, die ein Web-Browser anzeigen kann) aufnehmen kann, sind die Möglichkeiten beinahe unbegrenzt. Die Ausgaben eines Formulars in einem Frame können an einen anderen Frame übergeben werden. Ein in einem Frame ausgeführtes JavaScript-Programm kann die Hintergrundfarben aller anderen Frames ändern. Sie könnten sogar dieselbe Datei in verschiedene Frames aufnehmen, wenn dies gestalterischen Zielen dient. Im Grunde genommen können Sie alles, was mit einer Kombination mehrerer Web-Seiten ausgeführt werden kann, auch mit Frames erreichen – aber alles an derselben Stelle. Wie und wie nutzbringend Sie Frames einsetzen, bleibt Ihnen überlassen.

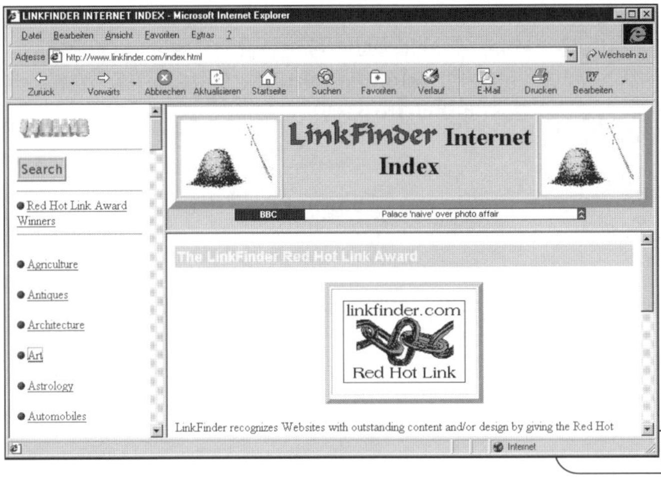

Eine typische Seite mit Frames

Abb. 10.1

Der Hauptgrund für den Einsatz von Frames ist, dass funktionale Segmente einer Web-Site unabhängig von dem restlichen Bildschirm unverändert bleiben oder immer dieselbe Funktion ausführen sollen. Wenn für Ihre Web-Site dieser wesentliche Faktor nicht erforderlich ist, erzielen Sie durch Frames keine größere Funktionalität Ihrer Site. Wenn für die Seiten aber unveränderliche Elemente erforderlich sind, stellen Frames die Lösung Ihrer Probleme dar und Sie sollten sie vorbehaltlos einsetzen.

Tipp

Die beste Faustregel für die Entscheidung Frames (oder beinahe alle anderen Elemente auf einer Web-Seite) zu verwenden, ist ganz einfach, dass, wenn sie nicht in der Seite enthalten sein müssen, Sie sie auch nicht hinzufügen sollten. Die besten Designs sind diejenigen, die einfach zu verstehen und zu bedienen sind. Web-Sites sollten für Besucher die gesuchten Informationen oder andere Inhalte reibungslos und effizient bereitstellen. Wenn das Layout einer Web-Site durch Frames verbessert werden kann, dann sollten Sie das tun. Andererseits kann durch die wahllose und unnötige Verwendung von Frames eine zuvor gut funktionierende Web-Site in einen kompletten Alptraum verwandelt werden.

Frames und Framesets hinzufügen

Wenn Sie überzeugt davon sind, dass Frames Ihrer Web-Site zugute kommen, müssen Sie als Nächstes deren Verwendung planen. Erst wenn Sie eine Vorstellung des Layouts haben, können Sie mit dem Erstellen und Speichern der Frames und Framesets fortfahren.

Frames planen

Frames enthalten zwar einzelne Web-Seiten, die gesamte Kombination muss aber wie eine einzelne, einheitliche Seite betrachtet werden, weil Frames Besuchern Ihrer Web-Site genauso präsentiert werden.

Im Folgenden finden Sie einige Regeln für die Verwendung von Frames:

- Sie sollten zumindest einen groben Entwurf der geplanten Frames anfertigen, um einen Eindruck der späteren Größenverhältnisse zu erhalten. Merken Sie sich die Funktion und die Proportionen der Frames.
- Sie sollten überlegen, ob die Breite und Höhe jedes einzelnen Frames in Pixel, in Prozent der Fenstergröße oder in einer Größe definiert werden muss, die bei Bedarf angepasst wird (siehe Abschnitt *Frameset-Eigenschaften festlegen*).
- Der Inhalt sollte so gut wie möglich in den Frame passen. Obwohl für Frames eigene Bildlaufleisten definiert werden können und diese manchmal erforderlich sind, ist ein mit Bildlaufleisten übersätes Frameset mit kaum sichtbarem Inhalt schlecht entworfen.
- Wenn die verschiedenen Frames in einem Frameset zusammengestellt werden, sollten die Inhalte ein ansprechendes Farbschema ergeben. Die einzelnen Seiten (oder Bilder oder anderen Elemente) könnten jede für sich genommen gut aussehen, wenn sie aber nebeneinander liegen, das gesamte Design verschandeln.

Abgesehen von dem technischen Detail, dass Frames einzelne Dateien sind, müssen sie von Anfang an als eine Einheit entworfen werden. Dies ist vergleichbar mit einem Bild auf einer Web-Seite, das auch eine eigene Datei ist, aber in das Design und das Layout der Seite passen muss.

Zwei Frames in Ihrer Site können die Download-Zeit im Vergleich zu einer normalen Web-Seite verdoppeln, drei verdreifachen usw. Bedenken Sie, dass es sich bei Frames trotz des Erscheinungsbildes auf dem Bildschirm um eigene und vollständige Web-Seiten handelt und dass der gesamte Inhalt jedes einzelnen – einschließlich der Bilder, Java-Applets usw. – heruntergeladen werden muss, damit die komplette Site im Web-Browser des Benutzers angezeigt werden kann. Wenn Sie Frames einsetzen, sollten Sie daher deren Inhalt so einfach wie möglich halten.

Frames erstellen

In Dreamweaver können Sie eine Seite in Frames aufteilen, indem Sie einfach die Rahmen an die gewünschte Position ziehen. Dazu müssen Sie zuerst den Rahmen des Framesets einblenden. Wählen Sie dazu die Menüoption *Ansicht > Frame-Rahmen*. Daraufhin wird ein schmaler, grauer 3D-Rahmen um die gesamte Arbeitsfläche im Dokumentfenster angezeigt.

Außerdem sollten Sie den Frame-Inspector mit der Menüoption *Fenster > Frames* öffnen. Der daraufhin angezeigte Frame-Inspector wird ohne Inhalt angezeigt, da noch kein Frame erstellt worden ist. Nachdem Sie einen Frame hinzugefügt haben, enthält der Frame-Inspector eine grafische Darstellung des aktuellen Frames.

Zum Verschieben eines Frameset-Rahmens setzen Sie den Mauszeiger darauf und drücken die Taste [Alt] (die Optionstaste bei Macs). Der Mauszeiger wird nun als Doppelpfeil dargestellt. Drükken Sie die linke Maustaste und ziehen Sie den Rahmen an die gewünschte Position. Wenn Sie die Maustaste loslassen, wird die Seite in zwei Frames aufgeteilt. Die folgende Abbildung zeigt das Ergebnis des Ziehens eines Frameset-Rahmens.

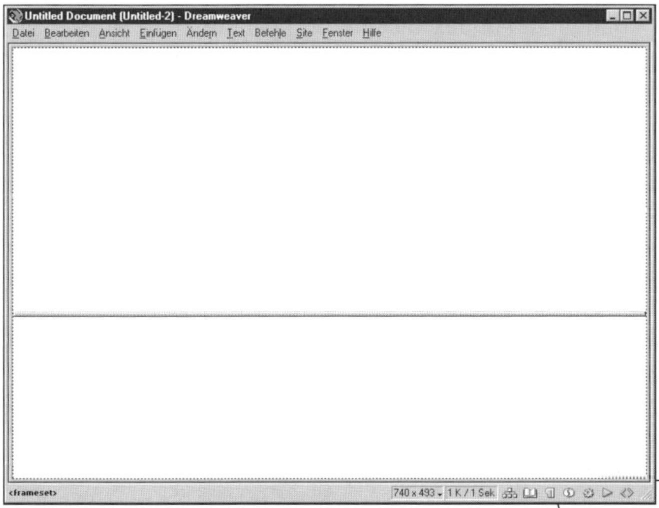

Durch Ziehen des Frameset-Rahmens erstellte Frames

Abb. 10.2

Wenn Sie den Mauszeiger auf eine Ecke des Frameset-Rahmens setzen, wird der Mauszeiger als Vierfachpfeil angezeigt. Durch Ziehen an einer Ecke wird der obere und ein seitlicher (oder der untere und ein seitlicher, je nachdem an welcher Ecke Sie ziehen) Rahmen gleichzeitig verschoben und die Seite in vier Frames unterteilt.

Tipp

Nach dem Platzieren eines Frame-Rahmens können Sie dessen Position – und somit auch Größe des Frames – ändern, indem Sie ihn einfach an die neue Position ziehen. Dazu müssen Sie die Taste Alt nicht drücken.

Sie können alle erforderlichen Frames durch Ziehen einer Seite oder einer Ecke erstellen. Dieses Vorgehen hat aber einen entscheidenden Nachteil: Der Frame-Rahmen erstreckt sich quer über den gesamten Bildschirm. Wenn für Ihre Zwecke eine schachbrettartige Frame-Struktur geeignet ist, werden Sie mit diesem Ergebnis zufrieden sein. Wenn Sie aber einen anderen Effekt erzielen möchten, müssen Sie die Frames mit einer anderen Methode teilen (siehe Abschnitt *Die Frame-Struktur ändern*).

Frames und Framesets speichern

Das Frameset ist eine eigene HTML-Datei, die aus den in den Frames enthaltenen Dateien besteht. Daher sind das Speichern der in den Frames angezeigten Seiten und das Speichern des Framesets zwei verschiedene Dinge.

Wenn die Seiten, die in den Frames enthalten sein sollen, vorhanden sind, bevor das Frameset angelegt wird, dann stellt das Speichern kein Problem dar. Leider erzeugt Dreamweaver eine Reihe von generischen und ziemlich nutzlosen Namen für die leeren Seiten, die für Frames angelegt werden. Verwirrenderweise verwendet Dreamweaver auch denselben Namen – *UntitledFrame*, gefolgt von einer Zahl – für die Frameset-Datei und die Frame-Dateien. Wenn Sie beim Speichern von Frameset- und Frame-Dateien diese Standardnamen übernehmen, werden Sie später in ziemliche Verwirrung geraten.

Wenn Sie auch nur einigermaßen zufrieden mit dem Layout sind, sollten Sie daher unbedingt die Dateien unter sprechenden Namen speichern. Dazu wählen Sie die Menüoption *Datei > Frameset speichern unter*. Das weitere Vorgehen entspricht dem Speichern von normalen HTML-Dateien. Sobald Sie dem Frameset einmal einen Namen zugewiesen haben, können sie es künftig mit der Menüoption *Datei > Frameset speichern* sichern (für diese Menüoption steht kein Tastaturkürzel wie für das Speichern von regulären Dateien zur Verfügung).

Die in den Frames enthaltenen Dateien werden mit der Menüoption *Datei > Speichern* oder der Tastenkombination Strg + S (Befehlstaste + S bei Macs) gespeichert. Wenn Sie einen anderen Dateinamen angeben wollen, verwenden Sie die Menüoption *Datei > Speichern unter*.

Mit der Option *Datei > Alles speichern* oder der Tastenkombination Strg + ⇧ + S (Befehlstaste + ⇧ + S bei Macs) speichern Sie gleichzeitig das Frameset und alle darin enthaltenen Dateien. Wenn die Dateien noch nicht gespeichert wurden, können Sie zu diesem Zeitpunkt auch die Dateinamen angeben.

Frames und Framesets markieren

Vor dem Modifizieren von Frames müssen diese bzw. die Framesets, in denen sie enthalten sind, markiert werden. Dafür gibt es zwei grundsätzliche Methoden: die direkte im Dokumentfenster und die indirekte über den Frame-Inspector.

Frames und Framesets im Dokumentfenster markieren

Wenn Sie im Dokumentfenster den Rahmen eines Frames anklicken, wird automatisch das Frameset, in dem der Frame enthalten ist, markiert. Wenn Sie in einen Frame klicken, wird nichts markiert oder ausgewählt, sondern es wird lediglich der Textcursor auf die in diesem Frame enthaltene Seite gesetzt. Um einen Frame zu markieren, müssen Sie die Taste Alt (Optionstaste bei Macs) gedrückt halten, während Sie in den Frame klicken.

Tipp

Das Markieren eines Framesets durch Anklicken des äußeren Rahmens kommt in Dreamweaver manchmal einem Zufallstreffer gleich. Je nachdem was Sie zuletzt ausgeführt haben, funktioniert es oder nicht. Es klappt beispielsweise nicht, nachdem Sie einen Frame markiert haben. Das Anklicken eines inneren Rahmens gelingt dagegen immer.

Frames und Framesets mit dem Frame-Inspector markieren
Wie bereits weiter oben erwähnt, wird der Frame-Inspector mit der Menüoption *Fenster > Frames* geöffnet. Die folgende Abbildung zeigt einige im Frame-Inspector angezeigte Frames.

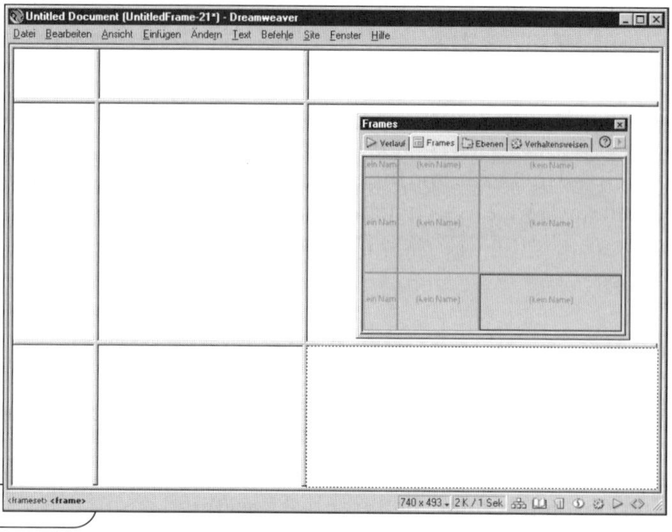

Der Frame-Inspector

Abb. 10.3

Wenn Sie im Frame-Inspector einen Frame oder dessen Rahmen anklicken, wird der Frame markiert. Ein Frameset markieren Sie, wenn Sie im Frame-Inspector den Rahmen des Framesets anklicken.

Da das Layout der Frames bereits im Dokumentfenster angezeigt wird, ist der Frame-Inspector etwas redundant. Wenn Sie nur mit einem Frameset arbeiten, können Sie daher den Frame-Inspector schließen und im Dokumentfenster Frames oder das Frameset mit der Tastatur oder der Maus markieren. Falls Sie aber mehrere Framesets verwenden, ist der Frame-Inspector geeigneter, weil Sie im Frame-Inspector die Position der verschachtelten Framesets besser erkennen können. Im Dokumentfenster sehen die Rahmen von Frames und verschachtelten Framesets gleich aus. Im Frame-Inspector werden Frameset-Rahmen als 3D-Objekte und Frame-Rahmen als flache, graue Linien dargestellt.

Die Frame-Struktur ändern

Nachdem mindestens ein Frame-Rahmen in der Web-Seite platziert ist, können Sie die erstellte Struktur ändern. Eine Möglichkeit dazu besteht darin, einfach durch Ziehen der Rahmen weitere Frames zu erstellen. Und wie bereits weiter oben erwähnt, können Sie die aktuellen Rahmen durch Ziehen an neue Positionen verlagern.

Wenn Sie aber keine Rahmen benötigen, die sich von Fensterrand zu Fensterrand erstrecken, müssen Sie Frames teilen. Es kann auch sein, dass Ihnen das Seitenlayout ohne den einen oder anderen Frame besser gefallen würde. Diese beiden Modifikationen können in Dreamweaver nicht so mühelos wie die meisten anderen ausgeführt werden.

Frames teilen

Das Teilen von Frames – der Vorgang des Aufteilens eines Frames in zwei separate Frames – wird in Dreamweaver sehr unlogisch vorgenommen. Um die Eigenschaften eines Frames zu ändern, muss der Frame zuerst markiert werden. Wenn ein Frame aber markiert ist, können Sie nicht auf das Menü zum Aufteilen des Frames zugreifen. Dies ist unabhängig von der gewählten Markierungsmethode.

Um die Aufteilungsoptionen aufrufen zu können, müssen Sie die Seite anklicken, die der Frame enthält. Erst danach lässt sich die Menüoption *Ändern > Frameset* aufrufen, die ein Untermenü öffnet, in dem Sie die gewünschte Aufteilungsaktion auswählen können. Der Name *Frameset* der Option mutet zunächst etwas verwirrend an, da Sie ja einen Frame teilen und nicht das Frameset ändern – so scheint es zumindest. In Wirklichkeit erstellen Sie aber ein neues Frameset innerhalb des alten. Solange Sie sich jedoch nicht in den HTML-Quellcode vertiefen möchten, ist nur wichtig, was Sie im Dokumentfenster sehen, und das ist, dass der Frame geteilt wird.

Die Optionen des Untermenüs lauten: *Frame links teilen, Frame rechts teilen, Frame oben teilen* und *Frame unten teilen.* Wenn die aktuelle Seite im Frame leer ist, werden Sie keinen Unterschied zwischen *Frame oben teilen* und *Frame unten teilen* oder zwischen *Frame links teilen* und *Frame rechts teilen* feststellen können. In allen Fällen wird der Frame gleichmäßig geteilt. Mit *Frame oben teilen* und *Frame unten teilen* wird der Frame durch einen neuen horizontalen Rahmen unterteilt. Mit *Frame links teilen* und *Frame rechts teilen* wird der Frame durch einen neuen vertikalen Rahmen unterteilt.

Wenn die Seite Inhalt enthält oder Sie bereits in den Seiteneigenschaften eine Hintergrundfarbe oder ein Hintergrundbild festgelegt haben, wird der Frame folgendermaßen unterteilt:

- Mit *Frame links teilen* wird die aktuelle Seite in der linken Hälfte platziert.
- Mit *Frame rechts teilen* wird die aktuelle Seite in der rechten Hälfte platziert.
- Mit *Frame oben teilen* wird die aktuelle Seite in der oberen Hälfte platziert.
- Mit *Frame unten teilen* wird die aktuelle Seite in der unteren Hälfte platziert.

Die jeweils andere Hälfte wird mit einer neuen, leeren Seite angezeigt, die keine der Eigenschaften der alten Seite besitzt. Die folgende Abbildung zeigt einen Frame, der mit der Option *Frame unten teilen* geteilt wurde.

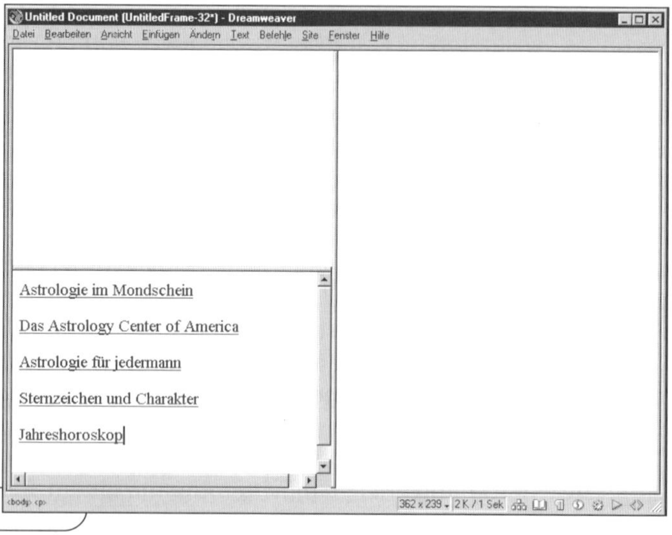

Ein mit der Option *Frame unten teilen* geteilter Frame

Abb. 10.4

Tipp

Wenn Sie einen Frame bereits geteilt haben, können Sie ihn mit der folgenden Methode weiter unterteilen, ohne dass sich der Rahmen von einem Fensterrand zum anderen erstreckt: Halten Sie die Taste Alt (Optionstaste bei Macs) gedrückt, während Sie den Frame-Rahmen ziehen. Diese Methode funktioniert hier, weil die Aktion in einem eignen Frameset und nicht in dem Haupt-Frameset ausgeführt wird. Technisch gesehen erstreckt sich der Rahmen immer noch von einer Seite des Framesets bis zur anderen, aber nicht von einem Fensterrand zum anderen.

Frames löschen

Das Löschen von Frames ist ein weiteres Beispiel für die etwas unlogisch aufgebauten Frame-Funktionen von Dreamweaver. Wahrscheinlich glauben Sie, dass Sie nur den Frame markieren und dann die Taste Entf drücken müssten. Aber so funktioniert es leider nicht.

Das Löschen von Frames ist aber trotzdem sehr einfach. Ziehen Sie nur den Frame-Rahmen an den Rand des Framesets, lassen Sie die Maustaste los und der Frame ist gelöscht. Wenn nur ein Frameset vorhanden ist, ziehen Sie den Rahmen an den Fensterrand. Falls Sie mit verschachtelten Frames arbeiten, können Sie nur so lange ziehen, bis der Rand des Framesets erreicht ist, in dem der aktuelle Frame enthalten ist. Sie müssen dabei auf nichts Besonders achten – der Rahmen kann nicht mehr bewegt werden, wenn der Rahmen des Framesets erreicht ist.

Tipp

Wenn Sie den letzten im Frameset verbliebenen Rahmen entfernen – gleichgültig ob es sich dabei um ein verschachteltes oder das einzige Frameset handelt –, wird das Frameset vollständig entfernt.

Die Richtung, in der Sie den Rahmen ziehen, beeinflusst, welcher Frame oder welche Frames gelöscht werden. Wenn auf einer Seite beispielsweise zwei vertikal angeordnete Frames vorhanden sind und Sie den Rahmen nach links ziehen, löschen Sie den linken Frame. Ziehen Sie den Rahmen nach rechts, wird der rechte Frame entfernt. Bei horizontal angeordneten Frames wird, wenn Sie nach oben ziehen, der obere und wenn Sie nach unten ziehen, der untere Frame entfernt.

Wenn Sie einen Frame löschen möchten, der mit einem anderen verbunden ist, werden Sie mit dieser Methode einige Schwierigkeiten erhalten. Angenommen, Sie haben auf einer Seite vier

Frames erstellt, indem Sie den oberen und den unteren Rahmen jeweils bis in die Mitte der Seite gezogen haben (siehe die folgende Abbildung). In diesem Fall können Sie nicht nur einen einzelnen Frame entfernen. Da die Frames denselben Rahmen haben, werden durch Ziehen des vertikalen oder des horizontalen Rahmens an den Fensterrand immer zwei Frames und nicht nur einer entfernt.

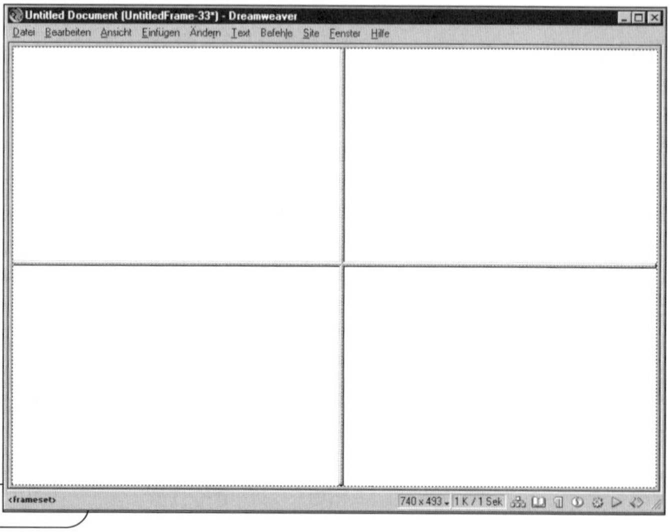

Frames mit gemeinsamen Rahmen

Abb. 10.5

Zum Löschen eines Frames, der mit einem anderen einen gemeinsamen Rahmen hat, müssen Sie einige Umstellungen vornehmen. Wenn Sie beispielsweise in dem in der obigen Abbildung dargestellten Layout den oberen rechten Frame entfernen möchten, damit die linke Seite aus zwei Frames und die rechte nur aus einem einzigen Frame besteht, müssen Sie zuerst den horizontalen Rahmen aus dem Fenster ziehen. Damit erhält die rechte Seite bereits das gewünschte Layout. Nun teilen Sie die linke Seite nur noch mit der entsprechenden Menüoption in zwei Frames auf.

Tipp

Das Löschen eines Frames wirkt sich nicht auf den Inhalt des Frames – die Quelldatei mit dem Seiteninhalt – aus. Nur der Frame selbst wird gelöscht, nicht die enthaltene Seite (obwohl diese Seite aus dem Fenster entfernt wird). Falls die Seite noch nicht gespeicherte Änderungen enthält, werden Sie in einem Dialogfeld aufgefordert, den Seiteninhalt zu speichern.

Frame- und Frameset-Eigenschaften festlegen

Der Eigenschaften-Inspector für Framesets unterscheidet sich vom Eigenschaften-Inspector für Frames. Die Informationen über die Größen, die Positionen und die Beziehungen der Frames untereinander sind im Frameset enthalten, daher werden diese Eigenschaften im Eigenschaften-Inspector für Framesets festgelegt. Für Framesets stehen auch Rahmenoptionen zur Verfügung, die von denselben Eigenschaften von Frames überschrieben werden können.

Frameset-Eigenschaften festlegen

Nachdem Sie das Frameset markiert haben, werden im Eigenschaften-Inspector die Rahmen- und Frame-Einstellungen angezeigt (siehe die folgende Abbildung). Der erste Eintrag ist die schreibgeschützte Auflistung der Zeilen- und Spaltenanzahl im Frameset.

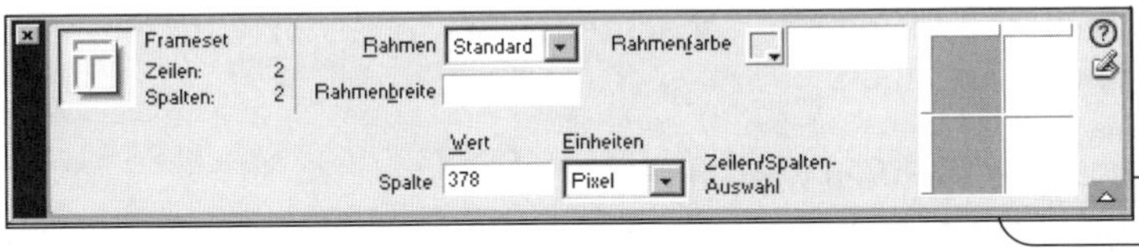

Der Eigenschaften-Inspector für Framesets

Abb. 10.6

Rahmenanzeige und -breite von Framesets

Die Dropdown-Liste *Rahmen* des Eigenschaften-Inspectors enthält die Optionen *Standard*, *Ja* und *Nein*. Mit diesen Einstellungen legen Sie fest, ob die Rahmen zwischen den Frames dreidimensional oder flach dargestellt werden. Da nur sehr wenige Designs mit flachen Rahmen gut aussehen dürften, entspricht die Einstellung *Standard* in den meisten Web-Browsern *Ja*. Sie können aber – abhängig von dem Zweck, dem Ihr Design dienen soll – auch explizit *Ja* oder *Nein* auswählen, anstatt die Rahmendarstellung dem Web-Browser zu überlassen.

Direkt unterhalb der Dropdown-Liste *Rahmen* befindet sich die Einstellung *Rahmenbreite*. Wenn Sie die Standardbreite ändern wollen, geben Sie hier die gewünschte Anzahl in Pixel ein. Die Standardbreite beträgt 6 Pixel.

Tipp

Die Einstellung *Nein* für den Rahmen bedeutet nicht, dass kein Rahmen dargestellt wird. Wenn Sie in der Dropdown-Liste *Rahmen* die Einstellung *Nein* auswählen, aber im Feld *Rahmenbreite* nicht *0* angeben, wird im Browser ein weißer Zwischenraum zwischen den Frames angezeigt (in Dreamweaver wird der Zwischenraum grau dargestellt). Nur indem Sie für die Rahmenbreite *0* festlegen, werden keine Rahmen angezeigt. Dabei spielen die anderen Rahmeneinstellungen keine Rolle.

Rahmenfarben von Framesets

Für die Einstellung *Rahmenfarbe* stehen ein Standard-Farbfeld und ein Textfeld zur Verfügung. Wenn Sie eine Farbe für alle Rahmen angeben möchten, können Sie entweder das Farbfeld anklicken und aus der Farbpalette eine Farbe wählen oder den Hexadezimalwert oder den Namen der gewünschten Farbe in das Textfeld eingeben (siehe Kapitel *Farben*).

Durch die Auswahl einer Rahmenfarbe für ein Frameset wird auch die Rahmenfarbe aller darin verschachtelten Frames festgelegt. Sie können diese Farbauswahl überschreiben, indem Sie dieselbe Eigenschaft für die verschachtelten Framesets bzw. für einzelne Frames festlegen.

Zeilen und Spalten von Framesets

Auf der rechten Seite des Eigenschaften-Inspectors befindet sich eine grafische Darstellung der Zeilen und Spalten des Framesets. Wenn Sie einen beliebigen Frame in dieser Darstellung anklicken, wird die Zeile markiert, die den Frame enthält. Um eine Spalte zu markieren, klicken Sie die Leiste an, die sich über der betreffenden Spalte befindet. Sie können zum Markieren einer Zeile ebenso die Leiste, die sich links neben der Zeile befindet, anklicken, aber in den Frame zu klicken, ist einfacher.

Tipp

Je nach Ihrem Frame-Layout können in Ihrem Frameset nur Spalten oder nur Zeilen oder beides vorhanden sein.

Wenn Sie mit dem Haupt-Frameset arbeiten, wird der Eindruck erweckt, als ob der Eigenschaften-Inspector nur einfache Zeilen und Spalten erkennt und die komplexere Frame-Struktur ignoriert, dies ist aber tatsächlich nicht der Fall. Die folgende Abbildung zeigt die limitierte grafische Darstellung eines Framesets mit geteilten Frames im Eigenschaften-Inspector.

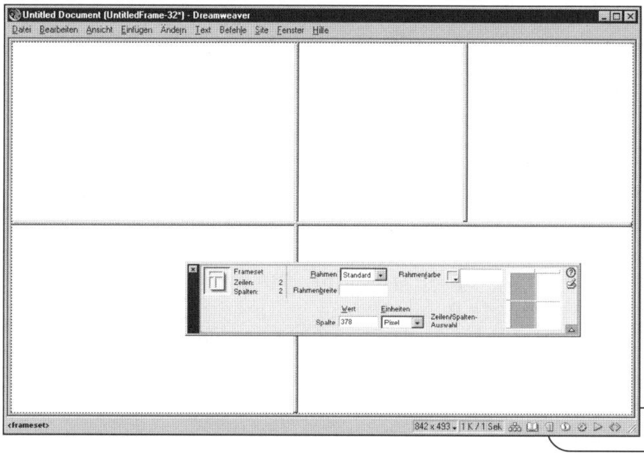

Geteilte Frames werden bei der Auswahl des Haupt-Framesets im Eigenschaften-Inspector nicht angezeigt

Abb. 10.7

Wenn Sie Frames teilen, erstellen Sie nämlich ein neues Frameset. Um im Eigenschaften-Inspector auf jeden angezeigten Frame zuzugreifen, müssen Sie daher jedes Frameset einzeln markieren. Die folgende Abbildung zeigt den Unterschied der grafischen Darstellung im Eigenschaften-Inspector, wenn das verschachtelte Frameset in der oberen rechten Ecke des Frame-Inspectors ausgewählt wird.

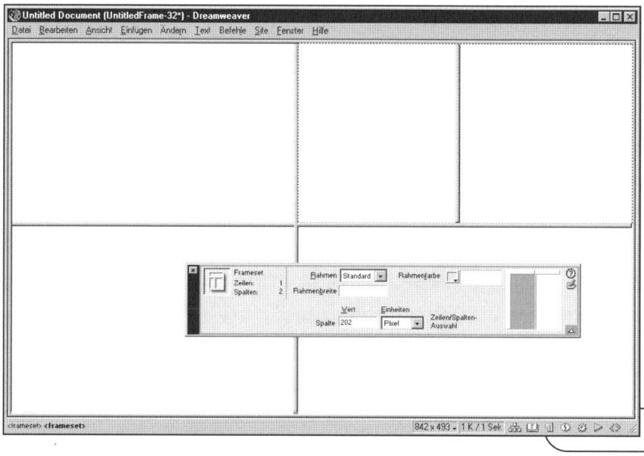

Durch die Auswahl eines verschachtelten Framesets wird dessen Struktur im Eigenschaften-Inspector angezeigt

Abb. 10.8

Frame-Größe

Im unteren Bereich des Eigenschaften-Inspectors befinden sich Optionen, anhand deren sich die Größe von Frames steuern lässt: das Textfeld *Wert* und die Dropdown-Liste *Einheiten*. Das Textfeld *Wert* enthält eine Zahl, die die Anzahl der Einheiten festlegt. In der Dropdown-Liste *Einheiten* sind die drei Optionen *Pixel*, *Prozent* und *Relativ* enthalten. Wenn eine Zeile markiert ist und Sie **25** in das Textfeld *Wert* eingeben sowie in der Liste *Einheiten* die Option *Pixel* wählen, setzen Sie die Höhe der Zeile auf 25 Pixel fest. Wenn Sie aus der Liste *Einheiten* die Option *Prozent* auswählen, würde die Zeile 25 Prozent der vertikalen Fenstergröße hoch sein. Für Spalten gilt dasselbe, außer dass Sie hier die Breite anstelle der Höhe festlegen.

Genau wie bei Tabellen spielen Sie mit dem Feuer, wenn Sie für ein Frameset eine absolute Pixel-Anzahl festlegen. Es gibt eine Vielzahl von Bildschirmauflösungen bei den verschiedenen Computersystemen und jeder Versuch, eine bestimmte Größe festzulegen, wird in der Frustration von einigen Benutzer enden. Das Festlegen einer absoluten Größe für manche Elemente eines Frameset ist dagegen empfehlenswert. Wenn Sie beispielsweise ein Inhaltsverzeichnis anzeigen wollen, das eine bestimmte Größe haben muss, können Sie eine absolute Breite angeben. Nur wenn Sie die exakte Größe aller Frames eines Framesets festlegen, verursachen Sie Probleme.

Durch die Angabe von Prozentwerten vermeiden Sie derartige Probleme vollständig. Sie sollten aber darauf achten, dass die Prozentwerte für alle Frames zusammen 100 Prozent ergeben. Ansonsten legt der Web-Browser, in dem das Frameset angezeigt wird, die Größe der Frames fest und das Ergebnis könnte Ihrer Planung widersprechen.

Viele Web-Designer sind der Meinung, dass die Option *Relativ* der Einstellung *Einheiten* die wichtigste ist. Sie ist sicherlich die flexibelste. Wenn Sie eine bestimmte Pixel-Breite oder Prozentangabe für einige oder für die meisten Frames des Framesets festgelegt haben, können Sie immer noch für ein Frameset die Einstellung *Relativ* belassen. Dadurch erreichen Sie, dass der Web-Browser die exakten Instruktionen, die Sie für die anderen Frames angegeben haben, ausführt und dann den als *Relativ* definierten Frame vergrößert oder verkleinert, je nachdem wie viel Platz noch zur Verfügung steht.

Frame-Eigenschaften festlegen

Außer dem Namen können Sie eine Reihe weiterer Frame-Attribute festlegen, wobei nur die Angabe der Quelldatei unbedingt erforderlich ist. Die folgende Abbildung zeigt den Eigenschaften-Inspector für Frames.

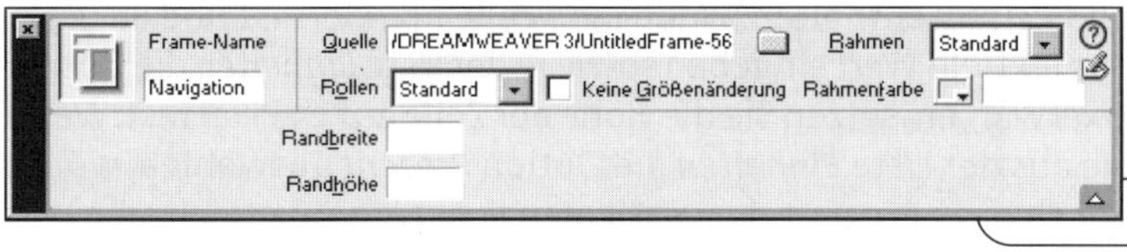

Der Eigenschaften-Inspector für Frames

Abb. 10.9

Frame-Namen und Hyperlinks zur Navigation

Einzelne Frames haben im Gegensatz zu Framesets eigene Namen oder IDs. Framesets dienen in erster Linie als übergeordnete Container für Frames und stellen nicht so sehr Elemente dar, die Sie bearbeiten können. Der Name eines Frames ist weitaus wichtiger als der Name der meisten anderen Elemente. Nur wenn Sie mit JavaScript arbeiten wollen, müssen Sie zusätzlich zu Anker- oder Frame-Namen eine ID vorsehen. Sie können einem bestimmten Element bei Bedarf jederzeit einen Namen zuweisen.

Frame-Namen sind wichtig, weil die große Mehrheit von Framesets so angeordnet ist, dass ein Frame der Hauptsteuerungs-Frame ist. Die Inhalte der andern Frames im Frameset werden durch das Anklicken von Hyperlinks im Navigations-Frame gesteuert. Um eine Datei in einem bestimmten Frame zu öffnen, muss dieser Frame einen Namen haben. Die folgende Abbildung zeigt ein Beispiel eines Navigations-Frames.

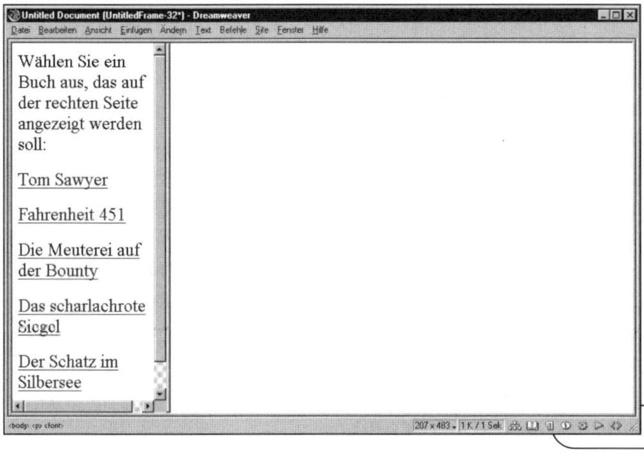

Ein auf einem Frame basiertes Navigationssystem

Abb. 10.10

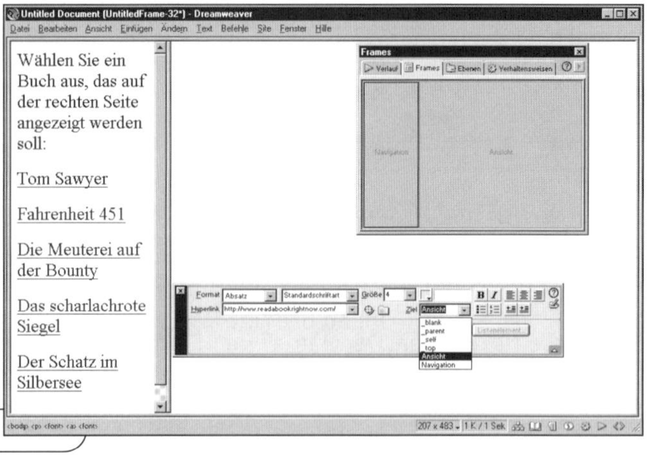

Ein Ziel für einen Hyperlink auswählen

Abb. 10.11

Sie erstellen einen Hyperlink in einem Frame im Grunde genauso wie jeden anderen Hyperlink (siehe Kapitel 6). Der einzige Unterschied besteht nur darin, dass Sie, nachdem Sie die Pfadangabe und den Namen der verknüpften Datei im Eigenschaften-Inspector eingegeben haben, den Ziel-Frame, in dem die Datei geöffnet werden soll, festlegen müssen. Öffnen Sie dazu die Dropdown-Liste *Ziel* und wählen Sie den gewünschten Frame aus (siehe die obige Abbildung).

Tipp

Sie können auch mehrere Navigations-Frames einsetzen; einer davon könnte ein allgemeines Inhaltsverzeichnis der Site anzeigen. In diesem Fall würde der untergeordnete Frame (bzw. die untergeordneten Frames) einen detaillierteren Übersicht über einzelne Abschnitte geben. In einen Frame im oberen Bereich des Fensters könnte z.B. eine Kapitelauflistung aufgenommen und in einen Frame an der Seite oder am unteren Rand Hyperlinks zu einzelnen Abschnitten in einem ausgewählten Kapitel angezeigt werden.

In der Dropdown-Liste *Ziel* sind Ihnen sicher einige Namen aufgefallen, die Sie nicht vergeben haben. Diese Namen können Sie nicht als Namen für Ihre eigenen Frames verwenden, da sie für Web-Browser als reservierte Frame-Namen benötigt werden. Die folgende Tabelle listet die reservierten Frame-Namen und deren Verwendung auf.

Tipp

Wenn nur ein Frameset vorhanden ist, haben die Frames *_parent* und *_top* denselben Effekt.

Tabelle 10.1

Reservierte Frame-Namen

Reservierter Name	Wirkung
_blank	Lädt die Datei in einem neuen Browser-Fenster.
_parent	Lädt die Datei in das Frameset, das den Frame mit den Hyperlink enthält (und ersetzt dabei das gesamte Frameset).
_self	Lädt die Datei in den Frame, der den Hyperlink enthält (und ersetzt dabei den Inhalt des Frames).
_top	Lädt die Datei in das aktuelle Browser-Fenster (und ersetzt dabei alle Framesets).

Quelldatei
Ohne eine Quelldatei ist der Frame vollkommen leer. Da diese Eigenschaft von so fundamentaler Bedeutung ist, ist es in Dreamweaver nicht möglich, dieses Feld leer zu lassen. Wenn Sie keinen Wert eingeben, stellt Dreamweaver einen Dateinamen für die Quelldatei zusammen. Sie können eine Pfadangabe und einen Dateinamen in das Textfeld *Quelle* eingeben oder das Ordnersymbol anklicken, um eine Datei zu suchen.

Rahmenanzeige und -farbe von Frames
Rechts neben der Einstellung für den Dateinamen befindet sich eine Dropdown-Liste mit denselben Rahmenoptionen wie im Eigenschaften-Inspector für Framesets. Wie bei Framesets stehen die Optionen *Standard*, *Ja* und *Nein* zur Verfügung. Bei den meisten Web-Browsern entspricht die Einstellung *Standard* der Einstellung *Ja*.

Frame-Rahmen werden dreidimensional angezeigt. Vertikale Rahmen werden von der linken Seite angeleuchtet und erhalten auf der rechten Seite einen Schatten. Horizontale Rahmen werden von oben angeleuchtet und erhalten unten einen Schatten.

Frames verschachteln

Die Quelldatei, die den Inhalt eines Frames ausmacht, kann alles enthalten, was über eine URL verfügt und in einem Web-Browser darstellbar ist. Das bedeutet, dass genauso, wie sich Tabellen ineinander verschachteln lassen, auch Frames verschachtelt werden können.

Im Gegensatz zu anderen Designprogrammen für Web-Seiten handhabt Dreamweaver diese komplexe Funktion einwandfrei. Sie müssen nur die URL eines vorhandenen Framesets als Frame-Quelle angeben und alle Seiten, aus den die Frames zusammengestellt wurden, werden automatisch mit dem Frameset geladen.

Das heißt nicht, dass Sie Frames unbedingt verschachteln sollten. Sie sollten sich nur darüber im Klaren sein, dass die Möglichkeit besteht. In der Praxis rufen verschachtelte Frames meist Probleme hervor, weil sie die Komplexität von Web-Seiten steigern. Die Dauer des Herunterladens erhöht sich drastisch. Wenn Sie zu viele verschachtelte Frames verwenden, bringen Sie auch den robustesten Web-Browser in Schwierigkeiten.

Tipp

Wenn zwei oder mehr Frames einen gemeinsamen Rahmen haben, sollten die Optionen für diesen Rahmen in jedem Frame identisch festgelegt werden. Ansonsten wählt Dreamweaver die zu übernehmenden Optionen aus. Wenn Sie z.B. für den einen Frame einen Rahmen definieren, für einen anderen aber keinen, wird der Rahmen angezeigt.

Die Rahmenfarbe für den Frame wird genauso festgelegt wie für ein Frameset. Die Einstellung der Rahmenfarbe eines Frames überschreibt die Rahmenfarbe des Framesets, in dem der Frame enthalten ist (im Kapitel *Farben* ist das Auswählen von Farben detailliert beschrieben).

Bildlaufleisten in Frames
Für die Einstellung *Rollen* (unterhalb des Textfeldes *Quelle*) stehen vier Optionen zur Verfügung:

- *Ja* legt fest, dass Bildlaufleisten immer angezeigt werden, unabhängig davon, ob sie benötigt werden oder nicht.
- *Nein* legt fest, dass Bildlaufleisten nie angezeigt werden, unabhängig davon, ob sie benötigt werden oder nicht.

- *Auto* legt fest, dass Bildlaufleisten nur bei Bedarf angezeigt werden.
- *Standard* entspricht in den meisten Web-Browsern der Einstellung *Auto*.

Größenänderung von Frames verhindern
Mit dem Kontrollkästchen *Keine Größenänderung* verhindern Sie, dass Benutzer in ihren Browser die Größe von Frames ändern können. Die Größe eines normalen Frames kann jederzeit verändert werden. Wenn Sie aber das Kontrollkästchen *Keine Größenänderung* aktivieren, behält der Frame seine ursprüngliche Größe.

Dieses Vorgehen ist eine ziemlich drastische Maßnahme und normalerweise besteht wenig Anlass dazu. Im Allgemeinen wird davon ausgegangen, dass Besucher einer Web-Seite ihre Bedürfnisse am besten kennen. Wenn die Frame-Größe allerdings ein fundamentales Element für das Layout oder die Funktionalität Ihrer Web-Site darstellt, haben Sie einen wichtigen Grund die Größenänderung zu unterbinden. Ansonsten sollten Sie diese Option deaktiviert belassen.

Randbreite und Randhöhe von Frames
Im unteren Bereich des Eigenschaften-Inspectors befinden sich die Einstellungen *Randbreite* und *Randhöhe*. Diese Optionen dienen demselben Zweck wie die Einstellungen für den horizontalen und vertikalen Abstand bei Bildern (siehe Kapitel 5). Mit der Einstellung *Randbreite* wird die Anzahl der horizontalen Pixel zwischen dem Frame-Inhalt und dem Frame-Rahmen festgelegt. Die Einstellung *Randhöhe* definiert die Anzahl der vertikalen Pixel zwischen dem Frame-Inhalt und dem Frame-Rahmen.

Tipp

Frames sind keine Web-Seiten. Beim Arbeiten mit Frames sollten Sie darauf achten, dass Sie den Frame nicht gewissermaßen mit dessen Abbildung verwechseln. Wenn Sie Einstellungen, wie z.B. die Hintergrundfarbe, festlegen, arbeiten Sie mit der Seite, die in dem Frame enthalten ist. Der Frame ist die Struktur, in der sich die Seite befindet. Das Ändern der Eigenschaften eines Frames wirkt sich nur auf dessen Umriss nicht auf den mittleren Bereich aus, der von der Web-Seite beansprucht wird.

Das Element NOFRAMES

Das Element NOFRAMES ist für alte Web-Browser und andere Benutzer-Agents vorgesehen, die Frames nicht verarbeiten können. Der Inhalt dieses Elements wird angezeigt, wenn ein Benutzer mit einem alten Browser eine Site mit Frames aufruft. Obwohl nicht mehr viele dieser alten Browser in Gebrauch sind, ist es eine ziemlich einfache, aber freundliche Geste ein NOFRAMES-Element hinzuzufügen.

Dieses Element enthält oft nur eine Meldung mit etwa dem Inhalt „Leider benötigen Sie für diese Web-Site einen Frame-tauglichen Web-Browser" und leitet Benutzer zu einer Web-Site, aus der sie einen solchen Browser herunterladen können. Manchmal werden auch zwei vollkommen unterschiedliche Web-Sites erstellt – eine mit Frames und eine ohne Frames.

Um für das Element NOFRAMES einen Inhalt zu definieren, wählen Sie die Menüoption *Ändern > Frameset > NoFrames-Inhalt bearbeiten*. Mit dieser Option wird eine Seite angezeigt, die wie eine neue Seite in Dreamweaver aussieht. Hier können Sie den Inhalt für das NOFRAMES-Element eingeben. Dabei handelt es sich aber nicht um eine normale Seite, sondern um eine spezielle Ansicht des Framesets. Um diese Ansicht zu speichern, müssen Sie das Frameset speichern.

Tipp

Alles, was Sie in das Element NOFRAMES eingeben oder einfügen, wird in den HTML-Quellcode des Framesets zwischen die Tags `<NOFRAMES>` und `</NOFRAMES>` geschrieben.

Wenn Sie die Festlegung des Inhalts für das NOFRAMES-Element beendet haben, müssen Sie dieselbe Menüoption – *Ändern > Frameset > NoFrames-Inhalt bearbeiten* – erneut wählen, um zu der normalen Ansicht zurückzukehren.

Zusammenfassung

Frames sind recheckige Bildschirmsegmente. Jeder Frame enthält eine Web-Seite oder eine andere in einem Browser anzeigbare Datei. Frames sind in Framesets enthalten. In diesem Kapitel wurde erläutert, wie Frames und Framesets erstellt und bearbeitet und wie Frames miteinander verknüpft werden.

Sie haben erfahren, dass Sie einen Frame durch Ziehen des Rahmens des Framesets platzieren können (wählen Sie *Ansicht > Frame-Rahmen*, um den Rahmen des Framesets anzuzeigen). Framesets unterscheiden sich von den Dateien, die in Frames enthalten sind, und sie müssen einzeln gespeichert werden.

Anschließend wurde erläutert, wie Frames im Dokumentfenster und im Frame-Inspector markiert werden. Der Frame-Inspector wird mit der Menüoption *Fenster > Frames* geöffnet.

Dann wurde das Teilen von Frames behandelt. Wenn Sie Frames durch Ziehen erstellen, erstrecken sie sich über das gesamte Dokumentfenster. Um ein anderes Layout festzulegen, rufen Sie die Menüoption *Ändern > Frameset* auf und wählen, ob der Frame links, rechts, oben oder unten geteilt werden soll. Ein Frame wird entfernt, indem Sie dessen Rahmen an den Rand des Framesets ziehen.

Bei der Besprechung der Eigenschaften von Framesets und Frames haben Sie erfahren, dass Framesets Eigenschaften zum Anpassen ihrer Rahmen und ihrer Größe besitzen. Mit dem Eigenschaften-Inspector kann für die Frame-Größe eine bestimmte Pixel-Anzahl oder ein Prozentsatz des gesamten Fensters angegeben werden. Ein Frame kann auch als „relativ" definiert werden. Relativ bedeutet, dass der Frame den Platz auf dem Bildschirm einnimmt, der nicht von anderen Frames beansprucht wird.

Der Eigenschaften-Inspector für Frames enthält Einstellungen für den Frame-Namen, für die Quelldatei, für den Rahmen, für die Randbreite und -höhe sowie eine Einstellung, die die Größenänderung durch Benutzer verhindert. Die Eigenschaft *Frame-Name* ist für das Erstellen von Navigations-Frames wichtig. Um einen Hyperlink zu erzeugen, der eine Seite in einem anderen Frame anzeigt, muss dieser Frame zuerst (im Eigenschaften-Inspector für diesen Frame) benannt und dann als Ziel für den Hyperlink (im Eigenschaften-Inspector für den Hyperlink) ausgewählt werden.

Schließlich wurde erläutert, dass sich Inhalte nur für die Anzeige in älteren Web-Browsern oder Benutzer-Agents erstellen lassen, die keine Frames verarbeiten können. Dies wird mit dem Element NOFRAMES bewerkstelligt, das mit der Menüoption *Ändern > Frameset > NoFrames-Inhalt bearbeiten* ausgewählt wird.

Sie kennen nun die Grundlagen der Bedienung von Dreamweaver und können sich nun fortgeschritteneren Themen zuwenden. Das nächste Kapitel beschreibt, wie in Dreamweaver standardisierte Elemente auf mehreren Seiten gleichzeitig bearbeitet werden können.

Projekt 2: Elemente zu Web-Seiten hinzufügen

In diesem Projekt wird die Erstellung der Seiten fortgesetzt, die Sie in dem vorherigen Projekt angelegt haben. Mit den in den vorausgehenden Kapiteln besprochenen Techniken werden Sie Tabellen hinzufügen, Hyperlinks einrichten, Bilder importieren, Farben zuweisen, Formulare erstellen und Frames einfügen. Sie werden zwei Tabellen zur Steuerung des Layouts (eine effektive, aber ziemlich anspruchslose Form der Elementplatzierung) und ein Frameset erstellen, um drei verschiedene Seiten gleichzeitig anzuzeigen.

Zuerst werden Sie die „Eingangstür" zu der Gemeinde-Site – die Datei *Index.html* – bearbeiten.

Eine Navigationsleiste erstellen

Eine Navigationsleiste stellt Hyperlinks zu den verschiedenen Bereichen einer Web-Site bereit. Für die Gemeinde-Site soll anhand einer Tabelle eine einfache Text-Navigationsleiste erstellt werden, die schnell geladen wird und mit allen Web-Browsern zusammenarbeitet.

Eine Tabelle erstellen

Zuerst muss die Tabelle eingefügt werden, die die Text-Hyperlinks enthalten soll. Für das Projekt wird eine Tabelle mit zwei Zeilen und sieben Spalten benötigt.

1. Öffnen Sie die Hauptindexseite der Site, die Datei *Index .html*, die sich im Ordner *Glendale* befindet.

2. Wählen Sie *Einfügen > Tabelle*. Das Dialogfeld *Tabelle einfügen* wird geöffnet.

3. Klicken Sie das Textfeld *Zeilen* an und geben Sie **2** ein.

4. Drücken Sie die Taste [Tab], um die Einfügemarke in das Textfeld *Zellauffüllung* zu setzen, und geben Sie **0** ein.

5. Drücken Sie die Taste [Tab], um zu dem Textfeld *Spalten* zu wechseln, und geben Sie **7** ein.

6. Drücken Sie die Taste [Tab], um zu dem Textfeld *Zellraum* zu wechseln, und geben Sie **0** ein.

1. Drücken Sie die Taste [Tab], um zu dem Textfeld *Breite* zu wechseln, und geben Sie **90** ein.

2. Drücken Sie die Taste [Tab], um zu der Dropdown-Liste mit den Maßeinheiten zu wechseln. Wenn in der Liste *Pixel* angezeigt wird, drücken Sie die Taste [↑], um *Prozent* auszuwählen.

3. Drücken Sie die Taste [Tab], um zu dem Textfeld *Rahmen* zu wechseln, und geben Sie **0** ein.

4. Drücken Sie die Taste [Tab], um zu der Schaltfläche *OK* zu wechseln. Das Dialogfeld sollte nun wie in der folgenden Abbildung dargestellt aussehen. Drücken Sie die Taste [Enter].

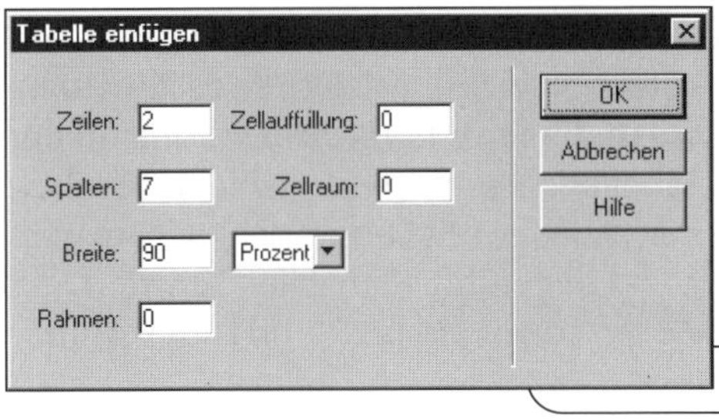

Das Dialogfeld *Tabelle einfügen* mit den Einträgen für die Navigationsleiste

Abb. 1

Tabellentext hinzufügen

Nachdem Sie die Tabelle auf der Seite platziert haben, können Sie den Text für die Hyperlinks hinzufügen. Es werden die Namen für sieben Seiten in die Tabellenzellen eingetragen.

1. Klicken Sie in der obersten Tabellenzeile die erste Zelle an und geben Sie **Gemeinde** ein.

2. Drücken Sie die Taste [Tab] und dann die Taste [↓], um in die zweite Zelle der zweiten Zeile zu wechseln. Geben Sie **Immobilien** ein.

3. Drücken Sie die Taste [Tab] und dann die Taste [↑], um in die dritte Zelle der ersten Zeile zu wechseln. Geben Sie **Freizeit** ein.

4. Drücken Sie die Taste [Tab] und dann die Taste [↓], um in die vierte Zelle der zweiten Zeile zu wechseln. Geben Sie **Geschäfte** ein.

5. Drücken Sie die Taste [Tab] und dann die Taste [↑], um in die fünfte Zelle der ersten Zeile zu wechseln. Geben Sie **Bigtown** ein.

6. Drücken Sie die Taste [Tab] und dann die Taste [↓], um in die sechste Zelle der zweiten Zeile zu wechseln. Geben Sie **Verkehr** ein.

7. Drücken Sie die Taste [Tab] und dann die Taste [↑], um in die siebte Zelle der ersten Zeile zu gelangen. Geben Sie **Mitglieder** ein.

Die Tabelle formatieren

Der eingegebene Text wird in der Standardschriftart und an der Standardposition in den Tabellenzellen angezeigt. Auch die Tabelle ist an der Standardposition auf der Seite ausgerichtet. Nun wird die Tabelle selbst und der Text in den Tabellenzellen zentriert, ein Kopfzeilenformat zugewiesen sowie die Text- und Hintergrundfarbe festgelegt.

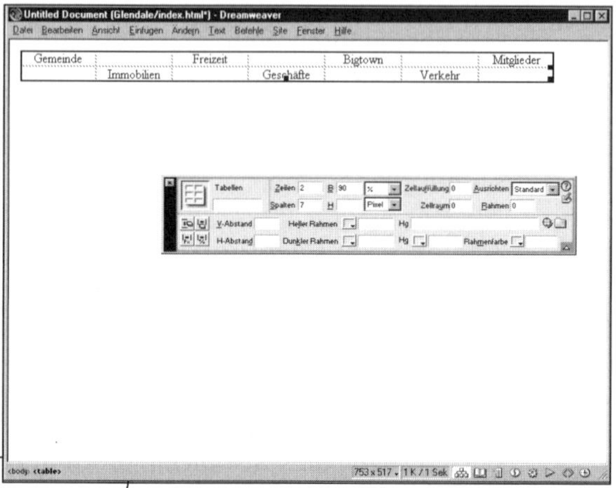

Die gesamte Tabelle ist markiert

Abb. 2

1. Setzen Sie den Mauszeiger an eine beliebige Position auf dem Tabellenrand. Wenn der Mauszeiger in Form eines von zwei Linien durchbrochenen Doppelpfeils dargestellt wird, klicken Sie mit der linken Maustaste. Der eingeblendete Auswahlrahmen weist darauf hin, dass die Tabelle markiert ist. Im Eigenschaften-Inspector werden die Tabelleneigenschaften angezeigt (siehe die folgende Abbildung).

2. Wählen Sie aus der Dropdown-Liste *Ausrichten* des Eigenschaften-Inspectors die Option *Zentrieren* aus. Die Tabelle wird nun zwischen dem linken und dem rechten Rand des Dokumentfensters in der Mitte der Seite ausgerichtet.

3. Klicken Sie in die erste Zelle und ziehen Sie den Mauszeiger bis in die letzte Zelle unterhalb des Eintrags *Einwohner*. Die fett angezeigten Linien um alle Zellen wiesen darauf hin, dass alle Tabellenzellen markiert sind.

4. Halten Sie die Taste [Strg] (die Befehlstaste bei Macs) gedrückt und klicken Sie die leeren Zellen an, um deren Markierung aufzuheben.

5. Wählen Sie aus der Dropdown-Liste *Horz* (für Horizontal) *Zentrieren* aus. Wenn im Eigenschaften-Inspector die Dropdown-Liste *Horz* nicht angezeigt wird, klicken Sie den nach unten weisenden Pfeil in der rechten, unteren Ecke des Eigenschaften-Inspectors an, um das *Inspector*-Fenster zu erweitern.

6. Geben Sie in das Textfeld *B* (für Breite) **14%** (ungefähr ein Siebtel von 100) ein.

7. Wählen Sie aus der Dropdown-Liste *Vert* (für Vertikal) *Mitte* aus. Der Text in den Zellen sollte nun vertikal und horizontal zentriert sein.

8. Wählen Sie aus Dropdown-Liste *Format* den Eintrag *Überschrift 5* aus. Damit weisen Sie dem Text in den markierten Zellen dieses Kopfzeilenformat zu.

9 Geben Sie in das Textfeld für die Farbe, das sich neben der Schaltfläche *B* (für Fett) befindet, den Farbcode für Grün **#009900** ein.

10 Geben Sie in das Textfeld *HgF* (für Hintergrundfarbe), das sich links neben dem Farbfeld *Rahmen* befindet, den Farbcode für Hellgelb **#FFFFCC** ein.

11 Speichern Sie die Datei.

Die Tabelle und der Eigenschaften-Inspector sollten nun der folgenden Abbildung entsprechen.

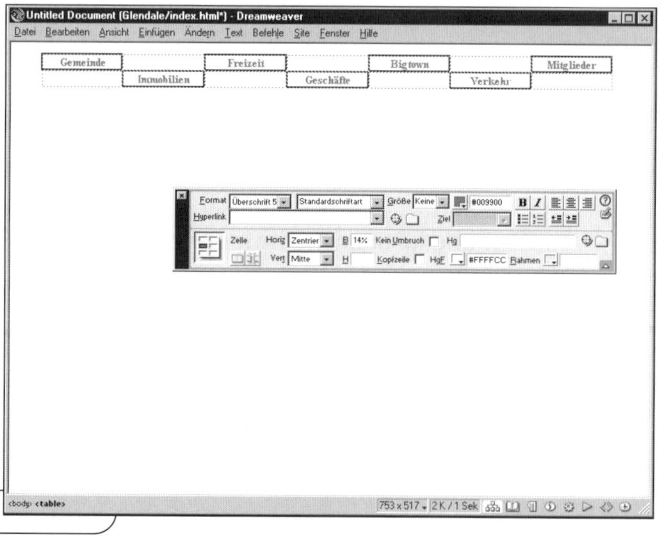

Die Tabellenzellen sind markiert und formatiert

Abb. 3

Einen Hyperlink erstellen

Um die Navigationsleiste zu vervollständigen, sollen dem Tabellentext Hyperlinks hinzugefügt werden. Dazu ist es erforderlich, dass Sie das Site-Fenster sehen können, während das Dokumentfenster aktiv ist.

1 Minimieren Sie das Site-Fenster, wechseln Sie zum Dokumentfenster und passen Sie die Größe des Dokumentfensters an.

2. Klicken Sie in der Tabelle den Eintrag *Freizeit* doppelt an.

3. Klicken Sie im Eigenschaften-Inspector die Schaltfläche *Auf Datei zeigen* (das runde Symbol zwischen dem Textfeld *Hyperlink* und der Ordner-Schaltfläche) an und ziehen Sie sie in das Site-Fenster. Der Mauszeiger erhält die Form der Schaltfläche *Auf Datei zeigen* und es wird eine Linie von der Schaltfläche im Eigenschaften-Inspector zum Mauszeiger angezeigt. Wenn Sie den Mauszeiger über den Rand des Dokumentfensters hinaus ziehen, wird das Site-Fenster in den Vordergrund gesetzt.

4. Ziehen Sie die Schaltfläche auf die Datei *Recreation/index.html*. Wenn der Ordner nicht geöffnet ist, legen Sie die Schaltfläche auf dem *Plus*-Symbol links neben dem Ordnernamen ab und ziehen, wenn der Ordner geöffnet wird, die Schaltfläche auf die Datei *index.html*. Wenn das Dokumentfenster anschließend nicht im Vordergrund angezeigt wird, aktivieren Sie es wieder. Das Textfeld *Hyperlink* enthält nun die relative URL für die Datei *Recreation/index.html*. Der Text in der Tabellenzelle ist noch markiert und wird unterstrichen und in der Standardfarbe für Hyperlinks angezeigt.

5. Klicken Sie eine beliebige Stelle auf der Seite an, um die Markierung des Textes wieder aufzuheben. Im nächsten Projekt werden Sie weitere Hyperlinks in diese Seite einfügen.

Ein Bild hinzufügen

Im Folgenden wird die im Projekt 1 erstellte Seite *Freizeit* geöffnet und eine kleine Clip-Art-Illustration in den Text eingefügt. Bevor Sie die folgenden Schritte ausführen, kopieren Sie die Datei *sailboat.gif* aus dem Ordner *Tutorial\Source* der beiliegenden CD in den Ordner *Graphics* des Site-Verzeichnisses *Glendale*.

1. Klicken Sie den Hyperlink-Text *Freizeit* mit der rechten Maustaste an und wählen Sie aus dem Popup-Menü die Option *Verknüpfte Seite öffnen*. Die Datei *Recreation/index.html* wird in einem neuen Dokumentfenster angezeigt.

2 Setzen Sie in dem neuen Dokumentfenster die Einfügemarke an eine beliebige Stelle in der obersten Zeile des zweiten Abschnitts (der mit *Auf dem See sind keine Motorboote erlaubt...* beginnt).

3 Wählen Sie *Einfügen > Bild* und öffnen Sie im Dialogfeld *Bildquelle auswählen* den Ordner *Graphics*.

4 Klicken Sie die Datei *sailboat.gif* doppelt an. Daraufhin wird wieder das Dokumentfenster angezeigt. Das Bild wurde an der Einfügemarke eingefügt und ist noch markiert (siehe die folgende Abbildung).

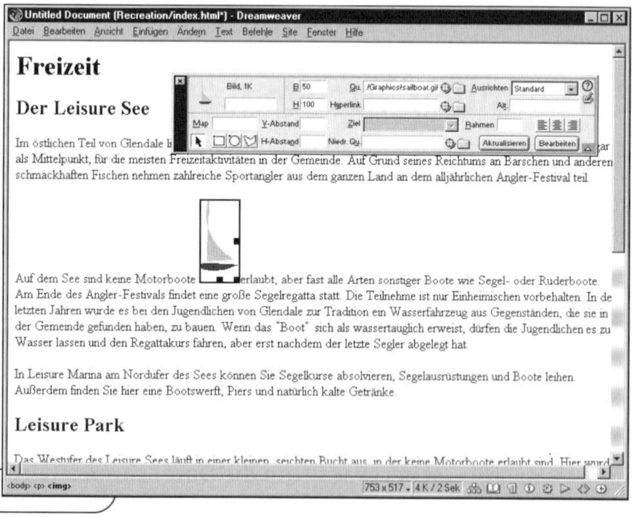

Das neu eingefügte Bild

Abb. 4

5 Wählen Sie aus der Dropdown-Liste *Ausrichten* des Eigenschaften-Inspectors die Option *Links* aus. Das Bild wird in die nächste Zeile verschoben, der Absatztext umfließt das Bild rechts und ein Symbol markiert die Stelle im Text, die den Quellcode enthält.

6 Klicken Sie im Eigenschaften-Inspector das Textfeld *Alt*. an und geben Sie als alternativen Text für das Bild **Segelboot** ein.

7 Klicken Sie im Eigenschaften-Inspector das Textfeld *V-Abstand* an und geben Sie **3** ein.

8 Klicken Sie im Eigenschaften-Inspector das Textfeld *H-Abstand* an und geben Sie **5** ein.

9 Speichern Sie die Datei.

10 Später in diesem Projekt soll in die Datei *Recreation/index.html* ein Frameset aufgenommen werden, deshalb müssen Sie den Inhalt dieser Seite auch unter einem anderen Namen speichern. Wählen Sie *Datei* > *Speichern unter* und geben Sie als Dateinamen **Recreation.html** ein.

11 Wählen Sie *Datei* > *Schließen*, um das Dokumentfenster zu schließen.

Ein Formular erstellen

Die Web-Site der Gemeinde soll u.a. ein Online-Formular bereitstellen, das Benutzer ausfüllen können, um Informationen von der Handelskammer von Bigtown zu erhalten. Im Folgenden wird dieses Formular erstellt.

1 Drücken Sie im Dokumentfenster die Tastenkombination [Strg] + [N] (Befehlstaste + [N] bei Macs), um ein neues Dokumentfenster zu öffnen.

2 Drücken Sie die Tastenkombination [Strg] + [S] (Befehlstaste + [S] bei Macs), um die Datei zu speichern. Öffnen Sie im Dialogfeld *Speichern unter* den Ordner *Bigtown* und speichern Sie die Datei unter dem Namen *CCForm .html*.

3 Geben Sie im Dokumentfenster **Handelskammer von Bigtown** ein, drücken Sie die Tastenkombination [⇧] + [↵] (um einen Zeilenumbruch einzufügen) und geben Sie dann *Informationsanforderung* ein. Drücken Sie [Strg] + [1] (Befehlstaste + [1] bei Macs), um dem Absatz das Format *Überschrift 1* zuzuweisen, und drücken Sie [↵].

4 Drücken Sie [Strg] + [⇧] + [P] (Befehlstaste + [⇧] + [P] bei Macs), um dem neuen Absatz ein Abschnitts-Tag hinzuzufügen.

5 Wählen Sie *Einfügen > Formular*. Ober- und unterhalb der Einfügemarke wird eine gestrichelte Linie (Formularbegrenzer) angezeigt, die den Formularbereich markiert. Der Eigenschaften-Inspector enthält die Attribute des Formulars.

6 Geben Sie in das Textfeld *Formularname* des Eigenschaften-Inspectors **BigtownCofC** ein.

7 Klicken Sie das Dokumentfenster an, damit es den Fokus erhält.

8 Die Formularelemente sollen mit Hilfe einer Tabelle strukturiert werden. Erstellen Sie dazu eine Tabelle (auf dieselbe Weise wie in Projekt 1) mit den folgenden Werten: *Zeilen*: 11, *Spalten*: 2, *Breite*: 90%, *Rahmen*: 0, *Zellauffüllung*: 0 und *Zellraum*: 5.

Eine Dropdown-Liste erstellen

Das erste Element, das dem Formular hinzugefügt werden soll, ist eine Dropdown-Liste, die die häufigsten Anredeformen enthalten soll.

1 Klicken Sie die oberste, linke Zelle an und geben Sie **Anrede** ein. Drücken Sie [Tab], um zur zweiten Zelle zu wechseln.

2 Wählen Sie *Einfügen > Formularobjekt > Liste/Menü*. In dem Dialogfeld mit der Frage *Formular-Tag hinzufügen?* markieren Sie das Kontrollkästchen *Diese Frage nicht mehr stellen* und klicken *Nein* an. Im Dokumentfenster wird eine Dropdown-Liste angezeigt und der Eigenschaften-Inspector enthält die Attribute für Dropdown-Listen.

3 Klicken Sie das Textfeld *Liste/Menü* an und geben Sie **Anrede** ein.

4 Klicken Sie unter *Typ* den Optionsschalter *Liste* an, um die Listenoptionen zu aktivieren. Klicken Sie die Schaltfläche *Listenwerte* an, um das gleichnamige Dialogfeld zu öffnen.

5. Geben Sie in der Liste *Elementbezeichnung* als erste Wahlmöglichkeit **[Keine]** ein. Drücken Sie die Taste ⇥, um in die Liste *Wert* zu wechseln, und geben Sie **keine** ein.

6. Geben Sie die folgenden Elementbezeichnungen und Werte für die Dropdown-Liste ein, indem Sie nach jedem Eintrag die Taste ⇥ drücken. Wenn Sie fertig sind, sollte das Dialogfeld *Listenwerte* so, wie in der folgenden Abbildung dargestellt, aussehen.

Tabelle 1

Eingaben in das Dialogfeld *Listenwerte*

Elementbezeichnung	Wert
Herr	hr
Frau	fr
Fräulein	frl
Dr.	dr
Prof.	pr

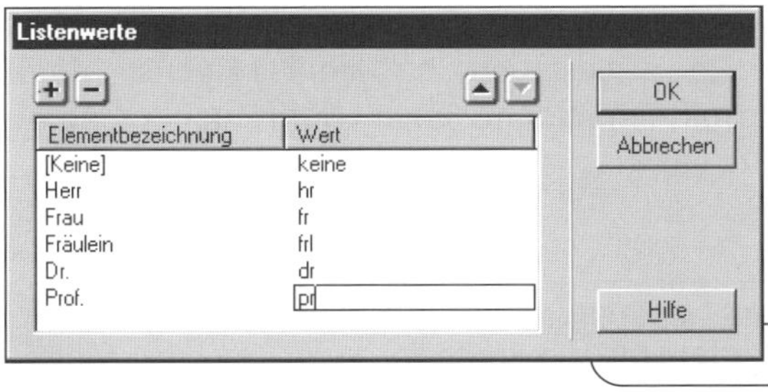

Die in das Dialogfeld *Listenwerte* eingegebenen Werte für die Dropdown-Liste

Abb. 5

7. Drücken Sie zweimal ↵, um die Werte zu übernehmen und zum Eigenschaften-Inspector zurückzukehren.

8. Klicken Sie im Eigenschaften-Inspector in der Liste *Zuerst ausgewählt* den Eintrag *[Keine]* an. Der Eigenschaften-Inspector sollte nun identisch mit der folgenden Abbildung sein.

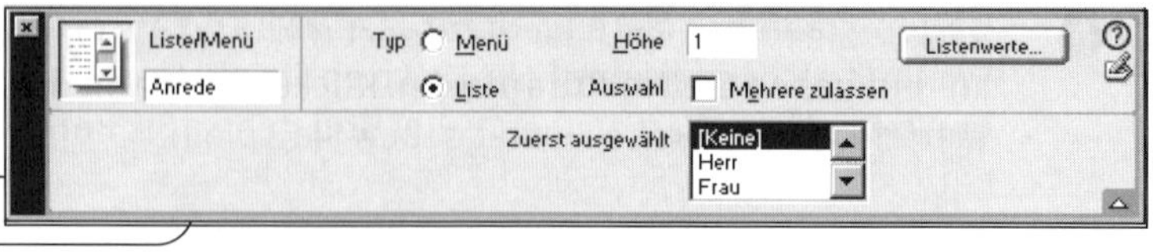

Der Eigenschaften-Inspector für die fertige Dropdown-Liste *Anrede*

Abb. 6

Textfelder erstellen

Als Nächstes sollen mehrere Textfelder für den Namen und die Anschrift der Benutzer hinzugefügt werden.

1. Klicken Sie die erste Zelle in der zweiten Tabellenzeile an. Geben Sie **Vorname** ein und drücken Sie die Taste [Tab], um in die zweite Zelle der Zeile zu wechseln.

2. Wählen Sie *Einfügen > Formularobjekt > Textfeld*. Im Dokumentfenster wird ein Textfeld angezeigt und der Eigenschaften-Inspector enthält die Attribute für Textfelder.

3. Klicken Sie im Eigenschaften-Inspector das Feld *Textfeld* an und geben Sie **Vorname** ein. Klicken Sie das Textfeld *Zeichenbreite* an und geben Sie **25** ein. Der Eigenschaften-Inspector sollte nun identisch mit der folgenden Abbildung sein.

Der Eigenschaften-Inspector für das fertige Textfeld *Vorname*

Abb. 7

4. Klicken Sie das Dokumentfenster an. Drücken Sie anschließend [Tab], um in die erste Zelle der dritten Zeile zu wechseln. Geben Sie **Name** ein und drücken Sie erneut die Taste [Tab], um in die zweite Zelle der Zeile zu wechseln.

5. Wählen Sie *Einfügen > Formularobjekt > Textfeld*.

6 Klicken Sie im Eigenschaften-Inspector das Feld *Textfeld* an und geben Sie **Nachname** ein. Klicken Sie dann das Textfeld *Zeichenbreite* an und geben Sie **40** ein.

7 Klicken Sie das Dokumentfenster an. Drücken Sie anschließend [Tab], um in die erste Zelle der vierten Zeile zu wechseln. Geben Sie **Straße** ein und drücken Sie erneut die Taste [Tab], um in die zweite Zelle der Zeile zu wechseln.

8 Wählen Sie *Einfügen > Formularobjekt > Textfeld*.

9 Klicken Sie im Eigenschaften-Inspector das Feld *Textfeld* an und geben Sie **Straße** ein. Klicken Sie dann das Textfeld *Zeichenbreite* an und geben Sie **50** ein.

10 Klicken Sie das Dokumentfenster an. Drücken Sie anschließend [Tab], um in die erste Zelle der fünften Zeile zu wechseln. Geben Sie **PLZ** ein und drücken Sie erneut die Taste [Tab], um in die zweite Zelle der Zeile zu wechseln.

11 Wählen Sie *Einfügen > Formularobjekt > Textfeld*.

12 Klicken Sie im Eigenschaften-Inspector das Feld *Textfeld* an und geben Sie **Plz** ein. Klicken Sie das Textfeld *Zeichenbreite* an, geben Sie **6** ein, klicken Sie dann das Textfeld *Max. Zeichen* an und geben Sie **5** ein.

13 Klicken Sie das Dokumentfenster an. Drücken Sie anschließend [Tab], um in die erste Zelle der sechsten Zeile zu wechseln. Geben Sie **Ort** ein und drücken Sie erneut die Taste [Tab], um in die zweite Zelle der Zeile zu wechseln.

14 Wählen Sie *Einfügen > Formularobjekt > Textfeld*.

15 Klicken Sie im Eigenschaften-Inspector das Feld *Textfeld* an und geben Sie **Wohnort** ein. Klicken Sie dann das Textfeld *Zeichenbreite* an und geben Sie **40** ein.

16 Klicken Sie das Dokumentfenster an. Drücken Sie anschließend [Tab], um in die erste Zelle der siebten Zeile zu wechseln. Geben Sie **Bundesland** ein und drücken Sie erneut die Taste [Tab], um in die zweite Zelle der Zeile zu wechseln.

17 Wählen Sie *Einfügen > Formularobjekt > Textfeld.*

18 Klicken Sie im Eigenschaften-Inspector das Feld *Textfeld* an und geben Sie **Land** ein. Klicken Sie das Textfeld *Zeichenbreite* an, geben Sie **3** ein, klicken Sie dann das Textfeld *Max. Zeichen* an und geben Sie **2** ein.

19 Klicken Sie das Dokumentfenster an. Drücken Sie anschließend [Tab], um in die erste Zelle der achten Zeile zu wechseln. Geben Sie **Staat** ein und drücken Sie erneut die Taste [Tab], um in die zweite Zelle der Zeile zu wechseln.

20 Wählen Sie *Einfügen > Formularobjekt > Textfeld.*

21 Klicken Sie im Eigenschaften-Inspector das Feld *Textfeld* an und geben Sie **Staat** ein. Klicken Sie dann das Textfeld *Zeichenbreite* an und geben Sie **40** ein.

22 Klicken Sie das Dokumentfenster an, damit es wieder den Fokus erhält.

Kontrollkästchen erstellen

In die nächste Zeile des Formulars soll eine Liste der verschiedenen Arten von Informationsmaterial, das bei der Handelskammer erhältlich ist, zusammen mit Kontrollkästchen eingefügt werden. Durch Anklicken der Kontrollkästchen wählt der Benutzer aus, welches Informationsmaterial er wünscht.

1 Drücken Sie [Tab], um in die erste Zelle der neunten Zeile zu wechseln. Geben Sie **Gewünschte Informationen** ein und drücken Sie erneut die Taste [Tab], um in die zweite Zelle der Zeile zu wechseln.

2 Wählen Sie *Einfügen > Formularobjekt > Kontrollkästchen.* Im Dokumentfenster wird ein Kontrollkästchen angezeigt und der Eigenschaften-Inspector enthält die Attribute für Kontrollkästchen.

3 Klicken Sie im Eigenschaften-Inspector das Feld *Kontrollkästchen* an und geben Sie **Statistik** ein. Drücken Sie die Taste [Tab], um in das Textfeld *Aktivierter Wert* zu wech-

seln und geben Sie ebenfalls **Statistik** ein. Drücken Sie [Tab], um zu der Option *Aktiviert* der Gruppe *Anfangsstatus* zu wechseln und drücken Sie die Taste [Leertaste]. Der Eigenschaften-Inspector sollte nun identisch mit der folgenden Abbildung sein.

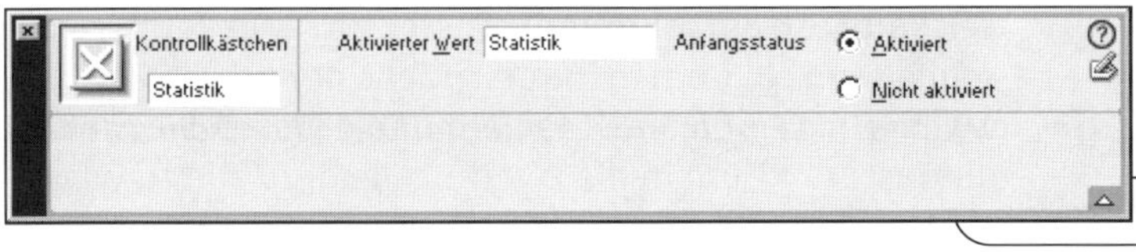

Der Eigenschaften-Inspector für das fertige Kontrollkästchen *Statistik*

Abb. 8

4. Klicken Sie das Dokumentfenster an und geben Sie **Bigtown-Statistik** ein. Drücken Sie [⇧] + [↵], um einen Zeilenumbruch einzufügen.
5. Wählen Sie *Einfügen > Formularobjekt > Kontrollkästchen*.
6. Geben Sie im Eigenschaften-Inspector in die Textfelder *Kontrollkästchen* und *Aktivierter Wert* **Industrie** ein.
7. Klicken Sie das Dokumentfenster an und geben Sie **Industrie** ein. Drücken Sie [⇧] + [↵], um einen Zeilenumbruch einzufügen.
8. Wählen Sie *Einfügen > Formularobjekt > Kontrollkästchen*.
9. Geben Sie im Eigenschaften-Inspector in die Textfelder *Kontrollkästchen* und *Aktivierter Wert* **Schulen** ein.
10. Klicken Sie das Dokumentfenster an und geben Sie **Schulen** ein. Drücken Sie [⇧] + [↵], um einen Zeilenumbruch einzufügen.
11. Wählen Sie *Einfügen > Formularobjekt > Kontrollkästchen*.
12. Geben Sie im Eigenschaften-Inspector in die Textfelder *Kontrollkästchen* und *Aktivierter Wert* **Wohnen** ein.
13. Klicken Sie das Dokumentfenster an und geben Sie **Immobilien** ein. Drücken Sie [⇧] + [↵], um einen Zeilenumbruch einzufügen.

14. Wählen Sie *Einfügen > Formularobjekt > Kontrollkästchen*.

15. Geben Sie im Eigenschaften-Inspector in die Textfelder *Kontrollkästchen* und *Aktivierter Wert* **Kunst** ein.

16. Klicken Sie das Dokumentfenster an und geben Sie **Kultur und Kunst** ein. Drücken Sie [⇧] + [↵], um einen Zeilenumbruch einzufügen.

17. Wählen Sie *Einfügen > Formularobjekt > Kontrollkästchen*.

18. Geben Sie im Eigenschaften-Inspector in die Textfelder *Kontrollkästchen* und *Aktivierter Wert* **Kommune** ein.

19. Klicken Sie das Dokumentfenster an und geben Sie **Kommunalverwaltung** ein. Drücken Sie [⇧] + [↵], um einen Zeilenumbruch einzufügen.

20. Wählen Sie *Einfügen > Formularobjekt > Kontrollkästchen*.

21. Geben Sie im Eigenschaften-Inspector in die Textfelder *Kontrollkästchen* und *Aktivierter Wert* **Messen** ein.

22. Klicken Sie das Dokumentfenster an und geben Sie **Veranstaltungen – Messen und Festivals** ein.

Ein Kommentarfeld erstellen

Für den Fall, dass Benutzer – außer ihrer Nachfrage nach Informationen – etwas mitteilen möchten, sollte in dem Formular ein Feld vorgesehen sein, in das freier Text eingegeben werden kann. Im Folgenden wird daher ein Textfeld für Benutzerkommentare in das Formular eingefügt.

1. Drücken Sie die Taste [⇥], um in die erste Zelle der zehnten Zeile zu wechseln. Geben Sie **Kommentar** ein und drücken Sie erneut die Taste [⇥], um in die zweite Zelle der Zeile zu wechseln.

2. Wählen Sie *Einfügen > Formularobjekt > Textfeld*.

3. Geben Sie im Eigenschaften-Inspector in das Feld *Textfeld* **Kommentar** ein.

4 Klicken Sie den Optionsschalter *Mehrzeilig* an.

5 Klicken Sie das Textfeld *Zeichenbreite* an und geben Sie **50** ein.

6 Drücken Sie [Tab], um zu dem Textfeld *Anzahl an* zu wechseln und geben Sie **10** ein.

7 Klicken Sie die Dropdown-Liste *Umbruch* an und wählen Sie *Physisch*. Der Eigenschaften-Inspector sollte nun identisch mit der folgenden Abbildung sein.

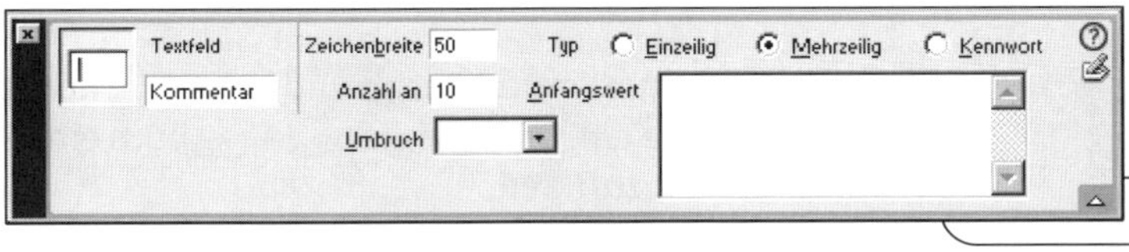

Der Eigenschaften-Inspector für das fertige Textfeld *Kommentar*

Abb. 9

Die Schaltflächen *Abschicken* und *Zurücksetzen* erstellen

In die letzte Tabellenzeile sollen die Schaltflächen *Abschicken* und *Zurücksetzen* eingefügt werden. Im nächsten Projekt wird dem Formular ein Skript zugewiesen. Wenn die Schaltfläche *Abschicken* angeklickt wird, wird das Formular gesendet. Wird die Schaltfläche *Zurücksetzen* gewählt, werden alle Felder des Formulars geleert. Zunächst sollen aber nur die Schaltflächen in das Formular eingefügt werden.

1 Drücken Sie die Taste [Tab], um in die erste Zelle der letzten Zeile zu wechseln.

2 Wählen Sie *Einfügen > Formularobjekt > Schaltfläche*. Im Dokumentfenster wird eine Schaltfläche mit der Beschriftung *Abschicken* angezeigt und der Eigenschaften-Inspector enthält die Attribute für Schaltflächen. Die Standardeinstellungen sind für *Abschicken*-Schaltflächen vorgesehen, daher brauchen Sie keine Attribute zu ändern.

3. Klicken Sie im Dokumentfenster die Zelle rechts neben der Schaltfläche *Abschicken* an.

4. Wählen Sie *Einfügen > Formularobjekt > Schaltfläche*.

5. Klicken Sie im Eigenschaften-Inspector den Optionsschalter *Zurücksetzen* an. Markieren Sie anschließend im Textfeld *Schaltfläche* den Eintrag *Button2* und überschreiben Sie ihn mit **Leeren**. Der Eigenschaften-Inspector sollte nun identisch mit der folgenden Abbildung sein.

6. Speichern Sie das Dokument.

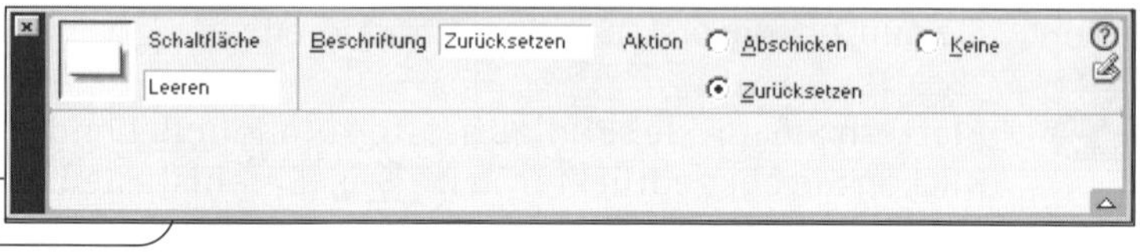

Der Eigenschaften-Inspector für die Schaltfläche *Zurücksetzen*

Abb. 10

Die Tabelle formatieren

Die Tabelle enthält nun die gewünschten Felder und Beschriftungen, sie muss nur noch ausgerichtet werden, damit das Layout einen gefälligen Eindruck macht.

Zellen verbinden

Aktuell befindet sich die Einfügemarke in der Zeile mit den Schaltflächen *Abschicken* und *Zurücksetzen*. Da die beiden Schaltflächen unterhalb der Formularobjekte und der Beschriftungen zentriert ausgerichtet sein sollen, werden im Folgenden die beiden Zellen verbunden.

1. Klicken Sie die erste Zelle in der letzten Zeile an, halten Sie die Maustaste gedrückt und ziehen Sie den Mauszeiger in die zweite Zelle, um beide Zellen der letzten Zeile zu markieren.

2. Drücken Sie die Tastenkombination Strg + Alt + M (Befehlstaste + Optionstaste + M bei Macs), um die markierten Zellen zu verbinden.

3 Wählen Sie im Eigenschaften-Inspector in der Dropdown-Liste *Horiz* die Option *Zentrieren* und in der Dropdown-Liste *Vert* die Option *Mitte*.

Die Tabellenzellen formatieren

Als Nächstes wird der Inhalt der anderen Tabellenzellen ausgerichtet und formatiert.

1 Setzen Sie den Mauszeiger an das obere Ende der Tabelle über die erste Spalte. Führen Sie den Mauszeiger näher an den Tabellenrand heran, bis er in Form eines nach unten weisenden, gefüllten Pfeils angezeigt wird. Klicken Sie nun, um die erste Spalte zu markieren.

2 Blättern Sie mit der Bildlaufleiste zum Tabellenende. Klicken Sie bei gedrückter Taste Strg (Befehlstaste bei Macs) die letzte Zeile mit den verbundenen Zellen und den Schaltflächen *Abschicken* und *Zurücksetzen* an, um deren Markierung aufzuheben.

3 Wählen Sie im Eigenschaften-Inspector in der Dropdown-Liste *Horz* die Option *Rechts*, in der Dropdown-Liste *Vert* die Option *Oben* und in der Dropdown-Liste *Format* die Option *Überschrift 4*. Geben Sie in das Textfeld *B* **33%** ein und aktivieren Sie das Kontrollkästchen *Kein Umbruch*. Der Eigenschaften-Inspector sollte nun identisch mit der folgenden Abbildung sein.

4 Setzen Sie den Mauszeiger an das obere Ende der Tabelle über die zweite Spalte und markieren Sie sie.

5 Wählen Sie im Eigenschaften-Inspector in der Dropdown-Liste *Horz* die Option *Links* und in der Dropdown-Liste *Vert* die Option *Oben*. Aktivieren Sie das Kontrollkästchen *Kein Umbruch*.

6 Blättern Sie nach unten und klicken Sie in die letzte Zeile.

7 Aktivieren Sie im Eigenschaften-Inspector das Kontrollkästchen *Kein Umbruch*.

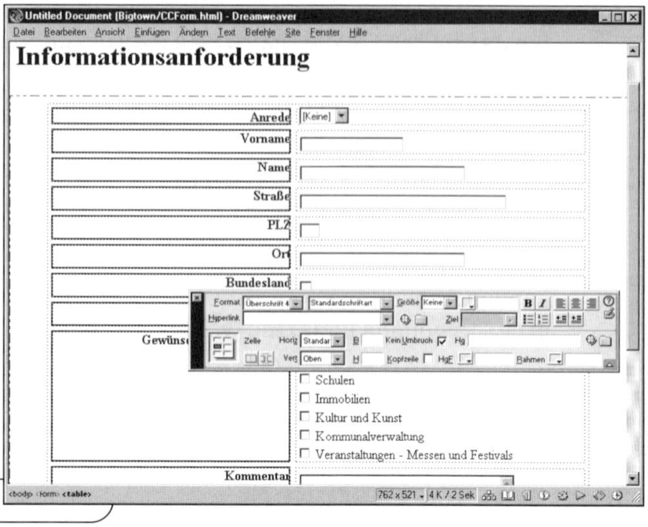

Der Eigenschaften-Inspector für die markierten Tabellenzellen

Abb. 11

Die Tabelle zentrieren

Zum Schluss wird die Tabelle noch auf der Seite zentriert.

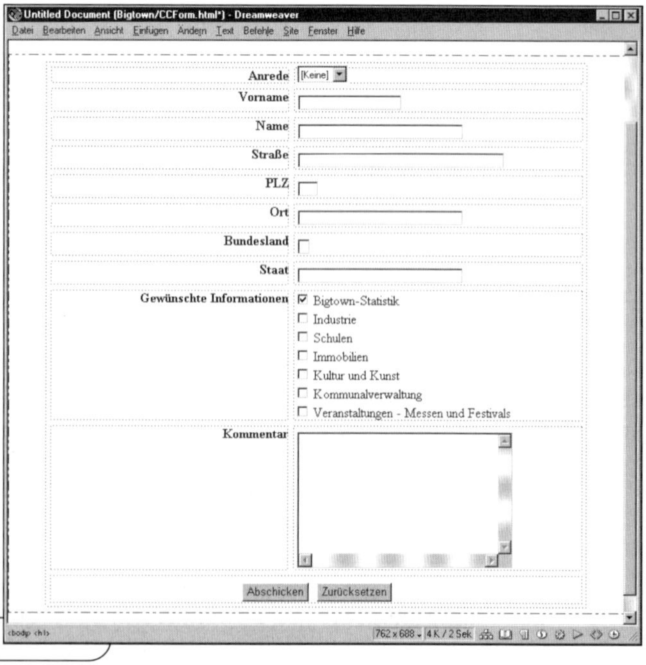

Mit Hilfe einer Tabelle ausgerichtete Formularelemente

Abb. 12

1. Klicken Sie rechts neben der Tabelle in das Dokumentfenster, halten Sie die Maustaste gedrückt und ziehen Sie den Mauszeiger über den Tabellenrahmen, bis der Markierungsrahmen um die Tabelle angezeigt wird.
2. Wählen Sie im Eigenschaften-Inspector in der Dropdown-Liste *Ausrichten* die Option *Zentrieren*.
3. Speichern Sie die Datei. Das Formular sollte nun der folgenden Abbildung entsprechen. Sie werden diese Seite in den folgenden Projekten weiterverwenden.
4. Schließen Sie das Dokumentfenster.

Ein Frameset erstellen

Für jeden Bereich der Gemeinde-Web-Site von Glendale soll ein Frameset als Indexseite definiert werden. Das Frameset soll in drei Frames unterteilt sein.

- In dem linken Frame soll eine Liste mit den in diesem Bereich enthaltenen Themen erscheinen.
- Der obere, rechte Frame soll den Text und den weiteren Inhalt aufnehmen.
- Der untere, rechte Frame soll Hyperlinks zu allen Bereichen der Site enthalten.

Frames hinzufügen

Die Framesets für diese Site werden alle auf dieselbe Weise erstellt. Als Beispiel werden im Folgenden dem Bereich *Freizeit* Frames hinzugefügt.

1. Wählen Sie im Dokumentfenster *Datei > Öffnen*. Suchen und öffnen Sie die Datei *Recreation/index.html*.
2. Drücken Sie [Strg] + [F10] (Befehlstaste + [F10] bei Macs), um den Frame-Inspector zu öffnen. Wenn der Eigenschaften-Inspector nicht bereits angezeigt wird, drücken Sie dic Tastenkombination [Strg] + [F3] (Befehlstaste + [F3] bei Macs).

3 Wählen Sie *Ansicht > Frame-Rahmen*, um die Frame-Rahmen im Dokumentfenster anzuzeigen. Die Rahmen erscheinen unmittelbar neben dem Fensterrand.

4 Bewegen Sie den Mauszeiger auf den linken Rahmen, drücken Sie die Taste Alt (Optionstaste bei Macs) und halten Sie sie gedrückt. Drücken Sie die Maustaste und halten Sie sie ebenfalls gedrückt. Der Mauszeiger wird nun als Doppelpfeil angezeigt.

5 Ziehen Sie den Rahmen ungefähr ein Viertel der Seitenbreite nach rechts und lassen Sie die Tasten los. Der neue Frame ist markiert. Das Dokumentfenster sollte nun der folgenden Abbildung entsprechen.

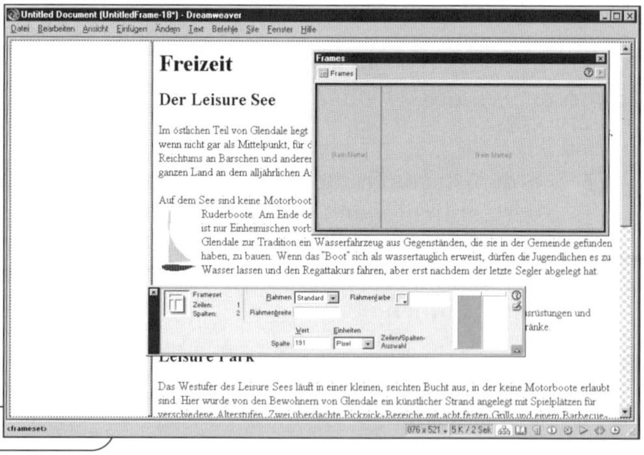

Die Frame-Rahmen, der Frame-Inspector und der Eigenschaften-Inspector für ein Frameset mit zwei Frames im Dokumentfenster

Abb. 13

6 Klicken Sie in den rechten Frame und wählen Sie *Ändern > Frameset > Frame oben teilen*, um den Frame in ein oberes und ein unteres Frameset zu unterteilen. Dadurch wird der dritte Frame erzeugt, der die Hyperlinks zu den anderen Bereichen der Site enthalten soll.

Frame-Eigenschaften festlegen

Nachdem die Frames in die Seite eingefügt wurden, können nun die Frame-Eigenschaften festgelegt werden.

1. Klicken Sie im Frame-Inspector den oberen, rechten Frame an, damit der zugehörige Frame im Frameset markiert wird. Dieser Frame soll den Inhalt aufnehmen.

2. Klicken Sie im Eigenschaften-Inspector das Textfeld *Frame-Name* an und geben Sie **Inhalt** ein.

3. Klicken Sie rechts neben dem Textfeld *Quelle* das Ordnersymbol an und öffnen Sie den Ordner *Recreation*. Klicken Sie die Datei *Recreation.html* doppelt an, um sie in den Frame zu laden. Da das Frameset noch nicht gespeichert wurde, wird eine Warnmeldung (siehe die folgende Abbildung) angezeigt. Klicken Sie die Schaltfläche *OK* an.

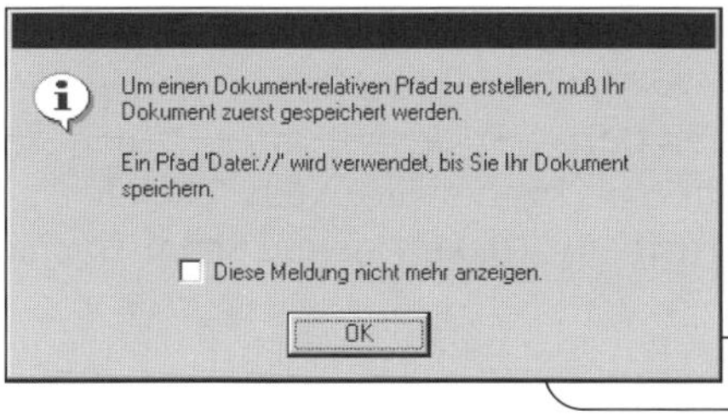

Das Warnungsdialogfeld mit dem Hinweis, dass Dreamweaver bis zum Speichern des Framesets eine absolute Pfadangabe verwendet

Abb. 14

4. Wählen Sie in der Dropdown-Liste *Rahmen* des Eigenschaften-Inspectors die Option *Ja* und in der Dropdown-Liste *Rollen* die Option *Auto* aus. Klicken Sie das Textfeld *Randbreite* an, geben Sie **20** ein, klicken Sie das Textfeld *Randhöhe* an und geben Sie ebenfalls **20** ein. Das Dokumentfenster, der Eigenschaften-Inspector und der Frame-Inspector sollten nun der folgenden Abbildung entsprechen.

5. Klicken Sie im Frame-Inspector den linken Frame an, um den linken Frame des Framesets zu markieren. Dieser Frame soll das Inhaltsverzeichnis des Bereichs (in diesem Fall des Bereichs *Freizeit*) aufnehmen.

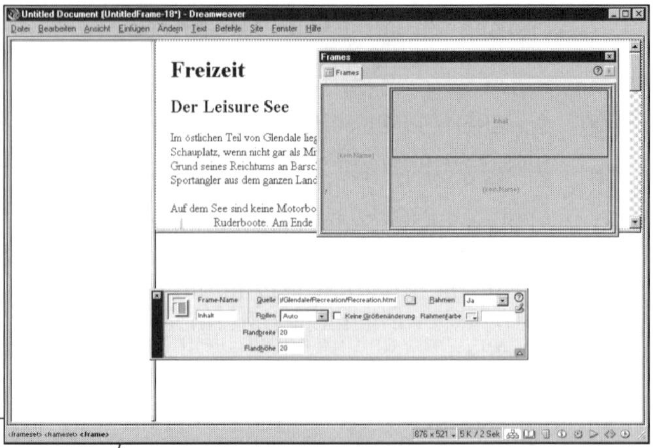

Die für den Inhalts-Frame festgelegten Eigenschaften

Abb. 15

6. Klicken Sie im Eigenschaften-Inspector das Textfeld *Frame-Name* an und geben Sie **freiz_nav** ein.

7. Um die Datei zu erstellen, die in diesen Frame geladen werden soll, klicken Sie im Dokumentfenster den linken Frame an und wählen *Datei > Speichern unter*. Öffnen Sie den Ordner *Recreation* und geben Sie in das Textfeld *Dateiname* **RecToC.html** ein. Klicken Sie die Schaltfläche *Speichern* an.

8. Klicken Sie im Frame-Inspector den Frame *freiz_nav* an. Beachten Sie, dass das Textfeld *Quelle* im Eigenschaften-Inspector automatisch mit dem Namen der neuen Datei aktualisiert wird.

9. Klicken Sie im Frame-Inspector den unteren, rechten Frame an, um den zugehörigen Frame im Frameset zu markieren. In diesen Frame wird eine Seite mit Hyperlinks zu den übrigen Bereichen der Site aufgenommen.

10. Klicken Sie im Eigenschaften-Inspector das Textfeld *Frame-Name* an und geben Sie **site_nav** ein.

11. Um die Datei zu erstellen, die in diesen Frame geladen werden soll, klicken Sie im Dokumentfenster den unteren, rechten Frame an und wählen Sie *Datei > Speichern unter*. Öffnen Sie den übergeordneten Ordner (*Glendale*)

und nennen Sie die neue Datei **SiteNav.html**. Klicken Sie die Schaltfläche *Speichern* an.

12 Speichern Sie das Frameset, indem Sie *Datei > Frameset speichern unter* wählen.

13 Klicken Sie im Ordner *Recreation* die Datei *index.html* doppelt an. Klicken Sie im eingeblendeten Hinweisfenster die Schaltfläche *Ja* an, um zu bestätigen, dass Sie die bereits vorhandene Datei *index.html* überschreiben möchten.

Wenn Sie im Frame-Inspector den Frame *site_nav* auswählen, sollte das Dokumentfenster, der Frame-Inspector und der Eigenschaften-Inspector der folgenden Abbildung entsprechen.

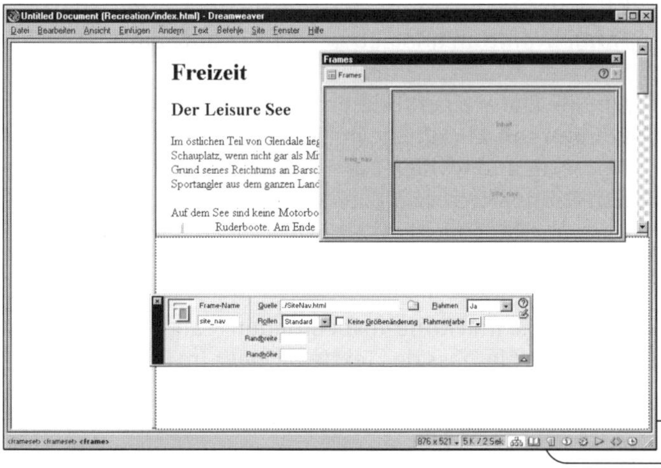

Das Dokumentfenster, der Frame-Inspector und der Eigenschaften-Inspector mit dem markierten Frame *site_nav*

Abb. 16

Zusammenfassung

In diesem Projekt haben Sie einige Bereiche der Site vervollständigt. Es wurden die folgenden Aufgaben ausgeführt:

- Anhand einer Tabelle eine Navigationsleiste für die gesamte Site mit einem Hyperlink zu der Indexseite des Bereichs *Freizeit* erstellt

- Ein Bild in die Inhaltsseite des Bereichs *Freizeit* so eingefügt, dass der Absatztext das Bild rechts umfließt
- Mit einer Tabelle ein Formular mit verschiedenen Objekten, wie z.B. Textfeldern, einer Dropdown-Liste, Kontrollkästchen und den Schaltflächen *Abschicken* und *Zurücksetzen*, erstellt

Nach Abschluss des Projekts 2 enthält das Site-Fenster die in der folgenden Abbildung dargestellten Ordner und Dateinamen.

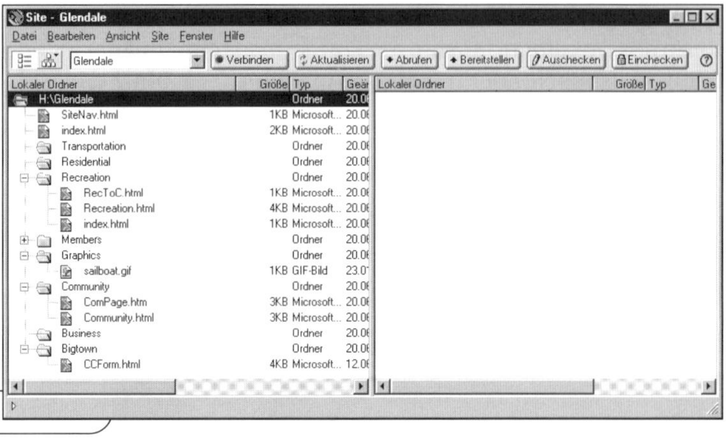

Die Site *Glendale* nach Beendigung des Projekts 2

Abb. 17

Die Bibliothek

11

Oft haben die verschiedenen Seiten einer Web-Site identische Inhalte. Wie Sie bereits in Kapitel *Frames* erfahren haben, besteht eine Möglichkeit, gleichartige Elemente zu verwalten, darin, sie in Frames zusammenzufassen. Frames haben jedoch den Nachteil, dass sie den Web-Server weitaus stärker belasten als normale Web-Seiten. Auch können Frames nicht immer exakt die Lösung anbieten, die gerade erforderlich ist. Angenommen, Sie möchten einen Standardpreis für mehrere verschiedene Elemente auf einer sehr umfangreichen Web-Seite wiederholen. In diesem Fall wäre es ratsam, nicht mit Frames, sondern mit Bibliothekselementen zu arbeiten.

Ein Bibliothekselement müssen Sie nur einmal erstellen. Sie können es dann problemlos jeder Seite hinzufügen, in der es erscheinen soll. Wenn diese Seiten dann aktualisiert werden, müssen Sie nicht mühsam jede Seite einzeln bearbeiten. Ändern Sie einfach das entsprechende Bibliothekselement und legen Sie fest, dass jede Seite, die dieses Element enthält, aktualisiert wird. Den Rest der Arbeit können Sie dann Dreamweaver überlassen.

Dreamweaver stellt für die Arbeit mit sich wiederholenden Elementen noch weitere Funktionen zur Verfügung. Das Programm beinhaltet beispielsweise eine sehr anspruchsvolle Suchen- und Ersetzenfunktion, die Sie für die Aktualisierung dieser Elemente einsetzen können – auch dann, wenn sich die Elemente auf verschiedenen Seiten befinden.

Dreamweaver-Vorlagen sind Bibliothekselementen sehr ähnlich. Doch wann greift man auf Vorlagen zu und wann auf Bibliothekselemente? Kurz zusammengefasst ist der Einsatz von Bibliothekselementen dann sinnvoll, wenn Sie mit einer Reihe von Seiten arbeiten, bei denen lediglich kleinere Teile des Inhalts standardisiert sind. Vorlagen können zwar dafür auch verwendet werden, ihre Vorzüge kommen allerdings speziell dann zum Tragen, wenn zwischen den Seiten nur geringfügige Unterschiede bestehen und viele Teile der Seite identisch sind.

Mit der Bibliothek arbeiten

Bibliothekselemente lassen sich hervorragend für alle identischen Teile von Web-Seiten einsetzen. In einer Site mit fünf oder sechs Seiten können beispielsweise Navigations-Hyperlinks im oberen und/oder unteren Bereich jeder Seite enthalten sein, die Verknüpfungen zu allen Seiten der Site zur Verfügung stellen sollen. In der folgenden Abbildung sehen Sie ein Beispiel für solche Navigations-Hyperlinks. Auf ähnliche Weise können in umfangreicheren Sites Verknüpfungen zu Inhaltsverzeichnissen oder Indizes für die gesamte Site integriert werden.

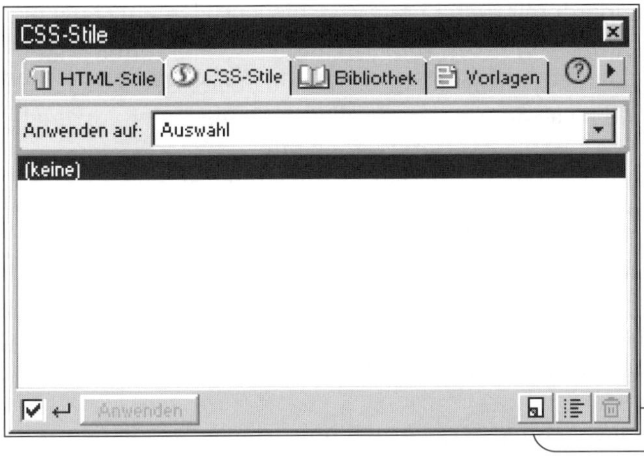

Navigations-Hyperlinks als allgemeine Elemente, die oben auf jeder Seite der Site angezeigt werden

Abb. 11.1

Copyright-Hinweise sind ein weiteres gutes Beispiel für allgemeine Angaben, die auf fast jeder Site zu sehen sind. Mit der Aktualisierung des Inhalts müssen Sie auch fortwährend die Copyright-Texte anpassen. Stellen Sie sich vor, Ihr Unternehmen floriert und Sie möchten nicht mehr unter Ihrem persönlichen Namen am Markt präsent sein, sondern unter einem neuen Firmennamen. Auch dann müssen die Copyright-Angaben entsprechend geändert werden.

Schon die kleinsten Anpassungen – wie das Hinzufügen von einer oder mehrerer Seiten oder das Ändern eines Firmennamens – an einer solchen Gruppe von Hyperlinks oder anderen allgemein gebräuchlichen Elementen können schnell zu einer zeitaufwendigen Prozedur werden. Sie müssten nämlich jede Seite Ihrer Site öffnen, die Einstellungen ändern, die entsprechende Seite speichern und dann zu der nächsten Seite wechseln. Das kann schon bei einer Handvoll Seiten sehr ermüdend werden (und es ist sicherlich eine der langweiligsten Tätigkeiten beim Web-Design). Wenn Sie diesen Aufwand dann auch noch für eine umfangreichere Site oder für verschiedene Kunden betreiben müssen, kann es schon vorkommen, dass Sie sich wünschen, Ihre Ausbildung auf aufregendere Tätigkeiten ausgerichtet zu haben.

Definieren Sie häufig vorkommende Elemente als Bibliothekselemente und Sie werden Ihren Job und Dreamweaver lieben. Denn die ganze Verwaltungsarbeit für diese Elemente wird Ihnen einfach aus der Hand genommen. Und sind Computer nicht genau dazu da, uns von niedrigen, immer wiederkehrenden, langweiligen Aufgaben zu erlösen? Wenn Sie also alle Seiten ändern müssen, bearbeiten Sie nur eine Seite und überlassen Sie es dann Dreamweaver, die Änderungen in allen weiteren Seiten vorzunehmen, in die sie implementiert werden müssen.

Bibliothekselemente erstellen

Sie bearbeiten Bibliothekselemente anhand der Bibliothekspalette (siehe die folgende Abbildung). Zum Öffnen dieser Palette klicken Sie das Bibliothekssymbol im Launcher oder Mini-Launcher an und wählen *Fenster > Bibliothek* oder drücken die Funktionstaste F6.

Für jede Site werden verschiedene Bibliotheken angelegt. Bevor Sie ein Bibliothekselement erstellen, sollten Sie sich vergewissern, dass die Site aktiv ist, für die Sie das Element erstellen möchten.

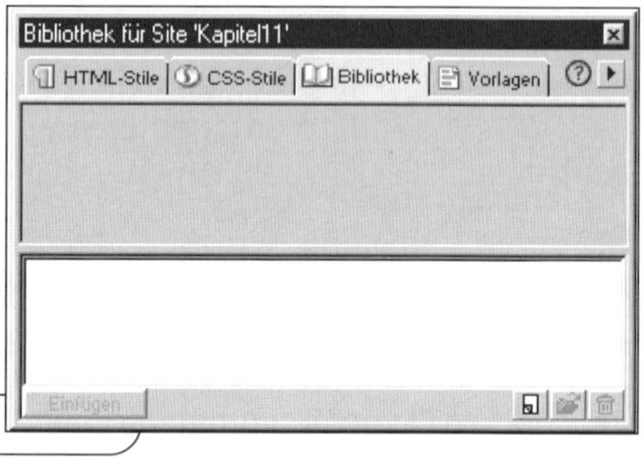

Die Bibliothekspalette

Abb. 11.2

Am einfachsten lässt sich ein Bibliothekselement folgendermaßen anlegen: Markieren Sie den Teil in Ihrer Web-Seite, den Sie als Bibliothekselement definieren möchten, und ziehen Sie ihn in den unteren Bereich der Bibliothekspalette. Beachten Sie, dass diese Vorgehensweise in Dreamweaver 3 neu ist. Wenn Sie bereits mit früheren Versionen von Dreamweaver gearbeitet haben, sind Sie es gewöhnt, das Bibliothekselement in den oberen Bereich zu ziehen.

Alternativ dazu können Sie das Element auf der Seite markieren und die Schaltfläche *Neues Bibliotheksobjekt* in der Bibliothekspalette anklicken. Diese Schaltfläche ist die erste der drei Schaltflächen im unteren rechten Bereich der Palette. Sollten Sie ausführlicheren Abläufen den Vorzug geben, können Sie nach der Auswahl des Elements auch die Menüoption *Ändern > Bibliothek > Objekt in Bibliothek einfügen* aufrufen. Mit der Maus geht es aber auf jeden Fall schneller.

Tipp

Wenn Sie aus irgendwelchen Gründen nicht möchten, dass die Auswahl, die Sie der Bibliothek hinzufügen, auch zu einem Bibliothekselement auf der Originalseite wird, können Sie während des Hinzufügens die Taste Strg gedrückt halten. Damit wird ein Bibliothekselement erstellt, das Original, auf dem dieses Element basiert, wird davon jedoch nicht betroffen. Diese Technik funktioniert nur mit der Maus, bei der Menümethode gibt es keine Entsprechung dafür.

Das neue Element ist also in die Bibliothek eingefügt und erhält automatisch die Bezeichnung *Unbenannt*. Sind mehrere unbenannte Bibliothekselemente vorhanden, wird der Bezeichnung eine Zahl hinzugefügt (z.B. *Unbenannt1*). Wenn Sie den Namen nicht ändern, wird diese Zahl jeweils um eins fortlaufend erhöht. Sie können diese automatischen Vorgaben überschreiben und somit dem Bibliothekselement einen eindeutigen, individuell von Ihnen vergebenen Namen zuweisen.

Wenn Sie den Namen erst zu einem späteren Zeitpunkt ändern möchten, klicken Sie den Namen des Bibliothekselements zweimal langsam an. Ein zu schnelles Klicken wird als Doppelklick interpretiert und damit wird die Datei zur Bearbeitung geöffnet. Wenn Sie Ihren Seiten bereits ein Element hinzugefügt haben – oder auch nur einer einzelnen Seite –, weisen diese Elemente durch das Umbenennen des Bibliothekelements ins Leere. Sie sind zwar nach wie vor vorhanden, aber Sie müssen sie mit Hilfe der Schaltfläche *Neu erstellen* über die Bibliothek aktualisieren (weitere Informationen zur Funktion dieser Schaltfläche finden Sie im Abschnitt *Bibliothekselemente bearbeiten* weiter unten in diesem Kapitel).

Bibliothekselemente zu Seiten hinzufügen

Sobald ein Bibliothekselement erstellt ist, können Sie es folgendermaßen unterschiedlichen Seiten hinzufügen:

1. Laden oder erstellen Sie die Seite, der das Element hinzugefügt werden soll.
2. Öffnen Sie die Bibliothekspalette.
3. Setzen Sie den Cursor an die Position, an der Sie das Element einfügen möchten.
4. Wählen Sie das Element aus der Palette durch Anklicken des entsprechenden Namens aus.
5. Klicken Sie die Schaltfläche *Einfügen* in der unteren, linken Ecke der Palette an.

Wie in der folgenden Abbildung dargestellt ist, können Sie auch den Namen des Bibliothekselements aus dem unteren Bereich der Bibliothekspalette auf die Web-Seite ziehen, um das Element dort einzufügen. Bei dieser Methode müssen Sie allerdings aufpassen, denn das Bibliothekselement ist beim Einfügen automatisch ausgewählt. Sobald Sie dann etwas eintippen, wird das Element aus der Web-Seite gelöscht und durch das von Ihnen Geschriebene ersetzt. Bevor Sie also irgendwelche Aktivitäten ausführen, sollten Sie nach dem Ziehen des Bibliothekelements zunächst eine beliebige andere Stelle anklicken. Wenn Sie mit der Schaltfläche *Einfügen* gearbeitet haben, brauchen Sie sich darum nicht zu kümmern, da weiterhin die Bibliothekspalette und nicht die Web-Seite aktiviert ist.

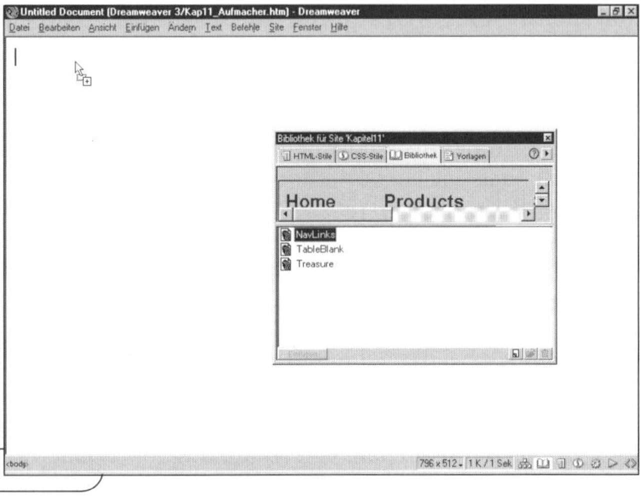

Ein Bibliotheks-element einer Seite hinzufügen

Abb. 11.3

Wenn Sie ein Bibliothekselement in Ihre Seiten integrieren, fügen Sie auch den vollständigen HTML-Code mit hinzu. Wird die ursprüngliche Bibliothekselementdatei zerstört oder umbenannt, hat dies keine unmittelbaren Auswirkung auf die Einträge in den Seiten. Die Verweise auf die einzelnen Bibliothekselemente der Bibliothekspalette stimmen jedoch nicht mehr überein, so dass auch keine Änderungen innerhalb der Bibliothekspalette weitergegeben werden können.

Bibliothekselemente bearbeiten

Nachdem Sie ein Bibliothekselement ausgewählt haben, können Sie im Eigenschaften-Inspector Folgendes ausführen: Sie können das Bibliothekselement öffnen, es vom Original abtrennen oder es neu erstellen. Der Eigenschaften-Inspector für Bibliothekselemente ist in der folgenden Abbildung dargestellt.

Der Eigenschaften-Inspector für Bibliothekselemente

Abb. 11.4

Ein Bibliothekselement öffnen

Die Schaltflächen *Öffnen* im Eigenschaften-Inspector und in der rechten unteren Ecke der Bibliothekspalette funktionieren auf gleiche Art und Weise. Wenn Sie eine der Schaltflächen anklicken, wird die Bibliotheksdatei (**.lbi* für *library*) für das Element in ein separates Dreamweaver-Fenster geladen. Sie können mit dieser Datei wie mit jeder beliebigen HTML-Datei arbeiten, folgende Einschränkungen sind jedoch zu beachten:

- Es gibt keine Attribute für Seiteneigenschaften, da keine Seite, sondern nur ein Teil einer Seite vorliegt.
- Sie können kein Element in der Datei ablegen, das nicht zu dem BODY-Element einer HTML-Seite gehört. Ein Zusammenwirken mit CSS-Stilen oder Zeitleisten ist nicht möglich.
- Auch bei der Verwendung von JavaScript treten Probleme auf, da Skripte im HEAD-Element definiert werden, wie auch CSS und Zeitleisten. Sie können jedoch – wenn auch mit ein paar Einschränkungen – JavaScript-Verhaltensweisen verwenden.

Tipp

CSS-Stile werden im Kapitel *CSS-Stile* behandelt. Eine Erläuterung zu Zeitleisten (Timelines) finden Sie im Kapitel *Ebenen*. JavaScript-Verhaltensweisen werden im Kapitel 14 *JavaScript-Verhaltensweisen* beschrieben.

Sobald Sie mit der Bearbeitung des Elements fertig sind und die Änderungen speichern, werden Sie gefragt, ob Sie die Änderungen auf Ihre Seiten anwenden möchten. Klicken Sie die Schaltfläche *Ja* an, um dies zu veranlassen. Die Aktualisierung wird durchgeführt und ein Dialogfeld mit den Ergebnissen wird eingeblendet. Dieses Dialogfeld wird auch für die Aktualisierung von Vorlagen verwendet und es wird ausführlicher im Abschnitt *Vorlagen und Bibliothekselemente aktualisieren* weiter unten in diesem Kapitel behandelt.

Ein Bibliothekselement abtrennen oder löschen
Durch Anklicken der Schaltfläche *Vom Original trennen* im Eigenschaften-Inspector wird der Inhalt des Bibliothekselements nicht berührt, es wird nur die Verknüpfung zwischen dem Element und der Quelldatei aufgehoben. Durch die Abtrennung vom Original ist es kein Bibliothekselement mehr und es kann wie jeder andere Teil der Seite bearbeitet werden. Das Original-Bibliothekselement wird dabei in keiner Weise geändert, sondern es wird nur die Verknüpfung des Elements zu dieser Seite aufgehoben.

!

Die Tatsache, dass ein Bibliothekselement nicht „editierbar" ist, heißt noch lange nicht, dass man es nicht löschen kann. Wenn Sie ein solches Element markieren und die Taste [Entf] drücken oder wenn Sie darüber schreiben, wird es aus der Web-Seite gelöscht. Sie können den Löschvorgang mit der Menüoption *Bearbeiten > Rückgängig* oder mit der Tastenkombination [Strg] + [Z] (Befehlstaste + [Z] bei Macs) rückgängig machen.

Um ein Bibliothekselement zu entfernen, klicken Sie in der Bibliothekspalette die Schaltfläche *Bibliotheksobjekt löschen* an.

Ein Bibliothekselement neu erstellen
Die Schaltfläche *Neu erstellen* im Eigenschaften-Inspector fungiert eigentlich mehr oder weniger als Notmaßnahme. Sie wird zum Beispiel verwendet, wenn eine Originaldatei versehentlich gelöscht wurde oder irgendetwas anderes damit nicht in Ordnung ist. Wenn Sie die Schaltfläche *Neu erstellen* anklicken, wird die aktuelle Bibliotheksdatei für dieses Element – sofern es vorhanden ist – mit dem Bibliothekselement überschrieben, das Sie

ausgewählt haben. Ist es nicht vorhanden, dann – Sie haben es vermutlich bereits erraten – wird es neu erstellt.

Diese Schaltfläche ist auch dann nützlich, wenn Sie die an einer Bibliotheksquelldatei vorgenommenen Änderungen bereits gespeichert, aber noch nicht allen Seiten zugewiesen haben. Sie können dann zu einer Seite wechseln, in der die Änderungen noch nicht vorgenommen wurden, die also noch in ursprünglicher Form vorliegt und mit Hilfe der Schaltfläche die nicht gewollten Änderungen überschreiben.

Farbeinstellungen für Bibliothekselemente

Die Markierungsfarbe, also die Farbe, mit der Bibliothekselemente hervorgehoben werden, hängt in erster Linie von Ihren persönlichen Vorlieben ab. Sie können diese Festlegungen im Dialogfeld *Einstellungen* definieren. Leider wirken sich diese Einstellungen global aus und können nicht individuell für Sites oder Seiten gesetzt werden. Sie haben aber die Möglichkeit, die Farbeinstellung jedes Mal zu ändern, wenn Sie an einer neuen Site arbeiten.

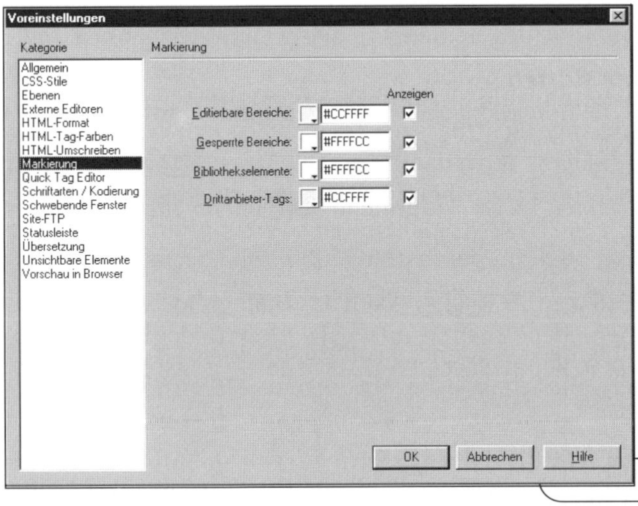

Die Markierungsfarbe von Bibliothekselementen ändern

Abb. 11.5

Um die Markierungsfarbe für Bibliothekselemente festzulegen, wählen Sie *Bearbeiten > Einstellungen* und klicken Sie im Listenfeld *Kategorie* den Eintrag *Markierung* an (siehe die folgende Abbildung). Klicken Sie das Farbfeld *Bibliothekselemente* an oder geben Sie in das Textfeld einen Farbnamen bzw. einen Wert ein (detaillierte Informationen zur Festlegung von Farben finden Sie im Kapitel *Farben*). Belassen Sie das Kontrollkästchen *Anzeigen* aktiviert, damit die Farben auch auf der Web-Seite zu sehen sind, und klicken Sie *OK* an, um das Dialogfeld *Voreinstellungen* wieder schließen.

Suchen und Ersetzen

Dreamweaver bietet ausgefeilte Suchen- und Ersetzenfunktionen an, die – wie Bibliotheksaktualisierungen – dafür verwendet werden können, sich wiederholenden Elementen Änderungen zuzuweisen. Sie können diese Funktionen ebenfalls dazu einsetzen, Probleme in Bibliotheksdateien und nicht-aktuellen Ordnern zu beheben. Ob Sie die Arbeit mit den Suchen- und Ersetzenfunktionen oder mit Bibliothekselementen bevorzugen, hängt in erster Linie von Ihren persönlichen Vorlieben ab und erst in zweiter Linie davon, wie viel Sie bereits in Vorausplanungen investiert haben.

! Wenn Sie nur Text im aktuellen Dokument suchen, ist die Suchenfunktion seltsamerweise nicht in der Lage, innerhalb eines Bibliothekselements diesen Text zu finden.

Eine Suche starten

Es stehen mehrere Möglichkeiten zur Verfügung, auf die Suchen- und Ersetzenfunktionen zuzugreifen:

- Wählen Sie im Hauptmenü *Bearbeiten > Suchen* oder *Bearbeiten > Ersetzen*.
- Drücken Sie [Strg] + [F], um das Dialogfeld *Suchen* zu öffnen, oder öffnen Sie mit [Strg] + [H] das Dialogfeld *Ersetzen*. (Mac-Benutzer setzen anstelle der [Strg]-Taste die Befehlstaste.)
- Im HTML-Quell-Inspector klicken Sie mit der rechten Maustaste und wählen aus dem daraufhin eingeblendeten Popup-Menü die Optionen *Suchen* oder *Ersetzen*.

Tipp: Wenn Sie eine Suche ohne den Umweg über das Dialogfeld wiederholen möchten, drücken Sie einfach die Taste [F3]. Das funktioniert sowohl im Dokumentfenster als auch im HTML-Quell-Inspector.

Die Dialogfelder für die Suchen- und Ersetzenfunktionen sind weitgehend identisch. In Dialogfeld *Ersetzen* (siehe die folgende Abbildung) werden aber weitere Funktionen angeboten, die für eine einfache Suchoperation nicht benötigt werden.

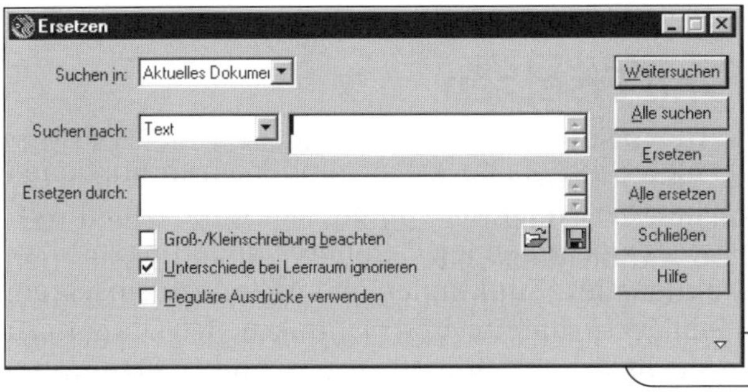

Das Dialogfeld *Ersetzen*

Abb. 11.6

Der Suchbereich

Bevor eine Suche gestartet wird, muss als Erstes der Suchbereich festgelegt werden. Abhängig davon, von wo aus Sie die Suchen- oder Ersetzenfunktion aufgerufen haben, werden in der Dropdown-Liste *Suchen in* unterschiedliche Optionen angeboten. Wenn das Dokumentfenster oder der HTML-Quell-Inspector aktiv ist, heißen die Optionen *Aktuelles Dokument*, *Aktuelle Site* und *Ordner*. In einem Site-Fenster lauten die Optionen *Ausgewählte Dateien*, *Aktuelle Site* oder *Ordner*. Die Optionen arbeiten folgendermaßen:

- *Aktuelles Dokument* durchsucht das aktuelle Dokument, das bei dem Aufruf der Suchfunktion gerade geöffnet ist.
- *Ausgewählte Dateien* sucht nur in den Dateien, die Sie zuvor ausgewählt haben.
- *Aktuelle Site* durchsucht jedes Dokument in der Site. Dabei werden auch Bibliotheksdateien mit einbezogen.
- *Ordner* ruft ein Dialogfeld auf, in dem Sie einen speziellen Ordner für die Suchoperation festlegen können. Wie bei der Option *Aktuelle Site* werden alle Dateien in diesem Ordner in die Suche einbezogen.

Tipp

Wenn Sie eine andere Site als die aktuelle durchsuchen möchten, können Sie über die Option *Ordner* den Ordner einer anderen Site auswählen.

Text und HTML-Quelle
Im nächsten Schritt wird eine Option aus der Dropdown-Liste *Suchen nach* ausgewählt. Die verfügbaren Optionen sind *Text*, *HTML-Quelle*, *Text (erweitert)* und *Tag*.

Neben den ersten beiden Optionen befindet sich ein Textfeld, in das Sie Ihre Suchanforderungen eingeben können. In beiden Fällen ist die Suchfunktion identisch bis auf den Unterschied, dass bei der Option *Text* die Web-Seite, wie sie in einem Browser erscheint, durchsucht wird, während bei der Option *HTML-Quelle* der HTML-Quellcode durchsucht wird. Nachdem Sie den Suchtext in das Textfeld eingegeben haben, geben Sie den zu ersetzenden Text in das darunter liegende Textfeld *Ersetzen durch* ein.

Im unteren Bereich des Dialogfelds befinden sich drei Kontrollkästchen:

- *Groß-/Kleinschreibung beachten* ist standardmäßig deaktiviert. Das heißt, es werden sämtliche Vorkommen des Suchbegriffs gemeldet, unabhängig von der Schreibweise. Ist der Suchbegriff beispielsweise *Umwelt*, wird auch nach *umwelt*, *UMWELT* usw. gesucht. Wenn das Kontrollkästchen aktiviert ist, werden nur die Vorkommen gesucht, die in der Schreibweise exakt mit dem Text im Feld *Suchen nach* übereinstimmen.

- *Unterschiede bei Leerraum ignorieren* ist standardmäßig aktiviert. Dabei wird berücksichtigt, dass HTML zusätzliche Leerstellen ignoriert. Das heißt, im HTML-Code können sich Leerstellen befinden, der in der Web-Seite nicht angezeigt werden. Wenn Sie also nach *hüpfende Bälle* suchen, wird bei der Suche auch *hüpfende Bälle* gefunden.

- *Reguläre Ausdrücke verwenden* ist standardmäßig deaktiviert. Damit haben Sie die Möglichkeit, für erweiterte Suchoperationen auf eine Vielzahl spezieller Codes zuzugreifen. Da die Verwendung von regulären Ausdrücken ein weitaus komplexerer Prozess als eine normale Suchoperation ist, wird dafür auch weiter unten in diesem Kapitel ein eigener Abschnitt reserviert.

Mit den Schaltflächen *Abfrage laden* und *Abfrage speichern* werden Suchmuster geladen bzw. gespeichert. Für einfache, einmalige Suchen- und Ersetzenoperationen sind diese Schaltflächen nicht erforderlich. Wenn Sie dagegen spezielle, komplexer aufgebaute Suchanweisungen festgelegt haben, kann es durchaus sinnvoll sein, diese für eine spätere Verwendung zu speichern, so dass Sie sie nicht jedes Mal wieder neu erstellen müssen.

Erweiterte Textsuche
Nach dem Aufruf der dritten Option *Text (erweitert)* in der Dropdown-Liste *Suchen nach* wird ein Dialogfeld (siehe die folgende Abbildung) angezeigt. Der obere und untere Teil des Dialogfelds stimmt mit den Dialogfeldern der beiden ersten Optionen überein, nur der mittlere Teil des Dialogfelds gestaltet sich etwas anders.

Wie der Name schon besagt, führen Sie eine Textsuche durch. Es stehen allerdings weitere Möglichkeiten zur Verfügung, die Suche einzuschränken. Das Dialogfeld enthält die Schaltflächen *Plus* (+) und *Minus* (–) sowie zwei zusätzliche Dropdown-Listen.

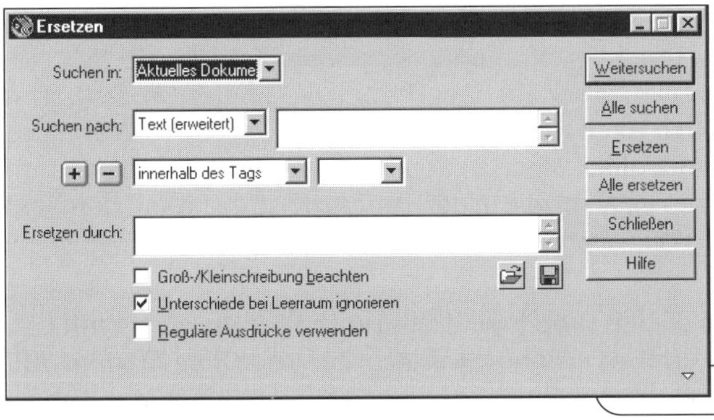

Das Dialogfeld *Ersetzen* nach Aufruf der Option *Text (erweitert)*

Abb. 11.7

Bei der ersten Dropdown-Liste haben Sie die Auswahl zwischen *innerhalb des Tags* und *außerhalb des Tags*. Damit können Sie festlegen, ob der zu suchende Text innerhalb eines HTML-Elements gefunden werden soll.

In der zweiten Dropdown-Liste werden HTML-Elemente angezeigt. Angenommen, Sie möchten alle Vorkommen des Wortes *aufregend*, das kursiv formatiert ist, mit dem Begriff *sensationell* ersetzen. Sie würden also *aufregend* als Suchbegriff eingeben, aus der ersten Dropdown-Liste *innerhalb des Tags* wählen und aus der zweiten Dropdown-Liste das Element *i*. In das Feld *Ersetzen mit* würden Sie *sensationell* eingeben.

Über die *Plus*- und *Minus*-Schaltflächen können Sie komplexere Suchmöglichkeiten wahlweise ein- und ausblenden. Wenn Sie die *Plus*-Schaltfläche anklicken, wird eine weitere Gruppe von Optionen angezeigt (siehe die folgende Abbildung). Durch Anklicken der *Minus*-Schaltfläche werden die zusätzlichen Optionen wieder entfernt.

Tipp

Mit dem Anklicken der *Plus*-Schaltfläche wird jeweils eine neue Ebene an Optionen eingeblendet. Sie können die Schaltfläche so oft betätigen, dass das Dialogfeld größer als der Bildschirmbereich wird.

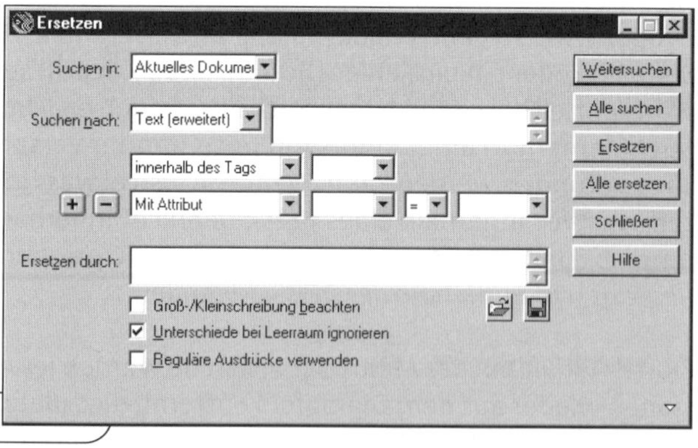

Das Dialogfeld *Ersetzen* mit Optionen nach Aktivieren der *Plus*-Schaltfläche

Abb. 11.8

Die ersten beiden Dropdown-Listen enthalten drei Paare mit entgegengesetzten Optionen: *Mit Attribut* und *Ohne Attribut*, *Mit* und *Ohne* sowie *innerhalb des Tags* und *außerhalb des Tags*. Abhängig davon, welche Auswahl Sie hier treffen, werden unterschiedliche Optionen im Dialogfeld angezeigt.

Den ersten beiden Optionen *Mit Attribut* und *Ohne Attribut* folgen in der gleichen Zeile des Dialogfeldes drei Dropdown-Listen. Die erste enthält eine Liste möglicher Attribute, die zweite enthält die Optionen = (ist gleich), < (weniger als), > (größer als) und !+ (ist nicht gleich). Die dritte Dropdown-Liste enthält nur eine Option, nämlich *beliebiger Wert*. Sie können auch einen Wert in die Liste eingeben. Angenommen Sie suchen nach dem Wort *entfernt*. Die Suche soll allerdings nur innerhalb der Elemente erfolgen, die den zu einem früher Zeitpunkt festgelegten Kriterien entsprechen und für die Hintergrundfarben angegeben wurden. Nach der Eingabe des SuchbegriffS wählen Sie zunächst *Mit Attribut* und aus der folgenden Liste *Bgcolor*. Wenn Sie nach einer spezielle Farbe suchen wollten, würden Sie diese in die letzte Dropdown-Liste eingeben und in der zweiten die Einstellung = (ist gleich) belassen.

Eine bescheidenere Auswahl erhalten Sie über die nächsten beiden Optionen *Mit* und *Ohne*. In diesem Fall können Sie in der zweiten Dropdown-Liste zwischen *Text* und *Tag* wählen. Wenn Sie *Text* wählen, geben Sie einfach den Text in das entsprechende Textfeld ein. Nach der Auswahl von *Tags* können Sie die entsprechenden Tags einer Dropdown-Liste wählen.

Das nächste Auswahlpaar *innerhalb des Tags* und *außerhalb des Tags* arbeitet genauso wie die Optionen in der darüber liegenden Dropdown-Liste. Ihre Wiederholung an dieser Stelle ist aber kein Versehen oder gar ein Fehler. Die Sinn und Zweck dieser Optionen wird speziell bei komplexeren Suchsituationen ersichtlich, wo ein Suchelement in einer Reihe von miteinander verschachtelten Tags gefunden werden kann. Wenn Sie also etwas finden möchten, was sich innerhalb eines Tags, aber nicht innerhalb eines anderen befindet, würden Sie wiederholt die Optionen *innerhalb des Tags* und *außerhalb des Tags* verwenden.

Tipp

Durch Aktivieren der *Minus*-Schaltfläche werden jeweils die Optionen wieder aus dem Dialogfeld entfernt, die zuletzt durch Betätigen der *Plus*-Schaltfläche eingeblendet wurden. Sie können damit die Angebote im Dialogfeld so weit zurücksetzen, bis anstelle der Option *Text (erweitert)* die Option *Text* angezeigt wird.

Tag-Suche

Die letzte Option *Tag* in der Dropdown-Liste *Suchen nach* bietet Ihnen eine Reihe von Möglichkeiten bezüglich gewünschter Änderungen an HTML-Codes. Beachten Sie, dass das Dialogfeld eine Dropdown-Liste mit HTML-Elementnamen statt eines Textfelds enthält.

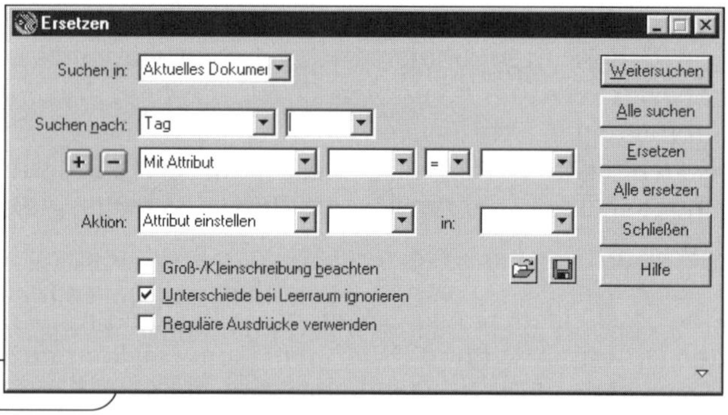

Abb. 11.9

Das Dialogfeld *Ersetzen* nach Aufruf der Option *Tag*

Es werden in diesem Dialogfeld ebenfalls die drei Optionspaare angeboten, die weiter oben in diesem Abschnitt bereits beschrieben wurden. Welche Aktionsmöglichkeiten Ihnen darüber hinaus zur Verfügung stehen, können Sie der folgenden Tabelle entnehmen.

Tabelle 11.1

Die Optionen der Tag-Suche

Option	Aktion
Tag & Inhalt ersetzen	Erfordert eine Eingabe im HTML-Code, inklusive Start-Tag und Schluss-Tag, um das gesamte Element zu ersetzen.
nur Inhalt ersetzen	Die Tags sind von der Aktion nicht betroffen, nur die Inhalte dazwischen.
Tag & Inhalt entfernen	Löscht das ganze Element, inklusive des Inhalts.
Tag entfernen	Lässt den Inhalt unberührt, entfernt jedoch die Tags.
Tag ändern	Ermöglicht das Ändern des Tag-Elements. Sie wählen das neue Tag aus einer Dropdown-Liste aus.
Attribut einstellen	Stellt Attribute ein (oder setzt sie zurück), die über eine Dropdown-Liste festgelegt wurden. Sie müssen auch den Wert des Attributs festlegen.
Attribut entfernen	Löscht das Attribut und dessen Wert.

Tabelle 11.1 - Fortsetzung

Option	Aktion
vor Start-Tag hinzufügen	Fügt den Ersatztext vor das gefundene Element ein.
nach Schluß-hinzufügen	Fügt den Ersatztext nach dem gefundenen Element ein.
nach Start-Tag hinzufügen	Setzt den Ersatztext an den Beginn des aktuellen Inhalts des gefundenen Elements.
vor Schluß-Tag hinzufügen	Setzt den Ersatztext an das Ende des aktuellen Inhalts des gefundenen Elements.

Tipp

Wenn Sie über die *Minus*-Schaltfläche die zuletzt angebotenen Optionen entfernt haben, befinden sich am Ende nur noch die *Plus*- und *Minus*-Schaltflächen neben einer leeren Fläche. Die *Minus*-Schaltfläche wird abgedunkelt dargestellt, sie ist also nicht mehr aktivierbar. Klicken Sie die *Plus*-Schaltfläche an, um das erste Optionsangebot wieder einzublenden.

Reguläre Ausdrücke verwenden

Wenn Sie sich schon einmal mit der Perl-Programmierung beschäftigt haben, sind Ihnen reguläre Ausdrücke bereits vertraut. Wenn nicht, wird Sie dieses Themengebiet vielleicht am Anfang ein wenig verwirren. Doch wenn Sie die volle Suchleistung in Anspruch nehmen möchten, sollten Sie sich auch mit regulären Ausdrücken auseinandersetzen.

Tipp

Perl ist die Abkürzung für „Practical Extraction and Reporting Language". Weitere Informationen über diese Sprache finden Sie in dem englisch-sprachigen Titel *Mastering Perl 5* von Eric C. Herrmann (erhältlich bei SYBEX-Verlag, 1999).

Für die meisten Suchoperationen reichen die Möglichkeiten der normalen Suchoptionen von Dreamweaver vollkommen aus. Reguläre Ausdrücke kommen speziell dann zum Einsatz, wenn Sie mit einer äußerst ungewöhnlichen Situation konfrontiert werden – z.B. das Aufsuchen eines Satzes, der mit einem bestimmten

Wort beginnt, oder eines Wortes, das mehrere sich wiederholende Zeichen enthält.

Im Grunde genommen handelt es sich bei einem regulären Ausdruck um nichts anderes als um ein Wort oder eine Zeichenfolge, nach der Sie suchen. Das Wort *Haus* ist beispielsweise ein regulärer Ausdruck oder der Satz *Das ist ein Test* oder die Zeichenfolge *ology*. Der Vorgang wird dann komplexer, wenn Sie spezielle Zeichen verwenden, die den einfachen Suchbegriff leistungsfähiger machen. Mit Hilfe dieser speziellen Zeichen können Sie bestimmte Konditionen festlegen, die eintreffen müssen, bevor eine Suchübereinstimmung festgestellt wird.

Angenommen, Sie möchten alle Vorkommen von *ology* finden, die am Ende einer Zeile angezeigt werden. Das kann beispielsweise sinnvoll sein, wenn Sie eine Reihe von Überschriften aufspüren möchten. Unter Einbeziehung eines regulären Ausdrucks würden Sie den Suchbegriff also folgendermaßen eingeben: *ology$*. Das $ am Ende des Suchbegriffs legt fest, dass sich der Suchbegriff am Ende der Zeile befinden muss.

Tipp

Streng genommen beziehen sich die Suchoperationen der Sonderzeichen nur auf das einzelne Zeichen des Suchausdrucks, das unmittelbar vor dem Sonderzeichen steht, in einigen wenigen Fällen auch dahinter. Da aber in diesem Fall das Y Bestandteil des Suchbegriffs *ology* ist und dieser Begriff nur am Ende einer Web-Seite stehen darf, wird er auch nur dort gefunden. Eine Suche nach dem Suchausdruck *y$* gibt alle Wörter am Zeilenende wieder, die mit dem Buchstaben y enden. Falls Sie als Suchstring nur *y$* verwenden, werden alle Wörter, die mit y enden und am Ende einer Zeile stehen, gefunden.

Das Caret-Zeichen Ù bewirkt genau das Gegenteil. Es legt fest, dass sich der Suchbegriff am Beginn einer Zeile befinden muss. Sie könnten also den Suchbegriff ^*<HT* verwenden, um alle HTML-Quellcode-Zeilen zu finden, die mit dem Tag <HTML> beginnen.

Tipp

Mit dem Sonderzeichen ^ ermitteln Sie nur den Text am Zeilenanfang innerhalb des HTML-Codes, nicht jedoch den Beginn des Web-Seitentextes. Über das Sonderzeichen $ können problemlos beide Suchziele ermittelt werden.

In der folgenden Tabelle sind alle Zeichen aufgeführt, die besonders häufig verwendet werden.

Tabelle 11.2
Spezielle Zeichen für Suchoperationen mit regulären Ausdrücken

Zeichen	sucht
[]	alle innerhalb der Klammer angegebenen Zeichen, wie z.B. [aeiou]
[^]	alle Zeichen außer der in der Klammer angegebe nen Zeichen, wie z.B. [^aeiou]
.	ein einziges beliebiges Zeichen, der Suchbegriff folgt auf das Sonderzeichen, wie z.B. *.term*
^	Text am Zeilenanfang, der Suchbegriff folgt auf das Sonderzeichen, wie z.B. ^*term*
$	Text am Zeilenende, der Suchbegriff steht vor dem Sonderzeichen, wie z.B. *term$*
*	das keinmalige oder mehrmalige Vorkommen der voranstehenden Zeichen, der Suchbegriff steht vor dem Sonderzeichen, wie z.B. *term**
?	das keinmalige oder einmalige Vorkommen der voranstehenden Zeichen, der Suchbegriff steht vor dem Sonderzeichen, wie z.B. *term?*
+	das einmalige oder mehrmalige Vorkommen der die voranstehenden Zeichen, der Suchbegriff steht vor dem Sonderzeichen, wie z.B. *term+*
{n}	das exakt n-malige Vorkommen der voranstehenden Zeichen, der Suchbegriff steht vor dem Sonderzeichen, wie z.B. *a{2}*
{n,}	das mindestens n-malige Vorkommen der voranstehenden Zeichen, der Suchbegriff steht vor dem Sonderzeichen, wie z.B. *a{2,}*
{n,m}	das mindestens n-malige Vorkommen und das höchstens m-malige Vorkommen der voranstehenden Zeichen, der Suchbegriff steht vor dem Sonderzeichen, wie z.B. *term{5,7}*
x|y	entweder den Suchbegriff x oder den Suchbegriff y, wie z.B. *term1|term2*

Tipp

Beachten Sie bitte den Unterschied zwischen dem Sonderzeichen * innerhalb regulärer Ausdrücke und der Platzhalterfunktion * z.B. bei der Dateiensuche. Über das Sonderzeichen * werden alle Begriffe gefunden, in denen die vorangestellten Zeichen kein Mal oder mehrmals enthalten sind. Über den Suchausdruck *chica** wird sowohl das Wort *Chicken* als auch das Wort *Chicago* gefunden. Wenn Sie mit der Platzhalterfunktion * vertraut sind, so könnten Sie den Suchausdruck *chica** im vorhergehenden Beispiel für einen Fehler halten und vorschlagen, diesen durch *chic** zu ersetzen, da das Wort *Chicken* kein *a* enthält. Da jedoch die Definition gilt, dass die vorangestellten Zeichen kein Mal oder mehrmals vorhanden sein müssen, wird auch bei einem Suchausdruck *chica** das Wort *Chicken* gefunden, da das Zeichen *a* auch kein Mal vorkommen kann.

Vorlagen verwenden

Vorlagen sind bereits fertiggestaltete Web-Seiten, in denen Sie nur noch die für Ihren Text oder Ihre Bilder eingefügten Platzhalter ersetzen müssen. Solche Vorlagen garantieren ein einheitliches Design und unterstützen die Entwicklung einer wiedererkennbare Firmendarstellung im Internet. Sie müssen nicht länger Seite für Seite immer wieder die gleichen Logos oder Navigationselemente einfügen, sondern Sie können sich auf die individuellen Elemente einer Seite konzentrieren.

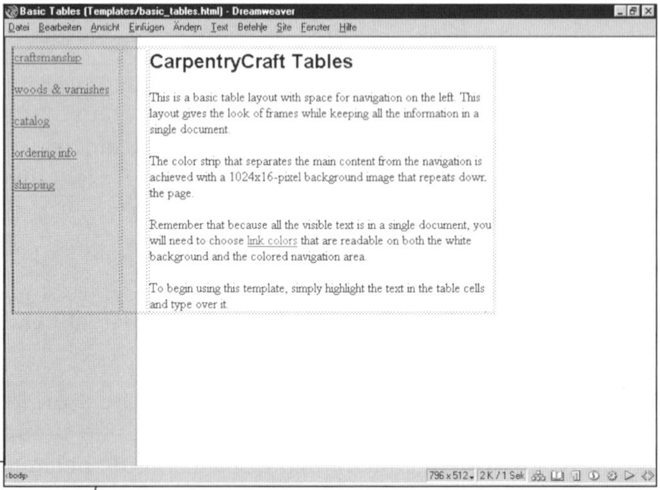

Vorlage von Dreamweaver

Abb. 11.10

Wenn Sie beispielsweise einen Online-Katalog oder eine Web-Magazin (Webzine) produzieren, muss selbstverständlich eine weitgehende Konsistenz zwischen den einzelnen Seiten hergestellt werden.

In der folgenden Abbildung sehen Sie die Vorlage *Basic_Tables*. Das ist eine der Vorlagen, die im Programmpaket von Dreamweaver enthalten sind. Bei einer Standard-Windows-Installation befinden sich die Vorlagen im Ordner *C:\Programme\Macromedia\Dreamweaver 3\Configuration\Templates*.

Vorlagen planen

Eine ausführliche Planung ist fast immer Grundlage einer gut gestalteten Vorlage. Natürlich könnten Sie auch einfach mit einer leeren Vorlage beginnen. Aber viele Dinge gestalten sich erfahrungsgemäß einfacher, wenn Sie von Anfang an genau wissen, was Sie möchten. Auch wenn Sie Änderungen am Design planen, ist es immer noch zeitsparender und angenehmer, einen Plan zu bearbeiten, als eine Vorlage von Grund auf neu erstellen zu müssen.

Neben all den anderen Faktoren, die im Web-Design schon bei normalen Seiten Berücksichtigung finden müssen, wird beim Einsatz von Vorlagen auch eine Entscheidung darüber vorausgesetzt, welche Segmente einer Seite editierbar sind und welche nicht. Erfahrungsgemäß stellt sich oft heraus, dass man bei seinen Planungen und Berechnungen einige Faktoren unberücksichtigt ließ. Glücklicherweise ist es in Dreamweaver relativ einfach, Fehler zu beheben. Alles, was Sie tun, kann auch wieder geändert werden.

Tipp

Bevor Sie eine Vorlage mit einer Reihe von Web-Seiten verbinden, sollten Sie versuchen, möglichst alle Probleme herauszuarbeiten, die in der Vorlage enthalten sein könnten. Überprüfen Sie die Vorlage gründlich mit ein oder zwei Testseiten, die Sie ihr zuweisen, bevor Sie sie in größerem Rahmen einsetzen.

Vorlagen erstellen

Wenn Sie bereits über ein Web-Seitendesign verfügen, das Sie als Vorlage oder zumindest als Ausgangspunkt für eine Vorlage verwenden könnten, müssen Sie dieses Design nur über die Option *Datei > Als Vorlage speichern* sichern. Einmal gespeichert können Sie die Vorlage dann nach Belieben bearbeiten, bis sie Ihren Anforderungen entspricht, und dann die Seite erneut speichern. Sie können auch mit einer leeren Seite beginnen, die Sie als Vorlage speichern.

Tipp

Die Menüoption *Datei > Als Vorlage speichern* verwenden Sie nur beim ersten Speichern einer Vorlage. Die nächsten Male können Sie die Vorlage dann wie andere Web-Seiten auch mit *Datei > Speichern* oder Strg + S speichern.

Wenn Sie eine bereits vorhandene Vorlage bearbeiten möchten, öffnen Sie die Vorlagendatei wie jede andere Datei auch, außer dass Sie als Dateityp *Vorlagendateien (*.dwt)* auswählen.

Dreamweaver bietet über die Vorlagenpalette eine weitere Möglichkeit an, Vorlagen zu erstellen (siehe auch die Abbildung weiter unten in diesem Abschnitt). Wählen Sie *Fenster > Vorlagen*, um diese Palette anzuzeigen. Klicken Sie die Schaltfläche *Neue Vorlagen* an (das erste Symbol in der unteren, rechten Ecke), um eine leere Vorlage zu erstellen, der die Bezeichnung *Unbenannt*, gefolgt von einer Nummer zugewiesen wird. Diese Voreinstellung sollten Sie mit einem Namen überschreiben, der individuell von Ihnen vergeben wird und der – was den Zweck der Vorlage betrifft – möglichst aussagekräftig sein sollte. Wenn Sie eine Vorlage auf diese Weise erstellen, brauchen Sie die Menüoption *Datei > Als Vorlage speichern* nicht mehr aufzurufen. Die Vorlagendatei ist bereits angelegt und muss nur noch nach Bearbeitung und Änderung jeweils ganz normal gesichert werden.

!

Wenn Sie möchten, können Sie den Namen auch später ändern. Aber wenn Sie bereits ein paar Web-Seiten damit verbunden haben, werden diese verwaist. Da die Verbindung unter dem früheren Namen bestand, können die Verbindungen nicht gleichzeitig mit der Namensänderung aktualisiert werden und alle an der unbenannten Vorlage vorgenommenen Änderungen haben dann auf diese Web-Seiten keinen Einfluss mehr. Ein Lösungsansatz besteht darin, die unbenannte Vorlage den verwaisten Seiten neu zuzuweisen.

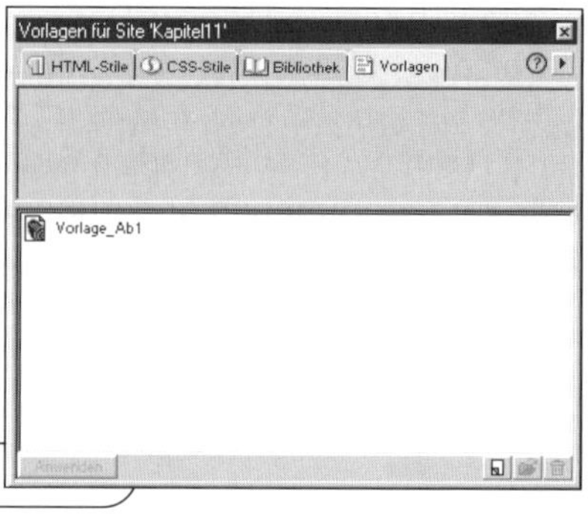

Die Vorlagenpalette

Abb. 11.11

Die Vorlagenpalette verwenden

Vorlagen sind in Dreamweaver ein Feature, das noch an einigen Ecken verbessert werden könnte, damit man es genauso einfach wie andere Programmsegmente bedienen kann. Im Wesentlichen werden 98 Prozent aller Aufgaben, die sich auf Vorlagen beziehen, über die Optionen im Menü *Ändern* erledigt. Die Vorlagenpalette ist nur eine Kopie der Bibliothekspalette, lediglich die Schaltflächenbezeichnungen unterscheiden sich geringfügig.

Im unteren Teil der Vorlagenpalette werden die Namen der Vorlagen der aktuellen Site angezeigt (und geändert, wenn Sie möchten). Die Schaltflächen *Neue Vorlage*, *Vorlage öffnen* und *Vorlage löschen* (die drei Symbole in der unteren, rechten Ecke) haben im Wesentlichen dieselben Funktionen wie die entsprechenden Schaltflächen für Bibliothekselemente.

- Über die Schaltfläche *Neue Vorlage* wird, wie bereits im vorhergehenden Abschnitt beschrieben, eine neue, leere Vorlage erstellt.
- Mit der Schaltfläche *Vorlage löschen* wird die Vorlagendatei komplett entfernt. Der Warnhinweis, der bereits in Bezug auf die Umbenennung von Dateien erfolgte, gilt auch hier: Wenn Sie die Vorlage löschen, werden alle Web-Seiten, die mit der Vorlage verbunden waren, verwaist.
- Mit der Schaltfläche *Vorlage öffnen* wird eine bereits vorhandene Vorlage geöffnet.

Wenn Sie eine Vorlage löschen, sind in den verwaisten Seiten nach wie vor gesperrte, nicht editierbare Bereiche enthalten.

Der obere Teil der Vorlagenpalette zeigt den Inhalt der aktuell ausgewählten Vorlage an. Das ist allerdings mehr fürs Auge gedacht, denn Sie können nicht allzu viel damit anstellen. Zunächst sehen Sie nur die Worte *Dies ist eine leere Vorlage*. Dieser Text basiert auf der gespeicherten Version der Vorlage. Die an der Vorlage vorgenommenen Änderungen werden so lange nicht angezeigt, bis Sie die geänderte Version gespeichert haben.

Editierbare Bereiche anlegen

Wenn eine Vorlage das erste Mal erstellt wird, ist der gesamte Inhalt gesperrt und Sie können die Vorlage schon aus diesem Grund mit keiner Web-Seite verbinden. Diese Tatsache bedeutet allerdings nicht, dass der Inhalt der Vorlage nicht geändert werden kann. Die Vorlage hat nur keine editierbaren Bereiche. Wenn Sie sie also mit einer Seite verbinden, können Sie an dieser Seite keine Änderungen vornehmen.

Eine der Hauptaufgaben bei der Verwendung von Vorlagen besteht darin zu entscheiden, welche Teile davon auf den Web-Seiten, die darauf basieren, editierbare Inhalte haben sollen. Denn jeder Bereich, der nicht zu einem editierbaren Bereich konvertiert wird, bleibt gesperrt.

Tipp

Eine Vorlage hat in dem Augenblick, in dem Sie sie erstellen, schon einen editierbaren Bereich: den Titel des Dokuments. Logischerweise lautet der Name des Bereichs *doctitle* und er umschließt das Dokumentelement *TITLE*. Wenn der Seitentitel nicht editierbar wäre, gäbe es auch für alle Seiten, die auf einer gemeinsamen Vorlage basieren, nur einen Titel.

Um mit einer Vorlage arbeiten zu können, müssen Sie die Vorlage zunächst öffnen. Klicken Sie entweder in der Vorlagenpalette die Schaltfläche *Vorlage öffnen* (die mittlere Schaltfläche in der unteren, rechten Ecke) an oder führen Sie in der oberen Hälfte der Palette einen Doppelklick aus.

Sobald eine Vorlage geöffnet ist, stehen zum Einrichten eines editierbaren Bereichs zwei Möglichkeiten zur Verfügung:

- Wählen Sie einen bereits vorhandenen Inhalt aus und aktivieren Sie die Option *Ändern > Vorlagen > Auswahl als editierbar markieren*.
- Um einen neuen, editierbaren Inhalt zu erstellen, setzen Sie den Cursor an die Position, an der der Inhalt erscheinen soll, und wählen dann *Ändern > Vorlagen > Neuer editierbarer Bereich*.

In beiden Fällen wird darauf hin ein Dialogfeld eingeblendet, in dem Sie aufgefordert werden, einen editierbaren Bereich zu benennen (siehe die folgende Abbildung).

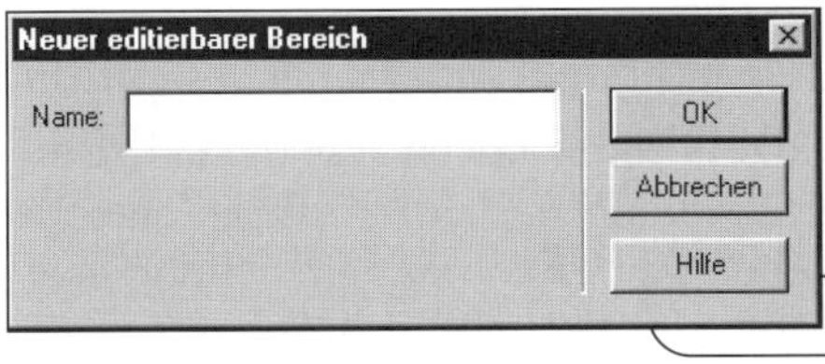

Das Dialogfeld *Neuer editierbarer Bereich*

Abb. 11.12

Weisen Sie dem editierbaren Bereich einen eindeutigen Namen zu. Mit diesem Namen können Sie es anderen Benutzern der Vorlage erleichtern, auf einem Blick zu erkennen, was hier benötigt wird.

Der ausgewählte Inhalt wird in der Vorlage hervorgehoben dargestellt. Wenn Sie einen neuen editierbaren Bereich erstellen möchten, erscheint der Name des editierbaren Bereichs zwischen geschwungenen Klammern und Sie können ihn überschreiben.

Vergewissern Sie sich, dass nicht der gesamte editierbare Bereich ausgewählt ist, wenn Sie Ihren neuen Inhalt eingeben; er wird sonst komplett gelöscht. Mit einem einmaligen Klicken wird alles ausgewählt. Klicken Sie entweder zweimal langsam hintereinander oder verschieben Sie den Cursor mit Hilfe der Richtungstasten in den Bereich.

Wenn Sie vor dem Speichern der Vorlage nicht wenigstens einen editierbaren Bereich festgelegt haben, wird eine Warnmeldung angezeigt.

Um einen editierbaren Bereich wieder in einen gesperrten Bereich umzuwandeln, wählen Sie *Ändern > Vorlagen > Markierung als editierbarer Bereich aufheben*.

Tipp

Bei jedem Speichern der Vorlage werden Sie von Dreamweaver gefragt, ob die von Ihnen vorgenommenen Änderungen zugewiesen werden sollen. Wenn Sie sich in einem Stadium befinden, in dem Sie nur Zwischenspeicherungen vornehmen, klicken Sie die Schaltfläche *Nein* an.

Vorlagen auf Seiten anwenden

Sobald eine Vorlage erstellt wurde, muss sie – um verwendet werden zu können – auf Web-Seiten angewendet werden. Das können Sie über die Schaltfläche *Anwenden* in der Vorlagenpalette durchführen. Im Allgemeinen ist es aber üblicher, einfach eine neue Datei zu erstellen, die auf der Vorlage basiert.

Wenn Sie einer Web-Seite die Vorlage über die Vorlagenpalette zuweisen möchten, öffnen Sie diese Seite und klicken dann die Schaltfläche *Anwenden* in der unteren, linken Ecke der Platte an. Sollte die Web-Seite bereits Inhalt enthalten, haben Sie folgende die Möglichkeiten: Verschieben Sie den vorhandenen Inhalt in einen der editierbaren Bereiche oder löschen Sie ihn.

Um eine neue Datei, die auf der Vorlage basiert, zu erstellen, wählen Sie *Datei > Neu von Vorlage*. Daraufhin wird das Dialogfeld *Vorlage auswählen* geöffnet, das Sie weiter unten abgebildet ist. Wählen Sie aus der Dropdown-Liste die Site aus, die die Vorlage enthält, und klicken Sie auf den Namen der gewünschten Vorlage. Klicken Sie die Schaltfläche *Auswählen* an, um die Seite zu erstellen.

Wenn Sie die Bearbeitung der editierbaren Bereiche abgeschlossen haben, speichern Sie die Web-Seite unter einem neuen Namen.

Um eine Vorlage wieder von einer Seite zu lösen, wählen Sie *Ändern > Vorlagen > Von Vorlage lösen*. Damit wird die gesamte Seite wieder editierbar.

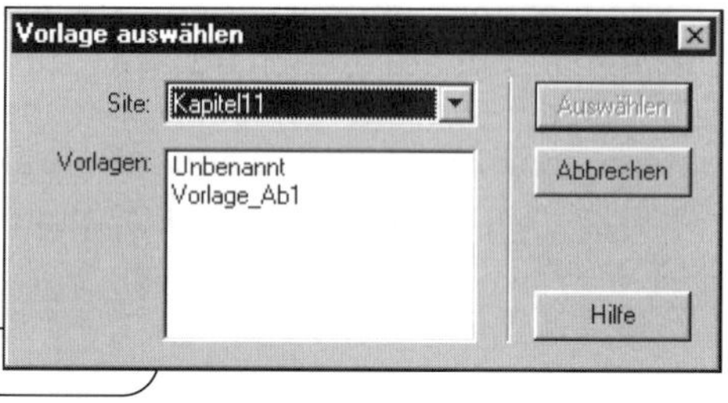

Eine Vorlage auswählen

Abb. 11.13

Die Farbmarkierungen bei Vorlagen ändern

Wenn Sie eine Vorlage erstellen oder bearbeiten, werden die editierbaren Bereiche hervorgehoben dargestellt. Bei Web-Seiten ist es genau umgekehrt, die editierbaren Bereiche sind als einzige nicht farblich markiert.

Um die Markierungsfarbe für eine Vorlage festzulegen, wählen Sie *Bearbeiten > Einstellungen* und klicken im Listenfeld *Kategorie* auf *Markierung* (dieser Vorgang wurde bereits weiter oben in diesem Kapitel im Zusammenhang mit Bibliothekselementen beschrieben). Klicken Sie das Farbfeld *Editierbare Bereiche* an oder geben Sie in das Textfeld einen Farbnamen bzw. einen Wert ein (detaillierte Informationen zur Festlegung von Farben finden Sie im Kapitel *Farben*). Belassen Sie das Kontrollkästchen *Anzeigen* aktiviert, damit die Farben auch auf der Web-Seite zu sehen sind, und klicken Sie *OK* an, um das Dialogfeld wieder zu schließen.

Vorlagen und Bibliothekselemente aktualisieren

Gewöhnlich werden Sie die automatischen Aktualisierungen akzeptieren, die ausgeführt werden, nachdem Sie eine Vorlage geändert haben. Wenn Sie die Datei nach der letzten Änderung speichern, klicken Sie die Schaltfläche *Ja* an, wenn Sie gefragt, werden, ob Sie die Änderungen allen Seiten in der Site, die die Vorlage verwenden, zuweisen möchten.

Doch was ist, wenn Sie nur einen Test mit einer einzelnen Seite ausführen wollen? In diesem Fall wählen Sie die Menüoption *Ändern > Vorlagen > Aktuelle Seite aktualisieren*. Damit werden die Änderungen ohne viel Aufhebens nur auf die aktuelle Seite bezogen.

Um Änderungen nach dem Speichern der Datei global zu veranlassen, wählen Sie *Ändern > Vorlagen > Seiten aktualisieren*. Damit rufen Sie das Dialogfeld *Seiten aktualisieren* auf (siehe die folgende Abbildung). Als Voreinstellung ist hier festgelegt, dass die ganze Site einzubeziehen ist. Wenn Sie also nach dem Aufruf des Dialogfelds nur auf die Schaltfläche *Starten* klicken, werden alle Seiten in der Site, die Vorlagen verwenden, einer Aktualisierung unterzogen. Um die Site zu ändern, die aktualisiert wird, wählen Sie aus der Dropdown-Liste mit den Site-Namen die entsprechende Site aus.

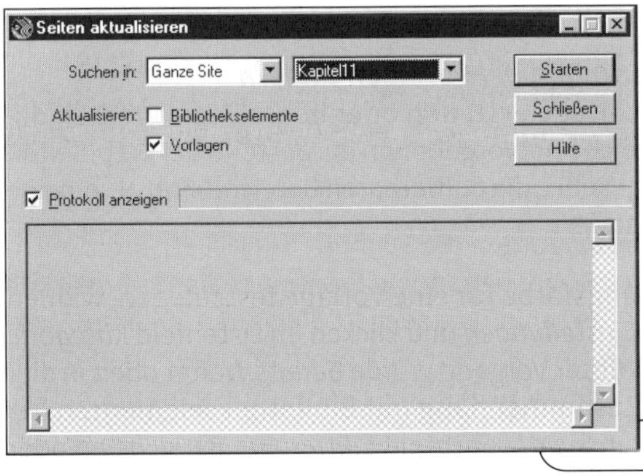

Das Dialogfeld *Seiten aktualisieren*

Abb. 11.14

Wenn Sie die Aktualisierung nur auf Seiten beschränken möchten, die eine bestimmte Vorlage verwenden, öffnen Sie das Feld *Suchen in* und wählen anstelle von *Ganze Site* die Option *Dateien mit*. Damit wird in der zweiten Dropdown-Liste nicht mehr eine Liste mit Sites, sondern eine Liste mit Vorlagen angezeigt. Klicken Sie auf die entsprechende Vorlage und aktivieren Sie die Schaltfläche *Starten*.

Wie Sie anhand der beiden Kontrollkästchen *Aktualisieren* sehen, können Sie über dieses Dialogfeld auch Bibliothekselemente anstelle von Vorlagen aktualisieren. Aktivieren Sie lediglich durch Anklicken das Kontrollkästchen *Bibliothekselemente* und deaktivieren Sie das Kontrollkästchen *Vorlagen*.

Tipp

Wenn Sie sowohl die Option *Dateien mit* ausgewählt als auch die beiden Kontrollkästchen *Bibliothekselemente* und *Vorlagen* aktiviert haben, werden trotzdem nicht Bibliothekselemente und Vorlagen berücksichtigt. Die Option kann nur mit einer einzelnen Bibliotheks- oder Vorlagendatei arbeiten. Wählen Sie dagegen die Option *Ganze Seite*, können beide aktualisiert werden.

Zusammenfassung

Dieses Kapitel behandelte den Einsatz von Bibliothekselementen, der Suchen- und Ersetzenfunktionen und von Vorlagen. Alle diese Funktionen stellen verschiedene Möglichkeiten dar, die Arbeit mit sich auf mehreren Web-Seiten wiederholenden Elementen effektiv zu gestalten.

Sie haben erfahren, wie Sie mit Hilfe der Bibliothekspalette mit Bibliothekselementen arbeiten. Wenn Sie ein Bibliothekselement erstellen, wird das Original-Bibliothekselement in einer separaten Datei gespeichert. Dadurch lassen sich Änderungen, die an dieser Datei vorgenommen wurden, an jede Web-Seite weitergeben, die das Bibliothekselement enthält. Eine Kopie des HTML-Codes im Bibliothekselement wird auf jeder Web-Seite platziert, in die das Element eingefügt wurde.

Im nächsten Schritt wurden die Suchen- und Ersetzenmöglichkeiten von Dreamweaver behandelt. Sie können damit innerhalb von Dateien nach Text und Tags suchen. Sie haben auch die Möglichkeit, die eine Reihe von Suchkriterien anzugeben, um beispielsweise nach Tags zu suchen, die bestimmte Attribute haben.

Im letzten Teil des Kapitels wurde erläutert, wie man Vorlagen erstellt und zuweist. Die Verwendung von Vorlagen garantieren ein einheitliches Design für Ihre gesamte Web-Präsentation. Alle gemeinsam verwendeten Elemente müssen nur einmal gestaltet und definiert werden. Zum Erstellen der individuellen Elemente der einzelnen Seiten ersetzen Sie einfach die dafür bereitgestellten Platzhalter. Sowohl Bibliothekselemente als auch Vorlagen können auf der Basis einer einzelnen Seite oder auf der einer ganzen Site aktualisiert werden.

Im nächsten Kapitel erfahren Sie, wie man durch den Einsatz von CSS-Stilen das Erscheinungsbild von Elementen auf Web-Seiten kontrollieren und standardisieren kann.

CSS-Stylesheets

12

Das Erscheinungsbild von Texten wird in Dreamweaver über Stylesheets gesteuert. Sie können Texte natürlich auch ohne den Einsatz von Stylesheets formatieren und in guter Handarbeit normale HTML-Stile verwenden. Doch mit Stylesheets wird Ihnen ein Feature geboten, das mit seinen vielfältigen Gestaltungsmöglichkeiten weit über einfache Formatierungen wie Kursiv- oder Fettformatierungen für Zeichen oder Farbeinstellungen für Texte hinausgeht.

In diesem Kapitel werden die CSS-Stile (Cascading Style Sheets) von Dreamweaver beschrieben. Zu Beginn des Kapitels wird erläutert, welche Gründe vorliegen, Stylesheets einzusetzen. Dann wird beschrieben, wie man Stylesheets erstellt und verwendet. Im letzten Abschnitt des Kapitels finden Sie Informationen dazu, wie Sie entfernte Stylesheets zuweisen und CSS-Stile aus Kompatibilitätsgründen zu früheren Web-Browsern, die CSS nicht unterstützen, konvertieren können.

Warum sollte man Stylesheets verwenden?

Mit dem Einsatz von Stylesheets erzielen Sie über eine gesamte Seite hinweg oder sogar auf der Basis einer ganzen Site ein hohes Maß an Kontrolle und Normierung. Stylesheets bieten große Flexibilität. So können Sie in bestimmten Situationen sogar deren globale Einstellungen überschreiben.

Wenn Sie nur für einen lokalen Textteil einen bestimmten Stil festlegen möchten, greifen Sie besser auf die guten alten HTML-Stile zu. Möchten Sie beispielsweise ein Wort oder einen Satz kursiv formatieren, verwenden Sie dazu die üblichen Methoden.

CSS ist am besten für globale Situationen zu verwenden, wo mehrere unterschiedliche Texte in einer einheitlichen, standardisierten Form gehalten werden sollen. Angenommen, Sie erstellen eine größere Web-Seite mit Dutzenden oder auch Hunderten von Seiten und Sie möchten für alle das Überschriftenformat H1 sowie die Schriftart Arial festlegen. Wenn Sie das für jede Seite per Hand erledigen müssten, wäre das ein ganz schönes Stück harte Arbeit. Mit CSS ist dies ein Kinderspiel.

Cascading Style Sheets setzen eine bestimmte Rangordnung der Stile voraus. Stylesheets können folgendermaßen angewandt werden:

- Entfernte Stylesheets können mit Seiten verknüpft werden.
- Jede Seite kann ein eigenes eingebettetes Stylesheet haben (innerhalb des HEAD-Elements).
- Innerhalb einer Seite kann ein bestimmtes Textstück einen eigenen Stil haben.

Es kann vorkommen, dass eine Instruktion mit anderen in Konflikt gerät. Wenn das passiert, muss der Designer der Web-Seiten wissen, was er zu erwarten hat.

Beispielsweise befindet sich ein entferntes Stylesheet in der Rangordnung auf der niedrigsten Ebene. Wenn eine Web-Seite sowohl ein entferntes als auch ein eingebettetes Stylesheet verwendet, hat das eingebettete im Fall eines Konflikts Vorrang. Befindet sich innerhalb der Web-Seite ein Element mit eigenen Stileinstellungen, wird dieser spezielle Stil sowohl das eingebettete als auch das entfernte Stylesheet überschreiben.

Es gibt aber auch Einstellungsüberlappungen, die ohne Konflikte miteinander auskommen. Angenommen, Sie haben ein H1-Überschriftenelement in einem Stylesheet als kursiv und in einem anderen als Rot definiert. Wenn beide Stylesheets nun dasselbe Dokument betreffen, werden die Effekte so vermischt, dass das Dokument rote, kursive H1-Elemente enthält.

Bei der Verwendung von Stylesheets ist es nicht nur damit getan, gelegentlich eine Formatierung auf lokaler Ebene zuzuweisen. Abhängig von dem Projekt, an dem Sie gerade arbeiten, kann sich der Einsatz von Stylesheets lohnen oder auch nicht. Wenn Sie eine kurze, alleinstehende Web-Seite mit einem geringen Textanteil entwerfen, dann ist das sicher keine Arbeit für CSS. Planen Sie dagegen im Rahmen größerer Projekte Sites mit mehreren Seiten, in denen Sie ein konsistentes textliches Erscheinungsbild gewährleisten möchten, können Sie mit CSS viel Zeit sparen.

Tipp

Bei der Verwendung von CSS-Stilen ist es besonders wichtig, dass Sie die Wirkung von dem, was Sie gerade tun, ganz genau im Auge haben. Wenn Sie sich nicht ganz sicher sind, experimentieren Sie lieber vorab mit einer Testseite in einem Browser, um so zu überprüfen, ob Sie die gewünschten Ergebnisse erhalten.

Stylesheets erstellen

In Dreamweaver müssen Sie sich nicht ausgiebig mit den Details und der Syntax von Stylesheets auseinandersetzen. Sie werden davon sogar weitgehend befreit. Teilen Sie dem Programm einfach mit, welche Stile Sie auf Ihrer Web-Seite verwenden möchten, und Dreamweaver kümmert sich dann um den Rest.

Die CSS-Stilpalette verwenden

Die Arbeit mit CSS beginnen Sie über die CSS-Stilpalette (siehe die folgende Abbildung). Sie können diese Palette öffnen, indem Sie im Launcher oder Mini-Launcher das Symbol *Einblenden CSS-Stile* anklicken oder indem Sie die Menüoption *Fenster > CSS-Stile* auswählen.

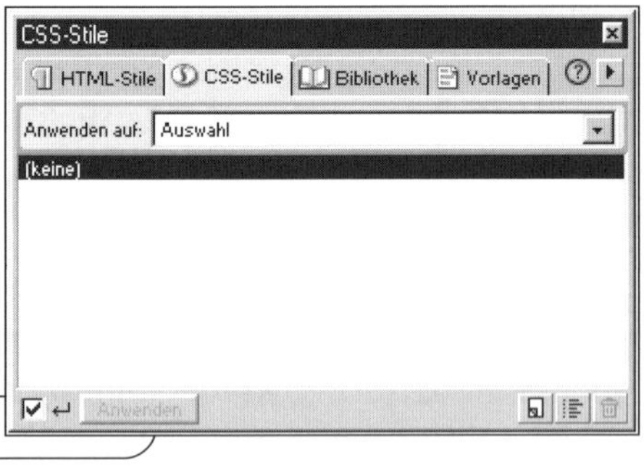

Die CSS-Stilpalette

Abb. 12.1

Am unteren Rand der CSS-Stilpalette befinden sich mehrere Schaltflächen. Die erste Schaltfläche auf der linken Seite ist die Schaltfläche *Anwenden*. Diese klicken Sie an, um einen ausgewählten Stil zuzuweisen. Wenn das Kontrollkästchen *Automatisch anwenden* links davon aktiviert ist, wird ein ausgewählter Stil automatisch angewendet und die Schaltfläche *Anwenden* wird abgedunkelt dargestellt. Am rechten unteren Rand der Palette befinden sich drei Schaltflächen:

- Die Schaltfläche *Neuer Stil* wird verwendet, um einen neuen Stil zu erzeugen.
- Die Schaltfläche *Stylesheet öffnen* wird aktiviert, wenn ein bereits vorhandenes Stylesheet geöffnet werden soll.
- Mit der Schaltfläche *Stil löschen* kann ein ausgewählter Stil gelöscht werden.

Tipp

Die CSS-Stilpalette zeigt oben vier Register an. Wenn Sie den vorhergehenden Schritten gefolgt sind, ist aktuell die CSS-Stilpalette aktiv. Über die beiden anderen Register können Sie zur HTML-Stilpalette und zur Ebenen-Stilpalette wechseln. Die drei Paletten sind zusammengefasst, um Platz zu sparen. Sie können sie aber auch trennen oder mit anderen Paletten zusammenheften.

Einen neuen Stil erstellen

Um einen neuen CSS-Stil zu erstellen, klicken Sie im oberen Bereich der CSS-Stilpalette die Schaltfläche *Neuer Stil* an, um das gleichnamige Dialogfeld aufzurufen.

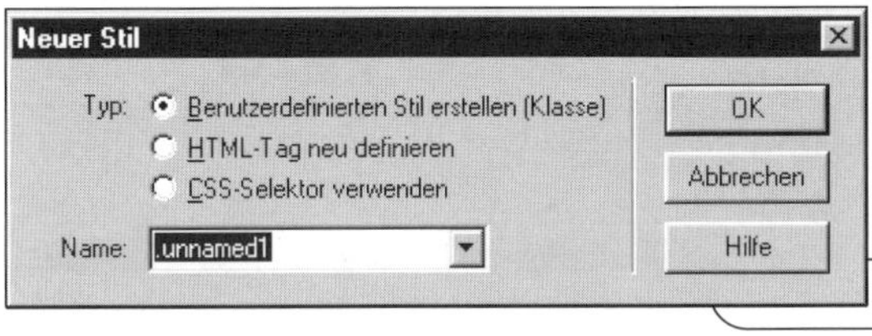

Einen neuen Stil erstellen

Abb. 12.2

Im Dialogfeld *Neuer Stil* stehen drei verschiedene Stilarten zur Verfügung:

- Sie können einem bestimmten Textbereich eine *Klasse* zuweisen. Bei der Erstellung einer Klasse vergeben Sie auch einen Namen für diese Klasse. Wenn Sie die Klasse dann bestimmten Elementen zuweisen, werden diese ebenfalls zu Mitgliedern der Klasse. Sie erhalten dann automatisch auch alle Charakteristika dieser Klasse.
- Sie können Stile durch die Neudefinition von bereits vorhandenen HTML-Elementen zuweisen.
- Sie können Werte zuweisen, die auf Selektoren basieren. Selektoren sind in entweder bestimmte Tag-Kombinationen oder Elemente, die ein spezielles ID-Attribut haben.

Im Folgenden wird mit der Neudefinition von HTML-Tags begonnen, da dieser Themenbereich der einfachste ist. Dann werden die verschiedenen Einstellungen beschrieben, die Sie für Ihre Stile vornehmen können und am Ende des Kapitels werden die Klassen- und Selektormethoden behandelt.

HTML-Tags neu definieren

Mit der Möglichkeit, HTML-Elemente neu zu definieren, steht Web-Designern ein äußerst leistungsfähiges Tool zur Verfügung. Es ist z.B. möglich, für eine große H1-Überschrift eine schmalere Schriftart auszuwählen oder kursiv gehaltene Elemente als normal gefetteten Text darzustellen. In der folgenden Abbildung können Sie diese Neudefinitionen sehen. Es gibt eigentlich keinen Grund Tags auf diese Weise neu zu definieren, obwohl es so einfach ausgeführt werden kann.

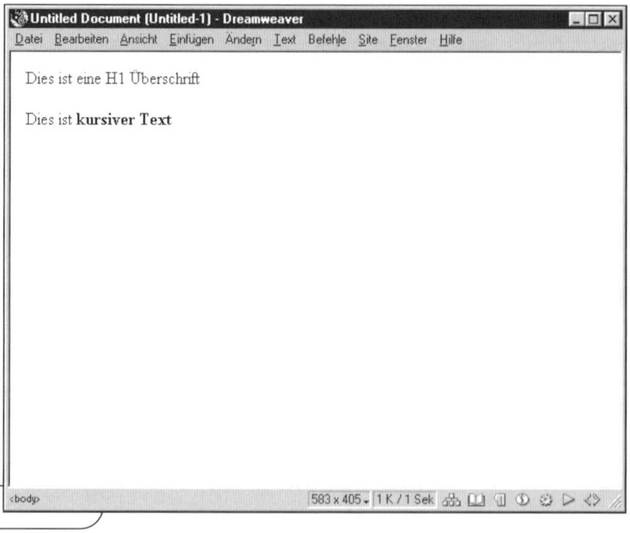

Das Setzen von H1- und I-Elemente mit CSS

Abb. 12.3

Der wirkliche Nutzen von Stylesheets liegt darin, es dem Benutzer zu ermöglichen, eine Web-Seite oder eine Web-Site schnell zu überblicken und zu verstehen sowie dem Web-Master die Verwaltung der Seiten zu erleichtern. Wenn Ihr Vorhaben diesen Kriterien nicht entspricht, sollten Sie keine Stylesheets verwenden.

Auf der anderen Seite gibt es eine Reihe von Dingen, die Sie zur Vervollkommnung von einfachem HTML mit CSS durchführen können. Angenommen, Sie möchten alle wichtigen Überschriften in Rot hervorheben oder allen Überschriftelementen eine Sans-Serif-Schriftart wie Arial zuweisen. Vielleicht möchten Sie auch für eine ungeordnete Liste eigene Aufzählungszeichen verwenden oder für Ihre normalen Absätze einen bestimmten linken Einzug festlegen.

Wenn Sie Farbeinstellungen über CSS vornehmen, müssen Sie auch mit berücksichtigen, wie sich all diese Farben auf einer Web-Seite gegenseitig beeinflussen. Eine rote Farbeinstellung beispielsweise für Überschriften höherer Ebenen eignet sich nur für alle Seiten, die keinen rötlichen Hintergrund haben.

Um mit der Neudefinition eines HTML-Tags zu beginnen, klicken Sie in der CSS-Stilpalette die Schaltfläche *Neuer Stil* an und aktivieren dann das Optionsfeld *HTML-Tag neu definieren*. Wählen Sie aus der Dropdown-Liste *Tag* im unteren Bereich des Dialogfelds ein HTML-Element aus (für die Beispiele in diesem Kapitel wird das Element *p* verwendet) und klicken Sie dann *OK* an, um das Dialogfeld *Stildefinition für p* einzublenden.

Stildefinitionen für Typ festlegen

Im Dialogfeld *Stildefinition* ist als Standardkategorie *Typ* ausgewählt (siehe die folgende Abbildung).

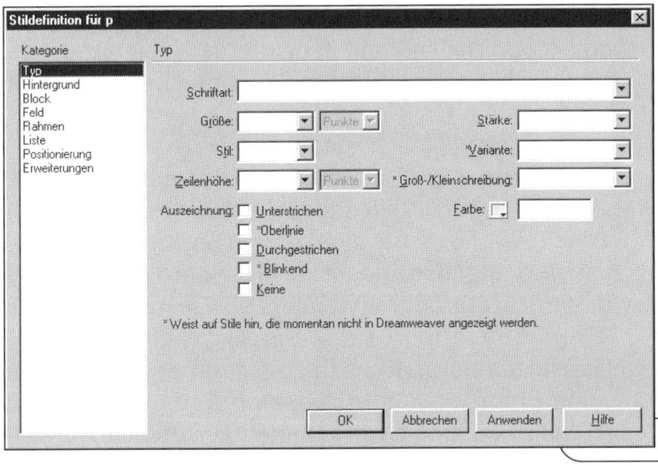

Die Kategorie *Typ* im Dialogfeld *Stildefinition*

Abb. 12.4

Diese Kategorie ermöglicht es Ihnen, eine Reihe von typografischen Charakteristiken für das Element, das Sie definieren, zu setzen:

- In der Dropdown-Liste *Schriftart* legen Sie die Schriftfamilie (Font) für das Element fest.
- In der Dropdown-Liste *Größe* können Sie die Größe entweder über eine bestimmte Zahl festlegen oder eine re-

lative Einstellung wie zum Beispiel *groß* oder *xx-klein* oder *medium* usw. treffen. Bei der Auswahl einer Zahl legen Sie die Einheiten dafür in der daneben liegenden Dropdown-Liste fest. Sie können die Größe in Pixel, Punkte, Zoll, cm, mm, Pica ems, exs und % setzen.

- Als *Stärke* können Sie *Standard, fett, fetter, weniger fett* oder einen Bereich von 100 bis 900 festlegen (100 ist am hellsten, 900 am stärksten).

- Die Einstellung *Stil* bietet drei Optionen an: *Standard, Kursiv* und *oblique*. (*oblique* wird im Netscape Navigator normal und im Internet Explorer kursiv angezeigt).

- Die Einstellung *Variante* hat nur zwei Optionen: *Standard* und *Kapitälchen*. Bei der Einstellung *Kapitälchen* werden die Zeichen in Großbuchstaben ausgegeben, wobei die Großbuchstaben im Schriftgrad (Höhe) den Kleinbuchstaben entsprechen. Nur der erste Buchstabe des Wortes ist jeweils höher. Aktuell arbeitet die Einstellung *Kapitälchen* nur mit dem Internet Explorer zusammen (sie kann auch nicht in Dreamweaver angezeigt werden).

- Die *Zeilenhöhe* kann als *Standard* belassen werden, was bedeutet, dass die Zeilenhöhe durch die Höhe der darin enthaltenen Elemente gesetzt wird. Sie können auch einen Wert angeben, indem Sie dieselben Optionen wie für die Schriftgröße verwenden. Die Einstellung für die Zeilenhöhe wird von keinem der wichtigen Web-Browser unterstützt.

- Bei *Groß-/Kleinschreibung* können Sie unter den folgendem Optionen auswählen: *Erster Buchstabe groß, Großbuchstaben, Kleinbuchstaben* und *keine*. Bei der ersten Option wird jeweils der erste Buchstabe eines Wortes in einen Großbuchstaben umgewandelt (wenn dies nicht bereits der Fall ist), auf alle anderen Buchstaben hat diese Option keine Auswirkung. Bei den beiden anderen Optionen werden alle Buchstaben im entsprechenden Text in Groß- bzw. Kleinbuchstaben gehalten. Die Option *Keine* führt nichts aus. Obwohl diese Optionen in Dreamweaver keinerlei Effekt zeigen, arbeiten sie sowohl im Netscape Navigator als auch im Internet Explorer.

- Als *Auszeichnung* stehen *Unterstrichen, Oberlinie, Durchgestrichen, Blinkend* und *keine* zur Verfügung. Die Optionsnamen erklären sich von selbst, es bedarf hier also keiner weiteren Erläuterung.

- Bei der Einstellung *Farbe* stehen die Farbpalette und das Standardfarbfeld von Dreamweaver zur Verfügung. Weitere Informationen über die Einstellung von Farben in Dreamweaver finden Sie im Kapitel *Farben*.

Die mit einem Sternchen versehenen Einstellungen wie *Variante* und *Groß-/Kleinschreibung* werden in Dreamweaver nicht angezeigt, aber sie erscheinen in einem Web-Browser, sofern dieser die Einstellungen unterstützt.

Stildefinitionen für den Hintergrund festlegen

Die Kategorie *Hintergrund* des Dialogfeldes *Stildefinition* enthält Einstellungen für die Hintergrundfarbe und für ein Hintergrundbild des Elemente, das Sie definieren (siehe die folgende Abbildung).

Bei der Einstellung *Hintergrundfarbe* finden Sie die Farbpalette und/oder das Farbfeld von Dreamweaver. Für die Einstellung *Hintergrundbild* können Sie den Quellpfad direkt eingeben oder die Schaltfläche *Durchsuchen* anklicken, um die Datei auszuwählen. Die übrigen Einstellungen beziehen sich auf das Hintergrundbild.

Tipp

Von der Dropdown-Liste für das Hintergrundbild sollten Sie am besten die Finger lassen. Es sind hier keine Bilder aufgeführt, die Sie bereits verwendet haben, und die beiden Optionen *URL* und *keine* sind im Grund genommen nutzlos. Die *URL*-Einstellung spürt keine URL auf, sondern setzt nur einen Platzhalter in den HTML-Quellcode ein. Und bevor Sie die Einstellung *keine* verwenden, können Sie auch schneller den Dateinamen im Textfeld löschen.

Über die Einstellung *Wiederholen* können Sie beeinflussen, wie oft das Hintergrundbild gekachelt wird. Nehmen Sie hier keine Angaben vor, wird die Standardkachelung verwendet, wobei das Bild über die Breite des Elements wiederholt angezeigt wird, diese Wiederholung wird auch in der nächsten Zeile fortgesetzt usw., bis die gesamte Höhe und Breite des Elements ausgefüllt ist. Mögliche Einstellungen sind: *nicht wiederholen, wiederholen, wiederholen-x* und *wiederholen-y*. *nicht wiederholen* bedeutet, dass das Bild nur einmal am Beginn des Elements angezeigt wird. *wiederholen* ist die Standardmethode und mit *wiederholen-x* wird das Bild so oft wie möglich, in der X-Dimension (von links nach rechts) wiederholt und *wiederholen-y* führt dasselbe in der Y-Dimension aus (von oben nach unten).

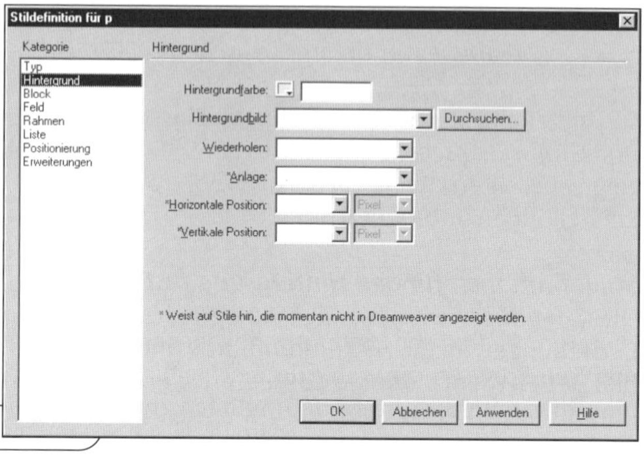

Die Kategorie *Hintergrund* im Dialogfeld *Stildefinition*

Abb. 12.5

Tipp

Eine Fortsetzung der vollständigen Anzeige der Bilder in der nächsten Zeile kann nur stattfinden, wenn dazu genügend Platz zur Verfügung steht. Ist das Bild höher als das Element, wird es abgeschnitten und Sie können nur noch einen Teil davon sehen. Ist es dagegen nur ein wenig kürzer als das Element, können Sie in der zweiten Zeile der sich wiederholenden Bilder nur den obersten Bereich des Hintergrundbildes sehen. Mit der Einstellung *Anlage* kann man theoretisch festlegen, ob das Hintergrundbild an seiner ursprünglichen Position verankert ist (*fest*) oder zusammen mit dem Inhalt abgerollt wird (*rollen*). Allerdings funktioniert dies weder im Netscape Navigator noch im Internet Explorer und es kann noch nicht mal in Dreamweaver angezeigt werden.

Die Einstellungen für die horizontale Position sind: *links, Mitte, rechts (Wert)*. Als Einheiten können Sie dabei Pixel, Punkte, Zoll, cm, mm, Pica, ems, exs und % verwenden. Die vertikale Position kann auf *oben, Mitte, unten* und *(Wert)* gesetzt werden. Es gelten hier dieselben Einheiten wie für die horizontale Position. Die Einstellungen für vertikale und horizontale Position arbeiten nur im Internet Explorer und das auch nur dann, wenn als *Wiederholen*-Einstellung *nicht wiederholen* und als *Anlage*-Einstellung *rollen* festgelegt wird.

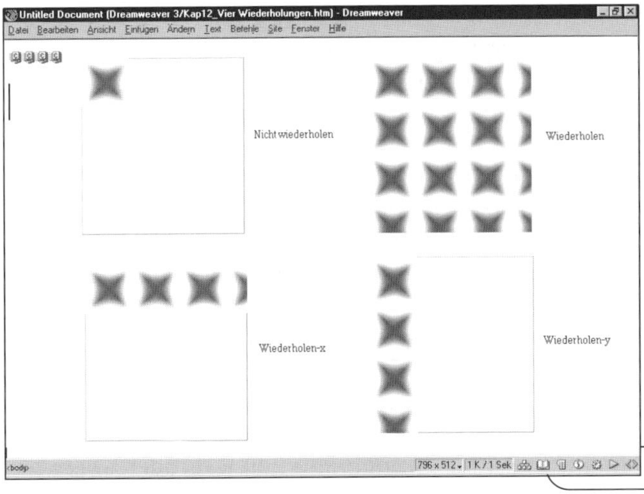

Die Einstellungen *Wiederholen* für Hintergrundbilder

Abb. 12.6

Hintergrundfarbe und Hintergrundbilder wirken in den verschiedenen Web-Browsern ein wenig unterschiedlich. Tatsächlich funktioniert dies mit CSS-Unterstützung noch am besten. So wird beispielsweise die Hintergrundfarbe für ein Absatzelement im Internet Explorer für alle Web-Seiten definiert, während es beim Netscape Navigator nur für die aktuelle Seite gilt. Deshalb sollten Sie das Erscheinungsbild der Seiten in allen Browsern testen, für die Sie Ihre Präsentation auslegen wollen.

Stildefinitionen für Block *festlegen*

Die Kategorie *Block* im Dialogfeld *Stildefinition* enthält Einstellungen zu Abstand, Ausrichtung und Einzug für das Element, das Sie definieren.

- Mit der Einstellung *Wortabstand* wird der Abstand, der zwischen den Wörtern eingefügt werden soll, festgelegt. Sie können hier einen bestimmten Wert in Einheiten von Punkten, cm, mm, Pica, Zoll, Pixel oder % angeben. Diese Einstellung funktioniert nur im Internet Explorer und kann momentan in Dreamweaver nicht angezeigt werden.

- Die Informationen für Wortabstand gelten auch für die Einstellung *Zeichenabstand*, nur dass hier der Abstand zwischen den Zeichen innerhalb eines Wortes festgelegt wird.

Die Einstellung *Vertikale Ausrichtung* bietet folgende Optionen: *Grundlinie, tiefgestellt, hochgestellt, oben, Textoberkante, Mitte, unten, Textunterkante* und *(Wert)*. Der Wert wird hier in Prozent (%) angegeben.

Die Einstellung *Textausrichtung* bezieht sich auf die horizontale Ausrichtung. Sie kann auf *links, rechts, Mitte* oder *Zentrieren* gesetzt werden. Die ersten drei Einstellungen arbeiten genauso wie normale HTML-Textausrichtungen. Bei der Einstellung *Zentrieren* wird der Text zwischen dem linken und dem rechten Rand ausgerichtet.

Mit der Einstellung *Texteinzug* legen Sie fest, wie weit die erste Zeile eingezogen werden soll. Sie können dazu die Einheiten Punkte, cm, mm, Pica, Zoll, Pixel oder % verwenden.

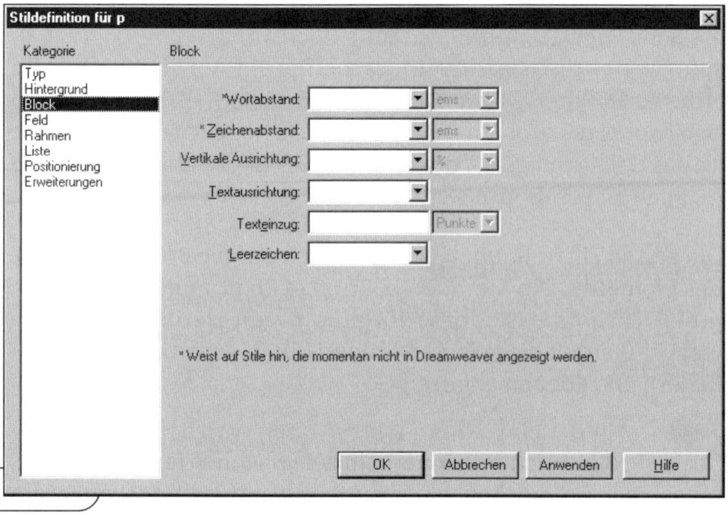

Die Kategorie *Block* im Dialogfeld *Stildefinition*

Abb. 12.7

Bei der Einstellung *Leerzeichen* stehen die Optionen *Standard, Pre* oder *kein Umbruch* zur Verfügung. Bei der Standardeinstellung werden wie bei HTML extra Leerzeichen ignoriert. Die Option *Pre* hat dieselbe Auswirkung wie die Verwendung des Elements PRE in HTML, sämtliche Leerzeichen werden also berücksichtigt. Die Option *kein Umbruch* hat zur Folge, dass der Text in einer einzelnen Zeile entlang der Web-Seite und sogar noch über den Bildschirmrand hinaus fortgesetzt wird, bis ein BR-Element (für Zeilenumbruch) angetroffen wird. Dabei wird eine Bildlaufleiste eingefügt, durch deren Anklicken man den nicht sichtbaren Text ins Blickfeld rücken kann.

Stildefinitionen für Feld festlegen

In der Kategorie *Feld* des Dialogfelds *Stildefinition* stehen für das Element, das Sie definieren, eine Reihe unterschiedlicher Optionen zur Verfügung.

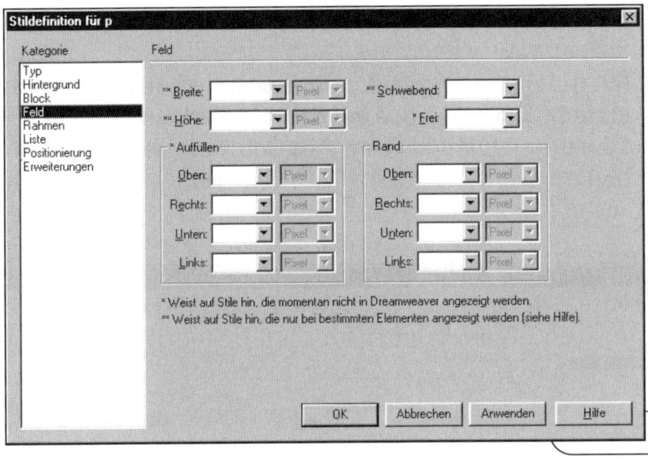

Die Kategorie *Feld* im Dialogfeld *Stildefinition*

Abb. 12.8

Die ersten Einstellungen beziehen sich auf die Breite und Höhe des Elements. Die Angaben können in Pixel, Punkten, Zoll, cm, mm, Pica, ems, exs oder % vorgenommen werden. In Dreamweaver werden diese Einstellungen nur in Zusammenhang mit Bildern und Ebenen angezeigt.

Tipp

Da der Text automatisch innerhalb der von Ihnen festgelegten Dimensionen umbrochen wird, können Sie die Positionsdaten sehr gut für die Layoutanforderungen von Magazin- und Katalogformaten einsetzen. Zusammen mit der absoluten Positionierung erzielen Sie noch bessere Effekte (siehe das Kapitel *Ebenen*).

Die Einstellung *Schwebend* bietet die Optionen *links, rechts* und *keine* an. Diese Einstellung ist identisch mit dem Attribut *align* des IMG-Attributs. *Schwebend* verschiebt das Element aus dem Seitenfluss und positioniert es am linken oder rechten Seitenrand. Weitere Informationen über die Bildausrichtung finden Sie im Kapitel 5. In Dreamweaver können mit der Einstellung *Schwebend* nur Bilder angezeigt werden.

Bei der Einstellung *frei* befinden sich dieselben Optionen wie bei der Einstellung *Schwebend*. Es können hier die Seiten definiert werden, auf denen keine Ebenen zulässig sind (siehe das Kapitel *Ebenen*). Auch die Einstellung *frei* wird in Dreamweaver nur in Zusammenhang mit Bildern angezeigt.

Die Einstellungen *Auffüllen* und *Rand* funktionieren nach demselben Prinzip wie die gleichnamigen Tabelleneinstellungen. Dank CSS können diese Funktionen auch auf andere Elemente übertragen werden. Mit *Auffüllen* wird der Abstand zwischen den inneren Ränder des Elementes und mit *Rand* der Abstand vom Elementrand und den umgebenden Elementen angegeben. Für die Einstellungen *Auffüllen* und *Rand* sind dieselben Einheiten verfügbar wie für die Breite und die Höhe.

Stildefinitionen für Rahmen festlegen

Über die Kategorie *Rahmen* im Dialogfeld *Stildefinition* können Sie nähere Angaben zu dem Rahmen für das Element, das Sie definieren, vornehmen.

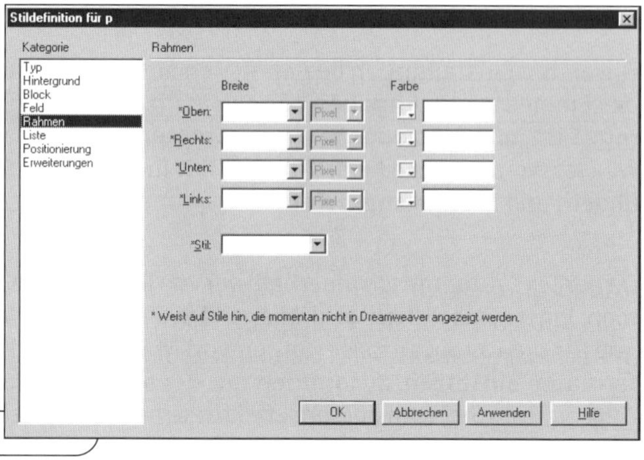

Die Kategorie *Rahmen* im Dialogfeld *Stildefinition*

Abb. 12.9

Die Breite des Rahmens kann auf *dünn, medium, dick, Auto* und *(Wert)* gesetzt werden. Die Angaben für den Wert können Sie in Pixel, Punkten, Zoll, cm, mm, Pica, ems, exs oder % vornehmen. Die Farbzuweisungen können über die Farbpalette von Dreamweaver und/oder das Farbfeld festgelegt werden. Bei den Einstellungen

Breite und *Farbe* können Sie verschiedene Werte für *Oben*, *Rechts*, *Unten* und *Links* setzen.

Bei der Einstellung *Stil* stehen verschiedene Möglichkeiten bezüglich der Linie, die den Rahmen bildet, zur Verfügung: *keine*, *gepunktet*, *gestrichelt*, *durchgehend*, *doppelt*, *Rille*, *Rippe*, *innen* und *außen*. In der folgenden Abbildung sehen Sie ein paar Beispiele für die verschiedenen Stileinstellungen.

Die Darstellung der Rahmen ist vom Browser abhängig und einige Einstellungen haben eine andere Auswirkung, als sie eigentlich sollten. Eine gepunktete Linie wird in den beiden wichtigsten Browsern beispielsweise als durchgehende Linie angezeigt.

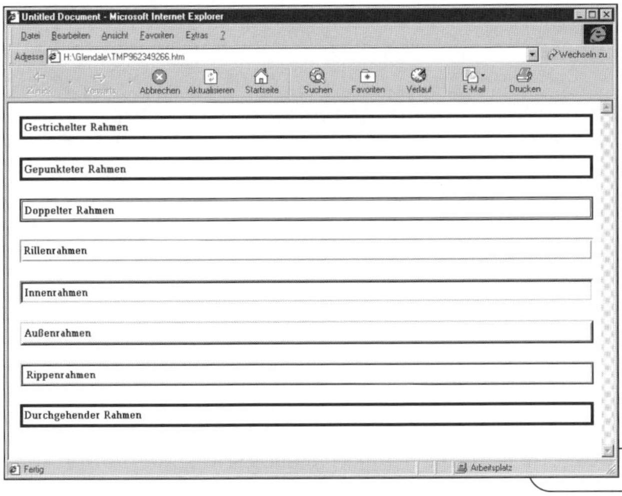

Stilfestlegungen für Rahmen

Abb. 12.10

Stildefinitionen für Listen festlegen

In der Kategorie *Liste* des Dialogfelds *Stildefinition* können Sie die Listencharakteristika für das Element, das Sie definieren, festlegen.

- Die Einstellung *Typ* bietet für Listen mit Aufzählungszeichen oder Nummerierungen verschiedene Optionen an. Dazu gehören *Listenpunkt*, *Kreis*, *Quadrat*, *dezimal*, *klein-römisch*, *groß-römisch*, *Kleinbuchstabe*, *Großbuchstabe* und *keine*.

- Über die Einstellung *Listenpunkt-Bild* haben Sie die Möglichkeit, anstelle von Aufzählungszeichen oder

Nummerierungen ein Bild einzufügen. Sie können den Quellpfad direkt eingeben oder die Schaltfläche *Durchsuchen* aktivieren.

- Mit der Einstellung *Position* können Sie festlegen, ob der Listeneintrag am Einzug (*außerhalb*) oder am Seitenrand (*innerhalb*) umgebrochen wird. Aktuell funktioniert die Einstellung *Position* nur im Internet Explorer.

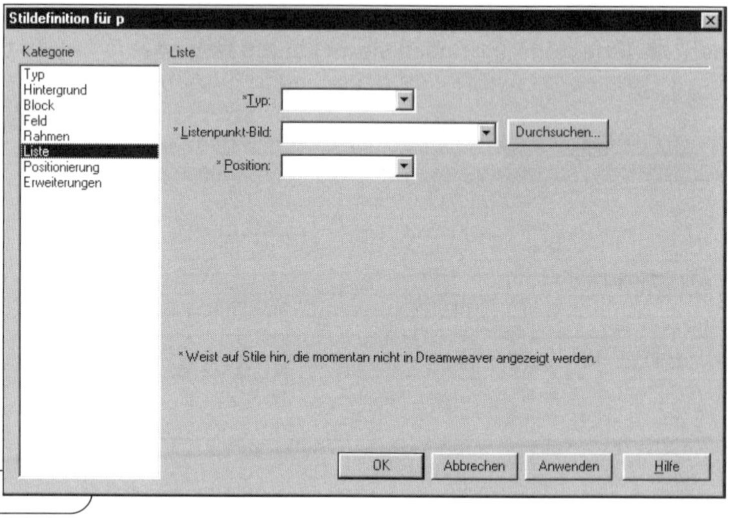

Die Kategorie *Liste* im Dialogfeld *Stildefinition*

Abb. 12.11

Stildefinitionen für Positionierung festlegen

Über die Kategorie *Positionierung* im Dialogfeld *Stildefinition* können Sie Positionscharakteristika für das Element, das Sie definieren, festlegen.

- Über die Einstellung *Typ* wird festgelegt, ob ein Element *absolut* auf einer Seite, *relativ* zu einem anderen Element oder *statisch* fixiert wie ein normales Element auf einer reinen Web-Seite positioniert wird.

- *Z-Index* bestimmt die Stapelreihenfolge der Ebenen. Ebenen mit höheren Nummern stehen über Ebenen mit kleineren Nummern.

- Über die Einstellung *Sichtbarkeit* wird definiert, ob ein Element angezeigt wird oder nicht.

- Über die Einstellung *Überlauf* werden Situationen gesteuert, in denen der Inhalt eines Element größer ist als das Element selbst.
- *Plazierung* legt Ort und Größe des Elements fest.
- Die Einstellung *Abschneiden* bildet eine Art Gegensatz zu der Option *Überlauf*. Damit kann der sichtbare Teil des Elements verkleinert werden.

Eine ausführliche Beschreibung der absoluten Positionierung und der Z-Indexreihenfolge finden Sie im Kapitel *Ebenen*.

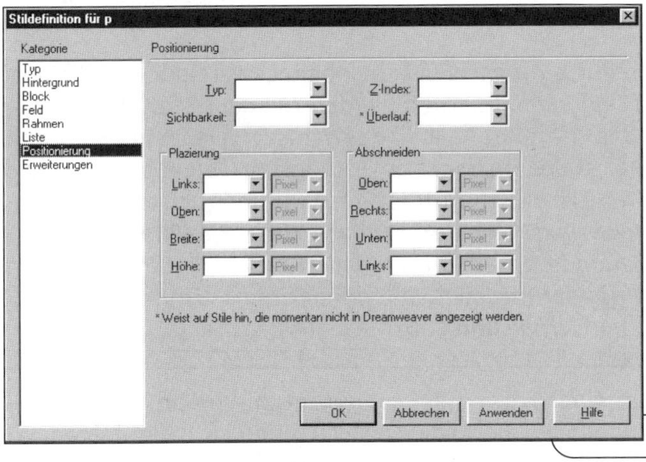

Die Kategorie *Positionierung* im Dialogfeld *Stildefinition*

Abb. 12.12

Stildefinitionen für Erweiterungen festlegen

In der Kategorie *Erweiterungen* im Dialogfeld *Stildefinition* haben Sie die Möglichkeit, ein paar Charakteristika einzustellen, die entweder für den Internet Explorer spezifisch sind oder bis jetzt von keinem anderen Browser unterstützt werden.

Die Einstellung *Seitenumbruch* kann gegenwärtig nicht aktiviert werden und wird möglicherweise von künftigen Browsern unterstützt. Anstatt die Seitenumbrüche an den vorgesehenen Positionen akzeptieren zu müssen, wird dann die Möglichkeit geboten, sie über die in dieser Dropdown-Liste enthaltenen Optionen in logische Segmente aufzuteilen.

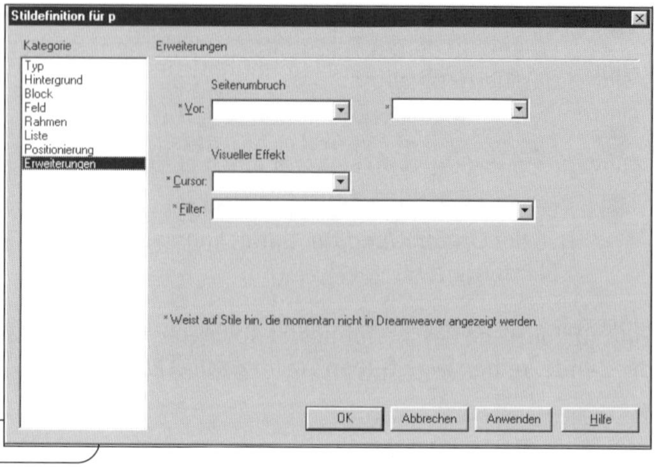

Die Kategorie *Erweiterungen* im Dialogfeld *Stildefinition*

Abb. 12.13

Die Einstellung *Visueller Effekt* beinhaltet zwei Optionen, die vom Internet Explorer unterstützt werden. Mit der ersten Option können Sie das Erscheinungsbild des Mauszeigers festlegen, wenn sich dieser über dem vom Stil gesteuerten Objekt befindet. Die Dropdown-Liste enthält folgende Wahlmöglichkeiten: *Hand*, *Fadenkreuz*, *Text*, *Warten*, *Standard*, *Hilfe*, *e-Größenänderung*, *ne-Größenänderung*, *n-Größenänderung*, *nw-Größenänderung*, *w-Größenänderung*, *sw-Größenänderung*, *s-Größenänderung*, *se-Größenänderung* und *Auto*.

Die zweite für den Internet Explorer spezifische Einstellung – *Filter* – wendet Spezialeffekte für Web-Seiten an. In der folgenden Tabelle werden die verfügbaren Filter und ihre Auswirkungen kurz beschrieben.

Tabelle 12.1

Über die Einstellung *Erweiterungen* zugängliche Filter im Internet Explorer

Filter	Effekt
Alpha	Lässt Vordergrund- und Hintergrundelemente farblich verschmelzen.
BlendTrans	Überlagert nach und nach eine vorhandene Seite mit einer neuen.
Blur	Verzerrt ein Element und erweckt so den Anschein einer schnellen Bewegung (Verwischeffekt).
Chroma	Definiert eine Farbe als transparent.
DropShadow	Fügt dem Text einen Schatteneffekt (3D) hinzu.

Tabelle 12.1 - Fortsetzung

Filter	Effekt
FlipH	Spiegelt das Element horizontal.
FlipV	Spiegelt das Element vertikal.
Glow	Fügt dem Element einen glühenden Rand (Strahlenkranz) hinzu.
Gray	Entfernt alle Farbinformationen und wandelt sie in Graustufen um.
Invert	Invertiert farbige Elemente.
Light	Richtet bis zu zehn Lichtquellen für ein Element ein.
Mask	Stellt alle transparenten Farben auf undurchsichtig (*opaque*) und umgekehrt ein.
RevealTrans	Zeigt nach und nach die neue Seite an.
Shadow	Fügt dem Text einen Schatteneffekt hinzu (kein 3D-Effekt).
Wave	Fügt eine wellenförmige Verzerrung hinzu.
Xray	Reduziert ein Farbbild auf Schwarz und Weiß.

Benutzerdefinierte Stile erstellen (Klasse)

Neben der Möglichkeit HTML-Tags neu zu definieren, können Sie auch Stile erstellen, die auf einen beliebigen Text im Dokument angewandt werden können, unabhängig davon, welche Tags den Text steuern. Sie können damit z.B. auf einer Seite mit mehreren gleichen Elementen einem dieser Elemente einen besonderen Stil zuweisen, ohne die anderen Elemente zu beeinflussen. Die Definition solcher Stile erfolgt über die Erstellung einer Klasse.

Eine Klasse setzt sich aus einer speziellen Gruppe von Einstellungen zusammen. Bei der Erstellung einer Klasse vergeben Sie einen Namen für die Klasse. Wenn Sie die Klasse dann bestimmten Elementen zuweisen, werden diese ebenfalls zu Mitgliedern der Klasse. Sie erhalten dabei automatisch alle Charakteristika dieser Klasse. Sie können beispielsweise einen Stil mit dem Namen *MakeItRed* definieren, der die Schriftartenfarbe für alle Mitglieder der Klasse auf Rot setzt.

Einen Klassenstil erstellen

Um einen Klassenstil zu erstellen, klicken Sie in der CSS-Stilpalette die Schaltfläche *Neuer Stil* an und aktivieren dann das Optionsfeld *Benutzerdefinierten Stil erstellen (Klasse)*. Sie müssen daraufhin der Klasse einen eindeutigen Namen zuweisen (siehe die folgende Abbildung).

Tipp

Klassennamen beginnen immer mit einem Punkt. Sie brauchen sich um dieses Detail jedoch keine weiteren Gedanken zu machen, da Dreamweaver den Punkt automatisch einfügt, sollten Sie ihn vergessen.

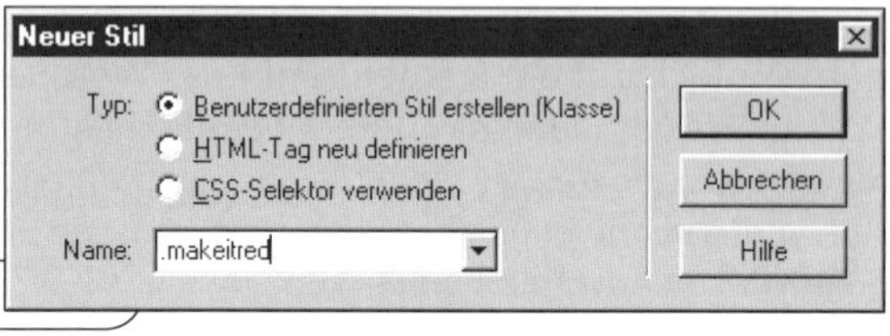

Einer Klasse einen eindeutigen Namen zuweisen

Abb. 12.14

Wenn Sie die Schaltfläche *OK* anklicken, wird das Dialogfeld *Stildefinition* geöffnet. In diesem Dialogfeld definieren Sie einen Klassenstil genauso wie ein HTML-Tag, was in den vorhergehenden Abschnitten ausführlich beschrieben wurde.

Ist ein Klassenstil fertig erstellt, wird der Name des Stils in der CSS-Stilpalette angezeigt.

Der Name der neuen Klasse in der Stilpalette

Abb. 12.15

Einen Klassenstil anwenden

In der CSS-Stilpalette werden nur Klassenstile aufgelistet, da sie die einzigen sind, die Sie auf einer individuellen Basis zuweisen können. Tag-Neudefinitionen und Selektorstile werden automatisch auf eine gesamte Seite angewandt.

Zunächst ist in der Liste der verfügbaren Stile nur *(keine)* aufgeführt. Das beruht nicht nur auf der Tatsache, dass Sie bisher keine Stile erstellt haben, sondern Sie können mit *(keine)* auch Stile entfernen. Wenn Sie *(keine)* auf ein Element anwenden, werden von diesem Element alle Stile entfernt, die das Element aktuell beinhaltet.

Nachdem Sie einen Klassenstil erstellt haben, können Sie den Stil ganz einfach auf ein Element auf Ihrer Web-Seite anwenden. Wählen Sie das Element aus (oder ein Textsegment) und klicken Sie den Namen des Klassenstils an. Wenn das Kontrollkästchen *Automatisch anwenden* deaktiviert ist, müssen Sie auch noch die Schaltfläche *Anwenden* anklicken.

Einen Klassenstilnamen ändern

Der Name eines Klassenstils kann nicht direkt geändert werden, doch es gibt einen kleinen Umweg dorthin:

1. Klicken Sie im unteren Bereich der CSS-Stilpalette auf die Schaltfläche *Stylesheet öffnen*.
2. Wählen Sie im Dialogfeld *Stylesheet bearbeiten* den Klassenstil aus, dessen Namen Sie ändern möchten.
3. Klicken Sie die Schaltfläche *Duplizieren* an.
4. Geben Sie in dem daraufhin eingeblendeten Dialogfeld *Duplizierter Stil* den neuen Namen ein (siehe die folgende Abbildung).

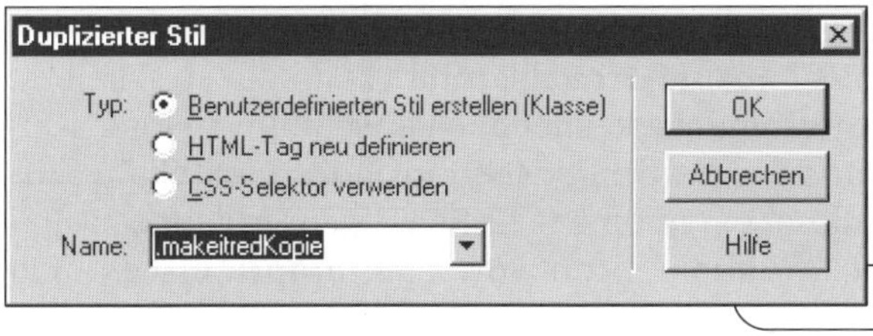

Den Klassenstilnamen ändern

Abb. 12.16

5 Bestätigen Sie mit *OK*.

6 Im Dialogfeld *Stylesheet bearbeiten* wählen Sie dann den Originalklassenstil aus.

7 Klicken Sie die Schaltfläche *Entfernen* an. Der Originalklassenstil wird gelöscht.

Wenn Sie die Schaltfläche *Entfernen* anklicken, hat das endgültige Auswirkungen. Es gibt keinen Warnhinweis oder eine Option, die es ermöglicht, die Aktion abzubrechen. Der Stil ist unwiderruflich gelöscht.

8 Klicken Sie die Schaltfläche *Fertig* an.

CSS-Selektoren verwenden

Interessanterweise sind die CSS-Selektoren unter den CSS-Stiltypen sowohl die vielseitigsten als auch die begrenztesten. Sie können nur auf ein einzelnes Element Auswirkung haben oder sie können alle Kombinationsarten von unterschiedlichen, miteinander verschachtelten Elementen abdecken.

Um einen Selektorstil zu erstellen, klicken Sie in der CSS-Stilpalette die Schaltfläche *Neuer Stil* an und aktivieren dann das Optionsfeld *CSS-Selektor verwenden*. Sie müssen auch hier dem Stil einen eindeutigen Namen zuweisen. An dieser Stelle kann die Verwendung von Selektoren allerdings ein wenig komplexer werden als die der anderen Stiltypen.

Der Name, den Sie dem Stil zuweisen, bewirkt, wie dieser Stil arbeitet. Wenn der von Ihnen vergebene Name das eindeutige ID-Attribut des entsprechenden Elements ist, dann ist das ID-Attribut der Selektor und der Stil wird nur auf dieses eine Element angewandt. Vor der ID muss ein Nummernzeichen (#) eingegeben werden. Wenn das ID-Attribut beispielsweise *calendar* ist, geben Sie *#calendar* als Selektor ein. Dreamweaver nimmt Ihnen diese Arbeit nicht ab und der Selektorstil kann nur so arbeiten. Das ist eine der weniger bestechenden Verwendungsmöglichkeiten von CSS und Sie greifen besser auf normale, lokale Stiltechniken für dieses eine Element zu. Benötigen Sie dennoch einige speziellen Möglichkeiten von CSS, empfiehlt es sich wahrscheinlich eher, eine Klasse zu erstellen und diese Klasse anzuwenden.

Wenn Sie jedoch stattdessen die Namen von HTML-Elementen verwenden, können Sie mit Selektoren einen weiten Bereich möglicher Situationen kontrollieren. Sie müssen die Containerbeziehung von links nach rechts festlegen. Angenommen, Sie möchten innerhalb von großen Überschriften alle Kursivtexte so ändern, dass diese rot hervorgehoben werden. In diesem Fall würden Sie im Feld *Selektor* des Dialogfelds *Neuer Stil* **H1 I** eingeben.

Tipp

Damit der Stil arbeiten kann, muss ein Leerzeichen zwischen jeden Tag eingefügt werden. Wenn Sie zum Beispiel nach allen B-Elementen innerhalb eines P-Elements suchen möchten, müssen Sie **P B** eingeben. Fügen Sie zwischen P und B kein Leerzeichen ein, würden Sie dem Web-Browser mitteilen, nach einem nicht vorhandenen PB-Element zu suchen.

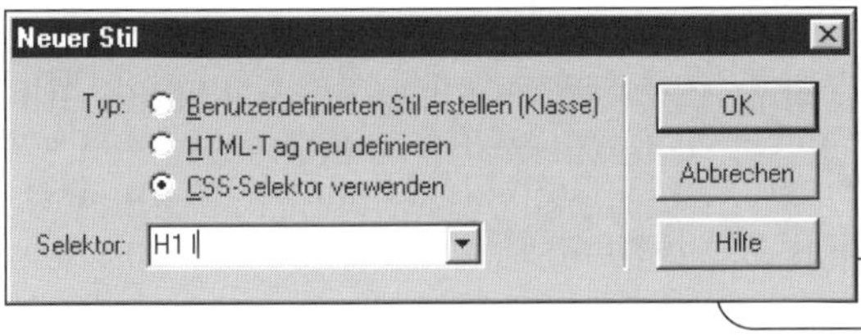

Einen Selektor eingeben

Abb. 12.17

Wenn Sie die Schaltfläche *OK* anklicken, wird das Dialogfeld *Stildefinition* geöffnet. In diesem Dialogfeld können Sie die Eigenschaften für den Stil genauso wie für die anderen Stile festlegen.

Stylesheets bearbeiten

Nachdem Sie einen Stil erstellt haben, können Sie dessen Eigenschaften auch einfach wieder ändern. Öffnen Sie zunächst das Dialogfeld *Stylesheet bearbeiten*, indem Sie die Schaltfläche *Stylesheet öffnen* anklicken.

Tipp

Bevor irgendwelche Stile erstellt wurden, sind im Dialogfeld *Stylesheet bearbeiten* nur die Schaltflächen *Verknüpfen* und *Neu* aktivierbar. Mit der Schaltfläche *Neu* kann ein neuer Stil erstellt werden und mit der Schaltfläche *Verknüpfen* können Sie eine Verbindung zu einem entfernten Stylesheet herstellen, wie im nächsten Abschnitt erläutert wird.

Das Dialogfeld *Stylesheet bearbeiten*

Abb. 12.18

Wenn Sie aus der Liste einen Stil auswählen, werden Details zu diesem Stil im unteren Bereich des Dialogfelds angezeigt. Durch Anklicken der Schaltfläche *Bearbeiten* rufen Sie das Dialogfeld *Stildefinition* auf, in dem Sie die gewünschten Änderungen an dem Stil vornehmen können (das Dialogfeld lässt sich auch durch einen Doppelklick auf den Stilnamen öffnen).

Möchten Sie einen ausgewählten Stil kopieren (z.B., um diese Kopie als Basis für einen neuen Stil zu verwenden), klicken Sie die Schaltfläche *Duplizieren* an. Um einen Stil wieder zu löschen, klicken Sie die Schaltfläche *Entfernen* an.

Entfernte Stylesheets verwenden

Der Hauptvorteil der Verwendung von entfernten Stylesheets liegt darin, dass Sie ein entferntes Stylesheet vielen Seiten einer Site zuweisen können. Darüber hinaus haben Sie die Möglichkeit, ein entferntes Stylesheet für eine separate Seite wiederzuverwenden, ohne die Einstellungen manuell wieder vornehmen zu müssen.

Stylesheets verknüpfen und importieren

Dreamweaver bietet Optionen für den Import von sowie für die Verknüpfung mit entfernten Stylesheets an. Bei der Importoption wird die CSS-Datei als ein Teil des HTML-Dokuments eingebettet. Diese Herangehensweise ist nicht unbedingt zu bevorzugen. Sie sollten stattdessen die Verknüpfungsoption verwenden, bei der die externe Datei außerhalb belassen wird, deren Einstellungen aber in den verknüpften Web-Seiten benutzt werden können. Bei einer Verknüpfung werden alle Änderungen an der entfernten CSS-Datei automatisch auf alle Web-Seite übertragen, die damit verbunden sind.

Tipp

Die Importoption ist speziell dann nützlich, wenn Sie mehrere separate CSS-Dateien mischen möchten. Weitere Informationen dazu finden Sie in den Tipps weiter unten in diesem Kapitel.

Die Schritte zur Erstellung eines entfernten Stylesheets und zur Herstellung einer Verknüpfung zu einem entfernten Stylesheet sind identisch.

1. Klicken Sie in der CSS-Stilpalette die Schaltfläche *Stylesheet öffnen* an.

3. Aktivieren Sie im Dialogfeld *Stylesheet bearbeiten* die Schaltfläche *Verknüpfen*.

3. Klicken Sie im Dialogfeld *Entferntes Stylesheet hinzufügen* entweder das Optionsfeld *Verknüpfung* oder das Optionsfeld *Import* an.

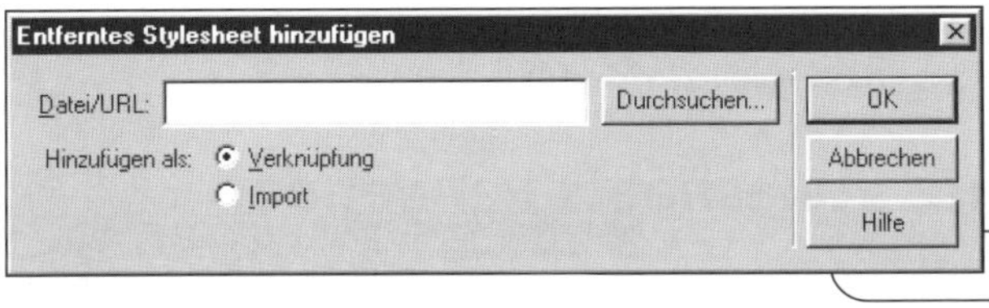

Das Dialogfeld *Entferntes Stylesheet hinzufügen*

Abb. 12.19

4. Geben Sie den Pfad und den Dateinamen für eine vorhandene CSS-Datei an oder klicken Sie die Schaltfläche *Durchsuchen* an. Wenn Sie einen Dateinamen eingeben, müssen Sie die Erweiterung *.css* mit einbeziehen. Geben Sie hier den Namen einer nicht vorhandenen CSS-Datei an, wird diese erstellt.

5. Klicken Sie *OK* an.

Das Stylesheet wird nun im Dialogfeld *Stylesheet bearbeiten* in der Liste aufgeführt.

Entfernte Stylesheets bearbeiten

Ein entferntes Stylesheet können Sie praktisch genauso bearbeiten wie ein eingebettetes, was weiter oben in diesem Kapitel im Abschnitt *Stylesheets bearbeiten* beschrieben wurde. Bei der Bearbeitung eines entfernten Stylesheets müssen Sie allerdings noch einen Zwischenschritt einbeziehen.

Nachdem Sie den Namen des entsprechenden Stylesheets aus dem Dialogfeld *Stylesheet bearbeiten* ausgewählt und die Schaltfläche *Bearbeiten* angeklickt haben, wird ein weiteres Bearbeitungsdialogfeld eingeblendet, das das erste überlagert. In diesem neuen Dialogfeld wird im oberen Bereich der Name des Stylesheets aufgeführt. Nehmen Sie die gewünschten Änderungen an dem Stylesheet vor und klicken Sie dann die Schaltfläche *Speichern* an. Das Programm wechselt anschließend wieder zu dem regulären Dialogfeld *Stylesheet bearbeiten*.

Einfache CSS-Tricks anwenden

Obwohl Sie im Allgemeinen nur ein externes Stylesheet mit einer Web-Seite oder eine Reihe von Web-Seiten verknüpfen werden, gibt es doch noch eine paar ungewöhnliche Verfahren, die mit CSS möglich sind.

Mehrere Stylesheets zuweisen

Sie können mehrere entfernte Stylesheets mit einem einzelnen HTML-Dokument verbinden. Führen Sie dazu die gleichen Schritte wie beim Verknüpfen einer CSS-Datei aus und wiederholen Sie diesen Prozess so oft wie erforderlich.

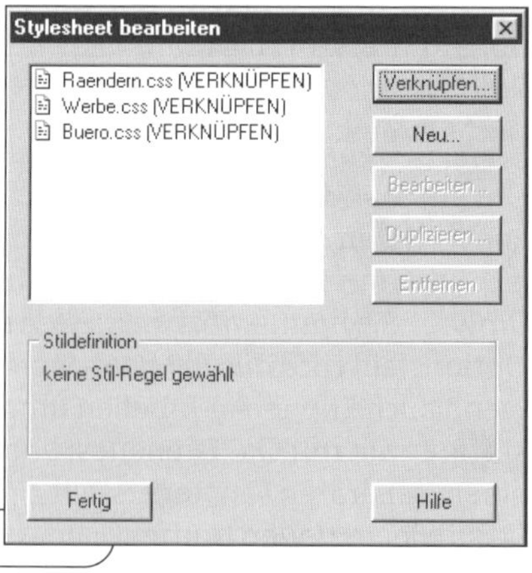

Mehrere entfernte Stylesheets, die mit einem Dokument verbunden sind

Abb. 12.20

Tipp

Das erste entfernte Stylesheet ist in der Rangordnung am niedrigsten und das letzte am höchsten angesiedelt.

Stylesheets kombinieren
In Dreamweaver gibt es auch die Möglichkeit, ein entferntes Stylesheet zu einem anderen hinzuzufügen. Die Importoption für das Verknüpfen einer CSS-Datei mit einer Web-Seite kann auch dazu verwendet werden, zwei oder mehrere CSS-Dateien miteinander zu vermischen. Dabei importieren Sie nur ein Stylesheet, haben aber die Effekte, die in mehreren Stylesheets stecken.

Um Stylesheets zu kombinieren, importieren Sie zunächst eine CSS-Datei und klicken dann *Stylesheet öffnen* an. Wählen Sie im Dialogfeld *Stylesheet bearbeiten* die importierte CSS-Datei aus und klicken Sie die Schaltfläche *Verknüpfen* an. Damit wird das Dialogfeld *Entferntes Stylesheet hinzufügen* aufgerufen, in dem Sie eine andere Datei in die erste importieren können.

Obwohl es relativ einfach ist, eine Vielzahl von Stilen zu kombinieren, gibt es einen Nachteil bei der Verwendung von sehr komplexen Stileinstellungen. Wenn mehrere CSS-Dateien, eingebettete Stylesheets und lokale Stile zusammenkommen, ist es schwierig herauszufinden, welche Stile sich auf ein spezielles Element der Web-Seite potentiell auswirken könnten.

Stylesheets konvertieren

CSS ist eine relativ neue Technologie. Und das ist auch deren Nachteil, denn CSS wird nur von Browsern der Versionen 4 und höher unterstützt. Dreamweaver bietet eine Lösung für dieses Problem an: CSS kann in reguläre HTML-Formatierungen konvertiert werden.

Um ein Stylesheet, das mit der aktuellen Seite verknüpft ist, zu konvertieren, wählen Sie die Menüoption *Datei > Konvertieren > 3.0 Browser-kompatibel*. Daraufhin wird das Dialogfeld *3.0 Browser-Kompatibilität herstellen* angezeigt. Aktivieren Sie das Optionsfeld *CSS-Stile in HTML-Markup*. Sie können *Beide* wählen, wenn auch Ebenen in Tabellen umgewandelt werden sollen. Bestätigen Sie mit *OK*. Ein neues, unbenanntes Dokument wird in einem separaten Fenster erstellt. Speichern Sie dieses Dokument unter einem neuen Namen.

Ein Stylesheet konvertieren, damit es zu Browsern der Version 3.0 kompatibel ist

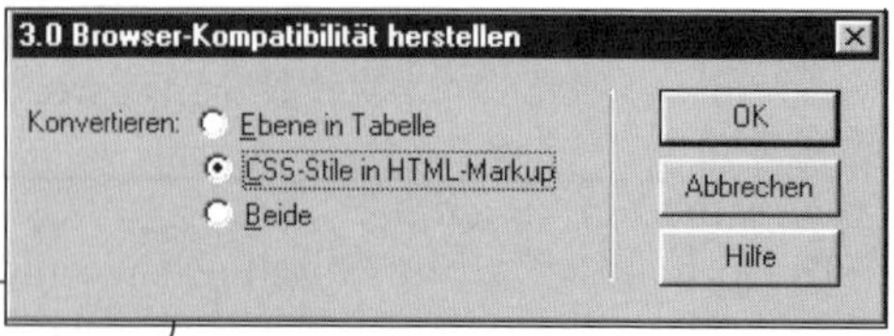

Abb. 12.21

Zusammenfassung

In diesem Kapitel wurde erläutert, wie Sie mit Hilfe von CSS-Stilen das Erscheinungsbild Ihrer Web-Seiten steuern und kontrollieren können.

Sie haben erfahren, dass durch die Möglichkeit, HTML-Elemente neu zu definieren, Web-Designern ein äußerst leistungsfähiges Tool zur Verfügung steht. Bei der Rangordnung der Stile befindet sich das entfernte Stylesheet auf der niedrigsten Ebene.

Es wurde ausführlich beschrieben, wie Sie die drei verschiedenen Stiltypen erstellen können, die Dreamweaver bietet. Mit der Neuzuweisung von HTML-Tags steht Ihnen eine direkte Möglichkeit zur Verfügung, allgemeine Stile für Seitenelemente zu erstellen. Mit Hilfe von Klassen können Sie Stile für individuelle Elemente und sogar für einzelne Zeichen erzeugen. CSS-Selektoren wenden Stile für Elemente an, die bestimmten Bedingungen unterliegen – sie sind z.B. innerhalb von anderen Elementen enthalten oder sie haben ein bestimmtes ID-Attribut.

Als Nächstes wurde dargestellt, wie entfernte Stylesheets verknüpft, importiert und bearbeitet werden. Dabei wurden auch ein paar „Tricks" gezeigt, die Sie in Zusammenhang mit entfernten Stylesheets einsetzen können – mehrere Stylesheets einem einzelnen Dokument zuweisen und Stylesheets vermischen.

Abschließend haben Sie erfahren, wie Sie CSS-Stile in reguläre HTML-Formatierung konvertieren können, um eine Kompatibilität zu früheren Browser-Versionen herzustellen.

Im nächsten Kapitel wird erläutert, wie Sie Ebenen für die absolute Positionierung und für Animationen verwenden können.

13 Ebenen

Ebenen stellen ein weiteres Element dar, das Sie in Web-Seiten einfügen und damit Ihr Design erweitern können. Ebenen ermöglichen das Positionieren von Elementen im Vorder- bzw. Hintergrund und das Hinzufügen von Animationen zu Web-Seiten.

In diesem Kapitel erfahren Sie, wie Ebenen eingefügt und deren Eigenschaften angepasst werden. Außerdem wird besprochen, wie mit dem Zeitleisten-Inspector Ebenen animiert werden können.

Was sind Ebenen?

Sie werden sicher nicht allzu überrascht sein, dass in der oft ziemlich zersplitterten Welt von HTML mehrere Definitionen des Begriffs „Ebene" existieren. Die meisten Web-Designer werden zwar darin übereinstimmen, dass Ebenen im Grunde genommen Miniatur-Web-Seiten innerhalb von Gesamtseiten darstellen. Darüber hinausgehende Definitionen lösen aber große Kontroversen aus.

Die erste Ebene war ein Netscape-spezifisches Erweiterungselement, das passenderweise LAYER genannt wurde. Wie das Inline-Gegenstück ILAYER gestattete es Web-Designer, einen separaten Teil einer Web-Seite festzulegen, dessen Position und Sichtbarkeit gesteuert werden konnte. Das ursprüngliche Element war sehr kompliziert, aber es bahnte den Weg für einfachere Nachfolger. Das Element LAYER gibt es aus Gründen der Abwärtskompatibilität immer noch und es wird auch von Dreamweaver unterstützt.

Tipp

Mit dem Tag LAYER lassen sich erstaunliche Spezialeffekte erzeugen. Den Mauszeigereffekt *Stars* müssen Sie einfach gesehen haben. Sie können diesen Effekt unter der Adresse *http://javascript.internet.com/miscellaneous/stars.html* begutachten.

Die Verwendung der CSS-Eigenschaften der Elemente DIV und SPAN ist die neuere und flexiblere Methode zum Erzeugen von Ebenen. Diese Technik hat den Segen des W3C (World Wide Web Consortium) und wird sowohl vom Internet Explorer als auch vom Netscape Navigator unterstützt. Irgendwann in ferner Zukunft werden alle wichtigen Web-Browser den vollständigen Funktionsumfang von CSS unterstützen. Wenn das passiert, können Sie anhand der in diesem Kapitel beschriebenen Methoden alle Elemente, nicht nur die Elemente DIV und SPAN, positionieren.

Ebenen einfügen

Es gibt drei Methoden zum Einfügen von Ebenen: zwei verwenden die Objektpalette und eine die entsprechende Menüoption. Ebenen werden nach dem Einfügen in der Ebenenpalette angezeigt.

Das Menü verwenden

Die Menümethode zum Einfügen von Ebenen ist die eingeschränkteste. Dabei wird einfach an der aktuellen Cursor-Position in der Web-Seite eine Ebene platziert. Setzen Sie dazu den Cursor an die gewünschte Position in der Seite und wählen *Einfügen > Ebene*.

Sofort nach dem Einfügen wird der Cursor automatisch in die neue Ebene gesetzt. Das bewirkt, dass jede weitere Ebene, die Sie mit der Menümethode direkt anschließend einfügen, in der vorherigen Ebene verschachtelt wird. Dieses Problem tritt bei den Objektpalettenmethoden nicht auf. Im Abschnitt *Ebenen verschachteln* weiter unten in diesem Kapitel erfahren Sie Näheres über Beziehungen von Ebenen.

Die Objektpalette verwenden

Von der Objektpalette können Sie eine Ebene entweder an eine beliebige Position in einer Web-Seite, die bereits HTML-Elemente enthält, ziehen oder direkt auf die Web-Seite zeichnen. Für beide Methoden wird die Schaltfläche *Ebene zeichnen* der Seite *Allgemein* der Objektpalette verwendet.

Bei der ersten Methode klicken Sie die Schaltfläche *Ebene zeichnen* an und ziehen, während Sie die Maustaste gedrückt halten, die Ebene an die gewünschte Position auf der Seite. Die Schaltfläche *Ebene zeichnen* bleibt so lange aktiv, bis Sie die Maustaste wieder loslassen. Wenn Sie die Schaltfläche versehentlich angeklickt haben, drücken Sie die Taste [Esc], um sie wieder zu deaktivieren.

Eingefügte und gezogene Ebenen erhalten immer die aktuellen Standardwerte. Im Abschnitt *Voreinstellungen für Ebenen festlegen* weiter unten in diesem Kapitel finden Sie ausführliche Erläuterungen zum Ändern der Standardwerte. Gezeichnete Ebenen haben, außer der Höhe und Breite, die Sie während des Zeichnens bestimmen, dieselben Voreinstellungen wie mit den beiden anderen Methoden erstellte Ebenen.

Um eine Ebene zu zeichnen, gehen Sie folgendermaßen vor:

1. Klicken Sie die Schaltfläche *Ebene zeichnen* an und lassen Sie die Maustaste wieder los.

2. Setzen Sie den Mauszeiger an die Position auf der Seite, an der eine Ecke der neuen Ebene platziert werden soll.

3. Drücken Sie die Maustaste, halten Sie sie gedrückt und ziehen Sie den Mauszeiger an die Stelle, an der die entgegengesetzte Ecke der Ebene liegen soll. Der Umriss der Ebene wird entsprechend der Bewegung des Mauszeigers vergrößert oder verkleinert (siehe die folgende Abbildung).

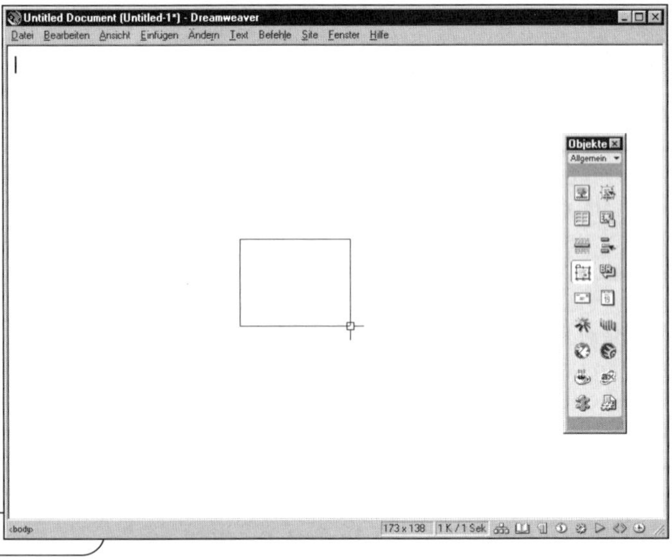

Eine Ebene zeichnen

Abb. 13.1

4. Lassen Sie die Maustaste los.

Ebenen lassen sich nicht an eine Position ziehen, an der noch keine HTML-Elemente vorhanden sind. Probieren Sie das einmal auf einer leeren Seite aus. Ziehen Sie eine Ebene an den unteren Rand der Seite und lassen Sie dann die Maustaste los. Die Ebene wird sofort an den Anfang der Seite verlagert. Diese Verhaltensweise ist eigentlich nicht verwunderlich, schließlich reagieren Bilder oder Tabellen genauso. Da aber Ebenen an jeder beliebigen Position *gezeichnet* werden können – ganz unabhängig davon, ob andere Elemente vorhanden sind oder nicht –, mutet dieses Verhalten doch etwas verwirrend an.

Eingefügte Ebenen anzeigen

Jede eingefügte Ebene wird in der Ebenenpalette aufgeführt. Wenn die Palette nicht angezeigt wird, wählen Sie *Fenster > Ebenen* oder drücken die Taste F11.

Die zuletzt erstellte Ebene befindet sich jeweils am Beginn der Liste in der Ebenenpalette. Jeder Ebene wird auf der Web-Seite auch ein Ankerpunkt zugewiesen. Die folgende Abbildung zeigt eine eingefügte Ebene, die Ebenenpalette und den Ankerpunkt der Ebene.

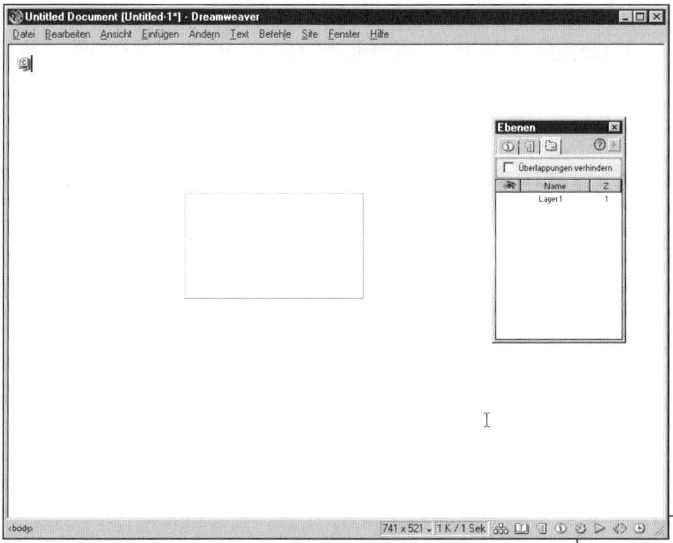

Eine eingefügte Ebene, die Ebenenpalette und der Ankerpunkt

Abb. 13.2

Tipp

Beim Hinzufügen von mehr Ebenen, als in der Liste der Ebenenpalette normalerweise angezeigt werden können, kann es vorkommen, dass der untere Bereich der Bildlaufleiste nicht sichtbar ist. Setzen Sie in diesem Fall den Mauszeiger auf den unteren Rand der Palette, halten Sie die Maustaste gedrückt und ziehen Sie zum Vergrößern der Palette den Rand nach unten. Danach wird die Bildlaufleiste vollständig eingeblendet.

Überlappungen von Ebenen verhindern

Im oberen Bereich der Ebenenpalette befindet sich das Kontrollkästchen *Überlappungen verhindern*. Durch Aktivieren dieser Einstellung wird vermieden, dass eine Ebene hinter einer anderen liegt. Dies kann sinnvoll sein, wenn Sie die Ebenen standardmäßig nebeneinander, wie etwa Tabellenzellen, anordnen wollen.

Leider hat diese Einstellung aber manchmal keine Auswirkungen. Wenn Sie beispielsweise im Eigenschaften-Inspector die Position von Ebenen ändern oder über das Menü eine Ebene einfügen, kann eine Überlappung dennoch vorkommen. Sogar wenn diese Einstellung korrekt funktioniert, treten oftmals willkürliche Größenänderungen auf, um zu verhindern, dass eine Ebene eine andere überlappt. Das Beste, was über diese Funktion in ihrem aktuellen Status gesagt werden kann, ist, dass sie gut gemeint ist.

Ankerpunkte für Ebenen ausblenden

Die Ankerpunkte für Ebenen haben auf Web-Seiten keine zwingende Funktion und sie sind schwer von den Ankerpunkten für Kommentare oder benannten Ankern zu unterscheiden. Wenn Sie diese Ankerpunkte störend finden, können Sie sie ausblenden.

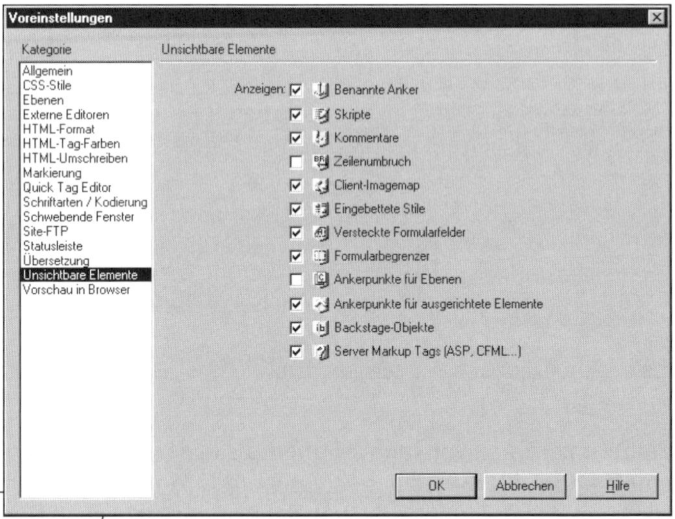

Ankerpunkte für Ebenen ausblenden

Abb. 13.3

Wie Sie wahrscheinlich erwartet haben, befindet sich die Einstellung zum Ein- und Ausblenden von Ankerpunkten für Ebenen im Dialogfeld *Voreinstellungen*. Wählen Sie *Bearbeiten > Einstellungen* und klicken Sie in der Liste *Kategorie Unsichtbare Elemente* an. Klicken Sie anschließend das Kontrollkästchen *Ankerpunkte für Ebenen* an, um es zu deaktivieren (siehe die folgende Abbildung).

Mit Ebenen arbeiten

In Ebenen können andere Elemente aufgenommen werden. Genau wie zu Tabellenzellen lassen sich auch zu Ebenen alle Elemente hinzufügen, die in einer Web-Seite platziert werden können.

Nach dem Einfügen wird der Cursor automatisch in die Ebene gesetzt. Sie können zum Erstellen des Inhalts einer Ebene sofort Text eingeben, Bilder und Tabellen hinzufügen usw. Um den Cursor in eine bereits vorhandene Ebene zu setzen, klicken Sie nur in den rechteckigen Umriss der Ebene. Die Elemente einer Ebene können genauso markiert und deren Eigenschaften geändert werden wie in normalen Web-Seiten.

Ebenen markieren

Der Eigenschaften-Inspector arbeitet mit Ebenen ebenso wie mit allen anderen Elementen. Da aber der Zweck von Ebenen darin besteht, andere Objekte aufzunehmen (prägen Sie sich Ebenen als Mini-Web-Seiten ein), werden im Eigenschaften-Inspector nicht automatisch die Werte für eine gerade eingefügte Ebene angezeigt wie beispielsweise bei eingefügten Bildern. Der Grund dafür ist, dass sich der Cursor innerhalb der Ebene befindet. Der Eigenschaften-Inspector enthält daher die Formatinformationen für einen leeren Bereich, genau wie bei Web-Seiten ohne Inhalt.

Damit im Eigenschaften-Inspector die Ebenenwerte angezeigt werden, müssen Sie die Ebene markieren. Verwenden Sie dazu eine der folgenden Methoden:

- Klicken Sie den Auswahlgriff der Ebene an.
- Klicken Sie den Rahmen der Ebene an.

- Klicken Sie in der Ebenenpalette den Namen der Ebene an.

- Klicken Sie den Ankerpunkt der Ebene an.

Bei mehreren Ebenen ist das Anklicken des Ankerpunkts zum Markieren einer Ebene nicht gut geeignet. Wenn viele Ebenen vorhanden sind und sie neu angeordnet wurden, lässt sich schwer feststellen, welcher Ankerpunkt zu welcher Ebene gehört.

Wenn eine Ebene markiert ist, kann sie gelöscht werden. Ebenen werden genauso gelöscht wie andere Elemente einer Web-Seite – der Löschvorgang wird sofort ausgeführt und kann mit der Menüoption *Bearbeiten > Rückgängig* oder der Tastenkombination [Strg] + [Z] (Befehlstaste + [Z] bei Macs) nicht wieder rückgängig gemacht werden. Darüber hinaus werden alle in der Ebene enthaltenen Elemente gleichfalls unwiederbringlich gelöscht.

Wenn die Ebene markiert wurde, werden im Eigenschaften-Inspector die aktuellen Werte angezeigt (siehe die folgende Abbildung).

Der Eigenschaften-Inspector für Ebenen

Abb. 13.4

Mehrere Ebenen lassen sich markieren, indem Sie die Taste [⇧] gedrückt halten, während Sie die Ebenen auswählen. In diesem Fall können Sie im Eigenschaften-Inspector nur eine Untermenge der verfügbaren Werte für Ebenen festlegen. Die hier vorgenommen Änderungen wirken sich auf alle markierten Ebenen aus.

Ebenen verlagern und deren Größe ändern

An den Seiten und Ecken von markierten Ebenen werden Größenänderungsgriffe angezeigt (siehe die folgende Abbildung). Diese Größenänderungsgriffe arbeiten genauso wie die anderer Elemente:

- Ziehen Sie einen seitlichen Griff, um die Ebene nach links oder rechts zu vergrößern bzw. zu verkleinern.

Ziehen Sie einen oberen oder unteren Griff, um die Ebene nach oben oder unten zu vergrößern bzw. zu verkleinern.

Ziehen Sie einen Eckgriff, um die Ebene sowohl nach links oder rechts als auch nach oben oder unten zu vergrößern bzw. zu verkleinern.

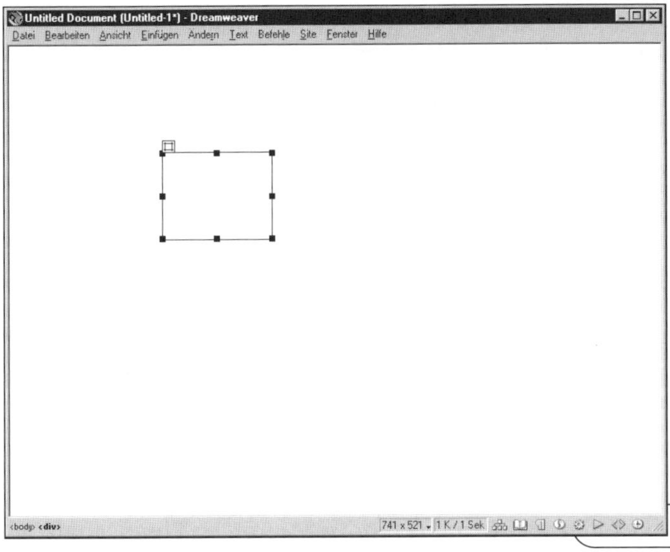

Größenänderungsgriffe an einer markierten Ebene

Abb. 13.5

Sie können die Größe einer Ebene auch mit den Pfeiltasten ändern, obwohl die meisten Menschen dafür die Maus vorziehen werden. Wenn Sie die Taste [Strg] (Befehlstaste bei Macs) gedrückt halten, während Sie eine Pfeiltaste drücken, verändern Sie die Größe der Ebene um ein Pixel in der entsprechenden Richtung. Um die Größe der Ebene in Schritten von fünf Pixel zu ändern, drücken Sie [⇧] + [Strg] + Pfeiltaste.

Tipp

Die fünf Pixel basieren auf dem Standardwert für das Gitternetz. Sie können die Einstellungen für das Gitternetz ändern (siehe den Abschnitt *Lineale und Gitternetz*).

An der oberen, linken Seite der Ebene befindet sich der Auswahlgriff. Um die Ebene mit der Maus zu verlagern, klicken Sie diesen Griff an und ziehen die Ebene an die neue Position. Um eine Ebene mit den Pfeiltasten zu verlagern, markieren Sie die Ebene und drücken die Pfeiltaste für die gewünschte Richtung. Die Ebene wird bei jedem Tastendruck um ein Pixel verschoben. Wenn Sie die Tastenkombination [⇧] + Pfeiltaste drücken, wird die Ebene jeweils um fünf Pixel verschoben.

Ebenennamen und -elementtyp ändern

Neu hinzugefügte Ebenen erhalten in Dreamweaver automatisch die Namen *Layer1*, *Layer2* usw. Wenn Sie lieber ein aussagekräftigeres ID-Attribut verwenden möchten, können Sie die Standardnamen überschreiben. Geben Sie dazu im Eigenschaften-Inspector in das Textfeld *Ebenen-ID* den gewünschten Wert ein.

In der Dropdown-Liste *Tag* unterhalb des Ebenennamens können Sie den Elementtyp der Ebene auswählen. Es stehen die Typen *SPAN*, *DIV* (die Standardvorgabe), *LAYER* und *ILAYER* zur Verfügung. Wie bereits weiter oben in diesem Kapitel ausgeführt, sind die beiden letzteren Netscape-spezifisch; sie entsprechen aber annähernd den Elementen DIV und SPAN.

Positions- und Größenattribute festlegen

Neben der Positionierung und der Größenfestlegung mit der Maus oder der Tastatur können Sie für diese Einstellungen im Eigenschaften-Inspector exakte Werte eingeben. Natürlich lassen sich diese Werte auch in den Quellcode einfügen. Die Werte der vier Textfelder *L*, *O*, *B* und *H* repräsentieren im Eigenschaften-Inspector die Attribute *left* (*L*), *top* (*O*), *width* (*B*) und *height* (*H*). Zusammen bestimmen diese Attribute die *absolute Positionierung*.

Die Attribute *left* und *top* legen die exakte Position der oberen, linken Ecke der Ebene fest. Normalerweise werden mit diesen Werten die Abstände der Ecke vom linken und oberen Rand der Seite in Pixel angegeben. Es stehen aber noch weitere Maßoptionen zur Verfügung, die in der folgende Tabelle aufgeführt sind:

Tabelle 13.1 Maßeinheiten für die Attribute *left* und *top*

Maßeinheit	Abkürzung
Pixel	px
Pica	pc
Punkte	pt
Zoll	in
Millimeter	mm
Zentimeter	cm
Prozent	%

Um eine Maßeinheit festzulegen, geben Sie die entsprechende Abkürzung unmittelbar hinter dem numerischen Wert (ohne Leerzeichen) in das entsprechende Textfeld ein. Zum Beispiel: **10mm** oder **5in**. Wenn Sie keine Abkürzung für die Maßeinheit angeben, werden standardmäßig Pixel verwendet – die Eingabe **8** ist also identisch mit der Eingabe **8px**.

Tipp

Die Maßeinheit % gibt einen Prozentanteil des entsprechenden Wertes des übergeordneten Elements an. Der Wert 50% für das Attribut *left* legt z.B. fest, dass die Ebene in der Mitte des übergeordneten Elements beginnt.

Absolute Positionierung

Obwohl wir uns dessen vielleicht nicht bewusst sind, sind wir daran gewöhnt, sorgfältig strukturierte und kontrollierte Designs vorzufinden. Das Layout von Dingen, die zum Anschauen gedacht sind – von Zeitschriften und Zeitungen bis hin zu den Preisen in TV-Shopping-Kanälen – ist auf den Bruchteil eines Millimeters exakt berechnet. Die Größe der Schrift, die Positionierung der Spalten usw. ist genau aufeinander abgestimmt. Alles verhält sich auf bestimmte Weise zu allem anderen in einem guten Design.

Im Gegensatz dazu war im World Wide Web alles relativ und variabel. Die Entwickler der ersten Web-Seiten waren Wissenschaftler, Mathematiker und Ingenieure. Deren Designerfordernisse waren, milde gesagt, minimal. Ein paar schwarze Wörter auf einen grauen Hintergrund hingeworfen, die Größe und die Auszeichnung einiger Überschriften geändert und das reichte für ein Design aus. Größeres Gewicht wurde auf die Darstellung von kryptischen, wissenschaftlichen Symbolen als auf das Layout von Web-Seiten gelegt. Als das World Wide Web bei einem größeren Publikum Anklang fand, änderte sich dies jedoch. Professionelle Grafikdesigner wollten Standard-Designkonzepte für Web-Seiten übernehmen.

Die Größenproblematik und viele andere Fragen, wie z.B. die Schriftdarstellung, werden nun von CSS (Cascading Style Sheets) verwaltet. CSS sorgen auch für die präzise Steuerung von Elementpositionierungen und lösen viele Zusatzprobleme, wie beispielsweise die Vorgehensweise bei Überlappungen zweier Ebenen.

Die Stapelreihenfolge ändern

Die *Stapelreihenfolge* (auch *Z-Reihenfolge* oder *Z-Index*) eines Elements beschreibt dessen Position auf der Z-Achse. Von denjenigen, deren Mathematikstunden schon lange zurückliegen, erfordert dieses Konzept ein wenig Rückschau.

Gewöhnlich werden Elemente auf Web-Seiten zweidimensional entlang der X- und der Y-Achse positioniert. Die X-Achse erstreckt sich von links nach rechts und die Y-Achse von oben nach unten.

Ein Element in einer älteren HTML-Seite befand sich in einem bestimmten Abstand von dem oberen Rand der Seite und in einem bestimmten Abstand von dem linken Seiterand. Damit waren die Y- bzw. X-Werte gegeben. Bei der absoluten Positionierung in CSS wird dieselbe Methode verwendet. Das Attribut *top* legt den Y-Achsenwert und das Attribut *left* den X-Achsenwert fest.

Bei CSS kommt zu den beiden Achsen der traditionellen Methode eine weitere Dimension hinzu. Die Z-Achse der Tiefe, die man sich als Linie von der Vorderseite zur Rückseite des Monitors vorstellen kann (siehe die folgende Abbildung).

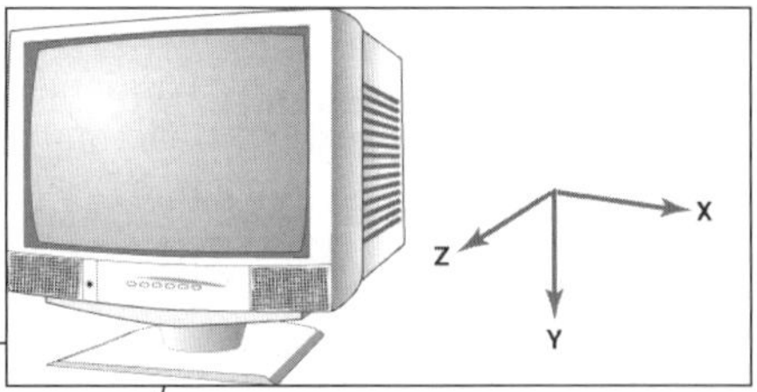

Die X-, Y- und Z-Achsen

Abb. 13.6

Die Z-Indexwerte zweier Elemente legen fest, welches der beiden Elemente sich vor dem anderen befindet. Das Element mit dem höheren Wert befindet sich im Vordergrund, das mit dem niedrigeren im Hintergrund.

Tipp

Der Z-Indexwert kann positiv, Null oder negativ sein. Eine Ebene mit dem Z-Indexwert 0 liegt unter allen Ebenen mit positiven Werten und Ebenen mit negativen Werten liegen unter allen Ebenen mit positiven Werten und unter der Ebene mit dem Nullwert.

Ebenen werden beim Erstellen fortlaufende, aufsteigende Z-Indexwerte zugewiesen. Wenn Sie nichts anderes festlegen, liegt also jede weitere Ebene auf der vorherigen. Sie können sich dies zunutze machen, indem Sie Ihre Web-Seite sorgfältig planen, bevor Sie mit der Arbeit beginnen, und dann die Ebenen in der umgekehrten Reihenfolge als deren Z-Indexpriorität erstellen.

Wenn Sie allerdings einen eher organischen Zugang zum Web-Seitendesign haben, müssen Sie die Stapelreihenfolge der Ebenen bei Bedarf ändern. Dies kann sich dann als etwas problematisch erweisen, wenn Sie mit vielen Ebenen arbeiten und ziemlich spät feststellen, dass eine neue Ebene zwischen zwei bereits vorhandenen eingefügt werden muss.

Glücklicherweise brauchen Sie die Stapelreihenfolge nicht manuell im Eigenschaften-Inspector zu ändern, sondern Sie können die Ebenen in der Ebenenpalette umstellen. Klicken Sie dazu einfach in der Liste den Ebenennamen an und ziehen Sie ihn nach oben oder unten an die gewünschte Position. Diese Änderungen wirken sich nicht auf die X- und Y-Achsenpositionierung der Ebenen in der Web-Seite aus.

Achten Sie bei verschachtelten Ebenen darauf, dass Sie beim Umstellen von Ebenen nicht unbeabsichtigt deren Beziehungen zueinander ändern. Im Abschnitt *Ebenen verschachteln* finden Sie nähere Informationen dazu.

Die folgende Abbildung zeigt zwei Ebenen mit unterschiedlichen Z-Indexwerten. In diesem Beispiel überlappt eine Ebene die andere.

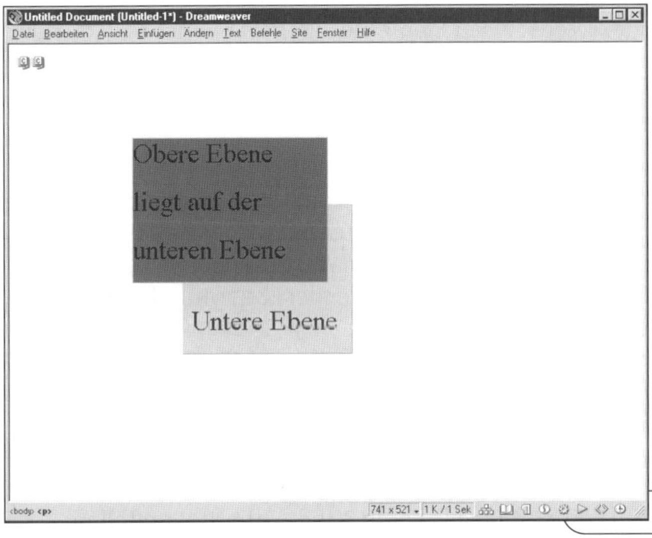

Überlappende Ebenen mit unterschiedlichen Z-Indexwerten

Abb. 13.7

Ebenen verschachteln

Ebenen, die innerhalb anderen Ebenen erstellt werden, werden *verschachtelte* Ebenen genannt. Die Beziehung zwischen solchen Ebenen kann auch folgendermaßen beschrieben werden: Die verschachtelte Ebene ist die untergeordnete Ebene und die Ebene, die diese enthält, ist die übergeordnete Ebene.

Tipp

In einer Ebene können mehrere untergeordnete Ebenen enthalten sein. Untergeordnete Ebenen können wiederum eigene untergeordnete Ebenen beinhalten.

Die Arbeit mit verschachtelten Ebenen kann sich als etwas kompliziert gestalten. Es gibt verschiedene Möglichkeiten, die Beziehung zwischen verschachtelten Ebenen zu ändern und nicht alle davon sind beabsichtigt. Es passiert leicht, dass eine verschachtelte Ebene aus Versehen aus der übergeordneten Ebene verschoben und in eine andere Ebene eingefügt wird. Glücklicherweise ist es genauso einfach solche Fehler wieder zu beheben.

Beziehungen zwischen verschachtelten Ebenen werden in der Ebenenpalette geändert. Diese Technik ist mit dem Umstellen der Stapelreihenfolge von Ebenen vergleichbar, das im vorherigen Abschnitt beschrieben wurde. Beim Ändern von Beziehungen müssen Sie aber, während Sie die Ebenennamen in der Liste an eine andere Position ziehen, die Taste Strg (Befehlstaste bei Macs) gedrückt halten. Lassen Sie die Maustaste los, wenn der Name der Ebene, die die übergeordnete Ebene werden soll, markiert ist. In der Ebenenpalette wird die neue Beziehung daraufhin angezeigt (siehe die folgende Abbildung).

Die Ebenenpalette mit verschachtelten Ebenen

Abb. 13.8

Tipp

Um eine verschachtelte Ebene zu entfernen, ziehen Sie die untergeordnete Ebene unter eine nicht verschachtelte Ebene und lassen die Maustaste los.

!

Beim Entfernen einer übergeordneten Ebene werden auch alle dieser Ebene untergeordneten Ebenen gelöscht. Wenn Sie das nicht beabsichtigen, müssen Sie vor dem Löschen die untergeordneten Ebenen verlagern.

Hintergrundbilder und -farben festlegen

Der Eigenschaften-Inspector für Ebenen enthält auch die Ihnen bereits bekannten Felder *Hg-Bild* (Hintergrundbild) und *Hg-Farbe* (Hintergrundfarbe).

Um ein Hintergrundbild für eine Ebene festzulegen, geben Sie in das Textfeld *Hg-Bild* den Pfad- und Dateinamen ein oder klicken Sie die Ordner-Schaltfläche an, um eine Bilddatei auszuwählen. Hintergrundbilder für Ebenen werden genauso wie in normalen Web-Seiten behandelt (siehe Kapitel 5).

Zum Festlegen einer Hintergrundfarbe klicken Sie entweder das Farbfeld neben dem Textfeld *Hg-Farbe* an oder geben Sie in das Textfeld einen Wert ein. Einzelheiten über das Zuweisen von Farben in Dreamweaver finden Sie im Kapitel *Farben*.

Ebenen ein- und ausblenden

Das Attribut *visibility* (Sichtbarkeit) legt fest, ob der Inhalt einer Ebene angezeigt wird oder nicht. Die Dropdown-Liste *Sichtb.* des Eigenschaften-Inspectors enthält die folgenden Optionen:

- *Inherit*: Die Sichtbarkeit der Ebene wird durch den Wert des übergeordneten Elements bestimmt.
- *Default*: Diese Option ist mit *Inherit* identisch.
- *Hidden*: Die Ebene und deren gesamter Inhalt werden ausgeblendet.
- *Visible*: Die Ebene und deren gesamter Inhalt werden eingeblendet.

Tipp

Das Attribut *hidden* arbeitet mit den Elementtypen LAYER und ILAYER nicht so gut zusammen wie mit den Typen DIV und SPAN. Bei den Typen DIV und SPAN entsteht der Eindruck, also ob die gesamte Ebene nicht vorhanden wäre. Bei den Typen LAYER und ILAYER wird einfach eine leere Ebene angezeigt.

Ebenenüberläufe abfangen

Mit der Einstellung *Überlauf* legen Sie fest, wie verfahren werden soll, wenn der Inhalt einer Ebene größer ist als die Ebene selbst. Die Dropdown-Liste *Überlauf* des Eigenschaften-Inspectors enthält die folgenden vier Optionen:

- *Auto*: Bei Bedarf werden Bildlaufleisten angezeigt.
- *Hidden*: Inhalt, der nicht mehr in die Ebene passt, wird abgeschnitten (siehe den nächsten Abschnitt).
- *Scroll*: Es werden in jedem Fall Bildlaufleisten angezeigt.
- *Visible*: Der Inhalt wird – unabhängig von der festgelegten Größe der Ebene – vollständig angezeigt. Die Ebene wird dazu nach unten und nach rechts erweitert.

Die Unterstützung der Einstellungen *Sichtb.* (Sichtbarkeit), *Überlauf* und *Abschn.* (Abschneiden) ist bei den einzelnen Browsern sehr unterschiedlich. Beispielsweise arbeitet *Überlauf* im Netscape Navigator (wenigstens ab der Version 4.5) nicht korrekt, im Internet Explorer dagegen schon. Die Verarbeitung von CSS-Eigenschaften in Browsern verbessert sich aber laufend. Überprüfen Sie dennoch unbedingt die Auswirkungen dieser Einstellungen in allen Browsern, für die Sie Ihre Web-Seiten entwickeln.

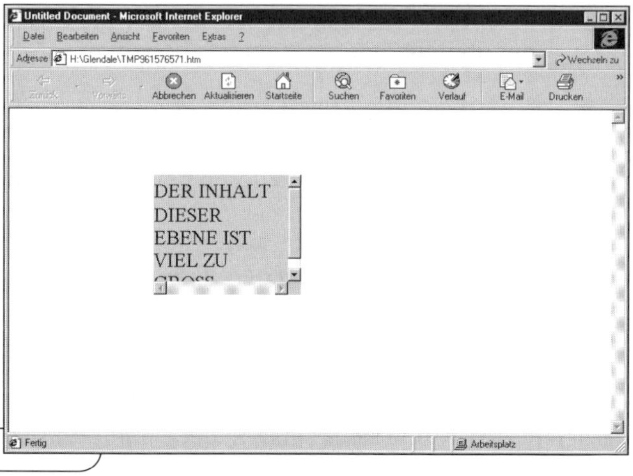

Bildlaufleisten bei überlaufendem Inhalt

Abb. 13.9

Die Abbildung zeigt eine Ebene mit Bildlaufleisten. Der Ebeneninhalt ist größer als die festgesetzte Größe der Ebene.

Ebeneninhalt abschneiden

Die Einstellungen *Abschn.* und *Überlauf* sind fast identisch. *Abschneiden* befasst sich aber mit dem Inneren der Ebene, einschließlich dem Ausblenden eines Bereiches innerhalb der Ebene. Beim Abschneiden werden die linke, obere, rechte und untere Ecke eines Rechtecks festgelegt. Nur der Ebeneninhalt, der sich in diesem Rechteck befindet, ist sichtbar.

Wenn Sie beispielsweise für eine Ebene, die 200 Pixel breit und 200 Pixel hoch ist, in die Felder *L*, *O*, *R* und *U* die Werte *0*, *0*, *100* und *100* eingeben, wird nur der Inhalt des oberen, rechten Viertels der Ebene angezeigt. Die folgende Abbildung zeigt eine Ebene mit diesen Werten.

Tipp

Vorausgesetzt Sie sind mit Skriptsprachen vertraut, können Sie die Werte für das Abschneiden, die Sichtbarkeit und den Überlauf auch im HTML-Quellcode ändern. Damit lassen sich sehr ansprechende Effekte erzielen, wie etwa das Ein- und Ausblenden von Objekten als Reaktion auf Benutzeraktionen. Falls Sie den Quellcode lieber nicht bearbeiten möchten, können dieselben Effekte auch in Dreamweaver erzeugt werden (siehe den Abschnitt *Ebenen animieren*).

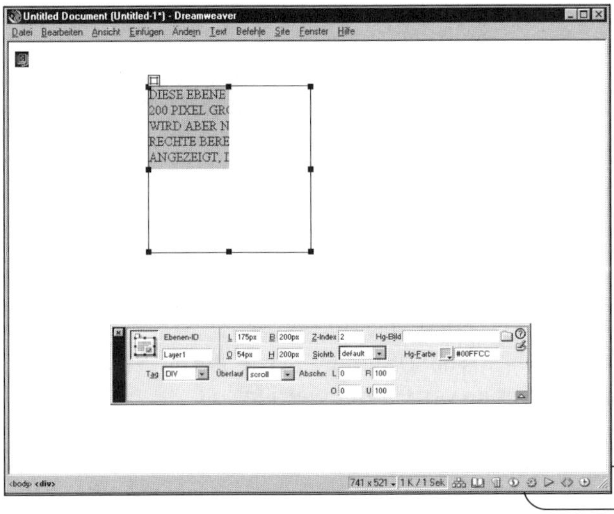

Eine Ebene mit abgeschnittenem Inhalt

Abb. 13.10

Voreinstellungen für Ebenen festlegen

Neuen durch Einfügen oder Drag & Drop erstellten Ebenen werden die im Dialogfeld *Voreinstellungen* festgelegten Werte zugewiesen. Beim Zeichnen von Ebenen werden bis auf die Standardbreite und -höhe dieselben Werte verwendet. Sie können die Voreinstellungen für Ebenen bei Bedarf anpassen.

Da sich auch alle Werte einer Ebene nachträglich ändern lassen, hängt es von Ihrem persönlichen Designstil und den Erfordernissen Ihres Projektes ab, ob Sie die Werte für Standardebenen modifizieren wollen.

Gehen Sie zum Festlegen der Voreinstellungen für Ebenen folgendermaßen vor:

1. Wählen Sie *Bearbeiten > Einstellungen* und klicken Sie in der Liste *Kategorie* den Eintrag *Ebenen* an (siehe die folgende Abbildung).

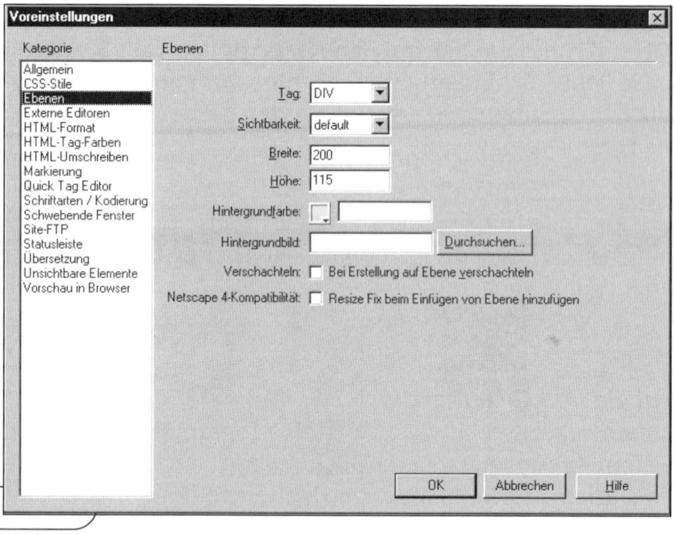

Voreinstellungen für Ebenen festlegen

Abb. 13.11

2. Wählen Sie aus der Dropdown-Liste *Tag* das Element aus, das für Ebenen verwendet werden soll.

3. Wählen Sie aus der Dropdown-Liste *Sichtbarkeit* den gewünschten Wert aus.

4 Geben Sie in die Textfelder *Breite* und *Höhe* Werte ein.

5 Klicken Sie bei Bedarf das Farbfeld an, um eine Hintergrundfarbe festzulegen.

6 Geben Sie bei Bedarf die URL eines Hintergrundbildes ein (oder klicken Sie die Schaltfläche *Durchsuchen* an, um eine Bilddatei auszuwählen).

7 Wenn verschachtelte Ebenen zulässig sein sollen, aktivieren Sie das Kontrollkästchen *Verschachteln – Bei Erstellung auf Ebene verschachteln*.

8 Klicken Sie die Schaltfläche *OK* an, um die Änderungen zu übernehmen.

Tipp

Die Einstellung *Verschachteln – Bei Erstellung auf Ebene verschachteln* lässt sich fallweise aufheben. Halten Sie dazu beim Ziehen einer Ebene die Taste Strg (Befehlstaste bei Macs) gedrückt.

Mit Ebenen strukturieren

Die meisten Web-Designer sehen die Einsatzmöglichkeiten von Ebenen als ausgeschöpft an, wenn die Stapelreihenfolge, die Sichtbarkeit und weitere Eigenschaften angepasst wurden. Es gibt aber noch eine weitere, vergleichsweise zähe, aber sehr wirkungsvolle Verwendungsmöglichkeit: Ebenen können wie Tabellen mit Hilfe von Einfüge-Operationen zum Erstellen des Seitenlayouts verwendet werden.

Lineale und Gitternetz

Dreamweaver stellt wie viele Grafikprogramme Lineale und ein Gitternetz zum einfacheren Positionieren von Ebenen bereit. Für Lineale lassen sich verschiedene Maßeinheiten festlegen und das Gitternetz kann so eingerichtet werden, dass sich Ebenen entweder frei ausrichten lassen oder an der nächstgelegenen Gitterlinie einrasten. Die folgende Abbildung zeigt das Dokumentfenster mit den Linealen und dem Gitternetz.

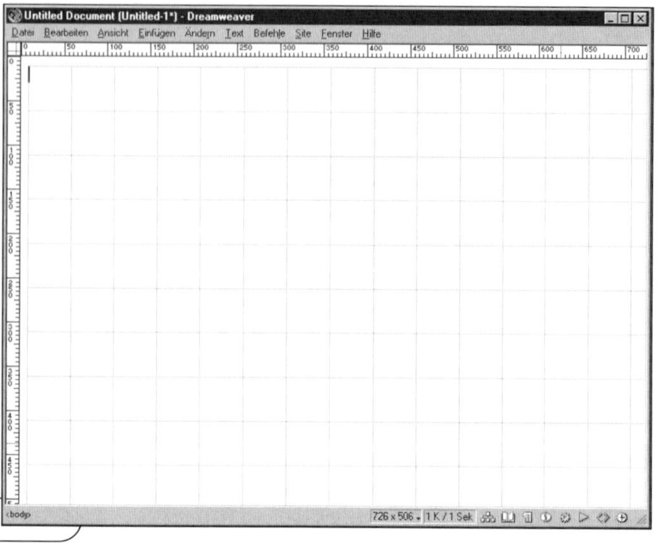

Das Dokumentfenster mit den Linealen und dem Gitternetz

Abb. 13.12

Lineale anzeigen
Zum Einblenden der Lineale wählen Sie die Menüoption *Ansicht > Lineale > Zeigen*. Die Standardmaßeinheit für Lineale ist Pixel, Sie können aber auch Zoll oder Zentimeter festlegen. Klicken Sie das Lineal mit der rechten Maustaste an und wählen Sie aus dem Popup-Menü die entsprechende Maßeinheit aus.

Tipp

Wenn Sie den Nullpunkt des Lineals ändern möchten, klicken Sie die obere, linke Ecke des Lineals an und ziehen sie in die Web-Seite. Der neue Nullpunkt wird dann genau an der Position angezeigt, an der Sie die Maustaste losgelassen haben. Um den Nullpunkt wieder an seine ursprünglichen Position zu setzen, klicken Sie das Lineal mit der rechten Maustaste an und wählen aus dem Popup-Menü *Ursprung zurücksetzen*.

Mit dem Gitternetz arbeiten
Zum Einblenden des Gitternetzes wählen Sie die Menüoption *Ansicht > Gitternetz > Zeigen*. Für das Gitternetz stehen eine Reihe von Optionen zur Verfügung. Standardmäßig rasten Ebenen nicht an Gitterlinien ein. Mit der Menüoption *Ansicht > Gitternetz > Einrasten an* ändern Sie diese Voreinstellung. Diese Option wird auf dieselbe Weise wieder deaktiviert.

Um weitere Gitternetzoptionen festzulegen, gehen Sie folgendermaßen vor:

1. Wählen Sie die Menüoption *Ansicht > Gitternetz > Einstellungen*. Daraufhin wird das Dialogfeld *Gitternetz-Einstellungen* geöffnet (siehe die folgende Abbildung).

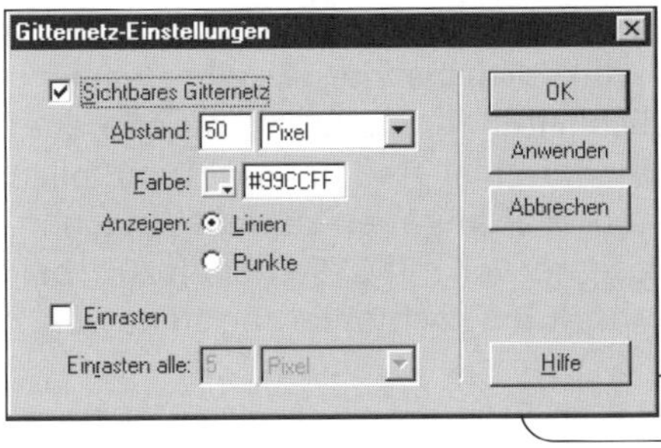

Das Dialogfeld *Gitternetz-Einstellungen*

Abb. 13.13

2. Wenn das Gitternetz nicht sichtbar sein soll, deaktivieren Sie das Kontrollkästchen *Sichtbares Gitternetz*.

3. Um den Standardabstand von 50 Pixel zu ändern, geben Sie in das Textfeld *Abstand* einen neuen Wert ein. Aus der Dropdown-Liste neben dem Textfeld können Sie eine andere Maßeinheit (*Zoll* oder *Zentimeter*) auswählen.

4. Zum Ändern der Gitterfarbe klicken Sie das Farbfeld an und wählen eine neue Farbe aus.

5. Um für die Gitterdarstellung anstelle von Linien Punkte festzulegen, klicken Sie den Optionsschalter *Punkte* an.

6. Damit Ebenen an den Gitterlinien einrasten, aktivieren Sie das Kontrollkästchen *Einrasten*. Wenn Sie diese Funktion bereits mit der Menüoption festgelegt haben, ist das Kontrollkästchen schon markiert.

7. Um die Vorgabeeinstellung für das Einrasten (alle 5 Pixel) zu ändern, geben Sie in das Textfeld *Einrasten alle* einen neuen Wert ein. Aus der Dropdown-Liste neben dem Textfeld können Sie eine Maßeinheit (*Pixel*, *Zoll* oder *Zentimeter*) auswählen.

8. Klicken Sie die Schaltfläche *OK* an, um die Änderungen zu übernehmen.

Tipp

Selbst wenn die Einstellung *Einrasten* aktiviert ist, können Sie eine Ebene mit den Pfeiltasten um jeweils ein Pixel verlagern, ohne dass sie an einer Gitterlinie einrastet. Mit der Tastenkombination [⇧] + Pfeiltaste rastet die Ebene jedoch ein.

Ebenen und Tabellen konvertieren

Tabellen werden oft etwas willkürlich platziert. Es gibt zwar eine Reihe von Steuerungsmöglichkeiten für die Tabellengröße, aber zahlreiche Interaktionen zwischen einer großen Anzahl von Zellen können sorgfältig berechnete Maßangaben zunichte machen. Daher ziehen es manche Designer vor, mit CSS-Ebenen zu arbeiten und deren Vorteile der absoluten Positionierung zu nutzen.

Leider arbeiten viele ältere Web-Browser nicht mit CSS zusammen. Und trotz aller Marketing-Bemühungen werden heutzutage immer noch zahllose ältere Browser eingesetzt (nicht jeder Anwender nutzt die Gelegenheit, die neusten Zig-Megabyte an Upgrades herunterzuladen). Bedenken Sie auch, dass sogar die Browser, die CSS weitgehend unterstützen, gelegentlich versagen.

Dreamweaver bietet das Beste für ältere und neuere Browser. Sie können ein Layout mit Ebenen erstellen und dann aus Gründen der Abwärtskompatibilität zu älteren Web-Browsern die Ebenen in Tabellen konvertieren. Sie können auch entgegengesetzt vorgehen, indem Sie eine ältere Web-Seite mit Tabellen in eine modernere Version mit Ebenen konvertieren.

Ebenen in Tabellen konvertieren

Um vorhandene Ebenen in das Tabellenformat zu konvertieren, wählen Sie die Menüoption *Ändern > Layout-Modus > Ebenen in Tabellen konvertieren*. Daraufhin wird das Dialogfeld *Ebenen in Tabellen konvertieren* geöffnet (siehe die folgende Abbildung).

Wählen Sie in der Gruppe *Tabellen-Layout* die gewünschten Optionen aus:

- *Höchste Genauigkeit*: Mit dieser Option werden so viele leere Tabellenzellen erzeugt, wie zur Beibehaltung der exakten Abmessungen der Ebenen erforderlich sind.
- *Kleinste*: Mit dieser Option werden neu angelegte, leere Tabellenzellen, die eine bestimmte Größe unterschreiten, unterdrückt. Daher müssen Sie auch die Anzahl der Pixel

für diese Größe angeben. Die Standardvorgabe beträgt 4 Pixel. Jede Tabellenzelle, die vier oder weniger Pixel breit ist, wird entfernt.

- *Durchsichtige GIFs verwenden*: Mit dieser Option wird die letzte Tabellenzeile mit unsichtbaren Bildern gefüllt. Dadurch wird sichergestellt, dass die Tabelle in allen Browsern identisch angezeigt wird. Dieses Kontrollkästchen ist standardmäßig markiert. Wenn Sie diese Option deaktivieren, wird die Größe der neuen Tabelle eventuell in verschiedenen Browsern etwas variieren.

- *Auf Seite zentrieren*: Mit dieser Option wird die Tabelle mittig auf der Seite ausgerichtet. Wenn diese Option deaktiviert ist, wird die Tabelle linksbündig ausgerichtet.

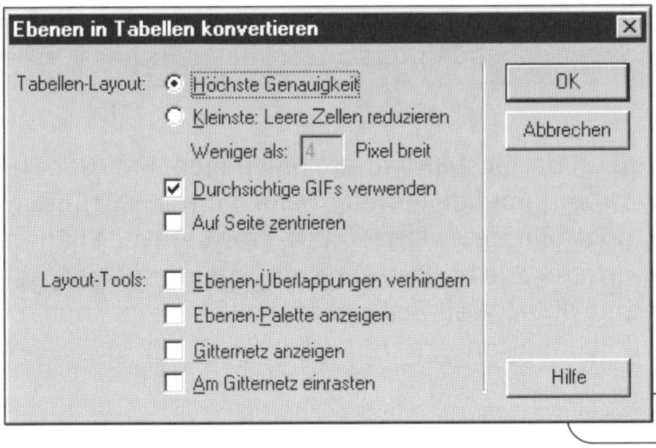

Das Dialogfeld *Ebenen in Tabellen konvertieren*

Abb. 13.14

Wählen Sie aus der Gruppe *Layout-Tools* im unteren Bereich des Dialogfeldes diejenigen Optionen aus, die aktiviert werden sollen. Mit *Ebenen-Überlappungen verhindern* wird die Konvertierung von sich überlappenden Ebenen vermieden. Wenn eine entsprechende Warnmeldung angezeigt wird, ordnen Sie die Ebenen so an, dass sie sich nicht mehr überlappen und starten Sie die Konvertierung erneut. Die Option *Ebenen-Palette anzeigen*, ist ziemlich sinnlos. Da Sie Ebenen in Tabellen konvertieren, ist es nicht erforderlich, die Ebenenpalette nach der Konvertierung anzuzeigen. Mit den Optionen *Gitternetz anzeigen* und *An Gitternetz einrasten* können Sie die Seitenanordnung im Detail überprüfen.

Wenn Sie die gewünschten Einstellungen vorgenommen haben, klicken Sie die Schaltfläche *OK* an. Falls Sie die Web-Seite noch nicht gespeichert haben, werden Sie nun dazu aufgefordert. Sofern keine überlappenden Ebenen vorhanden sind, wird die Konvertierung sofort durchgeführt.

Tabellen in Ebenen konvertieren
Um eine vorhandene Tabelle in das Ebenenformat zu konvertieren, wählen Sie die Menüoption *Ändern > Layout-Modus > Tabellen in Ebenen konvertieren*. Daraufhin wird das Dialogfeld *Tabellen in Ebenen konvertieren* geöffnet (siehe die folgende Abbildung).

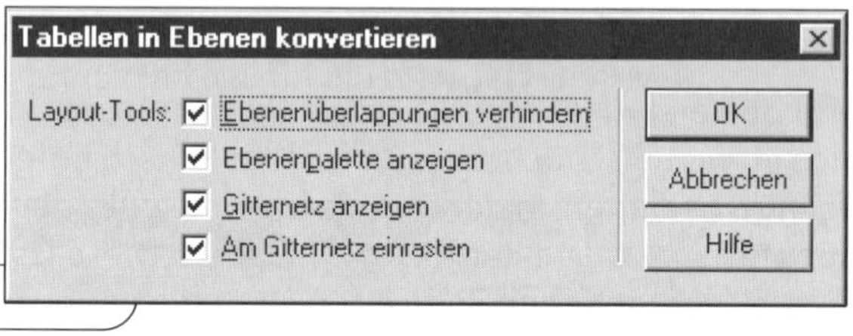

Das Dialogfeld *Tabellen in Ebenen konvertieren*

Abb. 13.15

In diesem Dialogfeld sind dieselben Optionen für Layout-Tools wie im Dialogfeld *Ebenen in Tabellen konvertieren* enthalten. Die Optionen, die im vorherigen Abschnitt beschrieben wurden, arbeiten in diesem Dialogfeld exakt auf dieselbe Weise (und hier ist die Option *Ebenen-Palette anzeigen* sinnvoll).

Ebenen animieren

Dreamweaver bietet einige Funktionen zum einfachen Animieren von Ebenen. Die Positionen einer Ebene werden auf einer *Zeitleiste* festgehalten. Die Zeitleiste gibt die Abfolge der Ebenenpositionen während einer bestimmten Zeitspanne wieder. Dabei handelt es sich nicht im eigentlichen Sinne um eine Zeitspanne, sondern um Frames (die Art von Frames, die auch für Roll-Of-Filme verwendet werden). Die Geschwindigkeit der Wiedergabe ist nämlich von dem System abhängig, auf dem die Seite angezeigt wird.

Den Zeitleisten-Inspector verwenden

Das Steuern von Animationen mit Hilfe des Zeitleisten-Inspectors ist mit dem Setzen von Elementattributen im Eigenschaften-

Inspector vergleichbar. Zum Öffnen des Zeitleisten-Inspectors wählen Sie die Menüoption *Fenster > Zeitleisten*. Die folgende Abbildung zeigt den Zeitleisten-Inspector.

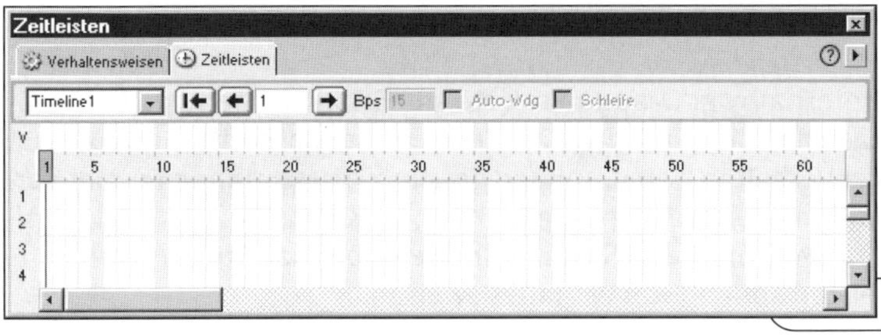

Der Zeitleisten-Inspector

Abb. 13.16

Auf den ersten Blick wirkt der Zeitleisten-Inspector wahrscheinlich etwas einschüchternd; er ist aber logisch aufgebaut und einfach zu bedienen. In der Dropdown-Liste links oben wird die momentan markierte Zeitleiste angezeigt. Diese Liste enthält alle aktuell vorhandenen Zeitleisten (zuerst ist nur eine vorhanden).

Tipp

In der Standardgröße sind einige wichtige Einträge im Zeitleisten-Inspector verborgen. Verbreitern Sie das Fenster des Zeitleisten-Inspectors (siehe die obige Abbildung) daher, indem Sie den Mauszeiger auf den rechten Fensterrand setzen und ziehen. Sie können das Fenster des Zeitleisten-Inspectors auch vertikal vergrößern.

Neben dem Namen der Zeitleiste befinden sich zwei Schaltflächen, ein Anzeigefeld mit einer Nummer und eine weitere Schaltfläche. Mit der ersten Schaltfläche wird eine Animation bis zum Anfang zurückgespult. Mit der zweiten Schaltfläche können Sie eine Animation Frame-weise rückwärts abspielen Das Anzeigefeld enthält die Nummer des aktuellen Frame. Diese Nummer kann nicht durch die Eingabe einer anderen geändert werden. Mit der dritten Schaltfläche wird die Animation Frame-weise vorwärts wiedergegeben.

Der nächste Eintrag (*Fps*) zeigt die nominale Wiedergabegeschwindigkeit in Frames pro Sekunde an. Wie bereits weiter oben erwähnt, hängt die tatsächliche Geschwindigkeit von dem Computer ab, auf dem die Animation abgespielt wird.

Schließlich enthält der obere Bereich des Zeitleisten-Inspectors noch die beiden Kontrollkästchen *Auto-Wdg* und *Schleife*. Mit *Auto-Wdg* (automatische Wiedergabe) wird die Animation gestartet, sobald die Web-Seite geladen wird. Mit *Schleife* legen Sie fest, dass die Animation – während die Seite in einem Browser geöffnet ist – unendlich oft wiederholt wird.

Unterhalb der Dropdown-Liste, der Schaltflächen und Kontrollkästchen befindet sich eine Zeile mit der Beschriftung *V*. Dies ist der Verhaltenskanal, anhand dessen Sie bestimmten Frames Verhaltensweisen zuweisen können. Im Kapitel *JavaScript-Verhaltensweisen* finden Sie Einzelheiten über das Steuern von Zeitleisten anhand von Verhaltensweisen.

Unterhalb der Leiste *V* und oberhalb der nummerierten Leisten befindet sich eine Zeile mit Zahlen. Diese Zahlen geben die Nummern der Frames an, in denen die Ereignisse aus der oberen und den unteren Zeilen stattfinden.

Die nummerierten Zeilen stellen die Animationskanäle dar. In diesem Bereich führen Sie Ihre Hauptarbeit aus. Genau wie im Verhaltenskanal werden hier Blöcke angezeigt, die jeweils einen Frame repräsentieren. Die Frames im Verhaltenskanal und in den Animationskanälen korrespondieren präzise miteinander.

Wenn Sie eine Ebene in eine Zeitleiste einfügen, werden in dem Animationskanal automatisch zwei *Schlüsselbilder* erzeugt. Schlüsselbilder, die durch kleine Kreise symbolisiert werden, sind Punkte, an denen Sie die Position einer Ebene festlegen. Um die Frames zwischen den Schlüsselbildern brauchen Sie sich nicht zu kümmern. Eine Standardzeitleiste ist 15 Frames lang.

Die beiden Schlüsselbilder befinden sich am Beginn und am Ende der Animationsleiste einer Ebene. Der Wert für das erste Schlüsselbild wird automatisch gesetzt, wenn die Ebene in die Zeitleiste eingefügt wird. Sie müssen den Wert für das zweite Schlüsselbild festlegen, um das Ende der Animation zu kennzeichnen. Mit diesen Standardeinstellungen wird eine Animation erstellt, in der die Ebene entlang einer Geraden bewegt wird. Komplexere Animationen werden weiter unten in diesem Kapitel besprochen, doch das Erstellungsprinzip entspricht dem der Standardanimation.

Eine Animation definieren

Um eine Animation zu definieren, gehen Sie folgendermaßen vor:

1. Setzen Sie die Ebene an die Position in der Seite, an der sie sich am Beginn der Animation befinden soll.

2. Klicken Sie mit der rechten Maustaste den Auswahlgriff der Ebene an und wählen Sie aus dem Popup-Menü die Option *In Zeitleiste einfügen*. Alternativ dazu können Sie auch die Ebene in die Zeitleiste ziehen. Daraufhin wird ein Dialogfeld mit Hinweisen angezeigt, die erläutern, welche Attribute im Ziel-Browser geändert bzw. ignoriert werden.

3. Klicken Sie zum Schließen des Dialogfeldes die Schaltfläche *OK* an. Wenn dieses Dialogfeld nicht mehr angezeigt werden soll, aktivieren Sie zunächst das Kontrollkästchen *Diese Meldung nicht mehr anzeigen* und klicken anschließend *OK* an. Die Ebene wird nun dem ersten offenen Animationskanal hinzugefügt und im Zeitleisten-Inspector als farbige 15 Frames lange Leiste angezeigt (siehe die folgende Abbildung).

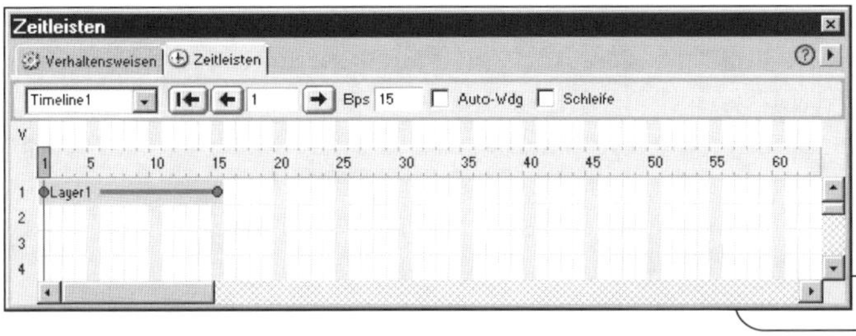

Die Zeitleiste einer Ebene im Zeitleisten-Inspector

Abb. 13.17

4. Klicken Sie das Schlüsselbild (den kleinen Kreis am Ende der farbigen Leiste) an, um es zu markieren.

5. Ziehen Sie im Dokumentfenster die Ebene an die Position, an der sie sich am Ende der Animation befinden soll. Von der ursprünglichen Position wird eine Linie bis zur neuen Position der Ebene angezeigt.

6. Klicken Sie die *Zurückspulen*-Schaltfläche an.

7. Halten Sie die *Wiedergabe*-Schaltfläche gedrückt, um eine Vorschau der Animation auf der Seite anzuzeigen.

Einer einzigen Zeitleiste können bis zu 32 Ebenen, die alle Animationen enthalten, hinzugefügt werden.

Animationen entlang einer Kurve

Gradlinige Animationen sind für viele Situationen brauchbar und passend. Dreamweaver verfügt aber über weitaus leistungsstärkere Animationsfunktionen.

Um die Animation so zu verändern, dass die Ebene statt entlang eines geraden in einem kurvigen Pfad verschoben wird, müssen Sie der Animationsleiste nur ein paar weitere Schlüsselbilder hinzufügen. Halten Sie dazu die Taste Strg (Befehlstaste bei Macs) gedrückt und klicken Sie in der Animationsleiste den Frame an, den Sie in ein Schlüsselbild umwandeln möchten. Die betroffene Ebene wird markiert. Klicken Sie den Auswahlgriff dieser Ebene an und ziehen Sie sie an die gewünschte Position. Die gerade Linie wird nun als Kurve angezeigt (siehe die folgende Abbildung). Wiederholen Sie diesen Vorgang für jeden neuen Punkt, den Sie dem Pfad hinzufügen möchten.

Tipp

Wenn Sie ein Schlüsselbild in einen anderen Frame verlagern möchten, ziehen Sie einfach das Kreissymbol in den gewünschten Frame.

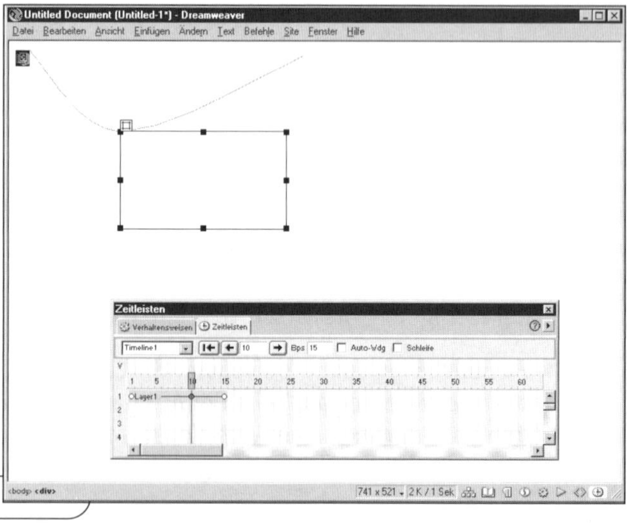

Den Animationspfad ändern

Abb. 13.18

Einen Animationspfad aufzeichnen

Das Hinzufügen von einzelnen Punkten eignet sich für einfache, kurvige Pfade. Zum Erstellen einer komplexen Animation sollten Sie die Aufzeichnungsfunktion von Dreamweaver nutzen. Bei dieser Methode verschieben Sie die Ebene einfach so im Dokumentfenster, wie sie später animiert werden soll. Dreamweaver zeichnet die einzelnen Positionen der Ebene auf.

Um einen Pfad aufzuzeichnen, führen Sie die folgenden Schritte aus:

1. Setzen Sie die Ebene an die Position, an der sie sich am Beginn der Animation befinden soll.

2. Klicken Sie mit der rechten Maustaste den Auswahlgriff der Ebene an und wählen Sie aus dem Popup-Menü die Option *Pfad aufzeichnen*.

3. Klicken Sie den Auswahlgriff der Ebene an und verschieben Sie sie entlang des gewünschten Pfades mit der passenden Geschwindigkeit. Während Sie die Ebene verschieben, markiert eine gepunktete Linie den Pfad. Der Abstand der einzelnen Punkte vergrößert sich bei einer höheren Verschiebegeschwindigkeit (siehe die folgende Abbildung).

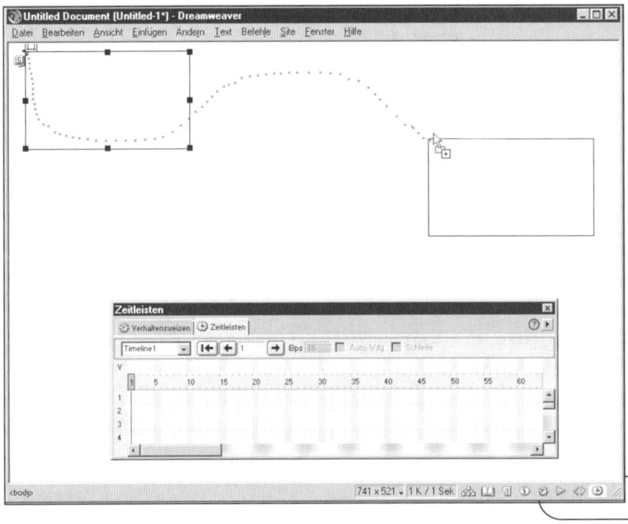

Einen Pfad für eine animierte Ebene aufzeichnen

Abb. 13.19

4 Wenn Sie den Pfad vervollständigt haben, lassen Sie die Maustaste los. Im Zeitleisten-Inspector werden die aufgezeichneten Animationsinformationen angezeigt.

Tipp

Um eine Animationsleiste zu erweitern, damit mehr Frames für den Pfad verwendet werden, klicken Sie das Schlüsselbild am Ende der Leiste an und ziehen Sie die Leiste bis zu dem gewünschten Frame. Andere bereits auf der Leiste enthaltene Schlüsselbilder werden in proportionalen Abständen auf der Animationsleiste neu angeordnet.

Eigenschaften von Zeitleisten ändern

Mit Hilfe von Schlüsselbildern lassen sich außer der Position auch weitere Eigenschaften einer Ebene modifizieren. Sie können die Höhe und die Breite, den Z-Indexwert und die Sichtbarkeit von Ebenen ändern. Wenn die Ebene ein Bild enthält, können Sie ein anderes Bild zuweisen, indem Sie den Namen der Quelldatei ändern.

!

Größenänderungen einer Ebene durch Animationen werden nur im Internet Explorer unterstützt.

Die Werte der Attribute eines bereits vorhandenen oder neu eingefügten Schlüsselbildes können Sie im Eigenschaften-Inspector jederzeit ändern. Wenn Sie ein Schlüsselbild markieren, legen Sie gewissermaßen ein Set von bestimmten Umständen fest, innerhalb deren sich die Ebenenattribute ändern lassen. Diese Änderungen wirken sich nur auf diesen Punkt in der Zeitleiste aus. Sie werden weder vor diesem Punkt durchgeführt noch beeinflussen sie die Anfangsattribute der Ebene vor dem Start der Animation. Beachten Sie, dass Sie auf diese Weise nur die Einstellungen für die Höhe, die Breite, den Z-Index und die Sichtbarkeit modifizieren können. Das Ändern der Hintergrundfarbe wirkt sich beispielsweise so aus, als ob die Ebene nicht animiert wäre. Die Ebene würde also von Anfang an mit der neuen Hintergrundfarbe dargestellt werden.

Zeitleisten Verhaltensweisen hinzufügen

Zum Erstellen von komplexeren Animationen können Sie Zeitleisten JavaScript-Verhaltensweisen hinzufügen (siehe das Kapitel 14 *JavaScript-Verhaltensweisen*). Die Verhaltensweisen werden ausgelöst, wenn die Animation einen bestimmten Frame auf der Zeitleiste erreicht.

Tipp

Der Verhaltensweisen-Inspector und der Zeitleisten-Inspector werden in demselben Fenster angezeigt. Sie wechseln zwischen den beiden Inspektoren, indem Sie im oberen Bereich des Fensters das entsprechende Register anklicken.

Um einem Frame eine Verhaltensweise zuzuweisen, gehen Sie folgendermaßen vor:

1. Klicken Sie im Verhaltenskanal (die Zeile *V* im Zeitleisten-Inspector) einen Frame doppelt an.

2. Daraufhin wird ein Dialogfeld mit Hinweisen zur Bedienung des Verhaltensweisen-Inspectors angezeigt. Klicken Sie zum Schließen des Dialogfeldes die Schaltfläche *OK* an. Wenn dieses Dialogfeld nicht mehr angezeigt werden soll, aktivieren Sie zunächst das Kontrollkästchen *Diese Meldung nicht mehr anzeigen* und klicken anschließend *OK* an.

3. Klicken Sie im Verhaltensweisen-Inspector (siehe die folgende Abbildung) die *Plus*-Schaltfläche (+) an.

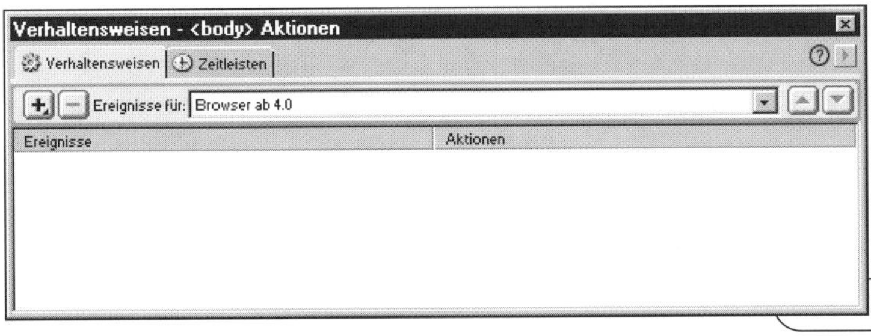

Der Verhaltensweisen-Inspector

Abb. 13.20

4. Wählen Sie aus dem Popup-Menü (siehe die folgende Abbildung) die gewünschte Verhaltensweise aus. Sie können z.B. während der Animation ein Audio abspielen oder eine Popup-Meldung einblenden.

5. Geben Sie alle erforderlichen Informationen für die gewählte Verhaltensweise ein, indem Sie z.B. Dateien zuweisen, Parameter festlegen usw.

6. Klicken Sie im oberen Bereich des Verhaltensweisen-Inspectors das Register *Zeitleisten* an, um den Zeitleisten-Inspector wieder anzuzeigen.

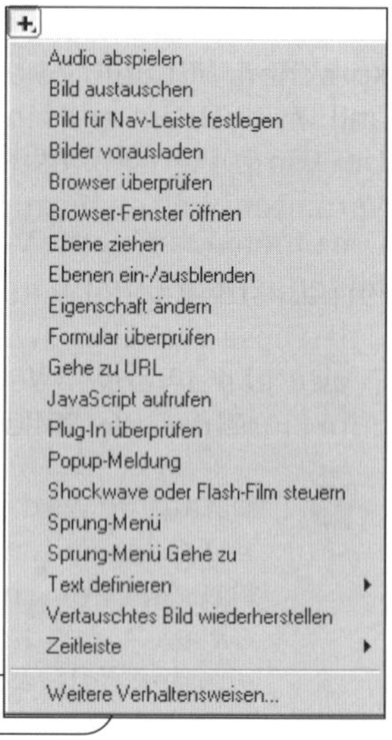

Eine Verhaltensweise aus dem Popup-Menü auswählen

Abb. 13.21

Nachdem Sie alle gewünschten Verhaltensweisen hinzugefügt haben, sollten Sie die Animation in einem Web-Browser testen, da Dreamweaver JavaScript-Verhaltensweisen nicht ausführen kann.

Zusammenfassung

Dieses Kapitel behandelte die Verwendung von Ebenen und der absoluten Positionierung für das Layout, für Animationen und für andere Spezialeffekte.

Sie haben erfahren, dass in Ebenen alle Elemente aufgenommen werden können, die das Element BODY (die Haupt-Web-Seite) enthalten kann und dass sich Ebenen mit einer absoluten Pixel-Genauigkeit positionieren lassen. Der Z-Index (Stapelreihenfolge) einer Ebene legt deren Position auf der Z-Achse relativ zu den anderen Ebenen fest. Das bedeutet, dass Ebenen übereinander angeordnet werden können.

Anschließend wurden einige Tools zum Strukturieren von Ebenen erläutert. Die Lineale und das Gitternetz unterstützen Sie bei der Erstellung des Ebenenlayouts. Ebenen können auch in Tabellen konvertiert werden, damit auch ältere Browser, die Ebenen nicht unterstützen, als Ziel definiert werden können. Wenn Ebenen besser als Tabellen zu Ihren Design passen, lassen sich Tabellen auch in Ebenen konvertieren.

Zum Schluss des Kapitels wurde das Animieren von Ebenen besprochen. Mit dem Zeitleisten-Inspector lassen sich Ebenenanimationen entlang einer Geraden oder einer Kurve definieren. Um komplexere Animationen zu erstellen, können der Zeitleiste Verhaltensweisen hinzugefügt werden.

Im nächsten Kapitel werden JavaScript-Verhaltensweisen behandelt. Diese Verhaltensweisen reichen von der Überprüfung des Typs und der Version des Web-Browsers des Benutzers bis hin zum Einrichten von Rollover-Bildanimationen.

JavaScript-Verhaltensweisen

14

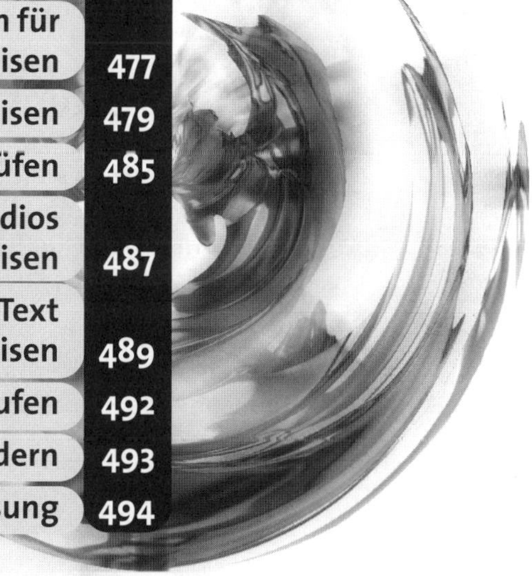

Anhand der in Dreamweaver integrierten JavaScript-Programme, den so genannten *Verhaltensweisen*, können Sie Ihren Web-Seiten ausgefeilte Funktionen und zusätzliche Finessen hinzufügen, ohne dass Sie dazu Programmierkenntnisse haben müssten. Mit dem Verhaltensweisen-Inspector lässt sich ein breites Spektrum von Aktionen und Fähigkeiten einfach den Web-Seiten zuweisen.

Dieses Kapitel beginnt mit einem Überblick darüber, wie Verhaltensweisen arbeiten und wie sie zugewiesen werden. Das restliche Kapitel beschreibt alle verfügbaren Verhaltensweisen und die damit zu erzielenden Effekte.

Web-Seitenereignisse

Wenn Sie eine Web-Seite in erster Linie als ein Objekt ansehen, das Text, Bilder oder vielleicht eine kleine Animationen enthalten kann, dann müssen Sie Ihre Ansicht gründlich revidieren. In Bezug auf Verhaltensweisen muss eine Web-Seite als eine Folge von Ereignissen und Objekten betrachtet werden.

Das erste Ereignis tritt ein, wenn eine Seite in einen Web-Browser geladen wird. Dementsprechend heißt dieser Vorgang *onLoad*-Ereignis. Der Benutzer kann verschiedene Objekte anklicken (*onClick*-Ereignisse), den Mauszeiger über ein Objekt bewegen (*onMouseOver*-Ereignis) oder andere Aktivitäten ausführen.

Wenn ein Ereignis ausgelöst wird, haben Sie die Möglichkeit, darauf zu reagieren. Die Reaktion auf Ereignisse wird *Aktion* genannt. Verhaltensweisen sind in Dreamweaver Kombinationen von Ereignissen und Aktionen.

Der Verhaltensweisen-Inspector

Verhaltensweisen werden in Dreamweaver mit dem Verhaltensweisen-Inspector bearbeitet. Der Verhaltensweisen-Inspector wurde im vorigen Kapitel kurz gestreift, als Ebenenanimationen in Zeitleisten durch Zuweisung von Verhaltensweisen beschrieben wurden.

Zum Öffnen des Verhaltensweisen-Inspectors klicken Sie im Launcher oder Mini-Launcher die Schaltfläche *Verhaltensweisen* an, wählen die Menüoption *Fenster > Verhaltensweisen* oder drücken die Taste F8.

Tipp

Durch Anklicken der jeweiligen Registerkarte wechseln Sie zwischen dem Verhaltensweisen-Inspector und dem Zeitleisten-Inspector.

Die Registerkarte des Verhaltensweisen-Inspectors enthält die Schaltflächen Plus (+) und Minus (–) zum Hinzufügen und Entfernen von Verhaltensweisen, die Dropdown-Liste *Ereignisse für* zum Beschränken von Verhaltensweisen auf bestimmte Browser sowie die Schaltflächen mit dem nach oben bzw. nach unten weisenden Pfeilen zum Ändern der Reihenfolge von Verhaltensweisen.

Beschränkungen bei verschiedenen Web Browsern

Die Verarbeitung von JavaScript-Verhaltensweisen variiert je nach Web-Browser-Typ und -Version. Einige Verhaltensweisen werden sowohl vom Netscape Navigator als auch vom Internet Explorer, andere nur von einem der beiden und wieder andere nur von neueren Versionen, nicht aber von älteren unterstützt.

Tipp

Zweifelsohne hat der Internet Explorer in diesem Bereich die Nase vorn. Aus Gründen, die wohl nur Netscape bekannt sind, hat der Navigator-Web-Browser nicht mit den Neuerungen Schritt gehalten, um die Microsoft den Internet Explorer erweitert hat.

Im Document Object Model (kurz: DOM) sind alle Web-Seitenelemente für die Steuerung über Skriptsprachen zugänglich. Alle Elemente werden als eigenständige Objekte behandelt. Diese Objekte verfügen über eine Reihe von Ereignissen, auf die reagiert werden kann. Unter der Adresse *http://www.w3.org/DOM/* können Sie sich die DOM-Spezifikationen ansehen. Die einzelnen Web-Browser unterscheiden sich aber erheblich hinsichtlich ihrer Fähigkeit Ereignisse zu verarbeiten.

Im Internet Explorer ist es möglich, auf einen Klick in das Element P zu reagieren, im Netscape Navigator nicht. Beide Web-Browser reagieren auf vielfältige Ereignisse des Elements IMG, aber der Internet Explorer lässt größere Wahlmöglichkeiten zu. Der Umfang der verfügbaren Ereignisse in beiden Browsern einer früheren Version als 4.0 ist jedoch sehr begrenzt.

Wegen dieser Einschränkungen müssen Sie den Browser der Zielgruppe berücksichtigen, wenn Sie Verhaltensweisen zuweisen. Mit Dreamweaver können Sie im Verhaltensweisen-Inspector die verfügbaren Verhaltensweisen auf bestimmte Web-Browser beschränken. Wählen Sie dazu im Verhaltensweisen-Inspector aus der Liste *Ereignisse für* eine Option aus (siehe die folgende Abbildung).

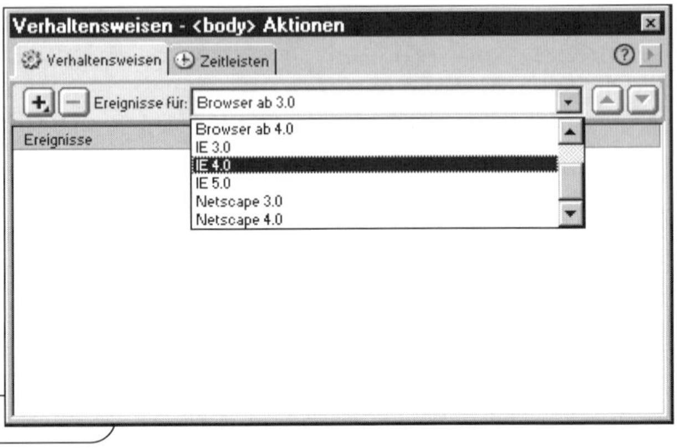

Einen Ziel-Browser auswählen

Abb. 14.1

Die folgenden Browser-Typen können ausgewählt werden:

- Browser ab 3.0
- Browser ab 4.0
- Internet Explorer 3.0
- Internet Explorer 4.0
- Internet Explorer 5.0
- Netscape 3.0
- Netscape 4.0

Wenn Sie eine bestimmte Version oder Klasse eines Web-Browser ausgewählt haben, werden die Verhaltensweisen, die für diesen Browser nicht zur Verfügung stehen, in den Optionen des Verhaltensweisen-Inspectors abgedunkelt dargestellt. Alle Optionen, die wählbar sind, werden auch von dem betreffenden Ziel-Browser unterstützt.

Verhaltensweisen zuweisen

Das grundsätzliche Vorgehen beim Zuweisen von Verhaltensweisen ist für alle Elemente und für alle Verhaltensweisen identisch. Wenn Sie eine Verhaltensweise ausgewählt haben, variieren die anzugebenden Informationen für die einzelnen Aktionen, da verschiedene Parameter erforderlich sind. Aber jede Zuweisung von Verhaltensweisen beginnt mit den folgenden Schritten:

1. Markieren Sie das Element, dem Sie eine Verhaltensweise zuweisen möchten. In einigen Fällen müssen Sie das Element nicht tatsächlich markieren. Es genügt z.B. nur ein P- oder TD-Element anzuklicken. Um das Element *Body* auszuwählen, klicken Sie dessen Tag in der Statusleiste an.

3. Klicken Sie im Verhaltensweisen-Inspector die Plus-Schaltfläche (+) an.

3. Wählen Sie aus dem Popup-Menü (*siehe die folgende Abbildung*) eine Verhaltensweise aus.

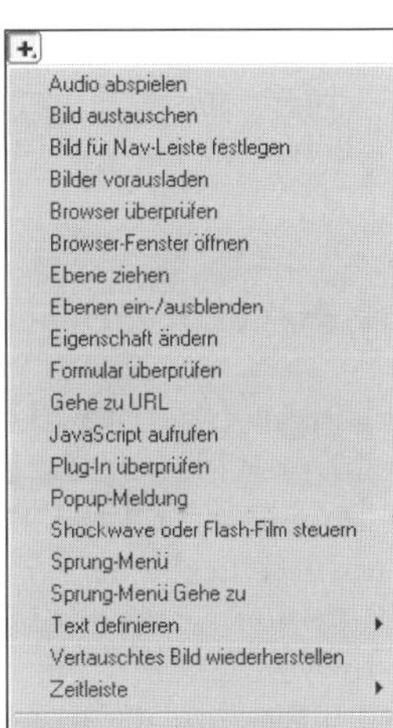

Das Popup-Menü mit den Verhaltensweisen

Abb. 14.2

!

Mit Verhaltensweisen lassen sich enorme Effekte erzielen einschließlich des Effekts, Benutzer zu verwirren. Wenn ein Benutzer die Größe des Browser-Fensters ändert, könnten Sie beispielsweise eine neue Seite laden, aber dies ist wohl kaum ein gelungener Einsatz von Verhaltensweisen. Achten Sie darauf, dass Sie sinnvolle Aktionen zuweisen.

4. Geben Sie die für die Aktion erforderlichen Parameter an.

5. Dreamweaver weist der ausgewählten Aktion automatisch das gebräuchlichste Ereignis zu. Falls im Verhaltensweisen-Inspector nicht das gewünschte Ereignis angezeigt wird, klicken Sie das Ereignis an, um es zu markieren. Klicken Sie anschließend den daneben liegenden nach unten weisenden Pfeil an und wählen Sie aus dem Popup-Menü ein neues Ereignis aus.

Einem Objekt können mehrere Verhaltensweisen zugewiesen werden. Alle Verhaltensweisen werden im Verhaltensweisen-Inspector in der Reihenfolge aufgelistet, in der sie hinzugefügt wurden. Zum Ändern dieser Reihenfolge markieren Sie die Verhaltensweise, die verlagert werden soll, und klicken den nach oben bzw. nach unten weisenden Pfeil an. Zum Löschen einer Verhaltensweise markieren Sie sie und klicken die Minus-Schaltfläche (–) an.

Das restliche Kapitel befasst sich mit den verschiedenen Aktionen für Verhaltensweisen und deren Einsatzmöglichkeiten.

Verhaltensweisen für Bilder zuweisen

Ein Großteil der JavaScript-Programmierung im Web betrifft Aktionen, die *Rollover* genannt werden. Bei Rollover-Bildern ändert sich das Bild, wenn der Mauszeiger darüber bewegt oder das Bild angeklickt wird. Dreamweaver stellt zwei unterschiedliche Verhaltensweisen für Rollover-Bilder zur Verfügung und zwar die Aktionsoptionen *Bilder vorausladen* und *Bild austauschen*. Außerdem kann eine Navigationsleiste hinzugefügt werden, die über ein eigenes Set von Verhaltensweisen verfügt.

Bilder vorausladen

Wie Sie wissen, ist die Dauer des Herunterladens von Bildern eines der größten Probleme von Web-Seitendesignern. Bei Rollover-Bildern ist die Zeit der kritische Faktor. Wenn ein Benutzer ein Rollover-Bild entdeckt und der Effekt nicht sofort ausgeführt wird, ist die gesamte Wirkung zerstört.

Dieses Problem vermeiden Sie durch Vorausladen der Bilder. Wenn das neue Bild nur aufgerufen werden muss, anstatt es von einem entfernten Server herunterzuladen, wird es sofort angezeigt.

Normalerweise wird diese Verhaltensweise dem Element BODY zugewiesen und das Ereignis *onLoad* ausgewählt. Ein anderes Vorgehen wäre wenig sinnvoll, da die Bilder dann nicht wirklich vorausgeladen würden. Natürlich könnten Sie dieses Verhalten einer grafischen Schaltfläche zuweisen, die über einen Rollover-Effekt verfügen soll.s

Aber in Dreamweaver erstellte Austauschbilder und Navigationsleisten enthalten standardmäßig die Verhaltensweise *Bilder vorausladen*, daher müssen diese nicht separat zugewiesen werden. Wenn Sie dagegen mit benutzerdefinierten Skripts arbeiten, die das Austauschen von Bildern oder bei Zeitleisten das Ändern von Bildquellen vorsehen, sollten Sie die Bilder vorausladen.

Markieren Sie dazu das Element, dem die Aktion zugewiesen werden soll, klicken Sie im Verhaltensweisen-Inspector die Plus-Schaltfläche (+) an und wählen Sie aus dem Popup-Menü die Option *Bilder vorausladen*. Daraufhin wird das gleichnamige Dialogfeld geöffnet (*siehe die folgende Abbildung*). Wenn bereits Bilder vorhanden sind, die für das Vorausladen ausgewählt wurden – entweder mit dieser Methode oder mit der Option *Bild austauschen* oder über die integrierten Verhaltensweisen von Navigationsleisten – werden deren Namen in der Liste *Bilder vorausladen* des Dialogfeldes angezeigt.

Geben Sie in das Textfeld *Bild-Quelldatei* die Pfadangabe und den Namen des Bildes ein oder klicken Sie die Schaltfläche *Durchsuchen* an, um die Datei auszuwählen. Zum Hinzufügen des Bildes zu der Liste klicken Sie im oberen Bereich des Dialogfeldes *Bilder vorausladen* die Plus-Schaltfläche (+) an. Auf diese Weise können Sie der Liste alle Bilddateien hinzufügen, die vorausgeladen werden sollen. Wenn Sie ein Bild aus der Liste entfernen möchten, markieren Sie es und klicken im oberen Bereich des Dialogfeldes die Minus-Schaltfläche (–) an. Klicken Sie die Schaltfläche *OK* an, um das Dialogfeld wieder zu schließen.

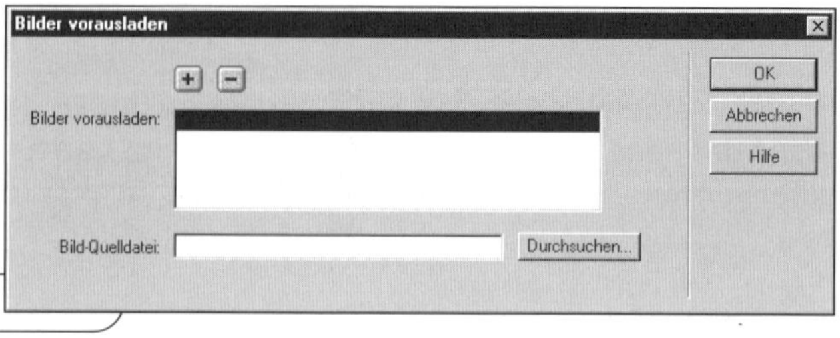

Das Dialogfeld *Bilder vorausladen*

Abb. 14.3

Wenn Sie die *Plus*-Schaltfläche (+) im oberen Bereich des Dialogfeldes *Bilder vorausladen* nicht anklicken, wird dem Bild die Verhaltensweise *Vorausladen* nicht zugewiesen. Dies ist ziemlich verwirrend, da die Datei bereits in der Liste *Bilder vorausladen* des Dialogfeldes erscheint.

Bilder austauschen

Mit der Verhaltensweise *Bild austauschen* wird einem IMG-Element eine andere Quelldatei zugewiesen und somit eine Grafik durch eine andere ersetzt. Dieser Verhaltensweise wird automatisch das Ereignis *onMouseOver* zugewiesen. Das bedeutet, dass die Verhaltensweise auftritt, wenn der Mauszeiger über das Bild bewegt wird.

Der Verhaltensweise *Bild austauschen* wird automatisch eine weitere Verhaltensweise, nämlich *Vertauschtes Bild wiederherstellen*, hinzugefügt. Diese Verhaltensweise stellt das Originalbild wieder her. Die Wiederherstellung des ursprünglichen Bildes wird von dem Ereignis *onMouseOut* ausgelöst. *onMouseOut* bedeutet, dass der Mauszeiger aus dem Bild bewegt wurde, sich also nicht mehr auf dem Bild befindet. Die Verhaltensweise *Vertauschtes Bild wiederherstellen* ist auch im Aktionsmenü des Verhaltensweisen-Inspectors enthalten. Diese Verhaltensweise ist aber nur mit ihrem Gegenstück, der Verhaltensweise *Bild austauschen*, sinnvoll.

Auszutauschende Bilder müssen dieselbe Größe haben, um Verzerrungen zu vermeiden. Für diese Bilder gilt als Vorgabe die Größe des ersten Bildes. Ein größeres Austauschbild wird zusammengequetscht, ein kleineres vergrößert.

Zum Austauschen von Bildern markieren Sie das Bild, dem Sie diese Verhaltensweise zuweisen möchten, klicken im Verhaltensweisen-Inspector die Plus-Schaltfläche (+) an und wählen aus dem Popup-Menü die Option *Bild austauschen*. Daraufhin wird das gleichnamige Dialogfeld geöffnet (*siehe die folgende Abbildung*).

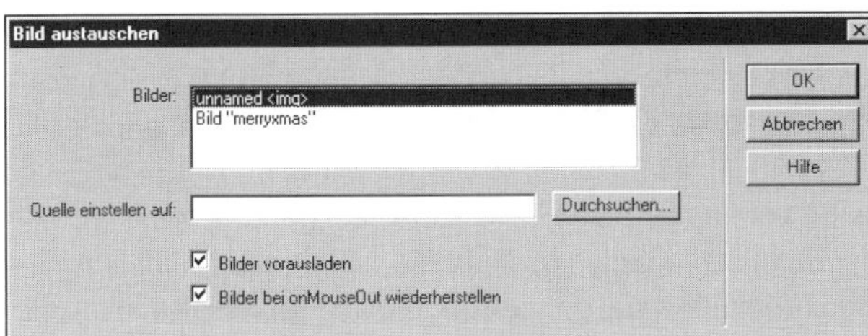

Das Dialogfeld *Bild austauschen*

Abb. 14.4

In der Liste *Bilder* sind alle der Seite zugeordneten Bilder aufgeführt. Markieren Sie das zu ändernde Bild, geben Sie dann im Textfeld *Quelle einstellen auf* die Pfadangabe und den Dateinamen des Bildes ein oder klicken Sie die Schaltfläche *Durchsuchen* an, um das Bild auszuwählen. Auf diese Weise können Sie für alle Bilddateien verfahren, die durch dasselbe Ereignis ausgetauscht werden sollen.

Tipp

Im Dialogfeld *Bild austauschen* können Sie festlegen, ob nur ausgewählte oder alle Bilder gleichzeitig ausgetauscht werden. Den Effekten, die Sie mit dieser Funktion erzeugen können, sind keine Grenzen gesetzt. Sie könnten beispielsweise eine Animation definieren, in der eine Zeile mit Bildern aus dem Browser-Fenster und das letzte Bild dann wieder an die Startposition wandert. Mit Grafiken von Buchstaben lassen sich Anagramme erstellen, deren Auflösung nach dem Austauschen der Bilder erscheint. Lassen Sie Ihrer Phantasie freien Lauf.

Die beiden Kontrollkästchen im unteren Bereich des Dialogfeldes *Bild austauschen* sind standardmäßig aktiviert. Wenn Bilder nicht vorausgeladen werden sollen, deaktivieren Sie das Kontrollkästchen *Bilder vorausladen*. Soll das Standardverhalten des Wiederherstellens des Originalbildes nicht automatisch hinzugefügt werden, deaktivieren Sie das Kontrollkästchen *Bilder bei onMouseOut wiederherstellen*. Klicken Sie dann die Schaltfläche *OK* an, um das Dialogfeld wieder zu schließen.

Bilder für Navigationsleisten festlegen

Eine Navigationsleiste besteht aus einer Gruppe von grafischen Schaltflächen. Jeder Schaltfläche ist eine Reihe von Bildern zugewiesen. Das jeweils angezeigte Bild hängt von den Benutzeraktionen ab.

Tipp

Zur Erzielung eines Höchstmaßes an Verständlichkeit und eines optimalen Designs sollte jedes Bild in der Navigationsleiste dieselbe Größe und Form haben. Bei unterschiedlichen Größen wird das zweite Bild verzerrt.

Navigationsleisten verfügen über eigene Verhaltensweisen, wie z.B. Rollover-Effekte und *Gehe zu*-Befehle. Navigationsleisten sollen grafische Hyperlinks bereitstellen. Normalerweise wird über diese Hyperlinks zu anderen Seiten in derselben Web-Site verzweigt, dies stellt aber keine Bedingung dar. Mit Schaltflächen in Navigationsleisten kann zu jeder beliebigen Datei an jedem beliebigen Ort im Web verzweigt werden.

Jeder Schaltfläche in einer Navigationsleiste können vier Bilder zugeordnet werden:

Tabelle 14.1 Schaltflächenstatus in Navigationsleisten

Schaltflächenstatus	Beschreibung
Up	Der Standardstatus, wenn keine Benutzeraktion ausgeführt wird
Over	Wenn sich der Mauszeiger auf der Schaltfläche befindet, aber nicht geklickt wird
Down	Wenn die Schaltfläche angeklickt wird
Over bei Down	Wenn sich der Mauszeiger auf einer Schaltfläche befindet, deren Status *Down* ist

Meist unterscheiden sich die Bilder für die verschiedenen Zustände nur farblich. Benutzer erhalten dadurch eine zuverlässige, visuelle Rückmeldung beim Bewegen des Mauszeigers über die Schaltflächen.

Sie müssen nicht allen vier Schaltflächenstati Bilder zuweisen. Drei oder vier farblich unterschiedliche, aber sonst identische Bilder zu finden, die zu dem Farbschema einer bestimmten Seite passen, ist oft etwas schwierig. Sie können daher die Bilder für die

Zustände *Down* und *Over bei Down* weglassen. Die grundlegendsten Zuweisungen für gute Navigationsleisten beschränken sich auf jeweils ein Bild für den Status *Up* und eins für den Status *Over*.

Eine Navigationsleiste einfügen

Gehen Sie zum Einfügen einer Navigationsleiste folgendermaßen vor:

1. Setzen Sie den Cursor an die Position, an der die Navigationsleiste eingefügt werden soll und klicken Sie in der Tafel *Allgemein* der Objektpalette die Schaltfläche *Navigations-Leiste einfügen* an. Daraufhin wird das gleichnamige Dialogfeld geöffnet (*siehe die folgende Abbildung*). Falls die Auflösung Ihres Monitors nicht größer als 640x480 Pixel ist, werden einige Optionen nicht angezeigt. Auf diese Optionen greifen Sie mit Hilfe der Bildlaufleisten zu.

Tipp

Wenn die Objektpalette nicht angezeigt wird, wählen Sie die Menüoption *Fenster > Objekte* oder drücken Sie die Tastenkombination Strg + F2 (Befehlstaste + F2 bei Macs). Um die Tafel *Allgemein* anzuzeigen, klicken Sie im oberen Bereich der Objektpalette den nach unten weisenden Pfeil an und wählen aus dem Popup-Menü die Option *Allgemein*.

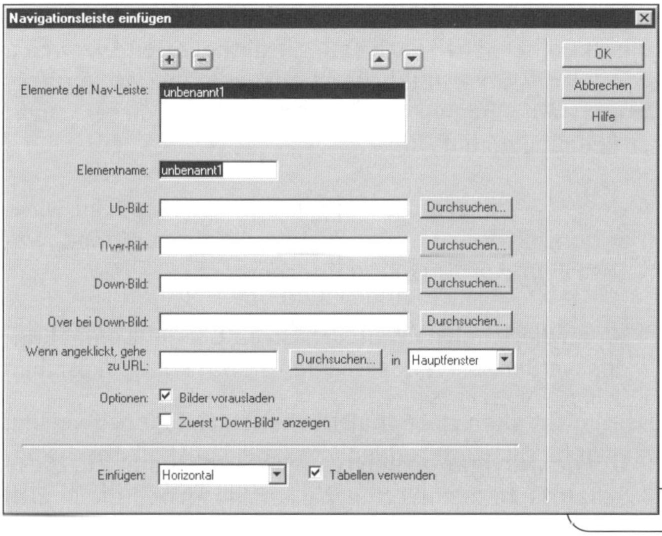

Das Dialogfeld *Navigationsleiste einfügen*

Abb. 14.5

2 Geben Sie in das Textfeld *Elementname* einen Namen für die Schaltfläche ein. Dieser Name wird in die Liste *Elemente der Nav-Leiste* im oberen Bereich des Dialogfeldes übernommen.

3 Geben Sie in das Textfeld *Up-Bild* die Pfadangabe und den Dateinamen des Standardbildes ein oder klicken Sie die Schaltfläche *Durchsuchen* an, um die Datei auszuwählen.

4 Wiederholen Sie den dritten Schritt für die Textfelder *Over-Bild, Down-Bild* und *Over bei Down-Bild*.

5 Geben Sie in das Textfeld *Wenn angeklickt, gehe zu URL* die URL des Hyperlinks ein oder klicken Sie die Schaltfläche *Durchsuchen* an, um die Datei auszuwählen.

6 Wenn sich die Navigationsleiste in einer Seite mit Frames befindet, klicken Sie den nach unten weisenden Pfeil der Dropdown-Liste *in* an. Wählen Sie den Frame aus, in dem die neue Seite angezeigt werden soll.

7 Wenn die Bilder nicht vorausgeladen werden sollen, deaktivieren Sie das Kontrollkästchen *Bilder vorausladen*.

8 Soll standardmäßig zuerst das Down-Bild angezeigt werden, aktivieren Sie das Kontrollkästchen *Zuerst „Down-Bild" anzeigen*.

Tipp

Wenn die URL einer Schaltfläche auf die aktuelle Seite verweist, ist es sinnvoll das Down-Bild zuerst anzuzeigen. Der Benutzer wird damit darauf hingewiesen, dass das Anklicken dieser Schaltfläche zu keinem Ergebnis führt.

9 Um entweder eine horizontale oder eine vertikale Navigationsleiste einzufügen, wählen Sie aus der Dropdown-Liste *Einfügen* die Option *Horizontal* bzw. *Vertikal* aus.

10 Wenn die Schaltflächen nicht in eine Tabelle eingebunden werden sollen, deaktivieren Sie das Kontrollkästchen *Tabellen verwenden*.

Um der Navigationsleiste die Informationen für diese Schaltfläche zuzuweisen, klicken Sie im oberen Bereich des Dialogfeldes die Plus-Schaltfläche (+) an. Wiederho-

⑪ len Sie die Schritte 2 bis 11 für alle Schaltflächen in der Navigationsleiste.

Tipp

Die Reihenfolge der Schaltflächen in der Navigationsleiste ändern Sie, indem Sie in der Liste *Elemente der Nav-Leiste* eine Schaltfläche markieren und den nach oben bzw. nach unten weisenden Pfeil oberhalb der Liste anklicken.

⑫ Klicken Sie *OK* an, um das Dialogfeld wieder zu schließen.

Die Navigationsleiste wird mit den Bildern in die Web-Seite – wenn Sie die Standardvorgabe übernommen haben – als Tabelle eingefügt. Im folgenden Abschnitt wird das Ändern von Navigationsleisten beschrieben.

Navigationsleisten ändern
Versuchen Sie nun, eine weitere Navigationsleiste einzufügen (klicken Sie dazu auf der Tafel *Allgemein* der Objektpalette die Schaltfläche *Navigations-Leiste einfügen* an). Dieser Versuch wird misslingen, weil in Dreamweaver pro Seite nur eine Navigationsleiste zulässig ist. Dies ist enttäuschend, weil Sie vielleicht eine Navigationsleiste am Beginn der Seite und eine am Ende hinzufügen wollten. Wenn Sie aber die vorhandene Navigationsleiste modifizieren möchten, kommt Ihnen diese Einschränkung entgegen. Da Sie keine weitere Navigationsleiste einfügen können, wird ein Dialogfeld mit der Frage angezeigt, ob Sie die vorhandene ändern möchten. Wenn Sie die Schaltfläche *OK* anklicken, wird sofort das Dialogfeld *Navigationsleiste ändern* geöffnet, in dem Sie andere Bilddateien zuweisen, die Reihenfolge der Schaltflächen und andere Optionen ändern können.

Es gibt noch eine weitere Methode zum Ändern von Navigationsleisten, die Ihnen noch größere Steuerungsmöglichkeiten über das Verhalten der Schaltflächen bietet. Wenn Sie in der Navigationsleiste ein Bild markieren, sehen Sie im Verhaltensweisen-Inspector, dass diesem Bild bereits eine Reihe von Aktionen zugewiesen ist. Klicken Sie eine beliebige Aktion doppelt an, um das Dialogfeld *Bild für Nav-Leiste festlegen* zu öffnen. Dieses Dialogfeld umfasst zwei Register.

Das Register *Grundeinstellungen* enthält dieselben Informationen für das markierte Bild wie das Dialogfeld *Navigationsleiste einfügen*. Das Register *Erweitert* (*siehe die folgende Abbildung*) bietet eine weitere interessante Möglichkeit. Wenn in der Navigationsleiste eine Schaltfläche angeklickt wird, werden normalerweise auf allen anderen Schaltflächen die Up-Bilder angezeigt. Auf der Registerseite *Erweitert* können Sie stattdessen ein anderes Bild festlegen.

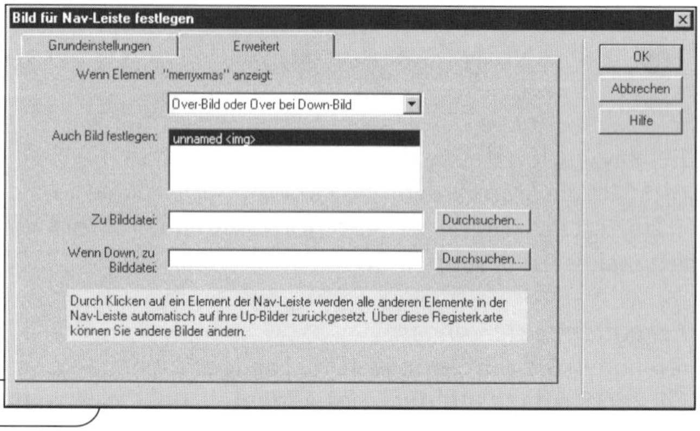

Das Dialogfeld *Bild für Nav-Leiste festlegen*

Abb. 14.6

Um einer Schaltfläche im Up-Status ein anderes Bild zuzuweisen, gehen Sie folgendermaßen vor:

1. Wählen Sie in der ersten Dropdown-Liste entweder die Option *Over-Bild oder Over bei Down-Bild* oder die Option *Down-Bild* aus.

2. Wählen Sie in der Liste *Auch Bild festlegen* die zweite zu ändernde Schaltfläche aus.

3. Geben Sie in das Textfeld *Zu Bilddatei* die Pfadangabe und den Dateinamen des gewünschten Bildes ein oder klicken Sie die Schaltfläche *Durchsuchen* an, um die Datei auszuwählen.

4. Wiederholen Sie den dritten Schritt für das Textfeld *Wenn Down, zu Bilddatei*. Wenn Sie im ersten Schritt *Down-Bild* ausgewählt haben, wird dieses Textfeld nicht angezeigt.

5. Wiederholen Sie die Schritte 2 bis 4 für alle anderen Schaltflächen, deren Verhalten Sie ändern wollen.

6. Klicken Sie *OK* an, um das Dialogfeld wieder zu schließen.

Verhaltensweisen für Ebenen zuweisen

Wie Sie aus dem vorherigen Kapitel bereits wissen, stellen Ebenen gewissermaßen Miniatur-Web-Seiten innerhalb einer Gesamtseite dar. Neben anderen Vorteilen bieten Ebenen die wahrscheinlich größten Möglichkeiten, Web-Seiten wirklich interaktiv zu gestalten. Über Verhaltensweisen können Sie Ebenen – als Reaktion auf bestimmte Ereignisse – ein- und ausblenden sowie ermöglichen, dass Benutzer Ebenen verlagern können.

Ebenen ein- und ausblenden

Mit dem Ändern der Sichtbarkeit von Ebenen in Abhängigkeit von bestimmten Ereignissen steuern Sie, was der Benutzer sehen kann und was nicht. Grafiken oder Informationen können dabei schrittweise eingeblendet werden.

Mit Hilfe der Verhaltensweise *Ebenen ein-/ausblenden* lassen sich nützliche und interessante Effekte erzeugen. Sie könnten beispielsweise Testfragen entwickeln, deren Lösungen unter den Fragen verborgen sind und erst sichtbar werden, wenn die Fragen ausgeblendet werden. Eine andere Möglichkeit wäre, die Fragen angezeigt zu lassen und daneben die zuvor unsichtbaren Antworten einzublenden. Sie könnten auch eine Art grafischer Postkarte entwickeln, in der als Reaktion auf einen Klick Bilder und/oder Text angezeigt werden. Wie Sie sehen, sind Ihrer Phantasie keine Grenzen gesetzt.

Zum Ein- oder Ausblenden einer Ebene markieren Sie das Element, dem die Aktion zugewiesen werden soll, klicken im Verhaltensweisen-Inspector die Plus-Schaltfläche (+) an und wählen aus dem Popup-Menü die Option *Ebenen ein-/ausblenden*. Daraufhin wird das gleichnamige Dialogfeld geöffnet (*siehe die folgende Abbildung*).

In dem Feld *Benannte Ebenen* sind alle Ebenen der Seite aufgeführt. Markieren Sie die Ebene, die Sie ändern möchten. Klicken Sie anschließend die Schaltfläche *Einblenden* oder die Schaltfläche *Ausblenden* an, um die Ebene anzuzeigen bzw. nicht anzuzeigen. Mit der Schaltfläche *Standard* stellen Sie den ursprünglichen Status der Ebene wieder her. Wiederholen Sie diesen Schritt für alle Ebenen, deren Sichtbarkeit durch dasselbe Ereignis geändert werden soll. Klicken Sie die Schaltfläche *OK* an, um das Dialogfeld wieder zu schließen.

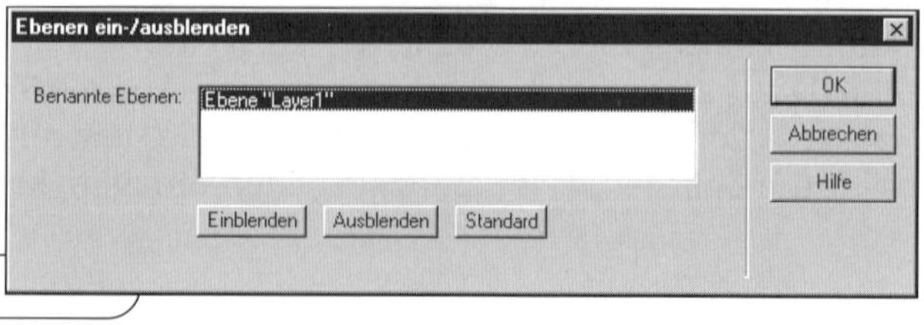

Das Dialogfeld *Ebenen ein-/ausblenden*

Abb. 14.7

Ebenen ziehen

Die Möglichkeit, dass Benutzer eine Ebene verlagern können, klingt im ersten Moment nicht sehr aufregend. Wenn Sie aber berücksichtigen, dass Ebenen übereinander gelegt werden können, werden Sie feststellen, dass sehr viel mehr dahintersteckt als nur das Herumschieben von Ebenen in einem Fenster.

Beispielsweise könnten Sie eine Ebene unter einer anderen verbergen. Der Benutzer kann dann den Inhalt der unteren Ebene durch Verlagern der oberen aufdecken. Oder der Benutzer könnte ein Bild mit Farbmustern verschieben, um ein zweites aufzudecken, dessen Farbschema er mit dem ersten vergleichen kann.

Wenn Sie mit JavaScript vertraut sind, können Sie mit der Verhaltensweise *Ebene ziehen* noch weitere Effekte erzeugen. In Java Script könnten Sie zwei verschiedene Programme schreiben: eines, das während des Verlagerns der Ebene ausgeführt wird und ein anderes, das ausgeführt wird, wenn die Ebene an der vorgesehenen Position abgelegt wird.

Am Verschieben von Ebenen sind viele Parameter beteiligt. Die Ebene kann unbegrenzt verschoben werden oder nur ein bestimmtes Stück weit in einer festgelegten Richtung. Da eine Ebene vermutlich an eine bestimmte Position verlagert, anstatt ziellos auf dem Bildschirm herumgeschoben werden soll, müssen Sie ein so genanntes *Ablageziel* definieren. Damit legen Sie den Bildschirmbereich fest, an dem das Ablegen einer Ebene als erfolgreich gewertet wird, z.B. für die folgende Situation: Der Benutzer soll eine Münze zu einem Sparschwein ziehen. Der Einwurfschlitz des Sparschweins wäre dabei das Ablageziel. Da aber eine absolute Pixel-Genauigkeit oft sehr frustrierend für den Benutzer wäre, können Sie einen etwas größeren Bereich angeben. Wenn der Benutzer die Münze innerhalb dieses Bereichs ablegt, rastet sie automatisch Pixel-genau ein.

In den meisten Fällen ist es sinnvoll, dass Benutzer zum Ziehen der Ebene einen beliebigen Bereich anklicken können. Manchmal kann es aber erforderlich sein, einen bestimmten Bereich in der Ebene zu definieren, der als Ziehgriff verwendet werden muss. In Dreamweaver können Sie dafür einen rechteckigen Bereich innerhalb der Ebene definieren.

Damit eine Ebene gezogen werden kann, gehen Sie folgendermaßen vor:

1. Markieren Sie das Element, dem Sie die Aktion zuweisen möchten, klicken Sie im Verhaltensweisen-Inspector die Plus-Schaltfläche (+) an und wählen Sie aus dem Popup-Menü die Option *Ebene ziehen*. Daraufhin wird das gleichnamige Dialogfeld geöffnet (*siehe die folgende Abbildung*).

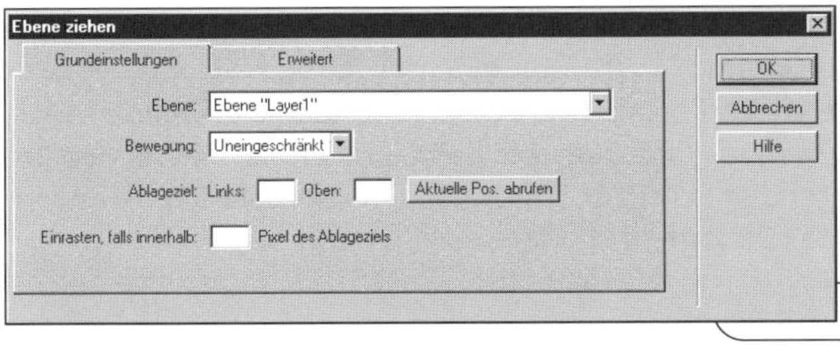

Das Dialogfeld *Ebene ziehen*

Abb. 14.8

2. Wählen Sie aus der Dropdown-Liste *Ebene* die Ebene aus, die gezogen werden soll.

3. Wählen Sie aus der Dropdown-Liste *Bewegung* entweder *Uneingeschränkt* oder *Eingeschränkt* aus. Wenn Sie *Eingeschränkt* gewählt haben, werden vier Textfelder eingeblendet, in die Sie die Pixelanzahl eingeben müssen, die die Ebene nach oben, unten, links oder rechts (relativ zur Anfangsposition) bewegt werden darf.

Tipp

Mit der Option *Eingeschränkt* können Sie nur eine horizontale oder nur eine vertikale Bewegung der Ebene festlegen. Wenn Sie nur eine vertikale Bewegung zulassen möchten, geben Sie in die Textfelder *L* (Links) und *R* (Rechts) jeweils *0* ein. Soll nur eine horizontale Bewegung der Ebene möglich sein, geben Sie in die Textfelder *O* (Oben) und *U* (Unten) jeweils *0* ein.

4 Geben Sie in die Textfelder *Ablageziel* die Werte in Pixel ein, die die linke und obere Kante des Zielbereichs festlegen. Wenn sich die Ebene aktuell an der Ablageposition befindet, klicken Sie die Schaltfläche *Aktuelle Pos. abrufen* an, damit diese Werte automatisch in die Felder eingetragen werden.

5 Geben Sie in das Textfeld *Einrasten, falls innerhalb* einen Wert in Pixel ein, um festzulegen, wie nahe der Benutzer die Ebene an das Ablageziel heranbewegen muss. Wenn Sie im vorherigen Schritt die Schaltfläche *Aktuelle Pos. abrufen* angeklickt haben, wird der Wert für *Einrasten, falls innerhalb* automatisch auf 50 Pixel gesetzt. Sie können diesen Wert aber bei Bedarf überschreiben.

6 Wenn Sie einen Zielgriff festlegen, die Ebene im Vordergrund belassen oder ein benutzerdefiniertes JavaScript-Programm ausführen möchten, klicken Sie das Register *Erweitert* an, das die entsprechenden Optionen enthält (*siehe die folgende Abbildung*) und fahren Sie mit den folgenden Schritten fort. Ansonsten klicken Sie *OK* an, um das Dialogfeld wieder zu schließen.

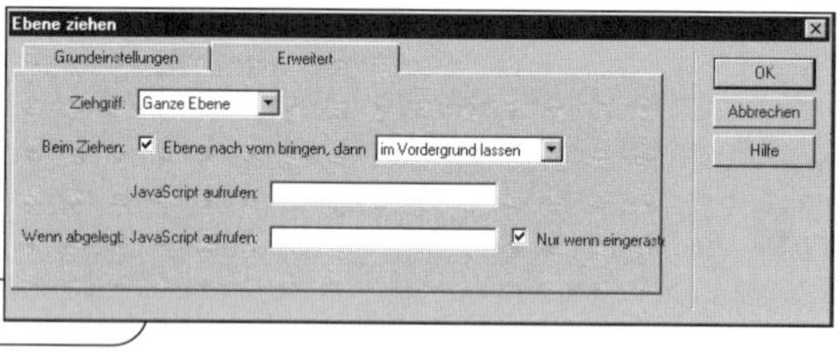

Das Register *Erweitert* des Dialogfeldes *Ebene ziehen*

Abb. 14.9

7 Um einen bestimmten Bereich zu definieren, den der Benutzer zum Ziehen der Ebene anklicken muss, wählen Sie aus der Dropdown-Liste *Ziehgriff* die Option *Bereich in Ebene*. Daraufhin werden vier Textfelder angezeigt, in die Sie die Größe des Ziehgriffs in Pixel eingeben müssen.

Geben Sie die linke, obere Koordinate (relativ zu der linken, oberen Kante der Ebene) sowie die Breite und Höhe des Ziehgriffs in die entsprechenden Textfelder ein.

8 Wenn die Ebene beim Ziehen an die erste Stelle der Stapelreihenfolge verschoben werden soll, aktivieren Sie das Kontrollkästchen *Beim Ziehen* und wählen aus der Dropdown-Liste *Ebene nach vorn bringen, dann* entweder die Option *im Vordergrund lassen* oder die Option *Z-Index wiederherstellen*. Mit *im Vordergrund lassen* verbleibt die Ebene im Vordergrund, mit *Z-Index wiederherstellen* wird die Ebene wieder an ihre ursprüngliche Position in der Stapelreihenfolge gesetzt.

9 Wenn während des Verlagerns ein JavaScript-Programm ausgeführt werden soll, geben Sie in das Textfeld *Java Script aufrufen* den Namen des Programms ein.

10 Soll nach dem Verlagern ein JavaScript-Programm ausgeführt werden, geben Sie in das Textfeld *Wenn abgelegt, JavaScript aufrufen* den Namen des Programms ein. Aktivieren oder deaktivieren Sie auch das Kontrollkästchen *Nur wenn eingerastet*.

11 Klicken Sie die Schaltfläche *OK* an, um das Dialogfeld wieder zu schließen.

Verhaltensweisen für Zeitleisten zuweisen

Durch Verhaltensweisen lassen sich Zeitleisten in Web-Seiten noch präziser steuern. Es gibt zwei Methoden, um mit Zeitleisten und Verhaltensweisen zu arbeiten. Bei der ersten Methode werden über Ereignisse, die den verschiedenen Seitenelementen zugeordnet sind, Zeitleistenaktionen wie beliebige andere Verhaltensweisen ausgelöst. Bei der zweiten Methode wird einem Frame in einer Zeitleistenanimation eine Verhaltensweise zugewiesen (*siehe das Kapitel 13 Ebenen*).

Wenn die Zeitleiste mit einem normalen Seitenelement gesteuert werden soll, stehen Ihnen drei Möglichkeiten zur Verfügung: Sie können die Zeitleiste wiedergeben und anhalten oder einen bestimmen Frame auf der Zeitleiste ansteuern.

Zeitleisten wiedergeben und anhalten

Zum Wiedergeben einer Zeitleiste markieren Sie das Element, dem Sie die Aktion zuweisen möchten, klicken im Verhaltensweisen-Inspector die Plus-Schaltfläche (+) an, wählen aus dem Popup-Menü die Option *Zeitleiste* und aus dem Untermenü die Option *Zeitleiste wiedergeben*. Daraufhin wird das gleichnamige Dialogfeld geöffnet (*siehe die folgende Abbildung*). Wählen Sie in diesem Dialogfeld die gewünschte Zeitleiste aus und klicken Sie *OK* an.

Das Dialogfeld *Zeitleiste wiedergeben*

Abb. 14.10

Zum Anhalten einer Zeitleiste wählen aus dem Popup-Menü die Option *Zeitleiste* und aus dem Untermenü die Option *Zeitleiste anhalten*. In dem daraufhin angezeigten Dialogfeld können Sie festlegen, ob nur eine einzelne Zeitleiste oder alle Zeitleisten angehalten werden sollen.

Eine Zeitleiste ab einem bestimmten Frame wiedergeben

Wenn eine Zeitleiste ab einem bestimmten Frame wiedergegeben werden sollen, markieren Sie das Element, das die Aktion auslösen soll, klicken im Verhaltensweisen-Inspector die Plus-Schaltfläche (+) an, wählen aus dem Popup-Menü die Option *Zeitleiste* und aus dem Untermenü die Option *Gehe zu Zeitleisten-Bild*. Daraufhin wird das gleichnamige Dialogfeld geöffnet (*siehe die folgende Abbildung*).

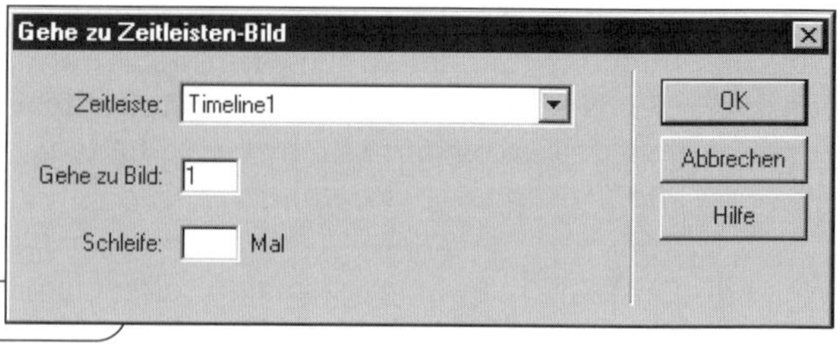

Das Dialogfeld *Gehe zu Zeitleisten-Bild*

Abb. 14.11

Wählen Sie aus der Dropdown-Liste *Zeitleiste* die gewünschte Zeitleiste aus. Geben Sie in das Textfeld *Gehe zu Bild* die Nummer des Frames ein, mit der die Wiedergabe beginnen soll. Wenn Sie diese Verhaltensweise einem Frame der Zeitleiste statt einem normalen Seitenelement zuweisen, können Sie auch die Anzahl der Wiederholungen festlegen, die vom Start-Frame bis zum aktuellen Frame durchlaufen werden sollen. Anderenfalls lassen Sie das Textfeld *Schleife* leer. Klicken Sie die Schaltfläche *OK* an, um das Dialogfeld wieder zu schließen.

Verhaltensweisen für URLs zuweisen

Dreamweaver verfügt über eine vollständige Klasse von Verhaltensweisen, die die URL ändern, also eine andere Seite aufrufen. Einige dieser Verhaltensweisen arbeiten unter Testbedingungen, wie z.B. die Überprüfung des Typs und der Version des Browsers des Benutzers. Andere richten ein statisches Sprung-Menü ein, das auf eine Benutzeraktion wartet.

Browser-Typen überprüfen

Angesichts der vielen Unterschiede bei Web-Browsern – einige unterstützen manche Ereignisse, andere verarbeiten CSS besser, ältere arbeiten überhaupt nicht mit Frames – haben es viele Web-Designer aufgegeben, eine Web-Site zu entwickeln, die von allen Browser-Typen unterstützt wird. Stattdessen entwickeln sie mehrere, faktisch identische Seiten. Jede davon ist auf einen speziellen Browser-Typ oder eine spezielle Browser-Version abgestimmt.

Um Benutzer zu der passenden Version der Seite zu leiten, könnten Sie einfach Hyperlinks einfügen und den Benutzer auffordern, den entsprechenden Typ anzuklicken (und dies werden Sie in einigen Web-Sites antreffen). Es ist aber einfacher, wenn die Web-Seite den Browser-Typ selbst abfragt. Dreamweaver stellt dafür die Verhaltensweise *Browser überprüfen* bereit.

Durch die Verhaltensweise *Browser überprüfen* werden Benutzer in Abhängigkeit von ihrem Browser-Typ und ihrer Browser-Version zu einer passenden Seite geleitet. Dabei kann zu einer bestimmten oder einer alternativen URL verzweigt oder aber die aktuelle Seite beibehalten werden.

Um die Verhaltensweise *Browser überprüfen* festzulegen, gehen Sie folgendermaßen vor:

1. Markieren Sie das Element, dem Sie die Aktion zuweisen möchten, klicken Sie im Verhaltensweisen-Inspector die Plus-Schaltfläche (+) an und wählen Sie aus dem Popup-Menü die Option *Browser überprüfen*. Daraufhin wird das gleichnamige Dialogfeld geöffnet (*siehe die folgende Abbildung*).

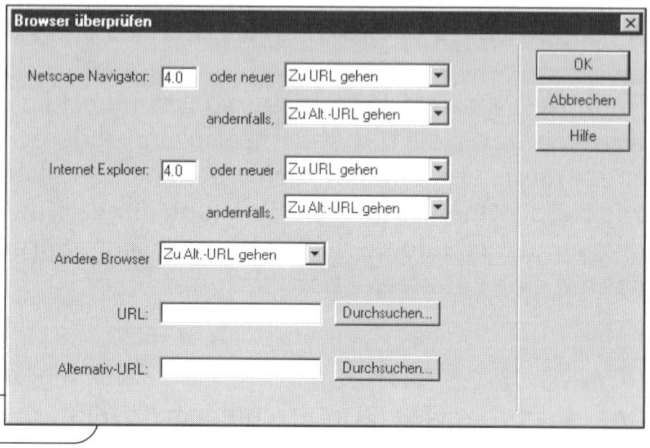

Das Dialogfeld *Browser überprüfen*

Abb. 14.12

2. Geben Sie in das Textfeld *Netscape Navigator* die Nummer der niedrigsten Browser-Version ein, für die Sie eine Seite erstellt haben. Wählen Sie aus der Dropdown-Liste *oder neuer* die Seite aus, auf die Benutzer geführt werden sollen, wenn sie mindestens die angegebene Version des Navigators verwenden. Wählen Sie aus der Dropdown-Liste *andernfalls* die Seite für diejenigen Benutzer aus, die mit einer niedrigeren Navigator-Version arbeiten.

3. Wiederholen Sie den 2. Schritt für den Internet Explorer.

4. Wählen Sie aus der Dropdown-Liste *Andere Browser* die Seite aus, zu der Benutzer geleitet werden sollen, wenn Sie weder den Navigator noch den Internet Explorer verwenden.

5. Geben Sie in das Textfeld *URL* die URL der Seite ein, die als Ziel der Option *Zu URL gehen* dienen soll, oder klicken Sie

die Schaltfläche *Durchsuchen* an, um die Datei auszuwählen.

6 Geben Sie in das Textfeld *Alternativ-URL* die URL der Seite ein, die als Ziel der Option *Zu Alt.-URL gehen* dienen soll, oder klicken Sie die Schaltfläche *Durchsuchen* an, um die Datei auszuwählen.

7 Klicken Sie die Schaltfläche *OK* an, um das Dialogfeld wieder zu schließen.

Plug-Ins überprüfen

Es gibt eine Vielzahl von Plug-Ins, die für Web-Seiten zur Verfügung stehen. Unabhängig davon, ob es sich dabei um gebräuchliche – wie QuickTime, RealPlayer, Shockwave oder Acrobat – oder um unbekannte Programme handelt, haben alle Plug-Ins eines gemeinsam: Sie erweitern die Fähigkeiten von Web-Browsern, unterschiedliche Dateitypen anzuzeigen.

Tipp

Einen guten Überblick über im Handel erhältliche Plug-Ins finden Sie unter der Adresse *http://home.netscape.com/plugins/*.

Web-Browser sind verstärkt in der Lage, immer mehr unterschiedliche Dateiformate anzuzeigen. Die Notwendigkeit für zusätzliche Plug-Ins nimmt somit deutlich ab. Oft werden diese Fähigkeiten aber nur durch Plug-Ins bei der Basisinstallation implementiert.

Die Verhaltensweise *Plug-In überprüfen* ist der Verhaltensweise *Browser überprüfen* sehr ähnlich. *Plug-In überprüfen* sucht nach einem bestimmten Plug-In auf dem Computer des Benutzers. Wenn es nicht vorhanden ist, wird zu einer Seite verzweigt, für die das Plug-In nicht erforderlich ist.

!

Im Internet Explorer funktioniert die Verhaltensweise *Plug-In überprüfen* nicht. Der Internet Explorer ist in dieser Hinsicht limitierter als der Netscape Navigator. Wenn das Plug-In aber über ein zugehöriges ActiveX-Steuerelement verfügt, kann trotzdem zu einer anderen URL verzweigt werden (*siehe Schritt 5*).

Um die Verhaltensweise *Plug-In überprüfen* festzulegen, gehen Sie folgendermaßen vor:

1. Markieren Sie das Element, dem Sie die Aktion zuweisen möchten, klicken Sie im Verhaltensweisen-Inspector die Plus-Schaltfläche (+) an und wählen Sie aus dem Popup-Menü die Option *Plug-In überprüfen*. Daraufhin wird das gleichnamige Dialogfeld geöffnet (*siehe die folgende Abbildung*).

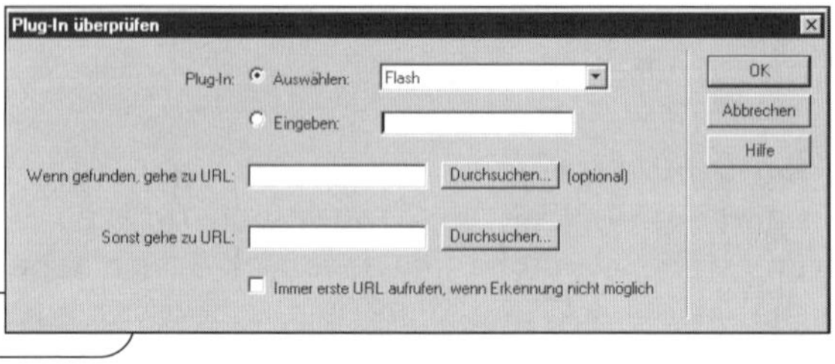

Das Dialogfeld *Plug-In überprüfen*

Abb. 14.13

2. Wenn Sie ein gängiges Plug-In verwenden, das in der Dropdown-Liste *Auswählen* aufgeführt ist, wählen Sie es einfach aus. Falls sich das gewünschte Plug-In nicht in der Liste befindet, klicken Sie den Optionsschalter *Eingeben* an und geben in das Textfeld den Namen des Plug-Ins ein.

3. Geben Sie in das Textfeld *Wenn gefunden, gehe zu URL* die URL der Seite ein, auf die Benutzer geführt werden sollen, wenn sie das Plug-In verwenden oder klicken Sie die Schaltfläche *Durchsuchen* an, um die Datei auszuwählen. Wenn das Plug-In in der Seite, die die Verhaltensweise *Plug-In überprüfen* enthält, verwendet wird, müssen Sie hier keine URL angeben.

4. Geben Sie in das Textfeld *Sonst gehe zu URL* die URL der Seite ein, zu der verzweigt werden soll, wenn das Plug-In nicht vorhanden ist, oder klicken Sie die Schaltfläche *Durchsuchen* an, um die Datei auszuwählen.

5. Wenn dem Plug-In ein ActiveX-Steuerelement zugeordnet ist, können Sie das Kontrollfeld *Immer erste URL aufrufen, wenn Erkennung nicht möglich* aktivieren. Ob dem Plug-In ein ActiveX-Steuerelement zugeordnet ist, erfahren Sie in der Regel in der Homepage des Herstellers.

6. Klicken Sie die Schaltfläche *OK* an, um das Dialogfeld wieder zu schließen.

Vor- und Nachteile von Plug-Ins

Die grundlegenden Vor- und Nachteile von Plug-Ins sind sehr schnell erklärt: Von Vorteil ist, dass Dateiformate, die normalerweise nicht von Web-Browsern unterstützt werden, Web-Seiten Glanz, Raffinesse und Pracht hinzufügen. Darüber hinaus erhöhen sie noch die Funktionalität der Seite.

Wenn aber in Ihrem Web-Seitendesign eine einfachere Lösung möglich ist, sollten Sie diese bevorzugen, anstatt einen Dateityp zu verwenden, für den ein Plug-In erforderlich ist, es sei denn, es handelt sich um ein sehr gebräuchliches. Selbst in diesem Fall müssen Sie die Besucher Ihrer Site, die nicht über dieses Plug-In verfügen, darauf aufmerksam machen, dass sie es erst herunterladen müssen, bevor sie fortfahren können. Das wird dazu führen, dass viele Besucher Ihre Site verlassen und zu einer einfacheren wechseln.

Zu einer URL wechseln

Die Verhaltensweise *Gehe zu URL* ist einfach und gradlinig. Sie arbeitet mit der bereits bekannten Standard-Hypertext-Verknüpfung.

Wieso ist diese Verhaltensweise dann überhaupt erforderlich? *Gehe zu URL* bietet verglichen mit einem einfachen Hyperlink eine etwas erweiterte Funktionalität, deren Hauptvorteil ist, dass Sie mehrere neue Seiten gleichzeitig laden können. Für dieses Kunststück sind aber Frames erforderlich, weil mehrere Seiten nicht in ein einzelnes Standardfenster geladen werden können. Mit der Verhaltensweise *Gehe zu URL* können Sie beliebig viele Frames durch ein einziges Ereignis ändern.

Um die Verhaltensweise *Gehe zu URL* festzulegen, markieren Sie das Element, dem Sie die Aktion zuweisen möchten, klicken im Verhaltensweisen-Inspector die Plus-Schaltfläche (+) an und wählen aus dem Popup-Menü die Option *Gehe zu URL*. Daraufhin wird das gleichnamige Dialogfeld geöffnet (*siehe die folgende Abbildung*).

Markieren Sie in der Liste *Öffnen in* das gewünschte Fenster. In dieser Liste sind alle in der Seite enthaltenen Frames aufgeführt. Enthält die Seite keine Frames, erscheint in der Liste nur der Eintrag *Hauptfenster*. Geben Sie in das Textfeld *URL* die URL der zu ladenden Seite ein oder klicken Sie die Schaltfläche *Durchsuchen* an, um die Datei auszuwählen. Wiederholen Sie diesen Schritt für alle Frames, die von demselben Ereignis geändert werden sollen. Klicken Sie *OK* an, um das Dialogfeld wieder zu schließen.

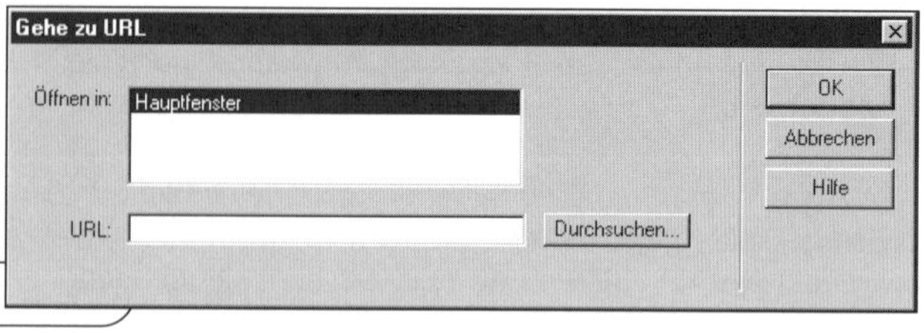

Das Dialogfeld *Gehe zu URL*

Abb. 14.14

Sprung-Menüs

Sprung-Menüs sind spezielle Auswahllisten, deren Optionen aus URLs bestehen. Wenn ein Benutzer eine URL aus der Liste auswählt und die Schaltfläche *Gehe zu* anklickt, wird die verknüpfte Seite in den festgelegten Frame geladen. Einzelheiten zu Sprung-Menüs finden Sie im Kapitel 9 *Formulare*.

Im Dialogfeld *Sprung-Menü* (eine etwas eingeschränktere Version des Original-Dialogfeldes *Sprung-Menü einfügen*) können Sie die folgenden Änderungen vornehmen: den Text von Optionen bearbeiten, die mit den Optionen verknüpften URLs ändern und der Liste weitere Optionen hinzufügen.

Um die Verhaltensweise *Sprung-Menü* festzulegen, markieren Sie das Sprung-Menü und klicken im Verhaltensweisen-Inspector die zugeordnete Aktion doppelt an. Bearbeiten Sie die entsprechenden Attribute des Sprung-Menüs und klicken Sie dann die Schaltfläche *OK* an, um das Dialogfeld wieder zu schließen.

Neue Browser-Fenster öffnen

Das Öffnen eines neuen Browser-Fensters stellt nur eine andere Möglichkeit dar, eine neue Seite zu laden. Der Unterschied besteht lediglich darin, dass die Seite in eine zweite Instanz des Web-Browsers geladen wird.

Da ein zweites Browser-Fenster geöffnet wird, lassen sich dabei eine Reihe von Browser-Einstellungen (die sich nur auf die neue Instanz auswirken) ändern. Werden keine Browser-Attribute festgelegt, wird die zweite Browser-Instanz abgesehen von der enthaltenen Seite als exaktes Duplikat der ersten geöffnet. Beim Definieren von Attributen müssen Sie alle Attribute berücksichtigen. Wenn Sie nur ein Attribut festlegen und ein anderes nicht, ist nur das erste vorhanden.

Angenommen, Sie legen fest, dass das neue Browser-Fenster Bildlaufleisten enthalten soll. Die Bildlaufleisten werden natürlich angezeigt, aber es wird keine Menüleiste und keine Statusleiste vorhanden sein, da Sie dies nicht angegeben haben.

Um eine Seite in einem neuen Browser-Fenster zu öffnen, markieren Sie das Element, dem Sie die Aktion zuweisen möchten, klicken im Verhaltensweisen-Inspector die Plus-Schaltfläche (+) an und wählen aus dem Popup-Menü die Option *Browser-Fenster öffnen*. Daraufhin wird das gleichnamige Dialogfeld geöffnet (*siehe die folgende Abbildung*).

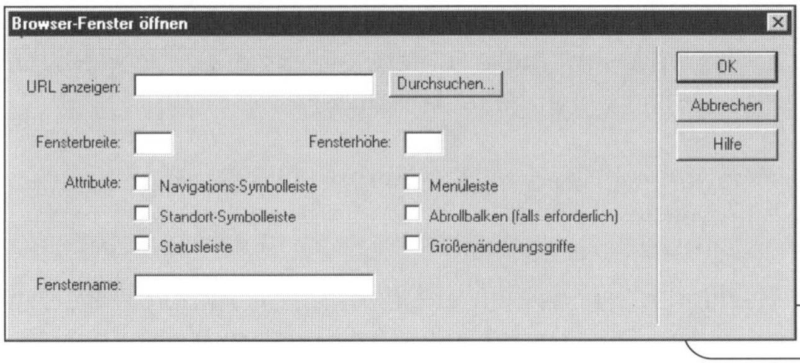

Das Dialogfeld *Browser-Fenster öffnen*

Abb. 14.15

Geben Sie in das Textfeld *URL anzeigen* die URL der zu ladenden Seite ein oder klicken Sie die Schaltfläche *Durchsuchen* an, um die Datei auszuwählen. Wenn Sie für das neue Browser-Fenster keine Attribute festlegen möchten (damit es exakt dem ursprünglichen Fenster entspricht), klicken Sie *OK* an. Anderenfalls können Sie die Fensterbreite und -höhe sowie alle Attribute, über die das neue Fenster verfügen soll, angeben. Beachten Sie aber, dass Sie in diesem Fall alle gewünschten Attribute festlegen müssen. Optional können Sie dem neuen Fenster auch einen Namen zuweisen. Klicken Sie *OK* an, um das Dialogfeld wieder zu schließen.

Formulardaten überprüfen

Mit der Verhaltensweise *Formular überprüfen* lässt sich feststellen, ob Textfelder den erforderlichen Datentyp enthalten. Sie können überprüfen, ob der Feldinhalt numerisch ist, innerhalb eines bestimmten Bereiches liegt oder eine E-Mail-Adresse darstellt.

Tipp

Die Überprüfung von E-Mail-Adressen beschränkt sich auf die Suche nach dem @-Zeichen im Feldinhalt. Mit der Verhaltensweise *Formular überprüfen* kann nicht festgestellt werden, ob es sich bei dem Feldinhalt tatsächlich um eine reale E-Mail-Adresse handelt.

Eine Überprüfung kann für einzelne oder für alle Textfelder definiert werden. Im ersten Fall müssen Sie die Verhaltensweise *Formular überprüfen* nacheinander allen zu überprüfenden Textfeldern zuweisen. Um das gesamte Formular auf einmal zu überprüfen, weisen Sie die Verhaltensweise der Schaltfläche *Abschicken* zu.

Bei der einzelnen Überprüfung von Feldinhalten erhalten Benutzer eine Fehlermeldung, wenn sie versuchen, ein Feld mit ungültigen Daten zu verlassen. Wenn dagegen das gesamte Formular überprüft wird, erscheint diese Fehlermeldung erst, nachdem die Schaltfläche *Abschicken* angeklickt wurde.

Um die Verhaltensweise *Formular überprüfen* festzulegen, gehen Sie folgendermaßen vor:

1. Markieren Sie das Element, dem Sie die Aktion zuweisen möchten (entweder ein einzelnes Textfeld oder die Schaltfläche *Abschicken*), klicken Sie im Verhaltensweisen-Inspector die Plus-Schaltfläche (+) an und wählen Sie aus dem Popup-Menü die Option *Formular überprüfen*. Daraufhin wird das gleichnamige Dialogfeld geöffnet (*siehe die folgende Abbildung*).

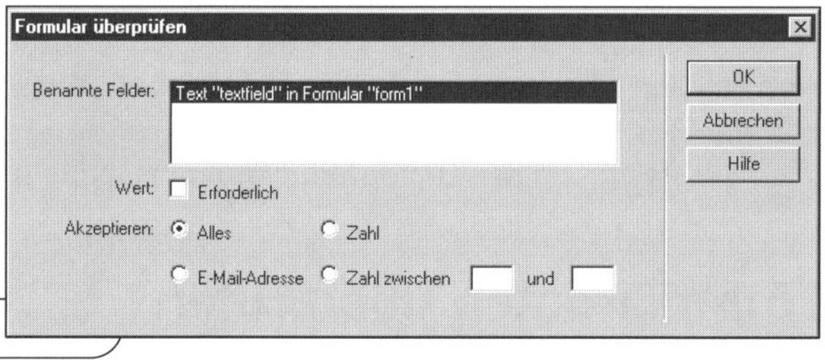

Das Dialogfeld *Formular überprüfen*

Abb. 14.16

2. Klicken Sie in der Liste *Benannte Felder* den Namen des Feldes an, das überprüft werden soll.

3. Belassen Sie das Kontrollkästchen *Erforderlich* deaktiviert, wenn das Feld keine Daten enthalten muss. Ansonsten aktivieren Sie es.

4. Klicken Sie den dem Datentyp, den das Feld enthalten muss, entsprechenden Optionsschalter an.

5. Wenn Sie *Zahl zwischen* aktiviert haben, geben Sie in die Textfelder die Untergrenze bzw. die Obergrenze des gültigen Zahlenbereichs ein.

6. Wiederholen Sie die Schritte 2 bis 5 für alle Textfelder, die überprüft werden sollen.

Führen Sie den sechsten Schritt nur aus, wenn Sie die Verhaltensweise der Schaltfläche *Abschicken* zuweisen. Wenn Sie mehrere Felder einem einzelnen Feld zur Überprüfung zuweisen, erhält der Benutzer inkorrekte Fehlermeldungen.

7. Klicken Sie die Schaltfläche *OK* an, um das Dialogfeld wieder zu schließen.

Verhaltensweisen für Audios und Filme zuweisen

Mit den folgenden Verhaltensweisen können Sie Audios oder Filme wiedergeben, wenn das zugeordnete Ereignis ausgelöst wird. Damit haben Sie die Möglichkeit, Ihre Web-Seiten lebendig zu gestalten.

Audios abspielen

Wir sind alle an piepende und tönende Computer, die ab und zu auch ein bisschen Musik spielen, gewöhnt. Ein wenig Ton an der einen oder anderen Stelle kann eine Web-Seite deutlich verbessern. Ein schöner, klarer, hoher Ton für eine erfolgreiche Aktion und ein tiefer, rauher für eine fehlerhafte sind heutzutage praktisch unerlässlich.

Einem Element eine Tondatei hinzuzufügen ist äußerst einfach. Markieren Sie das Element, dem Sie die Aktion zuweisen möchten, klicken Sie im Verhaltensweisen-Inspector die Plus-Schaltfläche (+) an und wählen Sie aus dem Popup-Menü die Option *Audio abspielen*. Geben Sie im Dialogfeld *Audio abspielen* (*siehe die folgende Abbildung*) die URL der Tondatei ein und klicken Sie *OK* an.

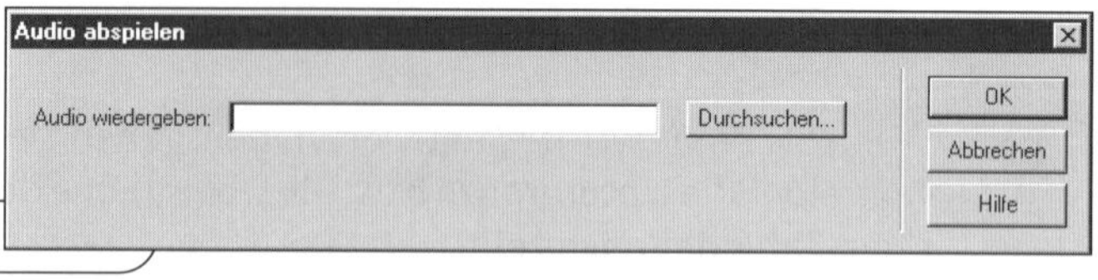

Das Dialogfeld *Audio abspielen*

Abb. 14.17

Shockwave- oder Flash-Filme steuern

Macromedia, der Hersteller von Dreamweaver, bietet auch die beiden beeindruckenden Programme Shockwave und Flash an. Mit beiden lassen sich anspruchsvolle Multimediapräsentationen zu Web-Seiten hinzufügen.

Beide Filmtypen können in Web-Seiten auf fast dieselbe Art und Weise wie Zeitleistenanimationen behandelt werden. Die Optionen für Shockwave- oder Flash-Filme lauten *Wiedergeben*, *Zurückspulen*, *Stop* und *Gehe zu Bild*.

Um die Verhaltensweise *Shockwave oder Flash-Film steuern* festzulegen, markieren Sie das Element, dem Sie die Aktion zuweisen möchten, klicken im Verhaltensweisen-Inspector die Plus-Schaltfläche (+) an und wählen aus dem Popup-Menü die Option *Shockwave oder Flash-Film steuern* (falls Sie in Ihre Web-Seite noch kein Shockwave- oder Flash-Element eingefügt haben, ist die Option abgedunkelt). Daraufhin wird das gleichnamige Dialogfeld geöffnet (*siehe die folgende Abbildung*).

Das Dialogfeld *Shockwave oder Flash-Film steuern*

Abb. 14.18

Wählen Sie aus der Liste *Film* den Film aus, den Sie steuern möchten. Aktivieren Sie dann unter *Aktion* den gewünschten Optionsschalter. Wenn Sie *Gehe zu Bild* wählen, müssen Sie in das Textfeld die entsprechende Frame-Nummer eingeben. Klicken Sie *OK* an, um das Dialogfeld wieder zu schließen.

Verhaltensweisen für Text und Popup-Meldungen zuweisen

Mit der Verhaltensweise *Text definieren* können Sie Text in einem Frame, einer Ebene, einem Textfeld oder der Statusleiste modifizieren. Die Verhaltensweise *Popup-Meldung* bewirkt, dass ein Dialogfeld mit einem festgelegten Text in der Web-Seite geöffnet wird.

Text definieren

Sie können die Verhaltensweise *Text definieren* dazu verwenden, nur einfach einige neue Wörter anzuzeigen. Die Möglichkeiten dieser Verhaltensweise gehen aber weit darüber hinaus. Es lässt sich beispielsweise eine gesamte neue Web-Seite in einem Frame platzieren, weil alle gültigen HTML- und JavaScript-Angaben zugewiesen werden können. JavaScript-Eingaben müssen in geschweifte Klammern, wie z.B. {myFunction()}, gesetzt werden.

Alle Verwendungsarten der Verhaltensweise *Text definieren* sind sich – abgesehen von einigen, kleineren Unterschieden – sehr ähnlich. Um die Verhaltensweise *Text definieren* festzulegen, markieren Sie das Element, dem Sie die Aktion zuweisen möchten, klicken im Verhaltensweisen-Inspector die Plus-Schaltfläche (+) an und wählen aus dem Popup-Menü die Option *Text definieren*. Daraufhin wird ein Untermenü mit vier Optionen angezeigt.

Text für die Statusleiste festlegen

Die Verhaltensweise *Text der Statusleiste* ist die einfachste der vier Optionen. Wenn Sie diese Option auswählen, wird das gleichnamige Dialogfeld (*siehe die folgende Abbildung*) geöffnet. Geben Sie in das Textfeld *Meldung* den Text ein, der in der Statusleiste angezeigt werden soll, und klicken Sie *OK* an.

Die Statusleiste in einem Browser hat bereits eine Funktion, nämlich dem Benutzer Informationen über den Ablauf der Browser-Sitzung anzuzeigen. Zusätzlicher Text in der Statusleiste kann sich mit den vorgesehenen Meldungen überschneiden und somit die Lesbarkeit beeinträchtigen.

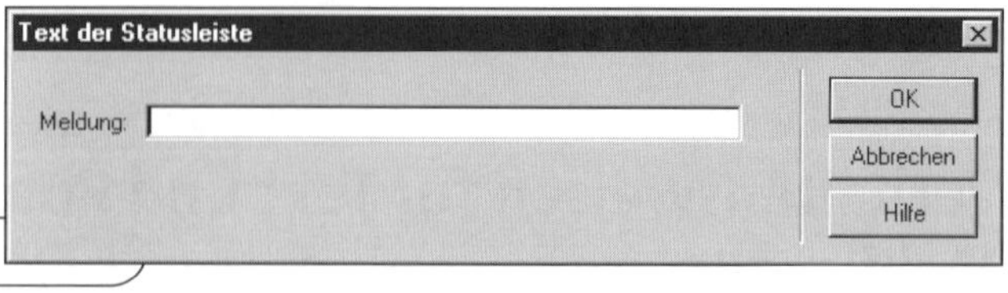

Das Dialogfeld *Text der Statusleiste*

Abb. 14.19

Text für Ebenen und Textfelder festlegen
Mit der Option *Ebenetext festlegen* des Untermenüs *Text definieren* öffnen Sie das Dialogfeld *Ebenetext festlegen* (*siehe die folgende Abbildung*). Wählen Sie aus der Dropdown-Liste die gewünschte Ebene aus und geben Sie in den Textbereich *Neue HTML* den HTML-Quellcode ein, der für die Ebene verwendet werden soll. Klicken Sie anschließend *OK* an.

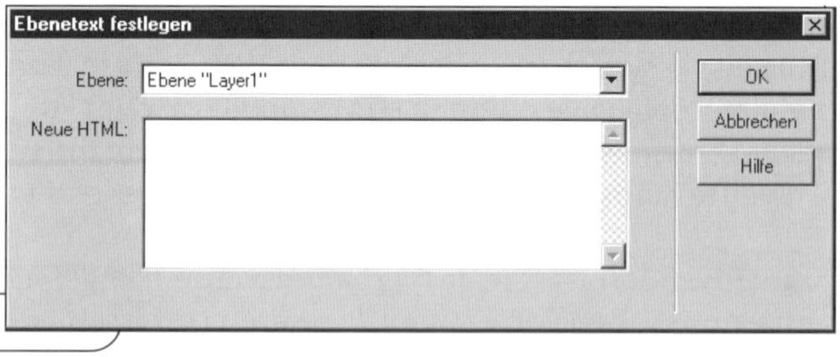

Das Dialogfeld *Ebenetext festlegen*

Abb. 14.20

Die Verhaltensweise *Text von Textfeld einstellen* arbeitet genauso wie die Verhaltensweise *Ebenetext festlegen*. Die Dialogfelder sind praktisch identisch und das Vorgehen ist bei beiden gleich, nur dass Sie in dem einen Fall mit Textfeldern in Formularen und im anderen Fall mit Ebenen arbeiten.

Tipp

Sie können den HTML-Quellcode für Textfelder und Ebenen im HTML-Quell-Inspector kopieren und dann mit der Tastenkombination [Strg] + [V] in den Textbereich *Neue HTML* des Dialogfeldes *Ebenetext festlegen* bzw. *Text von Textfeld einstellen* einfügen.

Frame-Text festlegen
Die komplexesten Optionen befinden sich in dem Dialogfeld *Textrahmen einstellen* (*siehe die folgende Abbildung*). Leider ist bei der

deutschen Lokalisierung von Dreamweaver die Option *Set Text of Frame* fälschlicherweise mit *Textrahmen einstellen* übersetzt worden; es muss natürlich *Frame-Text einstellen* heißen (Anm. d. Übersetzers). Auch bei dieser Verhaltensweise gehen Sie genauso wie bei den Verhaltensweisen *Ebenetext festlegen* bzw. *Text von Textfeld einstellen* vor. Dieses Dialogfeld enthält aber eine weitere Schaltfläche und ein zusätzliches Kontrollkästchen.

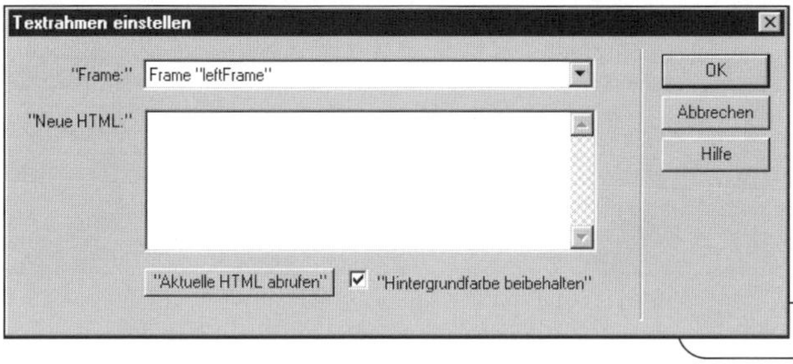

Das Dialogfeld *Textrahmen einstellen* zum Festlegen von Frame-Text

Abb. 14.21

Mit dem Kontrollkästchen *Hintergrundfarbe beibehalten* legen Sie fest, ob die Hintergrundfarbe des Frames geändert werden soll oder nicht.

Wenn Sie die Schaltfläche *Aktuelle HTML abrufen* anklicken, wird der im Ziel-Frame vorhandene Quellcode in den Textbereich *Neue HTML* übernommen. Diese Funktion eignet sich besonders dazu, an dem vorhandenen Quellcode nur einige Änderungen vorzunehmen. Geben Sie die gewünschten Änderungen ein und belassen Sie den restlichen Code unverändert.

Popup-Meldungen festlegen

Mit Hilfe von Popup-Meldungen können Sie Benutzern wichtige Informationen geben. Anders als bei Text auf der Web-Seite oder in der Statusleiste erfordern diese Meldungen eine Reaktion – der Benutzer muss in dem Meldungsfenster die Schaltfläche *OK* anklicken, damit es wieder geschlossen wird.

Stellen Sie sicher, dass die Popup-Meldung tatsächlich erforderlich ist. Den Ablauf einer Web-Seite unnötigerweise zu unterbrechen spricht für ein unausgegorenes Design und viele Besucher fühlen sich von Popup-Meldungen gestört.

Um die Verhaltensweise *Popup-Meldung* festzulegen, markieren Sie das Element, dem Sie die Aktion zuweisen möchten, klicken im

Verhaltensweisen-Inspector die Plus-Schaltfläche (+) an und wählen aus dem Popup-Menü die Option *Popup-Meldung*. Daraufhin wird das gleichnamige Dialogfeld geöffnet (*siehe die folgende Abbildung*). Geben Sie in das Textfeld *Meldung* den Text ein, der in dem Meldungsfenster angezeigt werden soll, und klicken Sie *OK* an.

Das Dialogfeld *Popup-Meldung*

Abb. 14.22

JavaScript-Programme aufrufen

Die Verhaltensweise *JavaScript aufrufen* bietet zwei Vorgehensweisen: Sie können sie tatsächlich dazu verwenden, ein auf der Seite vorhandenes JavaScript-Programm aufzurufen. Sie können aber auch ein kurzes Skript in das Dialogfeld der Verhaltensweise eingeben.

Um die Verhaltensweise *JavaScript aufrufen* festzulegen, markieren Sie das Element, dem Sie die Aktion zuweisen möchten, klicken im Verhaltensweisen-Inspector die Plus-Schaltfläche (+) an und wählen aus dem Popup-Menü die Option *JavaScript aufrufen*. Geben Sie in dem gleichnamigen Dialogfeld (*siehe die folgende Abbildung*) den Namen des Programms ein, das aufgerufen werden soll. Alternativ dazu können Sie auch ein kurzes (oder auch ein längeres, wenn Sie wollen) Skript eingeben. Klicken Sie anschließend *OK* an.

Tipp

Ein Skript kann auch aus der Zwischenablage in das Dialogfeld *JavaScript aufrufen* eingefügt werden. Drücken Sie dazu im Textfeld *JavaScript* nur die Tastenkombination Strg + V (dazu müssen Sie natürlich zuvor ein Skript in die Zwischenablage kopiert haben).

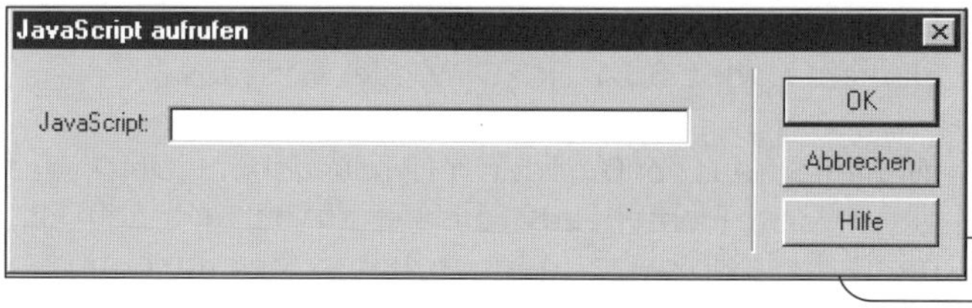

Das Dialogfeld *JavaScript aufrufen*

Abb. 14.23

Eigenschaften ändern

Mit Hilfe der Verhaltensweise *Eigenschaft ändern* lassen sich die Eigenschaften von vielen Objekten modifizieren. Sie können beispielsweise eine Schriftgröße oder die Quelldatei für ein Bild ändern. Bei dieser Verhaltensweise ist es besonders wichtig, sich über den Ziel-Web-Browser im Klaren zu sein. Sie können nämlich nicht alles, was Sie vorhaben, mit allen Browsern ausführen. Und es genügt auch nicht, die Browser-Klasse anzugeben, wie z.B. alle Versionen 4 und höher. Ob Sie nun den Internet Explorer oder den Netscape Navigator, die Version 3 oder die Version 4 auswählen, die verfügbaren Attribute werden sich entsprechend ändern.

Tipp

Sie erinnern sich vielleicht daran, dass der Internet Explorer in Bezug auf JavaScript leistungsfähiger ist als der Netscape Navigator. Wenn man bedenkt, dass JavaScript von Netscape entwickelt wurde, stellt dies eine der größten Ironien der Computer-Welt dar.

Um die Verhaltensweise *Eigenschaft ändern* festzulegen, gehen Sie folgendermaßen vor:

1. Markieren Sie das Element, dem Sie die Aktion zuweisen möchten, klicken Sie im Verhaltensweisen-Inspector die Plus-Schaltfläche (+) an und wählen Sie aus dem Popup-Menü die Option *Eigenschaft ändern*. Daraufhin wird das gleichnamige Dialogfeld geöffnet (*siehe die folgende Abbildung*).

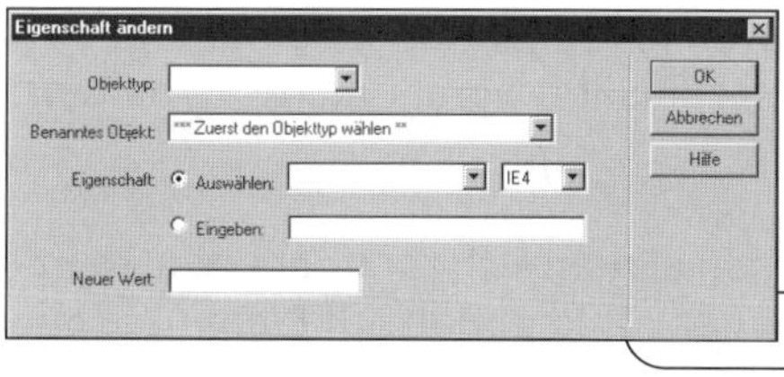

Das Dialogfeld *Eigenschaft ändern*

Abb. 14.24

2. Wählen Sie in der Dropdown-Liste *Objekttyp* den Typ des Elements (wie z.B. *LAYER*, *FORM* oder *IMG*) aus.

3. Wählen Sie aus der Dropdown-Liste *Benanntes Objekt* das gewünschte Element aus. Falls sich auf der Seite kein Element dieses Typs befindet, erhalten Sie eine entsprechende Meldung.

4. Wählen Sie aus der rechten Dropdown-Liste des Bereiches *Eigenschaft* den Ziel-Browser und aus der linken Dropdown-Liste eine Eigenschaft aus. Alternativ dazu können Sie auch den Optionsschalter *Eingeben* anklicken und in das Textfeld die Eigenschaft eingeben.

5. Geben Sie in das Textfeld *Neuer Wert* den geänderten Wert der Eigenschaft ein.

6. Klicken Sie *OK* an, um das Dialogfeld wieder zu schließen.

Wie bereits weiter oben erwähnt, kann es sein, dass diese Verhaltensweise nicht so wie erwartet in allen Web-Browsern funktioniert. Sie sollten sie daher unbedingt in dem jeweiligen Ziel-Browser testen.

Zusammenfassung

In diesem Kapitel wurden die in Dreamweaver integrierten JavaScript-Verhaltensweisen behandelt. Es wurde erläutert, dass eine Verhaltensweise eine Kombination eines Ereignisses und einer Aktion ist. Ereignisse können vom Browser oder vom Benutzer ausgelöst werden.

Anschließend wurde das Setzen von verschiedenen Verhaltensweisen im Verhaltensweisen-Inspector beschrieben. Zuerst wurden Verhaltensweisen für Bilder behandelt. Dabei ging es in erster Linie um Rollovers. Rollovers sind mehrere, ähnliche Bilder, die miteinander ausgetauscht werden. In Web-Seiten können auch Navigationsleisten mit grafischen Schaltflächen eingefügt werden. Navigationsleisten verfügen über vordefinierte Verhaltensweisen.

Verhaltensweisen für Ebenen eignen sich für Interaktionen mit dem Benutzer. Ebenen können als Reaktion auf Ereignisse ein-

oder ausgeblendet werden. Sie können außerdem festlegen, ob Benutzer Ebenen an neue Positionen auf der Seite ziehen können.

Mit Hilfe von Verhaltensweisen für Zeitleisten lassen sich reguläre Seitenelemente für die Steuerung von Zeitleisten einsetzen. Dabei kann die gesamte Zeitleiste abgespielt oder ein bestimmter Frame aufgerufen werden.

Anhand von URL-Verhaltensweisen können neue Seiten geladen werden. Dabei kann überprüft werden, ob ein bestimmter Browser oder ein bestimmtes Plug-In vorhanden ist. Abhängig von dem Ergebnis der Prüfung kann dann zu einer anderen URL verzweigt werden. Es besteht auch die Möglichkeit, den Benutzer entscheiden zu lassen, ob eine andere URL aufgerufen wird.

Mit der Verhaltensweise *Formular überprüfen* lässt sich der Inhalt von Textfeldern auf das Vorhandensein eines bestimmten Datentyps prüfen. Dabei können einzelne Felder oder das gesamte Formular in die Prüfung einbezogen werden.

Mit den weiteren Verhaltensweisen können Sie Audios und Filme wiedergeben, Text und Popup-Meldungen hinzufügen, JavaScript-Programme aufrufen und Eigenschaften ändern.

Dieses Kapitel beschließt die Beschreibung von Dreamweaver. Im nächsten Kapitel wird Fireworks, das Programm zur Erstellung und Bearbeitung von Web-Grafiken, behandelt.

Projekt 3: Bauen Sie Ihre Webseite aus

Bei diesem Projekt werden Sie *Bibliothekselemente*, *Vorlagen* und CSS-Stile verwenden und damit Ihre Arbeit erleichtern, wenn Sie Ihre Web-Seiten entwickeln. Dann werden Sie Ihre Web-Seiten etwas anspruchsvoller gestalten, indem Sie eine grafische Navigationsleiste und Animationen hinzufügen. Zuletzt werden Sie es einrichten, dass das Informationsanforderungsformular der Handelskammer von Bigtown an Ihre eigene E-Mail-Adresse im reinen Textformat gesendet wird.

Das Erstellen eines Navigationsleisten-Bibliothekselements

Beim vorherigen Objekt erstellten Sie eine Navigationsleiste (eine Tabelle mit Verknüpfungen) im reinen Textformat, als Sie an der Hauptverzeichnisseite Ihrer Web-Seite, *Glendale\index.html*, arbeiteten. Jetzt möchten Sie die Navigationsleiste auf jeder Seite installieren, so das Ihre Besucher einen leichten Zugriff auf alle Bereiche der Seiten erhalten, auch wenn sie auf eine Seite gelangten ohne das Frameset zu passieren oder einen nicht-framesetfähigen Browser benutzen.

Da die Navigationsleisten auf allen Seiten einer Web-Site meistens gleich aussehen und die gleichen Funktionen haben, sind sie die perfekten Kandidaten für *Dreamweaver*-Bibliothekselemente. Sie nehmen den bestehenden HTML-Code, um ein Navigationsleisten-Bibiothekselement zu erstellen.

1. Öffnen Sie *Gendale\index.html* und betätigen Sie die Taste [F6], um das *Bibliotheksbedienfeld* aufzurufen.

2. Markieren Sie im *Dokumentenfenster* die Tabelle mit den Namen der Seiten.

3. Bewegen Sie den Mauszeiger über oder unter die markierte Tabelle, bis der Mauszeiger sich in einen Bewegungszeiger verwandelt (ein Symbol aus vier, nach außen weisenden Pfeilen).

4. Klicken Sie den Bewegungszeiger an und ziehen Sie die Tabelle in die untere Hälfte des *Bibliotheksbedienfeldes*. Ein kleines Dateisymbol namens *Unbekannt* erscheint, der Name ist markiert.

5 Tippen Sie **SiteNavigation** und drücken Sie die [↵]-Taste. Ihr *Dokumentenfenster* und das Bedienfeld *Bibliothek* sollten so aussehen wie in Abbildung 1. Die Schattierung der Tabelle zeigt, dass es sich bei dem markierten Objekt um ein nicht bearbeitbares *Bibliothekselement* handelt.

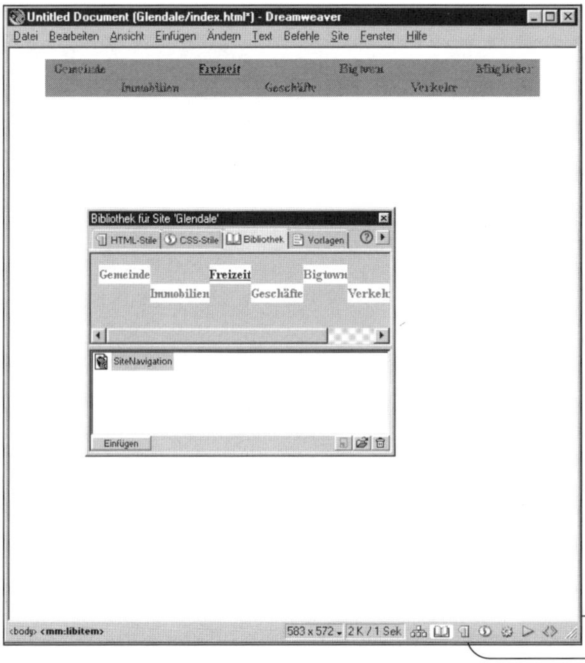

Ein neues Bibliotheks-element

Abb. 1

Das Bibliothekselement *SiteNavigation* bearbeiten

Die einzige fertige Verknüpfung im neuen *Bibliothekselement* ist diejenige mit *Recreation\index.html*. Sobald Sie Informationen über jede der anderen Bereiche erhalten, werden Sie eine *index .html*-Datei erstellen, die ein Frameset enthält, wie Sie es für *Recreation\index.html* im vorherigen Projekt vornahmen. Da Web-Server *index.html* verwenden, wenn ein Dateiname im Pfad nicht enthalten ist, müssen Sie *index.html* bei einer URL-Verknüpfung nicht angeben. Deswegen können Sie ohne Weiteres das Bibliothekselement *SiteNavigation* anwenden, um alle Bereichsnamen mit den passenden Ordnern zu verlinken.

1. Gehen Sie zurück in das offene *Glendale\index.html* Dokumentenfenster und klicken Sie das neue Bibliothekselement *SiteNavigation* an.

2. Klicken Sie auf *Öffnen* im *Eigenschafteninspektor*, um das *Bibliothekselement*-Dokumentenfenster zu öffnen.

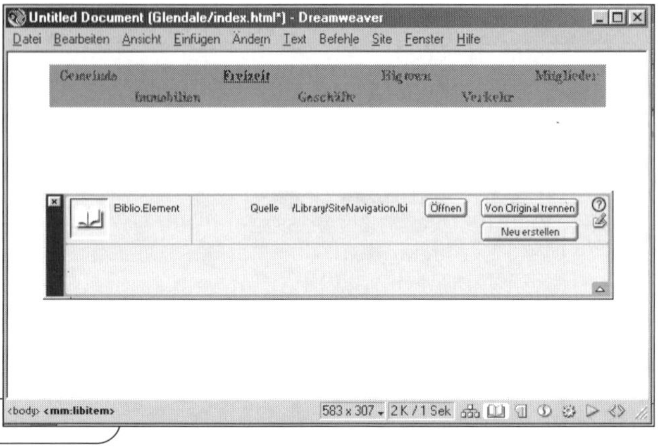

Das markierte *SiteNavigation*-Bibliothekselement mit dem Eigenschafteninspektor

Abb. 2

3. Verschieben sie das Dokumentenfenster der *Site* und das *SiteNavigation.lbi*-Dokumentenfenster so, dass Sie die Ordner im *Sitefenster* und die Navigationsleiste im *Dokumentenfenster* sehen können. Jetzt können Sie den Text im *Dokumentenfenster* leicht mit den entsprechenden Ordnern im *Sitefenster* verknüpfen.

4. Doppelklicken Sie auf *Gemeinde* im *Dokumentenfenster*, klicken Sie dann auf das markierte Wort, während Sie die ⇧-Taste gedrückt halten und ziehen Sie den Mauszeiger zum Ordner *Gemeinde* im *Sitefenster*. Wenn um den Ordner herum ein Markierungskästchen erscheint, lassen Sie den Maustaste los.

5. Doppelklicken Sie auf *Immobilien* im *Dokumentenfenster*, und betätigen Sie dann Strg + F3 (*Command* + F3 beim Mac), um den *Eigenschafteninspektor* aufzurufen. Klicken Sie auf die Schaltfläche *Datei anzeigen* (das runde Symbol recht vom *Hyperlinktextfeld*) und ziehen Sie den Mauszeiger zum Ordner *Immobilien* im *Sitefenster*. Wenn um den Ordner herum ein Markierungskästchen erscheint, lassen Sie den Maustaste los.

6 Doppelklicken Sie auf *Geschäfte* im *Dokumentenfenster* und betätigen Sie die Tastenkombination [Strg] + [F3] (*Command* + [F3] beim Mac). Gehen Sie in das *Hyperlinktextfeld* und geben Sie **..\Business** ein.

7 Klicken Sie in das *Dokumentenfenster*. Doppelklicken Sie dann auf *Bigtown* und betätigen Sie die Tastenkombination [Strg] + [F3] (*Command* + [F3] beim Mac). Klicken Sie auf die Schaltfläche *Datei anzeigen* (das runde Symbol rechts vom *Hyperlinktextfeld*) und ziehen Sie den Mauszeiger zum Ordner *Bigtown* im *Sitefenster*. Wenn um den Ordner herum ein Markierungskästchen erscheint, lassen Sie die Maustaste los.

8 Doppelklicken Sie auf *Verkehr* im *Dokumentenfenster*, klicken Sie dann auf das markierte Wort, während Sie die [⇧]-Taste gedrückt halten, und ziehen Sie den Mauszeiger zum Ordner *Verkehr* im *Sitefenster*. Wenn um den Ordner herum ein Markierungskästchen erscheint, lassen Sie die Maustaste los.

9 Doppelklicken Sie auf *Mitglieder* im *Dokumentenfenster* und betätigen Sie dann die Tastenkombination [Strg] + [F3] (*Command* + [F3] beim Mac). Klicken Sie in das *Hyperlinktextfeld* und geben Sie **..\Residential** ein.

10 Klicken Sie in das *Dokumentenfenster*. Betätigen Sie dann die Tastenkombination [Strg] + [F3] (*Command* + [F3] beim Mac), zum Speichern des bearbeiteten Bibliothekelements. Es erscheint ein Dialogfenster, wie das in Abbildung 3, wo Sie die Möglichkeit erhalten, alle Web-Sitedateien zu ändern, die dieses Bibliothekselement enthalten. Klicken Sie auf *Aktualisieren*.

11 Dreamweaver durchsucht die Sitedateien nach solchen, die das *SiteNavigationselement* enthalten, und aktualisiert sie. Das Dialogfenster *Seiten aktualisieren* meldet den Vorgang, wie Abbildung 4 zeigt. Klicken Sie auf Schließen.

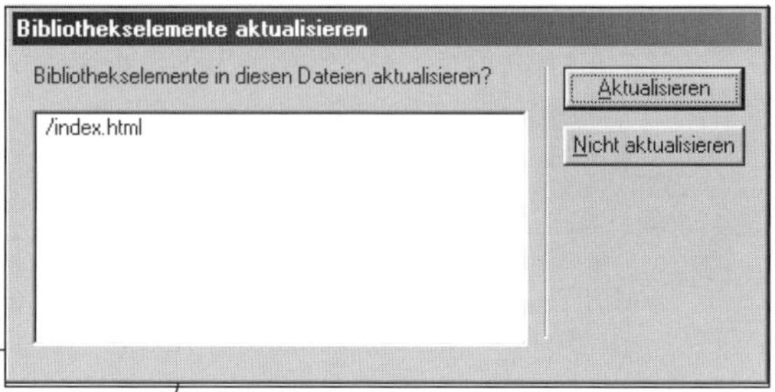

Das Dialogfenster *Bibliothekselemente aktualisieren*

Abb. 3

12 Doppelklicken Sie auf die Datei *Glendale\index.html*, dann sehen Sie, wie das aktualisierte Bibliothekselement *SiteNavigation* aussieht.

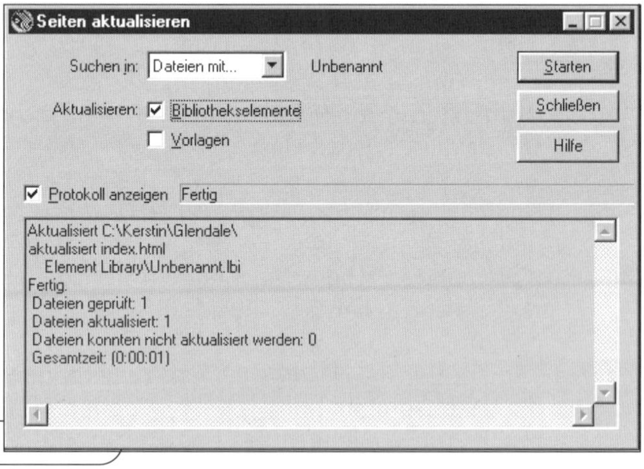

Das Dialogfenster *Seiten aktualisieren*

Abb. 4

Das Bibliothekselement anwenden

Sie haben das Bibliothekselement *SiteNavigation* entwickelt, damit Sie es in allen Seiten der Web-Site benutzen können. Jetzt werden Sie das Bibliothekselement auf die bestehende Datei *Recreation\Recreation.html* anwenden.

1 Doppelklicken Sie auf die Datei *Recreation.html* im *Sitefenster*, um sie zu öffnen. Betätigen Sie dann die Tastenkombination [Strg] + [Ende] (*Command* + [Ende] beim Mac), damit der Cursor am Ende der Seite erscheint.

2 Betätigen Sie F6, damit das Bedienfeld *Bibliothek* erscheint.

3 Ziehen Sie das *SiteNavigationsymbol* aus dem *Bibliotheksbedienfeld* und setzen Sie es hinter das letzte Wort auf im Fenster. Das Bibliothekselement *SiteNavigation* erscheint unten auf der Seite wie in Abbildung 5.

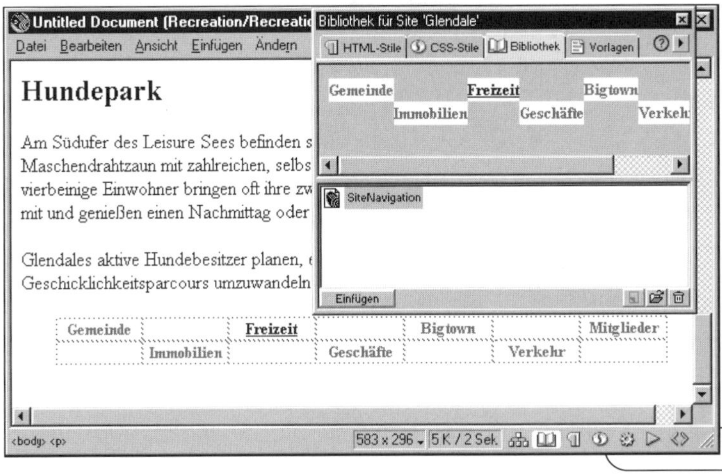

Das Bibliothekselement *SiteNavigation* auf einer Seite

Abb. 5

Eine Vorlage für Seiteninhalte erstellen

Da die Web-Site eine Anzahl untergeordneter Seiten mit verschiedenen Inhalten, wie z.B. *Recreation\Recreation.html*, enthalten wird, werden Sie für diese Seiten eine *Vorlage* erstellen, damit sie eine einheitliche Gestaltung bekommen. Zunächst wird die Vorlage die Hintergrundfarbe der Seiten und ihre Titel enthalten. Später werden Sie in diesem Projekt der *Vorlage* CSS-Stile hinzufügen.

Die Inhaltsvorlage erstellen

Zum Erstellen der Vorlage werden Sie einen Seiteninhalt verwenden, den Sie bereits kreiert haben.

1. Rufen Sie das Dokumentenfenster *Recreation\Recreation.html* auf und wählen Sie *Datei > Als Vorlage speichern*.

2. Ersetzen Sie den Standardnamen *Recreation* im Dialogfenster *Als Vorlage speichern* durch *Content*, wie Abbildung 6 zeigt. Klicken Sie auf die Schaltfläche *Speichern*.

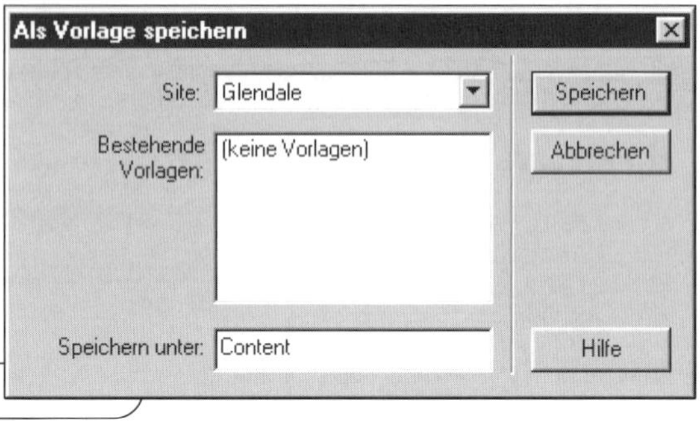

Die Datei *Recreation* als Vorlage speichern

Abb. 6

3. Markieren Sie den gesamten Text, aber nicht das Bibliothekselement *SiteNavigation*, und löschen Sie ihn.

4. Wählen Sie in der Hauptmenüleiste *Ändern > Vorlagen > Neu editierbarer Bereich*. Geben Sie **Section Title** in das Textfeld *Name* im Dialogfenster *Neu editierbarer Bereich* ein, wie Abbildung 7 zeigt. Betätigen Sie die [↵]-Taste. Der neu editierbare Bereich erscheint. Er ist hervorgehoben und steht in geschweiften Klammern.

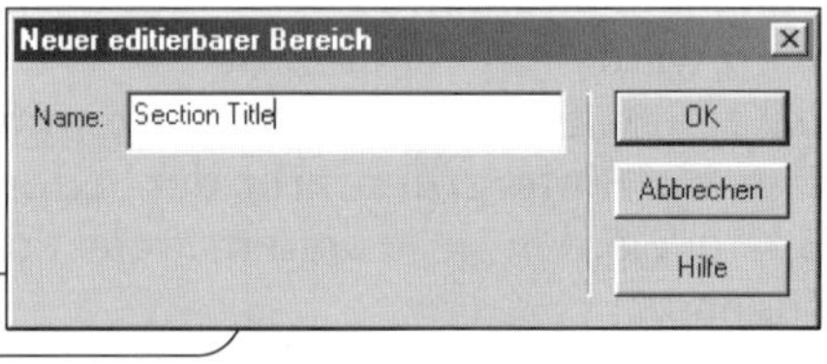

Das Dialogfenster *Neuer editierbarer Bereich*

Abb. 7

5. Betätigen Sie die Tastenkombination [Strg] + [1] (*Command* + [1] beim Mac), um eine Überschrift der obersten Ordnung zu erstellen. Klicken Sie rechts des Textes, damit die Markierung aufgehoben wird, drücken Sie dann die [↵]-Taste, um zur nächsten Zeile zu gelangen. Versichern Sie sich, dass der Cursor oberhalb der Navigationstabelle ist.

6 Klicken Sie auf die Schaltfläche *Texteinzug* im *Eigenschafteninspektor*, damit der Text unterhalb des Titels eingezogen wird.

7 Betätigen Sie die Tastenkombination Strg + Alt + V (*Command* + *Option* + V beim Mac), um eine neuen editierbaren Bereich zu erstellen. Geben Sie *Body* im Textfeld *Name* im Dialogfenster *Neuer editierbarer Bereich* ein und drücken Sie die ↵-Taste. Der editierbare Bereich wird benannt (Body) und hervorgehoben sein. Bewegen Sie den Cursor ans Ende der Markierung. Ihr Fenster sollte dem in Abbildung 8 ähneln.

Das Dokumentenfenster *Vorlage* mit zwei editierbaren Bereichen und dem Bibliothekselement *SiteNavigation*

Abb. 8

8 Wählen Sie im Hauptmenü *Ändern > Seiteneigenschaften*. Tippen Sie **The Glendale Community** in das Textfeld *Titel* des Dialogfensters *Seiteneigenschaften* wie in Abbildung 9. Drücken Sie dann die ↵-Taste.

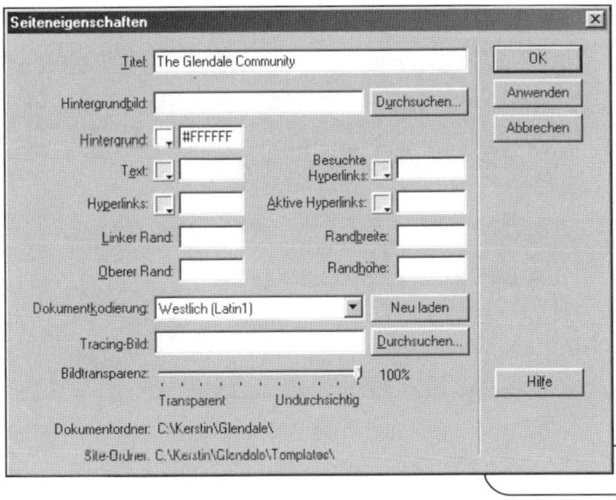

Das Dialogfenster *Seiteneigenschaften der Vorlage*

Abb. 9

9 Betätigen Sie die Tastenkombination Strg + S (*Command* + S beim Mac), um die Vorlage zu speichern, betätigen Sie dann die Tastenkombination Alt + F4 (*Option* + F4 beim Mac), um das Fenster zu schließen.

Die Vorlage anwenden

1 Öffnen Sie die Datei *Recreation.html* und wählen Sie im Hauptmenü *Ändern > Vorlagen > Vorlage auf Seite anwenden*.

2 Wählen Sie *Content* aus dem *Vorlagenlistenfeld* des Dialogfensters *Vorlage auswählen* wie in Abbildung 10. Klicken Sie auf die Schaltfläche *Auswählen*.

Das Dialogfenster *Vorlage auswählen*

Abb. 10

3 Klicken Sie auf *Body* im Listenfeld des Dialogfensters *Editierbaren Bereich für verwaisten Inhalt wählen* wie in Abbildung 11. Klicken Sie dann auf *OK*.

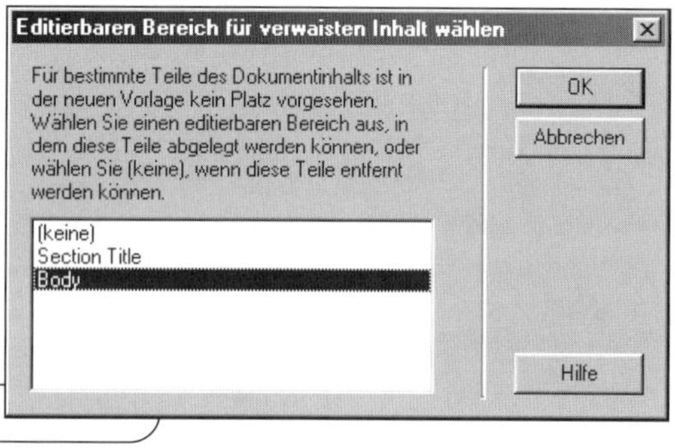

Das Dialogfenster *Editierbaren Bereich für verwaisten Inhalt wählen*

Abb. 11

4. Das *Dokumentenfenster* erscheint mit angewendeter Vorlage wie in Abbildung 12. Schieben Sie den Titel *Freizeit* vor den editierbaren Bereich *{Section Title}*. Markieren und entfernen Sie den Text *Section Title*.

5. Gehen Sie in die nächste Zeile und drücken Sie die Tastenkombination Strg + 0 (*Command* + 0 beim Mac), damit aus dem leeren Absatz alle Formatierungen gelöscht werden.

6. Gehen Sie zum Seitenende. Es sind zwei Bibliothekselemente *SiteNavigation* vorhanden. Löschen Sie das erste Bibliothekselement.

7. Speichern Sie die Seite.

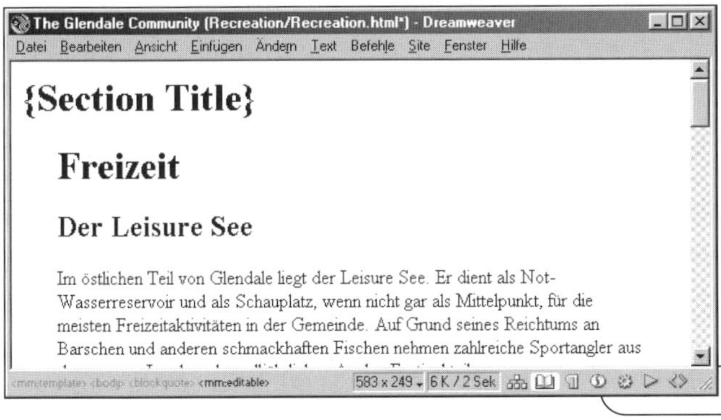

Das Dokumentenfenster, auf das die Vorlage angewendet wurde

Abb. 12

CCS-Stile für Seiteninhalte erstellen

Sie haben sich entschieden alle Überschriften mit einer anderen als der Standardschriftart *Times* auszustatten, sowie den Überschriften zweiten und dritten Ranges obere Rahmen zu geben und die Überschriften vierten Ranges einzuziehen. Statt jede Überschrift einzeln zu markieren und formatieren, werden Sie Stylesheets benutzen um den Code in die Vorlage *Content* einzufügen.

1. Wählen Sie im Hauptmenü des Dokumentenfensters *Recreation\Recreation.html Ändern > Vorlagen > Angefügte Vorlage öffnen*. Es öffnet sich die Vorlage *Content*.

2 Drücken Sie F7, um das *CSS-Stile*-Bedienfeld zu öffnen. Versichern Sie sich, dass die Checkbox in der unteren linken Ecke des Bedienfeldes aktiviert ist wie in Abbildung 13, damit die neuen Stile automatisch angewendet werden.

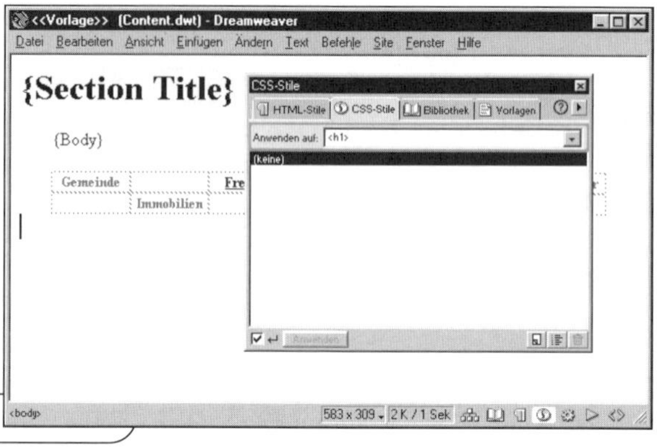

Die *Content.dwt*-Datei und das Bedienfeld *CSS-Stile*

Abb. 13

3 Klicken Sie auf die Schaltfläche *Stylesheet öffnen* (die mittlere der drei Schaltflächen in der unteren rechten Ecke des Bedienfeldes). Klicken Sie auf die Schaltfläche *Neu* im Dialogfenster *Stylesheet bearbeiten*.

4 Wählen Sie die Option *HTML-Tag neu definieren* und *h1* aus dem *Tag*-Dropdown-Listenfeld im Dialogfenster *Neuer Stil* wie in Abbildung 14 gezeigt. Klicken Sie dann auf *OK*.

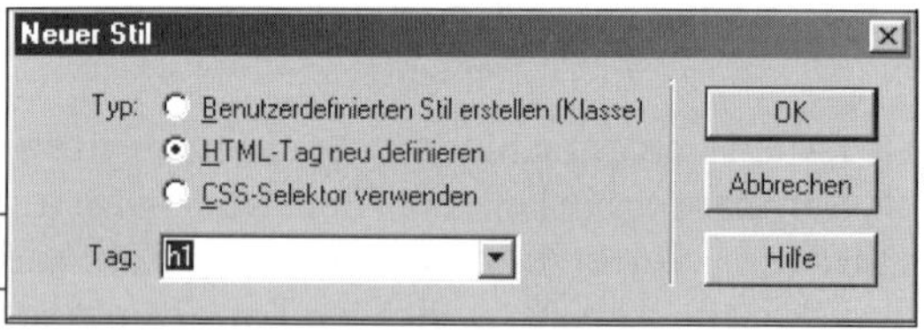

Dialogfenster *Neuer Stil*

Abb. 14

5 Wählen Sie *Arial, Helvetica, Sans-serif* aus dem Dropdown-Listenfeld *Schriftart* des Dialogfensters *Stildefinition* wie in Abbildung 15. Klicken Sie dann auf *OK*.

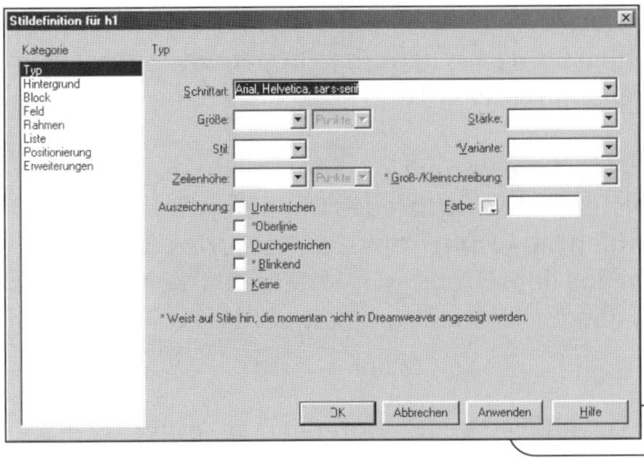

Dialogfenster *Stildefinition*

Abb. 15

6. Klicken Sie auf *Neu* im Dialogfenster *Stylesheet bearbeiten.* Wählen Sie *h2* aus dem *Tag*-Dropdown-Listenfeld im Dialogfenster *Neuer Stil* und klicken Sie dann auf *OK.*

7. Wählen Sie *Arial, Helvetica, Sans-serif* aus dem Dropdown-Listenfeld *Schriftart* des Dialogfensters *Stildefinition.* Wählen Sie *Rahmen* aus der *Kategorienliste.* Wählen Sie *medium* aus dem Dropdown-Listenfeld *Oben,* um einen mittelbreiten oberen Rahmen zu erhalten wie in Abbildung 16 gezeigt. Klicken Sie dann auf *OK.*

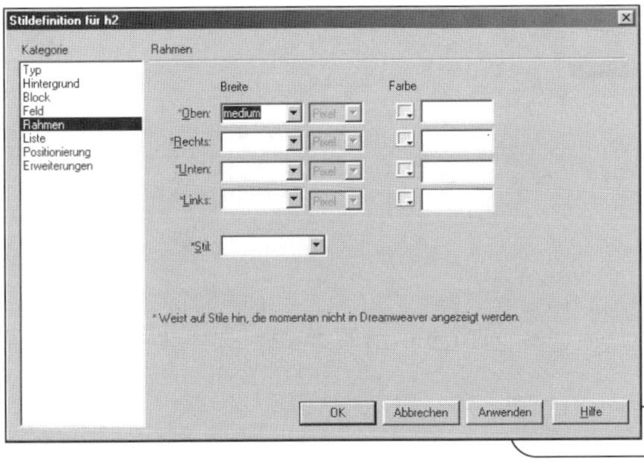

Dialogfenster *Stildefinition* für Rahmen

Abb. 16

8 Klicken Sie auf *Neu* im Dialogfenster *Stylesheet bearbeiten*. Wählen Sie *h3* aus dem *Tag*-Dropdown-Listenfeld im Dialogfenster *Neuer Stil* und klicken Sie dann auf *OK*.

9 Wählen Sie *Arial, Helvetica, Sans-serif* aus dem Dropdown-Listenfeld *Schriftart* des Dialogfensters *Stildefinition*. Wählen Sie *Rahmen* aus der *Kategorienliste*. Wählen Sie *dünn* aus dem Dropdown-Listenfeld *Oben*, um einen dünnen oberen Rahmen zu erhalten. Klicken Sie dann auf *OK*.

10 Klicken Sie auf *Neu* im Dialogfenster *Stylesheet bearbeiten*. Wählen Sie *h4* aus dem *Tag*-Dropdown-Listenfeld im Dialogfenster *Neuer Stil* und klicken Sie dann auf *OK*.

11 Wählen Sie *Arial, Helvetica, Sans-serif* aus dem Dropdown-Listenfeld *Schriftart* des Dialogfensters *Stildefinition*. Wählen Sie *Block* aus der *Kategorienliste*. Tippen Sie **0.5** in das Textfeld *Texteinzug* und wählen Sie hier ausnahmsweise *Zoll* aus dem dazugehörigem Dropdown-Listenfeld für Maßeinheiten wie in Abbildung 17. In den meisten Fällen wird in Deutschland die Einheit *mm* verwendet. Klicken Sie auf *OK*.

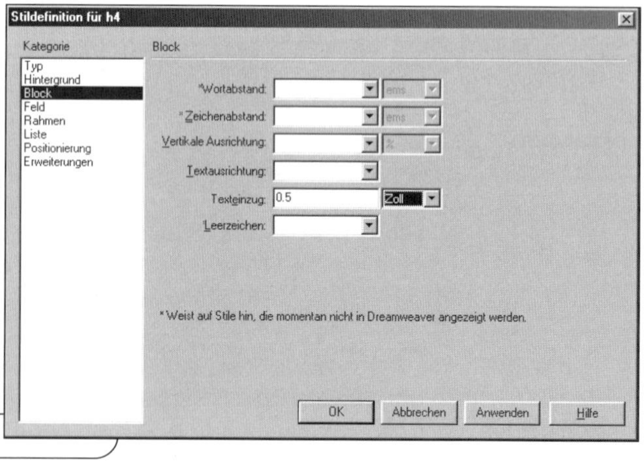

Dialogfenster *Stildefinition* für *Einzug* der Überschriften *h4*

Abb. 17

12 Klicken Sie auf *Neu* im Dialogfenster *Stylesheet bearbeiten*. Wählen Sie *h5* aus dem *Tag*-Dropdown-Listenfeld im Dialogfenster *Neuer Stil* und klicken Sie dann auf *OK*.

13 Wählen Sie *Arial, Helvetica, Sans-serif* aus dem Dropdown-Listenfeld *Schriftart* des Dialogfensters *Stildefinition*. Klicken Sie auf *OK*.

14 Wenn Sie zum Dialogfenster *Stylesheet bearbeiten* zurückkehren, sollten Ihre neuen Stile aufgelistet sein wie in Abbildung 18. Klicken Sie auf die Schaltfläche *Fertig*, um das Dialogfenster zu schließen.

15 Speichern Sie die Vorlage. Lassen Sie danach Dreamweaver die Dateien aktualisieren, die diesen Stylesheet verwenden. (Wenn die Datei *recreation.html* noch im Dokumentfenster geöffnet ist, muß sie vor dem Schließen gesichert werden, damit der neue Stylesheet übernommen werden kann.)

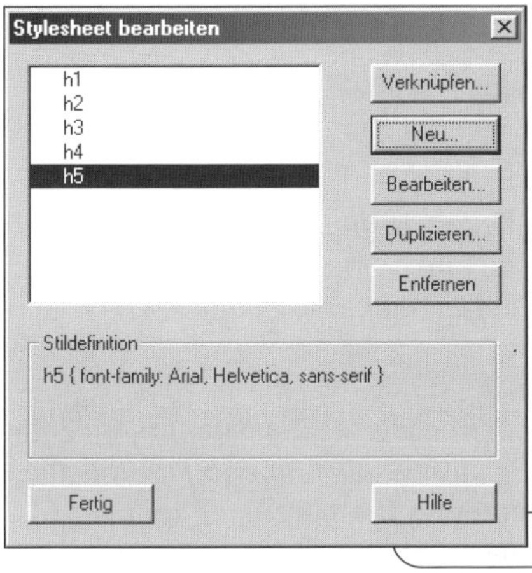

Die neuen Styles in der Dialogbox *Stylesheet bearbeiten*

Abb. 18

Tipp

Sie werden im *Dreamweaver*-Dokumentenfenster die oberen Kanten der Überschriften auf zweiter und dritter Ebene nicht sehen, sie werden aber in Browsern dargestellt, die diese Attribute verarbeiten können.

Eine grafische Navigationsleiste für die gesamte Web-Site erstellen

Sie werden jetzt eine grafische *Navigationsleiste* für die gesamte Web-Site erstellen, die der Navigationsleiste im reinen Textformat ähnelt, die Sie in ein *Bibliothekselement* verwandelt haben. Bevor Sie anfangen, suchen Sie die folgenden Dateien im *Tutorial\ Source*-Ordner auf der dem Buch beiliegenden CD und kopieren Sie sie in den *Graphics*-Ordner im *Glendale*-Ordner:

ComUp.gif	***ComDn.gif***
ResUp.gif	ResDn.gif
RecUp.gif	RecDn.gif
BusUp.gif	*BusDn.gif*
BigUp.gif	BigDn.gif
TrnsUp.gif	TrnsDn.gif
MemUp.gif	*MemDn.gif*

1. Öffnen Sie *Glendale/SiteNav.htm*, dies ist die gekennzeichnete Datei für Ihre Web-Site Navigationsleiste.

2. Wählen Sie im Hauptmenü *Einfügen* > *Tabelle* und erstellen Sie eine zweizeilige Tabelle mit sieben Spalten. Setzen Sie die *Rahmen-*, *Zellauffüllungs-* und *Zellraumwerte* auf 0 (Null).

3. Setzen Sie den Cursor in die erste Zelle der ersten Zeile und wählen Sie im Hauptmenü *Einfügen* > *Rollover-Bild*. Füllen Sie die Textfelder im Dialogfenster *Rollover-Bild einfügen* wie folgt ein:

Bildname	*Community*
Originalbild	**../Graphics/ComUp.gif**
Rollover-Bild	**../Graphics/ComDn.gif**
Wenn angeklickt, gehe zu URL	**../Community/**

4 Ihr Dialogfenster sollte so wie in Abbildung 19 aussehen. Klicken Sie auf *OK*.

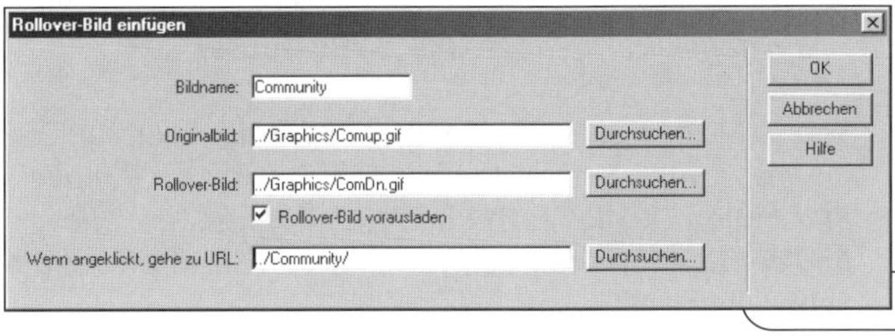

Das *Rollover-Bild* für die Schaltfläche *Gemeinde* einfügen

Abb. 19

5 Setzen Sie den Cursor in die zweite Zelle der untersten Zeile und wählen Sie im Hauptmenü *Einfügen > Rollover-Bild*. Füllen Sie die Textfelder im Dialogfenster *Rollover-Bild einfügen* wie folgt ein, und klicken Sie dann auf die Schaltfläche *OK*:

Bildname	*Residential*
Originalbild	**../Graphics/ResUp.gif**
Rollover-Bild	**../Graphics/ResDn.gif**
Wenn angeklickt, gehe zu URL	**../Residential/**

6 Setzen Sie den Cursor in die dritte Zelle der obersten Zeile und wählen Sie im Hauptmenü *Einfügen > Rollover-Bild*. Füllen Sie die Textfelder im Dialogfenster *Rollover-Bild einfügen* wie folgt ein, und klicken Sie dann auf die Schaltfläche *OK*:

Bildname	*Recreation*
Originalbild	**../Graphics/RecUp.gif**
Rollover-Bild	**../Graphics/RecDn.gif**
Wenn angeklickt, gehe zu URL	**../Recreation/**

7 Setzen Sie den Cursor in die vierte Zelle der untersten Zeile und wählen Sie im Hauptmenü *Einfügen > Rollover-Bild*. Füllen Sie die Textfelder im Dialogfenster *Rollover-Bild einfügen* wie folgt ein, und klicken Sie dann auf die Schaltfläche *OK*:

Bildname	*Business*
Originalbild	**../Graphics/BusUp.gif**
Rollover-Bild	**../Graphics/BusDn.gif**
Wenn angeklickt, gehe zu URL	**../Business/**

8. Setzen Sie den Cursor in die fünfte Zelle der obersten Zeile und wählen Sie im Hauptmenü *Einfügen > Rollover-Bild*. Füllen Sie die Textfelder im Dialogfenster *Rollover-Bild einfügen* wie folgt ein, und klicken Sie dann auf die Schaltfläche *OK*:

Bildname	*Bigtown*
Originalbild	**../Graphics/BigUp.gif**
Rollover-Bild	**../Graphics/BigDn.gif**
Wenn angeklickt, gehe zu URL	**../Bigtown/**

9. Setzen Sie den Cursor in die sechste Zelle der untersten Zeile und wählen Sie im Hauptmenü *Einfügen > Rollover-Bild*. Füllen Sie die Textfelder im Dialogfenster *Rollover-Bild einfügen* wie folgt ein, und klicken Sie dann auf die Schaltfläche *OK*:

Bildname	*Transport*
Originalbild	**../Graphics/TrnsUp.gif**
Rollover-Bild	**../Graphics/TrnsDn.gif**
Wenn angeklickt, gehe zu URL	**../Transport/**

10. Setzen Sie den Cursor in die siebte Zelle der obersten Zeile und wählen Sie im Hauptmenü *Einfügen > Rollover-Bild*. Füllen Sie die Textfelder im Dialogfenster *Rollover-Bild einfügen* wie folgt ein, und klicken Sie dann auf die Schaltfläche *OK*:

Bildname	*Members*
Originalbild	**../Graphics/MemUp.gif**
Rollover-Bild	**../Graphics/MemDn.gif**
Wenn angeklickt, gehe zu URL	**../Members/**

Wenn die Navigationsleiste fertig ist, sollte sie wie in Abbildung 20 aussehen.

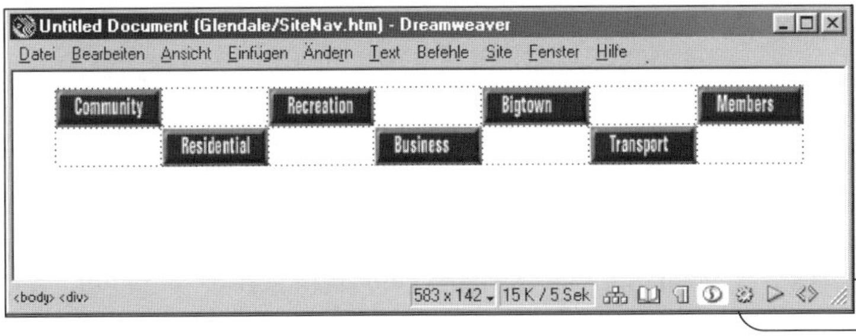

Die grafische Navigationsleiste für die gesamte Web-Site

Abb. 20

Eine Animation erstellen

Als Nächstes werden Sie eine animierte Grafik erstellen, um die Inhaltstabelle der Freizeitseite lebendiger zu gestalten. Sie werden zwei Ebenen hinzufügen, eine mit einer Wassergrafik, die andere mit einer Segelschiffgrafik. Dann werden Sie die Ebene, die das Boot enthält, so animierten, dass das Boot auf dem Wasser zu schwimmen scheint. Bevor Sie die nächsten Schritte befolgen, finden Sie die Dateien *water.gif* und *sailboatSm.gif* im Ordner *Tutorial/Source* auf der dem Buch zugehörigen CD und kopieren Sie die Dateien in den Grafikordner des *Glendale*-Ordners.

1. Öffnen Sie die Datei *Glendale\Recreation\RecToc.html.*

2. Wählen Sie im Hauptmenü *Einfügen > Ebene*, dann *Einfügen > Bild* und öffnen Sie *Glendale\Graphics\water.gif* in der Ebene.

3. Lassen Sie das Bild hervorgehoben und wählen Sie *Einfügen > Ebene* und nochmals *Einfügen > Bild* und öffnen Sie *Glendale\Graphics\sailboatSm.gif* in der zweiten Ebene.

4. Klicken Sie auf das *water.gif*-Bild, um es hervorzuheben. Drücken Sie die Tastenkombination Strg + F3 (*Command* + F3 beim Mac), um den *Eigenschafteninspektor* zu öffnen. Beachten Sie, dass das *water.gif* Bild 150 Pixel breit und 100 Pixel hoch ist.

5. Drücken Sie F11 zum Öffnen des Bedienfeldes *Ebene*. Klicken Sie auf das Element *Layer 1* in der *Bedienfeldliste*, zum Markieren.

6 Klicken Sie auf den *Eigenschafteninspektor*. Geben Sie **150** in das Textfeld *Breite* und **100** in das Textfeld *Höhe* ein.

7 Klicken Sie auf das Bild des Segelboots, um es zu markieren. Im *Eigenschafteninspektor* können Sie sehen, dass das Bild 45 Pixel breit und 90 Pixel hoch ist.

8 Klicken Sie das Element *Layer 2* in Bedienfeld *Ebene* an, um es zu markieren. Geben Sie **45** in das Textfeld *Breite* und **90** in das Textfeld *Höhe* ein.

9 Klicken Sie auf das *Layer 2*-Symbol und ziehen Sie es rechts außerhalb von *Layer 1*, wobei der Rumpf des Segelschiffs auf der gleichen Höhe wie das Wasser der *Layer 1*-Bildes sein soll.

10 Klicken Sie mit der rechten Maustaste auf das *Layer 2*-Symbol und wählen Sie *In Zeitlinie einfügen* aus dem Kontextmenü. Falls Sie eine Warnung in einem Dialogfenster erhalten, klicken Sie auf *OK*. Es erscheint der *Zeitlinieninspektor* mit einer Zeitlinie *Layer 2*.

11 Klicken Sie auf das *Layer 2*-Frame (unterhalb der 15) um es zu markieren. Klicken Sie dann auf das *Layer 2*-Symbol und schieben es so weit wie möglich links von *Layer 1*.

12 Aktivieren Sie die Checkbox *Auto Wiedergabe* im *Zeitlinieninspektor*. Dreamweaver zeigt ein Dialogfenster mit der Information, dass die Zeitlinienwiedergabe als *onLoad*-Ereignis der Seite hinzugefügt wird. Klicken Sie auf *OK*.

13 Aktivieren Sie die Checkbox *Schleife* im *Zeitlinieninspektor* mit einem Mausklick. Dreamweaver zeigt ein Informationsfenster, um Ihnen mitzuteilen, dass die Zeitleisten *Bild-Aktion* der Seite hinzugefügt und eine Schleife erzeugt wird.

14 Klicken Sie auf die Schaltfläche *Rückspulen* (ein nach links auf einen Balken zeigender Pfeil) im *Zeitlinieninspektor*, um die Ebene mit dem Segelboot zum Anfang der Schleife zu bringen. Jetzt sollten das *Dokumentenfenster*, das Bedienfeld *Ebene* und der *Eigenschafteninspektor* so ähnlich wie in Abbildung 21 aussehen.

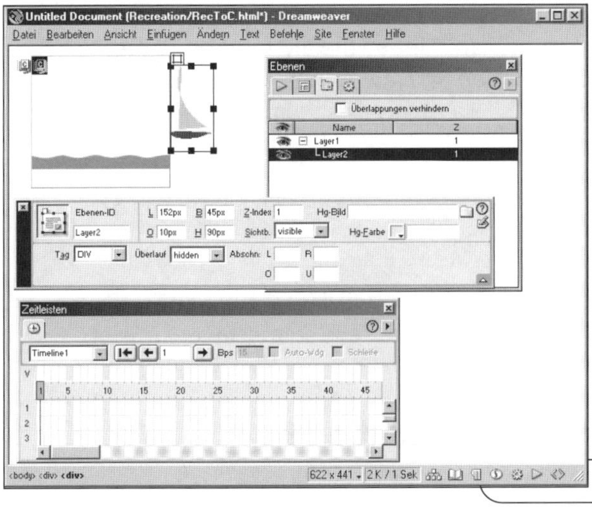

Die Animation mit dem Bedienfeld *Ebene*, dem Eigenschafteninspektor und dem Zeitlinieninspektor erstellen

Abb. 21

15 Klicken Sie auf die Schaltfläche *Wiedergabe* (ein nach rechts zeigender Pfeil) im *Zeitlinieninspektor*, damit Sie die Animation im *Dokumentenfenster* ansehen können.

Formulare per E-Mail verschicken

Beim vorherigen Projekt entwickelten Sie ein Formular um Informationen von der Handelskammer anzufordern. Jetzt werden Sie mit dem *Quick Tag Editor* das Anforderungsformular automatisch über die E-Mail-Funktionen Ihres Browsers verschicken.

Eine E-Mail-Verknüpfung erstellen

Zunächst werden Sie eine *E-Mail-Verknüpfung* erstellen, damit das eingereichte Formular an Ihre E-Mail-Adresse zurückgeschickt wird.

1 Öffnen Sie die Datei mit dem Anforderungsformular der Handelskammer von Bigtown (*Glendale\Bigtown\CCForm.htm*).

2 Klicken Sie die gestrichelte rote Linie an, die das Formular eingrenzt. Das Formular wird schattiert, um die Markierung zu zeigen.

3 Drücken Sie die Tastenkombination Strg + F3 (*Command* + F3 beim Mac). Tippen Sie die folgende Adresse in das Textfeld *Aktion* im *Eigenschafteninspektor* ein, ersetzen Sie `your_e-mail@address` mit einer echten E-Mail-Adresse:

`mailto:your_e-mail@address?subject=Information Request from` Glendale

Die Information des Formulars wird jetzt zwar an Sie verschickt, aber es wird eine einzige lange Zeile sein, schwer zu lesen.

Die Information formatieren

Sie werden den *Quick Tag Editor* benutzen, um die Formularinformation in den E-Mails zu formatieren.

1 Klicken Sie auf die Schaltfläche *Quick Tag Editor* im *Eigenschafteninspektor* für das Formular.

2 Klicken Sie auf die Stelle direkt vor `name="Bigtown Cofc"`, um den Cursor dort zu platzieren.

3 Klicken Sie die rechte Maustaste, damit das Kontextmenü des *Quick Tag Editors* aufgerufen wird, und wählen Sie *enctype*, wie Abbildung 22 zeigt.

Der *enctype*-Code im *Quick Tag Editor*

Abb. 22

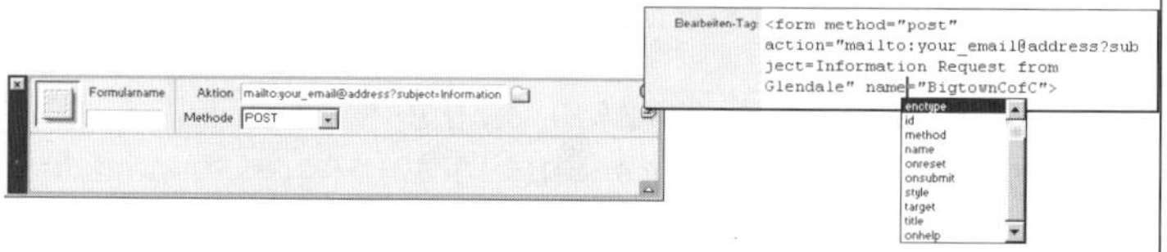

4 Der Code `enctype=" "` erscheint im *Quick Tag Editor*. Klicken Sie zwischen die leeren Ausrufungszeichen und tippen Sie **text/plain** ein.

Wenn ein User das Formular verschickt, erhält der Empfänger der E-Mail eine Nachricht, die so aussieht:

```
Subject: Information Request from Glendale
Date: Fri, 23 Jan 2000 14:46:15 -0500
From: Jane Doe j_doe@forest.net
To: infoadmin@bigtown.gov
Title=ms
First_name=Jane
Last_name=Doe
Mail_address=1234 Any Drive
City_name=Casper
State=WY
Post_code=69302
Country=US
Stats=stats
Industry=industry
Comment=Ich interessiere mich für geschäftliche
Möglichkeiten.
Submit=submit
```

Zusammenfassung

Bei diesem Projekt haben Sie die Dreamweaver-Optionen angewendet, um Ihre Arbeit beim Entwickeln der Web-Seiten zu vereinfachen und Ihre Web-Seiten zu verbessern. Sie führten die folgenden Aufgaben durch:

- Sie erstellten ein *Navigationsleisten-Bibliothekselement* und wendeten es auf die *Freizeit*-Seite an.
- Sie erstellten eine *Vorlage* für Seiteninhalte und wendeten Sie auf die *Freizeit*- und *Gemeinde*-Seiten an.
- Sie benutzten CCS, um Überschriften andere Schriftarten und Rahmen zu verleihen.
- Sie erstellen eine grafische Navigationsleiste für die gesamte Web-Site.

- Sie erstellten eine Animation, um die Freizeit-Seite ansprechender zu gestalten.
- Sie bearbeiteten Ihr Formular, damit es in einem lesbaren Format per E-Mail verschickt werden kann.

Das Frame für den Bereich *Freizeit* sieht so aus wie in Abbildung 23.

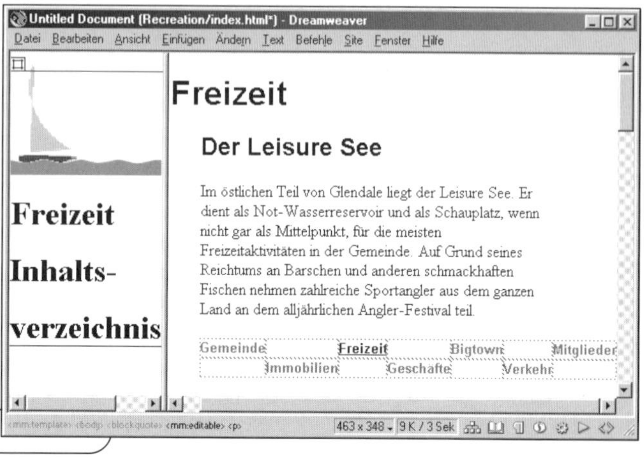

Die *Freizeit*-Seite

Abb. 23

Dies war das letzte Projekt, das Ihnen beim Erstellen von Web-Seiten beisteht. Bis jetzt haben Sie für die Web-Site der Gemeinde Glendale ein komplettes Frame der Indexseite des Bereichs *Freizeit* erstellt, mit einer Seite, die Inhalte besitzt und einem Inhaltsverzeichnis. Zum Fertigstellen dieser Web-Site müssten Sie ähnliche Framesets und Indexseiten für alle Bereiche herstellen, mit bereichsspezifischen Seiteninhalten und Inhaltsverzeichnisen.

Weil die *Gemeinde Glendale*-Web-Site diese zusätzlichen Seiten nicht besitzt, würden Sie beim Aufrufen dieser Seite in einem Browser auf einige Probleme stoßen. Diese Probleme werden im letzten Projekt gelöst.

In den nächsten beiden Projekten wird Fireworks 3 angewendet werden, um die Grafiken für die Seiten zu erstellen. Im letzten Projekt werden, wie angekündigt, mit den Optionen von Dreamweaver Probleme der Web-Site gesucht und gelöst.

Fireworks kennen lernen

15

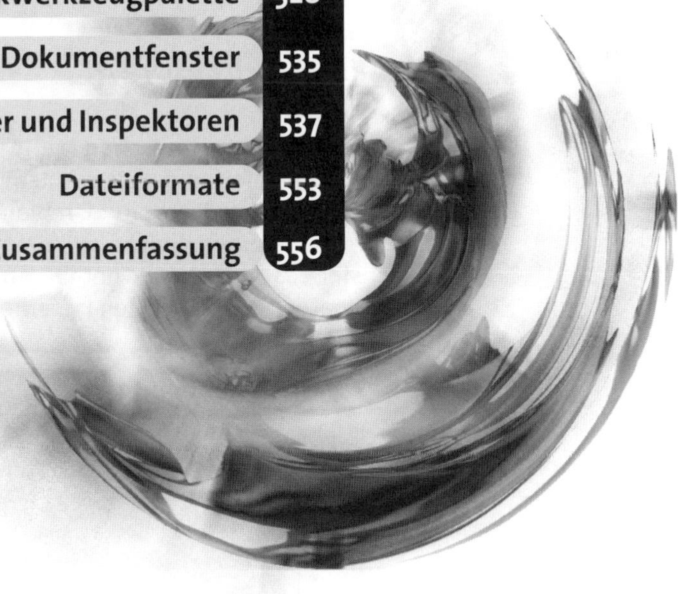

Fireworks ist ein einfacheres Programm als Dreamweaver, da es auf ein einziges Ziel konzentriert ist. Das bedeutet aber nicht, dass es ihm an Komplexität oder Leistung mangelt. Ganz im Gegenteil, Fireworks ist selbst ein beachtliches Programm. Es ist ein hochentwickeltes, sehr gut ausgerüstetes Zeichenprogramm, das sich mit allen anderen Produkten seiner Klasse durchaus messen kann. Wenn Sie den Wunsch und die entsprechenden Fähigkeiten besitzen, können Sie mit Hilfe von Fireworks alles kreieren, ob es nun ein Porträt von Christopher Kolumbus oder eine Zeichnung einer Marslandung ist.

Obwohl Fireworks wie ein ganz normales Zeichenprogramm genutzt werden kann, ist es eigentlich das erste größere Grafikprogramm, das von Grund auf dafür entwickelt wurde, Grafiken für das World Wide Web herzustellen. In Übereinstimmung mit dieser Vorgabe werden Sie sich auf die praktischen Aspekte der Verwendung von Fireworks konzentrieren, z.B., wie funktionierende Schaltflächen, Hintergründe, horizontale grafische Linien und dergleichen erstellt werden können. In diesen Fähigkeiten zeigt sich die besondere Leistungsstärke von Fireworks. Jeder, auch jemand ohne jegliche künstlerische Neigung, kann mit Fireworks eindrucksvolle professionelle Webgrafiken generieren.

Dieses Kapitel stellt die verschiedenen Werkzeuge, Fenster, Inspektoren und Bedienfelder, die Fireworks beinhaltet, vor. Es beschreibt auch die Grafikdateiformate, die von Fireworks unterstützt werden. In späteren Kapiteln werden Sie lernen mit diesen Hilfsmitteln Bilder zu erzeugen und zu bearbeiten sowie Dateien zu ex- und importieren.

Das Fireworkslayout

Fireworks enthält die typischen Menüs, Werkzeugleisten und Grafikwerkzeugpaletten, die Sie in einem Grafikprogramm erwarten würden. Zusätzlich arbeitet Fireworks mit 18 verschiedenen Fenstern, Bedienfeldern und Inspektoren. Das erste ist das Dokumentfenster, das die Leinwand enthält, auf der Sie Ihre Bilder ansehen und bearbeiten. Die übrigen 17 Elemente sind in vier Gruppen unterteilt:

- Die Gruppe *Optimieren*
- Die Gruppe *Farbtabellen*

- Die Gruppe *Ebenen*
- Die Gruppe *Verhaltensweisen*

Jede Gruppe ist nach dem ersten Element benannt, das im Standard-Setup erscheint. Die Fensterinhalte dieser Gruppen sind soweit möglich thematisch verwandt, immer ist dies jedoch nicht der Fall.

Falls Ihnen die Standardgruppierungen in den Fenstern nicht zusagen, können Sie sie ändern.

Tipp

Abbildung 15.1 zeigt das Grundlayout von Fireworks. Wenn Sie Fireworks zum ersten Mal starten, wird das Dokumentfenster nicht angezeigt. Es ist aber in der Abbildung 15.1 auch dargestellt, da Sie es wahrscheinlich bald nach dem Start von Fireworks aufrufen werden. Sie können übrigens selbst entscheiden, welche der anderen Bedienfelderfenster angezeigt werden, indem Sie sie im Menü des Startfensters aktivieren oder ausschalten.

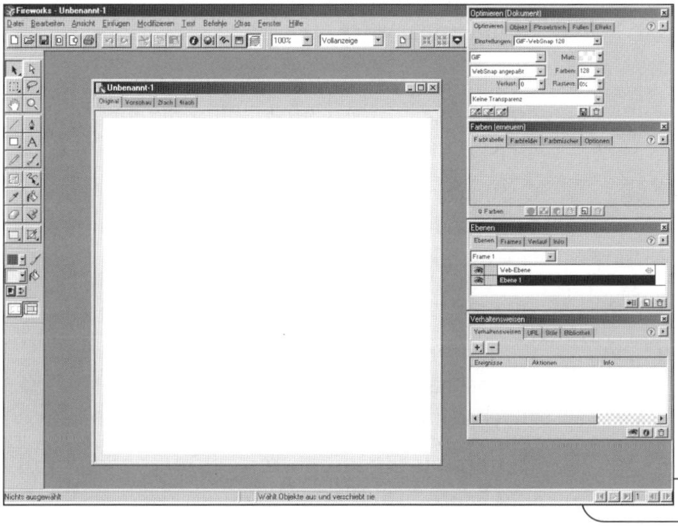

Das Fireworkslayout

Abb. 15.1

Wenn Sie schon einmal mit Photoshop gearbeitet haben, werden Sie sich im Fireworkslayout gleich gut zurechtfinden, da die beiden Programme viele Gemeinsamkeiten aufweisen.

Tipp

Fireworks Menü- und Werkzeugleisten

Auf den ersten Blick ist die Menüleiste von Fireworks nahezu identisch mit der von Dreamweaver. Außerhalb der Hauptelemente können die Optionen der Menüs jedoch oft sehr unterschiedlich sein. Fireworks hat jedenfalls drei Werkzeugleisten: die Standardsymbolleiste, die Modifizierleiste und die Ansichtsteuerungsleiste.

Optionen der Menüleiste

Tabelle 15.1 enthält einen knappen Überblick der Funktion jedes Hauptmenüpunktes. In späteren Kapiteln, bei der Erklärung spezifischer Aufgaben, wird eine detailliertere Darstellung dieser Funktionen erfolgen.

Tabelle 15.1

Die Optionen der Menüleiste

Menü	Funktionen
Datei	Neue Dateien anlegen, Dateien öffnen und speichern, Scannen, Dateien importieren und exportieren, HTML aktualisieren, Skripten ausführen, Vorschau im Browser, Voreinstellungen vornehmen
Bearbeiten	Befehl rückgängig machen, Ausschneiden, Kopieren, Einfügen, Auswählen, Suchen, Zuschneiden
Ansicht	Größer und kleiner zoomen, Anzeigen oder Ausblenden verschiedener Elemente, wie Lineale, Gitternetzlinien, Hilfslinien
Einfügen	Objekte in das Dokumentfenster einfügen
Modifizieren	Verändern einer Vielzahl von Objekteigenschaften, z.B. Leinwandgröße zuschneiden, Pfad ändern usw.
Text	Steuert alle Eigenschaften der Textbearbeitung und bearbeitet Pfadanlagen.
Befehle	Animation nutzen, Batch-Befehle ausführen, Objekte konvertieren, Dokumentkontrolle, Bedienfelder ausrichten, Web-Optionen definieren
Extras	Farbe anpassen, Bilder scharf stellen oder weichzeichnen, Photoshop Plug-Ins anwenden

Tabelle 15.1 - Fortsetzung

Menü	Funktionen
Fenster	Bestimmen, welche Inspektoren oder Paletten sichtbar sein sollen, zwischen offenen Fenstern wechseln, Suchen und Ersetzen, Projektprotokolle führen
Hilfe	Die auf HTML-basierenden Hilfeseiten von Fireworks starten, Zugang zur Macromedias Fireworks-Web-Site, Fireworks online registrieren

Die Standardsymbolleiste

Die meisten der Schaltflächen in der Standardsymbolleiste werden Ihnen bekannt sein, weil sie in fast jedem Windows-Programm, das Sie jemals benutzt haben, vorkommen. Viele der Schaltflächen hier werden für alltägliche Arbeiten, wie Dateien öffnen und speichern, Kopieren, Einfügen und Drucken, genutzt. Die übrigen erlauben den Zugriff auf Fireworks Bedienfelder. Tabelle 15.2 liefert eine Kurzbeschreibung der Schaltflächen in der Standardsymbolleiste.

Tabelle 15.2

Die Schaltflächen der Standardsymbolleiste

Schaltfläche	Funktionen
Neu	Öffnet eine neue Leinwand.
Öffnen	Öffnet eine bestehende Fireworks (*.png*) Datei.
Speichern	Speichert die aktuelle Leinwand als eine Fireworks(*.png*)-Datei.
Importieren	Öffnet eine bestehende Datei.
Exportieren	Speichert die aktuelle Leinwand im vom Bedienfeld *Optimieren* bestimmten Format.
Drucken	Druckt die aktuelle Leinwand.
Rückgängig	Macht die jeweils letzte vorgenommene Veränderung des bearbeiteten Bildes rückgängig (kann mehrere Bearbeitungsschritte rückgängig machen).

Tabelle 15.2 - Fortsetzung

Schaltfläche	Funktionen
Wiederherstellen	Stellt rückgängig gemachte Bearbeitungsschritte wieder her.
Ausschneiden	Entfernt den Ausschnitt von der Leinwand und befördert ihn in die Zwischenablage.
Kopieren	Bringt den markierten Ausschnitt in die Zwischenablage, ohne ihn von der Lein wand zu entfernen.
Einfügen	Bringt den Inhalt der Zwischenablage auf die Leinwand.
Objekt	Ruft das Objektbedienfeld auf.
Farbmischer	Ruft das Bedienfeld *Farbmischer* auf.
Pinselstrich	Ruft das Bedienfeld *Pinselstrich* auf.
Füllen	Ruft das Bedienfeld *Füllen* auf.
Ebenen	Ruft das Bedienfeld *Ebenen* auf

Die Modifizierleiste

Die Modifizierleiste hat Schaltflächen für das Gruppieren, Platzieren und Ausrichten von Objekten im Dokumentfenster. Tabelle 15.3 beschreibt die Schaltflächenfunktionen dieser Werkzeugleiste.

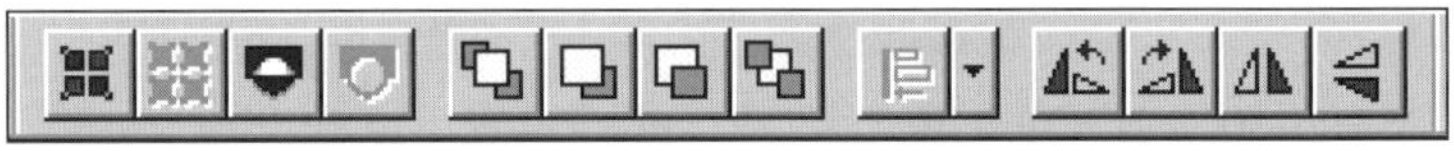

Tabelle 15.3

Die Schaltflächen der Modifizierleiste

Schaltfläche	Funktionen
Gruppieren	Ordnet zwei oder mehr ausgewählte Objekte einander räumlich zu.
Gruppierung aufheben	Hebt die Gruppierung auf.
Verbinden	Verbindet zwei oder mehr Objekte zu einem Objekt.
Teilen	Trennt verbundene Objekte.

Tabelle 15.3 - Fortsetzung

Schaltfläche	Funktionen
In den Vordergrund	Verändert die Reihenfolge der Stapelung, so dass ein ausgewähltes Objekt oben liegt.
Nach vorne stellen	Bewegt das markierte Objekt um eine Ebene nach oben in der Stapelreihenfolge.
Nach hinten stellen	Bewegt das markierte Objekt um eine Ebene nach unten in der Stapelreihenfolge.
In den Hintergrund	Verändert die Stapelreihenfolge, so dass das Objekt ganz unten liegt.
Ausrichtung	Richtet das Objekt aus.
Um 90° gegen Uhrzeigersinn drehen	Dreht das markierte Objekt um 90° gegen den Uhrzeigersinn.
Um 90° im Uhrzeigersinn drehen	Dreht das markierte Objekt um 90° im Uhrzeigersinn.
Horizontal kippen	Rechts-Linksumkehrung des Objekts
Vertikal kippen	Umkehrung von *Oben* und *Unten* am Objekt

Tipp

Die Ausrichtungsschaltfläche der Modifizierleiste richtet das Objekt nach der letztgewählten Option aus. Klicken Sie auf das Dropdown-Listenfeld neben der Schaltfläche um auf andere Optionen Zugriff zu erhalten.

Die Ansichtssteuerungsleiste

Die Ansichtssteuerungsleiste bestimmt die Ansichtsmöglichkeiten im Dokumentfenster.

Das linke Dropdown-Listenfeld bestimmt den Vergrößerungsfaktor des Dokuments und das mittlere den Anzeigemodus. Zur Auswahl stehen Vollanzeige oder Entwurfanzeige. Rechts befindet sich die Seitenansichtschaltfläche, die Höhe, Breite und Bildauflösung der Abbildung steuert.

Die Grafikwerkzeugpalette

Die Grafikwerkzeugpalette – auch Werkzeugleiste genannt – ist das Herzstück jedes Bildbearbeitungsprogramms. Es bietet grundlegende Auswahlwerkzeuge, Zeichenwerkzeuge, Schaltflächen zur Bildformation und Zugriff auf den *Farbmischer*.

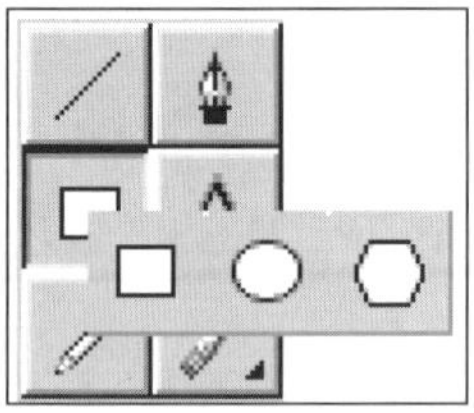

Viele der verfügbaren Werkzeuge der Werkzeugleiste befinden sich am selben Ort wie ähnliche Werkzeuge. Die Werkzeuge zum Formenzeichnen sind zum Beispiel alle am gleichen Ort, wobei als Standard ein Rechteck angezeigt wird. Um auf die Werkzeuge zuzugreifen, die nicht auf der Grafikpalette erscheinen, weil sie nicht das momentan ausgewählte Werkzeug sind, klicken Sie auf das Symbol und halten Sie die Maustaste gedrückt – es erscheint ein Popup-Menü, das die anderen Werkzeuge anzeigt, siehe Abbildung.

Ziehen Sie den Mauszeiger auf das Werkzeug, mit dem Sie arbeiten möchten. Das ausgewählte Werkzeug bleibt so lange auf der Grafikwerkzeugleiste als Symbol abgebildet, bis Sie ein anderes aussuchen.

Die Auswahlwerkzeuge

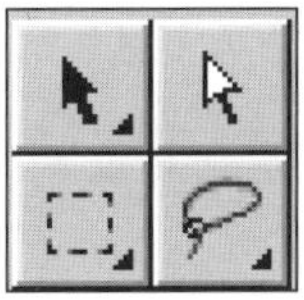

Die vier obersten Symbolschaltflächen auf der Werkzeugleiste bieten verschiedene Möglichkeiten zur Auswahl von Objekten. Bis auf die Teilauswahlschaltfläche ermöglichen alle Symbolschaltflächen sogar den Zugriff auf drei zusätzliche Werkzeuge.

An dieser Stelle werden kurz die Auswahlwerkzeuge der Grafikwerkzeugpalette beschrieben. Ihre Benutzung beim Auswählen und Markieren von Gegenständen funktioniert analog zu den üblichen Werkzeugen der gängigen Bildbearbeitungsprogramme.

Das Auswahlzeigersymbol

Das oberste linke Werkzeug auf der Werkzeugleiste enthält den regulären Auswahlzeiger sowie zwei weitere Werkzeuge. Das Popup-Menü erscheint, wenn der Mauszeiger auf die Symbolschaltfläche geklickt wird (und dort gedrückt gehalten wird). Es bietet zusätzlich ein Werkzeug, mit dem hintere Objekte ausgewählt werden können, und ein Exportbereichswerkzeug zur Auswahl. Das Werkzeug *Hintere auswählen* macht genau, was der Name sagt – es wählt ein Objekt, das sich hinter einem anderen befindet, aus, verändert aber nicht die Stapelreihenfolge. Das Exportbereichswerkzeug wird benutzt, um ein Teil eines Bildes zu exportieren, statt des ganzen Bildes.

Das Teilauswahlsymbol

Das Teilauswahlwerkzeug funktioniert wie der reguläre Auswahlzeiger, bis auf einige Besonderheiten. Damit ist es möglich, ein Objekt aus einer Gruppe zu wählen (mit dem normalen Auswahlzeiger kann nur die gesamte Gruppe gewählt werden). Auch die einzelnen Bezierpunkte auf einem Pfad können damit bearbeitet werden. In Kapitel 17 werden Sie lernen, wie das Teilauswahlwerkzeug verwendet wird, um bestehende Pfade zu ändern.

Tipp

Die mit Fireworks gezeichneten Linien und Formen werden *Pfade* genannt. Fireworks hält viele Werkzeuge und Funktionen für die Bearbeitung von Pfaden bereit. Diese werden detailliert in den Kapiteln 16 und 17 behandelt.

Das Auswahlrahmensymbol

Das Auswahlrahmenwerkzeug wählt ein rechteckiges Teil eines Bildes aus. Wie der Auswahlzeiger hat es zwei weitere Werkzeuge auf der selben Schaltfläche. Das eine ist ein elliptischer Auswahlrahmen, das andere ist ein Dokumentenzuschneidewerkzeug. Diese Werkzeuge werden benutzt, um einen ausgewählten Bildausschnitt zu ziehen.

Das Lassosymbol

Auch die Schaltfläche des Lassosymbols enthält zwei weitere Werkzeuge. Mit dem Standardlassowerkzeug lassen sich freie Formen zeichnen. Das Polygon-Lasso funktioniert genauso, nur dass damit lediglich gerade Linien gezeichnet werden können, keine Kurven. Das Zauberstabwerkzeug wählt automatisch Teile eines Bildes nach ähnlichen Farben aus.

Die Ansichtswerkzeuge

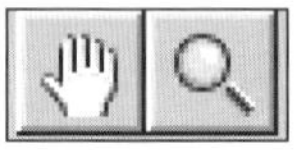

Die beiden Ansichtswerkzeuge verschieben Teile des Anzeigefeldes und vergrößern oder verkleinern es. Sie werden durch eine Hand bzw. eine Lupe symbolisiert.

Das Schwenkwerkzeug (die Handsymbolschaltfläche) wird benutzt, wenn ein Bild größer ist als das Dokumentfenster. Sie können es ziehen, um die Leinwand so hin- oder herzuschieben, dass verschiedene Ausschnitte sichtbar sind.

Das Vergrößerungs-/Verkleinerungswerkzeug (die Lupensymbolschaltfläche) vergrößert die Ansicht des Bildes um 100% oder verkleinert sie um 50% jedes Mal, wenn es über dem Bild angeklickt wird. Um zu verkleinern statt zu vergrößern, muss die Alt-Taste gedrückt gehalten werden (Optionstaste beim Mac). Die Lupe enthält ein Pluszeichen (+), wenn sie sich im Vergrößerungsmodus befindet, oder ein Minuszeichen (-), wenn sie verkleinert.

Die Zeichenwerkzeuge

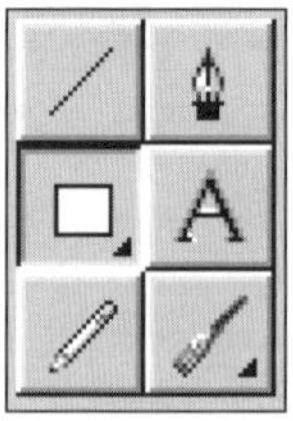

Wie jedes brauchbare Zeichenprogramm enthält Fireworks Werkzeuge zum Zeichen von Linien und Formen und zum Hinzufügen von Text.

Es gibt sechs Zeichensymbolschaltflächen auf der Grafikpalette (Werkzeugleiste):

Tabelle 15.4
Die Zeichenwerkzeuge und ihre Funktion

Werkzeug	Funktion
Linie	Zieht eine gerade Linie zwischen zwei Punkten.
Schreibstift	Zeichnet Linien und Kurven zwischen Bezierpunkten.
Rechteck	Zeichnet ein Rechteck. Zugriff auf die zwei anderen Werkzeuge, Ellipse und Polygon, um diese Formen zu zeichnen.
Text	Platziert Text auf die Leinwand.
Bleistift	Zeichnet eine freie Linie von einem Pixel Stärke.
Pinsel	Malt eine freie Linie deren Eigenschaften im Bedienfeld *Pinselstrich* bestimmt werden können. Als weiteres Werkzeug kann von dieser Symbolschaltfläche aus das Werkzeug *Pfad nachzeichnen* aktiviert werden. Es wird zum Überarbeiten markierter Pinselpfade benutzt.

Der Gebrauch der Bleistift- und Pinselwerkzeuge wird im Kapitel 16 erklärt, der der Werkzeuge *Linie, Schreibstift, Rechteck, Ellipse, Polygon, Nachzeichnen* im Kapitel 17 und das Textwerkzeug wird im Kapitel 18 behandelt.

Die Bearbeitungswerkzeuge

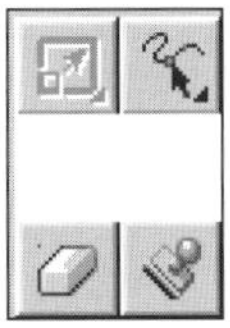

Die Bearbeitungswerkzeuge der Grafikpalette erlauben es Ihnen, Bilder auf verschiedene Arten aufzuarbeiten, sowie Kopien zu machen.

Es gibt vier Bearbeitungssymbolschaltflächen:

Tabelle 15.5
Die Bearbeitungswerkzeuge und ihre Funktionen

Werkzeug	Funktion
Transformieren	Dehnt, zieht zusammen, oder dreht Objekte. Drei Werkzeuge können mit dieser Symbolschaltfläche aktiviert werden, zum Verändern der Größe, Verdrehen und Verzerren.
Freiform	Verändert bestehende Pfade. Die anderen Werkzeuge dieser Symbolschaltfläche sind

Tabelle 15.5 - Fortsetzung Werkzeug	Funktion
	die Werkzeuge *Bereich umformen* und *Pfadausbesserung*, mit denen Pfade auch verbogen werden können.
Messer / Radiergummi	Je nachdem ob Sie mit Pfaden oder Pixel arbeiten, verändert sich dieses Werkzeug. Bei Pfaden ist es das Messer, das einen Pfad in zwei Pfade schneidet. Für die Pixelbearbeitung ist es das Radiergummi. Es löscht die Pixel, über die es geführt wird.
Stempel	Kopiert („klont") einen Bildbereich in einen anderen.

Kapitel 17 liefert Details zur Pfadbearbeitung mit diesen Werkzeugen.

Die Hotspot- und Segmentierwerkzeuge

Zwei der Werkzeuge der Grafikpalette ermöglichen Ihnen, Hotspots und Segmente zu bestimmen. Zwei weitere blenden Hotspots und Segmente ein oder aus.

Das Hotspotwerkzeug markiert Hotspotbereiche im Bild. Es handelt sich um eine weitere mehrfach belegte Symbolschaltfläche, mit der Werkzeuge zum Zeichnen von Rechteck-, Kreis- und Polygonhotspots aktiviert werden können. Die Benutzung des Hotspotwerkzeuges wird im Kapitel 19 besprochen.

Das Segmentierwerkzeug wird gebraucht um Bereiche zur Bildsegmentierung zu bestimmen. Hier sind zwei Werkzeuge vorhanden, eins um rechteckige, das andere um polygonale Segmente zu zeichnen. Die Bildsegmentierung ist eine Technik, mit der ein Bild in mehrere kleinere Bilder unterteilt wird; diese können dann auf einer Web-Seite wieder zusammengesetzt werden. Dieses Werkzeug wird in Kapitel 20 behandelt.

Die Werkzeuge *Hotspots und Segmente ausblenden* und *Hotspots und Segmente einblenden* bewirken genau das, was Sie erwarten: Sie machen Hotspot- und Segmentmarkierungen unsichtbar oder sichtbar.

Die Farbwerkzeuge

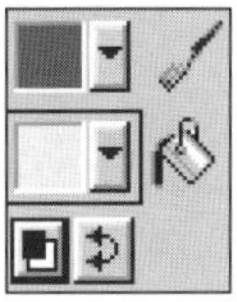

Die Grafikpalette hält Werkzeuge bereit, mit denen Farbe auf ausgewählte Bereiche aufgetragen wird oder die Füll- und Pinselstrichfarben gewählt werden.

Es gibt sechs Symbolschaltflächen für die Farbbearbeitung:

Tabelle 15.6

Die Farbwerkzeuge und ihre Bedeutung

Werkzeug	Funktion
Pipette	Nimmt die Farbe von einem Bildausschnitt und wechselt die Farbe eines ausgewählten Objekts um in die aufgenommene Farbe.
Farbeimer	Färbt Objekte mit der aktuell eingestellten Füllfarbe.
Pinselstrichfarben	Bestimmt die Farbe für die verschiedenen Zeichenwerkzeuge.
Füllfarben	Bestimmt die Füllfarbe für gezeichnete Objekte und für den Farbeimer.
Standardfarben	Stellt die Standardeinstellung der Pinselfarben und der Füllfarben wieder her.
Farben austauschen	Ersetzt die Pinselfarbe durch die Füllfarbe.

Die Standardeinstellungen sind Schwarz als Pinselstrichfarbe, Weiß als Füllfarbe und Blau für markierte, hervorgehobene Objekte. Zur Veränderung der Standardeinstellungen wählen Sie *Datei > Voreinstellungen* in der Hauptmenüleiste. Dann erscheint das Dialogfenster *Voreinstellungen*, siehe Abbildung 15.2. In der Standardfarbeneinstellung gibt es drei Farbauswahlfelder, für Pinselfarbe, Füllfarbe und Hervorhebungsfarbe.

Für jede Einstellung können Sie entweder auf die Farbauswahlfelder klicken oder auf den Pfeil rechts daneben. Beim Klick auf das Farbauswahlfeld startet Fireworks die Systemfarbauswahl. In einem Windows-Programm sehen Sie das in Abbildung 15.3 gezeigte Farbdialogfenster.

Wenn Sie die Systemfarbauswahl benutzen, bedeutet das, dass Sie einige Schutzvorrichtungen von Fireworks außer Acht lassen, wie zum Beispiel HTML-Standard-Farbpaletten. HTML-Standard-Farbpaletten werden in Kapitel 7 erklärt.

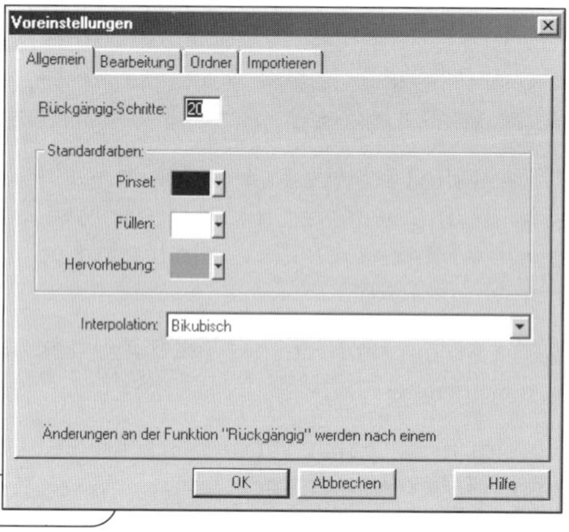

Standardfarben einstellen

Abb. 15.2

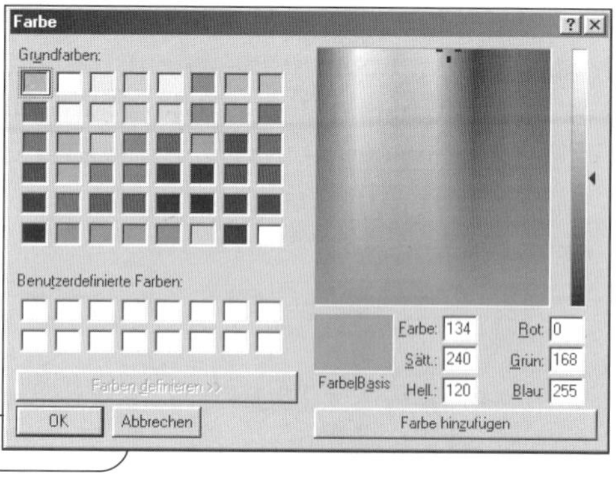

Windows Farbdialogfenster

Abb. 15.3

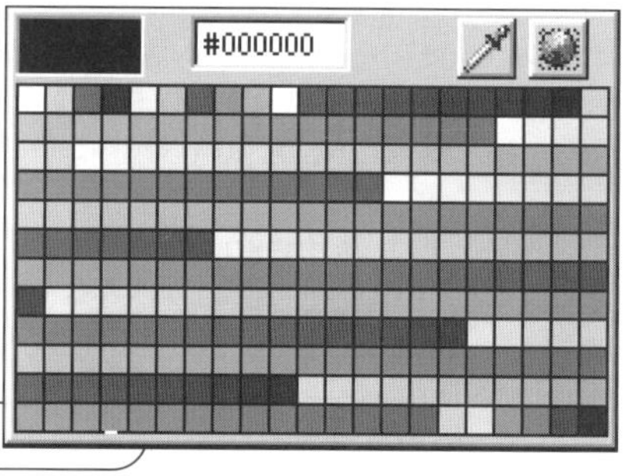

Farbfelder-
Palette

Abb. 15.4

Wenn Sie auf den Pfeil neben dem Farbauswahlfeld klicken, erscheint ein Popup-Menü, das die aktuelle Fireworks-*Farbfelder*-Palette zeigt, siehe Abbildung 15.4.

Sie können die gewünschte Farbe entweder im Farbdialogfenster oder im Popup-Menü wählen. Im Popup-Menü können Sie die Farbe auch auswählen, indem Sie einen Hexadezimalwert im oberen Textfeld eingeben.

In Kapitel 16 wird die Benutzung von Füllfarben und -mustern zum Aufwerten nichtssagender Bilder erklärt.

Das Fireworks-Dokumentfenster

Das Dokumentfenster ist das Herz von Fireworks. Dort befindet sich die Leinwand, und das bedeutet, dass Sie Ihre Grafiken dort sichten und bearbeiten. Wie die Abbildung 15.5 zeigt, besteht das Dokumentfenster aus vier Registern: *Original*, *Vorschau*, *2fach*, *4fach*.

Fireworks Dokumentfenster

Abb. 15.5

Die Original- und Vorschauregister

Das Originalregister enthält die PNG-Version Ihrer Grafik. Das Vorschauregister zeigt das Bild, wie es aussehen würde, wenn Sie es mit den aktuellen Optimiereinstellungen exportierten. (Weitere Informationen finden Sie im Abschnitt *Das Optimierfenster*, weiter unten in diesem Kapitel.)

Tipp

PNG steht für Portable Network Graphics, das ist Fireworks eigenes Dateiformat. Im Abschnitt *Dateiformate* weiter unten in diesem Kapitel finden Sie weitere Informationen über PNG und andere Dateiformate, die Fireworks unterstützt.

Oft wird es wenige oder keine offensichtlichen Unterschiede in der Ansicht der Bilder zwischen der Originalansicht und der Vorschau geben. Die Vorschau hängt von den Optimiereinstellungen ab, die Sie ausgewählt haben.

Die *2fach*- und *4fach*-Register

Die 2fach- und *4fach*-Register liefern noch weitere Möglichkeiten des Experimentierens mit verschiedenen Optimiereinstellungen. Abbildung 15.6 zeigt das *2fach*-Register mit einem Originalbild direkt neben einem optimierten Bild. Im Wesentlichen zeigt das *2fach*-Register das Bild des Original- sowie des Vorschauregisters gleichzeitig an, zum Vergleichen.

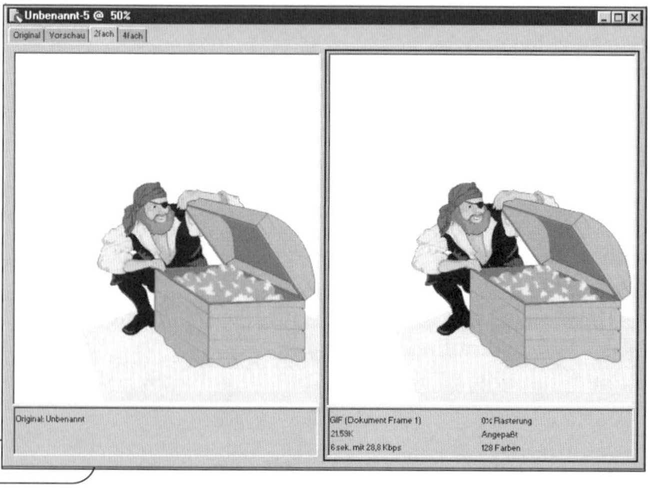

Das *2fach*-Register

Abb. 15.6

Das *4fach*-Register ähnelt dem *2fach*-Register, außer dass es zwei zusätzliche Fenster zeigt, in denen mit verschiedenen Optimiereinstellungen experimentiert werden kann. Abbildung 15.7 zeigt das *4fach*-Register. Obwohl der Ansichtsbereich kleiner ist, liefert dieses Register die meisten Vergleichsmöglichkeiten.

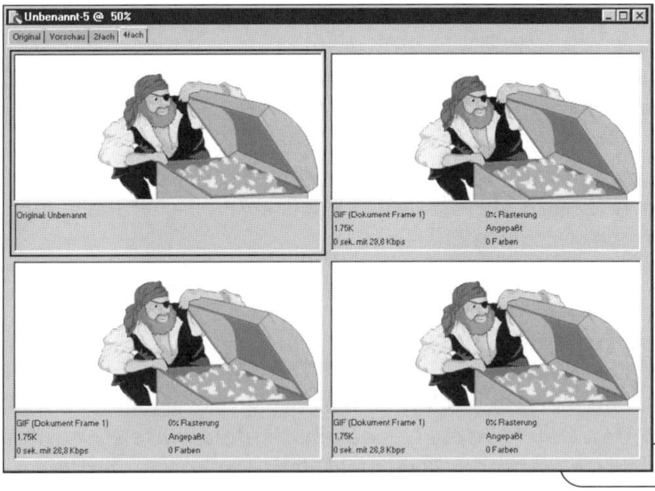

Das *4fach*-Register

Abb. 15.7

In den *2fach*- und *4fach*-Registern können Sie Ihre gesamte Bildbearbeitung in dem Fenster vornehmen, das das Originalbild zeigt. Der Vorteil des Arbeitens in einem dieser Register liegt darin, dass Sie sofort die Wirkung Ihrer Bearbeitung an den Optimierversionen erkennen können, ohne dass Sie andauernd zwischen den Registern wechseln müssen. Der Nachteil ist, dass Sie in einem viel kleineren Fenster arbeiten müssen als das Originalregisterfenster.

Tipp

Sie können die Optimierversion, die Ihnen am besten gefällt, in eine eigene Datei exportieren. Die originale Fireworksgrafik wird nicht verändert, egal welche Einstellungen Sie wählen. Einzelheiten zum Thema Grafikexport finden Sie in Kapitel 20.

Die Bedienfelder und Inspektoren

Wie bereits erwähnt, sind die Bedienfelder und Inspektoren von Fireworks in vier Gruppen untergebracht, der *Optimieren-*, *Farbtabellen-*, *Ebenen-* und *Verhaltensweisen*-Gruppe. Die Bedienfelder sind auf den Registerkarten der jeweiligen Gruppe untergebracht, so dass Sie ein Register nur anzuklicken brauchen, um in das entsprechende Bedienfeld zu wechseln.

Alle Bedienfelder und Inspektoren haben zwei Symbolschaltflächen (bzw. drei, wenn Sie das X-Symbol der Schließschaltfläche dazurechnen) gemeinsam. Auf der rechten Seite, unterhalb der X-Symbolschaltfläche, befinden sich die Fragezeichen- und die Pfeilsymbolschaltfläche, siehe folgende Abbildung.

Sie klicken auf die Fragezeichenschaltfläche, um Hilfe zu den Einstellungen dieses Bedienfeldes oder Inspektors zu erhalten. Sie klicken auf die Pfeilschaltfläche, um das Optionsmenü dieses Bedienfeldes oder Inspektors aufzurufen. (Lediglich das Optionsregister in der *Farbtabellen*-Gruppe hat keine Pfeilschaltfläche zum Aufrufen des Optionsmenüs.)

Die *Optimieren*-Gruppe

Die Bedienfeldergruppe *Optimieren* enthält das Bedienfeld *Optimieren*, den *Objektinspektor*, das Bedienfeld *Pinselstrich*, das Bedienfeld *Füllen* und das Bedienfeld *Effekt*. Der Hauptzweck dieser fünf Bedienfelder ist es, Ihnen die Hauptwerkzeuge zu liefern, mit denen Sie das Aussehen und die Aktionen Ihrer Bilder und Objekte bestimmen können.

Das Bedienfeld Optimieren

Das Bedienfeld *Optimieren* erlaubt das Experimentieren mit verschiedenen Einstellungen an Ihren Grafiken. Sie können verschiedene Dateiformate ausprobieren, die Anzahl der verfügbaren Farben verändern, eine Palette wählen, Transparenz einstellen und verschiedene andere Optionen auswählen.

Die Optionen des Bedienfelds *Optimieren* verändern sich, je nach Art des von Ihnen genutzten Dateiformats und der ausgewählten Farbtiefe. Wenn Sie GIFs benutzen, müssen Sie z.B. Entscheidungen fällen über die Optionen *Transparenz* und *Raster*. Bei JPEGs müssen die Eigenschaften *Qualität* und *Glätten* beachtet werden. Abbildung 15.8 zeigt das Bedienfeld *Optimieren* einer GIF-Datei.

In Kapitel 20 wird die Anwendung der Optionen des Bedienfelds *Optimieren* detailliert behandelt.

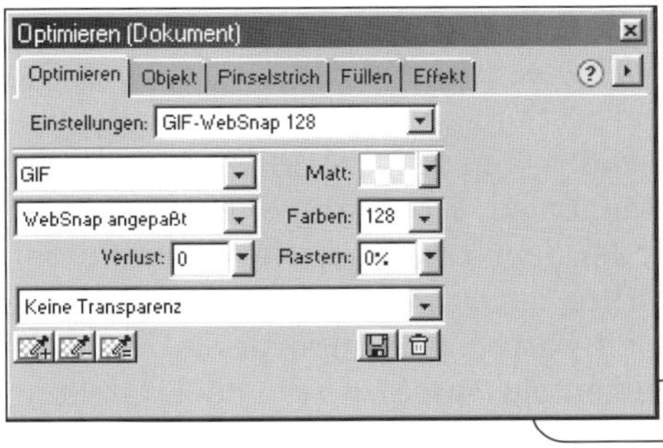

Das Bedienfeld *Optimieren* mit GIF-Datei

Abb. 15.8

Der Objektinspektor

Mit dem Objektinspektor können Sie den Grad der Undurchsichtigkeit (bzw. Transparenz, je nach Ihrem Standpunkt) von Objekten einstellen. Sie können auch den Mischmodus, der bestimmt, was mit den Farben passiert, wenn zwei Objekte sich überschneiden, einstellen.

Obwohl sich diese Option eigentlich im Bedienfeld *Pinselstrich* (das als Nächstes behandelt wird) befindet, ist der Pinselstrich auch eine Option des Objektinspektors. Sie bestimmt die Lage der Pinsel- und Schreibstiftstriche in Bezug auf den Pfad (innen, außen oder obenauf). Verschiedene andere Optionen erscheinen abhängig von den Eigenschaften des von Ihnen ausgewählten, bestimmten Objektes. Abbildung 15.9 zeigt den Objektinspektor, wenn ein einfarbiges Objekt mit Außenstrichen markiert ist.

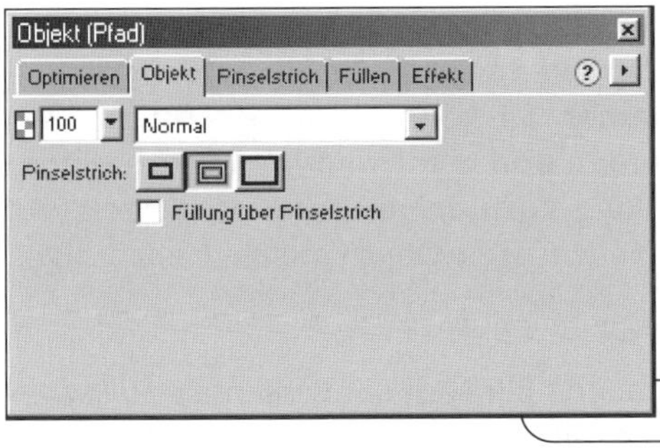

Der Objektinspektor

Abb. 15.9

Im Objektinspektor geben Sie auch URLs ein und wählen Formen für Hotspots, wie Sie in Kapitel 19 sehen werden.

Das Bedienfeld Pinselstrich

Das Bedienfeld *Pinselstrich* befasst sich mit dem Umriss eines Objekts. In diesem Bedienfeld bestimmen Sie Eigenschaften des Pinselstrichs bei Pfad-zeichnenden Werkzeugen wie dem Pinsel- oder Rechteckwerkzeug. Sie können aus Strichkategorien wählen, die der Strichführung echter Zeichenwerkzeuge, wie Aquarellpinsel, Zeichenkreide, und Filzstifte, nachahmen. Sie können auch die Pinselstrichfarbe, -dicke und -härte einstellen sowie die Textur. Abbildung 15.10 zeigt das Bedienfeld *Pinselstrich* mit der Einstellung *Air Brush*.

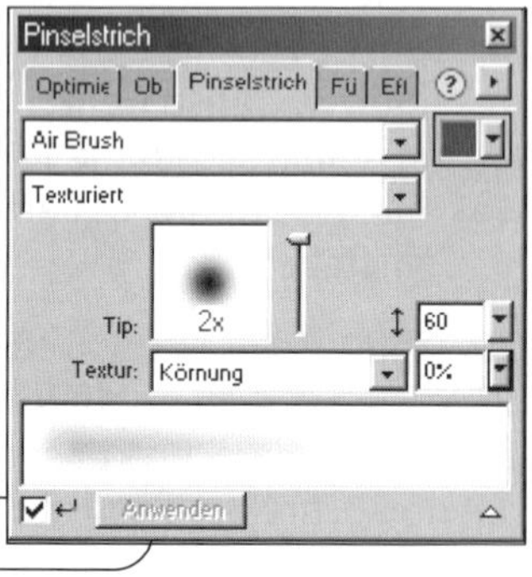

Das Bedienfeld *Pinselstrich Air Brush*

Abb. 15.10

Im Kapitel 16 werden die Einstellungsmöglichkeiten des Bedienfelds *Pinselstrich* erläutert.

Das Bedienfeld Füllen

Das Bedienfeld *Füllen* enthält Optionen für das Innere eines Objekts. Wie bei den Pinselstrichen können Sie Füllkategorien und Unterkategorien bestimmen. Sie können auch die Schärfe des Füllungsrandes bestimmen und verschiedene Texturen oder Transparenzgrade zur Füllung hinzufügen. Abbildung 15.11 zeigt ein Beispiel des Bedienfeldes *Füllen* für ein Objekt mit einer einfarbigen Füllung.

In Kapitel 16 wird ein genauerer Blick auf das Bedienfeld *Füllen* geworfen, wenn das Arbeiten mit Pfaden erklärt wird.

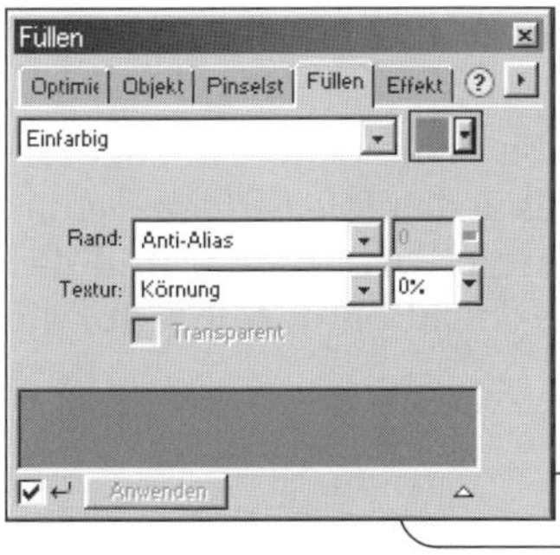

Das Bedienfeld *Füllen*

Abb. 15.11

Das Bedienfeld Effekt

Das Popup-Menü des Bedienfelds *Effekt* bietet all das, was auch schon im *Extras*-Menü der Hauptmenüleiste zu finden ist, plus einige zusätzliche Leckerbissen. Hier können Sie Spezialeffekte, wie *Schlagschatten*, *Glühen*, *Schliffe* und *Prägungen*, hinzufügen. Auch die Helligkeit und Kontraste der Farben eines Objekts können hier angepasst werden. Wenn Sie Photoshop-Plug-Ins haben, können Sie sie dem Bedienfeld *Effekt* von Fireworks hinzufügen. Abbildung 15.12 zeigt das Bedienfeld *Effekt* für einen Außenschliffeffekt.

Das Bedienfeld *Effekt*

Abb. 15.12

Die beste Neuigkeit von allen ist vielleicht, dass diese Effekte nicht nur einmalige Alles-oder-Nichts-Zusätze sind, bei den es Ihnen später Leid tun könnte, sie überhaupt benutzt zu haben. Sie nennen sich *Live-Effekte*, weil sie auch nach ihrer Anwendung noch veränderbar sind.

In Kapitel 18 werden die Anwendungen des Bedienfelds *Effekt* detailliert behandelt.

Die *Farbtabellen*-Gruppe

Die *Farbtabellen*-Gruppe enthält alle Bedienfelder, die mit der Farbe Ihrer Grafiken arbeiten. Das sind das Bedienfeld *Farbtabelle*, das Bedienfeld *Farbfelder*, das Bedienfeld *Farbmischer* und das Bedienfeld *Optionen*, wobei Letzteres nicht unmittelbar auf die Farbgebung bezogen ist.

Das Bedienfeld Farbtabelle

Das Bedienfeld *Farbtabelle* enthält alle Farben, die tatsächlich in der aktuellen Grafik angewendet werden. Es funktioniert nur bei Bildern die 256 oder weniger Farben benutzen, so dass es vielleicht nur bei wenigen der Bilder, mit denen Sie arbeiten, nützlich sein wird.

Tipp

Das Bedienfeld *Farbtabelle* braucht manchmal, während des Arbeitsprozesses, auch eine manuelle Aktualisierung. Dies ist eine merkwürdige Einschränkung, denn obwohl das Programm dazu fähig ist, Sie zu benachrichtigen, dass Sie den Befehl *Farbtabelle neu aufbauen* ausführen sollen, kann es den Vorgang jedoch nicht automatisch erledigen.

Wenn Sie Bilder bearbeiten, die bis zu 256 Farben enthalten, können Sie die Farbtabelle verwenden, um eine bestimmte Farbe zu verändern, die Transparenz bestimmen, Farben hinzufügen und entfernen. Abbildung 15.13 zeigt das Beispiel des Bedienfelds *Farbtabelle* für eine Grafik mit 128 Farben. Beachten Sie das kleine Kreuz in einigen der Farbfelder – dieses Symbol bezeichnet HTML-Standardfarben.

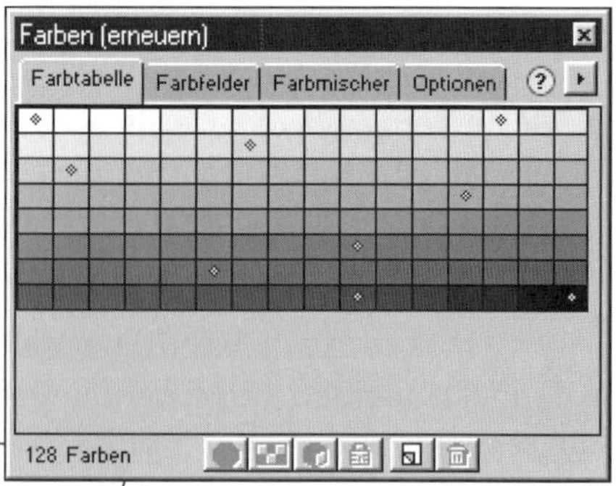

Bedienfeld *Farbtabelle*

Abb. 15.13

Das Bedienfeld Farbfelder

Das Bedienfeld *Farbfelder* zeigt die Farben, die aktuell zur Auswahl stehen. Im Gegensatz zum Bedienfeld *Farbtabelle* zeigt das Bedienfeld *Farbfelder* die ganze Palette möglicher Farben, nicht nur diejenigen, die gerade angewandt werden. Abbildung 15.14 zeigt ein Beispiel des Bedienfelds *Farbfelder*.

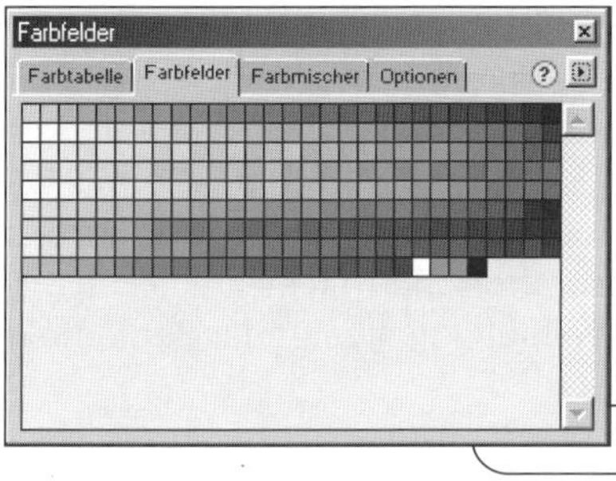

Das Bedienfeld *Farbfelder*

Abb. 15.14

Die aktuellen Einstellungen des Bedienfelds *Farbfelder* bestimmen, welche Farben Ihnen zur Verfügung stehen, wenn Sie ein Popup-Menü eines Farbauswahlfeldes anklicken, z.B., wenn Sie die Standardeinstellung der Pinselstrichfarbe und der Füllfarbe verändern (siehe oben, unter dem Abschnitt *Farbwerkzeuge*). Sie können bei der voreingestellten HTML-Standardfarbpalette bleiben oder die Windows bzw. Macintosh-Systemfarbpalette nutzen oder Grauskala anwenden. Wählen Sie die entsprechende Einstellung aus dem Popup-Menü, das durch Anklicken des Pfeilen direkt unterhalb der X-Schaltfläche des *Farbfelder*-Fensters aktiviert wird.

Sie können benutzerdefinierte Farbpaletten auch aufbauen, indem Sie Farben hinzufügen oder entfernen. Benutzen Sie das Pipettenwerkzeug um Farben aus Bildern aufzunehmen und „tröpfeln" Sie diese Farbe auf das Bedienfeld *Farbfelder*. Die benutzerdefinierte Farbpalette kann zum nochmaligen Gebrauch bei anderen Grafiken auf Diskette gespeichert werden, wie folgt:

- Um eine benutzerdefinierte Farbpalette zu speichern, klicken Sie die Pfeilschaltfläche an und wählen Sie die Option *Farbfelder speichern* aus dem Popup-Menü. Dann erscheint ein Standarddialogfenster *Speichern unter*, in dem Sie sich zum gewünschten Ordner bewegen und die Farbpalette speichern können.

Um eine benutzerdefinierte Farbpalette zu laden, klicken Sie auf die Pfeilschaltfläche und wählen Sie entweder *Farbfelder hinzufügen*, damit die benutzerdefinierte Farbpalette zur bestehenden Farbpalette addiert wird, oder *Farbfelder ersetzen*, damit die bestehende Farbpalette ersetzt wird.

Das Bedienfeld Farbmischer

Das Bedienfeld *Farbmischer* erlaubt Ihnen die Bestimmung des Farbmodells, auf dem Ihre Bilder basieren. Zur Auswahl stehen *RGB* (Rot-Grün-Blau), *Hexadezimal* (entspricht RGB, nur dass es auf Basis 16 statt Basis 10 aufgebaut ist), *CMY* (Zyan-Magenta-Gelb), *HBS* (Farbton, Sättigung und Intensität) oder *Grauskala*. Sie wählen das Farbmodell, indem Sie die Pfeilsymbolschaltfläche anklicken um das Popup-Menü aufzurufen. Abbildung 15.15 zeigt das Bedienfeld *Farbmischer*.

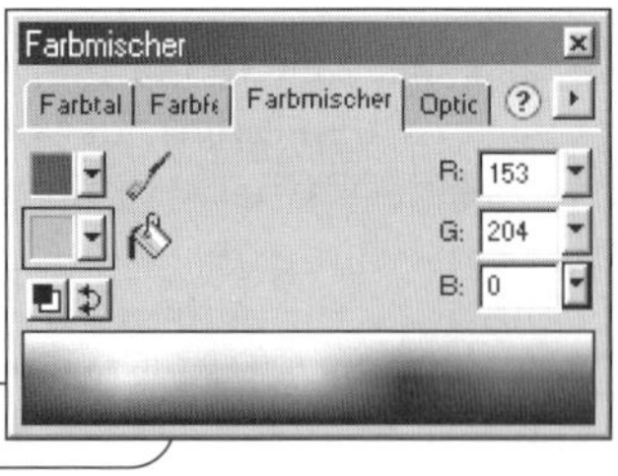

Das Bedienfeld *Farbmischer*

Abb. 15.15

Mit der Farbleiste unten am Bedienfeld können Sie eigene Farben anlegen. Klicken Sie entweder auf das Pinselstrich- oder das *Farbeimer*-Auswahlfeld im Mischerbedienfeld und die ausgewählte Farbe wird entsprechend zugeordnet. Danach können Sie Ihre benutzerdefinierte Farbe der aktuellen Farbfeldpalette zufügen im Bedienfeld *Farbfelder*. Um dies auszuführen, klicken Sie zuerst auf das *Farbfelder*-Register, dann auf ein leeres Feld in der angezeigten *Farbfelder*-Palette.

Das Bedienfeld Optionen

Das Bedienfeld *Optionen* hat nur dann etwas mit der Farbgebung zu tun, wenn Sie es verwenden, um die Optionen eines Farbwerkzeuges zu bestimmen. (Warum dieses Bedienfeld in der *Farbtabellen*-Gruppe landete, ist schleierhaft, aber irgendwo musste es wohl hin.) Die Optionen sind verschieden, je nach aktivierten Werkzeug. Sie können z.B. das Farbeimerwerkzeug so einstellen, dass es das Objekt, das Sie gerade ausfüllen wollen, nicht hervorhebt. Abbildung 15.16 zeigt das Bedienfeld *Optionen*, wenn das Zeigerwerkzeug gewählt wurde.

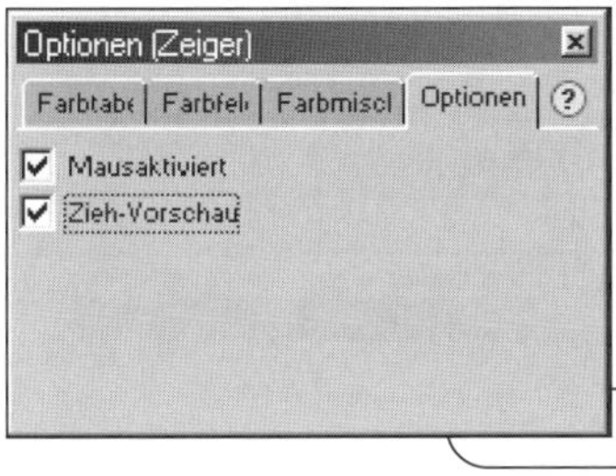

Das Bedienfeld *Optionen* mit Zeiger

Abb. 15.16

Die meisten Anwender mühen sich nicht damit ab, die Funktion der Werkzeuge zu ändern, da der praktische Nutzen einer solchen Änderung umstritten ist. Es ist jedoch generell zu begrüßen, dass diese Option möglich ist.

Die *Ebenen*-Gruppe

Diese Gruppe beinhaltet das Bedienfeld *Ebenen*, das Bedienfeld *Frames*, das Bedienfeld *Verlauf* und das Bedienfeld *Info*. Obwohl das Bedienfeld *Ebenen* bei normalen Standbildgrafiken angewendet wird, ist die Verbindung seiner Funktionen mit denen des Bedienfelds *Frames* besonders wichtig, wenn Animationen kreiert werden sollen. Die Anwendung dieser Bedienfelder wird in Kapitel 19 ausführlich besprochen.

Das Bedienfeld Ebenen

Dieses Bedienfeld macht es möglich, Flächen, auf denen mit Objekten gearbeitet wird, zu bestimmen. Jede verschiedene Fläche, oder Ebene, ist wie ein Transparenzpapierbogen. Davon können mehrere aufeinander gestapelt werden. Objekte, die auf eine Ebene gezeichnet wurden, befinden sich unter oder über Objekten, die auf andere Ebenen gezeichnet wurden, je nach der Position der Ebenen im Stapel.

Wie Abbildung 15.17 zeigt, besteht jede Fireworksgrafik aus mindestens zwei Ebenen, aus der Ebene 1 und der Web-Ebene. Ebene 1 ist einfach die Fläche, auf der Sie Ihre gesamte Arbeit durchführen, wenn Sie keine anderen Ebenen aufbauen. Die Web-Ebene ist ein besonderer Fall. Dort speichert Fireworks Informationen über

Hotspots und Bildsegmente. Da diese Ebene für Programminformationen reserviert ist, können Sie hier keine Änderungen vornehmen.

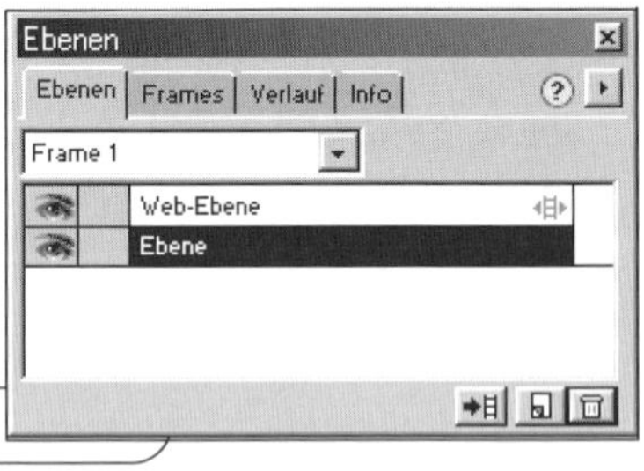

Das Bedienfeld *Ebenen*

Abb. 15.17

Das Bedienfeld Frames

Mit dem Bedienfeld *Frames* werden Animationen kontrolliert. Jedes Frame ist auf einer eigenen Leinwand. Wie die Einzelbilder einer Filmrolle können die Fireworks-Frames jeweils einige Unterschiede in Bezug auf Bewegung, Farbe usw. aufweisen. Wenn jedes Frame nacheinander gezeigt wird, entsteht ein bewegtes Bild bzw. eine Animation.

Im Bedienfeld *Frames* können Sie Frames hinzufügen oder entfernen, die Reihenfolge bestehender Frames ändern und Optionen für Animationsschleifen einstellen. Abbildung 15.18 zeigt das Bedienfeld *Frames*.

Das Bedienfeld *Frames*

Abb. 15.18

Tipp

Ebenen können von Frame zu Frame verschieden sein oder sie können den gleichen Inhalt auf mehrere Frames verteilen.

Das Bedienfeld Verlauf

Das Bedienfeld *Verlauf* von Fireworks funktioniert genauso wie die *Verlauf*-Palette bei Dreamweaver (in Kapitel 1 *Dreamweaver kennen lernen* beschrieben). Wie in Abbildung 15.19 zu sehen ist, zeichnet das Bedienfeld *Verlauf* Ihre Arbeitsschritte in Fireworks auf (es zeigt die Arbeitsschritte, die rückgängig gemacht werden können), so dass Sie diese rückgängig machen oder wiedergeben können. Sie können die vom Bedienfeld *Verlauf* gespeicherten Arbeitsschritte rückgängig machen oder wiederherstellen, ohne die entsprechenden Befehle im Menü oder über die Tastatur aufrufen zu müssen.

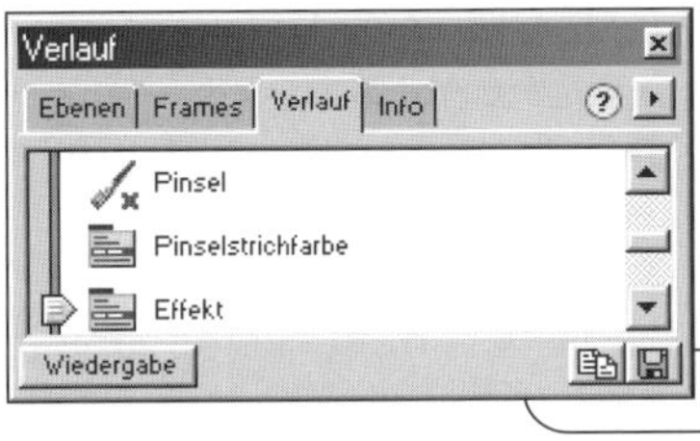

Das Bedienfeld *Verlauf*

Abb. 15.19

Um die letzten Schritte rückgängig zu machen, ziehen Sie einfach den Schiebregler auf der linken Seite des Bedienfeldes die Liste der Arbeitsschritte hinauf. Sobald ein Schritt rückgängig gemacht ist, wird er grau unterlegt.

Um die Arbeitsschritte wiederherzustellen, ziehen Sie den Regler die Liste wieder hinunter. Um ausgewählte Schritte außerhalb der ursprünglichen Reihenfolge wiederherzustellen, verwenden Sie den Rollbalken auf der rechten Seite des Bedienfeldes. Um den gewünschten Arbeitsschritt zu finden, markieren ihn und klicken dann auf die *Wiedergabe*-Schaltfläche.

Tipp

Sie können auch eine Reihe nicht-fortlaufender Arbeitsschritte abspielen. Markieren Sie die gewünschten Schritte, indem Sie sie anklicken, während Sie gleichzeitig die Strg-Taste betätigen, klicken Sie dann auf die *Wiedergabe*-Schaltfläche. Die Schritte werden in der ursprünglichen Reihenfolge wiedergegeben, egal in welcher Reihenfolge die Markierung erfolgte, aber die dazwischen liegenden, nicht-markierten Schritte werden nicht wiedergegeben.

In der Standardeinstellung speichert das Bedienfeld *Verlauf* nur die letzten 20 Schritte (im Gegensatz zu den 500 Schritten, die in der *Verlauf*-Palette von Dreamweaver gespeichert werden). Sie können diese Einstellung im Register *Allgemein* des Dialogfensters *Vorein-*

stellungen (siehe Abbildung 15.2) höher oder niedriger stellen. Rufen Sie *Datei > Voreinstellungen* in der Hauptmenüleiste auf um dieses Dialogfenster zu öffnen und geben Sie dann die Anzahl der Schritte in das Textfeld *Rückgängig-Schritte* ein.

Um den Speicher des Bedienfelds *Verlauf* zu leeren, klicken Sie auf die Pfeilschaltfläche und wählen Sie *Verlauf entfernen* aus dem Popup-Menü. Sie bekommen dann eine Aufforderung den Befehl zu bestätigen. Das Entfernen der Arbeitsschritte aus dem Verlaufspeicher gilt nur für das Dokument oder Frame, das Sie gerade bearbeiten, wenn Sie die Löschung vornehmen.

Das Löschen des Bedienfelds *Verlauf* löscht auch die gespeicherten Arbeitsschritte, die über die Standardsymbolleiste rückgängig gemacht werden können, so dass die letzten Arbeitsschritte definitiv nicht mehr rückgängig gemacht werden können.

Es gibt zwei Möglichkeiten, wie Sie eine bestimmte Reihe von Arbeitsschritten aus dem Bedienfeld *Verlauf* zwecks Wiederverwendung speichern können. Die erste besteht darin, die Arbeitsschritte in die Zwischenablage zu kopieren und sie dann in ein Dokument einzufügen mittels der Schaltfläche *Ausgewählte Verlaufschritte in Zwischenablage kopieren*. Die zweite ist, diese Reihe von Arbeitsschritten dem *Befehle*-Menü der Hauptmenüleiste hinzuzufügen mit der Schaltfläche *Ausgewählte Verlaufschritte in Menü Befehle speichern*. Die Vorgangsweise ist für beide Möglichkeiten ähnlich. Markieren Sie einfach die Arbeitsschritte, die Sie speichern wollen und klicken Sie entweder auf die Schaltfläche *Verlaufschritte kopieren* oder die Schaltfläche *Verlaufschritte speichern* in der unteren rechten Ecke des Bedienfeldes. Falls Sie sich entscheiden, die Arbeitsschritte als Befehl zu speichern, werden Sie aufgefordert in ein Dialogfenster einen Namen für den Befehl einzugeben. Dann klicken Sie auf *OK*, damit der Befehl dem *Befehle*-Menü hinzugefügt wird.

Um kopierte Arbeitsschritte wiederzugeben, wählen Sie *Bearbeiten > Einfügen* aus der Hauptmenüleiste. Um als Befehl gespeicherte Arbeitsschritte wiederzugeben wählen Sie *Befehle* aus der Hauptmenüleiste und klicken Sie auf den Namen des gespeicherten Befehls.

Das Bedienfeld Info

Das Bedienfeld *Info* liefert Informationen über Größe und Lage des markierten Objekts. Es gibt auch Informationen, die abhängig sind von den Aktionen des Mauszeigers.

Wie in Abbildung 15.20 zu sehen, ist dieses Bedienfeld in vier Bereiche unterteilt.

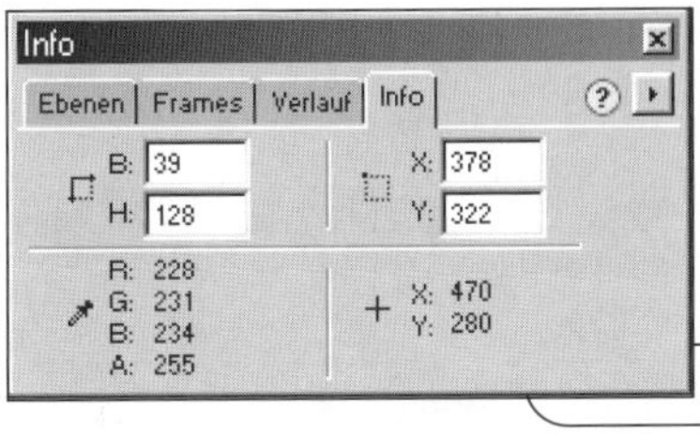

Das Bedienfeld *Info*

Abb. 15.20

- Der Bereich oben links zeigt die Breite und Höhe des markierten Objekts.
- Der Bereich oben rechts zeigt die xy-Koordinaten der oberen linken Ecke des markierten Objekts.
- Der Bereich unten links zeigt die Farbkomponenten Rot, Grün, Blau und Alpha (Transparenz) des Objekts unter dem Mauszeiger.
- Der Bereich unten rechts zeigt die xy-Koordinaten des Mauszeigers.

Die *Verhaltensweisen*-Gruppe

Die Gruppe *Verhaltensweisen* enthält den Verhaltensweiseninspektor, das Bedienfeld *URL*, das Bedienfeld *Stile* und das Bedienfeld *Bibliothek*. Die drei Bedienfelder bieten Möglichkeiten Grafiken verschiedene Arten von Bibliotheksinformationen zuzuordnen.

Der Verhaltensweiseninspektor

Der Verhaltensweiseninspektor funktioniert ähnlich wie der des Dreamweavers (besprochen in Kapitel 14). Er erlaubt Ihnen, Ihren Grafiken Aktionen und Fähigkeiten zuzuordnen.

Eine Unterschied der Fireworksversion des Verhaltensweiseninspektors liegt darin, dass sie eine begrenztere Anzahl JavaScript-Verhaltensweisen bietet, die an ein Objekt gebunden werden können. Hierbei handelt es sich nicht um eine Schwachstelle in Fireworks, sondern um eine praktische Begrenzung, die auf der Tatsache beruht, dass Sie mit Grafiken arbeiten. Die verfügbaren Verhaltensweisen in Fireworks sind *Rollover*, *Bildaustausch*, *Navigationsleisten*, *Text für Statuszeilen*. Abbildung 15.21 zeigt den Verhaltensweiseninspektor mit einem einfachen Rollover und dem zugeordneten *onMouseOver*-Ereignis.

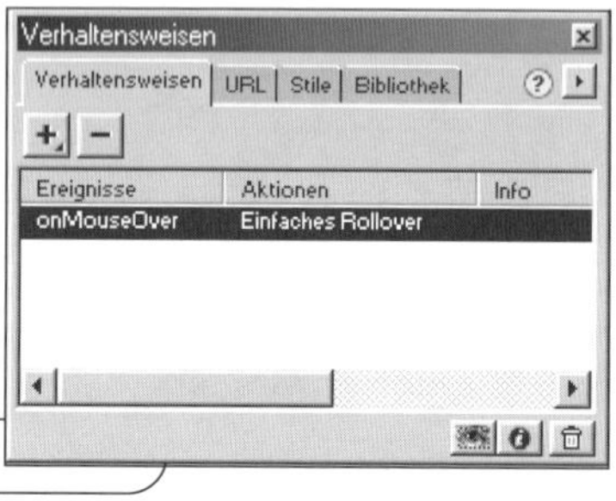

Der Verhaltensweiseninspektor

Abb. 15.21

In Kapitel 19 wird erläutert wie der Verhaltensweiseninspektor benutzt werden kann, um JavaScript-Verhaltensweisen in Ihre Grafiken einzubinden.

Das Bedienfeld URL

Das Bedienfeld *URL* ermöglicht es Ihnen URL-Bibliotheken aufzubauen, damit Sie Objekte mit Ihren Grafiken verlinken können. Sie können die URLs einzeln per Hand eingeben oder sie en masse aus einer bestehenden HTML-Datei oder URL-Bibliotheksdatei importieren. Abbildung 15.22 zeigt ein Beispiel des Bedienfelds *URL* in dem die HTML-Datei *URLs.htm* aufgerufen ist und deren URLs im Listenfenster aufgereiht sind.

Mit diesem Bedienfeld können Sie auch alle in der aktuellen Grafik nicht benötigten URLs aus der Bibliothek entfernen. Klicken Sie auf die Pfeilschaltfläche und wählen Sie die Option *Nicht verwendete URLs löschen* aus dem Popup-Menü.

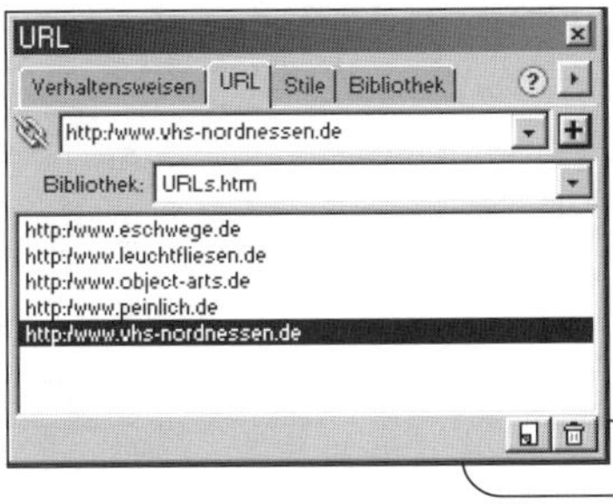

Das *URL*-Bedienfeld

Abb. 15.22

Das Bedienfeld Stile

Das Bedienfeld *Stile* ist eines der coolsten Teile von Fireworks. Wie Abbildung 15.23 zeigt, enthält dieses Bedienfeld eine Reihe vordefinierter Stile, die auf bestehende Objekte angewandt werden können. Dies gewährt Ihnen die Möglichkeit, schnell eine standardisierte Grafikumgebung für Ihre Web-Seiten zu erschaffen. Markieren Sie einfach ein Objekt und klicken Sie dann den Stil an, den Sie anwenden möchten.

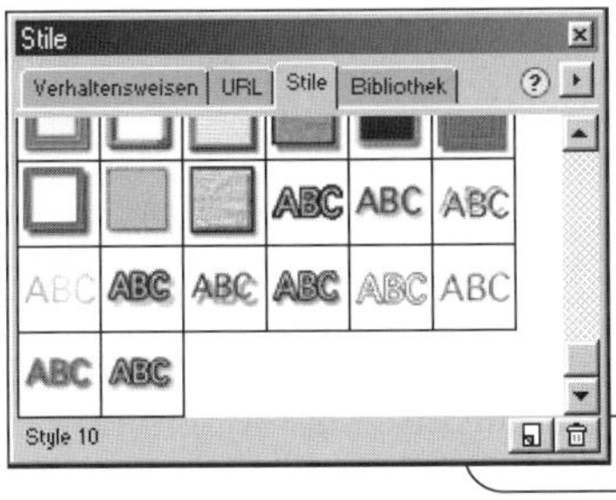

Das *Stile*-Bedienfeld

Abb. 15.23

Sie können auch Ihre eigenen, benutzerdefinierten Stile kreieren. Um einen benutzerdefinierten Stil dem Bedienfeld *Stile* hinzuzufügen, klicken Sie auf die Schaltfläche *Neuer Stil* (die linke der zwei Schaltflächen unten rechts auf dem Bedienfeld *Stile*). Es erscheint dann das Dialogfenster *Neuer Stil*, siehe Abbildung 15.24. Geben Sie Ihrem Stil einen Namen und wählen Sie die gewünschten Eigenschaften des Objekts (desjenigen, auf dem Ihr neuer Stil basiert). Wenn Sie *OK* anklicken, wird Ihr benutzerdefinierter Stil dem Bedienfeld *Stile* hinzugefügt.

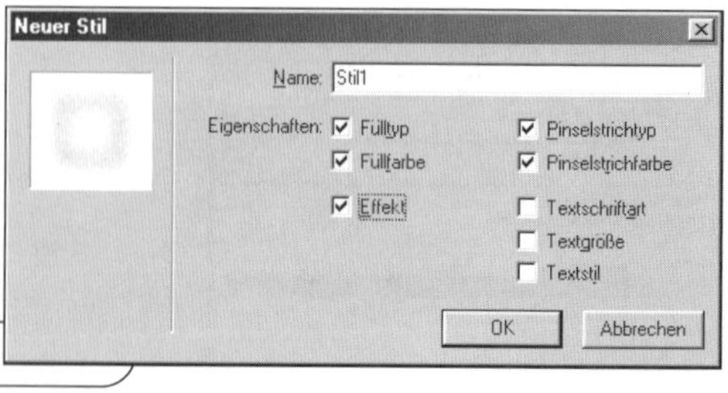

Neuer Stil-Dialogfenster

Abb. 15.24

Um einen benutzerdefinierten Stil für die zukünftige Verwendung zu speichern, klicken Sie auf die Pfeilschaltfläche im Bedienfeld *Stile* und wählen Sie *Stile exportieren* aus dem Popup-Menü. Es erscheint dann das Standarddialogfenster *Speichern unter*, in dem Sie den gewünschten Ordner zum Speichern Ihres benutzerdefinierten Stils ansteuern können.

Das Bedienfeld Bibliothek

Im Bedienfeld *Bibliothek* können Sie ganze Objekte für den späteren Gebrauch speichern, nicht nur ihre Eigenschaften. Das Originalobjekt wird „Symbol" genannt. Symbole können in andere Dokumente als ihre Ursprungsdokumente exportiert und dort verwendet werden.

Jedes Mal wenn ein Symbol in ein Dokument eingefügt wird, macht es eine Kopie von sich selbst, die „Instanz" genannt wird. Wenn das Originalsymbol verändert wird, spiegelt jede Instanz die Veränderungen wider, so dass Sie alle Ihre Kopien schnell aktualisieren können. Fireworks ist flexibel genug, um auch die Möglichkeit zur Auswahl zu stellen, Instanzen freizugeben, was bedeutet, dass sich die Kopie in ein selbstständiges Objekt wandelt, das nicht aktualisiert wird, wenn das Symbol weiter verändert wird.

Abbildung 15.25 zeigt das Beispiel des Bedienfelds *Bibliothek* mit einem Schaltflächensymbol.

In Kapitel 19 wird beschrieben, wie Sie in Fireworks Symbole erschaffen und wiederverwenden können.

Das Bedienfeld *Bibliothek* mit Schaltfläche

Abb. 15.25

Dateiformate

Fireworks kann viele verschiedene Bildformate importieren und exportieren, wie Tabelle 15.4 zeigt. Bilder können auch direkt von TWAIN-kompatiblen Scannern oder von digitalen Kameras importiert werden.

Tabelle 15.7

Fireworks-unterstützte Dateiformate

Dateiformat	importierbar	exportierbar
Stapelverarbeitungs-Skripte	ja	
Corel Draw	ja	
Flash		ja
Freehand	ja	ja
Graphics Interchange Format (GIF)	ja	ja
Illustrator 7		ja
JPEG	ja	ja
Photoshop	ja	
Portable Network Graphics (PNG)	ja	ja
Targa	ja	
Tagged Image File Format (TIFF)	ja	ja
Windows Bitmap	ja	ja

Tipp

CorelDraw-Dateien müssen dekomprimiert sein (*.cdr*), mit Corel Draw 7 oder 8 hergestellt.

Fireworks systemeigenes Dateiformat ist Portable Network Graphics (PNG). Dies ist eins der drei gebräuchlichen Dateiformaten des World Wide Web. Die zwei anderen verbreiteten Dateiformate sind GIF (Graphics Interchange Format) und JPEG (Joint Photographics Experts Group). Hier werden die Vor- und Nachteile dieser gebräuchlichen Dateiformate kurz umrissen. Kapitel 20 liefert detaillierte Informationen über das Ex- und Importieren von Bilddateien.

GIF- und JPEG-Dateiformate

GIF ist der alte Standard, aber beschränkt auf ein Maximum von 256 Farben. GIF-Dateien sind nicht die erste Wahl für Bilder, die subtile Farbunterschiede aufweisen, wie z.B. Portraitfotografien. Das Rastern – der Vorgang, bei dem zwei verschiedenfarbige Pixel nebeneinander platziert werden, so dass dem Auge eine dritte Farbe vorgegaukelt wird – kompensiert diesen Mangel zu einem bestimmten Grad, aber es ist nicht die optimalste Lösung.

Andererseits bieten GIFs eine der am weitest verbreiteten und einfachsten Arten Animationen in Web-Seiten einzubinden, da sie viele Bilder enthalten können, die nacheinander wiedergegeben werden können, wie die Einzelbilder eines Films. GIFs haben auch den ungeheuren Vorteil, dass sie Transparenz unterstützen, d.h. die Fähigkeit, eine Web-Seite durch einen Bildteil hindurch sichtbar zu machen.

Tipp

Animierte GIFs sind meistens die sparsamste und leichteste Möglichkeit Ihren Web-Seiten Animationen hinzuzufügen. Sie werden geschaffen, indem mehrere Bilder in eine einzige GIF-Datei abgelegt werden, wobei die Bilder später als Sequenz wiedergegeben werden. Der Gebrauch animierter GIFs wird in Kapitel 19 besprochen.

JPEG(oder JPG)-Grafiken, im Gegensatz zu GIFs, verwenden Millionen Farben. Sie benutzen eine andere Methode zum Speichern von Grafikinformationen. Diese Methode bewirkt einen gewissen Qualitätsverlust. Deshalb wird JPEG oft als ein verlustreiches Format bezeichnet, GIF als ein verlustfreies. Der Grad des Verlustes kann von Ihnen bestimmt werden, wenn Sie eine JPEG-Datei exportieren. Technisch gesehen, können viele Bilder einen hohen Verlustgrad aushalten, ohne dass dies dem Auge auffallen würde.

Tipp

Mit Fireworks lassen sich auch verlustreiche GIFs herstellen. Dies ist jedoch eine programminterne Funktion und nicht Teil des eigentlichen GIF-Formats.

Der Unterschied zwischen den beiden Formaten ist ziemlich eindeutig. Neben den Farbunterschieden brauchen JPEG-Bilddateien meist bedeutend weniger Speicherplatz als die gleiche Datei im GIF-Format. Dies ist keine absolute Regel – Sie werden sehen, dass manche Bilddateien weniger Platz im GIF-Format einnehmen als im JPEG-Format – aber meistens sind doch die JPEGs platzsparender.

GIFs und JPEGs können so eingestellt werden, dass sie Bilder mit anfänglich minderer Qualität anzeigen. Je vollständiger der Prozess des Herunterladens ist, desto besser wird die Qualität. Bei GIFs heißt dieser Prozess „Interlacing", die Pixelreihen werden abwechselnd ausgefüllt. JPEGs können auf „progressiven Display" eingestellt werden, was ähnliche Effekte hervorruft.

PNG-Dateiformat

Das PNG-Dateiformat wurde als Reaktion auf gewisse rechtliche Verwirrungen entwickelt. GIF-Dateien arbeiten auf Grund der LZW-Komprimiermethode, die Eigentum von Unisys ist. Nachdem das Format beliebt und verbreitet worden war, begann Unisys mit Nachdruck Anspruch auf Lizenzgebühren zu erheben. Dieser Vorgang läuft seit mehreren Jahren und bewegt sich jetzt auch in den Bereich der Webgrafik hinein. Viele Mitglieder der Computergrafikergemeinde wurden dadurch beunruhigt und verärgert, und ihre Reaktion führte zu dem Versuch einen Ersatz für das GIF-Format zu schaffen, das frei von solch rechtlichen Verwicklungen sein sollte.

PNG ist ein verlustfreies Bilddateiformat. Wie das JPEG-Format kann es mit Millionen von Farben umgehen, seine Dateien benötigen jedoch in aller Regel viel mehr Speicherplatz als die von JPEG. PNG unterstützt Transparenz noch besser als GIF. Es kann aber keine Vielfachbilddateien für Animationen bearbeiten.

Tipp

Momentan läuft ein Projekt, in dem ein ähnliches Dateiformat entwickelt werden soll, das jedoch Vielfachbilddateien für Animationen beherrschen wird. Es heißt MNG (Multiple Network Graphics).

Zusammenfassung

In diesem Kapitel wurden das Grundlayout Arbeitsoberfläche von Fireworks und die Werkzeuge, die es zur Verfügung stellt, beschrieben. Zu Beginn wurde Fireworks Hauptmenüleiste, die Standardsymbolleiste, die Modifizierleiste und die Ansichtssteuerungsleiste besprochen.

Dann wurde die Grafikwerkzeugpalette abgehandelt. Diese Schaltflächensammlung auf der linken Seite des Hauptfensters enthält Werkzeuge um Bildausschnitte zu markieren, Formen zu zeichnen, Hotspots hinzuzufügen und die Farbauswahl zu treffen.

Danach lernten Sie das Dokumentfenster kennen, in dem sich die Leinwand befindet. Dieses Fenster enthält die Register *Original*, *Vorschau*, *2fach* und *4fach*. Das Originalregister zeigt die PNG-Version Ihrer Grafik. Das *Vorschau*-Register zeigt eine Vorschau der exportierten Grafik in der aktuellen Einstellung. Das *2fach*-Register zeigt im Prinzip die Ansichten des Original- und *Vorschau*-Registers nebeneinander. Das *4fach*-Register zeigt dieselben beiden Ansichten wie das *2fach*-Register plus zwei weitere Fenster, in denen Sie Ihre Grafik bearbeiten können.

Der letzte Teil über das Fireworkslayout hat gezeigt, wie die Bedienfelder und Inspektoren von Fireworks in vier Gruppen unterteilt sind. Die Gruppe *Optimieren* stellt die Hauptwerkzeuge bereit, mit denen Sie Ihre Grafik bearbeiten können. Die *Farbtabellen*-Gruppe enthält die Bedienfelder mit der Sie die Farbgebung steuern können. Die *Ebenen*-Gruppe erlaubt es, verschiedene Flächen der Objekte zu erstellen. Die *Verhaltensweisen*-Gruppe ermöglicht es Ihnen, Ihren Objekten JavaScript-Verhaltensweisen und Informationsbibliotheken hinzuzufügen.

Der letzte Teil des Kapitels behandelte die von Fireworks unterstützten Grafikdateiformate. Sie lernten, dass Fireworks viele verschiedene Dateiformate zum Im- und Exportieren unterstützt. PNG-, GIF- und JPEG-Dateiformate wurden kurz erläutert.

Im nächsten Kapitel wird erklärt, wie Leinwände aufgebaut werden und wie Sie zeichnen und mit Pfaden arbeiten können.

Leinwände und Pfade erstellen

16

Fireworks-Grafiken werden innerhalb eines „Dokuments“ erstellt, das aus einer Leinwand und den Objekten besteht, die es enthält. Die Linien und Umrisse, die Sie mit Fireworks erstellen, werden *Pfade* genannt. Ein Pfad hat nur zwei Farben: die Strichfarbe und die Füllfarbe. Die Strichfarbe ist die Farbe, in der die Linie gezeichnet wird. Die Füllfarbe ist die Farbe, die das Innere eines Pfads füllt. Pfade können Texturen und Muster sowie Farben enthalten.

In diesem Kapitel lernen Sie, wie Sie Leinwände erstellen und bearbeiten und wie Sie Pfade zeichnen und mit diesen arbeiten. Bevor Sie sich etwas eingehender mit dem Erstellen und Bearbeiten von Bildern auseinander setzen, ist es unerlässlich, dass Sie die unterschiedlichen Bearbeitungsmodi kennen, die Fireworks benutzt. Zunächst einmal wird der Unterschied zwischen der Bearbeitung von Vektorgrafiken und Bitmapgrafiken erläutert.

Die Bearbeitungsmodi von Fireworks

Obwohl die Hauptaufgabe von Fireworks darin besteht, Pixel- oder Bitmapgrafiken zu exportieren, arbeitet Fireworks vor allem mit Vektorgrafiken. (Siehe Kapitel 20, *Bilddateien importieren und exportieren*. Sie finden dort Detailinformationen zum Speichern von Bitmapdateien.)

Bitmapgrafiken vs. Vektorgrafiken

Bei einer Bitmapgrafik lässt sich jeder Bildpunkt (Pixel) einzeln bearbeiten. Aus der Kombination von Farbe und Position aller Pixel einer Bitmapgrafik entsteht ein Bild, das zu erkennen ist. Das Ganze ist so ähnlich, als ob Sie Quadrate eines Millimeterpapiers einfärben.

Vektorgrafiken sind völlig anders als Bitmapgrafiken. Während bei Bitmapgrafiken die exakte Position jedes einzelnen Pixels angegeben wird, arbeiten Vektorgrafiken mit mathematischen Beschreibungen der einzelnen Elemente eines Bildes, wie zum Beispiel der Form und der Länge einer Linie. Glücklicherweise müssen Sie sich nicht mit der mathematischen Beschreibung auseinander setzen oder diese gar verstehen. Sie zeichnen einfach Ihre Linie und das Programm übernimmt die Berechnungen. Fireworks interpretiert die Linie als eine Reihe von Punkten. Die Linie oder Kurve, die diese Punkte miteinander verbindet, wird als Pfad bezeichnet.

Der Hauptvorteil von Vektorgrafiken besteht darin, dass sie beliebig vergrößert werden können und die Kanten dabei immer glatt bleiben. Bei einer Bitmapgrafik bilden sich hingegen Treppchen und die einzelnen Bildpunkte sehen aus wie Farbklötze. Der Grund dafür besteht darin, dass jede Größenveränderung auch eine Veränderung der Anzahl der Pixel eines Bildes erforderlich macht. Die Vergrößerung einer Bitmapgrafik entspricht dem Dehnen einer Stücks Stoff – es entstehen größere Zwischenräume zwischen den Fasern bzw. den Bildpunkten, die ausgefüllt werden müssen, wenn die Vergrößerung tatsächlich so aussehen soll wie das Original. Leider funktioniert das Einfügen von Pixeln zwischen bereits vorhandenen nicht sehr gut.

Wenn Sie hingegen Vektorgrafiken vergrößern, berechnet das Programm lediglich die Abmessungen neu, mit dem Ergebnis, dass es keinerlei Qualitätsverluste gibt. Das vergrößerte Bild sieht genauso gut aus wie das Original, egal, ob Sie es Dutzende oder Hunderte von Malen vergrößern. Eine Bitmapgrafik wäre bei diesen Vergrößerungsfaktoren einfach nicht mehr zu erkennen. Abbildung 16.1 zeigt Ihnen eine vergrößerte Bitmap- und eine vergrößerte Vektorgrafik.

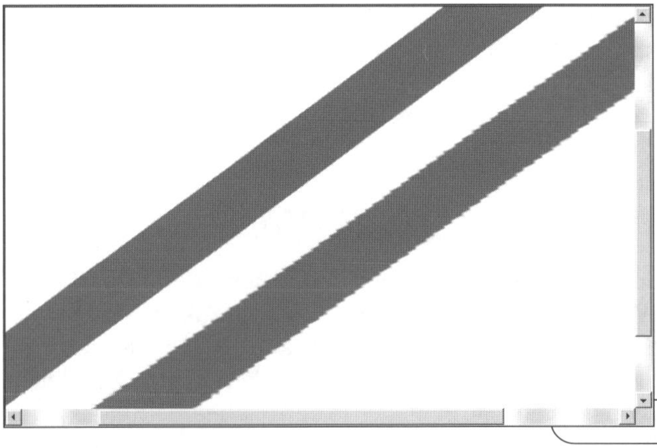

Eine vergrößerte Vektorgrafik (oben) und eine vergrößerte Bitmapgrafik (unten)

Abb. 16.1

Dadurch, dass Fireworks mit Vektorgrafiken arbeitet, haben Sie den Vorteil, dass Sie Webgrafiken in höchster Qualität anfertigen und vergrößern können. Wenn Sie fertig sind, können Sie Ihre Arbeit in ein Bitmapformat exportieren, mit dem Webbrowser umgehen können.

Objektmodus vs. Bildbearbeitungsmodus

Der Standardmodus, in dem Fireworks arbeitet, ist der Objektmodus. Im Objektmodus arbeiten Sie mit Vektorgrafiken und die Objekte, die Sie erstellen, sind Pfade in den unterschiedlichsten Formen.

Wenn Sie eine Bitmapgrafik öffnen statt mit Fireworks ein neues Dokument anzulegen, wechseln Sie automatisch in den Bildbearbeitungsmodus. Für Sie bedeutet dies einfach, dass Sie mit Bitmaps statt mit Pfaden arbeiten.

Tipp

Der Bildbearbeitungsmodus wird auch für die Bearbeitung von Bitmapgrafiken verwendet, die in ein Fireworks-Dokument mit dem Menübefehl *Einfügen > Bild* eingefügt wurden.

Grenzen des Bildbearbeitungsmodus

Sie können mit Fireworks ausschließlich im Bildbearbeitungsmodus arbeiten, berauben sich dabei aber vieler Möglichkeiten, die das Programm Ihnen bietet. Einige Werkzeuge, wie zum Beispiel das Textwerkzeug, funktionieren im Bildbearbeitungsmodus nicht. Andere Werkzeuge arbeiten zwar in beiden Modi, bieten Ihnen aber im Objektmodus viel mehr Möglichkeiten. Das Pinsel-Werkzeug arbeitet zum Beispiel in beiden Modi, wenn Sie es aber im Objektmodus zum Anlegen von Pfaden benutzen, statt im Bildbearbeitungsmodus lediglich farbige Pixel auf dem Bildschirm zu verteilen, können Sie später die Pfadeigenschaften ganz einfach ändern. Wenn Sie hingegen nachträglich etwas ändern möchten, das Sie im Bildbearbeitungsmodus gemalt haben, ist dies äußerst problematisch und endet in aller Regel damit, dass Sie die gesamte Arbeit ausradieren und wieder von vorn anfangen.

Der große Vorteil der Pfade ist, dass es sich um separate Objekte handelt. Wenn Sie zum Beispiel eine Bitmapgrafik in eine vorhandene Fireworks-Grafik importieren und dann im Objektmodus eine Linie darüber zeichnen, können Sie diese Linie beliebig verschieben und bearbeiten. Wenn Sie hingegen in den Bildbearbeitungsmodus wechseln, wird diese Linie direkt und unverrückbar in das Bild hineingesetzt.

Bildbearbeitungsmodus einschalten

Wenn Sie auf die Vorteile des Objektmodus verzichten möchten, können Sie dies tun. Sie brauchen dafür nur eines der Bildbearbeitungs-Auswahlwerkzeuge zu benutzen. Bei Fireworks gibt es insgesamt fünf Bildbearbeitungs-Auswahlwerkzeuge:

Rechteckiger Auswahlrahmen: Wird zum Markieren eines rechteckigen Auswahlbereichs verwendet. Wenn Sie während des Ziehens des Auswahlrahmens die ⇧-Taste drücken, wird ein quadratischer Bereich ausgewählt.

Ellipsenförmiger Auswahlrahmen: Wird zum Markieren eines ovalen Auswahlbereichs verwendet. Wenn Sie während des Ziehens des Auswahlrahmens die ⇧-Taste drücken, wird ein kreisförmiger Bereich ausgewählt.

Lasso: Wird zum Markieren eines freihändigen Auswahlbereichs benutzt.

Polygones Lasso: Entspricht dem Lassowerkzeug, kann aber nur zur Markierung in einer Freihandform aus geraden Linien verwendet werden.

Zauberstab: Wählt automatisch einen Bereich in gleicher Farbe aus.

Wenn Sie die Bildbearbeitungsauswahlwerkzeuge bei einer normalen Fireworks-Grafik auf ein importiertes Bild anwenden, gilt der Bildbearbeitungsmodus für die gesamte Leinwand. Um in den Objektmodus zurückzukehren müssen Sie auf das *rote Stoppsymbol* in der Statusleiste klicken.

Mit Leinwänden arbeiten

Bevor Sie ein neues Bild anfertigen können, benötigen Sie eine leere Leinwand. Anders als andere Bildbearbeitungsprogramme zeigt Ihnen Fireworks nach dem Programmstart keine Standardleinwand. Sie müssen zuerst eine Leinwand als neues Dokument anlegen. Nachdem Sie eine Leinwand geöffnet haben, können Sie diese verändern, um sie Ihrem Arbeitsvorhaben besser anzupassen.

Tipp

Die Werkzeugleiste wird erst aktiviert, wenn Sie eine Leinwand angelegt haben.

Eine Leinwand anlegen

Um eine Leinwand anzulegen, müssen Sie folgende Schritte ausführen:

1. Klicken Sie in der Standardsymbolleiste auf das Symbol *Neu* (oder wählen Sie den Menübefehl *Datei > Neu*). Auf Ihrem Bildschirm erscheint das Dialogfenster *Neues Dokument*, das Ihnen die aktuellen Leinwandeinstellungen zeigt (vgl. Abbildung 16.2).

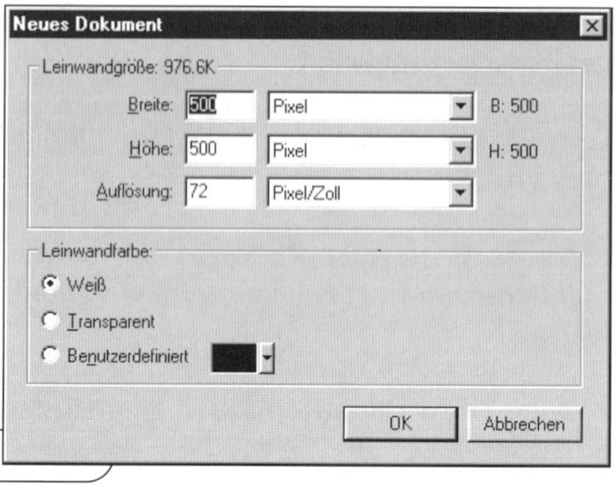

Anlegen einer neuen Leinwand

Abb. 16.2

2. Wenn Sie die Standardeinstellungen ändern möchten, geben Sie die gewünschten Abmessungen in den Textfeldern *Breite* und *Höhe* ein.

Tipp

Im oberen Teil des Dialogfensters wird Ihnen die Dateigröße der Grafik angezeigt. Die Angaben über die Höhe und Breite der Leinwand werden zusätzlich noch einmal rechts neben den Textfeldern *Höhe* und *Breite* wiederholt.

3. Wenn Sie die Standardmaßeinheit von Pixel auf Zoll oder Zentimeter ändern möchten, wählen Sie den entsprechenden Eintrag im Dropdown-Listenfeld, das sich rechts vom Textfeld *Breite* bzw. *Höhe* befindet.

4. Wenn Sie die Standard-VGA-Auflösung von 72 Pixel/Zoll ändern möchten, geben Sie im Textfeld *Auflösung* einen neuen Wert ein.

5. Wenn Sie die Standardmaßeinheit der Auflösung von Pixel/Zoll auf Pixel/cm ändern möchten, wählen Sie im Dropdown-Listenfeld, das sich rechts neben dem Textfeld *Auflösung* befindet, den Eintrag *Pixel/cm*.

6 Klicken Sie im Bereich *Leinwandfarbe* auf eines der Kontrollfelder *Weiß*, *Transparent* oder *Benutzerdefiniert* (die Standardleinwandfarbe ist Weiß). Wenn Sie *Benutzerdefiniert* wählen, um eine eigene Farbwahl zu treffen, klicken Sie entweder auf das *Farbfeld*, um das Dialogfenster *Farbe* erscheinen zu lassen, oder auf die Schaltfläche mit dem nach unten weisenden *Dreieck*, um das Popup-Menü aufzurufen, das Ihnen die aktuelle *Fireworks-Farbpalette* zeigt, die Sie unten sehen. (In Kapitel 15 *Fireworks kennen lernen* finden Sie weitere Informationen über die Farbpaletten von Fireworks.)

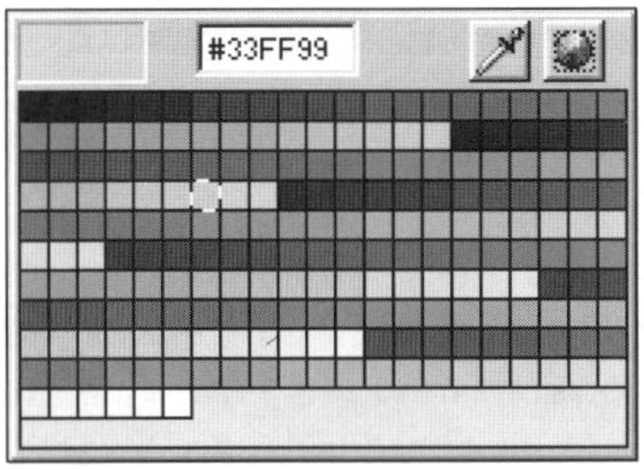

7 Klicken Sie auf die *OK-Schaltfläche*, um Ihre Einstellungen abzuschließen.

Das neue Dokument erscheint mit den angegebenen Leinwandeinstellungen auf der Arbeitsfläche von Fireworks (siehe Abbildung 16.3)

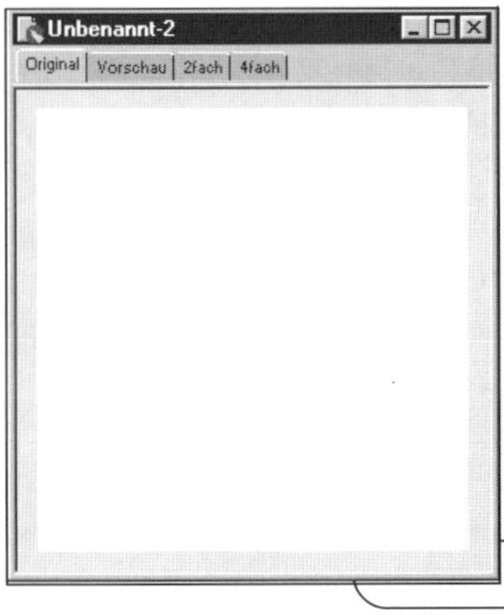

Ein neues Fireworks-Dokument (Leinwand)

Abb. 16.3

Tipp

Wenn Sie Fireworks schließen, schreibt es die aktuellen Einstellungen in die Datei *Fireworks 3 Preferences.txt*. Bei einer typischen Windows-Installation befindet sich diese Datei im Ordner *C:\Programme\Macromedia\Fireworks 3*. Die Leinwandgröße ist in der Zeile angegeben, die den Eintrag `(Default-DocSize) (500 500)` enthält. Der erste Wert gibt die Breite, der zweite Wert die Höhe an.

Zwischenablage und Standardleinwandgröße

Bei Fireworks beträgt die Standardleinwandgröße 500 x 500 Pixel. Es mag fast unglaublich erscheinen, aber es gibt tatsächlich keine Möglichkeit, diese Standardeinstellung auf Dauer zu ändern. Die Einstellungen, die Sie für Ihre erste Leinwand eingegeben haben, werden allerdings für die nächste Leinwand, die Sie anlegen, übernommen und Fireworks speichert sie, wenn Sie das Programm herunter fahren.

Dies wäre normalerweise eine durchaus akzeptable Alternative zu einer regelrechten Eigenschaften-Einstellung, wenn da nicht noch eine andere Funktion von Fireworks aktiv wäre. Ein unglaublich nervender Faktor beim Anlegen eines neuen Dokuments mit Fireworks ist eine „Funktion“, die automatisch die Abmessungen der Leinwand der Größe eines Bildes anpasst, das sich in der *Zwischenablage* befindet. Da es sich bei der *Zwischenablage* um eine Funktion des Betriebssystems handelt, die nicht Teil von Fireworks ist, bedeutet dies, dass jedes Bild, das Sie in einem anderen Programm kopieren oder ausschneiden, Auswirkungen auf die Funktionsweise von Fireworks hat.

Unglücklicherweise bedeutet dies auch, dass Sie jedes Mal, wenn Sie während Ihrer Arbeit mit Fireworks etwas kopieren oder ausschneiden, die Standardleinwandgröße ändern. Wenn Sie zum Beispiel einen ovalen Pfad in der Größe 110 x 95 Pixel in die Zwischenablage kopieren, ist dies exakt die Größe Ihrer nächsten Leinwand, wie die folgende Abbildung zeigt.

Sie haben keine Möglichkeit, dies zu verhindern. Sie müssen dann im Dialogfenster *Neues Dokument* die tatsächlich gewünschten Abmessungen eingeben, wenn Sie die Leinwand anlegen oder die Leinwandgröße nachträglich ändern.

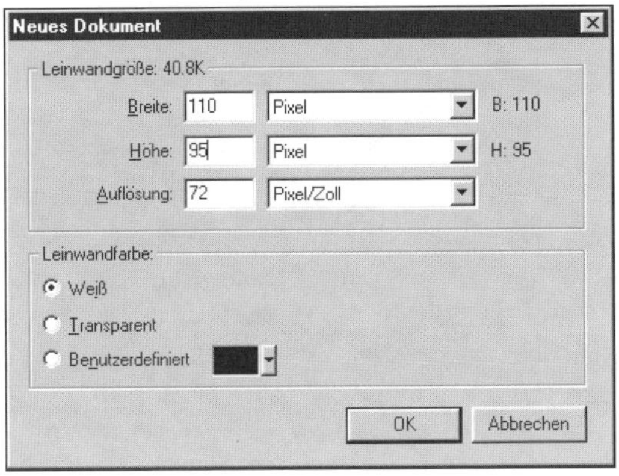

Leinwände modifizieren

Das *Modifizieren*-Menü der Standardsymbolleiste enthält mehrere Optionen, mit deren Hilfe Sie eine Leinwand nachträglich verändern können. Sie können die Leinwandfarbe und die Leinwandgröße ändern und die Leinwand drehen.

Tipp

Wenn eine Leinwand zu groß für die Elemente ist, die sich auf ihr befinden, können Sie sie mit dem Menübefehl *Modifizieren > Leinwand zuschneiden* verkleinern.

Leinwandgröße ändern

Sie können eine Leinwand nachträglich vergrößern oder verkleinern. Die Änderung der Leinwandgröße erfolgt normalerweise gleichmäßig: Wenn Sie Breite einer Leinwand um 100 Pixel erhöhen, werden rechts und links je 50 Pixel hinzugefügt. Mit Hilfe von Verankerungen können Sie jedoch einzelne Seiten gezielt vergrößern oder verkleinern.

Um die Leinwandgröße zu ändern, öffnen Sie in der Standardsymbolleiste das Menü *Modifizieren* und wählen dort die Option *Leinwandgröße*. Auf Ihrem Bildschirm erscheint dann das Dialogfenster *Leinwandgröße*, das Sie in Abbildung 16.4 sehen. Geben Sie neue Werte für die Höhe und Breite der Leinwand ein. Die aktuelle Größe wird Ihnen im unteren Bereich des Dialogfensters angezeigt.

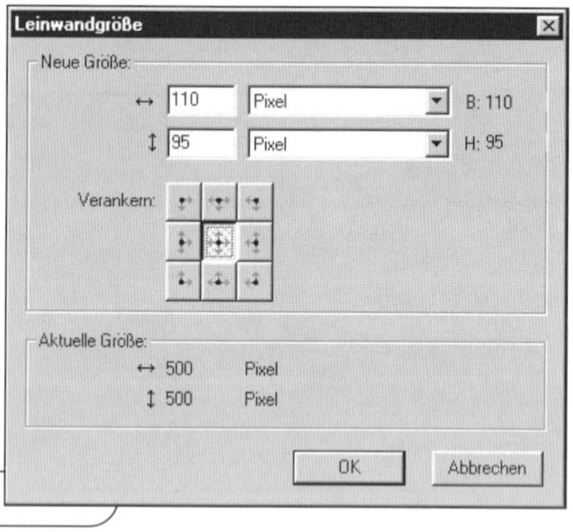

Das Dialogfenster *Leinwandgröße*

Abb. 16.4

Mit Hilfe der Verankerungssymbole können Sie bestimmte Teile Ihrer Leinwand fixieren. Standardmäßig ist das *zentrale Verankerungssymbol* aktiviert, d.h., die Leinwand wird gleichmäßig vergrößert. Wenn Sie ein anderes Verankerungssymbol anklicken, legen Sie fest, dass dieser Bereich Ihrer Leinwand nicht vergrößert wird. Mit einem Klick auf das *mittlere Verankerungssymbol* der unteren Reihe, bestimmen Sie, das alle anderen Bereiche außer dem unteren Bereich Ihrer Leinwand vergrößert werden.

Leinwandfarbe ändern

Wie bereits zu Beginn dieses Kapitels erwähnt, ist Weiß die Standardfarbe Ihrer Leinwand. Wenn Sie in der Standardsymbolleiste den Menübefehl *Modifizieren > Leinwandfarbe* wählen, können Sie die Leinwandfarbe ändern. Auf Ihrem Bildschirm erscheint dann das Dialogfenster *Leinwandfarbe*, das Ihnen die gleichen Farboptionen wie beim Anlegen einer neuen Leinwand bietet (siehe Abbildung 16.5).

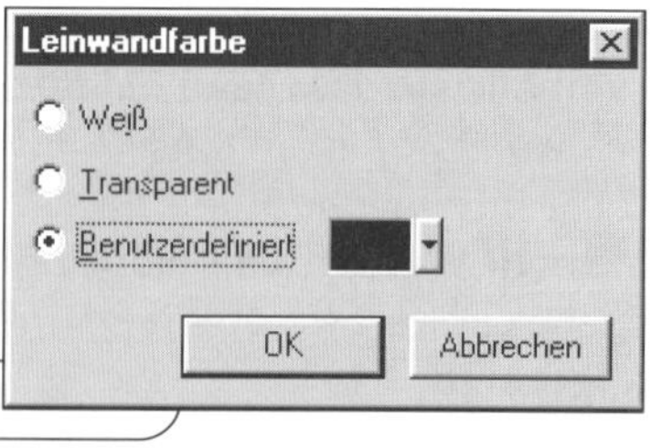

Das Dialogfenster *Leinwandfarbe*

Abb. 16.5

Leinwand drehen

Wenn Sie Ihre Leinwand in einem anderen Winkel auf dem Bildschirm dargestellt haben möchten, so können Sie sie drehen. Wenn Sie in der Standardsymbolleiste den Menübefehl *Modifizieren > Leinwand drehen* wählen, wird Ihnen das folgende Untermenü angezeigt.

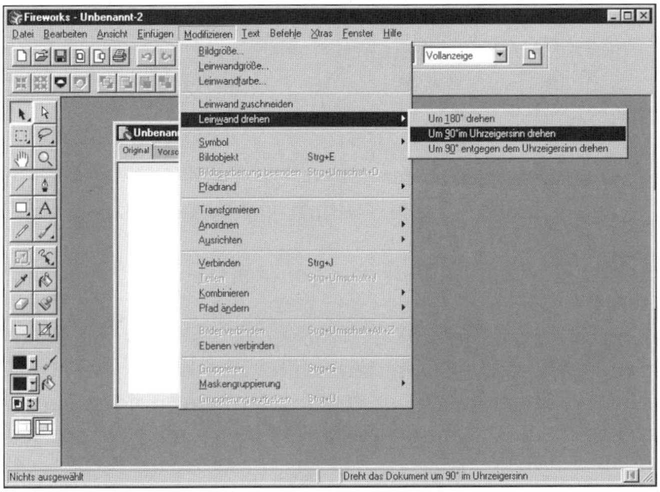

Sie können Ihre Leinwand um 180°, um 90° im Uhrzeigersinn oder um 90° gegen die Uhrzeigersinn drehen.

Tipp

Sie können auch Objekte auf einer Leinwand mit Hilfe der *Drehen*-Schaltflächen der Symbolleiste *Modifizieren* drehen (siehe Abschnitt *Die Symbolleiste modifizieren* in Kapitel 15 *Fireworks kennen lernen*). Wenn es nur ein Objekt gibt, sollten Sie ohnehin nur dieses Objekt und nicht die gesamte Leinwand drehen.

Mit Pfaden arbeiten

Es gibt mehrere unterschiedliche Pfadobjekte, die Sie mit Fireworks erstellen können, jedes hat ein eigenes Symbol in der Werkzeugleiste. Auf den ersten Blick scheinen einige dieser Werkzeuge praktisch identisch zu sein. Die Werkzeuge *Linie*, *Schreibstift*, *Bleistift* und *Pinsel* beispielsweise scheinen das Gleiche zu tun, jedes Werkzeug hat aber seine Eigenheiten. In diesem Kapitel betrachten Sie den *Bleistift* und den *Pinsel*. Die anderen Zeichenwerkzeuge werden in Kapitel 17, *Mit Zeichenwerkzeugen arbeiten*, behandelt.

Offene und geschlossene Pfade zeichnen

Sie können zwei Arten von Pfaden erstellen, offene und geschlossene Pfade:

- Ein *offener* Pfad ist einfach eine Linie, ein Bogen oder eine ähnliche Figur, die zwei Enden hat, die nicht miteinander verbunden sind.
- Ein *geschlossener* Pfad ist ein Objekt wie ein Rechteck, ein Kreis oder ein Polygon – eine in sich geschlossene Form.

Wenn Sie das *Vergrößern*-Werkzeug benutzen, um ein Pfadobjekt zu vergrößern, sehen Sie, dass es genau wie eine Bitmapgrafik aus einzelnen Pixeln besteht. Natürlich muss das so sein, da ja schließlich alles, was auf einem Computermonitor zu sehen ist, aus Pixeln besteht (außer Fingerabdrücken, Putzstreifen, Staub und vereinzelten Kaffeeflecken). Abbildung 16.6 zeigt einen vergrößerten Pfad (eine Linie).

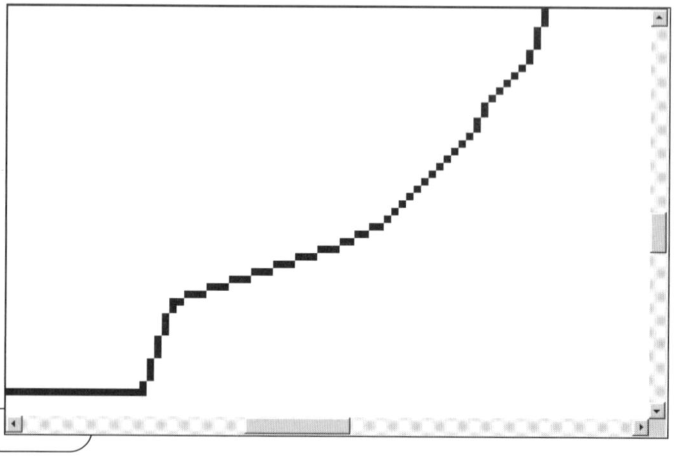

Die Vergrößerung zeigt die Pixel eines Pfades

Abb. 16.6

Anders als bei den Pixeln einer Bitmapgrafik jedoch lassen sich die Pixel eines Pfades nicht einzeln bearbeiten. So kann zum Beispiel die Farbe eines einzelnen Pixels nicht verändert werden. Ein Pfad hat nur zwei Farben: die *Strichfarbe* und die *Füllfarbe*. Die *Strichfarbe* ist die Farbe, in der die Linie gezeichnet wird. Die *Füllfarbe* ist die Farbe, die das Innere eines Pfads füllt.

Ein Pfad muss nicht geschlossen sein, um gefüllt werden zu können. Ein Bogen ist zum Beispiel ein offener Pfad, hat jedoch einen inneren Bereich, der eine Füllfarbe aufnehmen kann. Abbildung 16.7 zeigt sowohl offene als auch geschlossene Pfade mit gefüllten Bereichen.

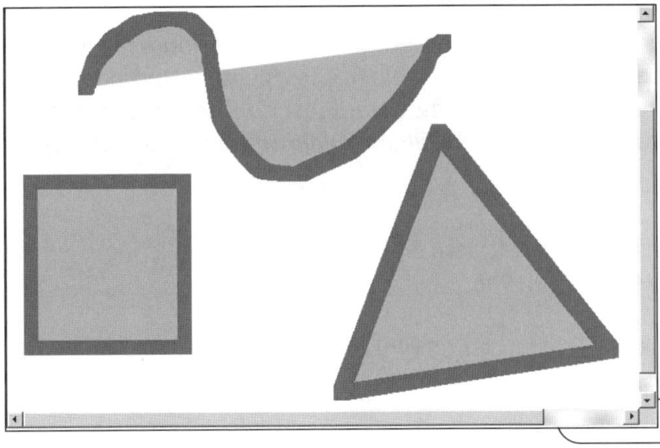

Offene und geschlossene Pfade mit gefüllten Bereichen

Abb. 16.7

Mit den Werkzeugen *Bleistift* und *Pinsel* arbeiten

Die Werkzeuge *Bleistift* und *Pinsel* sind sich ähnlich. Mit beiden zeichnen Sie Freihandlinien auf der Leinwand. Der Unterschied besteht darin, dass der *Bleistift* eine Linie zeichnet, die nur 1 Pixel breit ist. Der *Pinsel* bietet dagegen nicht unterschiedliche Breiten, sondern auch eine ganze Reihe von anderen Möglichkeiten, die das Aussehen der gezeichneten Linie betreffen. Abbildung 16.8 zeigt unterschiedliche Bleistift- und Pinsellinien.

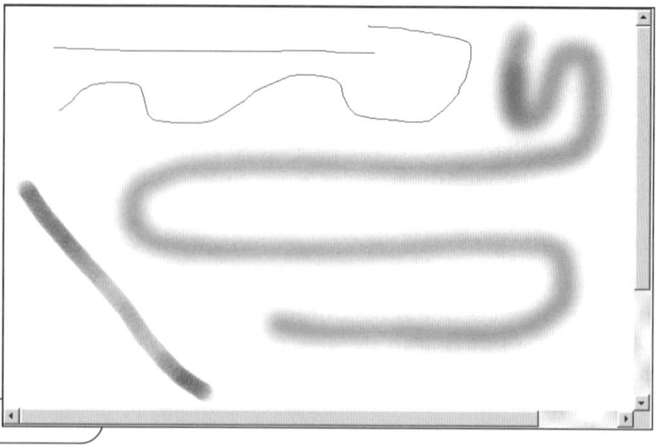

Die beiden oberen Linien wurden mit dem Bleistift, die beiden unteren mit dem Pinsel gezeichnet

Abb. 16.8

Ein Pfad, der mit dem *Bleistift* gezeichnet wurde, muss nicht unbedingt eine 1-Pixel-breite Linie bleiben. Die Eigenschaften jedes Pfads können nachträglich geändert werden. Einzelheiten dazu finden Sie im Abschnitt *Strich und Füllung ändern* weiter unten in diesem Kapitel.

Um Freihandlinien mit dem *Bleistiftwerkzeug* zu zeichnen, gehen Sie folgendermaßen vor:

1. Klicken Sie in der Werkzeugleiste auf das *Bleistiftwerkzeug*.
2. Führen Sie den Mauszeiger auf die Leinwand.
3. Drücken Sie die linke Maustaste und halten Sie diese gedrückt.
4. Bewegen Sie den Mauszeiger über die Leinwand.
5. Lassen Sie die Maustaste los, um den Pfad abzuschließen.

Die Schritte für die Benutzung des *Pinselwerkzeugs* sind die gleichen, außer dass Sie vorher einen *Pinselstrich* auswählen müssen:

1. Klicken Sie in der Werkzeugleiste auf das *Pinselwerkzeug*.
2. Klicken Sie in der Standardsymbolleiste auf das *Pinselstrichsymbol*, um das *Pinselstrichregister* zu öffnen.

3 Im *Pinselstrichregister* ist der *Pinselstrich Bleistift* voreingestellt, wie Abbildung 16.9 zeigt. Wenn Sie den *Pinselstrich* nicht ändern, erzeugt das Pinselwerkzeug Pfade, die exakt denen gleichen, die Sie mit dem Bleistiftwerkzeug erzeugen. Öffnen Sie das Dropdown-Listenfeld mit einem Klick auf die Schaltfläche mit dem nach unten weisenden *Dreieck* und wählen Sie den Eintrag *Einfach*, um zu einem normalen *Pinselstrich* zu wechseln.

Ein Pfad, dessen *Pinselstrich* auf *Keine* eingestellt wird, ist unsichtbar.

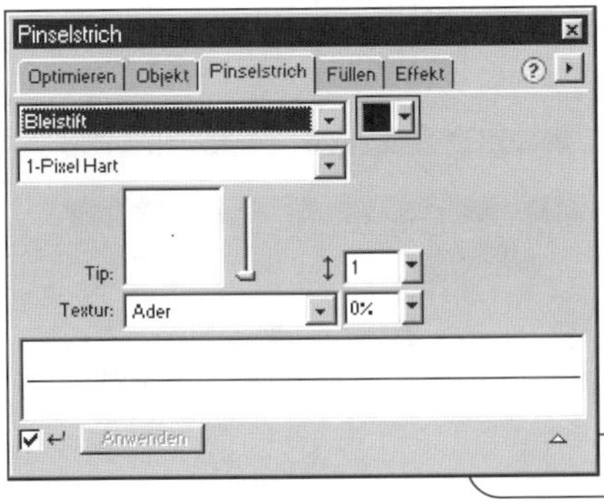

Das Pinselstrichregister mit den Einstellungen für das Bleistiftwerkzeug

Abb. 16.9

4 Führen Sie den Mauszeiger auf die Leinwand.

5 Drücken Sie die linke Maustaste und halten Sie diese gedrückt.

6 Bewegen Sie den Mauszeiger über die Leinwand.

7 Lassen Sie die Maustaste los, um den Pfad abzuschließen.

Nehmen Sie sich Zeit und experimentieren Sie mit Freihandpfaden, die Sie mit dem *Bleistift*- und dem *Pinselwerkzeug* zeichnen, bis Sie sich mit den Techniken vertraut gemacht haben (Sie sollten ruhig mehrere neue Leinwände anlegen, damit Sie genügend Praxis bekommen). Sie sollten sich dabei nicht auf einfache Linien beschränken. Legen Sie los und zeichnen Sie Ringe, Krümmungen, Ausbuchtungen, Vertiefungen, Hügel, Bögen, Kurven – lassen Sie Ihrer Phantasie freien Raum.

Mit den *Bleistift*- und *Pinselwerkzeugen* können Sie nur eine Strichlinie zeichnen. Die Füllung fügen Sie hinzu, nachdem Sie das Objekt gezeichnet haben. Wie dies funktioniert, wird Ihnen im folgenden Abschnitt gezeigt.

Pinselstrich und *Füllung* auswählen

Zusammen mit den *Pinselstrichen Bleistift* und *Einfach* bietet Ihnen Fireworks viele andere Pinselstrichmöglichkeiten. Die Wahl des *Pinselstrichs* hat eine direkte Auswirkung auf das Aussehen Ihrer Grafik. Abbildung 16.10 zeigt Ihnen gleiche Pfade, die mit unterschiedlichen Pinselstricheinstellungen erstellt wurden.

Pfadobjekte mit unterschiedlichen Pinselstricheinstellungen

Abb. 16.10

Gleiches gilt für die Fülleigenschaften. Sie haben bisher noch keine Füllungen gesehen, da die Werkzeuge *Bleistift* und *Pinsel* diese nicht automatisch hinzufügen, wenn Sie einen Pfad zeichnen. Wenn Sie jedoch eines der Umrisswerkzeuge (wie zum Beispiel das *Rechteckwerkzeug*) benutzen, um einen geschlossenen Pfad zu erzeugen, wird dieser Umriss per Voreinstellung gefüllt. Wenn Sie einen offenen oder geschlossenen Pfad gezeichnet haben, können Sie dessen Fülleigenschaften bestimmen und ändern. Abbildung 16.11 zeigt einige Pfade mit unterschiedlichen Füllungen.

! Wenn Sie von einem Umrisswerkzeug zu einem der Werkzeuge wechseln, die offene Pfade erzeugen, wie zum Beispiel der *Bleistift*, werden die Fülleigenschaften automatisch auf *Keine* gesetzt. (Solange Sie mit einem Umrisswerkzeug arbeiten, bleiben die Fülleigenschaften erhalten.)

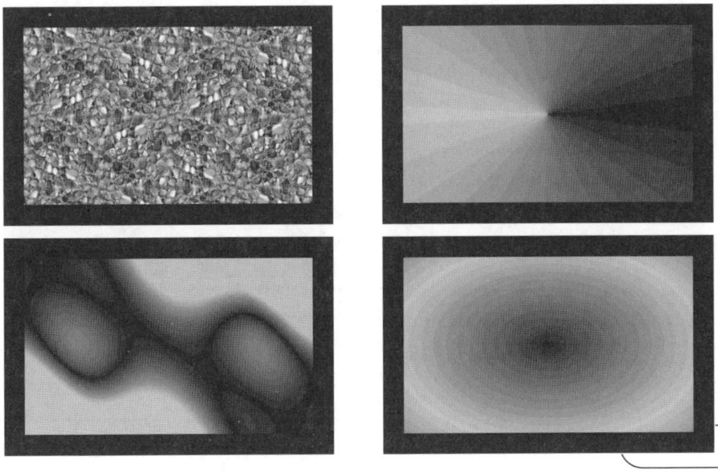

Pfadobjekte mit unterschiedlichen Füllungen

Abb. 16.11

Pinselstrich- und Fülleinstellungen auf Objekte anwenden

Wenn Sie die *Pinselstrich-* und *Fülleinstellungen* verändern, haben Sie die Möglichkeit, diese auf bereits vorhandene Objekte anzuwenden. Wenn Sie dies tun möchten, wählen Sie einfach das Objekt (oder die Objekte), das Sie verändern möchten an, bevor Sie die Einstellungen verändern. Sie haben aber auch die Möglichkeit, die *Pinselstrich-* und *Fülleinstellungen* festzulegen, bevor Sie ein neues Objekt erzeugen. Ist kein Objekt ausgewählt, beziehen sich die neuen Einstellungen auf den nächsten Pfad, den Sie erzeugen.

Manchmal kann es passieren, dass Sie die *Füllung* oder den *Pinselstrich* für ein neues Objekt einstellen möchten, damit tatsächlich aber ein Objekt verändern, das Sie bereits gezeichnet haben. Dies liegt daran, dass man leicht vergisst, dass etwas ausgewählt ist. Es gibt zwei Möglichkeiten, diesen Fehler zu verhindern:

- Klicken Sie zunächst auf das Auswahlwerkzeug und dann in einen freien Bereich der Leinwand. Dadurch werden alle ausgewählten Objekte abgewählt.

- Deaktivieren Sie die Option *Automatisch anwenden* im *Pinselstrich-* und/oder *Füllenregister*. Klicken Sie dazu auf die Schaltfläche mit dem nach rechts weisenden *Dreieck*, die sich in der oberen rechten Ecke des *Pinselstrich-* bzw. *Füllenregisters* befindet. Es erscheint ein Auswahlmenü, das unter anderem die Option *Autom. anwenden* zeigt, wie auf der folgenden Abbildung zu sehen ist. Klicken Sie auf diese Option, um das davor befindliche Häkchen zu entfernen.

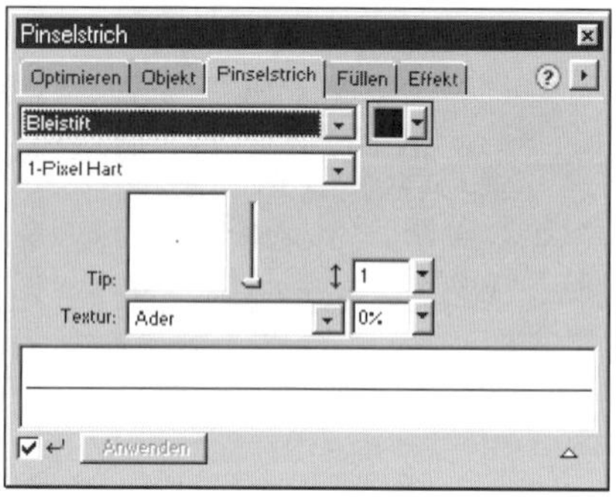

Achten Sie darauf, dass kein Pfad ausgewählt ist, wenn Ihre *Pinselstrich-* und *Fülleinstellung* für ein neues Pfadobjekt gelten sollen

Pinselstricheinstellungen verändern

Mit Hilfe des *Pinselstrichregisters* können Sie die Einstellungen für die *Pinselstrichkategorie*, die *Pinselspitze* (tip), die *Pinselfarbe* und die *Pinseltextur* auswählen. Wenn Sie die Einstellungen auf ein bereits vorhandenes Objekt anwenden möchten, müssen Sie den betreffenden Pfad auswählen, bevor Sie in der Standardsymbolleiste auf das *Pinselstrichsymbol* klicken, um das *Pinselstrichregister* zu öffnen.

Tipp

Das Resultat der unterschiedlichen Einstellungen wird Ihnen im unteren Bereich des *Pinselstrichregisters* in einem Vorschaukästchen angezeigt.

Pinselstrichkategorie, -name *und* -farbe *auswählen*

Das Dropdown-Listenfeld *Pinselstrichkategorie* ist nicht als solches bezeichnet, es handelt dabei aber um das oberste Listenfeld des *Pinselstrichregisters*. Wenn die aktuelle Kategorie *Keine* ist, ist dieses Listenfeld das einzige Objekt des Registers. Wählen Sie eine Kategorie aus der Auflistung. Die Kategorien stehen für eine Anzahl von Pinselstrichen, wie Sie sie auch mit konventionellen Zeichenwerkzeugen, wie zum Beispiel Zeichenkohle und Aquarellpinseln, erhalten würden.

Tipp

Die meisten Elemente, die auf den Registern erscheinen, sind nicht extra bezeichnet. Wenn Sie allerdings den Mauszeiger kurze Zeit auf den Elementen ruhen lassen, erscheint eine Windows-übliche Kurzinformation (QuickInfo), die Sie auf die Funktion des Elements hinweist.

Unter dem Listenfeld der *Pinselstrichkategorie* befindet sich das Listenfeld *Pinselstrichname* (ebenfalls ohne Bezeichnung). Die Pinselstrichnamen sind abhängig von der Pinselstrichkategorie, die Sie ausgewählt haben.

Um die *Pinselstrichfarbe* einstellen zu können, klicken Sie entweder doppelt auf das Farbfeld, das sich rechts neben dem Listenfeld *Pinselstrichkategorie* befindet, oder einfach auf die Schaltfläche mit dem nach unten weisenden *Dreieck*. Wie bereits in Kapitel 15 beschrieben, öffnet sich entweder das Dialogfenster *Farbe* oder die aktuelle *Farbpalette*.

Pinselspitzen *auswählen und einstellen*

Sie können auch die Härte und Größe der *Pinselspitze* einstellen. Mit dem Schieberegler *Randzeichnung*, der sich rechts neben dem Pinselspitzenkästchen befindet, bestimmen Sie die Kantenhärte des Pinselstrichs. Je höher der Schieberegler gezogen wird, desto weicher und fransiger werden die Kanten.

Tipp

Bei einer kleinen *Pinselspitze* werden Sie kaum einen Unterschied zwischen einer harten und einer weichen Kanteneinstellung feststellen können. Es ist daher sinnvoll, die *Pinselspitze* zu vergrößern, während die Kanteneinstellung vornehmen, auch wenn Sie sie später wieder auf die kleinere Größe zurücksetzen.

Rechts neben dem Schieberegler *Randzeichnung* befindet sich das Textfenster *Pinselstärke*, mit dessen Hilfe Sie die Größe der *Pinselspitze* einstellen. Sie können entweder einen Wert in das Textfeld eingeben oder dafür auf die Schaltfläche mit dem nach unten weisenden *Dreieck* klicken, um einen weiteren *Schieberegler* zu aktivieren. Die möglichen Werte für die Pinselstärke liegen zwischen 1 und 72 Pixeln.

Texturen auswählen

Unterhalb des Pinselspitzenkästchens befindet sich das Listenfeld *Texturname*. Texturen gehören zu den leistungsstärksten künstlerischen Mitteln, die Sie in Fireworks zur Verfügung haben, da sie das Aussehen eines *Pinselstrichs* radikal verändern können.

Öffnen Sie die Dropdown-Liste und wählen Sie eine Textur. Sie haben die Wahl zwischen folgenden Texturen: *Ader, Blätter, Chiffon, DNA, Faser, Gips, Gras, Holz, Kleine Wellen, Konfetti, Kratzer, Körnung, Metall, Mikroben, Muscheln, Netz, Onyx, Pergament, Punkte, Rauchig, Sackleinen, Sand, Sandpapier, Spiralen, Wischen, Ölschlick, Sonstiges.*

Wenn Sie eine Textur auswählen, erscheint ein Vorschaufenster, das Ihnen zeigt, wie die Textur aussieht. Mit Hilfe der Pfeiltasten oder der Maus können sich alle Texturen anschauen.

Wenn Sie der Liste eine Textur aus einer eigenen Bitmapgrafikdatei hinzufügen möchten, wählen Sie in der Auswahlliste *Textur* den Eintrag *Sonstiges*. Geben Sie dann die gewünschte Datei an und wählen Sie sie aus. Der Name Ihrer benutzerdefinierten Textur erscheint dann am Ende der Auswahlliste und steht Ihnen bis zum Schließen von Fireworks zur Verfügung.

Tipp

Am Ende dieses Kapitels finden Sie im Abschnitt *Benutzerdefinierte Texturen und Muster hinzufügen* Informationen darüber, wie Sie der Dropdown-Liste eigene Texturen permanent hinzufügen können.

Rechts neben dem Dropdown-Listenfeld *Textur* befindet sich das Textfeld *Texturmenge*. Sie können entweder einen Wert in das Textfeld eingeben oder dafür auf die Schaltfläche mit dem nach unten weisenden *Dreieck* klicken, um einen weiteren *Schieberegler* zu aktivieren. Die möglichen Werte für die Texturmenge liegen zwischen 1 und 100 Prozent.

Fülleinstellungen verändern

Die Einstellungen des Registers *Füllen* funktionieren auf ähnliche Weise wie die Einstellungen des Registers *Pinselstärke*. Es gibt allerdings keine *Pinselstärke*, mit der Sie sich auseinander setzen müssen. Wenn Sie die Einstellungen auf ein bereits vorhandenes Objekt anwenden möchten, müssen Sie den betreffenden Pfad auswählen, bevor Sie in der Standardsymbolleiste auf das *Füllensymbol* klicken, um das Register *Füllen* zu öffnen.

Die Wahl der *Füllkategorie* hat weitreichende Auswirkungen auf alle weiteren Einstellmöglichkeiten. In den folgenden Abschnitten werden die Einstellungen für die *Füllkategorien Einfarbig, Web-Rastern, Muster* und *Farbverläufe* beschrieben.

Tipp

Genau wie beim Register *Pinselstrich* wird Ihnen auch im Register *Füllen* eine Vorschau der ausgewählten Füllung angezeigt.

Einfarbige Füllung auswählen

Eine einfarbige Füllung stellen Sie auf folgende Weise ein:

1. Wählen Sie in der Dropdown-Liste *Füllkategorie* den Eintrag *Einfarbig*. Wie Abbildung 16.12 zeigt, handelt es sich dabei um die oberste Auswahlliste des Registers. Wenn die aktuelle Kategorie *Keine* ist, ist dieses Listenfeld das einzige Objekt des Registers.

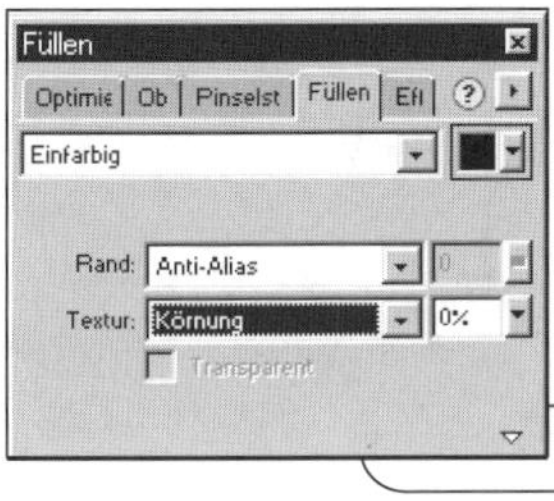

Auswahl einer einfarbigen Füllung

Abb. 16.12

2. Wählen Sie in der Auswahlliste *Füllungsrand* eine *Randeigenschaft*. Sie haben die Wahl zwischen *Hart*, *Anti-Alias* (Standardeinstellung) und *Feder*. *Anti-Alias* ist ein Verfahren zur Kantenglättung, mit Hilfe der Einstellung *Feder* werden die Kanten noch mehr geglättet.

3. Wenn Sie *Feder* wählen, können Sie die Anzahl der Pixel im Textfeld *Federmenge* einstellen, die sich rechts neben der Auswahlliste *Füllungsrand* befindet. Sie können entweder einen Wert in das Textfenster eingeben oder dafür auf die Schaltfläche mit dem nach unten weisenden *Dreieck* klicken, um einen weiteren *Schieberegler* zu aktivieren. Die möglichen Werte für die Federmenge liegen zwischen 1 und 100 Pixeln.

4. Wählen Sie in der Auswahlliste *Texturname* eine Textur aus. Sie können auch den Eintrag *Sonstiges* wählen und eine Textur einer eigenen Bitmapgrafikdatei hinzufügen. Rechts neben dem Dropdown-Listenfeld *Textur* befindet sich das Textfeld *Texturmenge*. Sie können entweder einen Wert in das Textfeld eingeben oder dafür auf die Schaltfläche mit dem nach unten weisenden *Dreieck*

klicken, um einen weiteren *Schieberegler* zu aktivieren. Die Texturoptionen funktionieren genauso wie bei den Pinselstrichtexturen. (Vgl. vorhergehenden Abschnitt *Texturen auswählen*.)

5 Klicken Sie auf das Kontrollfeld *Transparent*, wenn Sie möchten, dass darunter liegende Objekte durchscheinen sollen. Abbildung 16.13 zeigt ein Beispiel einer Form mit einer transparenten Füllung.

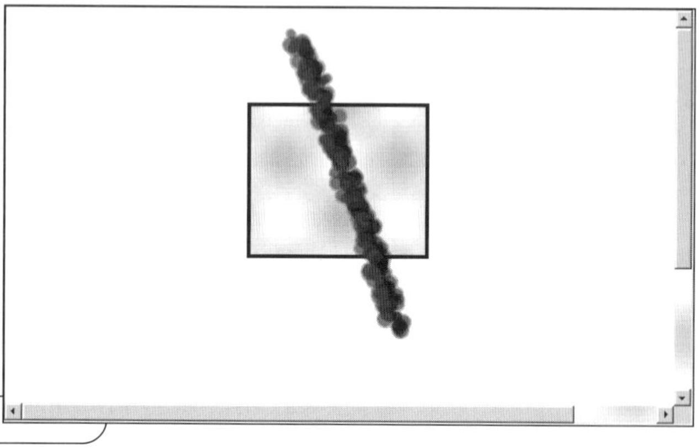

Eine Form mit transparenter Füllung

Abb. 16.13

Füllung Web-Rastern *auswählen*

Die Füllkategorie *Web-Rastern* benutzt zwei Standardbrowserfarben, die in sich abwechselnden Pixeln nebeneinander gesetzt werden, um ein Annäherung an eine dritte Farbe zu schaffen, die keine Standardbrowserfarbe ist.

Um eine Web-Raster-Füllung einzustellen, gehen Sie auf folgende Weise vor:

1 Wählen Sie das Objekt aus, auf das das Web-Rastern angewendet werden soll.

2 Klicken Sie in der Standardsymbolleiste auf das *Füllensymbol*, um das Register *Füllen* zu öffnen.

3 Wählen Sie in der Auswahlliste *Füllkategorie* den Eintrag *Web-Rastern*.

4. Klicken Sie auf das Kontrollfeld *Transparent*, wenn Sie möchten, dass darunter liegende Objekte durchscheinen sollen.

5. Wählen Sie in der Auswahlliste *Füllungsrand* den Eintrag *Hart*. (*Feder* oder *Anti-Alias* würde die Web-Rasterung zunichte machen.)

Füllung Muster *auswählen*

Die Füllkategorie *Muster* benutzt eine Bitmapdatei zum Füllen von Pfaden. Eine *Musterfüllung* lässt sich genauso verwenden wie eine *Textur*, Sie können aber *Muster* und *Texturen* gleichzeitig auswählen, um zwei unterschiedliche Bitmaps für eine Füllung zu mischen. Abbildung 16.14 zeigt Ihnen ein Objekt mit dem Muster *Blaue Welle*, dann mit der Textur *Muscheln* und schließlich mit beiden Füllungen zusammen.

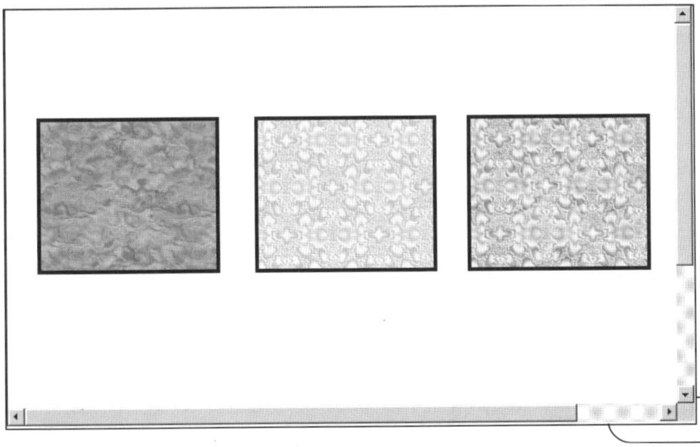

Ein Objekt mit der Musterfüllung Blaue Welle (links), der Texturfüllung Muscheln (Mitte) und beiden Füllungen zusammen (rechts)

Abb. 16.14

Um ein Füllmuster zu bestimmen, wählen Sie in der Auswahlliste *Füllkategorie* den Eintrag *Muster*. Dann öffnen Sie die Auswahlliste *Füllungsname* und wählen eine Füllung aus. Links neben dem Register erscheint ein Vorschaufenster, das Ihnen das aktuelle Füllmuster zeigt. Mit Hilfe der Pfeiltasten oder des Mauszeigers können Sie sich sämtliche Muster der Liste anzeigen lassen.

Als Nächstes stellen Sie den *Füllungsrand*, die *Textur* und – falls gewünscht – die *Transparenz* ein. Dies funktioniert genauso wie bei einer einfarbigen Füllung (vgl. Abschnitt *Einfarbige Füllung auswählen* weiter oben in diesem Kapitel).

Farbverläufe auswählen

Bei den anderen Einträgen der Auswahlliste *Füllkategorie* handelt es sich um Farbverläufe unterschiedlichster Arten. Bei Farbverläufen fließt eine Farbe stufenlos in andere Farben über. Nicht nur im Web sind Farbverläufe ein sehr verbreitetes grafisches Stilmittel.

Um einen Farbverlauf zu bestimmen, öffnen Sie die Auswahlliste *Füllkategorie* und wählen einen der Einträge unterhalb der Trennlinie an. Abbildung 16.15 zeigt Ihnen die Auswahlliste und einen linearen Farbverlauf.

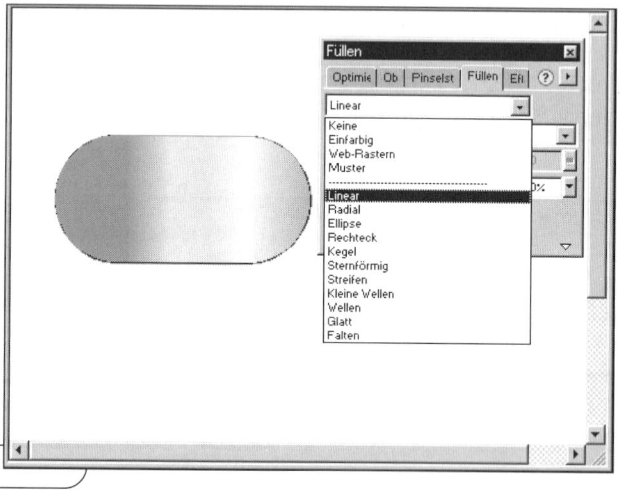

Auswahl eines Farbverlaufs

Abb. 16.15

Als Nächstes klicken Sie in der Auswahlliste *Füllungsname* einen der Einträge an, um die Farben für den Farbverlauf zu bestimmen. Alles andere funktioniert genauso wie bei einer einfarbigen Füllung (vgl. Abschnitt *Einfarbige Füllung auswählen* weiter oben in diesem Kapitel).

Benutzerdefinierte Texturen und Muster hinzufügen

Wie bereits beschrieben, können Sie mit Hilfe der Option *Sonstiges* der *Texturauswahlliste* dem Register *Füllung* und *Pinselstrich* eigene Textur- und Musterdateien hinzufügen. Damit haben Sie aber nur einen vorübergehenden Zugriff auf Ihre benutzerdefinierten Texturen und Muster. Sobald Fireworks beendet wird „vergisst" es die

Zuordnung und nach dem nächsten Programmstart müssen Sie diese wieder erneut vornehmen.

Tipp

Bei den Muster- und Texturdateien muss es sich um Bitmapdateien in den Formaten BMP, GIF, JPEG, PNG oder TIFF handeln. Macintosh-Systeme können auch das PICT-Format verarbeiten. Obwohl es keine exakt festgelegten Bestimmungen in Bezug auf die Dateigröße und Farbtiefe gibt, sollten Sie sich an den in Fireworks enthaltenen Muster- und Texturdateien orientieren. Die umfangreichste Texturdatei von Fireworks ist 128 x 128 Pixel groß und die Musterdatei 256 x 256 Pixel. Die kleinsten Dateien sind jeweils 42 x 42 Pixel groß. Die Dateien müssen aber nicht quadratisch sein. Alle haben eine Farbtiefe von 8 Bit.

Sie haben zwei Möglichkeiten, um Ihre eigene Muster- und Texturdateien permanent mit Fireworks zu verknüpfen. Beide sind einfach zu bewerkstelligen und es gibt keinen Grund, die eine der anderen vorzuziehen. Für welche der beiden Möglichkeiten Sie sich entscheiden, ist einzig und allein von Ihrer persönlichen Arbeitsweise und Vorliebe abhängig.

Die erste Möglichkeit besteht darin, dass Sie Ihre eigenen Dateien in die gleichen Ordner kopieren, in denen sich auch die Muster- und Texturdateien von Fireworks befinden. Bei einer typischen Windows-Installation sind dies die Ordner *C:\Programme\Macromedia\Fireworks 3\Settings\Textures* und *C:\Programme\Macromedia\Fireworks 3\Settings\Patterns*.

Tipp

Sie können die gleichen Dateien als Texturen und Muster verwenden. Sie müssen Sie nur in beide Ordner kopieren.

Die zweite Möglichkeit besteht darin, zusätzlich zu den vorhandenen Fireworks-Ordnern separate Ordner für Ihre eigenen Muster und Texturen anzugeben. Das ist zwar nicht effektiver als die erste Möglichkeit, hat aber den Vorteil, dass Sie Ihre eigenen Dateien von Fireworks-Dateien trennen können. Außerdem können Sie auf diese Weise unterschiedliche Muster- und Texturenbibliotheken anlegen, die Sie für bestimmte Webangebote oder Kunden verwenden. Je nach Bedarf wechseln Sie dann einfach die betreffenden Ordner. Um separate Muster- und Texturenordner zu verknüpfen, gehen Sie folgendermaßen vor:

1. Klicken Sie im Dateimenü von Fireworks auf den Menüeintrag *Voreinstellungen* und aktivieren Sie die Registerkarte *Ordner* (vgl. Abbildung 16.16).

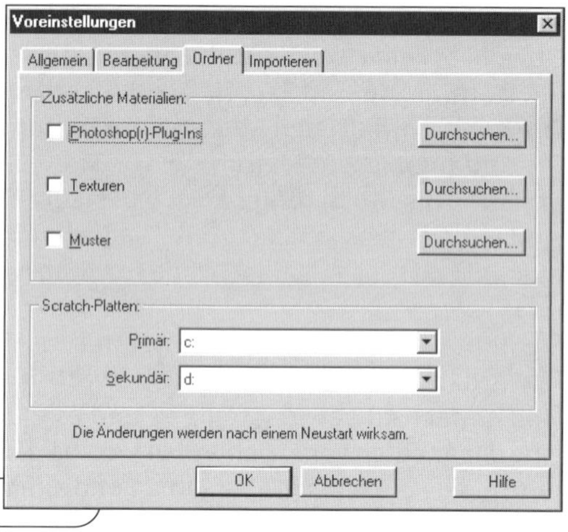

Die Registerkarte *Ordner* des Dialogfensters *Voreinstellungen*

Abb. 16.16

2. Klicken Sie auf das Kontrollfeld *Texturen*.

3. Klicken Sie auf die dahinter befindliche Schaltfläche *Durchsuchen* und geben Sie im Dialogfenster *Wählen Sie einen zusätzlichen Texturenordner aus* den Ordner an, der Ihre eigenen Texturen enthält (vgl. Abbildung 16.17).

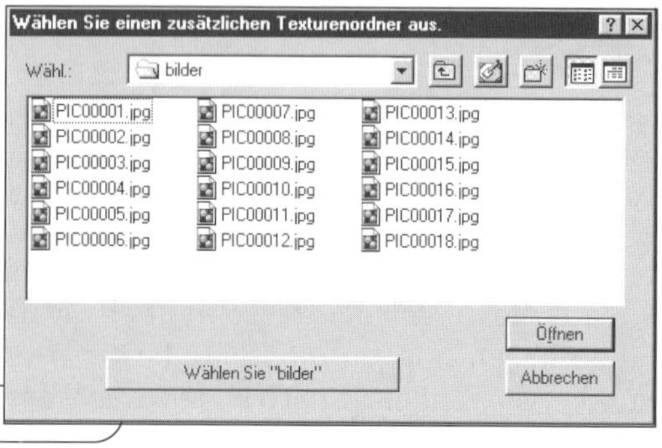

Auswahl eines Texturenordners

Abb. 16.17

4. Klicken Sie im Dialogfenster *Wählen Sie einen zusätzlichen Texturenordner aus* entweder auf die Schaltfläche *Öffnen* oder die Schaltfläche *Wählen Sie...*

5. Sie gelangen zurück in das Dialogfenster *Voreinstellungen*. Der ausgewählte Ordner wird Ihnen unter der Schaltfläche *Durchsuchen* angezeigt.

6. Wiederholen Sie die Schritte 2 bis 5 und wählen Sie einen Musterordner aus.

7. Klicken Sie auf die *OK-Schaltfläche*, um den Vorgang abzuschließen.

Sie müssen selbstverständlich nicht beide Ordner auf einmal angeben. Außerdem können Sie die Kontrollfelder beliebig deaktivieren, wenn Sie die benutzerdefinierten Muster und/oder Texturen vorübergehend nicht verwenden möchten. Die Ordnerinformationen bleiben erhalten und können jederzeit wieder aktiviert werden, sie erscheinen aber vorübergehend nicht mehr in den Auswahllisten. Um sie zu reaktivieren, müssen Sie lediglich die betreffenden Kontrollfelder in Dialogfenster *Voreinstellungen* anklicken.

Tipp

Die Wahl eines benutzerdefinierten Ordners hat keinerlei Auswirkungen auf Ihre aktuelle Fireworks-Sitzung. Die neuen Einstellungen werden erst aktiv, wenn Sie Fireworks neu starten. Das Gleiche gilt beim Wechsel oder bei der Deaktivierung eines benutzerdefinierten Ordners – Fireworks übernimmt die neuen Einstellungen erst beim Neustart.

Zusammenfassung

In diesem Kapitel wurde gezeigt, wie Leinwände angelegt und wie *Pinselstriche* und *Füllungen* verändert werden können.

Als Erstes wurden die beiden Bearbeitungsmodi von Fireworks vorgestellt. Fireworks arbeitet überwiegend mit Vektorgrafiken, die Dateien werden aber normalerweise als Bitmapgrafiken exportiert. Linien und Umrisse, die mit Vektorgrafiken erstellt werden, heißen Pfade.

Als Nächstes wurde erläutert, wie mit Hilfe der Schaltfläche *Neu* der Standardsymbolleiste und den Einstellungen des Dialogfensters *Neues Dokument* neue Leinwände angelegt werden. Über das *Modifizieren*-Menü können Leinwände nachträglich in Größe und Farbe verändert und gedreht werden.

Dann haben Sie kennen gelernt, wie Sie die Werkzeuge *Bleistift* und *Pinsel* der Werkzeugleiste einsetzen, um Pfadobjekte zu erzeugen. Mit beiden Werkzeugen können Sie Freihandlinien zeichnen, indem Sie das entsprechende Symbol anklicken und den Mauszeiger mit gedrückter linker Maustaste über die Leinwand führen. Dabei entstehen so genannte Pfade. Im Unterschied zum *Bleistiftwerkzeug* wählen Sie beim *Pinselwerkzeug* im *Pinselstrichregister* vorher einen bestimmten *Pinselstrich* aus.

Dann wurde gezeigt, wie Sie die *Pinselstrich*- und *Fülleinstellungen* nachträglich ändern können. Mit Hilfe des *Pinselstrichregisters* können Sie *Pinselstrichkategorien*, *Pinselstrichnamen*, *Pinselstärken*, *Kantenhärten* und *Texturen* auswählen. Über das Register *Füllen* stellen Sie *Füllkategorien*, *Füllungsränder*, *Texturen* und *Transparenz* ein.

In diesem Kapitel haben Sie sich mit den Werkzeugen *Bleistift* und *Pinsel* beschäftigt. Im folgenden Kapitel wird Ihnen gezeigt, wie Sie mit den anderen Zeichenwerkzeugen von Fireworks arbeiten.

Über den Pfad hinaus

17

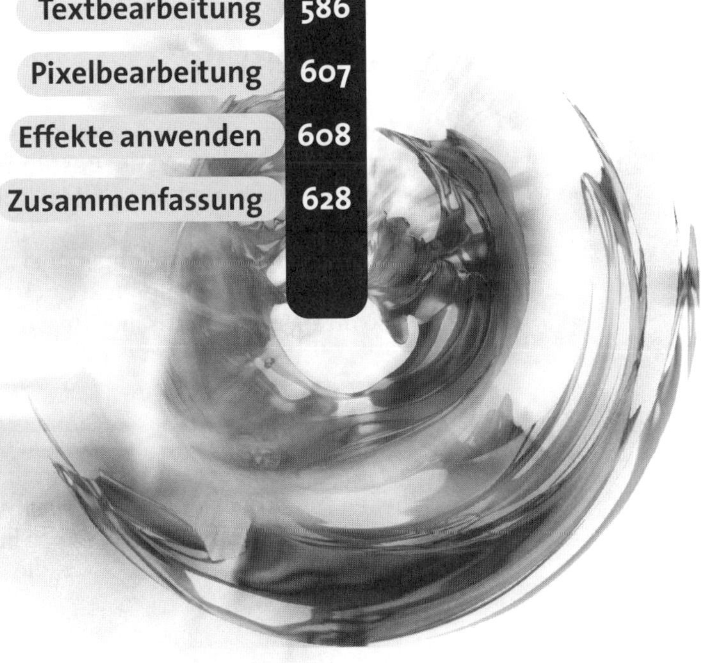

Bisher haben Sie sich auf das Herstellen und Bearbeiten von Pfaden mit Fireworks konzentriert, aber das ist nicht die Summe dessen was Fireworks vermag. Das Programm kann auch mit Texten, Bitmaps und einer Vielzahl an Spezialeffekten umgehen.

Die meisten Grafikprogramme arbeiten schlecht mit Texten. Es ist natürlich möglich Texte in Grafiken einzubinden. Aber wenn der Text hinzugefügt ist, wird er in ein grafisches Objekt verwandelt und kann nicht mehr inhaltlich verändert werden. Sogar Photoshop, vor Fireworks das bekannteste Bildbearbeitungsprogramm, kann Texte erst seit der Version 5 bearbeiten. Fireworks hält eine umfassende Auswahl an Optionen für die Textbearbeitung bereit – und der Text kann auch nach der Einbindung in eine Grafik noch bearbeitet werden. Eine weiter Fireworks-Option in Bezug auf Textbearbeitung ist der Befehl *Suchen und Ersetzen*. Hiermit können nicht nur Textstellen gefunden werden, sondern auch spezifische Schriftarten und Farben.

Sowohl im Vektor- als auch im Bitmapmodus bietet Fireworks eine große Auswahl an Effekten, die bei Objekten angewandt werden können. Diese Effekte reichen von Glüh- und Schlagschatteneffekten zum *Weichzeichnen* und *Scharf stellen*.

In diesem Kapitel wird das Bearbeiten von Texten, der Gebrauch der *Suchen und Ersetzen*-Option, die Erstellung von Bitmapgrafiken und die Anwendung von Spezialeffekten behandelt.

Textbearbeitung

Für die Textbearbeitung stellt Fireworks den *Texteditor* bereit. Dieser Editor enthält Optionen zum Bestimmen der Schriftart und vieler anderer Merkmale Ihres Textes. Nachdem Sie einen Text verfasst haben, können Sie ihn mit Hilfe des *Texteditors*, oder durch das Variieren der Einstellungen für *Pinselstrich* oder *Füllung*, modifizieren. Sie können einen Text auch einem Pfad folgen lassen, um so interessante grafische Effekte hervorzubringen.

Texte verfassen

Texte, die im Fireworks *Texteditor* geschrieben worden sind, haben die aktuellen *Pinselstrich-* und *Füllfarbeneinstellungen*. Die *Füllfarbe* ist jedoch maßgeblich, da der *Pinselstrich* im *Texteditor* standardmäßig ausgeschaltet ist. Die Schrift des Textes wird nur mit einer *Füllfarbe* auf die Leinwand geschrieben.

Das Hinzufügen von *Pinselstrichoptionen* macht den Text oft unleserlich. Falls Sie den *Pinselstrich* auf Ihren Text anwenden möchten, versichern Sie sich, dass die Schriftgröße groß genug ist, um das Umranden mit Pinselstrichfarben auszuhalten.

Die Abbildung 17.1 zeigt den gleichen Text in vier verschiedenen Variationen. Die oberen zwei sind kleine und große Versionen der gleichen Wörter, vom *Texteditor* bearbeitet. Die unteren zwei sind identisch, außer dass ihnen ein 4 Pixel breiter *Pinselstrich* hinzugefügt wurde. Sie sehen, die kleine Version ist nur noch ein unleserlicher Fleck.

Kleiner und großer Text, oben nur mit Füllung, unten mit Pinselstrich

Abb. 17.1

Den Texteditor *öffnen*

Um den *Texteditor* zu öffnen, damit Sie Text auf die Leinwand schreiben können, klicken Sie auf das Textwerkzeug in der Grafikwerkzeugpalette und klicken Sie dann auf die Leinwand. Der *Texteditor* öffnet ein Fenster, es ist aber möglicherweise nicht gleich in der vollen Größe, wie in Abbildung 17.2 gezeigt, verfügbar.

Tipp

Sie brauchen nicht den exakten Punkt, wo Sie den Text platzieren wollen, anzuklicken. Sie können den Text anfänglich irgendwo auf die Leinwand setzen und ihn später verschieben.

Damit Sie alle Optionen des *Texteditors* zur Verfügung haben, falls das Fenster des *Texteditors* nicht in voller Größe gezeigt wird, müssen Sie das Fenster nach rechts ausdehnen. Setzen Sie den Mauszeiger auf den rechten Rand des Fensters. Wenn der Zeiger sich in einen Doppelpfeil verwandelt, drücken Sie die rechte Maustaste und ziehen Sie nach rechts, bis der *Texteditor* so aussieht wie in Abbildung 17.3.

Wenn der Texteditor zum ersten Mal erscheint, sind vielleicht noch nicht alle Optionen sichtbar

Abb. 17.2

Wenn der *Texteditor* geöffnet wird, steht der Cursor im *Texteingabefeld*. Obwohl Sie viele der Optionen vor der Texteingabe bestimmen können, gibt es Optionen, die nur dann funktionieren, wenn etwas zum Bearbeiten vorhanden ist. Da Sie alles hinterher noch verändern können, ist es wahrscheinlich am geschicktesten, wenn Sie zunächst den Text eingeben. Manche ziehen es jedoch vor, wenigstens die Schriftart, -größe und -farbe vorher festzusetzen. Sie können auch Text aus der *Zwischenablage* in das *Texteingabefeld* einfügen. (Ein weiterer Weg, Texte in Fireworks einzufügen, ist das *Importieren* von Texten, wie später im Kapitel erläutert wird.)

Der Texteditor in voller Größe

Abb. 17.3

Die Schriftart bestimmen

Die Schriftart, die zuerst oben links im *Texteditor* angezeigt wird, ist entweder, falls Sie den *Texteditor* in der aktuellen Fireworksdatei noch nicht benutzt haben, die Standardschriftart oder die zuletzt gewählte. Klicken Sie auf den nach unten weisenden Pfeil und wählen Sie die Schriftart aus dem Dropdown-Listenfeld.

Tipp

Im Gegensatz zur Wahl der Schriftart für Texte einer Webseite (in Kapitel 4 erklärt), können Sie in einer Fireworksgrafik bedenkenlos jede beliebige Schriftart verwenden, da der Text, wenn Sie ihn exportieren, Teil einer Bitmapgrafik wird.

Direkt rechts neben dem Dropdown-Listenfeld *Schriftarten* befindet sich das Auswahlfeld *Größe*. Wie die Schriftart ist die anfängliche Schriftgröße entweder die Standardgröße oder die zuletzt gewählte, abhängig davon, ob Sie den *Texteditor* in der aktuellen Datei schon verwendet haben. Sie können die Schriftgröße bestimmen, indem Sie einen Wert direkt in das *Größenauswahlfeld* eintippen. Andererseits können Sie auf den Pfeil rechts neben dem Auswahlfeld klicken, um einen Schiebregler zu aktivieren. Der Schiebregler kann dann zum gewählten Wert geschoben werden. Der Wertebereich des Schiebreglers liegt zwischen 8 und 96 Punkten. Wenn Sie für Ihr Design jedoch eine 200-Punktgröße benötigen, ist das kein Problem. Werte niedriger als 8 Punkte oder höher als 96 können direkt in das *Größenauswahlfeld* eingegeben werden und sie werden auch wunderbar funktionieren.

Zur Wahl einer Schriftfarbe klicken Sie in das *Farbauswahlfeld*, das anfänglich die aktuell eingestellte Farbe zeigt. Sie können im *Texteditor* auch die normalen Fireworks-Farbpalettenoptionen aktivieren, indem Sie auf den nach unten weisenden Pfeil rechts vom *Farbauswahlfeld* klicken.

Wenn Sie den Text fett, kursiv oder unterstrichen haben möchten, klicken Sie auf die *F-*, *K-* oder *U-Schaltfläche* in der oberen rechten Ecke des *Texteditors*. Meistens werden Sie diese Formatieroptionen auf einzelne Wörter nach der Eingabe anwenden wollen, nicht auf den gesamten Text im *Texteingabefeld*. Markieren Sie den Text, den Sie formatieren möchten, und klicken Sie dann auf die entsprechende Schaltfläche.

Texte unterschneiden

Normalerweise ist der Buchstabenabstand automatisch eingestellt und Teil des Schriftdesigns. Wenn Sie jedoch der Meinung sind, Ihr Text bräuchte eine gewisse Feinabstimmung, können Sie dies mit dem *Texteditor* vornehmen. Auf Wunsch können Sie die *Unterschneidung* (den Zeichenabstand) bestimmen. Abbildung 17.4 zeigt einen Text mit manuell eingestellter *Unterschneidung*.

Manuell unterschnittener Text

Abb. 17.4

Zuerst wählen Sie den Text, den Sie unterschneiden wollen, wie folgt:

- Um den Abstand zwischen nur zwei Buchstaben zu verändern, markieren Sie einen. Da das *Unterschneiden* den Abstand zwischen einem Buchstaben und dem nächsten beeinflusst, müssen Sie den ersten der beiden markieren (oder klicken Sie den Cursor einfach in den Zwischenraum).
- Um den Abstand zwischen mehreren Zeichen zu bestimmen, markieren Sie alle bzw. die gesamte Zeile.

Tipp

Um die volle Kontrolle über das *Unterschneiden* zu haben, müssen Sie zuerst die Checkbox *Automatische Unterschneidung* deaktivieren. Diese Checkbox befindet sich an der äußersten rechten Seite des *Texteditorfensters*, direkt über dem *Texteingabefeld*. Wenn Sie es aktiviert lassen, wird es keinen großen Unterschied geben, lediglich die nicht markierten Buchstaben werden etwas enger stehen.

Nachdem Sie die betreffenden Buchstaben markiert haben, bestimmen Sie den Grad der *Unterschneidung*, indem Sie einen Wert in das *Unterschneidungstextfeld* eingeben (äußerste linke Seite des *Texteditors*, direkt unter dem Dropdown-Listenfeld der *Schriftarten*). Stattdessen können Sie aber auch auf den Pfeil rechts neben dem *Unterschneidungstextfeld* klicken, um einen Schiebregler zu aktivieren. Der Wertebereich des Schiebreglers reicht von -100% bis 100%. Bei Minuswerten überlappen sich die Buchstaben. Sie können Werte bis zu einer Höhe von 1000% oder einer Tiefe von –200% im *Unterschneidungstextfeld* eingeben. Alle Werte, die diese Extreme über- oder unterschreiten, werden automatisch auf die Extremwerte zurückgesetzt.

Den Zeilenabstand bestimmen

Der Zeilenabstand bestimmt die Größe des Abstands zwischen den Zeilen auf der Leinwand. Normalerweise ist dies eingestellt auf 100% der Punktgröße. Abbildung 17.5 zeigt jeweils ein Beispiel von 100% und 150% Zeilenabstand.

Tipp

Die Buchstaben sind etwas kleiner als die eingestellte Punktgröße. Dadurch ergibt sich etwas Platz oberhalb von den Buchstaben.

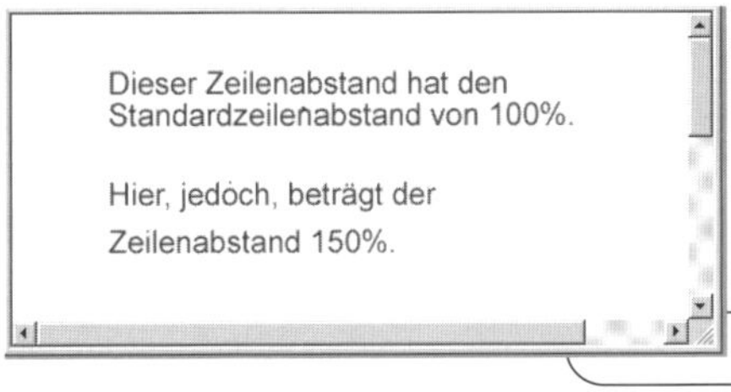

Einmal Standardzeilenabstand (100%) und einmal 150% Abstand (unten)

Abb. 17.5

Um den Zeilenabstand zu verändern, markieren Sie den Text im *Texteingabefeld* und geben Sie einen Wert in das *Zeilenabstandstextfeld* ein (rechts neben dem *Unterschneidungstextfeld*). Oder, falls Ihnen das lieber ist, benutzen Sie den Schiebregler, der durch das Anklicken des Pfeils recht vom *Zeilenabstandstextfeld* zu aktivieren ist. Der Wertebereich des Schiebreglers reicht von 50% bis 250%. Sie können einen Wert bis zu einer Höhe von 10.000% in das Textfeld eingeben. Jeder höhere Wert wird auf 10.000% zurückgestuft. Minuswerte funktionieren beim Zeilenabstand nicht; wenn Sie einen Minuswert eingeben, wird er automatisch positiv (z.B. eine Eingabe von -50 wird zu 50).

Tipp

Sie können für verschiedene Zeilen auch verschiedene Zeilenabstände festsetzen. Markieren Sie die Zeile und verändern Sie die einzelnen Werte.

Die Orientierungs-, Ausrichtungs- und Flusseinstellungen

Auf der äußersten rechten Seite des *Texteditorfensters*, gegenüber der *Unterschneidungs-* und *Zeilenabstandstextfelder*, befinden sich mehrere Schaltflächen:

- Das erste Paar bestimmt die *Textorientierung*.
- Die mittleren fünf bestimmen die *Textausrichtung*.
- Das letzte Paar bestimmt die *Textflussrichtung*.

Die Standardtextorientierung ist horizontal. Bei vertikal orientiertem Text wird jede Zeile zur Spalte. Abbildung 17.6 zeigt den gleichen Text in horizontaler und vertikaler Orientierung. Um die vertikale Orientierung zu erreichen, klicken Sie auf die unter Schaltfläche des ersten Paares. Das Anklicken der oberen Schaltfläche verwandelt die Orientierung wieder in eine horizontale.

Horizontal und vertikal orientierter Text

Abb. 17.6

Die Standardausrichtung ist linksbündig. Sie können eine andere Ausrichtung bestimmen, indem Sie eine der übrigen *Ausrichtungsschaltflächen* anklicken. Von links nach rechts sind das die Schaltflächen *Linksbündig*, *Zentrieren*, *Rechtsbündig*, *Blocksatz* und *Gestreckte Ausrichtung*. (Die Schaltflächen verwandeln sich in *Oben ausgerichtet*, *Zentrieren*, *Unten ausgerichtet*, *Blocksatz* und *Gestreckte Ausrichtung*, wenn der Text vertikal orientiert ist.) Abbildung 17.7 zeigt die fünf Ausrichtungen. Wenn Sie nicht mehrere Zeilen im Text haben, sind die Auswirkungen der wechselnden Ausrichtungen auf das Textbild gering.

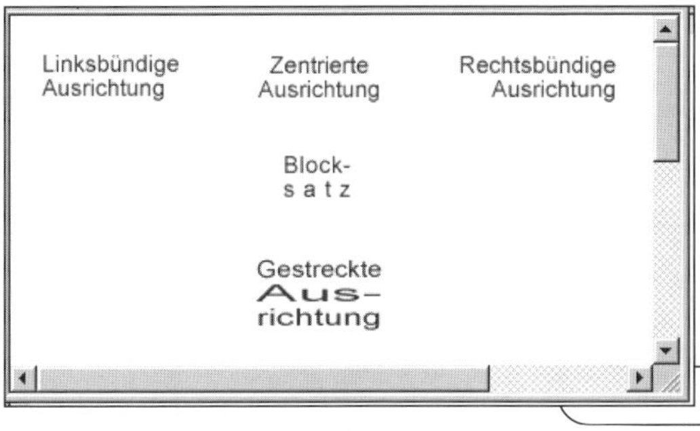

Linksbündiger, zentrierter, blocksatzformatierter, gestreckter und rechtsbündiger Text

Abb. 17.7

Der normale Textfluss läuft von links nach rechts. Um ihn so zu verändern, dass er von rechts nach links läuft, klicken Sie auf die untere Schaltfläche des Paares auf der äußersten rechten Seite des *Texteditors* (unterhalb der *U-Schaltfläche*).

Die horizontale Skalierung einstellen

Die horizontale *Skalierung* bestimmt die Breite der Schrift. Die standardmäßig eingestellte horizontale Skalierung ist *100%*. Wenn z.B. *200%* eingestellt wird, verdoppelt dies die Breite und der Textsatz dehnt sich dem entsprechend aus.

Verändern Sie die Standardeinstellung, indem Sie einen Wert direkt in das Textfeld *Horizontal skaliert*, auf der äußersten linken Seite des *Texteditors*, über dem *Texteingabefeld*, eingeben. Wie bei den anderen Optionen können Sie auch den nach unten weisenden Pfeil rechts vom Textfeld anklicken, um den Schiebregler zu aktivieren. Der niedrigste Wert auf der Schiebreglerleiste ist *10%*, der höchste *200%*. Im Textfeld *Horizontal skaliert* können Sie Werte zwischen 10% und *1000%* eingeben. Wenn Sie einen Wert außerhalb dieses Bereichs verwenden, stellt der Texteditor ihn automatisch auf das Minimum oder Maximum zurück.

Wenn Sie die horizontale Skalierung eines vertikal ausgerichteten Textes verändern, wird der Text unleserlich werden.

Die Grundlinienverschiebung

Die *Grundlinie* ist die gedachte Linie auf der die Buchstaben stehen. Normalerweise liegt der Text innerhalb der Textmarkierung auf der Leinwand, aber, wie in Abbildung 17.8 gezeigt, kann er auch darauf oder darunter gesetzt werden.

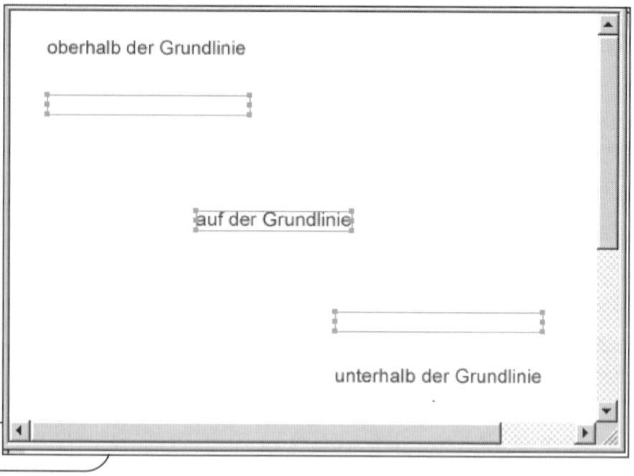

Text oberhalb, auf und unterhalb der Grundlinie

Abb. 17.8

Die Einstellungen zur Grundlinienverschiebung erscheinen rechts von den Einstellungen der horizontalen Größenskalierung. Sie können im Textfeld einen Wert eingeben oder den Schieberegler benutzen, der erscheint, wenn Sie auf den Pfeil rechts vom Textfeld klicken. Der Schieberegler kann Werte von -99 bis 100 einstellen. Im Textfeld können Sie Werte zwischen 1000 und -1000 für die Grundlinienverschiebung angeben. Werte außerhalb dieser Grenzen springen automatisch auf die Grenzwerte.

Das **Anti-Aliasing** *einstellen*

Die Funktion *Anti-Aliasing* entfernt gezackte Ränder aus dem Schriftbild. Dieser Effekt ist am wirksamsten bei großen Schriftgrößen.

Das *Anti-Aliasing* Textfeld befindet sich rechts von der *Grundlinienverschiebung*. Um eine *Anti-Aliasing*-Stufe einzustellen, wählen Sie eine Option aus dem Dropdown-Listenfeld. Es gibt vier Wahlmöglichkeiten: *kein Anti-Alias*, *Anti-Alias glatt* (die Standardeinstellung), *Anti-Alias stark* und *Anti-Alias scharf*. Die einzelnen Stufen nehmen eine zunehmend gründlichere Entfernung der gezackten Schriftränder vor.

Die Schrifteigenschaften anzeigen

Unterhalb des *Texteingabefeldes* befinden sich zwei Checkboxen: *Schriftart anzeigen* und *Größe & Farbe anzeigen*. Diese Checkboxen beziehen sich nur auf die Ansicht im *Texteditor*.

Sie können die Häkchen neben diesen Optionen entfernen, so dass Sie die tatsächlich eingestellte Schriftart, -größe und -farbe im *Texteditor* nicht sehen. Der *Texteditor* zeigt dann die Schriftart Arial, 24 Punkte groß, in Schwarz. Auf der Leinwand wird der Text jedoch in der Schriftart, -größe und -farbe erscheinen, die Sie bestimmt haben.

Änderungen anwenden

Zusätzlich zu den Standardschaltflächen *OK* und *Abbrechen* sind im unteren Teil des *Texteditors* die Checkbox *Änderungen autom. anwenden* sowie die Schaltfläche *Änderungen anwenden*. Beide Optionen befinden sich auch in den Bedienfeldern *Pinselstrich* und *Füllen*.

Die *Änderungen autom. anwenden*-Checkbox bewirkt, wenn sie aktiviert ist, dass alle Änderungen sofort auf der Leinwand gezeigt werden, siehe Abbildung 17.9. Wenn die Checkbox nicht aktiviert ist, sehen Sie die Änderungen auf der Leinwand beim Anklicken der Schaltfläche *Anwenden*. Wenn Sie keine der beiden Optionen auswählen, sehen Sie die Änderungen auf der Leinwand erst, wenn Sie die *OK*-Schaltfläche betätigen.

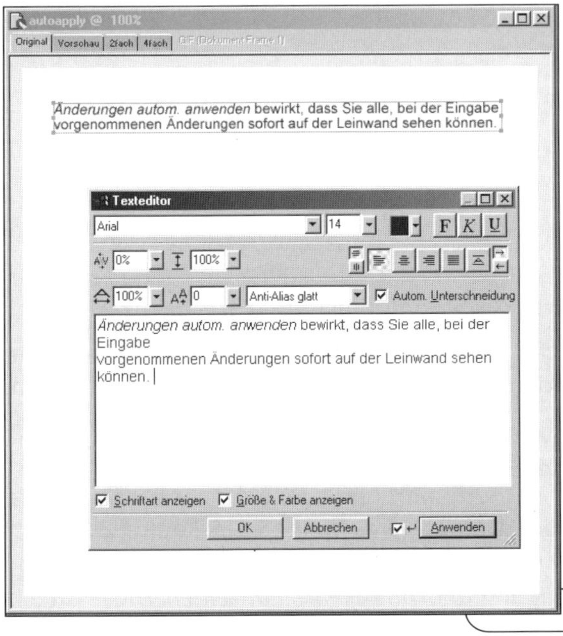

Die Option *Änderungen autom. anwenden* macht alle im Texteditor vorgenommenen Änderungen sofort auf der Leinwand sichtbar

Abb. 17.9

Texte importieren

Zusätzlich zum Schreiben eigener Texte im *Texteditor* können Sie bestehende Texte importieren. Im Rich Text Format (RTF) oder im ASCII-Format gespeicherte Textdateien können von Fireworks importiert werden.

Um eine Textdatei zu importieren, wählen Sie *Datei > Importieren*. Im Dialogfenster *Importieren* suchen Sie die gewünschte Datei, klicken den *Dateinamen* an und betätigen dann die Schaltfläche *Öffnen*. Fireworks bringt Sie dann zurück auf die Leinwand, wo Sie einen Winkel statt des Mauszeigers vorfinden, siehe unten. Setzen Sie den Winkel dorthin, wo der Text erscheinen soll, und klicken Sie mit der Maus.

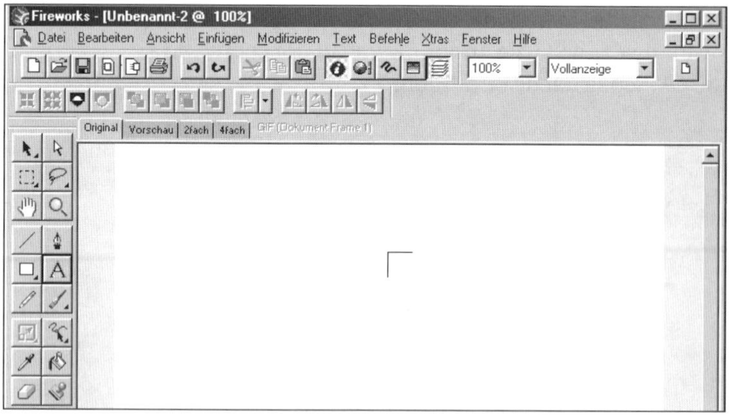

Wenn Sie den *Dateinamen* im Dialogfenster *Importieren* doppelt anklicken, wird der Text einfach auf der Leinwand erscheinen. Sie können ihn dann manuell an die gewünschte Stelle verschieben.

Tipp

Wenn Sie Photoshop-Dateien importieren, können Sie den Text wahlweise als bearbeitbaren Text oder als nicht-veränderbare Bitmapgrafik laden. Details hierzu finden Sie im Kapitel 20, *Grafikdateien importieren und exportieren*.

Texte modifizieren

Die wichtigste Methode, Texte in Fireworks zu verändern, besteht einfach darin, den Text auf der Leinwand doppelt anzuklicken, um den *Texteditor* wieder aufzurufen. Dann können Sie die Optionen, die in den vorangegangen Unterpunkten besprochen wurden, neu einstellen.

Vielleicht möchten Sie aber auch die *Füllung* und den *Pinselstrich* Ihres Textes verändern. Dies wird, genau wie bei normalen Pfaden, mit den Bedienfeldern *Füllen* und *Pinselstrich* vorgenommen (siehe Kapitel 16 für Details über die Füllungs- und Pinselstrichoptionen). Die Anwendung von Mustern und Texturen kann die Ansicht eines Textes drastisch verändern.

Wie weiter oben in diesem Kapitel erwähnt wurde, bestehen die einzelnen Buchstaben zunächst nur aus *Füllung* ohne jeglichen *Pinselstrich*. Ein zu breiter *Pinselstrich* kann die Umrisse der Buchstaben total verwischen. In der Regel sollten Sie daher den *Pinselstrich* sehr dünn einstellen, mit einer Breite von höchstens 10 Pixel. Die Schriftgröße muss groß genug sein, dass Sie sehen können, was Sie verändern. Behalten Sie diese Regeln im Hinterkopf, wenn Sie mit den möglichen Effekten jonglieren, die durch die Veränderung von Pinselstrichfarbe und -muster erreicht werden können. Hier ist ein Beispiel:

1. Starten Sie den *Texteditor* und bestimmen Sie die Schriftart Arial, mit einer 80-Punkt-Größe.

2. Geben Sie einen Text ein und klicken Sie auf die *OK-Schaltfläche*. Hier wurde **Pinselstrich und Füllung verändern die Textansicht** eingegeben.

3. Stellen Sie den *Pinselstrich* auf *Air Brush, texturiert*. Die *Pinselspitze* (Tip) soll 9 Pixel breit sein. Wählen Sie die *Textur Kleine Wellen*, 80%.

4. Stellen Sie die *Füllung* auf *Muster, Blaue Welle*. Das Resultat sollte ungefähr wie Abbildung 17.10 aussehen.

Fireworks bietet auch eine Reihe von Effekten an, die Sie sowohl auf Texte wie auf Pfade anwenden können. Diese Effekte werden weiter unten in diesem Kapitel unter *Effekte anwenden* beschrieben.

Texturierter Air Brush-Pinselstrich mit einer gemusterten Füllung

Abb. 17.10

Die Optionen des Hauptmenüpunktes *Text* sind die gleichen wie die des *Texteditors*. Ausnahmen sind die Optionen, die die Ausrichtung von Pfaden und Text steuern. Dies wird im folgenden Unterpunkt erklärt.

Texte an Pfade fügen

In Fireworks haben Texte einen besonderen Status. Bei Text handelt es sich um eine Vektorgraphik, nicht um eine Bitmapgrafik. Text ist jedoch kein Pfad (obwohl er zu einen Pfad konvertiert werden kann, siehe unten). Pfade und Texte können sehr gut interagieren. Sie können auf eine solch spezielle Art und Weise zusammengefügt werden, dass etwas Großartigeres entsteht, als die Summe ihrer Teile ergäbe.

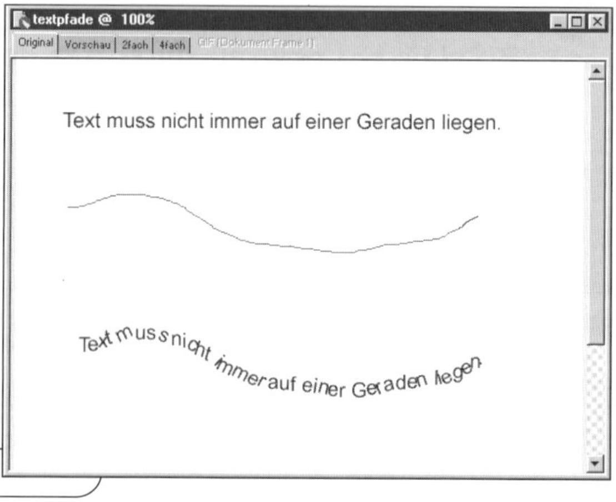

Text und Pfad separat und zusammengefügt

Abb. 17.11

Eine Möglichkeit coole Webgrafiken zu erstellen, ist Texte einem Pfad anzufügen. Wenn ein Text an einen Pfad gefügt wird, verliert der Pfad alle seine Eigenschaften, der Text jedoch behält seine Eigenschaften und folgt der Linie des Pfades. Abbildung 17.11 zeigt Text und Pfad als separate Objekte und als ein zusammengefügtes Objekt.

Die Abbildung 17.11 zeigt einen Text, der einer einfachen Kurve folgt; die Gestaltungsmöglichkeiten sind jedoch endlos. Hier sehen Sie einige weitere:

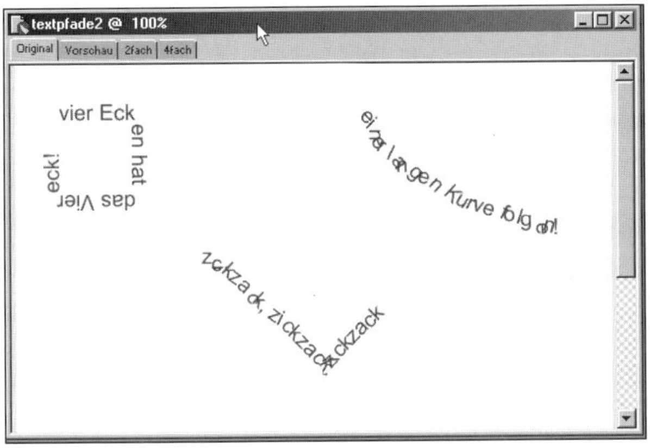

Texte an Pfade hängen

Um Texte an einen Pfad zu fügen, schreiben Sie einen Text, zeichnen Sie eine Form und markieren Sie dann beide. Sind es die einzigen Objekte, dann können Sie sie mit dem Menüpunkt *Bearbeiten > Alles auswählen* markieren, oder mit der Tastenkombination [Strg] + [A] (*Command* + [A] auf Macintosh). Befinden sich noch weitere Objekte auf der Leinwand, markieren Sie beide, Text und Form, indem Sie sie bei gedrückt gehaltener [⇧]-Taste anklicken. Dann wählen Sie *Text > An Pfad anfügen*. Einen Moment darauf verlässt der Text seine ursprüngliche Position und folgt stattdessen der Linie des Pfades.

Falls der Pfad kürzer ist als der Text, wird der Text entweder am Ende umknicken und der Pfadunterseite folgen oder abgeschnitten werden. Falls das passiert, müssen Sie den Pfad anpassen und es nochmals versuchen. Markieren Sie den Text, wählen Sie *Text > Von Pfad lösen* und benutzen Sie die Zeichenwerkzeuge, um den Pfad zu verlängern. Dann fügen Sie den Text wieder an.

Sichtbare Pfade erstellen

Wenn Sie einen Text an einen Pfad anfügen, verliert der Pfad seine *Pinselstrich-* und *Füllungseigenschaften* und alle *Effekte*. Er wird im Prinzip unsichtbar, nur seine Auswirkungen auf den angefügten Text bleiben sichtbar.

Was müssen Sie also machen, damit Sie einen Text um eine sichtbare Form drapieren können? Sie müssen zwei Versionen des Pfades erstellen, den Text um eine Version wickeln und die drei Objekte zusammenstellen. Das geht so:

1. Zeichnen Sie eine Form. Als Beispiel wird hier ein Kreis genommen.

2. Halten Sie die [Alt]-Taste (*Options-Taste* beim Mac) gedrückt und ziehen Sie den Kreis, um ihn zu duplizieren.

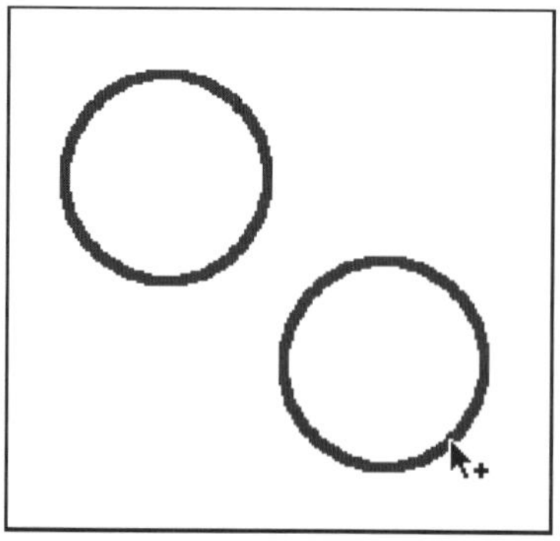

3. Bestimmen Sie *Pinselstrich* und *Füllung* für den Kreis, der sichtbar bleiben soll. Hier wurde die Einstellung *Bleistift, Graphit, 4 Pixel Breite* und *Strichfarbe #2A1F55* gewählt. Die *Füllung* war *Muster, Jeans*. Bestimmen Sie für den anderen Kreis nur einen dünnen *Bleistiftstrich*, so dass er gerade noch sichtbar ist.

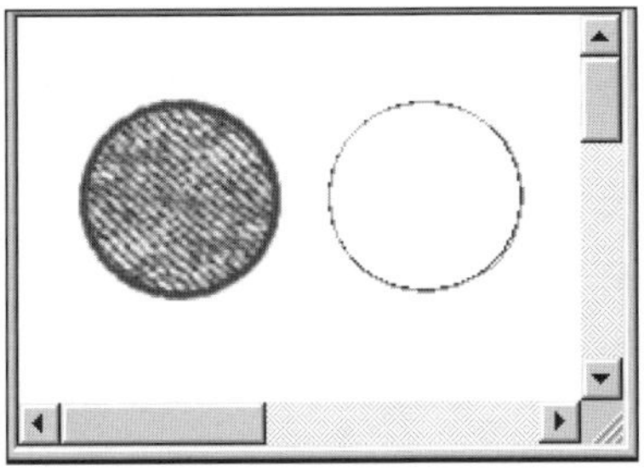

4 Schreiben Sie den Text, den Sie dem Kreis zuordnen möchten, und stellen Sie den gewünschten *Pinselstrich* und die *Füllung* ein. Hier wurde kein *Pinselstrich* gewählt und die *Füllung* war *einfarbig* mit der Farbe *#2A0000*.

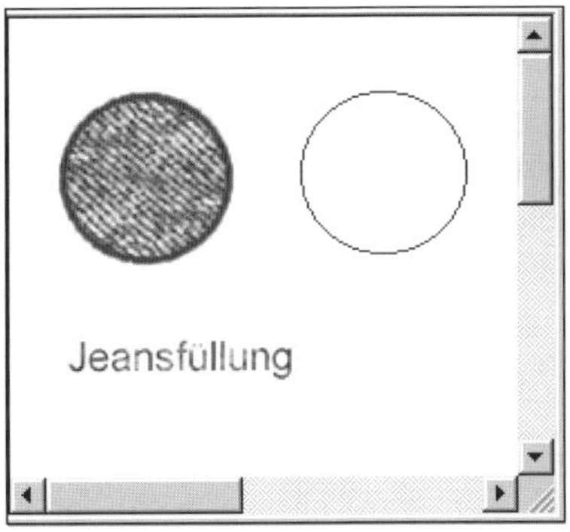

5 Fügen Sie den Text an den zweiten Kreis. Der Kreis verschwindet und der Text übernimmt seinen Pfad.

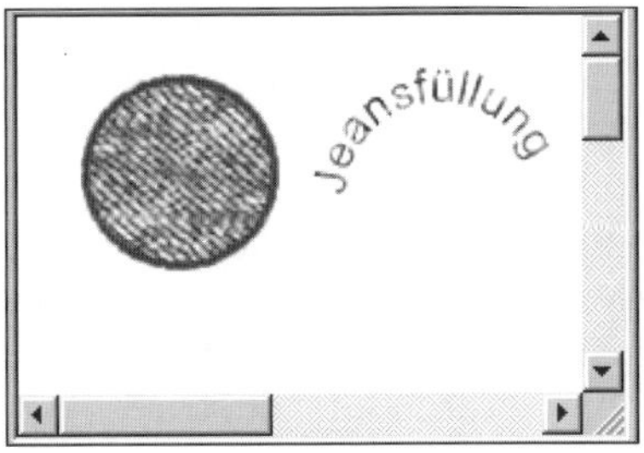

6 Ziehen Sie den Text und den Kreis an ihren jeweiligen Platz.

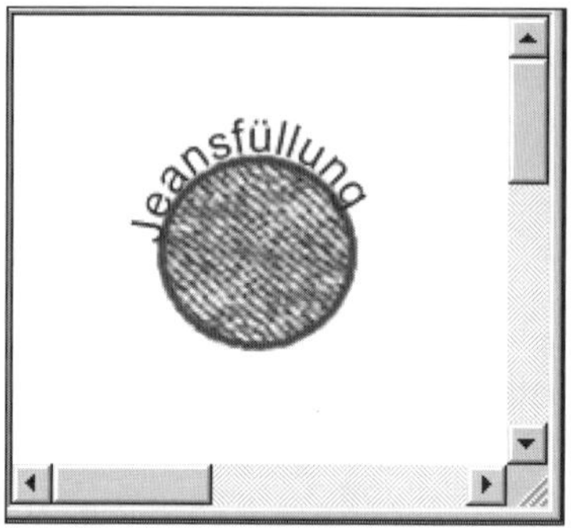

- Markieren Sie beide Kreise.
- Klicken Sie auf die Schaltfläche *Gruppieren* in der Werkzeugleiste.

Der Text ist jetzt dem ersten Objekt angefügt und an das zweite geklebt. Sie können dieses gruppierte Objekt auf der Leinwand verschieben wie ein einzelnes Objekt. Auch andere Arbeitsschritte, wie z.B. *Kopieren* und *Einfügen*, an der Gruppe vornehmen.

Texte zu Pfade konvertieren

Es ist wichtig, den Unterschied zwischen dem Gebrauch eines Pfades zum Formen von Text und der Umwandlung des Textes in ein normales Pfadobjekt zu verstehen. Sie können bei Textobjekten zwar die *Pinselstrich-* und *Füllungsoptionen* anwenden, nicht aber die Werkzeuge zum Modifizieren von Pfaden (in Kapitel 17 beschrieben).

Wenn Sie die Pfadbearbeitungswerkzeuge bei Texten anwenden möchten, ist das möglich, aber es muss ein hoher Preis dafür gezahlt werden. Der Vorgang an sich ist einfach. Markieren Sie den Text und wählen Sie dann *Text > Zu Pfad konvertieren*.

Der zu zahlende Preis ist, dass der Text nicht weiter bearbeitet werden kann. Sie verlieren also eine der stärksten Fähigkeiten von Fireworks. Der Text besteht dann nicht mehr aus Wörtern, sondern nur noch aus einer weiteren Anzahl Striche, Linien und Kurven. Falls Sie den Text später inhaltlich noch einmal verändern möchten, müssen Sie ganz von vorne anfangen.

Der Gebrauch des Befehls *Suchen und Ersetzen*

Fireworks hat eine Funktion *Suchen und Ersetzen*, die für mehr als nur das Ersetzen einzelner Wörter benutzt werden kann. Damit können auch Schriftgrößen, Farben und URLs ausgewechselt werden. Die Optionen dieses Befehls reichen von einer einzigen Auswahl bis zu gesamten Dokumenten.

Eine Suche starten

Um Zugriff auf das Bedienfeld *Suchen und Ersetzen* zu erhalten, wählen Sie *Fenster > Suchen und Ersetzen* oder *Bearbeiten > Suchen und Ersetzen* in der *Hauptmenüleiste*. Das Bedienfeld *Suchen und Ersetzen* wird dann angezeigt, siehe Abbildung 17.12.

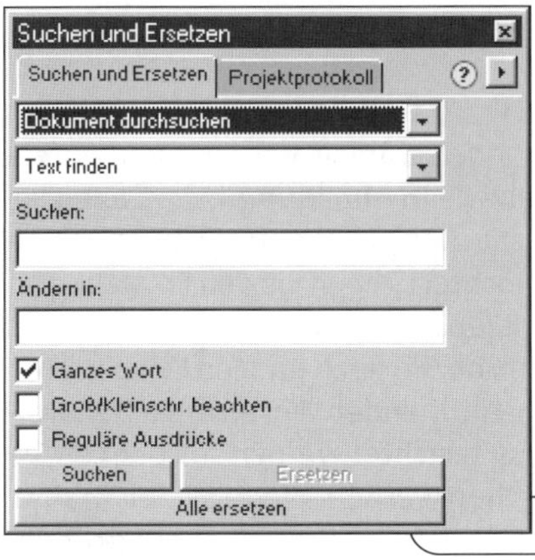

Das Bedienfeld *Suchen und Ersetzen*

Abb. 17.12

Wählen Sie *wo Sie suchen wollen* im obersten Dropdown-Listenfeld. Die Optionen sind *Auswahl, Dokument, Frame, Projektprotokoll* und *Dateien*. Alle möglichen Sucheinstellungen dieser Optionen sind identisch bis auf die Option *Dateien durchsuchen*. Wenn Sie *Dateien durchsuchen* wählen, wird das Dialogfenster *Öffnen* aufgerufen, wie Abbildung 17.13 zeigt. Suchen Sie in diesem Dialogfenster den gewünschten Ordner und wählen Sie Dateien aus, indem Sie die *Dateinamen* entweder doppelt anklicken oder einfach anklicken und dann die Schaltfläche *Hinzufügen* betätigen. Um alle Dateien eines Ordners auszuwählen, klicken Sie auf die Schaltfläche *Alle hinzufügen*. Die gewählten Dateien werden im unteren Feld des Dialogfensters angezeigt. Wenn Sie bereit sind fortzufahren, klicken Sie die Schaltfläche *Fertig* an.

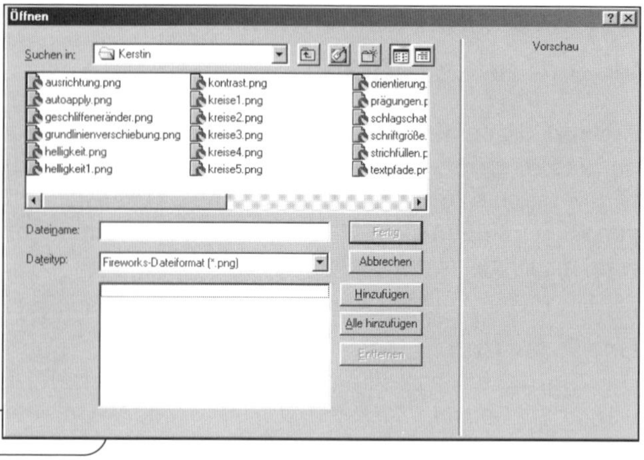

Das Dialogfenster *Öffnen*

Abb. 17.13

Als Nächstes wählen Sie eine Suchoption aus dem unteren Dropdown-Listenfeld. Die Suchoptionen sind *Text*, *Font* (Schriftart), *Farbe*, *URL* und *Non-Web216*.

Texte und URLs finden

Wenn Sie die Suchoption *Text finden* wählen, wird das Bedienfeld sich verändern und so aussehen wie in Abbildung 17.14. Geben Sie den Suchbegriff in das Textfeld *Suchen* ein. Wenn Sie ihn durch einen anderen Begriff ersetzen möchten, geben Sie den Ersatzbegriff im Textfeld *Ändern in* ein. Aktivieren Sie eine oder mehrere der drei Checkboxen, um zu bestimmen, ob Sie nach ganzen Wörtern (im Gegensatz zu teilweise übereinstimmenden Wörtern) suchen wollen, ob die Groß/Kleinschreibung beachtet werden soll oder ob Sie nach regulären Ausdrücken suchen werden. Wenn Sie fertig sind, klicken Sie auf die Schaltfläche *Suchen*, dann wird der Begriff gesucht.

Wenn Fireworks den Suchbegriff nicht finden kann, wird die Suche beendet und ein Dialogfenster erscheint, das die Meldung *Suchvorgang abgeschlossen* bringt. Wenn es einen Treffer gibt, wird er hervorgehoben. Sie können die Schaltfläche *Ersetzen* anklicken, dann wird der Begriff ausgewechselt, oder Sie können die Schaltfläche *Suchen* nochmals anklicken, dann wird der gefundene Begriff ignoriert und nach weiteren Treffern gesucht. Wenn Sie die Schaltfläche *Alle ersetzen* betätigen, läuft der Vorgang automatisch ab, ohne dass Sie weitere Entscheidungen treffen müssen.

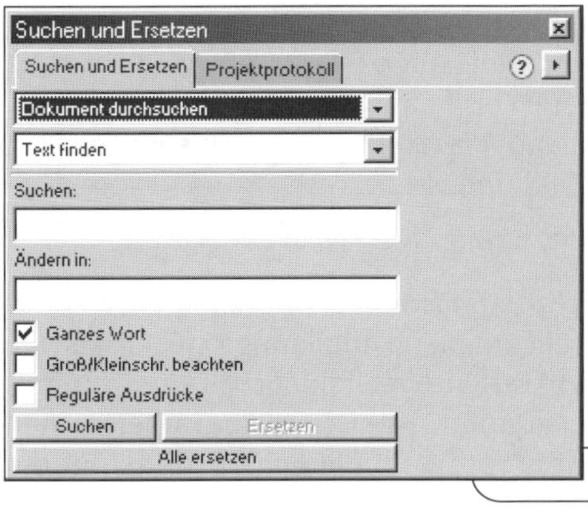

Texte finden

Abb. 17.14

Wenn Sie die Suchoption *URL finden* wählen, ist das Bedienfeld identisch mit dem der Suchoption *Text finden*. Die Vorgehensweise ist gleich wie die für *Text finden*. Geben Sie das gesuchte URL im Textfeld *Suchen* ein und, falls gewünscht, ein Ersatz-URL im Textfeld *Ändern in*.

Schriftarten finden

Wenn Sie die Suchoption *Font* (Schriftart) *finden* wählen, erhalten Sie einen anderen Satz Optionen, siehe Abbildung 17.15. Sie können die *Schriftart* aus dem ersten Dropdown-Listenfeld wählen und den *Stil* aus dem zweiten. Dann geben Sie die minimale und maximale Punktgröße in den Textfeldern *Min* und *Max* ein. Wahlweise können Sie auch auf die Pfeile rechts neben den Textfeldern klicken und Schiebregler aktivieren, deren Wertebereich zwischen 1 und 100 liegt.

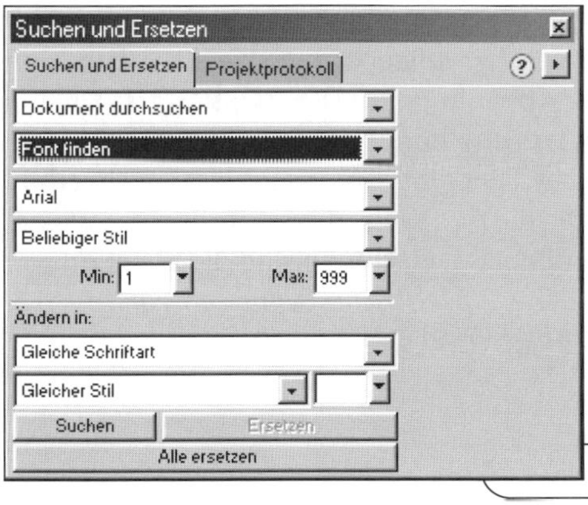

Fonts (Schriftarten) finden

Abb. 17.15

Im Bereich *Ändern in* wählen Sie die neue *Schriftart* aus dem ersten Dropdown-Listenfeld, den neuen *Stil* aus dem zweiten, und, falls gewünscht, die neue *Größe* aus dem dritten. Die Schaltflächen *Suchen*, *Ersetzen* und *Alle ersetzen* funktionieren genauso wie bei der Suchoption *Text finden*.

Farben finden

Wenn Sie die Suchoption *Farbe finden* wählen, rufen Sie ein wesentlich einfacheres Bedienfeld auf, siehe Abbildung 17.16. Klicken Sie den Pfeil rechts neben dem Farbauswahlfeld *Suchen* an, um Zugriff auf die Farbpalette zu erhalten, und wählen Sie eine Farbe. Machen Sie das Gleiche mit dem Farbauswahlfeld *Ändern in*. Im unteren Dropdown-Listenfeld können Sie bestimmen, ob der Farbwechsel auf *Pinselstriche*, *Füllungen*, *Füllungen & Pinselstriche*, *Alle Eigenschaften* oder *Effekte* angewandt werden soll. Die Schaltflächen *Suchen*, *Ersetzen* und *Alle ersetzen* funktionieren genauso wie bei der Suchoption *Text finden*.

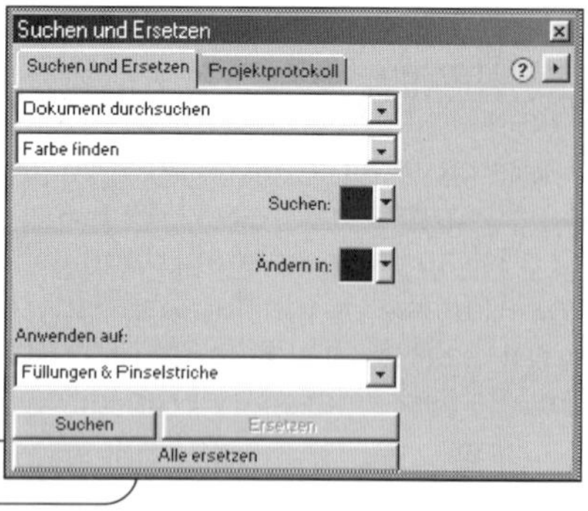

Farbe finden

Abb. 17.16

Wenn Sie Farben, die nicht dem HTML-Standard entsprechen, durch HTML-Standardfarben ersetzen wollen, wählen Sie die Suchoption *Non-Web216 finden*, siehe Abbildung 17.17. Diese Option ersetzt eine Farbe, die eine starke Rasterung benötigt, durch die nächste, die weniger Rasterung braucht. Hier gibt es keine Wahlmöglichkeiten, Alles ist voreingestellt. Die einzige Wahl, die Sie treffen, ist, wo die Farben ersetzt werden sollen. Die Optionen sind die gleichen wie bei der manuellen Farbsuche: *Pinselstriche*, *Füllungen*, *Füllungen & Pinselstriche*, *Alle Eigenschaften* und *Effekte*.

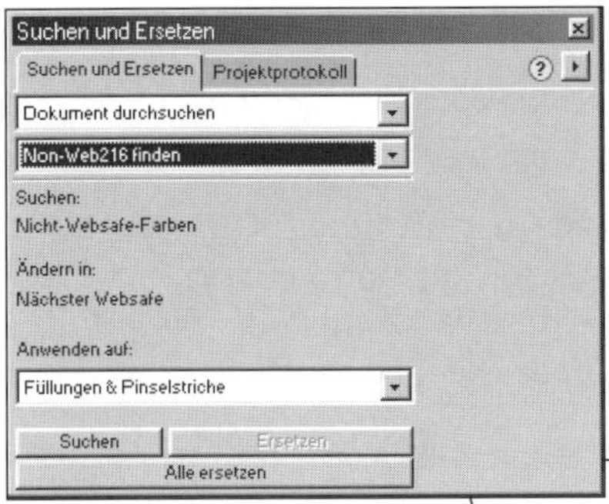

Non-Web216- Farben finden

Abb. 17.17

Pixelbearbeitung

Pixelbearbeitung, oder Grafikbearbeitung wie es bei Fireworks genannt wird, ist ein völlig normaler Bestandteil eines Grafikprogramms. Kurz gesagt, es ist das Erstellen von Bitmaps, d.h., eine Anzahl farbiger Vierecke wird auf die Leinwand gesetzt.

Obwohl Sie die Vorzüge der Vektorgrafiken bei Bitmaps verlieren, werden Sie manchmal nicht umhin können mit Bitmaps zu arbeiten. In Fireworks sind die Vorzüge des Arbeitens mit Vektorgrafiken für Sie nicht zu übersehen, da aber viele Bitmapgrafiken in die Welt gesetzt wurden, werden Sie früher oder später mit ihnen konfrontiert werden. Kapitel 20 enthält Informationen über das Importieren von Bitmaps in Fireworks.

Im Großen und Ganzen können Sie die in Kapitel 17 detailliert besprochenen Zeichenwerkzeuge des Objektzeichenmodus verwenden, bis auf einige Ausnahmen. Die folgenden Werkzeuge sind für die Pixelbearbeitung nicht verfügbar:

- Schreibstift
- Text
- Freiform
- Bereich umformen
- Pfadausbesserung

Wenn Sie eine dieser Symbolschaltflächen anklicken, verlassen Sie sofort den Grafikbearbeitungsmodus und landen im Objektbearbeitungsmodus.

Das *Messer*-Werkzeug ist eine Ausnahme. Im Objektmodus schneidet es Pfade. Im Grafikbearbeitungsmodus ist es nicht vorhanden, verwandelt sich aber in das Werkzeug *Radiergummi*, das wie der *Pinsel* funktioniert, außer dass es Pixel entfernt statt sie zu zeichnen.

Effekte anwenden

Fireworks ist mit einer Auswahl an Effekten, die auf Objekte angewandt werden können, bestückt. Es gibt z.B. Effekte zum Verändern von *Helligkeit* und *Kontrast* oder zum Hinzufügen von *Schlagschatten* und *Motion Trails*. Der *Motion Trail* Effekt ist eigentlich Teil eines Photoshop-Plug-Ins namens Eye Candy, das in Fireworks eingeschränkt verfügbar ist. Der Rest des Kapitels wird die Effekte beschreiben, die Sie bei Ihren Grafiken anwenden können.

Sie können Effekte wie folgt im Objekt- und im Grafikbearbeitungsmodus hinzufügen:

- Öffnen Sie das Bedienfeld *Effekt* (Hauptmenüpunkt *Fenster > Effekt*), um Effekte auf Vektorgrafiken (im Objektmodus) anzuwenden und klicken Sie auf den Pfeil rechts neben dem Fragezeichen – dann erscheint das Optionsmenü.
- Wählen Sie Effekte aus dem *Extras*-Menü der Hauptmenüleiste, um sie auf Bitmaps (im Grafikbearbeitungsmodus) anzuwenden.

Es gibt mehr Optionen im Bedienfeld *Effekt* als im *Extras*-Menü.

Photoshop-Plug-Ins hinzufügen

Viele Photoshop-Plug-Ins können in Fireworks als Effekte benutzt werden. Sie sind nicht immer so leicht zu handhaben wie die Fireworks-eigenen Effekte und ihre Verhaltensweisen können nur durch Versuche ausgelotet werden. Wenn Sie einige Photoshop-

Plug-Ins besitzen, die Sie in Fireworks ausprobieren wollen, müssen Sie sie auf folgende Weise zu Fireworks hinzufügen:

1. Öffnen Sie das Bedienfeld *Effekt*, indem Sie im Hauptmenü *Fenster > Effekt* auswählen. (Sie können auch die Schaltflächen *Objekt*, *Pinselstrich* oder *Füllen* anklicken und dann auf das Register *Effekt* im Bedienfeld klicken.)
2. Klicken Sie auf den Pfeil rechts vom Fragezeichen, um das Optionsmenü aufzurufen.
3. Wählen Sie *Plug-Ins suchen* aus dem Optionsmenü.
4. Rufen Sie den Ordner, der Ihre Photoshop-Plug-Ins enthält, im Dialogfenster *Ordner wählen* auf.
5. Klicken Sie entweder auf die Schaltfläche *Wählen* oder *Öffnen*.
6. Schalten Sie Fireworks aus und starten Sie es neu. Vorher können Sie die neuen Plug-Ins nicht verwenden, da sie beim Starten geladen werden.

Farbanpassungseffekte anwenden

Die Farbanpassungseffekte sind für echte Tüftler bestimmt, die die Farbtöne einer Grafik oder eines Objektes genau kontrollieren wollen. Die im Untermenü *Farbe anpassen* verfügbaren Effekte sind *Helligkeit/Kontrast*, *Kurven*, *Stufen*, *Auto-Stufe*, *Farbton/Sättigung* und *Umkehren*.

Tipp

Fireworks zeigt Veränderungen gleich, wenn Sie sie vornehmen. Wenn Sie Anpassungen nicht sehen wollen, während Sie sie justieren, deaktivieren Sie die Checkbox *Vorschau* des *Options*-Dialogfensters.

Helligkeit und Kontrast einstellen

Die Helligkeitseinstellung verringert den Anteil von Schwarz eines Objekts. Die Abbildung 17.17 zeigt drei Objekte mit verschiedenen Helligkeitsstufen.

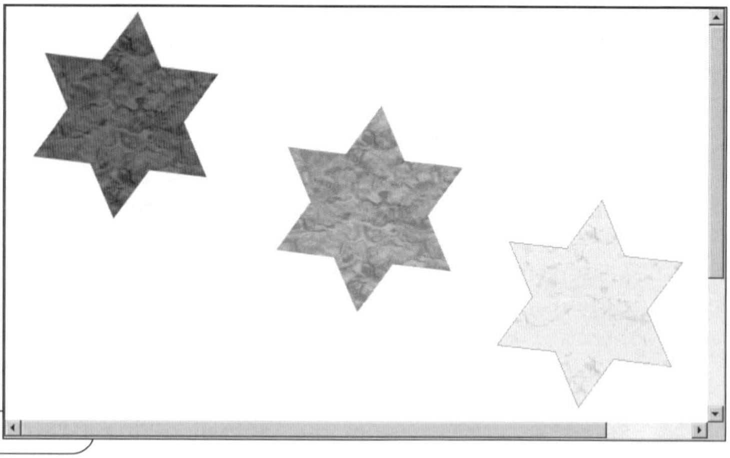

Objekte mit niedrigerer Helligkeit (links), normaler Helligkeit (Mitte) und höherer Helligkeit (rechts)

Abb. 17.18

Die Kontrasteinstellung verstärkt die Unterschiede zwischen Farbtönen. Die Abbildung 17.19 zeigt drei Objekte mit verschiedenen Kontrasteinstellungen.

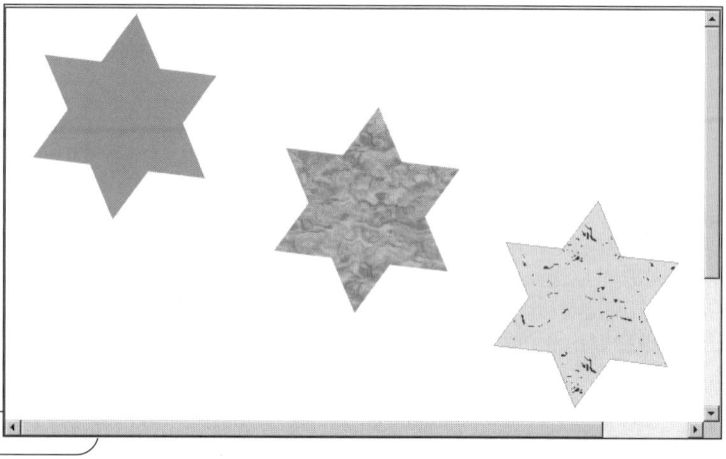

Objekte mit niedrigem Kontrast (links), normalem Kontrast (Mitte) und hohem Kontrast (rechts)

Abb. 17.19

Um diese Werte einzustellen, wählen Sie *Farbe anpassen > Helligkeit/Kontrast* (im Bedienfeld *Effekt* oder *Extras*-Menü). Dadurch wird das Dialogfenster *Helligkeit/Kontrast* aufgerufen, siehe Abbildung 17.20. Bewegen Sie die Helligkeits- und Kontrastregler nach links zum Verringern der Werte oder nach rechts zum Vergrößern. In beiden Fällen beträgt das Minimum –100 und das Maximum 100.

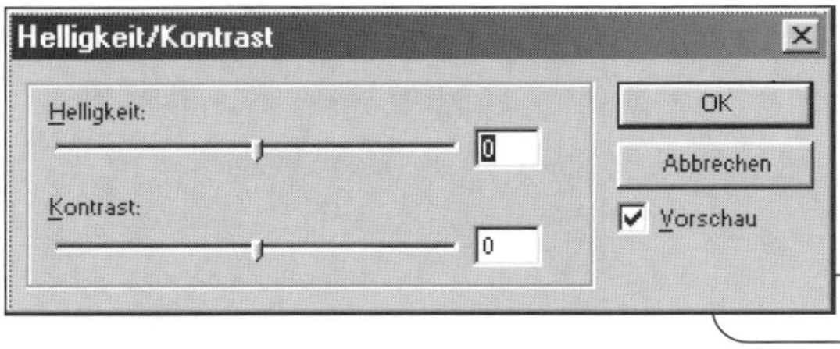

Das Dialogfenster *Helligkeit / Kontrast*

Abb. 17.20

Helligkeitskurven einstellen

Die Option *Kurven* des Menüs *Farbe anpassen* bietet eine weitere Möglichkeit die Helligkeit einzustellen. Sie können sie benutzen, um Licht-, Schatten- und Mitteltonbereiche Ihrer Grafik zu justieren und die Farbtonwerte auf eine gesamte Grafik oder einen einzigen Kanal anzuwenden.

Wenn Sie *Farbe anpassen > Kurven* (im Bedienfeld *Effekt* oder im *Extras*-Menü) anwählen, zeigt Fireworks das Dialogfenster *Kurven*, siehe Abbildung 17.21. Wählen Sie *RGB*, *Rot*, *Blau* oder *Grün* aus dem *Kanal*-Dropdown-Listenfeld.

Im Balkendiagramm befinden sich die niedrigsten Helligkeitswerte in der unteren linken Ecke, die höchsten in der oberen rechten Ecke (das Anklicken des schwarzen oder weißen Pfeils unterhalb des Balkendiagramms bewirkt eine Umkehrung). Die vertikalen Werte stellen die aktuellen dar und die horizontalen Werte diejenigen, in die sie verwandelt werden sollen. Klicken Sie die Diagonale im Diagramm am gewünschten Punkt an und ziehen Sie diesen Wert zu einer neuen Position. Die aktuellen und die neuen Werte werden in den Eingabe- und Ausgabetextfeldern unten im Dialogfenster angezeigt. Sie können die Werte auch direkt in die Textfelder eingeben, das Diagramm wird sich dann entsprechend anpassen.

Sie können auf eine der drei *Pipettenschaltflächen* unterhalb der Schaltfläche *Auto* klicken, um Werte für das Diagramm aufzunehmen. Die Pipetten funktionieren folgenderweise:

- Die rechte *Pipettenschaltfläche* ist für den Lichtbereichswert (höchste Helligkeitsstufe) bestimmt.
- Die linke *Pipettenschaltfläche* ist für den Schattenbereichswert (niedrigste Helligkeitsstufe) bestimmt.
- Die mittlere *Pipettenschaltfläche* bestimmt den Mitteltonbereichswert (Durchschnittshelligkeit).

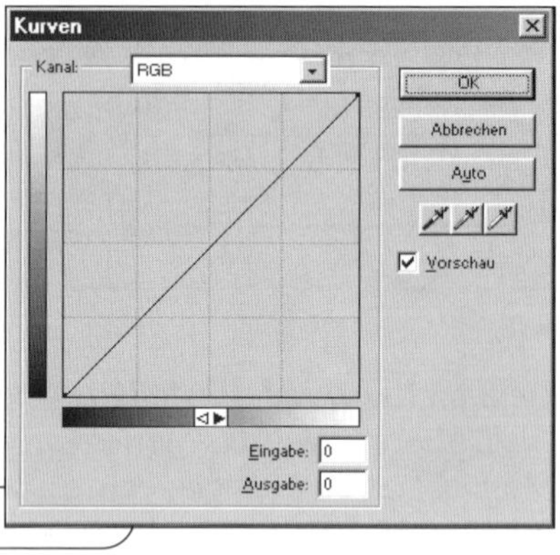

Das Dialogfenster *Kurven*

Abb. 17.21

Klicken Sie dann auf irgendeine Farbe in Ihrer Grafik, um diesen Wert für den Licht-, Schatten- oder Mitteltonbereich – je nach aktivierter Pipette – festzusetzen.

Wenn Sie Fireworks die Wertebestimmung überlassen wollen, klicken Sie auf die Schaltfläche *Auto*.

Helligkeitsstufen einstellen

Der *Stufeneffekt* bietet noch eine weitere Möglichkeit zur Bestimmung der Helligkeit einer Grafik. Um die Helligkeitsstufen einzustellen, wählen Sie *Farbe anpassen > Stufen* (im Bedienfeld *Effekt* oder im *Extras*-Menü). Das in Abbildung 17.22 gezeigte Dialogfenster *Stufen* öffnet sich dann. Wählen Sie *RGB, Rot, Blau* oder *Grün* aus dem *Kanal*-Dropdown-Listenfeld.

Im Diagramm sind die Schattenbereichswerte auf der linken Seite, die Mitteltonbereichswerte in der Mitte und die Lichtbereichswerte sind auf der rechten Seite. Die vertikalen Spitzenwerte zeigen die Anzahl von Pixel einer gegebenen Helligkeitsstufe.

Oberhalb des Diagramms befinden sich die drei Textfelder *Eingabestufen*: das erste zeigt den Schattenbereichswert, das zweite den Mitteltonbereichswert und das letzte den Lichtbereichswert. Unterhalb des Diagramms sind drei Schiebreglerpfeile, die den drei Textfeldern entsprechen. Sie können entweder die Schieberegler bewegen oder Werte direkt in die Textfelder eingeben, um die Farbtonwerte zu verändern.

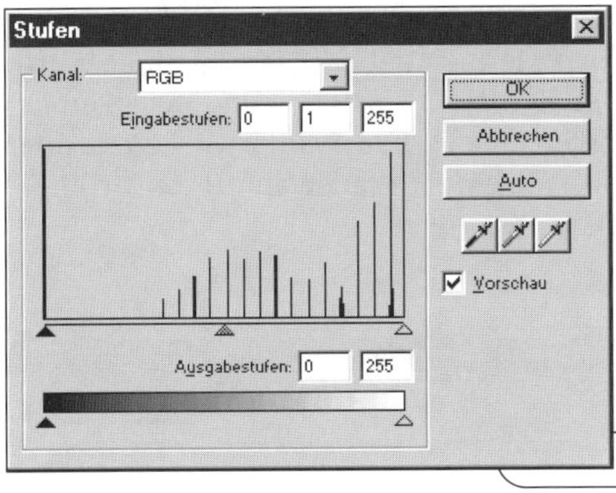

Das Dialogfenster *Stufen*

Abb. 17.22

Unter im Dialogfenster sind zwei weitere, Textfeldern zugeordnete Schiebreglerpfeile. Sie sind für die Ausgabestufen bestimmt und kontrollieren den Kontrast der Grafik. Wie bei den Eingabestufen können Sie die Werte direkt in die Textfelder eingeben oder mittels Schiebregler steuern.

Wie das Dialogfenster *Kurven* hat auch das *Stufen*-Dialogfenster drei *Pipettenschaltflächen*, mit denen Sie Farbtonwerte für das Diagramm aufnehmen können, sowie eine Schaltfläche *Auto*. Sie funktionieren genauso wie oben erklärt.

Die Option *Farbe anpassen > Auto Stufe* funktioniert genau wie die *Stufenoption*, außer dass sie, wie der Name besagt, die Einstellungen für Sie erledigt. Es ist genauso, als ob Sie die Schaltfläche *Auto* des Dialogfensters *Stufen* verwendeten. Da keine Einstellungen für die Option *Auto Stufe* nötig sind, wählen Sie sie einfach aus dem Untermenü und Fireworks nimmt die Veränderungen vor.

Farbton und Sättigung einstellen

Der *Farbton/Sättigungseffekt* ermöglicht die Einstellungen des Farbtons, der Sättigung und der Helligkeit. Der Farbton ist die verwendete Farbe, die Sättigung ist der Anteil einer Grundfarbe (Rot, Grün oder Blau), oder die Farbintensität einer gegebenen Farbe und die Helligkeit ist der Weißanteil einer Farbe. (Siehe Kapitel 6, *Farbe benutzen*, für mehr Informationen zu FSH-Werten.)

Zur Bestimmung der FSH-Werte, wählen Sie *Farbe anpassen > Farbton/Sättigung*, damit das Dialogfenster *Farbton/Sättigung*, siehe Abbildung 17.23, sich öffnet. Bewegen Sie die Schiebregler, um die Werte für Farbton, Sättigung und Helligkeit einzustellen.

Wahlweise können Sie die Werte auch direkt in die Textfelder rechts neben den Schiebreglern eingeben. Die zulässigen Werte für den Farbton sind -170 bis 170, für Sättigung und Helligkeit betragen sie -100 bis 100. Um eine Farbauswahl in Grauskala oder umgekehrt eine Grauskala in eine Farbauswahl zu konvertieren, aktivieren Sie die Checkbox *Kolorieren*.

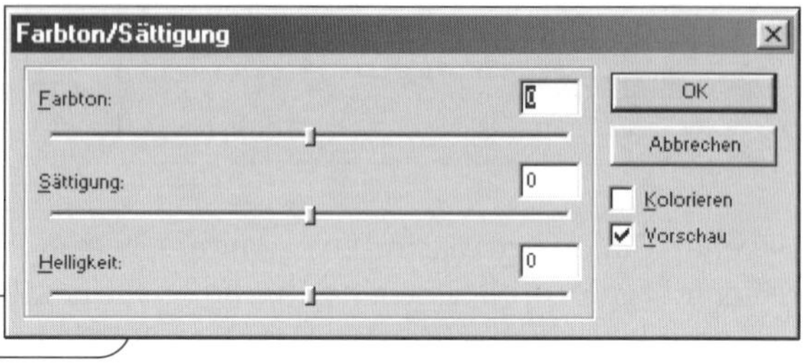

Das Dialogfenster *Farbton/Sättigung*

Abb. 17.23

Farben umkehren

Der *Umkehren-Effekt* ist ein weiterer Effekt ohne Optionen. Er ersetzt einfach nur die Farben im markierten Bereich durch ihre Gegenteile, z.B. Blau wird zu Gelb und Weiß zu Schwarz. Zum Anwenden, wählen Sie *Farbe anpassen > Umkehren* (im Bedienfeld *Effekt* oder im *Extras*-Menü).

Geschliffene Ränder erstellen

Geschliffene Ränder schaffen eine Art Rahmen für Objekte, der ihnen das Aussehen gibt, als wären sie aus einem drei-dimensionalen Block gehauen. Dieser Effekt entsteht, wenn die Ränder des Objekts abgeschrägt erscheinen.

Tipp

Die Option *Geschliffen und Prägen* steht nur für Vektorgrafiken bereit. Auf Bitmapgrafiken kann diese Option nicht angewendet werden und sie kann auch nicht über das *Extras*-Menü aufgerufen werden, sondern nur über das Bedienfeld *Effekt*.

Sie können innen und außen geschliffene Ränder erstellen. Der Innenschliff geht vom Rand eines Objekts aus und fügt die Abschrägung so ein, dass das Objekt seine Größe behält. Der Außenschliff fügt die Abschrägung dem äußeren Rand des Objekts hinzu, so dass das Objekt etwas größer wird. Die Abbildung 17.24 zeigt das gleiche Objekt mit Innen- und Außenschliff und mit beiden Schliffen zugleich.

Objekte mit innerem Schliff (links), äußerem Schliff (Mitte) und beiden Schliffen (rechts)

Abb. 17.24

Erstellen Sie geschliffene Ränder, indem Sie *Geschliffen und Prägen > Außen geschliffen* oder *Innen geschliffen* im Bedienfeld *Effekt* wählen. Die Standardschliffeinstellungen werden angewandt und das Bedienfeld zeigt die eingestellten Werte. Abbildung 17.25 zeigt Einstellungen für *Außen geschliffen*. Sie sind identisch mit denen für *Innen geschliffen*, mit einer Ausnahme: ein Innenschliff hat keine Farboptionen, da er die Farbe des Objekts annimmt.

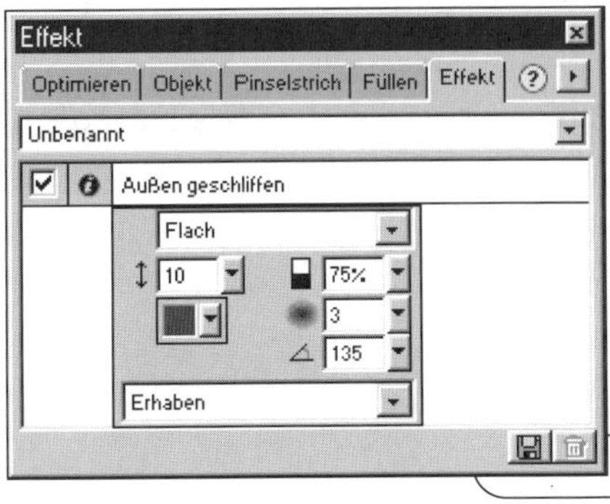

Außenschliffeinstellungen

Abb. 17.25

Das erste Dropdown-Listenfeld im Bedienfeld kontrolliert die *Neigung* des Schliffs. Die Standardeinstellung ist *Flach*. Weitere Wahlmöglichkeiten sind: *Glatt, Abfallend, Frame 1, Frame 2, Ring* und *Kräuseln*.

Wenn Sie die Breite verändern wollen, geben Sie die Pixelbreite im linken Textfenster unterhalb des *Neigungslistenfeldes* ein. Stattdessen können Sie aber zum Aktivieren eines Schiebreglers auf den Pfeil neben dem Textfeld klicken. Der Schiebregler hat einen Wertebereich von 0 bis 35.

Das erste der drei Textfelder auf der rechten Seite kontrolliert den Kontrast zwischen den Schliffrändern oben links und unten rechts. Sie können einen Wert in das Textfeld eingeben oder den Schiebregler benutzen. Der Wert muss sich zwischen 0% und 100% befinden.

Das Textfeld direkt unterhalb des Kontrasttextfeldes kontrolliert die Weichzeichnungsgrade des Schliffs. Es wird genauso bedient wie das Kontrasttextfeld und der Wert muss zwischen 1 und 10 (am weichsten) fallen.

Das unterste der drei Textfelder ist etwas verschieden. Es bestimmt den Einfallswinkel des Lichts, das scheinbar auf den Schliff fällt. Es kontrolliert also, wo Licht und Schatten auf den Schliff fallen. Sie können einen Wert zwischen 0° und 360° direkt in das Textfeld eingeben. Wenn Sie auf den Pfeil rechts neben dem Textfeld klicken, erscheint ein Rädchen statt eines Schiebreglers, siehe Abbildung unten. Wenn Sie verschiedene Punkte um den Rand des Rädchens anklicken, verändern Sie den Winkel. Der Punkt auf dem Rädchen zeigt die Richtung, aus der das Licht einfällt.

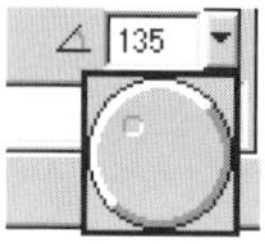

Das Dropdown-Listenfeld im unteren Teil des Bedienfeldes präsentiert Ihnen eine Auswahl von Fireworks vorbestimmten *Schaltflächenstilen*. Sie haben die Wahl zwischen *Erhaben*, *Hervorgehoben*, *Eingelassen* und *Umgekehrt*.

Wenn Sie die Einstellungen beendet haben, klicken Sie irgendwohin außerhalb des Bedienfeldes.

Objekte prägen

Eine Prägung bewirkt einen drei-dimensionalen Effekt, weil sie den Anschein erweckt, als sei ein Objekt in die Leinwand eingelassen oder auf sie aufgesetzt. Dieser Effekt funktioniert besonders gut bei Schriften oder anderen scharfkantigen Objekten.

Sie haben die Wahl zwischen den Effekten *Senkprägung* oder *Reliefprägung*. Der *Senkprägungseffekt* scheint die Grafik in die Webseite abzusenken, während die *Reliefprägung* umgekehrt funktioniert. Abbildung 17.26 zeigt das gleiche Objekt mit *Senk-* und *Reliefprägung*.

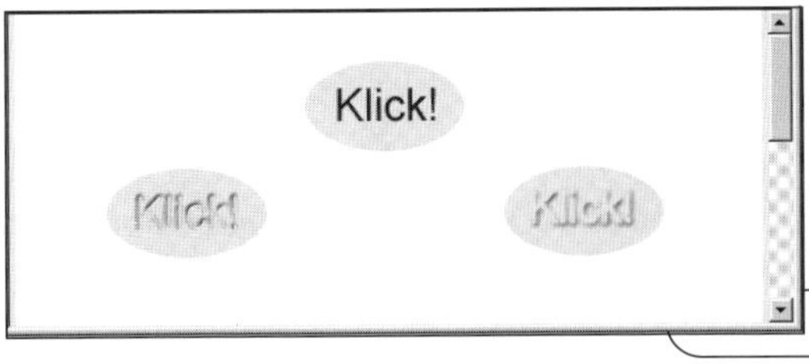

Senkprägung (unten links) und *Reliefprägung* (unten rechts)

Abb. 17.26

Wählen Sie *Geschliffen und prägen* > *Senkprägung* oder *Reliefprägung* aus dem Bedienfeld *Effekt*. Die Standardeinstellungen werden angewandt, das *Bearbeitungsbedienfeld* zeigt die aktuellen Werte, siehe Abbildung 17.27. Es gibt keine Unterschiede zwischen den beiden Prägeeffekten in den Einstellungsmöglichkeiten.

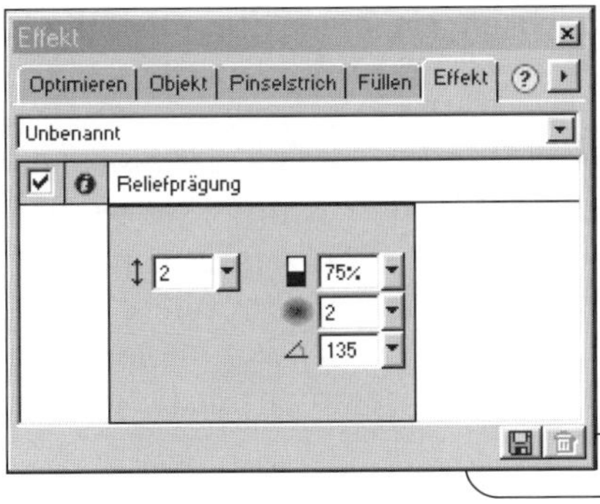

Die Prägungseinstellungen

Abb. 17.27

Die Einstellungen entsprechen denjenigen für Schliffe (siehe oben). Sie können die Pixelbreite im Textfeld (auf der linken Seite des Bedienfelds) einstellen oder den Schiebregler benutzen. Die drei Textfelder auf der rechten Seite steuern den Kontrast, die Weichzeichnung und Lichteinfallswinkel der Prägungen.

Wenn Sie die Einstellungen beendet haben, klicken Sie irgendwohin außerhalb des Bedienfeldes.

Weichzeichnungseffekte anwenden

In Fireworks stehen drei verschiedene *Weichzeichnungseffekte* zur Verfügung: *Weichzeichnen*, *Stärker weichzeichnen* und *Gauß-Verwischen*. Warum sollte überhaupt jemand eine Grafik oder ein Objekt verschwommen darstellen wollen? Die häufigste Verwendung für das *Weichzeichnen* ist wahrscheinlich das Vortäuschen von Entfernung.

Wenn ein Objekt verschwommen erscheint und ein anderes scharf eingestellt ist, wird das verschwommene Objekt als weiter entfernt wahrgenommen als das scharfe. Dieser Effekt ist besonders ausgeprägt, wenn das verschwommene Bildteil offensichtlich dem Hintergrund der Leinwand zugehört, wie z.B. eine Strandszene. Wenn ein scharf eingestelltes Bild mit Personen in die Mitte einer solchen verschwommenen Szene importiert wird, scheint es, als würden sie direkt in den Vordergrund springen.

Auf Webseiten möchten Sie diesen Hintergrund-Effekt vielleicht verwenden. Eines der Hauptprobleme der meisten Grafiken, die für den Hintergrund bestimmt sind, ist das Vorhandensein scharfkantiger Umrisse, die die Leserlichkeit von Texten beeinträchtigen. Das Weichzeichnen entschärft diese Umrisse.

Weichzeichnen und *Stärker weichzeichnen* sind Effekte ohne Einstellungsoptionen. Um sie zu gebrauchen, wählen Sie einfach *Weichzeichnen* > *Weichzeichnen* oder *Stärker weichzeichnen* (im Bedienfeld *Effekt* oder im *Extras*-Menü). Die Option *Stärker weichzeichnen* lässt Objekte dreimal so stark verschwimmen wie die Option *Weichzeichnen* und sie können zusammen auf das gleiche Objekt angewandt werden.

Die Option *Gauß-Verwischen* ermöglicht Ihnen eine größere Kontrolle des *Weichzeichnungseffekts* als die anderen Optionen. Wenn Sie *Weichzeichnen* > *Gauß-Verwischen* wählen (im *Effektbedienfeld* oder im *Extras*-Menü), wird das markierte Objekt weichgezeichnet mit der Standardeinstellung 4.1 und das Dialogfenster *Gauß-Verwischen* erscheint, siehe Abbildung 17.28. Tippen Sie einen Wert ein oder bewegen Sie den Schiebregler nach links, um die Weichzeichnung zu verringern, oder nach rechts, um sie zu verstärken. Der Minimalwert beträgt 0.1, der Maximalwert 250. Wenn Sie zufrieden mit dem Grad der Weichzeichnung sind, klicken Sie auf die *OK*-Schaltfläche.

Das Dialogfenster *Gauß-Verwischen*

Abb. 17.28

Weichzeichnungsgrade über 10 sind meistens nicht notwendig. Werte, die in den Hunderten liegen, brauchen ewig, um aufgebaut zu werden.

Objekte scharf stellen

Die Filter zum *Scharf stellen* sind fast das Gegenstück zu den Weichzeichnungsfiltern. Obwohl Sie auch das schärfste Bild weichzeichnen können, funktioniert das umgekehrt nicht. Ein wirklich unscharfes Foto kann z.B. nicht perfekt werden, egal wie scharf gestellt es wird. Trotzdem ist der *Scharf stellen*-Effekt oft gut genug, um ein schwaches Bild so zu verbessern, dass es akzeptabel wird.

Wie die Optionen *Weichzeichnen* und *Stärker weichzeichnen*, haben die Effekte *Scharf stellen* und *Schärfer stellen* keine Einstellungsparameter. Wählen Sie einfach *Scharf stellen > Scharf stellen* oder *Schärfer stellen* (im *Effektbedienfeld* oder im *Extras*-Menü), um die Effekte anzuwenden. *Schärfer stellen* schärft dreimal so stark wie *Scharf stellen* und beide Effekte können auf das gleiche Objekt angewandt werden.

Für das Scharfstellen ist der Filter *Maske weichzeichnen* das, was der Filter *Gauß-Verwischen* für das Weichzeichnen ist. Sie können damit den Grad des Schärfens kontrollieren. Wenn Sie *Scharf stellen > Maske weichzeichnen* wählen, wird das markierte Objekt geschärft mit der Standardeinstellung und das Dialogfenster *Maske weichzeichnen* erscheint, siehe Abbildung 17.29.

Dieses Dialogfenster hat drei Schiebregel- bzw. Textfeldeinstellungen. (Die Werte können wie gehabt direkt in die Textfelder eingegeben werden.)

- Bewegen Sie den Schiebregler *Scharf stellen* nach links, um die Schärfe zu verringern, oder nach rechts, um sie zu verstärken. Der Minimalwert beträgt 1, der Maximalwert 500, der Standardwert 50.

- Bewegen Sie den Schiebregler *Pixelradius* nach links, um den Schärfebereich zu verkleinern, oder nach rechts, um ihn zu vergrößern. Der Minimalwert ist 0.1, der Maximalwert 250, der Standardwert 4.1.

Bewegen Sie den Schiebregler *Grenze* nach links, um die Zahl der Pixel, die scharf gestellt werden, zu verringern, oder nach rechts, um die Zahl zu vergrößern. Der Minimalwert ist 0, der Maximalwert 255, der Standardwert 0.

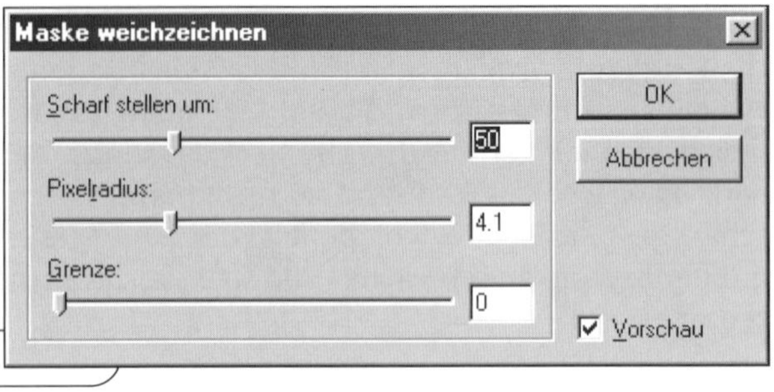

Das Dialogfenster *Maske Weichzeichnen*

Abb. 17.29

Tipp

Die Einstellung *Grenze* bezieht sich auf den Kontrast. Alles mit einem höheren Kontrastwert als dem Grenzwert wird schärfer gestellt.

Transparente Verlaufsfüllungen erstellen

Mit der Option *Andere > In Alpha-Kanal konvertieren* kann eine transparente Verlaufsfüllung erstellt werden. Es wird ein Objekt mit einer Verlaufsfüllung kreiert, deren Transparenz von einer Seite zur anderen zunimmt bzw. abnimmt. Die besten Resultate werden mit starken Kontrasten wie z.B. Schwarz/Weiß erzielt. Abbildung 17.30 zeigt ein Rechteck mit diesem Effekt.

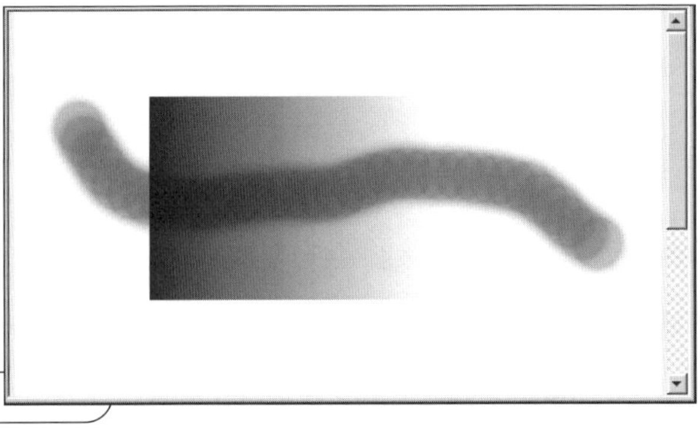

Eine transparente Verlaufsfüllung

Abb. 17.30

Um eine transparente Verlaufsfüllung zu erstellen, zeichnen Sie ein Objekt mit einer Verlaufsfüllung. Markieren Sie dann das Objekt und wählen Sie *Andere > In Alpha-Kanal konvertieren* (im Bedienfeld *Effekt* oder im *Extras*-Menü).

Ränder suchen

Der Effekt *Ränder suchen* stellt fest, wo die größeren Farbwechsel in einer Grafik stattfinden. Die Linien entlang dieser Farbfelder werden nachgezogen und der Rest der Grafik wird schwarz dargestellt. Die Abbildung 17.31 zeigt eine Grafik, bevor und nachdem der Effekt angewendet wurde.

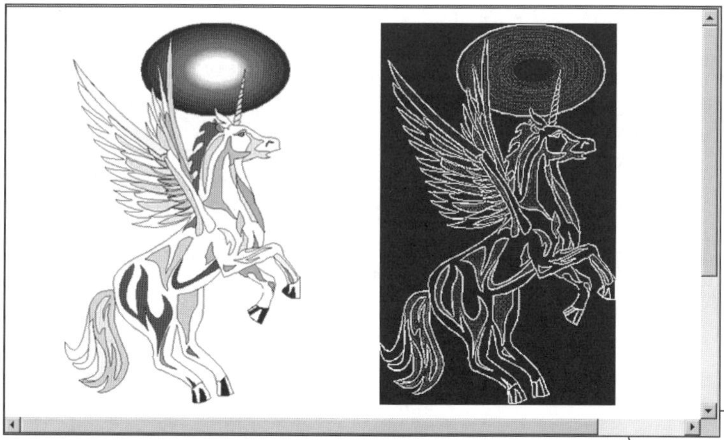

Der Effekt *Ränder suchen* vor der Anwendung (links) und danach (rechts)

Abb. 17.31

Markieren Sie einfach das Objekt, auf das Sie den *Ränder suchen*-Effekt anwenden möchten, und wählen Sie *Andere > Ränder suchen* (im Bedienfeld *Effekt* oder im *Extras*-Menü).

Schatteneffekte hinzufügen

Sie können einem Objekt einen *Schlagschatten* oder einen *Inneren Schatten* hinzufügen. *Schlagschatten* fügen einen dunklen Schatten, meist seitlich unter einem Objekt, hinzu. Die Platzierung ist jedoch einstellbar. Sie erzeugen einen drei-dimensionalen Effekt bei Texten und Formen. Je komplexer ein Objekt, desto unwahrscheinlicher ist es, dass der *Schlagschatteneffekt* sein Aussehen verbessert. *Innere Schatten* funktionieren ähnlich, sie sind lediglich auf das Innere von Objekten beschränkt. Abbildung 17.32 zeigt beide Arten.

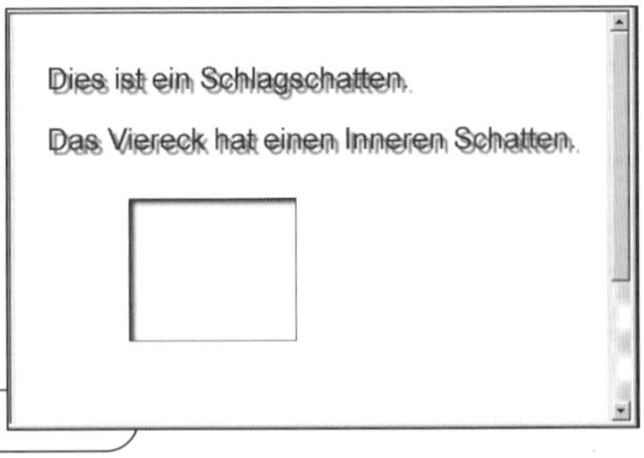

Ein Text mit *Schlagschatten*, eine Form mit *Innerem Schatten*

Abb. 17.32

Tipp

Die *Schatten-* und *Glüheffekte* sind nur bei Vektorgrafiken verfügbar. Sie können nicht auf Bitmapgrafiken angewendet werden und können auch nicht über das *Extras*-Menü aufgerufen werden, sondern nur im *Effektbedienfeld*.

Um einen Schatten einzufügen, wählen Sie *Schatten und Glühen > Schlagschatten* oder *Innerer Schatten* im Bedienfeld *Effekt*. Der Standardschatten wird eingefügt und das Bedienfeld zeigt die aktuellen Werte, siehe Abbildung 17.33.

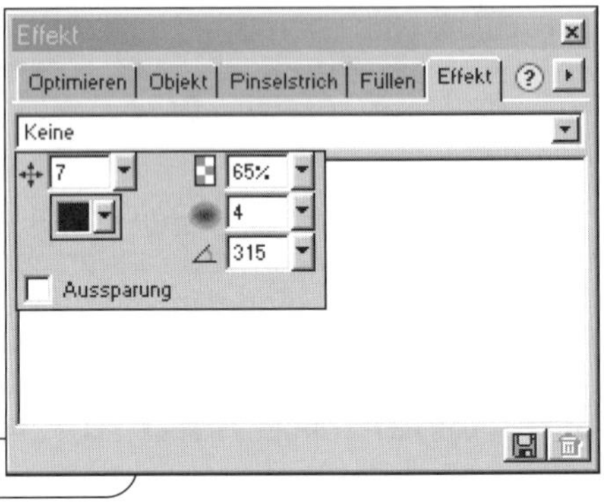

Die Schatteneinstellungen

Abb. 17.33

Um die *Distanz* des Schattens vom Objekt einzustellen, geben Sie einen Wert (in Pixel) in das obere linke Textfeld ein. Wahlweise können Sie auch den Schiebregler, der aktiviert wird, wenn Sie auf den Pfeil rechts vom Textfeld klicken, benutzen. Der Wertebereich reicht von 0 bis 100. Klicken Sie dann auf den Pfeil rechts neben dem

Farbauswahlfeld und rufen Sie eine Farbpalette auf, aus der Sie eine Farbe wählen.

Das erste der drei Textfelder auf der rechten Seite steuert den Grad der *Opazität* des Schattens. Sie können entweder einen Wert in das Textfeld eingeben oder den Schiebregler benutzen. Der Wert muss zwischen 0% und 100% liegen.

Das Textfeld direkt unter der Kontrasteinstellung steuert die *Weichzeichnung* des Schattens. Es funktioniert genau wie die Steuerung der *Opazität* und der Wertebereich liegt zwischen 1 und 30 (höchste Weichzeichnung).

Das unterste der drei Textfelder ist etwas unterschiedlich. Es steuert den *Einfallswinkel* vom Licht, das den Schatten zu verursachen scheint. Sie können einen Wert zwischen 0 und 360 direkt in das Textfeld eingeben. Wenn Sie den Pfeil neben dem Textfeld anklicken, erscheint ein Rädchen (genau wie bei der *Lichteinfallswinkelkontrolle* des Schliffs). Indem Sie auf verschiedene Punkte um den Rand des Rädchens herum klicken, verändern Sie die Winkelwerte. Beim *Schlagschatten* entspricht der Punkt auf dem Rädchen der Lage des Schattens. Beim *Inneren Schatten* stehen Punkt und Schatten sich gegenüber.

Das Aktivieren der Checkbox *Aussparung* unten im Bedienfeld macht das Objekt unsichtbar, nur der Schatten bleibt bestehen. Ein *Schlagschatten* mit aktivierter *Aussparung* ist einer *Reliefprägung* ziemlich ähnlich.

Wenn Sie fertig sind, klicken Sie irgendwohin außerhalb des Bedienfeldes.

Glüheffekte hinzufügen

Glüheffekte ähneln Schatten, aber sie sind etwas leuchtender. *Glüheffekte* werden oft mit Lichtkränzen verglichen. Sie haben die Wahl zwischen den Effekten *Glühen* und *Inneres Glühen*.

Um einen *Glüheffekt* zu verwenden, wählen Sie *Schatten und Glühen > Glühen* oder *Inneres Glühen* im Bedienfeld *Effekt*. Der Standardglüheffekt wird implementiert und das Bedienfeld zeigt die aktuellen Einstellung, siehe Abbildung 17.34.

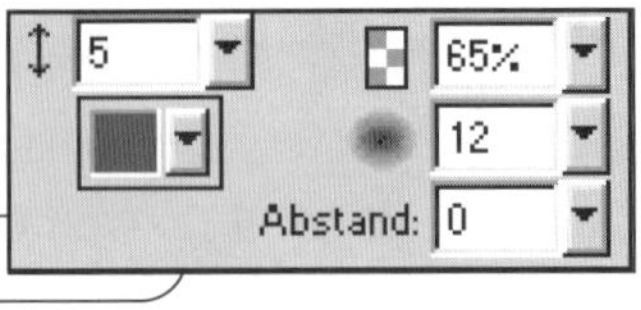

Die Glüheffekteinstellung

Abb. 17.34

Die obere linke Einstellung steuert die *Pixelbreite* des Glüheffekts. Sie können einen Wert direkt in das Textfeld eingeben oder auf den Pfeil klicken und den Schiebregler benutzen. Die Werte liegen zwischen 1 und 35. Klicken Sie dann auf den Pfeil rechts neben dem Farbauswahlfeld, um auf die Farbpalette zuzugreifen und eine Farbe wählen zu können.

Die ersten beiden Textfelder auf der rechten Seite funktionieren genauso wie die der *Schatten* (oben erklärt). Das erste Textfeld steuert den *Opazitätsgrad* des Lichtkranzes und das zweite die *Weichzeichnung*.

Das untere Textfeld bestimmt die *Entfernung* des Lichtkranzes vom Objektrand. Das *Innere Glühen* wird in Richtung Objektmitte versetzt, das normale *Glühen* wird vom Rand aus nach außen verschoben. Die *Lichtkranzentfernung* wird genau wie die *Kontrast-* und *Opazitätseinstellungen* bedient. Die Werte reichen von 0 bis 30.

Eye Candy 3.1 LE anwenden

Eye Candy ist der bei Fireworks mitgelieferte Photoshop-Plug-In. Das Programm liefert zwei Effekte: *Cutout* und *Motion Trail*.

Den Cutout-Effekt *anwenden*

Der *Cutout-Effekt* gleicht genau einem *Inneren Schatten* mit aktivierter *Aussparung*. Der Effekt erstellt einen Schatten, dessen zugehöriges Objekt verschwindet. Es gibt jedoch einige weitere Optionen. Um den Effekt anzuwenden, führen Sie die folgenden Arbeitsschritte aus:

1. Wählen Sie *Eye Candy > Cutout*. Das markierte Objekt erhält einen Schatten, der den Standardeinstellungen entspricht, und das Dialogfenster *Cutout* erscheint, siehe Abbildung 17.35. Bei der großen weißen Fläche unten rechts handelt es sich um ein *Vorschaufenster*.

2 Bestimmen Sie die *Richtung* des Schattens, indem Sie den Knopf auf dem Ring (*Distance*) in der oberen linken Ecke bewegen (wie bei den Schatteneffekten in Fireworks).

3 Klicken Sie in das Farbauswahlfeld *Shadow Color*, um die Farbpalette aufzurufen. Wählen Sie eine Farbe für den Schatten.

4 Klicken Sie auf die Schaltfläche *Solid Fill* (Füllung), um eine Füllfarbenfunktion ein- oder auszuschalten. (*Cutout* setzt die Füllfarbeneinstellungen von Fireworks außer Kraft.)

5 Klicken Sie in das Farbauswahlfeld *Fill Color* (Füllfabe), um eine Farbpalette aufzurufen, und wählen Sie eine Füllfarbe für das Objekt.

6 Wählen Sie eine *Schattenart* aus dem Dropdown-Listenfeld oberhalb des *Vorschaufensters*. Die anderen Einstellungen werden durch die Standardeinstellungen des gewählten Schattens verändert.

7 Bewegen Sie die Schiebregler *Distance* (Entfernung), *Blur* (Weichzeichnung) und *Opacity* (Opazität) je nach Wunsch, zur individuellen Einstellung des Schattens. Sie können auch direkt Werte in die Textfelder rechts neben den Schiebreglern eingeben.

8 Verändern Sie die Größe der *Vorschauansicht*, indem Sie auf die Schaltflächen rechts und links des *Vergrößern/ Verkleinern-Feldes* (Zoomfunktion, in Prozent) klicken.

9 Wenn Sie die Einstellungen zu Ihrer Zufriedenheit beendet haben, klicken Sie auf das *Häkchen* oben rechts im *Cutout*-Dialogfenster.

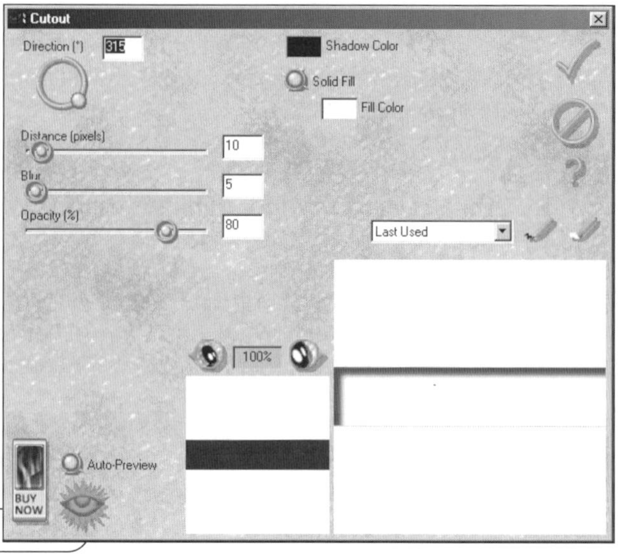

Das *Cutout*-Dialogfenster

Abb. 17.35

Da das Dialogfenster *Cutout* auf sehr gering auflösenden Monitoren zu groß ist, können Sie die Auswirkungen Ihrer Einstellungen auf das Objekt nicht sofort bei der Eingabe sehen. Das *Vorschaufenster* liefert aber eine gute Ersatzdarstellung.

Den Motion Trail-*Effekt anwenden*

Der *Motion Trail*-Effekt fügt dem Rand eines Objekts einen Geschwindigkeitsschweif hinzu. Um den Effekt anzuwenden, führen Sie die folgenden Arbeitsschritte aus:

1. Wählen Sie *Eye Candy > Motion Trail*. Dem markierten Objekt wird ein Schweif angefügt, der den Standardeinstellungen entspricht, und das Dialogfenster *Motion Trail* wird aufgerufen, siehe Abbildung 17.36. Die große Fläche unten rechts ist ein *Vorschaufenster*.

2. Wählen Sie einen *Schweif* aus dem Dropdown-Listenfeld oberhalb des *Vorschaufensters*. Die Einstellungen passen sich gemäß dem ausgewählten Schweif an.

3. Wahlweise können Sie die Schiebregler *Length* (Länge) und *Opacity* (Opazität) bewegen (oder geben Sie die gewünschten Werte direkt in die Textfelder ein), um den Schweif individuell zu gestalten.

4. Bestimmen Sie die *Schweifrichtung*, indem Sie den Knopf auf dem Ring (*Direction*) bewegen, ähnlich wie bei den Schatteneinstellungen von Fireworks.

5. Verändern Sie die Größe der *Vorschauansicht*, indem Sie auf die Schaltflächen rechts und links des *Vergrößern/Verkleinern-Feldes* (Zoomfunktion, in Prozent) klicken.

6. Wenn Sie die Einstellungen wunschgemäß vorgenommen haben, klicken Sie auf das *Häkchen* oben rechts im *Motion Trail*-Dialogfenster.

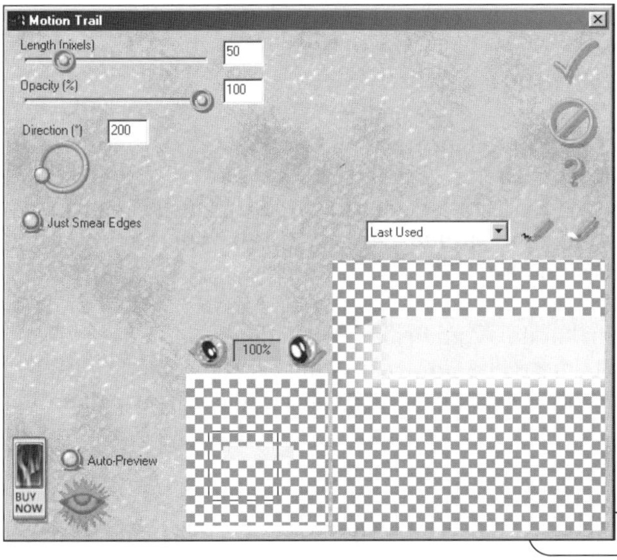

Das Dialogfenster *Motion Trail*

Abb. 17.36

Die Option *Motion Trail* bewirkt möglicherweise nicht immer den gewünschten Geschwindigkeitseffekt. Der Erfolg hängt sehr stark von der Form des Objekts ab, bei dem der Effekt angewendet wird. Sie können bei Texten wirkungsvolle Effekte hervorrufen, aber der Schweif reduziert häufig die Lesbarkeit. Um dieses Problem zu entschärfen, können Sie *Füllung über Pinselstrich* (Bedienfeld *Objekt*), Option *Bleistift* einstellen, damit die Schrift umrandet wird.

Zusammenfassung

In diesem Kapitel wurden die Anwendungen von Text, die Verschiedenheiten der Zeichenwerkzeuge im Objekt- bzw. Grafikbearbeitungsmodus und die Anwendungen von Spezialeffekten behandelt.

Zuerst wurde das Schreiben von Texten im *Texteditor* erklärt, der viele Optionen zur Steuerung der Textansicht bereithält. Es wurde erklärt, dass Texte allein stehen oder an Pfade gefügt werden können, wobei sie der Form des Pfades folgen (mit der *Text > An Pfad anfügen*-Menüoption). Auch die *Suchen und Ersetzen*-Funktionen wurden behandelt. Diese Funktionen können verschiedenste Elemente suchen und ersetzen, u.a. Texte, Farben und URLs. Die Option *Suchen und Ersetzen* befindet sich unter beiden Hauptmenüpunkten *Bearbeiten* und *Fenster*.

Dann wurde die Pixelbearbeitung kurz erläutert. Wenn es Bitmapgrafiken bearbeitet, verhält Fireworks sich so wie andere Grafikprogramme. Die Werkzeuge *Schreibstift*, *Text*, *Freiform*, *Bereich umformen* und *Pfadausbesserung* funktionieren im Grafikbearbeitungsmodus nicht.

Im restlichen Kapitel wurden die verschiedenen Spezialeffekte behandelt, mit deren Hilfe Fireworks-Grafiken ansprechend gestaltet werden können. Sie können über das Bedienfeld *Effekt* aufgerufen werden und, in den meisten Fällen, auch über den Hauptmenüpunkt *Extras*.

Im nächsten Kapitel wird der Umgang mit Bitmaps, Animationen und Rollovers in Fireworks behandelt.

Projekt 4: Grafiken erstellen und bearbeiten

Als Sie in Dreamweaver die *Glendale*-Website entwickelten, benutzten Sie Grafikdateien, die in Fireworks erstellt wurden. Jetzt werden Sie die Zeit zurückdrehen (dies Projekt ist ja eine Fiktion, darum ist das möglich) und diese Grafiken selbst zeichnen. Sie werden die Fireworks-Werkzeuge, die Sie in den vorherigen Kapiteln kennen lernten, anwenden, um die Grafiken zu erstellen und sie dann als GIF-Dateien exportieren.

Ein Segelschiff zeichnen

Auf der Freizeitseite der Website der Gemeinde Glendale befindet sich eine einfache Zeichnung eines Segelschiffs, wobei eine kleinere Kopie davon als Animation im Inhaltsverzeichnis des Bereichs *Freizeit* verwendet wurde. Sie werden diese Zeichnung jetzt in Fireworks 3 erzeugen.

Eine Leinwand erstellen

Der erste Schritt, wenn Sie eine Grafik mit Fireworks erzeugen, ist es, die Leinwand zu bestimmen, auf der das Bild gezeichnet werden soll. Starten Sie Fireworks 3 und gehen Sie folgenderweise vor:

1. Wählen Sie im Hauptmenü *Datei > Neu*. Das Dialogfenster *Neues Dokument* erscheint.

2. Geben Sie im Feld *Leinwandgröße* **100** in das Textfeld *Breite*, **100** ins Textfeld *Höhe* und **72** im Textfeld *Auflösung* ein. Wählen Sie die Option *Transparent* im Feld *Leinwandfarbe*. Ihr Dialogfenster sollte wie das in Abbildung 1 aussehen.

3. Klicken Sie auf *OK*. Im Fireworksfenster erscheint ein Dokumentenfenster mit dem Standardtitel *Unbenannt-1*. Ein graues Schachbrettmuster liegt auf der Leinwand, es zeigt an, dass die Leinwandfarbe *Transparent* ist.

4. Klicken Sie in das Dropdown-Listenfeld *Dokumentvergrößerung* und wählen Sie *200%*. So wird die Ansichtsgröße der Leinwand verdoppelt.

5. Klicken Sie auf den Rand des Dokumentenfensters und ziehen Sie es so groß, bis Sie die gesamte Leinwand sehen können. Ihr Fireworksfenster sollte so wie Abbildung 2 aussehen.

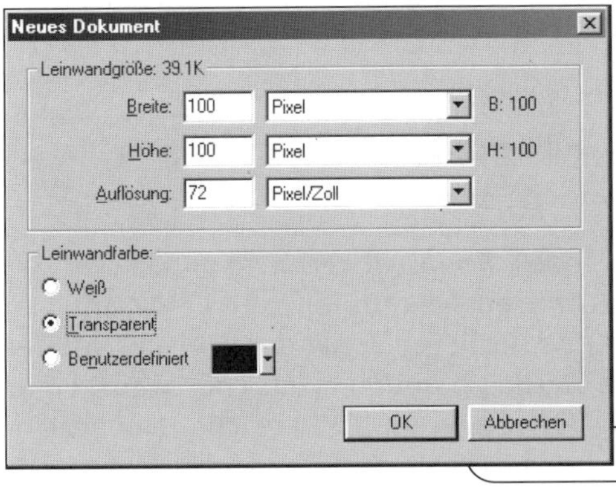

Leinwandgröße und *Leinwandfarbe* bestimmen

Abb. 1

Ein Farbe für das Segel bestimmen

Sie haben sich entschieden, das Segel mit einer leuchtend grünen Farbe zu versehen – mit der Farbe *#33FF00*, um genau zu sein.

1. Klicken Sie auf den Pfeil neben dem Farbauswahlfeld *Pinselstrich* und rufen Sie das Popup-Menü auf. Klicken Sie in das Textfeld und geben Sie **#33FF00** ein. Drücken Sie die [↵]-Taste.

2. Klicken Sie auf den Pfeil neben dem Farbauswahlfeld *Füllung* (*Farbeimer*) und rufen Sie das Popup-Menü auf. Klicken Sie in das Textfeld und geben Sie **#33FF00** ein. Drücken Sie die [↵]-Taste.

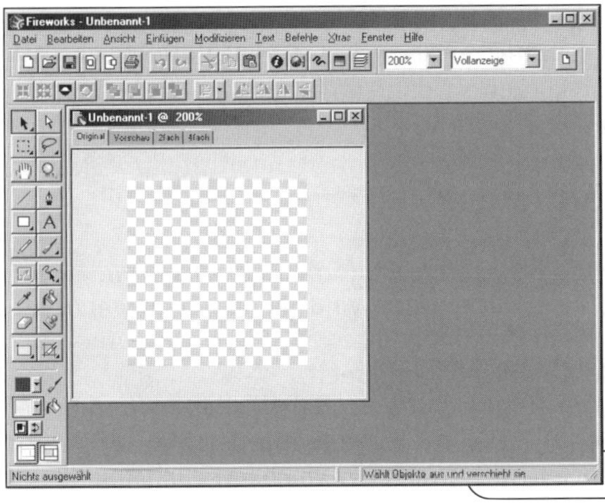

Das Dokumentenfenster

Abb. 2

Das Segel zeichnen

Das Segel des Segelschiffs ist ein verdrehtes, rechtwinkliges Dreieck. Sie werden also zuerst mit dem *Schreibstiftwerkzeug* ein Dreieck zeichnen.

1. Klicken Sie auf das *Schreibstiftwerkzeug* und klicken Sie dann in den oberen linken Teil der Leinwand, so platzieren Sie den höchsten Punkt des Dreiecks auf der Leinwand. Sie werden bemerken, dass der Mauszeiger sich von einen Pfeil in ein kleines Pluszeichen (+) verwandelt, wenn er über die Fläche der Leinwand gleitet. Bewegen Sie den Mauszeiger nach unten, ohne eine Maustaste zu betätigen. Ein kleines Viereck erscheint, wo Sie geklickt haben, und eine dünne Linie verbindet das Viereck mit dem Mauszeiger.

2. Bewegen Sie den Mauszeiger zum unteren linken Teil der Leinwand. Halten Sie die [⇧]-Taste gedrückt, damit die dünne blaue Linie, die den Pfad zwischen zwei Punkten markiert, gerade bleibt. Klicken Sie dann auf die Leinwand, um den zweiten Punkt festzulegen.

3. Bewegen Sie den Mauszeiger ungefähr über zwei Drittel der Leinwand von links nach rechts. Halten Sie die [⇧]-Taste gedrückt und klicken Sie dann auf die Leinwand, um den dritten Punkt festzulegen.

4. Bewegen Sie den Mauszeiger zurück zum höchsten Punkt, bis ein kleines, schwarzes Viereck recht neben dem Mauszeiger erscheint und klicken Sie dann. Der Pfad schließt sich. Klicken Sie auf das *Farbeimerwerkzeug* (Füllung) und klicken Sie dann innerhalb des Dreiecks.

Das Segel verdrehen

Jetzt werden Sie die Werkzeuge *Freiform* und *Transformieren* anwenden, um das Dreieck in ein vom Wind gebeuteltes Segel zu verwandeln.

1. Klicken Sie auf die Symbolschaltfläche *Freiform* in der *Grafikwerkzeugpalette*. Bewegen Sie den Mauszeiger zur schrägen Seite des Dreiecks nahe beim höchsten Punkt.

Wenn ein Symbol wie ein S neben dem Mauszeiger erscheint, klicken und ziehen Sie den Pfad der schrägen Seite nach links. Klicken und ziehen Sie verschiedene Punkte entlang der schrägen Seite, um sie zu krümmen. Wenn das Segel dem in Abbildung 3 ähnelt, wird es Zeit, das Werkzeug *Transformieren* anzuwenden.

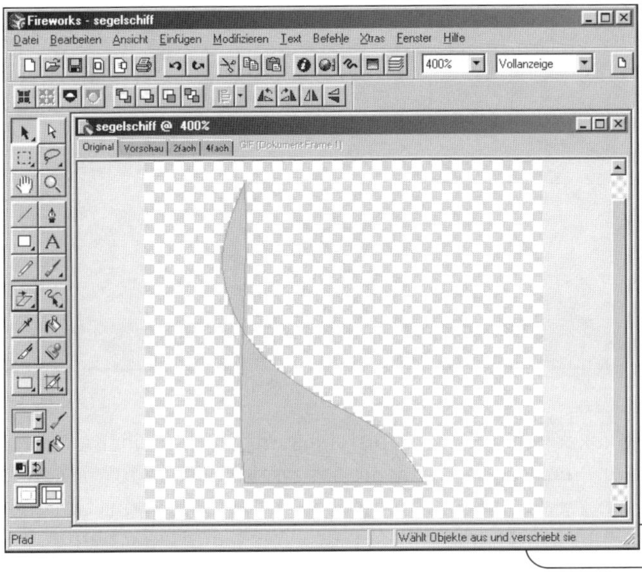

Ein Dreieck mit einer umgeformten Seite

Abb. 3

2 Klicken Sie auf die Symbolschaltfläche *Transformieren* der Grafikwerkzeugpalette und halten Sie die Maustaste gedrückt bis das Popup-Menü erscheint. Wählen Sie das dritte Werkzeug des Menüs, das Werkzeug zum Verzerren. Klicken Sie auf das Dreieck. Ein Markierungsrahmen mit acht Anfasserpunkten und einem mittleren Punkt umgibt das Dreieck.

3 Klicken und ziehen Sie den unteren, rechten Anfasserpunkt in Richtung Mitte, bis die Unterseite des Segels schräg nach oben zeigt. Klicken und ziehen Sie den oberen, rechten Anfasserpunkt nach außen, damit das Segel etwas gerundet wird. Das Segel sollte so ähnlich wie in Abbildung 4 aussehen.

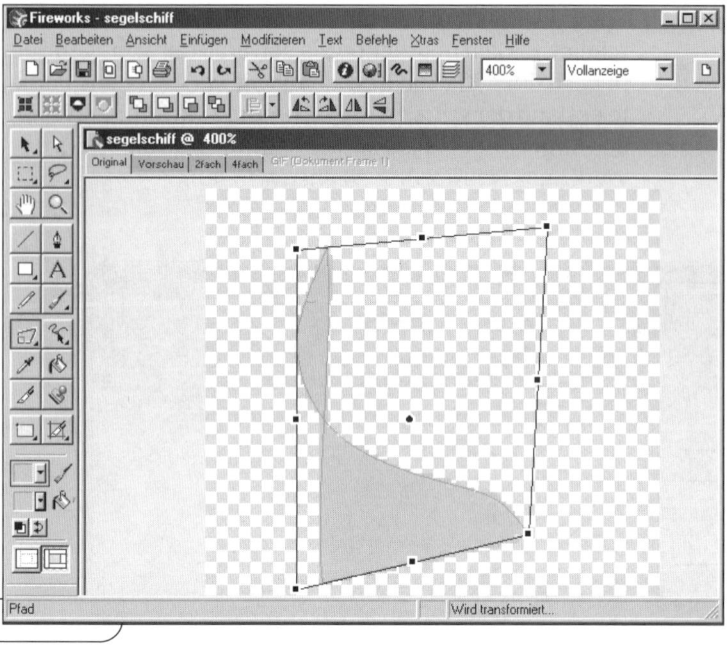

Ein markiertes und verzerrtes Dreieck

Abb. 4

4 Klicken Sie nochmals auf die Symbolschaltfläche *Transformieren* und wählen Sie das zweite Werkzeug im Menü, das Werkzeug zum Verdrehen. Klicken Sie auf das Dreieck. Der Markierungsrahmen des Werkzeugs erscheint und umgibt das Dreieck.

5 Klicken und ziehen Sie den obersten rechten Anfasserpunkt ein wenig nach rechts. Bewegen Sie den mittleren Punkt unten links in das Segel, um den Drehpunkt zu verändern. Bewegen Sie den Mauszeiger etwas oberhalb des Markierungsrahmens, bis er sich in einen offenen Kreis mit einer Pfeilspitze verwandelt. Klicken und drehen Sie das Segel, bis die linke Seite einigermaßen gerade ist. Das Segel sollte jetzt dem in Abbildung 5 ähneln.

6 Klicken Sie wieder auf die Symbolschaltfläche *Transformieren* und wählen Sie das erste Werkzeug, das vergrößert bzw. verkleinert. Klicken Sie auf das Dreieck.

7 Klicken und ziehen Sie den mittleren, linken Anfasserpunkt ein wenig nach links, um das Segel etwas schmaler zu machen. Klicken und ziehen Sie dann den unteren, rechten Anfasserpunkt hoch und nach rechts, zum Verkleinern des Segels. Ihr Segel sollte so ähnlich wie das in Abbildung 6 aussehen.

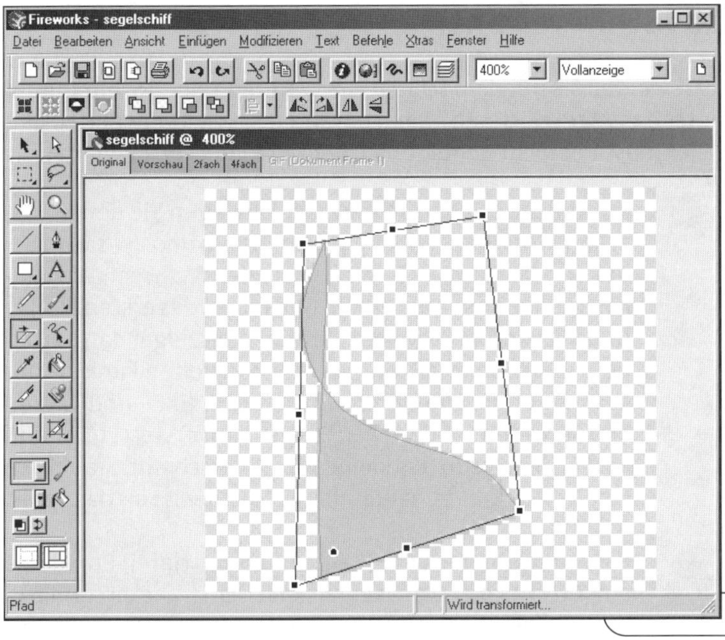

Ein markiertes und verdrehtes Dreieck

Abb. 5

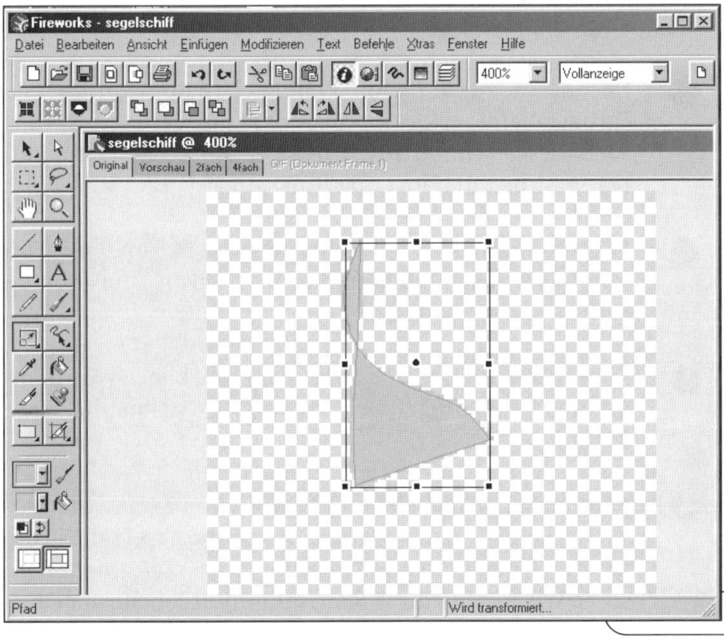

Ein markiertes und verkleinertes Dreieck

Abb. 6

Das Schiff zeichnen

Jetzt werden Sie mit dem *Schreibstift*-Werkzeug einen Schiffsrumpf unter das Segel zeichnen. Danach werden Sie die Leinwand so einteilen, dass der nicht genutzte Teil der Leinwand verschwindet.

1. Klicken Sie auf den *Schreibstift*, bewegen Sie den Mauszeiger zu einem Punkt etwas unterhalb und links vom Segel und klicken Sie. Bewegen Sie den Mauszeiger zu einem Punkt etwas unterhalb und rechts des ersten Punkts und klicken Sie. Bewegen Sie den Mauszeiger dann zu einem Punkt oberhalb und rechts des zweiten Punkts – ungefähr auf gleiche Höhe zum ersten Punkt – und klicken Sie. Bewegen Sie den Mauszeiger zum ersten Punkt und klicken Sie, wenn das kleine Viereck erscheint. Sie sollten ein Dreieck kreiert haben, das viel kleiner ist als das Segel.

2. Bewegen Sie den Mauszeiger zum mittleren Punkt, bis ein X rechts des Mauszeigers erscheint. Klicken und ziehen Sie (es erscheinen zwei weitere Kontrollpunkte), bis der Winkel gerundet erscheint. Der Schiffsrumpf sollte so aussehen wie in Abbildung 7, wo auch die zusätzlichen Kontrollpunkte zu sehen sind.

3. Klicken Sie auf den Pfeil rechts neben dem *Pinselstrich* Farbauswahlfeld (der Rumpf muss markiert sein), um das Farbauswahlmenü aufzurufen. Wählen Sie die dunkelblaue Farbe mit dem Code *#003399*.

4. Klicken Sie auf den Pfeil rechts neben dem *Farbeimer* (Füllung)-Farbauswahlfeld und wählen Sie die dunkelblaue Farbe mit dem Code *#003399*.

5. Klicken Sie auf den *Auswahlzeiger* und klicken Sie dann auf das Segel und ziehen Sie es auf Position über dem Rumpf.

6. Wählen Sie im Hauptmenü *Modifizieren > Leinwandgröße*. Klicken Sie in das Textfeld *Breite* und ersetzen Sie die *100* durch den Wert **50**. Das Dialogfenster *Leinwandgröße* sollte wie in Abbildung 8 aussehen. Klicken Sie auf *OK*.

7. Speichern Sie die Segelschiffgrafik unter *sailboat.png* im *Glendale/Graphics* Ordner der Website.

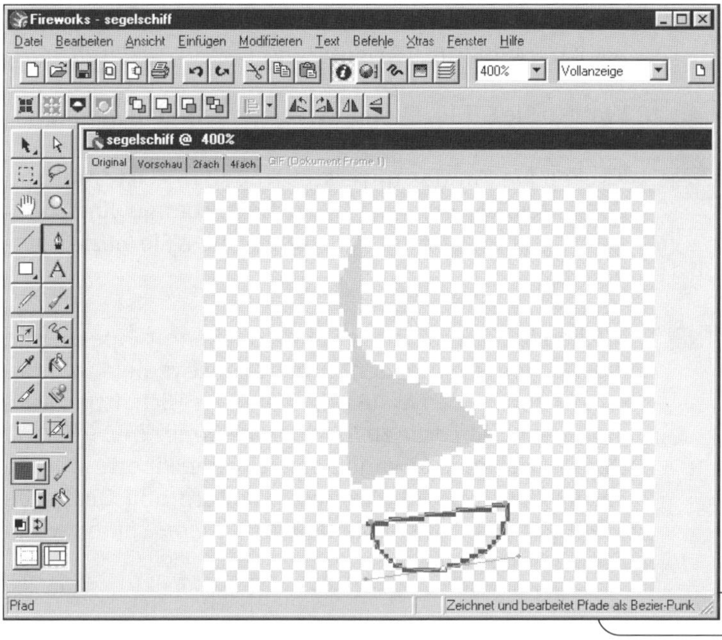

Der Winkel wird gerundet

Abb. 7

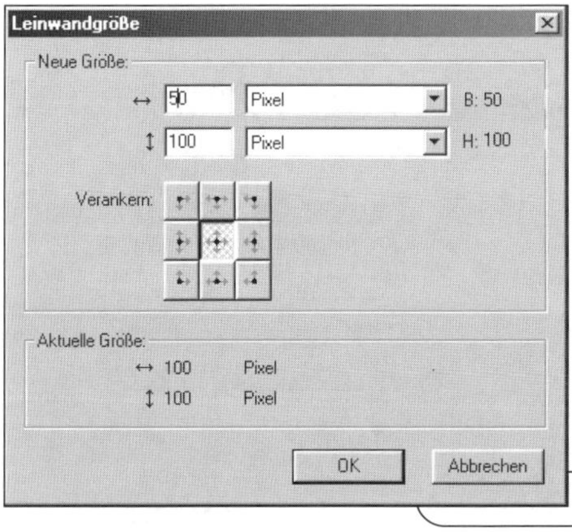

Das Dialogfenster *Leinwandgröße*

Abb. 8

Die Grafik exportieren

Zuletzt werden Sie die Grafik in einem Format abspeichern, das für alle Browser leicht zu erkennen ist – im GIF-Format.

1 Klicken Sie in das Bedienfeld *Optimieren*. Ist es nicht im Vordergrund des Bedienfeldes, klicken Sie auf das Register *Optimieren*. Falls das gesamte Bedienfeld nicht sichtbar ist, wählen Sie im Hauptmenü *Fenster > Optimieren*.

3 Wählen Sie *GIF* im Dropdown-Listenfeld *Dateiname*.

3 Klicken Sie auf das unterste Dropdown-Listenfeld im Bedienfeld *Optimieren* (da wo die Art der gewünschten Transparenz bestimmt wird) und wählen Sie *Index-Transparenz*.

4 Klicken Sie auf die erste Schaltfläche mit Pipette und Pluszeichen (+) unter dem Dropdown-Listenfeld *Transparenz* (wenn Sie den Mauszeiger auf diese Schaltfläche legen, erscheint *Farbe zu Index-Transparenz hinzufügen*). Der Mauszeiger verwandelt sich in eine Pipette. Klicken Sie die Pipette auf den Leinwandhintergrund. Die Segelschiffgrafik und das Bedienfeld *Optimieren* sollten wie in Abbildung 9 aussehen.

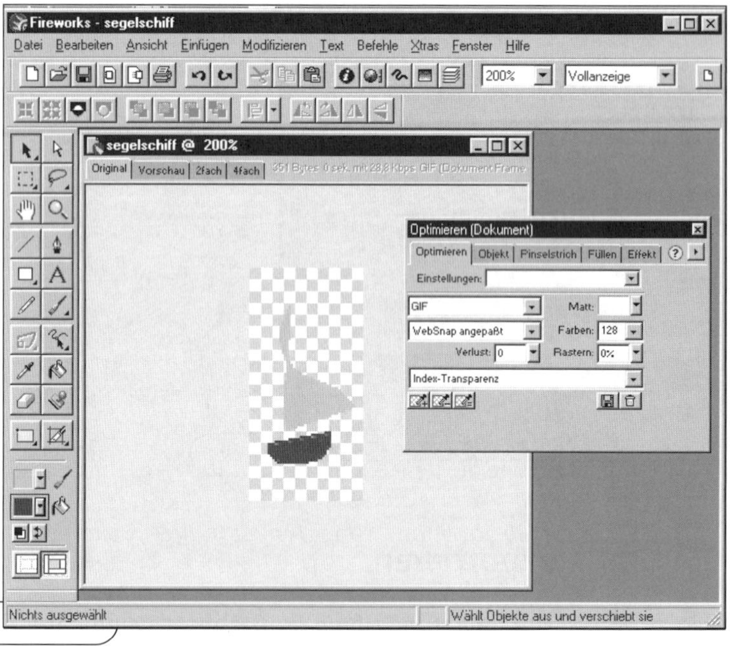

Das Bedienfeld *Optimieren* und das Dokumentenfenster mit dem Segelschiff

Abb. 9

5 Betätigen Sie die Tastenkombination Strg + ⇧ + R (*Command* + ⇧ + R beim Mac), um das Dialogfenster Exportieren aufzurufen.

6 Finden Sie den Ordner *Glendale\Graphics* im Dialogfenster *Exportieren* und geben Sie **sailboat.gif** in das Textfeld *Dateiname* ein. Klicken Sie auf die Schaltfläche *Speichern*.

7 Schließen Sie die Datei.

Navigationsschaltflächen erstellen

Jetzt werden Sie die Schaltflächen erstellen, die bei der grafischen Navigationsleiste für die Website verwendet wurden. Zuerst werden Sie den Schaltflächenhintergrund kreieren, einen für die *Up*-Schaltfläche und einen für die *Down*-Schaltfläche. Dann werden Sie Textgröße und Schriftart bestimmen. Zuletzt werden Sie die Schaltflächen bearbeiten und speichern für jede Seite der Website.

Schaltfläche zeichnen

Sie haben sich entschieden Schaltflächen zu erstellen, die 100 Pixel breit und 27 Pixel hoch sind. Die Schaltfläche sollen innen blau und außen hellblau sein, mit Innen- und Außenschliffeffekten.

1 Wählen Sie *Datei* > *Neu*. Das Dialogfenster *Neues Dokument* erscheint.

2 Geben Sie **100** in das Textfeld *Breite* des *Leinwandgrößenfeldes* ein und **27** in das Textfeld *Höhe*. Belassen Sie die anderen Einstellungen wie sie sind – es sind die Gleichen wie die der Leinwand für das Segelschiff.

3 Wählen Sie *200%* im Dropdown-Listenfeld *Dokumentvergrößerung*.

4 Klicken Sie auf den Pfeil neben dem Farbauswahlfeld *Pinselstrich* und rufen Sie das Popup-Menü auf. Geben Sie **#CCFFFF** ins Textfeld ein und drücken Sie die ↵-Taste.

5 Klicken Sie auf den Pfeil neben dem Farbauswahlfeld *Farbeimer* (Füllung) und rufen Sie das Popup-Menü auf. Geben Sie **#0000CC** ins Textfeld ein und drücken Sie die [↵]-Taste.

6 Klicken Sie auf das *Rechteck*-Werkzeug. Klicken Sie in die obere, linke Ecke der Leinwand und ziehen Sie den Mauszeiger zur unteren, rechten Ecke. Zeichnen Sie so ein Rechteck, das die Leinwand zwar ausfüllt, aber nicht größer als sie ist. Nehmen Sie das Werkzeug *Transformieren Vergrößern/Verkleinern* her, um die Größe des Rechtecks bei Bedarf zu verändern.

7 Betätigen Sie die Tastenkombination [Strg] + [Alt] + [B] (Command + Option + [B] beim Mac), um das Bedienfeld *Pinselstrich* der Gruppe *Optimieren* zu wählen. Wählen Sie *Bleistift* im obersten Dropdown-Listenfeld. Das Hellblau, das Sie als *Pinselstrichfarbe* bestimmt haben, erscheint im rechten Farbauswahlfeld. Im Dropdown-Listenfeld unterhalb der Werkzeugauswahl wählen Sie *1-Pixel Weich*. Klicken Sie in das Textfeld *Pinselstrichbreite* und geben Sie **3** ein. Stellen Sie die *Textur* auf *Körnung* und *0%* ein. Das Dokumentenfenster und das Bedienfeld *Optimieren* sollten so wie in Abbildung 10 aussehen.

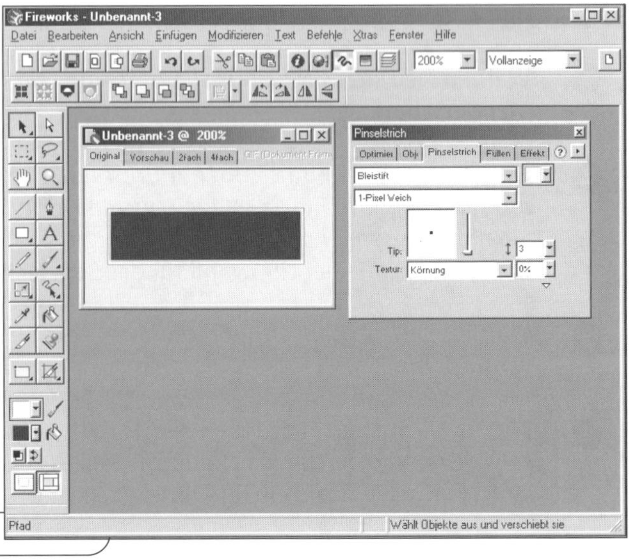

Die Schaltfläche und das Bedienfeld *Pinselstrich*

Abb. 10

8. Speichern Sie die Zeichnung unter *ButtonUp*.

9. Wählen Sie das Bedienfeld *Effekt* der Gruppe *Optimieren*. Klicken Sie in das Dropdown-Listenfeld und wählen Sie *Geschliffen und Prägen > Außen geschliffen*. Nehmen Sie die folgenden Einstellungen im Bedienfeld vor:

Schliffschräge	Abfallend
Breite	5
Kontrast	91
Weichzeichnung	6
Winkel	135
Schaltflächenvoreinst.	Erhaben
Farbe	Hellblau

Tipp

Zum Einstellen der Farbe im *Effektbedienfeld* klicken Sie auf den Pfeil neben dem Farbauswahlfeld, klicken Sie auf die Schaltfläche *Pipette* im Popup-Menü und klicken Sie auf die hellblaue Farbe des *Pinselstrichfarb*-Auswahlfeldes in der Grafikwerkzeugpalette.

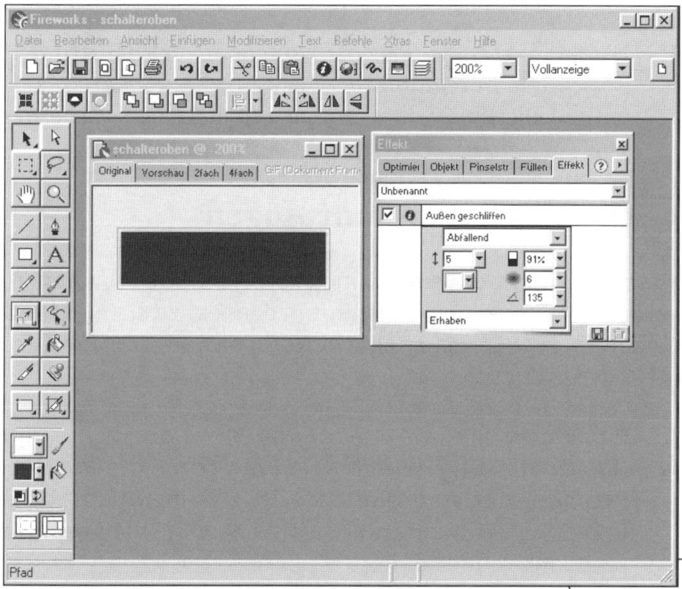

Die Schaltfläche und das Bedienfeld *Effekt*

Abb. 11

10 Klicken Sie in das Dropdown-Listenfeld und wählen Sie *Geschliffen und Prägen > Innen geschliffen*. Nehmen Sie die folgenden Einstellungen im Bedienfeld vor:

Schliffschräge	Flach
Breite	11
Kontrast	94
Weichzeichnung	3
Winkel	135
Schaltflächevoreinst.	Erhaben

11 Betätigen Sie die Tastenkombination Strg + S (Command + S beim Mac), um die Zeichnung zu speichern.

12 Eine schnelle Art eine *Down*-Schaltfläche zu erstellen, die so aussieht, als wäre sie gedrückt, wird durch das Kippen der *Up*-Schaltfläche erreicht. Markieren Sie das Rechteck und wählen Sie die Option *Vertikal kippen* unter *Modifizieren > Transformieren* in der Hauptmenüleiste. Klicken Sie danach auf *Horizontal kippen*.

13 Wählen Sie *Datei > Speichern unter*, tippen Sie **ButtonDn** im Textfeld *Dateiname* des Dialogfensters *Speichern unter* und klicken Sie dann auf die Schaltfläche *Speichern*.

Den Schaltflächetext hinzufügen

Jetzt sind Sie soweit, den Seitennamen der Schaltfläche zuzufügen. Sie werden den *Texteditor* benutzen, um den Text zu erstellen und Sie werden ein paar Spezialeffekte hinzufügen. Fangen Sie mit der Schaltfläche *Freizeit* an.

1 Betätigen Sie die Tastenkombination Strg + O (*Command* + O beim Mac) zum Öffnen der *ButtonUp.png*-Datei. Vergrößern Sie das Dokument um *200%* und das Dokumentenfenster so, dass Sie die gesamte Leinwand sehen können.

2 Klicken Sie auf die Symbolschaltfläche *Text*, während Sie sich im Dokumentenfenster *ButtonUp* befinden, klicken Sie dann auf die Schaltflächenoberfläche. Das Fenster des *Texteditors* öffnet sich. Nehmen Sie die folgenden Einstellungen vor:

Schriftart	Folio BdCn Bt
Größe	24
Farbe	CCFFFF (Hellblau)
Fett	aktiviert
Zeilenabstand	100
Unterschneidung	0
Horizontaler Text	aktiviert
Linksbündig	aktiviert
Textfluss	links nach rechts
Horizontal skaliert	100
Grundlinienverschiebung	0
Anti-Aliasing-Stufe	Anti-Alias glatt
Autom. Unterschneidung	aktiviert
Schriftart anzeigen	aktiviert
Größe & Farbe anzeigen	nicht aktiviert

Tipp

Falls Ihr *Schriftarten*-Dropdown-Listenfeld die Schriftart *Folio BdCn Bt* nicht enthält, wählen Sie einfach irgendeine fette Schriftart, wie z.B. *Arial Black*. Es macht nichts, falls das Wort nicht auf die Schaltfläche passt. Das werden Sie als Nächstes einstellen.

3 Klicken Sie in das *Texteingabefeld* des *Texteditors* und tippen Sie **Freizeit**. Das Fenster des *Texteditors* sollte ähnlich wie in Abbildung 12 aussehen.

4 Klicken Sie auf *OK*. Lassen Sie den Text *Freizeit* markiert und klicken Sie auf die Symbolschaltfläche *Transformieren Vergrößern/Verkleinern*. Sie müssen das Wort so in der Größe verändern, dass es auf die Schaltfläche passt. Klicken Sie auf einen Eckanfasserpunkt des Markierungsrahmens und ziehen Sie ihn nach innen.

Der *Texteditor* mit dem Text für die Schaltfläche *Freizeit*

Abb. 12

5 Klicken Sie auf den *Auswahlzeiger* und klicken Sie dann auf das Wort, damit Sie sicher sein können, dass der Text markiert ist. Rufen Sie das Bedienfeld *Effekt* auf und wählen Sie *Geschliffen und Prägen > Innen geschliffen*. Nehmen Sie die folgenden Einstellungen im Bedienfeld vor:

Schliffschräge	Kräuseln
Breite	15
Kontrast	95
Weichzeichnung	3
Winkel	135
Schaltflächevoreinst.	Hervorgehoben

6 Klicken Sie außerhalb des Bedienfeldes und speichern Sie die Datei.

7 Markieren Sie den Text und betätigen Sie die Tastenkombination [Strg] + [C] (*Command* + [C] beim Mac), um ihn zu kopieren. Rufen Sie die Datei *ButtonUp.png* auf und betätigen Sie die Tastenkombination [Strg] + [V] (*Command* + [V] beim Mac), um den Text auf der Schaltfläche einzufügen.

8 Klicken Sie in das Bedienfeld *Effekt*, klicken Sie dann auf die *i*-Schaltfläche. Das Bedienfeld *Innen geschliffen* erscheint. Wählen Sie *Umgekehrt* aus dem Dropdown-Listenfeld *Schaltflächenvoreinstellung*.

9 Klicken Sie außerhalb des Bedienfeldes und speichern Sie die Datei.

Die zwei Schaltflächen, bei 200% Vergrößerung, sehen aus wie in Abbildung 13.

Die *Up*- und *Down*-Schaltflächen *Freizeit*

Abb. 13

Die Schaltflächedateien exportieren

Jetzt, da Sie das Design der *Up*- und *Down*-Schaltflächen fertiggestellt haben, können Sie die Dateien im GIF-Format speichern.

1 Aktivieren Sie das *ButtonUp*-Dokument und klicken Sie auf das Register *Optimieren* der Gruppe *Optimieren*. Wählen Sie *GIF WebSnap 256* aus dem Dropdown-Listenfeld. Klicken Sie außerhalb des Bedienfeldes.

2 Betätigen Sie die Tastenkombination [Strg] + [⇧] + [R] (*Command* + *Umschalten* + [R] beim Mac), um die Datei zu exportieren. Nennen Sie sie *RecUp.gif*.

3 Wählen Sie das *ButtonDn*-Dokument, versichern Sie sich, dass das Bedienfeld *Optimieren* auf *GIF WebSnap 256* eingestellt ist, und betätigen Sie die Tastenkombination [Strg] + [⇧] + [R] (*Command* + [⇧] + [R] beim Mac), um die Datei zu exportieren. Nennen Sie sie *RecDn.gif*.

Die übrigen Schaltflächen erstellen

Sie werden die zwei Schaltflächedateien, die Sie gerade exportiert haben, dazu verwenden, die restlichen Schaltflächen als GIF-Dateien zu erstellen.

1 Rufen Sie das *ButtonUp*-Dokument auf.

2 Wählen Sie das *Textwerkzeug* und klicken Sie auf den Text auf der Schaltfläche. Der *Texteditor* wird geöffnet und der Text der Schaltfläche ist markiert. Tippen Sie **Bigtown** in das *Texteingabefeld* und Klicken Sie auf *OK*.

3 Betätigen Sie die Tastenkombination [Strg] + [⇧] + [R] (*Command* + [⇧] + [R] beim Mac) und exportieren Sie die Datei unter dem Namen *BigUp.gif*.

4 Rufen Sie das *ButtonDn*-Dokument auf. Das Textwerkzeug ist immer noch aktiviert. Klicken Sie auf den Text der Schaltfläche.

5 Tippen Sie **Bigtown** ins *Texteingabefeld*, so ersetzen Sie den bestehenden Text. Klicken Sie auf *OK*.

6 Betätigen Sie die Tastenkombination [Strg] + [⇧] + [R] (*Command* + [⇧] + [R] beim Mac) und exportieren Sie die Datei unter dem Namen *BigDn.gif*.

7 Wiederholen Sie die Schritte 1 bis 6, um die anderen Schaltflächen zu erstellen. Verwenden Sie folgende Texte und Dateinamen:

Text	ButtonUp-Name	ButtonDn-Name
Geschäfte	BusUp.gif	BusDn.gif
Gemeinde	ComUp.gif	ComDn.gif
Mitglieder	MemUp.gif	MemDn.gif
Immobilien	ResUp.gif	ResDn.gif
Verkehr	TrnsUp.gif	TrnsDn.gif

Zusammenfassung

Bei diesem Projekt erstellten Sie selbstständig die Segelschiffgrafik, die auf den Freizeitseiten benutzt wurde, und die Schaltflächen, die in der grafischen Navigationsleiste der Website verwendet wurden. Sie erledigten die folgenden Aufgaben:

- Sie erstellten neue Leinwände und bestimmten ihre Eigenschaften.
- Sie bestimmten *Pinselstrich* und *Füllfarben*.
- Sie verwendeten die Werkzeuge *Schreibstift* und *Rechteck*, um Formen zu zeichnen.
- Sie benutzten die *Freiform*- und *Transformierwerkzeuge*, um Formen umzuwandeln.
- Sie exportierten Fireworks Grafiken als GIF-Dateien.
- Sie bestimmten die Einstellungen des Bedienfeld *Pinselstrich*.
- Sie verwendeten die Effekte *Außen* und *Innen geschliffen* im Bedienfeld *Effekt*.
- Sie wendeten die Option *Horizontal* und *Vertikal kippen* unter dem Hauptmenüpunkt *Modifizieren > Transformieren*.
- Sie fügten Text auf die Schaltflächen mit Hilfe des Texteditors an.

Die Segelschiffgrafik und zwei der von Ihnen erstellten Schaltflächen zeigt die Abbildung 14.

Das Fireworks-Fenster mit den drei bei Projekt 4 erstellten Dateien

Abb. 14

Image Mapping und Animationen

18

Zwei der Fähigkeiten von Fireworks, die Ihnen in diesem Kapitel vorgestellt werden – das Anfertigen von Image Maps und der Einsatz von JavaScript-Verhaltensweisen – stehen Ihnen auch bei Dreamweaver zur Verfügung. Das Anfertigen von Image Maps (einzelne Bilder mit mehrfachen Links) funktioniert bei Fireworks allerdings ein klein wenig anders als bei Dreamweaver. Sie sollten beide Verfahren ausprobieren, um herauszufinden, welches Programm in punkto Image Maps für Sie geeigneter ist.

Wenn es um JavaScript-Rollovers geht, besitzt Ihnen Dreamweaver die mit Abstand größere Komplexität und jede Menge Auswahlmöglichkeiten. Fireworks bietet Ihnen andererseits den Schaltflächeneditor, mit dessen Hilfe Sie aus jeder Grafik ein Symbol machen können (ein Symbol ist ein Objekt, das sich in jede Grafik einfügen lässt und beliebig oft wiederholt werden kann). Genau wie ein Bibliothekselemente von Dreamweaver lässt sich ein Symbol, das in mehrere Grafiken eingefügt wurde, zentral ändern. Sobald das Ausgangsobjekt geändert wird, werden automatisch auch alle Einfügungen des betreffenden Objekts aktualisiert. Und mit dem Schaltflächeneditor können Sie im Handumdrehen Rollover-Schaltflächen erzeugen.

Die andere Thema, um das es in diesem Kapitel geht, sind animierte GIFs. Der Einsatz von animierten GIFs ist normalerweise die platzsparendste und einfachste Möglichkeit, Bewegung in Ihre Webseiten hineinzubekommen. Animierte GIFs werden dadurch erzeugt, dass mehrere Bilder in einer einzigen GIF-Datei gespeichert werden, die dann nacheinander in einer bestimmte Reihenfolge angezeigt werden. Mit Fireworks ist es ganz einfach, derartige Dateien zu erzeugen und zu bearbeiten.

Image Maps anfertigen

Image Maps wurden bereits in Kapitel 6 vorgestellt. Mit Fireworks erzeugen Sie Image Maps allerdings auf etwas andere Weise.

Hotspots hinzufügen

Hotspots gibt es in drei unterschiedlichen Formen, als Rechtecke, als Kreise oder als Polygone. Um einen Hotspot hinzuzufügen, gehen Sie folgendermaßen vor:

1. Klicken Sie in der Werkzeugleiste auf das *Hotspot*-Symbol. Standardmäßig wird Ihnen dort das Symbol für einen rechteckigen Hotspot angezeigt. Wenn Sie einen kreisförmigen oder polygonalen Hotspot hinzufügen möchten, müssen Sie die Maustaste so lange gedrückt halten, bis das Untermenü erscheint, in dem Sie dann die gewünschte Form auswählen können.

2. Zeichnen Sie den Hotspot auf folgende Weise:

   - Um einen rechteckigen Hotspot zu zeichnen, klicken Sie auf den Punkt Ihres Bildes, an dem sich die erste Ecke des Rechtecks befinden soll, halten Sie die Maustaste gedrückt, ziehen Sie den Mauszeiger zur diagonal entgegengesetzten Ecke und lassen Sie dann die Maustaste los.

   - Um einen kreisförmigen Hotspot zu zeichnen, klicken Sie auf den Punkt Ihres Bildes, an dem sich der Rand des Kreises befinden soll, halten Sie die Maustaste gedrückt, ziehen Sie den Mauszeiger zum diagonal gegenüberliegenden Rand und lassen Sie dann die Maustaste los.

   - Um einen polygonalen Hotspot zu zeichnen, klicken Sie auf den Punkt Ihres Bildes, an dem sich der Anfangspunkt des Polygons befinden soll, und klicken dann auf den nächsten Punkt. Es erscheint eine Linie, die die beiden Punkte miteinander verbindet. Klicken Sie dann die weiteren Punkte Ihres Polygons an. Bei jedem Klick verlängert Fireworks die Linie. Sind Sie am Endpunkt Ihres Polygons angelangt, klicken Sie doppelt, um Ihr Polygon zu vervollständigen.

3. Geben Sie im Objektinspektor, der in Abbildung 18.1 zu sehen ist, eine URL für den Hotspot ein oder wählen Sie eine URL aus der Dropdown-Auswahlliste. (Falls der Objektinspektor nicht bereits angezeigt werden sollte, klicken Sie in der Standardsymbolleiste auf das Objektsymbol.)

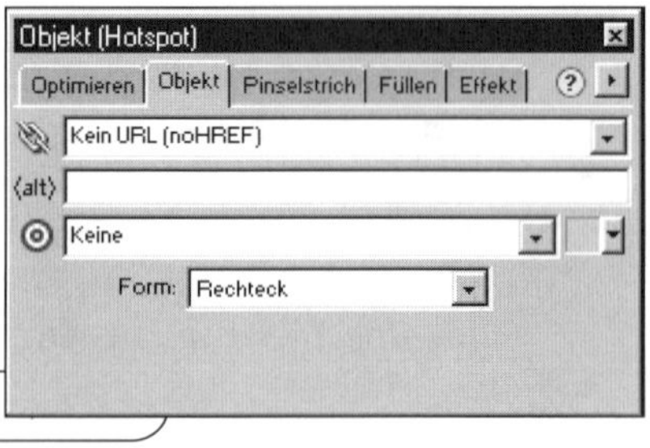

Der Objektinspektor für einen Hotspot

Abb. 18.1

4 Geben Sie – falls gewünscht – einen *Alt*-Tag für den Hotspot ein.

5 Geben Sie – falls gewünscht – ein Verknüpfungsziel ein oder klicken Sie ein Verknüpfungsziel in der betreffenden Auswahlliste an.

6 Wenn Sie möchten, können Sie die Farbe des Hotspots ändern, indem Sie auf die Schaltfläche mit dem nach unten weisenden Dreieck klicken, die sich rechts neben dem Farbauswahlfeld befindet, und eine Farbe in der Palette anwählen.

7 Wenn Sie die Form des Hotspots ändern möchten, wählen Sie in der Auswahlliste *Form* eine neue Form.

Tipp

Die Möglichkeit, die Form eines Hotspots nachträglich zu ändern, ist eine der hilfreichsten Funktionen, die Fireworks zu bieten hat. Grafiken müssen ständig geändert und an die Kundenwünsche angepasst werden. Eine Bildänderung hat oft zur Folge, dass eine vorhandene Image Map ebenfalls geändert werden muss.

Wenn Sie gleichzeitig mehrere Hotspots hinzufügen möchten, müssen Sie dafür den Menübefehl benutzen. Markieren Sie alle Objekte, die Sie mit Hotspots versehen möchten, und wählen Sie *Einfügen > Hotspot*. Auf Ihrem Bildschirm erscheint das folgende Dialogfenster. Klicken Sie auf die Schaltfläche *Mehrere*.

Wenn alle Hotspots in bestimmten Bereichen gleiche Angaben enthalten sollen, geben Sie diese Angaben in den Objektinspektor ein, während alle Hotspots markiert sind. Obwohl sich einige Angaben unterscheiden müssen (sonst hätten Sie ja nicht mehrere Hotspots), könnten ja zum Beispiel alle Hotspots das gleiche

Verknüpfungsziel haben. Sie können auch mehrere bereits vorhandene Hotspots markieren und auf die gleiche Weise mit identischen Daten versorgen.

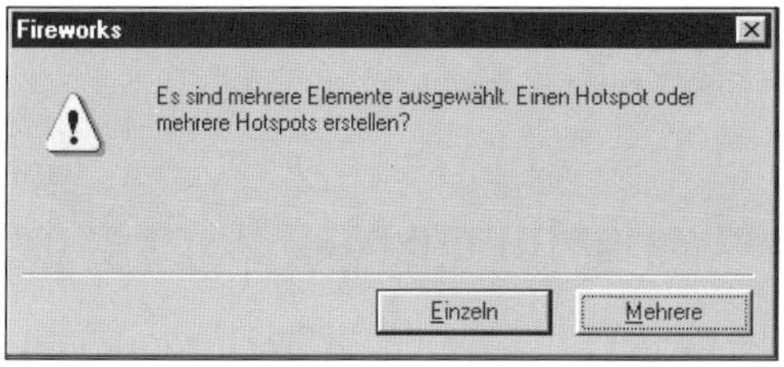

Die Form eines Hotspots verändern

Hotspots können sowohl in Fireworks als auch in Dreamweaver genau wie alle anderen Objekte in der Größe verändert und verschoben werden. Fireworks setzt jedoch noch einen drauf und gibt Ihnen die Möglichkeit, die Form des Hotspots zu verändern. Ein Rechteck kann zu einem Kreis oder einem Polygon werden. Ein Kreis kann zu einem Rechteck oder einem Polygon werden. Ein Polygon kann zu einem Rechteck oder einem Kreis werden.

Sie haben natürlich bei jedem Programm, das mit einer Image Mapping-Funktion ausgestattet ist, die Möglichkeit einen vorhandenen Hotspot zu löschen und stattdessen einen neuen Hotspot einzufügen, der eine andere Form hat. Fireworks gibt Ihnen jedoch die Möglichkeit, die Form eines vorhandenen Hotspots zu verändern, ohne dass irgendetwas anderes geändert zu werden braucht. Sie markieren einfach den Hotspot und ändern in der Auswahlliste *Form* des Objektinspektors die Form. Wenn Sie nicht noch weitere Änderungen vornehmen, bleiben die vorhandenen Informationen – URL, Verknüpfungsziel und *Alt*-Tag – erhalten.

Was die Veränderung der Form angeht, die über das einfache Wechseln der drei Standardformen hinausgeht, können Sie dafür eigentlich nur die polygonale Form benutzen, da diese sich als einzige wirklich exakt anpassen lässt. Sie ändern eine polygonale Form, indem Sie die einzelnen Punkte an eine andere Position ziehen. Außerdem können Sie natürlich die Werkzeuge zum Skalieren, Neigen und Verzerren einsetzen, die in Kapitel 17 vorgestellt wurden. Sie können damit die erstaunlichsten Ergebnisse erzielen. Nehmen Sie sich ein wenig Zeit und probieren Sie alles aus, damit Sie ein Gefühl dafür bekommen, was alles machbar ist.

Sie können die Werkzeuge zum Transformieren auch auf Rechtecke und Kreise anwenden, können aber nichts weiter tun, als diese zu drehen und dehnen. Ein gedehntes Rechteck bleibt nun mal ein Rechteck und ein gedrehter Kreis ein Kreis.

Die Eigenschaften einer Image Map festlegen

Wenn die Image Map fertig gestellt ist, müssen Sie Fireworks mitteilen, wie diese auf einer Webseite behandelt werden soll. Dies geschieht auf folgende Weise:

1. Wählen Sie in der Standardsymbolleiste den Menübefehl *Datei > HTML-Eigenschaften*. Das Dialogfenster *HTML-Eigenschaften* erscheint (vgl. Abbildung 18.2).

Das Dialogfenster *HTML-Eigenschaften*

Abb. 18.2

2. Wählen Sie in der Auswahlliste des Listenfelds *Map-Typ* einen der Einträge *Client*, *Server* oder *Beide*. Client Image Maps sind in aller Regel von Vorteil, da sie die Rechenleistung auf das System des Benutzers verlagern. Alle bekannteren Browser unterstützen Client Image Maps.

3. Geben Sie im Textfeld *Hintergrund-URL* einen Standardlink ein oder wählen Sie einen aus der Auswahlliste. Ein Standardlink ist der Link, der aktiviert wird, wenn ein Benutzer in die Image Map hinein, aber außerhalb jeglicher

Hotspots klickt. Soll in diesem Fall nichts passieren, lassen Sie das Textfeld *Hintergrund-URL* leer.

4. Geben Sie einen Text in das Textfeld *Alternative Bildbeschreibung* ein, wenn Sie dies möchten.

5. Wenn Ihre bisherigen Einstellungen als Standardeinstellungen für alle Image Maps verwendet werden sollen, klicken Sie auf die Schaltfläche *Standard einstellen*.

6. Klicken Sie auf die *OK*-Schaltfläche, um Ihre Einstellungen abzuschließen.

Animierte GIFs erstellen

GIF-Dateien haben die einzigartige Fähigkeit, mehrere Bilder aufzunehmen, die dann genau wie die Bilder einer Filmrolle nacheinander angezeigt werden können. Alle bekannteren Webbrowser sind in der Lage, diese Bildfolgen automatisch ablaufen zu lassen. GIFs sind daher eine gute Wahl, wenn es darum geht, Webseiten Animationen hinzuzufügen.

Tipp

Folgen fast identischer Bilder sind die Grundlage aller Animationen. Das menschliche Auge und das Gehirn übersetzen die Bildfolgen in eine scheinbare Bewegung.

Um für den Webeinsatz geeignet zu sein, sind GIF-Animationen normalerweise kurz und einfach, damit keine unzumutbaren Downloadzeiten entstehen. Vorbildlich gestaltete GIF-Animationen verwenden außerdem möglichst wenig Farben, damit die Dateigröße so gering wie möglich ist. Weitere Informationen über die Optimierung der Dateigröße finden Sie in Kapitel 20 *Bilddateien importieren und exportieren*.

Fertigen Sie ein Drehbuch für Ihre Animationen an

Bei einer Animation wird ein Bild nach dem anderen eingeblendet. Der erste Schritt bei der Erstellung einer GIF-Animation besteht daher darin, dass Sie zunächst den kompletten Ablauf planen und diesen dann in einzelne Segmente unterteilen. Diesen Vorgang nennt man Storyboarding oder Drehbucherstellung.

Selbst wenn Sie nur Strichmännchen zeichnen können, ist es sehr zu empfehlen, dass Sie sich ein Stück Papier nehmen und irgendeine Art von Drehbuch zeichnen, bevor Sie sich an Ihren Rechner setzen. Ein wenig Vorarbeit kann Ihnen später viel unnütze Arbeit ersparen.

Überlegen Sie zunächst genau, um was für eine Art von Animation es sich überhaupt handeln soll. Geht es um ein Werbebanner, eine rotierende Bildverknüpfung oder ein Logo, das alle paar Sekunden seine Farbe ändert? Was sind die spezifischen Anforderungen des Projekts, das Sie realisieren wollen?

Unterteilen Sie dann den Gesamtablauf in so wenig Einzelsegmente wie irgend möglich, um das Resultat zu erzielen, das Sie erreichen möchten. Denken Sie dabei immer daran, dass die meisten Webgrafiken klein und einfach sind. Dafür gibt es einen guten Grund. Komplexe Grafiken verursachen nämlich bei langsamen Modemverbindung ewig lange Downloadzeiten. Und wenn es zu lange dauert, bis eine Webgrafik angezeigt wird, kann es gut sein, dass derjenige, der die Webseite auf seinen Rechner herunterlädt, aufgibt und all Ihre Mühe umsonst war.

Machen Sie sich dann an Ihr Drehbuch. Fügen Sie alle Elemente ein, die unbedingt vorhanden sein müssen, und bringen Sie sie in die gewünschte Reihenfolge. Denken Sie daran, dass eine Animation ständig wiederholt wird. Das Ende Ihrer Animation sollte daher möglichst harmonisch in den Anfang der Animation wechseln. Ohne sorgfältige Planung gibt es mit Sicherheit einen unschönen Bruch zwischen dem Ende und dem Anfang der Animation.

Sehen Sie sich Ihr Drehbuch genau an. Gibt es Elemente, auf die Sie verzichten könnten, ohne dass dadurch der Gesamtablauf unterbrochen würde? Ist dies der Fall, schmeißen Sie diese Elemente heraus. Seien Sie gnadenlos, in einer GIF-Animation gibt es keinen Platz zu verschenken.

Mit dem *Frames*-Bedienfeld arbeiten

Fireworks macht es Ihnen leicht, mit Frames zu arbeiten. Mit Hilfe des *Frames*-Bedienfelds können Sie Animationen erstellen und bearbeiten, indem Sie Frames hinzufügen, löschen oder neu anordnen. Sie können außerdem die Frame-Verzögerung für einzelne Frames oder global für alle Frames einstellen.

Im folgenden Beispiel erstellen Sie eine simple GIF-Animation, bei der der Text NEU! blinkt und dabei zwischen der Normaldarstellung und einer Darstellung mit Glüheffekt wechselt. Da es bei dieser Animation nur zwei Zustände gibt, brauchen Sie nur zwei Frames zu verwalten.

Frames und Symbole erstellen

Zunächst einmal müssen Sie den Text eingeben. Da dieser Text in mehreren Frames auftauchen soll, machen Sie daraus am besten ein Symbol. Symbole sind bei Fireworks wiederholbare Objekte, die sich in beliebig viele Grafiken einfügen lassen.

Um die Frames zu erstellen, gehen Sie auf folgende Weise vor:

1. Wählen Sie den Menübefehl *Fenster > Frames*, um die Frames-Palette zu öffnen (vgl. Abbildung 18.3).

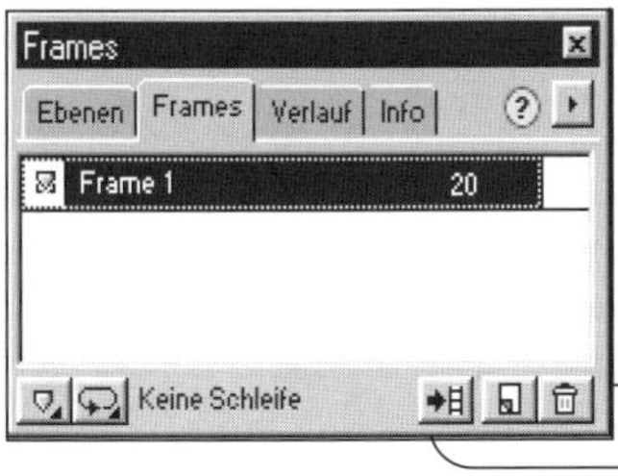

Das *Frames*-Bedienfeld

Abb. 18.3

2. Zu Beginn wird Ihnen nur ein Frame angezeigt. Dieser trägt den Namen *Frame 1* und hat eine Frame-Verzögerung von 20/100 Sekunden. Da es bisher noch keine weiteren Frames gibt, ist die Verzögerung unsinnig. Es handelt sich lediglich um die Standardeinstellung.

3. Klicken Sie auf die Schaltfläche *Neu > Frame duplizieren*. Dabei handelt es sich um die mittlere der drei Schaltflächen, die sich unten links befinden.

4. Um nun das Symbol für den Text der Frames anzulegen, wählen Sie in der Standardsymbolleiste den Menübefehl *Einfügen > Neues Symbol*, um das Dialogfenster *Symboleigenschaften* zu öffnen (vgl. Abbildung 18.4). Geben Sie im Textfeld *Name* **Text Neu** ein. Klicken Sie dann auf die *OK*-Schaltfläche. Auf Ihrem Bildschirm erscheint der Symboleditor.

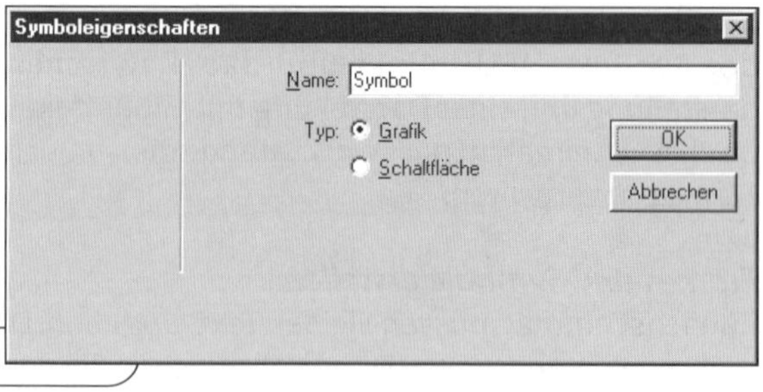

Das Dialogfenster *Symboleigenschaften*

Abb. 18.4

5 Klicken Sie in der Werkzeugleiste auf das Textwerkzeug und dann in den Symboleditor. Wählen Sie die Schrift Arial, 48 pt, blau. Geben Sie **NEU!** ein und klicken Sie auf die *OK*-Schaltfläche. Der Text erscheint im Symboleditor, wie in Abbildung 18.5 zu sehen ist.

Der Symboleditor mit dem Symbol *Text Neu*

Abb. 18.5

6 Klicken Sie auf die X-Schaltfläche in der rechten oberen Ecke des Symboleditors.

7 Der Text wird Ihnen jetzt sowohl auf der Leinwand als auch als Symbol im Bedienfeld *Bibliothek* angezeigt. Klicken Sie im *Frames*-Bedienfeld auf den Eintrag *Frame 2*. Der zweite Frame ist leer.

8 Um den Text in beide Frames hineinzubekommen, markieren Sie das Symbol auf der Leinwand und klicken dann auf die kleine Schaltfläche mit dem nach rechts weisenden Dreieck in der rechten oberen Ecke des *Frames*-Bedienfelds (unterhalb der X-Schaltfläche). Klicken Sie im Popup-Menü auf den Eintrag *In Frames kopieren*. Das Dialogfenster *In Frames kopieren* erscheint. Überprüfen Sie, ob die Option *Alle Frames* aktiviert ist (vgl. Abbildung 18.6) und klicken Sie dann auf die *OK*-Schaltfläche.

Das Dialogfenster *In Frames kopieren*

Abb. 18.6

Nun gibt es in jedem Rahmen eine Kopie des Symbols *Text Neu*. Jetzt können Sie mit der Animation beginnen.

Frames animieren

Für Ihre Animation fügen Sie dem zweiten Rahmen einen Glüheffekt hinzu, säubern die Leinwand ein wenig und richten eine Animationsschleife ein. Mit Fireworks ist dies alles kein Problem.

1 Klicken Sie im *Frames*-Bedienfeld auf den Eintrag *Frame 2* und markieren Sie auf der Leinwand das Symbol *Text Neu*.

2 Klicken Sie im Bedienfeld *Effekt* auf das Register *Effekt*, öffnen Sie das Popup-Menü und wählen Sie *Schatten und Glühen > Glühen*. (Weitere Informationen zum Thema Effekte finden Sie in Kapitel 18, *Über den Pfad hinaus*.)

3. Wählen Sie in der Standardsymbolleiste den Menübefehl *Modifizieren > Leinwand zuschneiden*, um den überflüssigen Leinwandbereich loszuwerden.

4. Klicken Sie im *Frames*-Bedienfeld auf die Schaltfläche *GIF-Animationsschleife* (unten im Bedienfeld, zweite Schaltfläche von links) und wählen Sie im Popup-Menü den Eintrag *Endlos*. (Beachten Sie, dass es in Fireworks immer eine Animationsschleife gibt, selbst dann, wenn Sie die Option *Keine Schleife* gewählt haben.)

Es ist nicht immer ratsam, eine Endlosanimation einzusetzen. In diesem Fall ist es notwendig, es kann aber auch höchst entnervend sein. Legen Sie immer ein angemessene Anzahl von Animationsschleifen fest.

Wenn Sie nun im *Frames*-Bedienfeld nacheinander auf die Einträge *Frame 1* und *Frame 2* klicken, sehen Sie, dass der erste Zustand des Symbols Text Neu immer noch unverändert ist. In *Frame 2* sehen Sie den Glüheffekt. Das ist alles, was Sie für eine Animation benötigen.

Eine Animation als GIF-Datei speichern

Um Ihre Animation als GIF-Datei zu speichern, machen Sie Folgendes:

1. Klicken Sie im Bedienfeld *Effekt* auf das Register *Optimieren*. Wählen Sie in der ersten Auswahlliste *Exportdateiformat* den Eintrag *Animiertes GIF*.

2. Wählen Sie in der Standardsymbolleiste den Menübefehl *Datei > Exportieren*.

3. Geben Sie den Ordner an, in dem Ihre Animation gespeichert werden soll.

4. Vergeben Sie einen Dateinamen.

5. Klicken Sie auf die *OK*-Schaltfläche.

Das ist alles. Sie haben nun eine fertige Animation in Form einer GIF-Datei (selbst wenn es nur eine äußert simple Animation ist).

Eine Animation ansehen und anpassen

Wenn Sie sich Ihre Animation in Fireworks ansehen möchten, benutzen Sie dafür die Schaltflächen, die sich in der rechten unteren Ecke des Fireworks-Fensters befinden. Diese Schaltflächen funktionieren genauso wie die Bedientasten eines Videorecorders oder eines CD-Players. Sie klicken auf die *Start*-Schaltfläche, um die Animation zu starten. Mit den Schaltflächen neben der Frame-Anzeige können Sie jeweils einen Frame vor- oder zurückschalten. Mit der *Stopp*-Schaltfläche (die die *Start*-Schaltfläche ersetzt) halten Sie die Animation an.

Sie können die Animation folgendermaßen anpassen:

- Um einen Frame zu entfernen, wählen Sie den betreffenden Frame im *Frames*-Bedienfeld aus und klicken in der rechten unteren Ecke auf Schaltfläche *Frame löschen*.
- Um Frames neu anzuordnen, ziehen Sie sie im *Frames*-Bedienfeld einfach an die neue Position.
- Um einen Frame hinzuzufügen, klicken Sie auf die Schaltfläche *Neu > Frame duplizieren*.
- Sollte die Frame-Verzögerung zu kurz sein, können Sie sie verlangsamen. Markieren Sie dazu im *Frames*-Bedienfeld einen oder mehrere Frames (benutzen Sie die ⇧-Taste um mehrere Frames zu markieren) und klicken Sie doppelt auf die Markierung. Im Popup-Fenster *Frame-Verzögerung* geben Sie dann einen höheren Wert (zum Beispiel 40 statt 20) ein, wie in der folgenden Abbildung zu sehen ist.

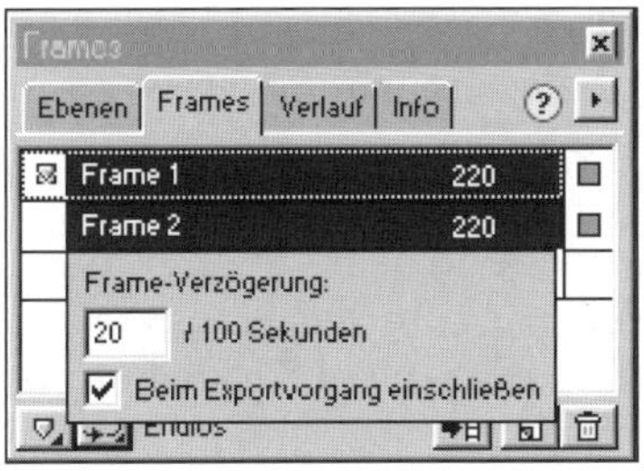

Tweening

Tweening ist die Bezeichnung für ein Verfahren, das es Ihnen ermöglicht, Bilder, die zwischen zwei Originalbildern liegen, automatisch zu erzeugen. Bei der Anfertigung von Animationen können Sie dadurch sehr viel Arbeit sparen. Alles, was Sie tun müssen, ist, Fireworks zwei Bilder zu geben und ihm mitzuteilen, dass es die dazwischen liegenden Stadien automatisch ausfüllen soll. Tweening funktioniert sogar mit mehr als nur zwei Objekten. Sie müssen jedoch vorsichtig sein. Je mehr Objekte es gibt, desto langsamer wird die Animation.

Tipp

Das Tweening stammt ursprünglich aus den Zeiten der handgemalten Zeichentrickfilme. Die Zeichner arbeiteten lediglich an den Hauptzeichnungen, während ihre Assistenten dann die mühevolle Aufgabe hatten, alle anderen Zeichnungen anzufertigen, die notwendig waren, damit im eigentlichen Trickfilm tatsächlich fließende Bewegung zu sehen waren.

Leider ist das Tweening manchmal ein wenig tückisch. Fireworks macht nämlich nicht immer das, was Sie möchten oder erwarten. Im Regelfall können Sie nicht einfach zwei Kopien eines Symbols auf eine Leinwand legen, eine Kopie verändern und die Rest Fireworks überlassen. Bei ganz einfachen Aufgaben, wie zum Beispiel der Bewegung eines Objekts von einer Position zu einer anderen, arbeitet das Programm zwar recht zuverlässig. Wenn Sie jedoch eines der Transformierenwerkzeuge einsetzen, damit eines der Symbole bearbeiten und dann Fireworks anweisen die dazwischen liegenden Stadien automatisch zu erzeugen, erhalten Sie keine harmonische Animation. Wenn Sie sich zum Beispiel für die Standardeinstellung von zehn Frames entscheiden, kann es sein, dass dabei eine Animation herauskommt, bei der neun Frames genauso aussehen wie das Ausgangsbild und dann plötzlich abrupt auf den Endframe gewechselt wird. Es kann aber auch der umgekehrte Fall eintreten und es kommt zu einem abrupten Wechsel von *Frame 1* auf *Frame 2*, während die restlichen Frames dann nicht anderes sind als eine exakte Kopie von *Frame 2*.

Um tatsächlich harmonische Übergänge zu bekommen, müssen Sie ein wenig Arbeit investieren. Wenn Sie zum Beispiel 24 Frames für Ihre Animationen benötigen, werden Sie nicht darum herumkommen mindestens acht davon von Hand zu zeichnen. Danach erst können Sie Fireworks anweisen, die dazwischen liegenden Frames automatisch zu erzeugen.

Manchmal kommt es vor, dass Fireworks beim Tweening merkwürdige Linien und andere unschöne Dinge erzeugt, die Ihre Frames verunstalten. Sollte dies der Fall sein, müssen Sie die betroffenen Frames von Hand korrigieren.

Im Großen und Ganzen klingt das Tweening wesentlich besser, als es tatsächlich ist. Probieren Sie es auf jeden Fall einmal aus, um zu sehen, ob es Ihnen zusagt. Höchstwahrscheinlich werden Sie allerdings feststellen, dass es immer noch am besten ist, jeden einzelnen Frame von Hand zu zeichnen.

Um die Tweening-Funktionen von Fireworks auszuprobieren, gehen Sie folgendermaßen vor:

1. Erstellen Sie ein Symbol. Benutzen Sie dafür entweder den Symboleditor (der etwas weiter oben im Abschnitt *Frames und Symbole erstellen* beschrieben wurde) oder markieren Sie ein vorhandenes Objekt und wählen Sie den Menübefehl *Einfügen > In Symbol konvertieren*.

2. Platzieren Sie mehrere Kopien (=Instanzen) auf einer leeren Leinwand.

3. Bearbeiten Sie die einzelnen Instanzen mit den Transformierenwerkzeugen und wenden Sie einige Effekte an. Sie können die Instanzen aber auch ruhig unbearbeitet lassen, sie unterscheiden sich ja bereits durch die Position voneinander.

4. Markieren Sie sämtliche Instanzen und wählen Sie in der Standardsymbolleiste den Menübefehl *Modifizieren > Symbol > Tween-Instanzen*.

5. Geben Sie im Dialogfenster *Tween-Instanzen* an, wie viele Schritte Fireworks automatisch erzeugen soll. Achten Sie darauf, dass das Kontrollfeld vor dem Eintrag *Auf Frames verteilen* aktiviert ist, und klicken Sie dann abschließend auf die *OK*-Schaltfläche.

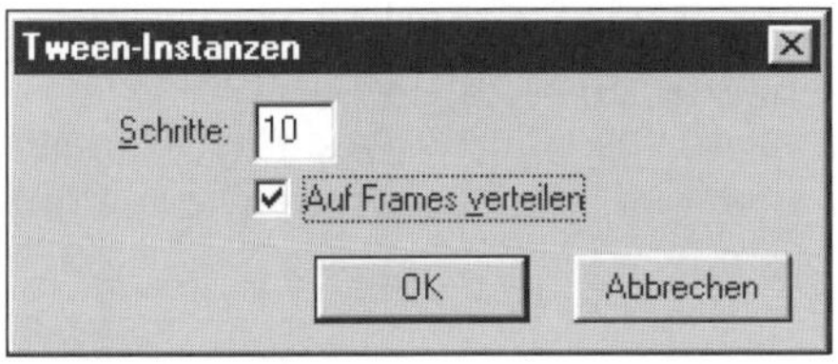

Tipp

Die Frames werden erzeugt und die einzelnen Instanzen werden zwischen den Symbolen verteilt. Lassen Sie dann die Animation mit einem Klick auf die *Start*-Schaltfläche abspielen.

Mit Rollovers arbeiten

Bei einem Rollover wird ein Bild ausgetauscht, wenn der Mauszeiger darüber fährt oder auf das Bild geklickt wird. Rollovers wurden bereits in Kapitel 14, *Mit JavaScript-Verhaltensweisen arbeiten*, vorgestellt. Dreamweaver hat natürlich ein weitaus größeres Arsenal von JavaScript-Verhaltensweisen zu bieten als Fireworks, da Dreamweaver schließlich mit ganzen Webseiten umgeht.

Tipp

Fireworks-Verhaltensweisen lassen sich nach Dreamweaver exportieren und können mit dem Verhaltensweiseninspektor von Dreamweaver bearbeitet werden.

Fireworks kennt nur vier der Verhaltensweisen, die Dreamweaver anzubieten hat:

- Einfaches Rollover
- Bild austauschen
- Grafik für Navigationsleiste einstellen
- Text für Statuszeile angeben

Wie bereits in Kapitel 14 erläutert wurde, bestehen Verhaltensweisen aus Ereignissen und Aktionen. Im Falle der Fireworks-Verhaltensweisen ist ein Ereignis entweder ein Mausklick oder eine Mauszeigerbewegung über einen bestimmten Bereich eines Bildes. Aktionen nennt man die Handlungen, die durch das Ereignis ausgelöst werden. In Fireworks sind dies die vorprogrammierten JavaScript-Programmanweisungen.

Bevor Sie sich eingehender mit den Funktionen des Verhaltensweiseninspektors von Fireworks auseinander setzen, sollten Sie wissen, dass es eine schnelle und einfache Möglichkeit gibt, Rollovers mit dem Schaltflächeneditor zu erstellen.

Rollovers mit dem Schaltflächeneditor

In Kapitel 14 haben Sie die vier Zustände kennen gelernt, die eine Schaltfläche haben kann:

- *Up* ist der Normalzustand einer Schaltfläche, wenn nichts mit ihr geschieht.
- *Over* ist die Darstellung einer Schaltfläche, die erscheint, wenn sich der Mauszeiger auf der Schaltfläche befindet.
- *Down* ist der Zustand einer Schaltfläche, die gedrückt wird.
- *Over/Down* ist die Darstellung einer Schaltfläche, die erscheint, wenn sich der Mauszeiger auf der Schaltfläche befindet, während sie gedrückt ist.

Von diesen vier Zuständen werden *Up* und *Over* am häufigsten eingesetzt. Bei den Schaltflächen einer Navigationsleiste hat die Schaltfläche der aktuellen Webseite meistens den Status *Down*. Obwohl dies nicht unbedingt notwendig ist, ist es einfach ein Hinweis für den Benutzer, dass es sinnlos ist, auf die betreffende Schaltfläche zu klicken.

Mit dem Schaltflächeneditor von Fireworks können Sie diese vier Zustände sehr schnell umgesetzt werden. Der Schaltflächeneditor macht aus der Schaltfläche ein Symbol, das mehrmals eingefügt und dann beliebig verändert werden kann. Außerdem generiert der Schaltflächeneditor automatisch den passenden JavaScipt-Code.

Eine Schaltfläche mit dem Schaltflächeneditor erstellen

Der Schaltflächeneditor hat ein Register für jeden Zustand einer Schaltfläche und ein zusätzliches Register für die Festlegung des aktiven Bereichs (vgl. Abbildung 18.7).

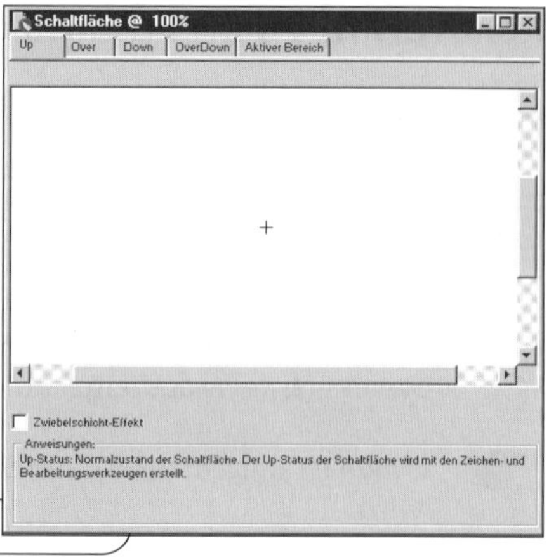

Der Schaltflächeneditor

Abb. 18.7

Um mit dem Schaltflächeneditor zum Beispiel eine Schaltfläche für die Startseite eines Webangebots anzulegen, gehen Sie auf folgende Weise vor:

1. Wählen Sie in der Standardsymbolleiste den Menübefehl *Einfügen > Neue Schaltfläche*. Auf Ihrem Bildschirm erscheint der Schaltflächeneditor und zeigt Ihnen das Register *Up* (vgl. Abbildung 18.7).

2. Klicken Sie in der Werkzeugleiste ein Zeichenwerkzeug an – zum Beispiel das Werkzeug *Ellipse* – und zeichnen Sie im Schaltflächeneditor den Umriss der Schaltfläche.

3. Klicken Sie auf das Register *Info*, um das Bedienfeld *Info* anzeigen zu lassen. (Falls Ihnen das Bedienfeld *Info* nicht zur Verfügung steht, wählen Sie den Menübefehl *Fenster > Info* oder klicken Sie in der Standardsymbolleiste auf die Schaltfläche *Ebenen*, um das Bedienfeld *Ebenen* aufzurufen, das ebenfalls das Register *Info* enthält.) Markieren Sie Ihren Schaltflächenumriss, geben Sie in das Bedienfeld die folgende Werte ein, und drücken Sie dann die [↵]-Taste: Breite: **90**, Höhe: **50**, X: **-45**, Y: **-25**. Damit haben Sie die exakte Größe Ihrer Schaltfläche festgelegt und diese genau im Zentrum des Schaltflächeneditors positioniert.

4. Legen Sie Pinselstrich und Füllung fest. Wenn Sie sich für eine einfarbige weiße Füllung und einen dicken roten Pinselstrich in Wasserfarbe mit 10 pt Breite und einer 30-prozentigen Körnung entscheiden, sieht Ihre Schaltfläche jetzt so aus:

5. Wählen Sie in der Werkzeugleiste das Textwerkzeug und klicken Sie in den Schaltflächeneditor hinein. Geben Sie im Texteditor die Texteigenschaften an und wählen Sie die Schriftart Arial, 20 pt, schwarz. Geben Sie das Wort **HOME** in Großbuchstaben ein und klicken Sie auf die *OK*-Schaltfläche.

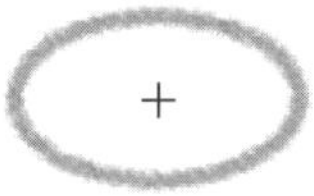

6. Markieren Sie den Text und bewegen Sie ihn mit Hilfe des *Info*-Bedienfelds in Ihre Schaltfläche hinein, indem Sie die Koordinaten X: **-30** und Y: **-9** eingeben. Der *Up*-Status Ihrer Schaltfläche ist damit fertig und sollte etwa so aussehen:

Tipp

Vielleicht ist Ihnen aufgefallen, dass der Text nicht mathematisch korrekt zentriert wird, da dieser ansonsten 62 Pixel breit und 20 Pixel hoch sein müsste. Dies liegt daran, dass Textblöcke einen kleinen weißen Rahmen haben. Die eigentlichen Buchstaben müssen daher visuell und nicht anhand der Werte zentriert werden.

7. Klicken Sie auf das Register *Over*. Achten Sie darauf, dass das Kontrollfeld vor dem Eintrag *Zwiebelschicht-Effekt* deaktiviert ist, wie in Abbildung 18.8 zu sehen ist.

Tipp

Wenn Sie *Zwiebelschicht-Effekt* wählen, scheint die *Up*-Schaltfläche im *Over*-Register leicht durch. Das ist sehr hilfreich, wenn Sie Ihre Schaltfläche jedes Mal neu zeichnen. Sie können dadurch sicher sein, dass Sie bestimmte Elemente richtig platzieren. Da in diesem Beispiel anders vorgegangen wird, würde ein Durchscheinen nur stören.

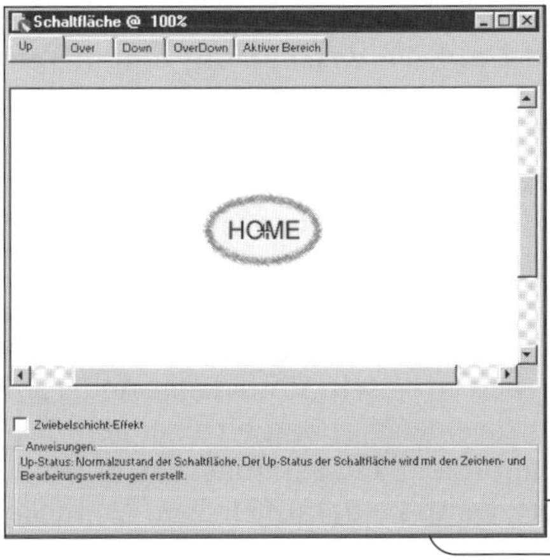

Die Schaltfläche im *Over*-Register des Schaltflächeneditors

Abb. 18.8

8 Klicken Sie auf die Schaltfläche *Up-Grafik kopieren*. Im Arbeitsbereich des Schaltflächeneditors erscheint eine Kopie der *Up*-Schaltfläche.

9 Markieren Sie die Schaltfläche. Ändern Sie die Fülleinstellung und füllen Sie die Schaltfläche gelb. Damit ist der *Over*-Status erledigt.

10 Klicken Sie auf das Register *Down*. Aktivieren Sie das Kontrollfeld vor dem Eintrag *Down-Status für die Navigationsleiste einschließen*, wie in Abbildung 18.9 zu sehen ist.

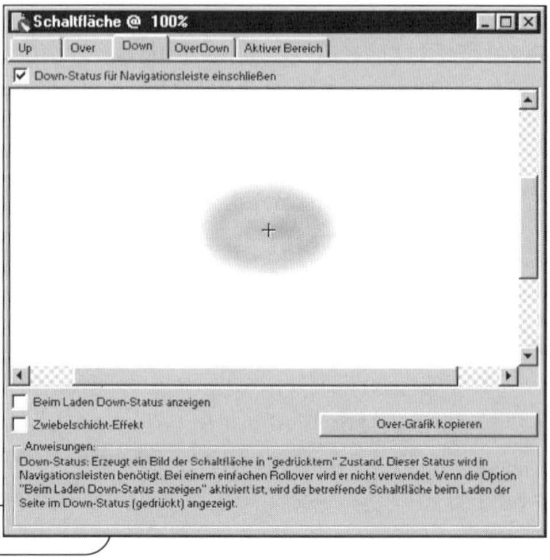

Die Schaltfläche im *Down*-Register des Schaltflächeneditors

Abb. 18.9

11 Klicken Sie auf die Schaltfläche *Over-Grafik kopieren*. Achten Sie darauf, dass Ihre Schaltfläche markiert ist und fügen Sie den Effekt *Gauß-Verwischen* mit einem Verwischungsradius von 8.0 hinzu.

12 Klicken Sie auf das Register *OverDown*. Aktivieren Sie das Kontrollfeld vor dem Eintrag *OverDown-Status für Navigationsleiste einschließen* (vgl. Abbildung 18.10).

13 Klicken Sie auf die Schaltfläche *Down-Grafik kopieren*. In diesem Beispiel werden an diesem Status keine Änderungen vorgenommen, da eine Veränderung einer gedrückten Schaltfläche Benutzer dazu veranlasst zu denken, dass etwas passiert, wenn sie darauf klicken. Wenn Sie jedoch Änderungen hinzufügen möchten, müssen Sie daran denken, die Schaltfläche zu markieren, bevor Sie die Änderungen vornehmen.

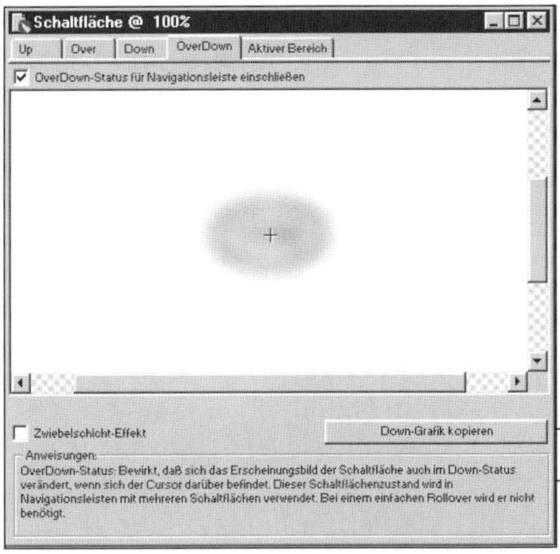

Die Schaltfläche im *OverDown*-Register des Schaltflächeneditors

Abb. 18.10

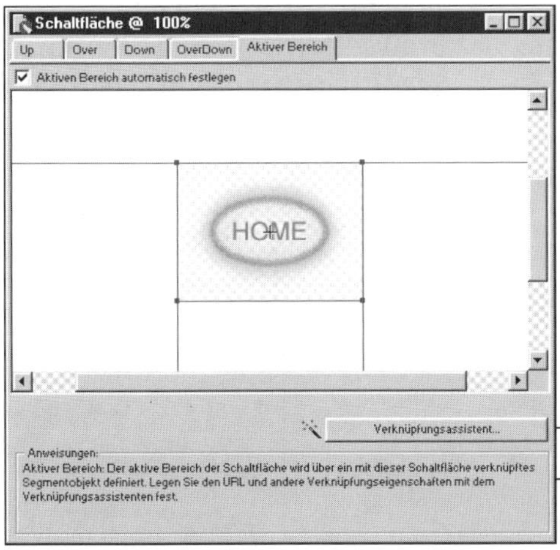

Die Schaltfläche im Register *Aktiver Bereich* des Schaltflächen-editors

Abb. 18.11

14 Klicken Sie auf das Register *Aktiver Bereich*. Der Schaltfläche wird automatisch ein Segment zugewiesen, wie in Abbildung 18.11 zu sehen ist. Eine Benutzeraktivität innerhalb dieses Segmentbereichs löst die Aktion aus, die mit dieser Schaltfläche verknüpft ist. (Weitere Informationen über Segmente finden Sie in Kapitel 20.) Da die ellipsenförmige Schaltfläche kleiner ist und eine andere Form als das Segment hat, müssen Sie das Segment an-

passen, damit der aktive Bereich der Form der Schaltfläche entspricht. Dies erreichen Sie mit Hilfe eines Hotspots.

15 Wählen Sie in der Werkzeugleiste das polygonale Hotspot-Werkzeug und erzeugen Sie einen polygonalen Hotspot, indem Sie mehrere Randpunkte Ihrer Schaltfläche anklicken. Der Hotspot, der dann über dem Segment liegt, stellt den neuen aktiven Bereich dar und sorgt dafür, dass nur die Aktivitäten, die tatsächlich im Bereich der Schaltfläche stattfinden, eine Aktion auslösen.

16 Um nun der Schaltfläche eine URL zuzuweisen, klicken Sie auf die Schaltfläche *Verknüpfungsassistent*. Im Dialogfenster *Verknüpfungsassistent* klicken Sie dann auf das Register *Verknüpfung*, das in Abbildung 18.12 zu sehen ist. Geben Sie eine URL ein, die mit dieser Schaltfläche verknüpft werden soll, oder wählen Sie eine URL in der Auswahlliste an. Zusätzlich können Sie in Textfeld *<alt>* noch einen alternativen Beschreibungstext und im Textfeld *Text für Statuszeile* einen Text für die Statuszeile des Browserfensters eingeben. Klicken Sie dann auf die *OK*-Schaltfläche um zum Schaltflächeneditor zurückzukehren.

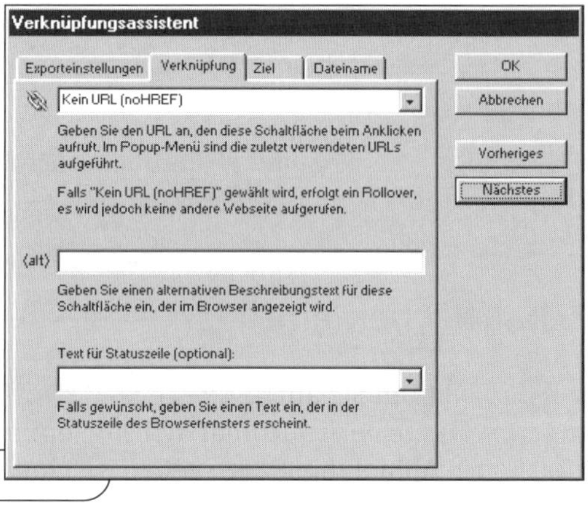

Das Dialogfenster *Verknüpfungsassistent*

Abb. 18.12

17 Klicken Sie auf die X-Schaltfläche in der oberen rechten Ecke des Schaltflächeneditors.

18 Klicken Sie auf das Register *Bibliothek*, um das Bedienfeld *Bibliothek* einzublenden. (Falls dies nicht möglich ist, wählen Sie den Menübefehl *Fenster > Bibliothek*.) Klicken Sie doppelt auf den Namenseintrag, der automatisch für Ihre Schaltfläche vergeben wurde.

19 Geben Sie im Dialogfenster *Symboleigenschaften* einen eigenen Namen für die Schaltfläche ein und klicken Sie auf die *OK*-Schaltfläche. Unsere Beispielschaltfläche hat den Namen *Schaltfläche Home*, wie in der folgenden Abbildung zu sehen ist:

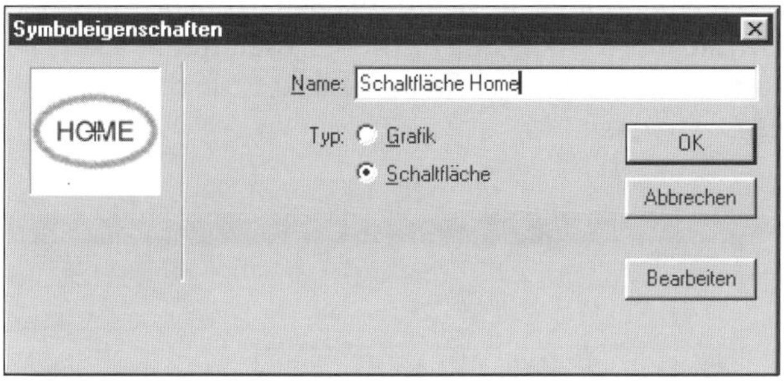

Tipp

Wenn Sie den Schaltflächeneditor minimieren und ihn anschließend nicht mehr wiederfinden, benutzen Sie den Menübefehl *Fenster*. Das Dialogfenster des Schaltflächeneditors wird unter dem Namen der Schaltfläche aufgelistet. Wenn Sie auf diesen Namen klicken, erscheint der Schaltflächeneditor wieder auf dem Bildschirm.

Sie haben jetzt eine benutzerdefinierte Schaltfläche mit vier Zuständen, die als Symbol verwendet werden kann.

Schaltflächen einfügen

Um Kopien Ihrer Schaltfläche in ein Fireworks-Dokument einzufügen, wählen Sie diese im Bedienfeld *Bibliothek* an und ziehen eine Kopie auf die Leinwand.

Fireworks enthält bereits eine Bibliothek mit fertigen Schaltflächen, die Sie sofort einsetzen können. Um diese zu verwenden wählen Sie den Menübefehl *Einfügen > Bibliotheken > Buttons*.

Bibliotheken mit benutzerdefinierten Schaltflächen anlegen

Sie können auch eigene Bibliotheken mit benutzerdefinierten Schaltflächen anlegen. Um Ihre eigenen Kreationen für die Verwendung in anderen Dokumenten zu speichern, öffnen Sie das Bedienfeld *Bibliothek* und klicken auf die Schaltfläche mit dem nach rechts weisenden Pfeil, die sich in der oberen rechten Ecke des Bedienfelds befindet. Im Popup-Menü wählen Sie den Eintrag *Symbole exportieren* an. Das Dialogfenster *Symbole exportieren*, das Sie in Abbildung 18.13 sehen, erscheint. Markieren Sie die Symbole, die Sie in einer Datei speichern möchten. Wenn Sie alle Symbole markieren wollen, klicken Sie auf die Schaltfläche *Alles auswählen*. Wenn Sie Ihre Markierung aufheben möchten, klicken Sie auf die Schaltfläche *Auswahl aufheben*. Klicken Sie dann auf die Schaltfläche *Exportieren*.

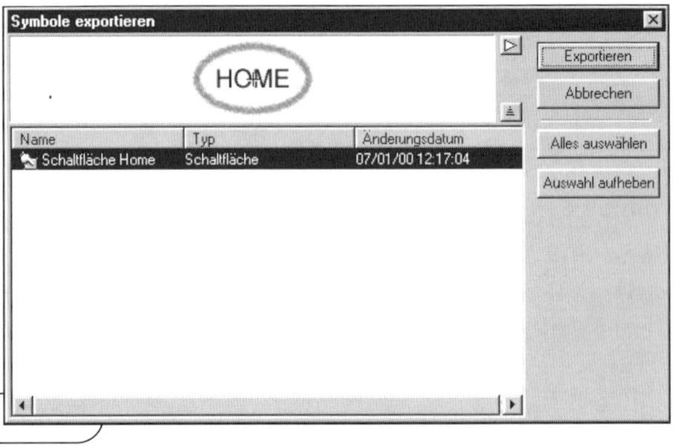

Das Dialogfenster *Symbole exportieren*

Abb. 18.13

Wählen Sie den Ordner an, in dem Ihre Schaltflächenbibliothek gespeichert werden soll, geben Sie der Bibliothek einen aussagekräftigen Namen (der Standardname lautet *Benutzerdefinierte Symbole*) und klicken Sie auf die Schaltfläche *Speichern*.

Einfache Rollovers erstellen

Die Verhaltensweise *Einfaches Rollover* entspricht im Grunde der gleichen Situation wie die einfachste Schaltfläche im Schaltflächeneditor. Wenn ein Benutzer eine Aktion auslöst – dies geschieht normalerweise durch die Bewegung des Mauszeigers über einen bestimmten Bereich –, wird eine Grafik gegen eine andere

Grafik ausgetauscht. Dieses Verfahren wird im allgemeinen für die *Up-* und *Down*-Zustände einer Schaltfläche angewandt.

Um ein einfaches Rollover zu erzielen, gehen Sie folgendermaßen vor:

1. Erstellen Sie zwei Frames (vgl. Abschnitt *Mit dem Bedienfeld Frames arbeiten* weiter oben in diesem Kapitel).

2. Markieren Sie *Frame 1* und wählen Sie den Menübefehl *Einfügen > Segment*, um ein rechteckiges Segment auf der Leinwand zu platzieren. Sie können dafür auch das Segmentierwerkzeug benutzen. (In Kapitel 20 finden Sie weitere Informationen zum Thema Segmente.)

3. Fügen Sie Inhalte hinzu – zeichnen Sie ein Objekt, fügen Sie eine Grafik ein oder erstellen Sie irgendetwas anderes, das in *Frame 1* innerhalb des Segments erscheinen soll.

4. Markieren Sie *Frame 2* und fügen Sie innerhalb des Segments Inhalte hinzu.

5. Achten Sie darauf, dass das Segment markiert ist, und klicken Sie auf das Register *Verhaltensweisen*, um den Verhaltensweiseninspektor zu öffnen, der in Abbildung 18.14 zu sehen ist. (Falls das Bedienfeld nicht angezeigt wird, wählen Sie den Menübefehl *Fenster > Verhaltensweisen*.)

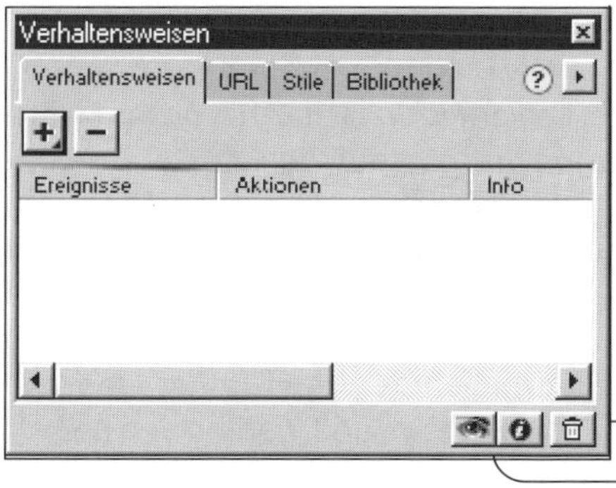

Der Verhaltensweiseninspektor

Abb. 18.14

6. Klicken Sie im Verhaltensweiseninspektor auf die +-Schaltfläche und wählen Sie im Popup-Menü die Option *Einfaches Rollover*.

7. Klicken Sie auf das Register *Vorschau* und beobachten Sie, wie die beiden Frames austauscht werden, wenn Sie den Mauszeiger über das Segment bewegen.

Bilder austauschen

Einfache Rollovers sind eigentlich auch eine Form des Austauschs von Bildern, und die Verhaltensweise *Bilder austauschen*, wird Ihnen nach dem vorherigen Abschnitt bereits bestens bekannt sein. Es gibt allerdings einige zusätzliche Optionen, die Ihnen dabei zur Verfügung stehen. Eine davon ist zum Beispiel, dass Sie einen Bereich als Auslöser und einen anderen Bereich als den Bereich festlegen können, in dem der Bildaustausch vollzogen wird. Sie können außerdem eine externe Bilddatei einsetzen und müssen für den Bildtausch nicht den Inhalt eines zweiten Frames verwenden.

Wenn Sie den Inhalt von zwei Frames tauschen möchten, erstellen Sie zwei Frames, platzieren ein Segment auf der Leinwand (indem Sie dafür entweder den Menübefehl *Einfügen > Segment* oder das Segmentierwerkzeug benutzen) und fügen in jeden Frame ein Bild in das Segment ein. Wenn Sie die Inhalte einer externen Bilddatei einsetzen möchten, benötige Sie die beiden Frames nicht. Was Sie aber immer noch brauchen, ist ein Segment, in das Sie ein Bild platzieren können. Bei dem Inhalt des Segment muss es sich gar nicht um ein Bild handeln, Sie können dafür jedes beliebige Objekt verwenden.

Wenn Sie das Segment markiert haben, öffnen Sie den Verhaltensweiseninspektor, klicken auf die +-Schaltfläche und wählen im Popup-Menü die Option *Bild austauschen*. Auf Ihrem Bildschirm erscheint dann das Dialogfenster *Bild austauschen* (vgl. Abbildung 18.15). Wählen Sie das Segment für den Bildaustausch aus.

Wenn das Bild aus einem anderen Frame eingefügt werden soll, klicken Sie auf das Optionsfeld *Frame-Nr.* und wählen den betreffenden Frame in der Auswahlliste aus. Wenn das Bild aus einer externen Bilddatei eingefügt werden soll, klicken Sie auf das Optionsfeld *Bilddatei* und geben diese im dazugehörigen Textfeld an (oder benutzen dafür die Schaltfläche *Durchsuchen*).

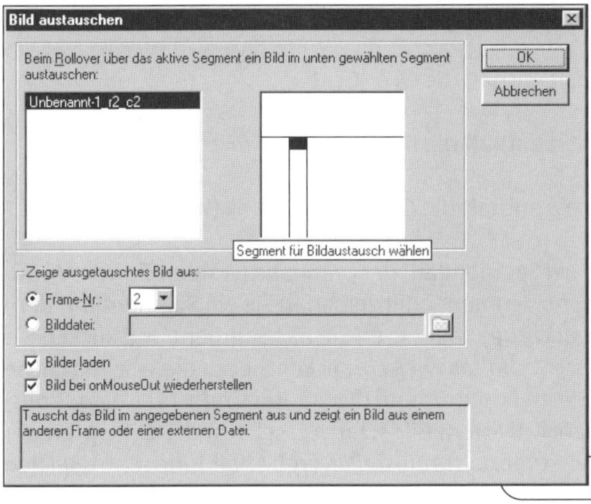

Das Dialogfenster *Bild austauschen*

Abb. 18.15

Wenn Sie nicht möchten, dass die Bilder vorher geladen werden, deaktivieren Sie das Kontrollfeld vor dem Eintrag *Bilder laden*. Wenn Sie nicht möchten, dass die Standardeinstellung *Bild wiederherstellen* automatisch hinzugefügt wird, deaktivieren Sie das Optionsfeld vor dem Eintrag *Bild bei onMouseOut wiederherstellen*. (In Kapitel 14 finden Sie weitere Informationen über das vorherige Laden von Bildern und die Standardeinstellung *Bild wiederherstellen*.)

Grafik für Navigationsleiste einstellen

Die Verhaltensweise *Grafik für Navigationsleiste einstellen* erzeugt eine Reihe von grafischen Schaltflächen mit unterschiedlichem Aussehen für unterschiedliche Zustände. Sie macht genau das, was Sie in der Übung zum Schaltflächeneditor gemacht haben. Genau wie beim Schaltflächeneditor gibt es vier mögliche Zustände: *Up*, *Over*, *Down* und *OverDown*. (Der Schaltflächeneditor macht dies automatisch, wenn Sie die einzelnen Zustände festlegen.)

Um eine Navigationsleiste zu definieren, beginnen Sie damit, vier Frames zu erstellen. Fügen Sie in die Frames die Grafiken ein, die Sie als Schaltflächen benutzen möchten. Die Frames müssen wie folgt eingestellt werden:

Frame 1 enthält die *Up*-Grafik.

Frame 2 enthält die *Over*-Grafik.

Frame 3 enthält die *Down*-Grafik.

Frame 4 enthält die *OverDown*-Grafik (falls gewünscht).

Platzieren Sie ein Segment auf der Leinwand (wählen Sie den Menübefehl *Einfügen > Segment* oder zeichnen Sie ein Segment mit dem Segmentierwerkzeug), markieren Sie das Segment und klicken Sie auf das Register *Verhaltensweisen*. Klicken Sie auf die +-Schaltfläche und wählen Sie im Popup-Menü die Option *Grafik für Navigationsleiste einstellen*. Auf Ihrem Bildschirm erscheint das Dialogfenster *Grafik für Navigationsleiste einstellen* (vgl. Abbildung 18.16). Bei den optionalen Einstellungen aktivieren Sie das Kontrollfeld vor dem Eintrag *OverDown-Status einschließen*, wenn Sie möchten, dass dies der Fall sein soll, und das Kontrollfeld vor dem Eintrag *Beim Laden Down-Bild anzeigen*, wenn Sie möchten, dass die Schaltfläche zuerst im *Down*-Status erscheinen soll.

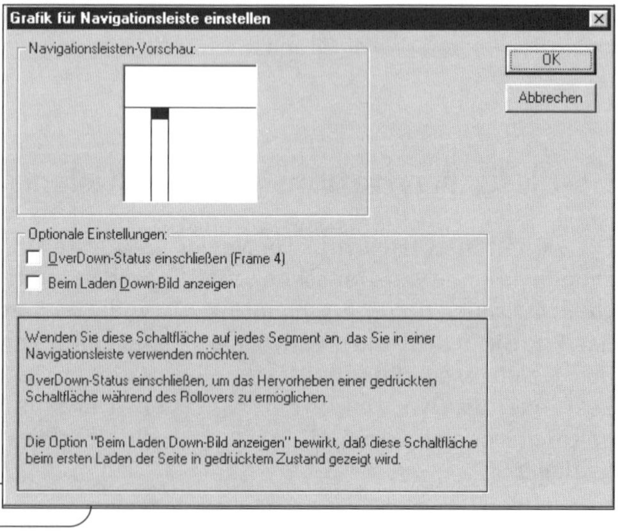

Das Dialogfenster *Grafik für Navigationsleiste einstellen*

Abb. 18.16

Text für die Statuszeile angeben

Die Verhaltensweise *Text für Statuszeile angeben* lässt unten im Browserfenster eine Meldung erscheinen. Um diese Verhaltensweise zu benutzen, markieren Sie das Segment, dem diese Aktion zugewiesen werden soll, klicken im Verhaltensweiseinspektor auf die +-Schaltfläche und wählen im Popup-Menü die Option *Text für Statuszeile angeben*. Tragen Sie dann im Textfeld des Dialogfensters *Text für Statuszeile angeben* die Meldung ein, die in der Statuszeile erscheinen soll.

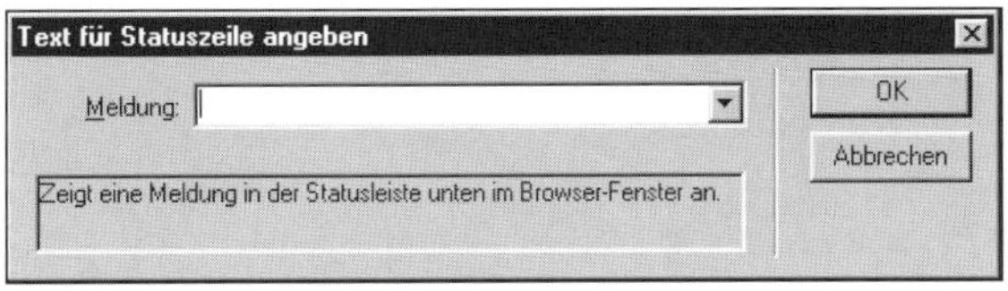

Sie sollten die Verhaltensweise Text für Statuszeile nur im Ausnahmefall einsetzen, da die Statuszeile des Browsers ja bereits vom Browser selbst verwendet wird, um dem Benutzer wichtige Meldungen anzuzeigen. Wenn in der Statuszeile zusätzlich noch Ihre eigenen Meldungen erscheinen, ist es für den Benutzer schwer, die eigentlichen Browsermeldungen zu erkennen.

Zusammenfassung

In diesem Kapitel ging es um das Anlegen von Image Maps, um Animationen und Rollovers. Zuerst wurde beschrieben, wie Sie mit dem Hotspot-Werkzeug rechteckige, kreisförmige und polygonale Hotspots anlegen. Polygonale Hotspots können mit den *Transformieren*-Werkzeugen neu geformt werden.

Dann haben Sie erfahren, wie Sie mit Fireworks animierte GIF-Dateien anlegen. Animierte GIF-Dateien bestehen aus Bildern, die fast identisch und auf mehrere Frames verteilt sind. Sie benutzen das *Frames*-Bedienfeld, um Frames zu erstellen und damit zu arbeiten. In diesem Abschnitt haben Sie auch den Symboleditor kennen gelernt. Ein Symbol ist ein wiederholbares Objekt, das in jedes Bild eingefügt werden kann. Ihre Symbole werden Ihnen vom Bedienfeld *Bibliothek* zur Verfügung gestellt.

In einer umfangreichen Übung zur Verwendung des Schaltflächeneditors haben Sie sich die *Rollover*-Funktionen von Fireworks erschlossen. Mit Hilfe des Schaltflächeneditors können Sie im Handumdrehen wiederverwendbare Rollover-Schaltflächen erzeugen, die zwei bis vier Zustände haben können. Der Verhaltensweiseninspektor ist für die Verhaltensweisen *Einfaches Rollover*, *Bilder austauschen*, *Grafik für Navigationsleiste einstellen* und *Text für Statuszeile angeben* zuständig.

Im nächsten Kapitel geht es um das Importieren und Exportieren von Dateien.

Grafikdateien importieren und exportieren

19

Fireworks kann beeindruckend viele Dateiformate importieren und exportieren. Wenn Sie Photoshop-Dateien (*.psd*) importieren, können Sie sogar für bestimmte Elemente globale Eigenschaften voreinstellen und diese dann Datei für Datei überschreiben.

Eine andere nützliche Technik ist die Bildsegmentierung. Mit der Bildsegmentierung können Sie ein einzelnes Bild in mehrere Dateien aufsplitten. Diese Dateien werden dann auf einer Webseite separat in eine Tabelle geladen. Dadurch, dass für jedes Segment unterschiedliche Dateioptionen verwendet werden, kann die Downloadzeit immens beschleunigt werden.

Über die einfache Formatkompatibilität hinaus bietet die Exportfunktion von Fireworks eine ganze Reihe von Tricks für die Optimierung der Webfunktionalität. Der Exportassistent zeigt Ihnen eine Vorschau von bis zu vier unterschiedlichen Versionen eines Bildes, bei dem jede Version ihre eigenen Optimierungseinstellungen hat, damit Sie entscheiden können, welches Verhältnis zwischen kurzer Downloadzeit und Bildqualität am geeignetsten für das Bild ist.

Fireworks hat jedoch nicht nur diverse Grafikdateiformate zu bieten. Es hilft Webdesignern auch beim Export von HTML-Programmcode für Rollovers und das Zusammensetzen von Bildsegmenten in Webdesignprogramme wie Dreamweaver, FrontPage und GoLive. Fireworks exportiert nicht nur den Standard-HTML-Code, sondern beachtet dabei auch die HTML-Eigenheiten der einzelnen Web-Designprogramme.

In diesem Kapitel geht es um den Import von Dateien, das Erzeugen und Optimieren von Segmenten, den Dateiexport und die Batch-Verarbeitung.

Dateien importieren

Fireworks kann folgende Dateiformate importieren:

- Batch Process Script (*.jsf*)
- CorelDraw (unkomprimierte *.cdr*-Dateien, die mit CorelDraw 7 oder 8 erstellt wurden)
- Freehand (*.fh*, *.ft*)

- Graphics Interchange Format (*.gif*)
- JPEG (*.jpe*, *.jpeg*, *.jpg*)
- Photoshop (*.psd*)
- Portable Networks Graphics (*.png*)
- Rich Text Format (*.rtf*)
- Targa (*.tga*)
- Tagged Image File Format (*.tif*, *.tiff*)
- Text (*.txt*)
- Windows Bitmap (*.bmp*, *.dib*, *.rle*)

Tipp

Sie können Bilder von TWAIN-kompatiblen Kameras und Scannern direkt importieren, wenn Sie den Menübefehl *Datei > Scannen* wählen.

Grafiken öffnen und importieren

Es gibt mehrere Möglichkeiten, Grafiken zu importieren. Der Standardmenübefehl *Datei > Öffnen* legt ein neues Dokument mit dem Inhalt der betreffenden Datei an. Mit den Menübefehlen *Datei > Importieren* und *Einfügen > Bild* fügen Sie eine Grafik aus einer Datei in ein geöffnetes Fireworks-Dokument ein. Wenn Sie die Menübefehle *Datei > Importieren* oder *Einfügen > Bild* anwenden, erscheint zunächst ein Bildsymbol in Ihrem Dokument, das Sie dann an die Stelle des Dokuments bewegen, an der die importierte Grafik eingefügt werden soll. Befindet sich das Bildsymbol an der gewünschten Stelle, klicken Sie mit der linken Maustaste und die Grafik wird eingefügt.

Aus vielen anderen Programmen, wie zum Beispiel Microsoft Office oder Netscape Navigator, können Sie Grafiken auch per Drag & Drop einfügen. Diese Funktion wird nicht von allen Programmen unterstützt. Wenn Sie sich nicht sicher sind, probieren Sie es einfach aus. Im schlimmsten Fall funktioniert es nicht.

Eine anderes Verfahren, mit dem Sie Grafiken einfügen können, ist das Kopieren und Einfügen. In Fireworks lässt sich alles – von GIF-Dateien bis ASCII-Text – über die Zwischenablage einfügen.

Voreinstellungen für den Import von Photoshop-Dateien

Beim Importieren von Photoshop-Dateien gibt Ihnen Fireworks die Möglichkeit, eine ganze Reihe von Voreinstellungen zu treffen, mit denen Sie den Importvorgang steuern können. Sie können einfach die Standardeinstellungen übernehmen oder aber festlegen, wie mit Ebenen, Textblöcken und zusammengesetzten Bildern verfahren werden soll.

Um die Voreinstellungen für den Import von Photoshop-Dateien festzulegen, wählen Sie den Menübefehl *Datei > Voreinstellungen* und aktivieren das Register *Importieren*, das in Abbildung 19.1 zu sehen ist.

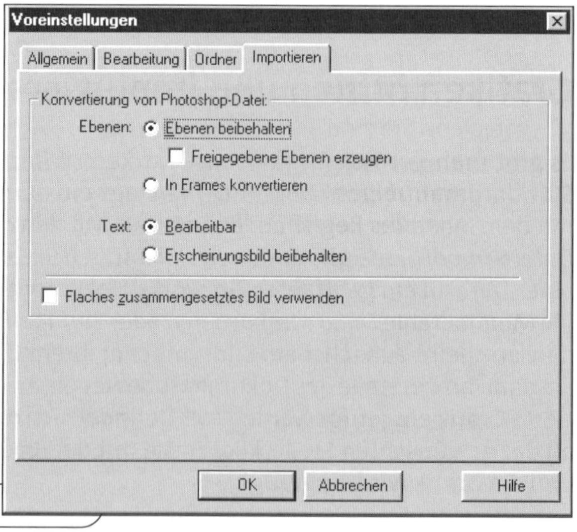

Das Register *Importieren* des Dialogfensters *Voreinstellungen*

Abb. 19.1

Die Standardeinstellung für Ebenen lautet *Ebenen beibehalten*. Die Ebenen bleiben dann so wie in der Photoshop-Datei. Wenn Sie diese Voreinstellung übernehmen, können Sie zusätzlich noch das Kontrollfeld vor dem Eintrag *Freigegebene Ebenen erzeugen* aktivieren. Sie legen damit fest, dass Ebenen über mehrere Frames verteilt werden können. Die alternative Voreinstellung lautet *In Frames konvertieren*. Wenn Sie diese Voreinstellung wählen, legt Fireworks für jede Ebene einen eigenen Frame an.

Für Text haben Sie zwei Voreinstellungsmöglichkeiten: *Bearbeitbar* und *Erscheinungsbild beibehalten*. Wenn Sie *Bearbeitbar* wählen, können Sie den Text mit dem Textwerkzeug von Fireworks bearbeiten. Wenn Sie sich für die Voreinstellung *Erscheinungsbild beibehalten* entscheiden, wird der Text der Photoshop-Datei als Bitmap importiert und kann nicht bearbeitet werden.

Schließlich haben Sie noch die Möglichkeit, die Voreinstellung *Flaches zusammengesetztes Bild verwenden* zu wählen. Wenn Sie dies tun, werden zusammengesetzte Bilder als ein einziges Gesamtbild importiert, das keine Informationen über die Einzelobjekte mehr enthält.

Wenn Sie eine Photoshop-Datei importieren, erscheint auf Ihrem Bildschirm ein Dialogfenster, das genauso aussieht wie das Register *Import* des Dialogfensters *Voreinstellungen*. Sie können dadurch die Importvoreinstellungen von Datei zu Datei ändern.

Tipp

Wenn Sie nicht möchten, dass das Dialogfenster jedes Mal erscheint, wenn Sie eine Photoshop-Datei importieren, klicken Sie in der linken unteren Ecke auf das Kontrollfeld vor dem Eintrag *Nicht wieder anzeigen*. Fireworks benutzt dann für den Import die Einstellungen des Registers *Import* des Dialogfensters *Voreinstellungen*, ohne das Dialogfenster anzuzeigen. Sie können die Voreinstellungen des Dialogfensters aber immer noch ändern, Sie müssen es nur direkt aufrufen.

Bildsegmentierung

Bevor Sie eine Grafik für den Webgebrauch exportieren, möchten Sie vielleicht die Vorteile einer Fortgeschrittenentechnik nutzen, um Downloadzeit zu sparen. Der Name dieser Technik lautet *Bildsegmentierung*. Die Bildsegmentierung macht genau das, was der Name vermuten lässt: Sie schneidet eine Grafik in mehrere Teile, die dann später auf der Webseite wieder zusammengesetzt werden.

Wozu dies gut sein soll? Nun, viele Grafiken sind aus sehr unterschiedlichen Bereichen zusammengesetzt, die sich dank der Bildsegmentierung unterschiedlich behandeln und für den Export optimieren lassen. Einige Bilder lassen sich am besten als GIF-Dateien, andere als JPEGs und wieder andere als PNGs abspeichern. Mit Hilfe der Bildsegmentierung können Sie eine Grafik zerschneiden und die Einzelteile in unterschiedliche Dateiformate exportieren, die für den jeweiligen Bereich optimal geeignet sind. Sie können auch einzelne Segmente als Einzeldateien exportieren, ohne die restlichen Bereiche der Grafik einzubeziehen.

Bildsegmente ähneln den Hotspots, die in Verbindung mit Image Maps verwendet werden, sehr. Es gibt keine runden Segmente, aber rechteckige und polygonale. Genau wie Hotspots lassen sich Segmenten URLs als Verknüpfungen zuweisen, außerdem können sie Rollovers auslösen. (In Kapitel 19, *Image Mapping und Animationen*, finden Sie Informationen über Hotspots sowie über die Verwendung von Segmenten bei JavaScript-Rollovers.)

Segmente einfügen

Sie haben zwei Möglichkeiten, um Segmente in Ihre Fireworks-Grafik hineinzubekommen: Sie können sie zeichnen oder einfügen.

Segmente werden auf die gleiche Weise gezeichnet wie Hotspots, außer dass Sie dafür das rechteckige Segmentierwerkzeug und das Werkzeug *Polygonsegmentierung* benutzen. Wie viele andere Werkzeuge der Werkzeugleiste teilen sich auch diese beiden Werkzeuge eine Position. Wenn Sie auf der Segmentierwerkzeug zugreifen möchten, dass momentan in der Werkzeugleiste nicht angezeigt wird, klicken Sie auf das aktuelle Werkzeugsymbol und halten die Maustaste so lange gedrückt bis das Untermenü erscheint, in dem Sie dann das gewünschte Segmentierwerkzeug anwählen können.

So benutzen Sie die Segmentierwerkzeuge:

- Um ein rechteckiges Segment zu zeichnen, wählen Sie in der Werkzeugleiste das Symbol des Segmentierwerkzeugs an, klicken in der Grafik auf den Punkt, an dem die erste Ecke des Rechtecks erscheinen soll, halten die Maustaste gedrückt und ziehen den Mauszeiger dann zur diagonal gegenüberliegenden Ecke.

Um ein polygonales Rechteck zu zeichnen, wählen Sie in der Werkzeugleiste das Symbol des Werkzeugs *Polygonsegmentierung* an, klicken in der Grafik dann auf den Punkt, an dem sich der Anfangspunkt des Polygons befinden soll, und fügen durch Klicken die weiteren Punkte des Polygons hinzu. Klicken Sie doppelt, wenn Sie am Endpunkt des Polygons angelangt sind.

Wenn Sie hingegen rechteckige Segmente einfügen möchten, markieren Sie einfach ein Objekt und wählen den Menübefehl *Einfügen > Segment*. Beim Einfügen von polygonalen Objekten gibt es einen weiteren Schritt: Markieren Sie das Objekt, wählen Sie den Menübefehl *Einfügen > Hotspot* und dann *Einfügen > Segment*.

Nachdem Sie Segmente eingefügt haben, wird die Grafik mit Linien unterteilt, die die Position des Segments anzeigen. Diese Linien werden als *Segmenthilfslinien* bezeichnet.

Um ein Segment zu entfernen, markieren Sie es und drücken dann die [Entf]-Taste.

Segmente optimieren

Bevor Sie Segmente exportieren, sollten Sie deren Downloadzeiten optimieren. Zuständig dafür sind die Einstellungsmöglichkeiten, die Ihnen das Bedienfeld *Optimieren* zur Verfügung stellt.

Tipp

Sie können eine Grafik segmentieren auch ohne dabei an die Optimierung zu denken. Da einzelne Bildteile schneller geladen werden als das Gesamtbild, erhalten Sie in jedem Fall einen Geschwindigkeitsvorteil.

Um ein Bildsegment zu optimieren, gehen Sie folgendermaßen vor:

1. Segmentieren Sie Ihre Grafik, indem Sie die Bereiche festlegen, die sich am besten optimieren lassen, zum Beispiel Bereiche mit großer Farbtiefe und Bereiche, in denen nur zwei Farben verwendet werden.

❷ Klicken Sie im Dokumentfenster auf das *2fach*-Register. Links wird Ihnen das Originalbild mit den Segmenten gezeigt, über dem Vorschaubild auf der rechten Seite wird Ihnen die aktuelle Segmentierung in Form einer Überlagerung dargestellt. Die Überlagerung zeigt Ihnen an, welches Segment gerade optimiert wird. Alle anderen Bildteile werden nämlich abgedunkelt dargestellt. Abbildung 19.2 zeigt das *2fach*-Register eines Bildes, das gerade segmentiert wird.

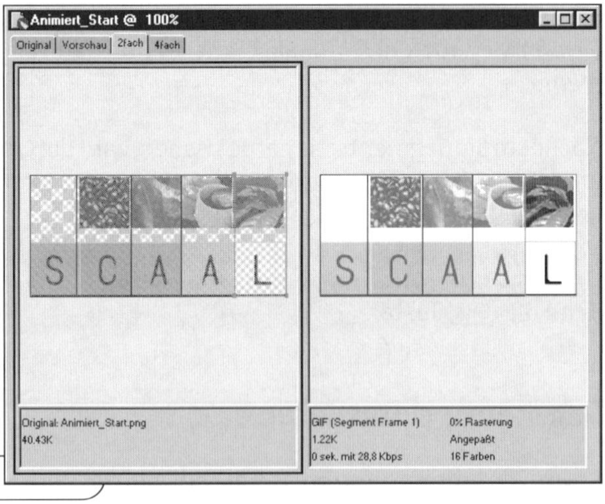

Das *2fach*-Register zeigt die Bildsegmente an

Abb. 19.2

❸ Klicken Sie auf den Bereich des Bildes, den Sie optimieren möchten.

❹ Klicken Sie auf das Register *Optimieren*. (Sollte das Bedienfeld, das dieses Register enthält, nicht angezeigt werden, wählen Sie den Menübefehl *Fenster > Optimieren*).

❺ Markieren Sie ein Bildsegment.

❻ Wählen Sie im Bedienfeld *Optimieren* unterschiedliche Dateitypen, Paletten und Farbangaben an. Das Ergebnis Ihrer Änderungen wird Ihnen im unteren Bereich des Vorschaufensters angezeigt.

Wenn Sie die Datei exportieren, haben Sie im Dialogfenster *Exportieren* mehrere Möglichkeiten anzugeben, wie mit den Bildsegmenten verfahren werden soll (vgl. Abschnitt *Segmentierungsoptionen einstellen* weiter unten in diesem Kapitel).

Dateien exportieren

Für den Exportvorgang stellt Ihnen Fireworks eine ganze Reihe von Hilfen zur Verfügung. Es bietet Ihnen nicht nur viele unterschiedliche Exportformate an, sondern unterstützt Sie außerdem mit einem Exportassistenten, der Sie Schritt für Schritt durch den gesamten Exportvorgang führt und Ihnen hilft, die richtigen Exportentscheidungen zu treffen. Im Dialogfenster *Exportieren* schließlich können Sie einstellen, wie mit Bildsegmenten und HTML-Code umgegangen werden soll.

Die Wahl des Dateiformats

Es gibt eine ganze Reihe unterschiedlicher Formate, in die Dateien exportiert werden können:

- Flash (*.swf*)
- Freehand (*.ai*)
- Graphics Interchange Format (*.gif*)
- Illustrator 7 (*.ai*)
- JPEG (*.jpe, .jpeg, .jpg*)
- Portable Network Graphics (*.png*)
- Tagged Image File Format (*.tif, .tiff*)
- Windows Bitmap (*.bmp*)

Das Standardformat für den Export ist GIF. Wenn Sie ein anderes Dateiformat einstellen wollen, benutzen Sie dafür das Bedienfeld *Optimieren*. In diesem Bedienfeld können Sie die Exportformate GIF, Animiertes GIF, JPEG, PNG, TIFF und BMP einstellen.

Wenn Sie in andere Dateiformate exportieren möchten, benutzen Sie dafür den Menübefehl *Datei > Inhalte exportieren*. Sie haben dann die Möglichkeit, Dateien nach Macromedia Freehand und Adobe Illustrator (für beide gilt die Option *Illustrator 7*), Macromedia Flash und Lotus Domino Image Well zu exportieren. Außerdem können Sie einzelne Bildsegmente sowie jedes Bild eines Framesets als einzelne Dateien speichern.

Der Exportassistent

Der Exportassistent bietet Ihnen die mit Abstand einfachste Möglichkeit, Dateien zu exportieren. Auf der Grundlage Ihrer Antworten auf seine Fragen analysiert er Ihren Bedarf und meldet Ihnen dann, wie Sie Ihr Ziel am besten erreichen. Er erzeugt sogar optimierte Versionen Ihrer Grafiken für Sie und zeigt Ihnen diese in einem Fenster an, in dem Sie noch weitere Änderungen vornehmen können.

Exportoptionen wählen

Um den Exportassistenten zu starten und sein Optimierungsvorschläge angezeigt zu bekommen, gehen Sie folgendermaßen vor:

1. Wenn Ihre Grafik fertig ist, wählen Sie den Menübefehl *Datei > Exportassistent*. Auf Ihrem Bildschirm erscheint dann das Dialogfenster *Exportassistent*, das so oder so ähnlich aussieht wie in Abbildung 19.3 (der exakte Inhalt des Dialogfensters ist von dem jeweiligen Projekt abhängig).

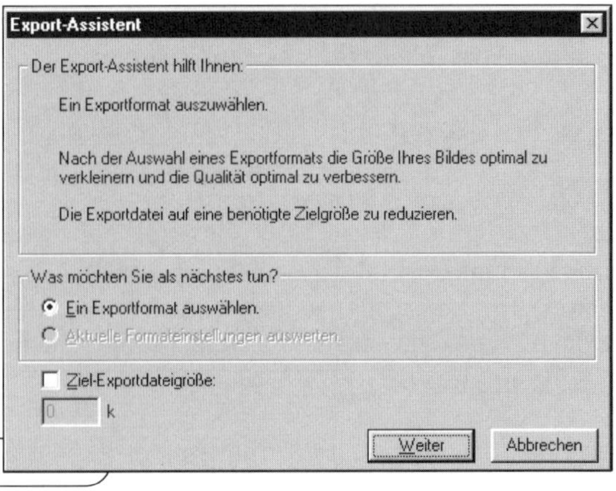

Das Dialogfenster des Exportassistenten

Abb. 19.3

2 Das Optionsfeld vor dem Eintrag *Ein Exportformat auswählen* ist standardmäßig aktiviert. (Die darunter befindliche Option wird zunächst nur hellgrau dargestellt, lässt sich aber im weiteren Verlauf aktivieren.) Wenn Sie die Optionen auf eine bestimmte Zieldateigröße beschränken möchten, müssen Sie das Kontrollfeld vor dem Eintrag *Ziel-Exportdateigröße* im unteren Bereich des Dialogfensters aktivieren und dann in das darunter liegende Textfenster einen Kilobytewert eintragen. Klicken Sie dann auf die Schaltfläche *Weiter*.

3 Geben Sie im Bedienfeld *Ziel wählen* an, wohin die Grafik übertragen werden soll (vgl. Abbildung 19.4). Ihnen stehen die Optionen *Ins Web, Bildbearbeitungsanwendung, DTP-Anwendung* und *Dreamweaver* zur Verfügung. Klicken Sie dann auf die Schaltfläche *Weiter*.

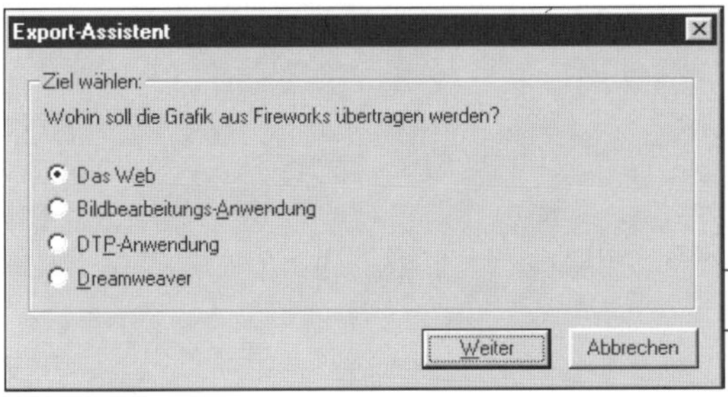

Das Bedienfeld *Ziel wählen* des Exportassistenten

Abb. 19.4

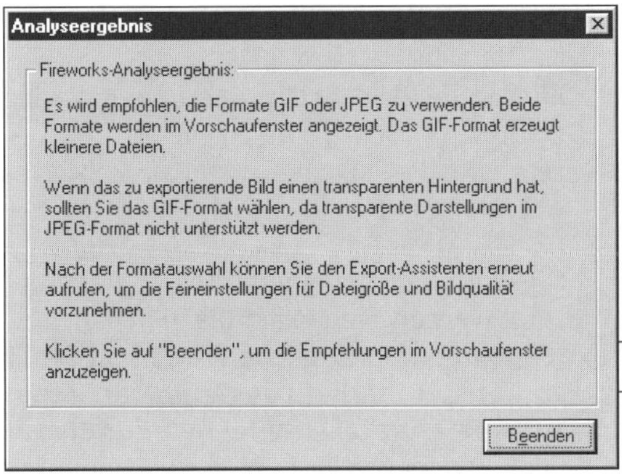

Das Dialogfenster *Analyseergebnis*

Abb. 19.5

4 Auf Ihrem Bildschirm erscheint das Fenster *Analyseergebnis* (vgl. Abbildung 19.5). Klicken Sie auf die Schaltfläche *Beenden* und lassen Sie sich die Empfehlungen im Vorschaufenster anzeigen.

Einstellungen analysieren

In der Exportvorschau werden Ihnen zwei oder mehr unterschiedliche Optimierungen zusammen mit Informationen über die jeweilige Dateigröße und Downloadzeit angezeigt. Alle weiteren Informationen sind abhängig vom Dateityp. Im Beispiel, das in Abbildung 19.6 zu sehen ist, handelt es sich beim oberen Bild um eine JPEG-Datei und beim unteren Bild um eine GIF-Datei.

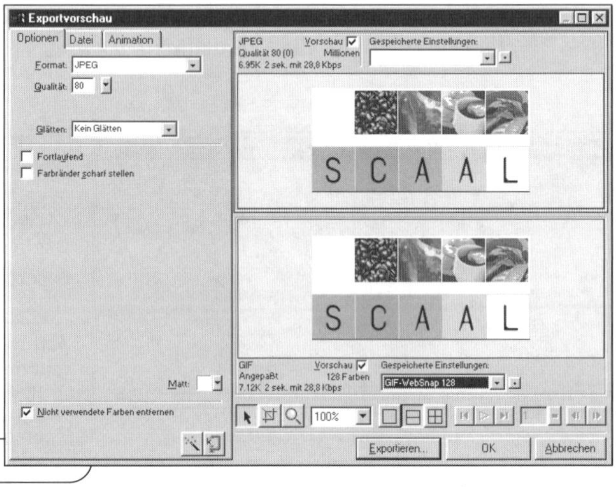

Das Dialogfenster *Exportvorschau*

Abb. 19.6

Klicken Sie jede der Optimierungen an, damit Sie Zugriff auf alle Optionen haben, die Ihnen zur Verfügung stehen. Abbildung 19.7 zeigt, wie die Exportvorschau aussieht, wenn das untere Bild von Abbildung 19.6 markiert ist.

Die Optionen, die Ihnen im Dialogfenster *Exportvorschau* angezeigt werden, sind exakt die gleichen, die Ihnen Fireworks während Ihrer ursprünglichen Arbeit an dem Bild zu Verfügung gestellt hat. Innerhalb des Exportassistenten sind sie lediglich zusammengefasst und nicht mehr auf unterschiedliche Bedienfelder und Inspektoren verteilt. Um nun Empfehlungen zu deren Verwendung zu erhalten, markieren Sie ein Vorschaubild und klicken dann auf die Schaltfläche mit dem Zauberstab, die sich im unteren Bereich des Dialogfensters befindet. Dies bringt

Sie zum Anfangsbedienfeld des Exportassistenten zurück. Es gibt jedoch einen kleinen Unterschied: Die Option *Aktuelle Formateinstellungen auswerten*, die anfänglich nur hellgrau dargestellt wurde, ist jetzt aktiviert.

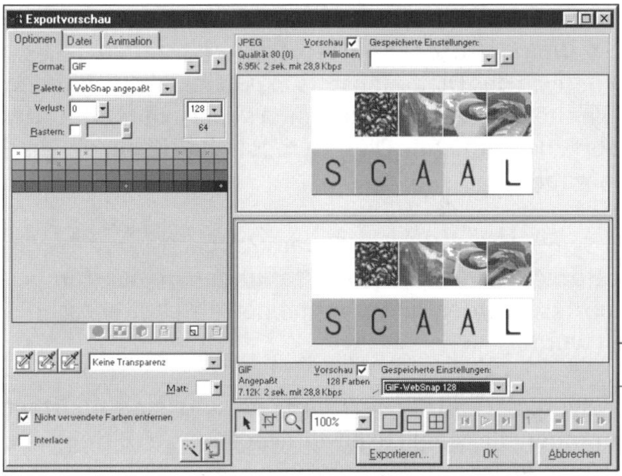

Das Dialogfenster *Exportvorschau*, wenn die GIF-Datei markiert ist

Abb. 19.7

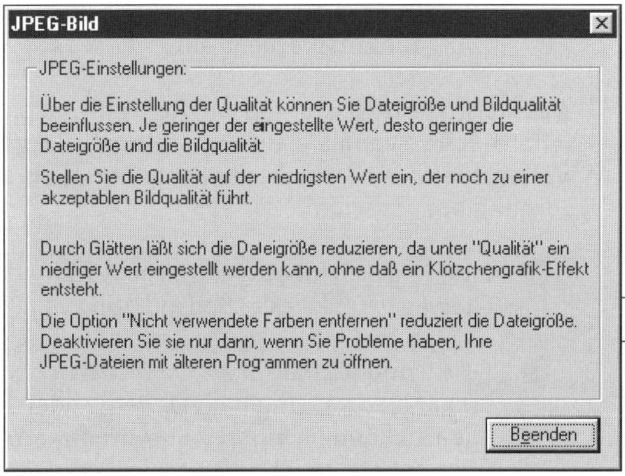

Das Dialogfenster *JPEG-Bild*

Abb. 19.8

Wenn Sie nun die *Weiter*-Schaltfläche anklicken, werden Ihnen die Empfehlungen für die Optimierung der Exporteinstellungen angezeigt. Wenn beispielsweise die JPEG-Datei von Abbildung 19.7 markiert und dann im Exportassistenten auf die *Weiter*-Schaltfläche geklickt wird, erscheint das Dialogfenster *JPEG-Bild*, das in Abbildung 19.8 zu sehen ist. Mit einem Klick auf die *Beenden*-Schaltfläche gelangen Sie in das Dialogfenster *Exportvorschau* zurück. Sie können dann die andere Bildvorschau markieren und die auf Schaltfläche mit dem Zauberstab klicken, um sich die Empfehlungen des Exportassistenten zu diesem Dateiformat anzeigen zu lassen.

Optionen im Dialogfenster Exportvorschau *einstellen*

Im unteren Bereich des Dialogfensters *Exportvorschau* befinden sich einige Symbolschaltflächen, die Ihnen dabei helfen, die Datei für den Export zu optimieren. Diese Symbolschaltflächen haben folgende Aufgaben:

- Die Symbolschaltfläche mit dem Zauberstab startet die Option *Aktuelle Formateinstellungen auswerten* des Exportassistenten, die im vorherigen Abschnitt beschrieben wurde.

- Die Symbolschaltfläche *In Größe exportieren-Assistent* gibt Ihnen die Möglichkeit, eine bestimmte Dateigröße anzugeben. Tragen Sie den gewünschten Kilobytewert in das Dialogfenster ein, das erscheint, wenn Sie diese Schaltfläche anklicken. Die Einstellungen werden Ihrer Vorgabe entsprechend automatisch angepasst.

Was dem Exportassistenten wirklich fehlt, ist eine *Rückgängig*-Schaltfläche. Wenn Sie eine Einstellung rückgängig machen wollen, bleibt Ihnen nichts anderes übrig, als den gesamten Vorgang abzubrechen.

- Die *Zeiger*-Symbolschaltfläche wird für das Auswählen, Bewegen und die Größenänderung von Bildern benutzt.

- Die Symbolschaltfläche *Exportbereich* wird für das Zuschneiden des Originalbilds verwendet. Um sie anwenden zu können, müssen Sie vorher normalerweise die Symbolschaltfläche *Kleiner/Größer zoomen* benutzen.

- Die Symbolschaltfläche *Kleiner/Größer zoomen* gibt Ihnen die Möglichkeit, die Bildansicht zu vergrößern oder zu verkleinern. Um die Bildansicht zu vergrößern, klicken Sie zuerst auf die Symbolschaltfläche und dann auf das Bild. Um die Bildansicht zu verkleinern, halten Sie die [Alt]-Taste gedrückt (Mac-Benutzer drücken die Optionstaste) während Sie auf das Bild klicken. Sie können die Vergrößerung auch in der Auswahlliste anwählen, die sich rechts neben der Symbolschaltfläche *Kleiner/Größer zoomen* befindet. Der Vergrößerungsbereich reicht von 6% bis 3190%.

Mit Hilfe der drei Symbolschaltflächen, die sich rechts neben dem Listenfeld befinden, geben Sie die Anzahl der Vorschaufenster an. Sie haben die Wahl zwischen einem, zwei und vier Fenstern.

Die restlichen Symbolschaltflächen werden für die Wiedergabe der Frames einer animierten GIF-Datei benutzt. Dabei handelt es sich um die gleichen Schaltflächen, die Ihnen im Dokumentfenster von Fireworks angezeigt werden.

Beide Vorschaufenster haben außerdem ein Listenfeld mit der Bezeichnung *Gespeicherte Einstellungen*. In der Auswahlliste dieses Listenfelds können Sie bereits vorhandene Optimierungseinstellungen anwählen. Wenn Sie auf die kleine Pfeilschaltfläche klicken, die sich rechts neben dem Listenfeld befindet, können die aktuellen Einstellungen unter einem neuen Namen speichern.

Wie bereits erwähnt, sind die Einstellungen, die Sie im Register *Optionen* vornehmen können, vom Dateityp abhängig. Außerdem können Sie noch Einstellungen in den Registern *Datei* und *Animation* vornehmen, die im nächsten Abschnitt beschrieben werden.

Wenn Sie mit allen Einstellungen zufrieden sind, klicken Sie auf die Schaltfläche *Exportieren*, um den Vorgang abzuschließen. Dies bringt Sie in das Dialogfenster *Exportieren*, das im Anschluss an die beiden Register *Datei* und *Animation* erläutert wird.

Das Register Datei

Das Register *Datei*, das in Abbildung 19.9 zu sehen ist, enthält Optionen zum Skalieren und zum Festlegen des Exportbereichs der Datei. Wenn Sie die Bildgröße ändern möchten, geben Sie dafür entweder einen Prozentwert direkt in das obere Textfeld ein oder klicken auf die daneben befindliche Pfeilschaltfläche und stellen diesen mit Hilfe des Schiebereglers ein, der dann erscheint. Die möglichen Werte reichen von 1% bis 190%. Sie können außerdem Werte für die Breite und Höhe in die Textfelder *B* und *H* eintragen. Wenn Sie das Kontrollfeld vor dem Eintrag *Proportionen beibehalten* aktivieren, bleiben die Proportionen des Bildes erhalten.

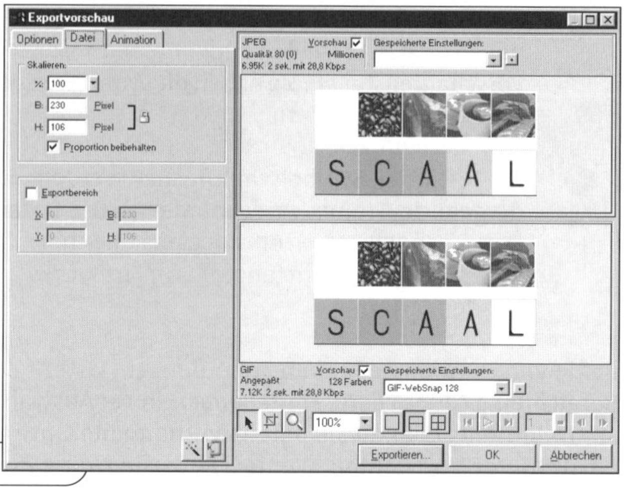

Das Register *Datei* der Exportvorschau

Abb. 19.9

Wenn Sie auf das Kontrollfeld vor dem Eintrag *Exportbereich* klicken, werden die darunter befindlichen Textfelder aktiviert. Eingaben in diesen Textfeldern haben die gleiche Wirkung wie die Benutzung der Symbolschaltfläche *Exportbereich*. In beiden Fällen schneiden Sie Ihr Bild zu. Hier geben Sie jedoch exakte Werte für die obere linke Ecke Ihres Zuschneidebereichs in den *X*- und *Y*-Textfeldern und für die Breite und Höhe in den *B*- und *H*-Textfeldern ein.

Das Register Animation

Wenn Sie mit einer animierten GIF-Datei arbeiten, klicken Sie auf das Register *Animation* (vgl. Abbildung 19.10). Die meisten der Optionen, die Ihnen dieses Register bietet, sind entweder die gleichen, die Ihnen zur Verfügung standen als Sie die Originalanimation bearbeitet haben (wie zum Beispiel die Frame-Verzögerung) oder die gleichen, die auf den anderen Registern zu finden sind (wie zum Beispiel die Symbolschaltfläche *Kleiner/Größer zoomen*).

Die einzige Symbolschaltfläche, die nur auf diesem Register zu finden ist, ist die Schaltfläche *Löschmethode*, auf der eine Mülltonne zu sehen ist. Wenn Sie diese Schaltfläche anklicken, erscheint ein Popup-Menü, in dem Sie angeben können, wie ein Frame gelöscht werden soll, bevor der nächste Frame angezeigt wird. Die Standardeinstellung lautet schlicht *Nicht angegeben*. Es gibt drei weitere Optionen:

Keine lässt das alte Bild stehen, während das neue Bild angezeigt wird.

Hintergrund wiederherstellen erzeugt einen sauberen Hintergrund, bevor das neue Bild angezeigt wird.

Vorheriges wiederherstellen führt zum gleichen Ergebnis wie die Option *Keine*, lässt aber manchmal die Animation abstürzen und sollte daher besser nicht gewählt werden.

Außerdem gibt es noch zwei Kontrollfelder im unteren Bereich des Registers. Die beiden Kontrollfelder arbeiten Hand in Hand. Wenn Sie das obere Kontrollfeld deaktivieren, wird das untere Kontrollfeld hellgrau dargestellt und kann nicht mehr angewählt werden. Das obere Kontrollfeld, *Autom. zuschneiden* macht genau das, was seine Bezeichnung vermuten lässt. Es eliminiert automatisch die überflüssigen Bildbereiche des aktuellen Frames. Sinn und Zweck ist die Reduzierung der Dateigröße. Mit Hilfe des darunter befindlichen Kontrollfelds, *Auto-Differenz*, lässt sich noch mehr Speicherplatz sparen. Ist es aktiviert, werden nur die Unterschiede zwischen den einzelnen Frames gespeichert.

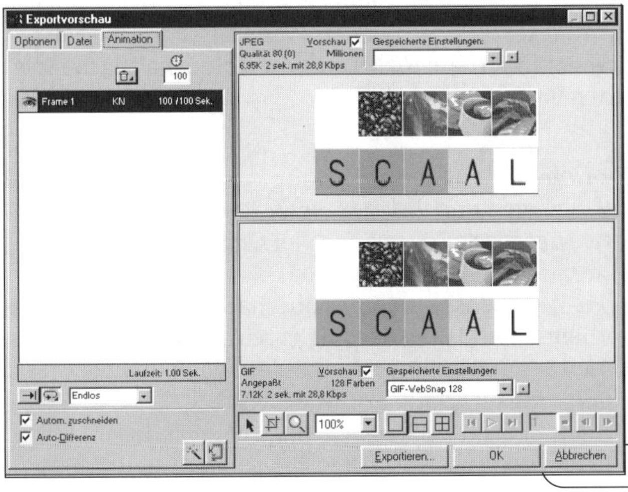

Das Register *Animation* der Exportvorschau

Abb. 19.10

Optionen im Dialogfenster *Exportieren* einstellen

Egal, für welche Exportmethode Sie sich entscheiden, am Ende gelangen Sie immer in das Dialogfenster *Exportieren*, das in Abbildung 19.11 zu sehen ist. Im Grunde ist es zwar ein Standarddialogfenster zum Speichern von Dateien, enthält aber einige Extras, die nur bei Fireworks zu finden sind.

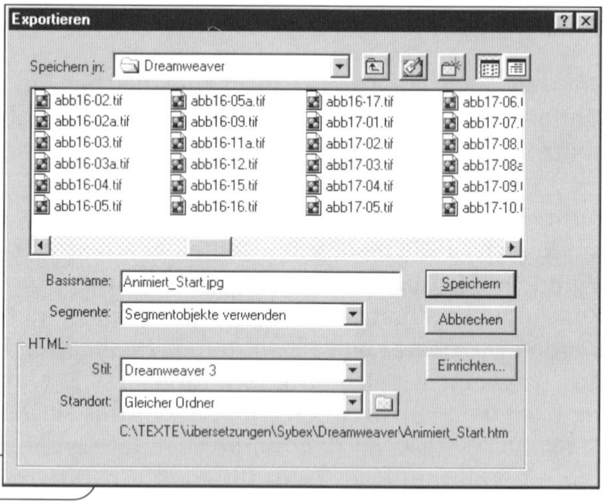

Die *Exportieren*-Dialogbox

Abb. 19.11

Zunächst wählen Sie den Ordner an, in den die Datei exportiert werden soll, und geben einen Dateinamen ein. Dann können Sie die Segment- und HTML-Optionen einstellen, die in den folgenden Abschnitten beschrieben werden. Wenn Sie sämtliche Einstellungen vorgenommen haben, klicken Sie auf die Schaltfläche *Speichern*, um den Vorgang abzuschließen.

Segmentoptionen einstellen

In der Auswahlliste *Segmente* legen Sie fest, wie mit den Segmenten verfahren werden soll. Sie haben vier Optionen:

- *Keine* heißt, dass entweder überhaupt keine Segmente vorhanden sind oder dass Sie möchten, dass die vorhandenen Segmente ignoriert werden sollen und die Grafik als eine einzige Datei exportiert wird.

- *Segmentobjekte verwenden* bedeutet, dass alle Segmente exportiert werden.
- *Segmente entlang Hilfslinien erstellen* exportiert Segmente, die mit Segmenthilfslinien festgelegt wurden.
- *Segmente: Aktiver Frame* ist im Grunde die gleiche Option wie *Segmentobjekte verwenden*, beschränkt aber den Export auf die Segmente des aktuellen Frames.

HTML-Optionen einstellen

Die anderen Einstellungen im Dialogfenster *Exportieren* beziehen sich auf HTML. Die Auswahlliste *Stil* enthält folgende Optionen:

- *Keine* bedeutet, dass das Bild ohne dazugehörigen HTML-Code gespeichert wird.
- *Dreamweaver 2* und *Dreamweaver 3* erzeugen einen HTML-Code, der mit diesen Programmen kompatibel ist.
- *Dreamweaver 3 .lbi* erzeugt einen Code für *Dreamweaver 3*-Bibliotheken.
- *FrontPage* erzeugt einen Microsoft-spezifischen Code für FrontPage.
- *Generic* erzeugt einen Code, der in jeden HTML-Editor eingefügt werden kann.
- *GoLive* passt den HTML-Code den Eigenarten von Adobes wichtigstem HTML-Editor an.

Wenn irgendein anderer HTML-Stil als *Keine* gewählt wird, ist die Auswahlliste *Standort* aktiv. Sie haben die Wahl zwischen folgenden Standorten:

- *Gleicher Ordner* speichert den HTML-Code im gleichen Ordner, in den die Grafik exportiert wird.
- *Eine Stufe nach oben* macht genau das, was die Bezeichnung vermuten lässt: Der HTML-Code wird im übergeordneten Ordner gespeichert.

- *Benutzerdefiniert* gibt Ihnen die Möglichkeit, einen bestimmten Standort anzugeben. Sie können dafür auch die *Durchsuchen*-Schaltfläche anklicken, die sich rechts neben der Auswahlliste befindet.
- *In Zwischenablage kopieren* überträgt den HTML-Code in die Zwischenablage, von wo aus dieser direkt in den HTML Source Code jedes beliebigen Editors eingefügt werden kann.

Batch-Verarbeitung

Wenn Sie viele Dateien verarbeiten müssen, wird die Batch-Verarbeitung von Fireworks aus Ihnen einen glücklichen Menschen machen. Die Batch-Verarbeitung hat zwei Funktionen: Das automatische Suchen und Ersetzen und die automatische Änderung der Exporteinstellungen.

Dateien für die Batch-Verarbeitung festlegen

Um die Batch-Verarbeitung zu starten, wählen Sie den Menübefehl *Datei > Batch-Verarbeitung*. Auf Ihrem Bildschirm erscheint dann das Dialogfenster *Batch-Verarbeitung*, das in Abbildung 19.12 zu sehen ist.

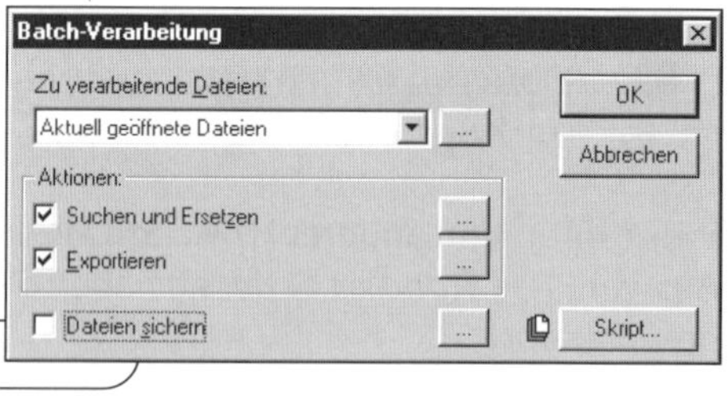

Das Dialogfenster *Batch-Verarbeitung*

Abb. 19.12

In der Auswahlliste *Zu verarbeitende Dateien* wählen Sie die Dateien für die Batch-Verarbeitung aus. Es gibt vier Auswahlmöglichkeiten. Die erste Möglichkeit ist *Aktuell geöffnete Dateien*. Es werden sämtliche Dateien für die Batch-Verarbeitung ausgewählt, die momentan in Fireworks geöffnet sind. Die Auswahlmöglichkeiten 2 und 3 setzen ein wenig logisches Denken voraus. Sie heißen *Projektprotokoll (Alle Dateien)* und *Projektprotokoll (Ausgewählte Dateien)*. Das Problem dabei ist, dass das *Projekt*-Bedienfeld den

Inhalt des Projektprotokolls anzeigt und dass das Projektprotokoll eine Auflistung der Dateien enthält, in denen Sie entweder mit einem *Suchen und Ersetzen*-Befehl oder mit einer Batch-Verarbeitung Änderungen vorgenommen haben. Wenn Sie also diese Optionen zu Beginn wählen, wird sich überhaupt nichts tun, da das Projektprotokoll zunächst ja noch leer ist. Wenn Sie die vierte Option, *Benutzerdefiniert*, anklicken, können Sie eine bestimmte Datei anwählen, was auch mit Hilfe der *Öffnen*-Schaltfläche möglich ist, die sich rechts neben der Auswahlliste befindet.

Batch-Ersetzung

Die *Suchen und Ersetzen*-Funktion von Fireworks wurde bereits in Kapitel 18, *Über den Pfad hinaus*, beschrieben. Das Kontrollfeld vor dem Eintrag *Suchen und Ersetzen* im Dialogfenster *Batch-Verarbeitung* lässt Sie die gleichen Operationen, die Sie mit den Menübefehlen *Bearbeiten > Suchen und Ersetzen* und *Fenster > Suchen und Ersetzen* manuell ausführen, automatisch erledigen.

Wenn Sie die Option *Suchen und Ersetzen* auswählen, zeigt Fireworks das Dialogfenster *Batch-Ersetzung* an, das in Abbildung 19.13 zu sehen ist. (Falls das Kontrollfeld bereits ausgewählt ist, klicken Sie auf die Schaltfläche, die sich rechts neben dem Eintrag *Suchen und Ersetzen* befindet, um das Dialogfenster *Batch-Ersetzung* zu öffnen.)

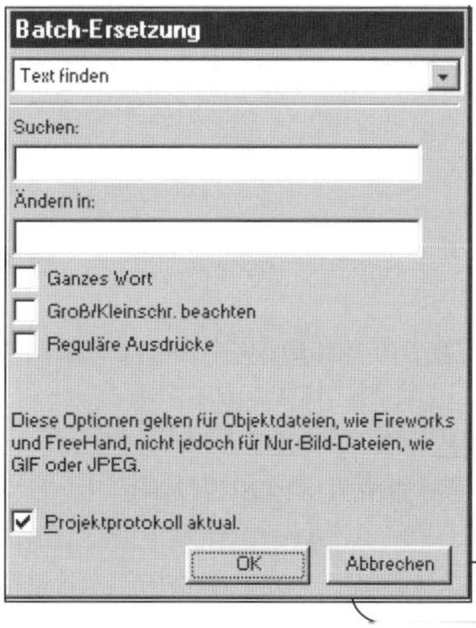

Das Dialogfenster *Batch-Ersetzung*

Abb. 19.13

Füllen Sie die Textfelder *Suchen* und *Ändern in* aus und aktivieren Sie die Kontrollfelder vor den Einträgen *Ganzes Wort, Groß/ Kleinschr. Beachten* und *Reguläre Ausdrücke*, wenn Sie diese Einstellungen benutzen möchten. Klicken Sie dann auf die *OK*-Schaltfläche, um in das Dialogfenster *Batch-Verarbeitung* zurückzukehren.

Wenn Sie Sicherungskopien der veränderten Dateien angelegt haben möchten, aktivieren Sie das Kontrollfeld vor dem Eintrag *Dateien sichern*.

Klicken Sie auf die *Skript*-Schaltfläche, wenn Sie den Batch-Vorgang speichern und später ausführen lassen möchten. Auf Ihrem Bildschirm erscheint dann das Dialogfenster *Speichern unter*. Geben Sie den Ordner *Commands* an (bei einer typischen Windows-Installation finden SIe diesen Ordner unter *C:\Programme\Macromedia\Fireworks 3\Settings\Commands*). Geben Sie dem Skript einen aussagekräftigen Namen (zum Beispiel *Rot durch Blau ersetzen*) und speichern Sie die Skriptdatei.

Tipp

Wenn Sie das Skript im Ordner *Commands* speichern, wird es automatisch den Menüoptionen des *Befehle*-Menüs hinzugefügt. Wenn Sie das Skript dann ausführen lassen möchten, brauchen Sie nichts weiter zu tun, als das *Befehle*-Menü zu öffnen und das Skript dort anzuwählen (indem Sie zum Beispiel den Menübefehl *Befehle > Rot durch Blau ersetzen* wählen). Wenn Sie das Skript dem *Befehle*-Menü nicht hinzufügen möchten, speichern Sie es in einem anderen Ordner und starten es später mit dem Menübefehl *Datei > Skript ausführen*.

Klicken Sie schließlich auf die *OK*-Schaltfläche, um die Batch-Ersetzung zu starten.

Batch-Export

Wenn Sie die Exporteinstellungen für die ausgewählten Dateien ändern möchten, aktivieren Sie im Dialogfenster *Batch-Verarbeitung* das Kontrollfeld vor dem Eintrag *Exportieren*. Auf Ihrem Bildschirm erscheint dann das Dialogfenster *Batch-Export*, das in Abbildung 19.14 zu sehen ist.

Das Dialogfenster *Batch-Export*

Abb. 19.14

Wählen Sie eine Option der Auswahlliste *Exporteinstellungen*. Die Option *Einstellungen aus jeder Datei verwenden* bedeutet, dass nur die *Skalieren*-Option, die später eingestellt wird, Auswirkungen hat. Die Option *Benutzerdefiniert* hat den gleichen Effekt wie ein Klick auf die Schaltfläche, die sich rechts neben der Auswahlliste befindet. Auf beiden Wegen gelangen Sie in das Dialogfenster *Exportvorschau*, in dem Sie weitere Einstellungen vornehmen können. Die restlichen Optionen sind die Standardeinstellungen aus dem Bedienfeld *Optimieren*, zuzüglich aller benutzerdefinierten Einstellungen, die Sie vorher festgelegt haben.

In der Auswahlliste *Dateiname* legen Sie fest, ob der Originalname erhalten bleiben oder ob ein Präfix oder Suffix hinzugefügt werden soll. Wenn Sie sich für eine der beiden letzteren Möglichkeiten entscheiden, müssen Sie im Textfeld, das sich rechts daneben befindet, ein Präfix oder Suffix angeben. (Suffixe kommen vor der Dateierweiterung und haben keinerlei Auswirkungen darauf.)

In der unteren Auswahlliste legen Sie fest, welche Art der Skalierung auf die Dateien der Batch-Verarbeitung angewendet werden soll. Sie haben die Wahl zwischen folgenden Optionen:

- *Keine Skalierung* skaliert überhaupt nicht.
- *Auf Größe skalieren* öffnet zwei Auswahllisten. In der oberen Auswahlliste geben Sie einen Wert für die horizontale Größe, in der unteren einen Wert für die vertikale Größe an. Wählen Sie einen Wert in der Auswahlliste oder geben Sie diesen direkt ein. Wenn Sie proportional skalieren möchten, geben Sie in der einen Auswahlliste

einen Wert ein und wählen in der anderen den Eintrag *Variabel*.

- *Auf Bereich skalieren* öffnet zwei Textfelder mit Schiebereglern. Im oberen Textfeld stellen Sie die maximale Breite, im unteren die maximale Höhe ein. Geben Sie in jedes Textfeld einen Wert ein (oder benutzen Sie dafür die Schieberegler). Während der Batch-Verarbeitung werden die Bilder proportional so skaliert, dass sie in die vorgegebenen Parameter passen.

Tipp

Sowohl die Option *Auf Größe skalieren* als auch die Option *Auf Bereich skalieren* kann zum Erzeugen von Thumbnails benutzt werden. In Kapitel 6 finden Sie Informationen über den Einsatz von Thumbnails.

- *Auf Prozentsatz skalieren* öffnet ein Textfeld mit dazugehörigem Schieberegler. Geben Sie einen Prozentsatz für die Skalierung ein (oder benutzen Sie dafür den Schieberegler).

Mit einem Klick auf die *OK*-Schaltfläche kehren Sie in das Dialogfenster *Batch-Verarbeitung* zurück. In diesem Dialogfenster können Sie das Kontrollfeld vor dem Eintrag *Dateien sichern* aktivieren, wenn Sie Sicherungskopien der geänderten Dateien angelegt haben möchten.

Wenn Sie die Batch-Verarbeitung speichern möchten, um sie zu einem späteren Zeitpunkt noch einmal ausführen zu können, klicken Sie auf die *Skript*-Schaltfläche. Geben Sie im Dialogfenster *Speichern unter* den Ordner an, in dem das Skript gespeichert werden soll, und geben Sie dem Skript einen aussagekräftigen Namen. Wie bereits im vorherigen Abschnitt beschrieben, können Sie das Skript im Ordner *Commands* speichern (bei einer typischen Windows-Installation finden SIe diesen Ordner unter *C:\Programme\Macromedia\Fireworks 3\Settings\Commands*) und dann über das *Befehle*-Menü aufrufen.

Sie starten den Batch-Export mit einem Klick auf die *OK*-Schaltfläche.

Zusammenfassung

In diesem Kapitel ging es um die Import- und Exportfunktionen von Fireworks. Sie haben gelernt, dass Fireworks alle wichtigen Grafikdateiformate importieren und in diese exportieren kann.

Zu Beginn des Kapitels haben Sie den Dateiimport kennen gelernt. Sie können mit dem Menübefehl *Datei > Öffnen* mit einer Datei ein neues Dokument anlegen oder mit den Menübefehlen *Datei > Importieren* und *Einfügen > Bild* eine Grafik aus einer Datei in ein vorhandenes Fireworks-Dokument einfügen. Das Gleiche lässt sich in der Regel auch per Drag & Drop und Kopieren und Einfügen bewerkstelligen. Sie haben außerdem gelernt, dass Sie Voreinstellungen für den Import von Photoshop-Dateien vornehmen können, indem Sie den Menübefehl *Datei > Voreinstellungen* wählen und auf das Register *Importieren* klicken.

Dann wurde das Thema Bildsegmentierung behandelt. Bei der Segmentierung wird eine Grafik in mehrere Dateien unterteilt, die schneller als das Originalbild geladen werden können. Sie können Segmente mit dem Segmentierwerkzeug und dem Werkzeug *Polygonsegmentierung* zeichnen oder diese mit dem Menübefehl *Einfügen > Segment* einfügen. Ist dies geschehen, benutzen Sie die Optionen des Bedienfelds *Optimieren*, um Ihre Segmente zu optimieren.

Das nächste Thema war der Dateiexport. Der *Exportassistent* (*Datei > Exportassistent*) macht es Ihnen leicht, Grafiken für die Verwendung im Web oder für die Weiterverarbeitung mit bestimmten anderen Programmen zu optimieren. Im Dialogfenster *Exportieren* finden Sie Optionen für die Optimierung von Segmenten und die Festlegung von HTML-Stilen.

Am Ende des Kapitels ging es um die Batch-Verarbeitung, die Sie für das automatische Suchen und Ersetzen und die automatische Änderung der Exporteinstellungen einsetzen können. Um die Batch-Verarbeitung zu starten, benutzen Sie den Menübefehl *Datei > Batch-Verarbeitung*.

Mit diesem Kapitel enden nicht nur die Ausführungen zu Fireworks, es ist auch das letzte Kapitel dieses Buchs. Alles weitere ist eine Frage der Routine, die Sie nach und nach bei der Arbeit mit Dreamweaver und Fireworks bekommen werden. Es sind beides hervorragende Programme, die es sich zu beherrschen lohnt.

Projekt 5: Testen Sie Ihr Webangebot

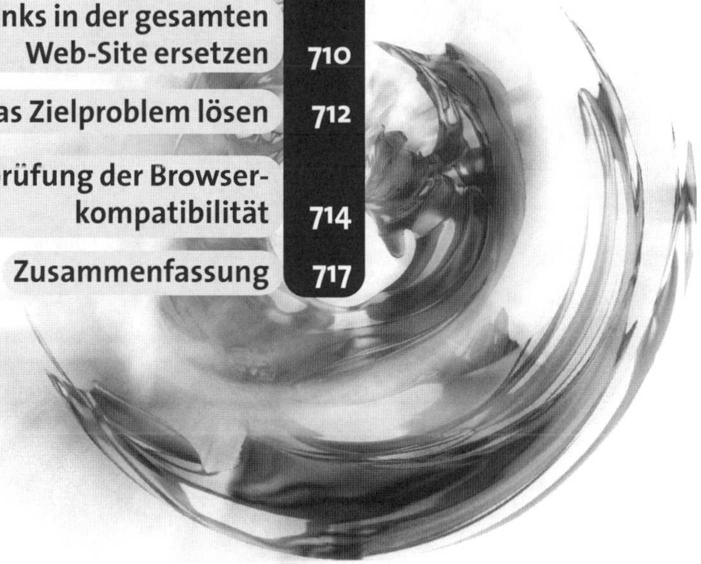

Jetzt ist es an der Zeit, dass Sie Ihr Webangebot testen und auf Herz und Nieren prüfen. Sie haben nun genügend Beispieldateien und Objekte angelegt, aber nicht so viele, dass es schwierig und zeitaufwendig wäre Änderungen vorzunehmen. In diesem Projekt benutzen Sie die Funktionen von Dreamweaver zum Auffinden fehlerhafter Links und verwaister Dateien sowie zum Ersetzen einiger HTML-Tags Ihrer Web-Site und überprüfen die Browserkompatibilität Ihrer Web-Seiten.

Lassen Sie sich eine Site-Map anzeigen

Um Problemen mit Ihrer Web-Site auf die Spur zu kommen, arbeiten Sie mit dem *Site*-Fenster von Dreamweaver. Öffnen Sie zunächst das *Site*-Fenster und lassen Sie sich eine Site-Map anzeigen.

1. Drücken Sie im Dokumentfenster von Dreamweaver die Tastenkombination Strg + F5 (Mac-Benutzer drücken Command + F5), um das *Site*-Fenster zu öffnen.

2. Wählen Sie in der Auflistung des Listenfelds *Site-Name* den Eintrag *Glendale*.

3. Falls Ihre Site-Map nicht wie in Abbildung 1 zu sehen ist, wählen Sie den Menübefehl *Fenster > Site-Map*.

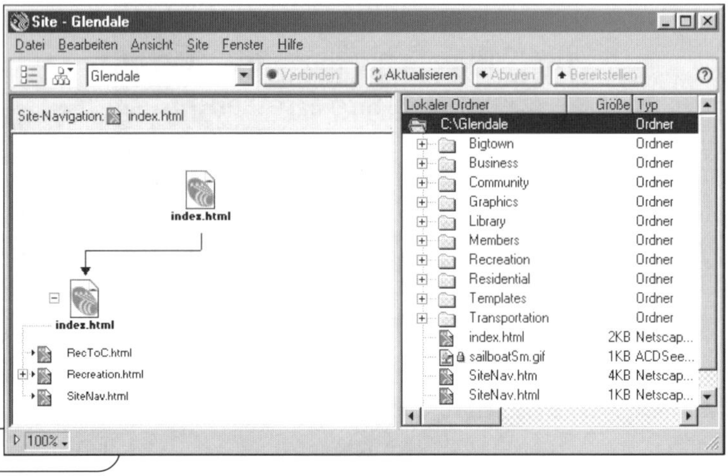

Die Site-Map im *Site*-Fenster

Abb. 1

Falls Ihnen Dreamweaver meldet, dass Sie noch keine Homepage angegeben haben, die für die Anzeige der Site-Map notwendig ist, gehen Sie folgendermaßen vor:

1. Wählen Sie den Menübefehl *Site > Sites definieren*. Markieren Sie dann in der Auflistung *Sites definieren* den Eintrag *Glendale* und klicken Sie auf die Schaltfläche *Bearbeiten*.
2. Markieren Sie nun in der Auflistung *Kategorie* des Dialogfensters *Sites definieren* den Eintrag *Sitemap-Layout*.
3. Klicken Sie im Dialogfenster *Sitemap-Layout* auf die *Ordner*-Schaltfläche, die sich rechts neben dem Textfeld *Homepage* befindet, und wählen Sie den Ordner *Glendale* an. Klicken Sie doppelt auf die Datei *index.html*.
4. Klicken Sie im Dialogfenster *Sites definieren* zunächst auf die *OK*- und dann auf die *Fertig*-Schaltfläche.
5. Drücken Sie im *Site*-Fenster die Tastenkombination Strg + F5 (Mac-Benutzer drücken Command + F5), um sich die Site-Map anzeigen zu lassen.

Fehlerhafte Links aufspüren und reparieren

In nur zwei Ordnern Ihrer Web-Site befinden sich tatsächlich Informationen (in den Ordnern *Community* und *Recreation*), und nur einer dieser beiden Ordner enthält das Frameset, das Sie in allen Bereichen benutzen möchten. Es gibt also mehrere leere Ordner, was zu vielen Problemen führen kann. Zu diesen Problemen gehören zum Beispiel fehlerhafte (oder „tote“) Hyperlinks und verwaiste Dateien. Dreamweaver stellt Ihnen Funktionen zur Verfügung, mit deren Hilfe Sie diese Probleme erkennen und lösen können.

Fehlerprüfung mit dem Hyperlink-Prüfer

Obwohl Web-Server automatisch eine *index.html*-Datei zur Verfügung stellen, wenn ein Browseranruf nur einen Verzeichnisnamen enthält, erkennt Dreamweaver Hyperlinks auf ein Verzeichnis nicht als gültige Aufrufe an. Die *Glendale*-Site hat jedoch zwei Verzeichnisse, die tatsächlich *index.html*-Dateien enthalten, so dass Sie diese Hyperlinks reparieren können. Sie benutzen dafür den Hyperlink-Prüfer von Dreamweaver.

1. Drücken Sie im *Site*-Fenster die Tastenkombination Strg + F8 (Mac-Benutzer drücken Command + F8). Dreamweaver überprüft die Web-Site und zeigt Ihnen dann das Dialogfenster *Hyperlink-Prüfer* an, das in Abbildung 2 zu sehen ist.

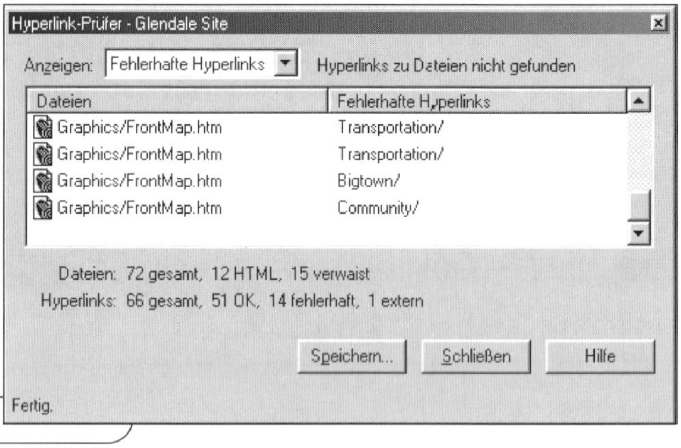

Der *Hyperlink-Prüfer* findet diverse fehlende Hyperlinks in der Glendale-Site

Abb. 2

2. Bewegen Sie im Dialogfenster *Hyperlink-Prüfer* den Rollbalken der Auswahlliste *Fehlerhafte Hyperlinks*, um zum Anfang der Auflistung zu gelangen. Die ersten Dateien der Liste gehören zur Hauptindexseite, die die Image Map enthält.

3. Klicken Sie doppelt auf den ersten Eintrag, der einen Verweis auf die *index.html*-Datei enthält. Dreamweaver öffnet das Dokument und den dazugehörigen Eigenschaftsinspektor. Wenn Sie F10 drücken, wird Ihnen der beanstandete Code im Inspektor *HTML-Quelle* angezeigt (vgl. Abbildung 3).

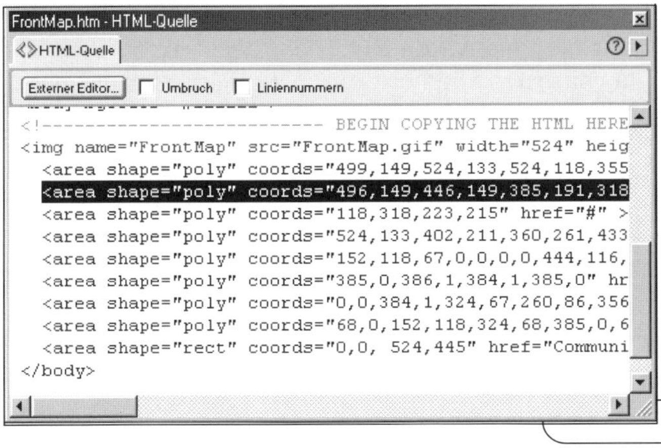

Der Inspektor *HTML-Quelle* zeigt den beanstandeten HTML-Code an

Abb. 3

4 Um angezeigt zu bekommen, wo sich die anderen fehlerhaften Hyperlinks dieser Datei befinden, klicken Sie doppelt auf jeden Eintrag, der auf die Datei *index.html* verweist. Einige der fehlerhaften Verknüpfungen sind im Mapping-Code.

5 Scrollen Sie die Auflistung des Dialogfensters *Hyperlink-Prüfer* und klicken Sie auf den *index.html*-Dateinamen, der den fehlerhaften Hyperlink auf den Ordner *Recreation* enthält. Der Eintrag wird markiert und rechts daneben erscheint eine *Ordner*-Schaltfläche. Klicken Sie auf den *Recreation*-Eintrag in der Liste *Fehlerhafte Verknüpfungen*.

6 Klicken Sie nun auf die *Ordner*-Schaltfläche. Auf Ihrem Bildschirm erscheint ein Standarddialogfenster zum Auswählen von Dateien. Falls der *Recreation*-Ordner nicht angezeigt wird, wählen Sie ihn an.

7 Klicken Sie doppelt auf den Dateieintrag *index.html*. Das Dialogfenster *Hyperlink-Prüfer* erscheint und zeigt Ihnen die Datei *Recreation/index.html*.

8 Klicken Sie auf die Schaltfläche *Speichern*. Dreamweaver zeigt Ihnen ein weiteres Dialogfenster und fragt nach, ob Sie auch andere fehlerhafte Verknüpfungen auf diese Datei reparieren möchten.

9. Klicken Sie auf die *Ja*-Schaltfläche. Dreamweaver ersetzt fast alle fehlerhaften *Recreation*-Hyperlinks der Web-Site (im nächsten Abschnitt kümmern Sie sich um die fehlerhaften Hyperlinks, die nicht repariert werden), entfernt sie aus der Liste *Fehlerhafte Verknüpfungen* und aktualisiert dann das Dialogfenster *Fehlerhafte Verknüpfungen*.

10. Klicken Sie im Dialogfenster *Hyperlink-Prüfer* auf die Schaltfläche *Schließen*.

11. Klicken Sie auf das Dokumentfenster *index.html* und speichern und schließen Sie es.

Hyperlinks in der gesamten Web-Site ersetzen

Die wichtigsten Ausnahmen bei der automatischen Ersetzung, die vom Hyperlink-Prüfer erledigt wird, betreffen die Aufrufe der Mapping-Grafik, die in der *index.html*-Datei benutzt werden, und die in der Datei *FrontMap.htm* wiederholt werden, die mit Fireworks erstellt wurde. Um dieses Problem zu beheben, benutzen Sie die *Suchen und Ersetzen*-Funktion von Dreamweaver.

1. Drücken Sie im *Site*-Fenster die Tastenkombination Strg + H (Mac-Benutzer drücken Command + H). Auf Ihrem Bildschirm erscheint das Dialogfenster *Ersetzen*.

2. Geben Sie in das Dialogfenster folgende Informationen ein (vgl. Abbildung 4):

Option	Wert
Suchen in	*Aktuelle Site*
Suchen nach	*Tag* (im linken Listenfeld) *Area* (im rechten Listenfeld)
+	*Mit Attribut* (im linken Listenfeld) *Href* (im zweiten Listenfeld von links) = (im zweiten Listenfeld von rechts) *Recreation/|../ Recreation/* (wird in das rechte Textfeld eingegeben)

Option	Wert
Aktion	*Attribut einstellen* (im ersten Listenfeld) *Href* (im zweiten Listenfeld)
In	*Recreation/index.html*
Groß-/Kleinschreibung beachten	Nicht aktiviert
Reguläre Ausdrücke verwenden	Aktiviert

Tipp

Der Textausdruck, den Sie in das vierte Textfeld eingeben, **Recreation/|../Recreation/**, enthält das Pipe-Zeichen. Das Pipe-Zeichen ist eine reguläre Funktionsanweisung, die Dreamweaver anweist, sowohl den Ausdruck zu suchen, der sich vor dem Pipe-Zeichen befindet (*Recreation/*), als auch den dahinter befindlichen (*../Recreation/*). Sie geben das Pipe-Zeichen mit Hilfe der Tastenkombination [Alt Gr] + [<] ein.

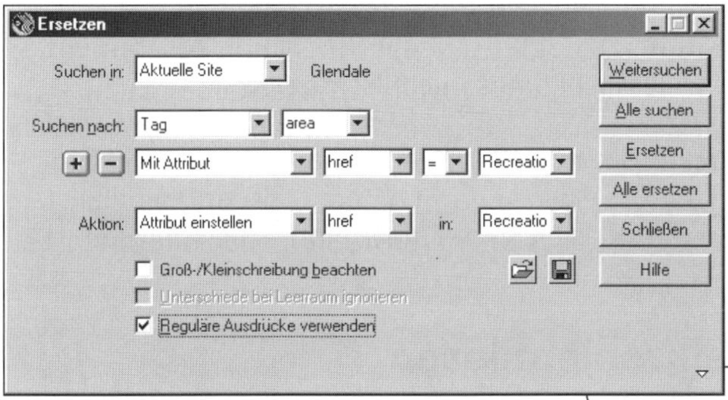

Das Dialogfenster *Ersetzen* mit den Angaben für das Ersetzen der Hyperlinks

Abb. 4

3 Klicken Sie auf die Schaltfläche *Alle suchen*. Es erscheint ein Dialogfenster, das Ihnen eine Zusammenfassung des Suchergebnisses zeigt. Klicken Sie auf die *OK*-Schaltfläche. Das *Ersetzen*-Dialogfenster wird erweitert und zeigt Ihnen das Suchergebnis an (vgl. Abbildung 5).

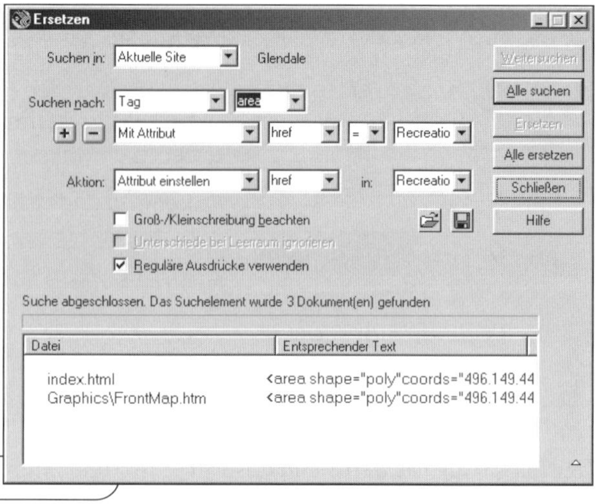

Das Suchergebnis

Abb. 5

4 Klicken Sie auf die Schaltfläche *Alle ersetzen*. Dreamweaver meldet Ihnen, dass der Vorgang in Dokumenten, die nicht geöffnet sind, nicht rückgängig gemacht werden kann.

5 Klicken Sie auf die *Ja*-Schaltfläche, um zu bestätigen, dass alle Fundstellen ersetzt werden sollen. Es erscheint ein weiteres Dialogfenster, das Ihnen eine Zusammenfassung des Ersetzungsergebnisses zeigt.

6 Klicken Sie auf die *OK*-Schaltfläche. Die Ersetzungsergebnisse erscheinen im unteren Teil des Dialogfensters *Ersetzen*. Klicken Sie auf die Schaltfläche *Schließen*.

Das Zielproblem lösen

Ein anderes Problem beim momentanen Stand der Web-Site, sehen Sie, wenn Sie mit Ihrem Browser die Datei *Recreation/index.html* öffnen: Sämtliche Hyperlinks öffnen sich im aktuellen Frame und nicht im Browserfenster. Sie müssen bei allen Links Ihrer Web-Site ein Target-Attribut hinzufügen, damit eine neue Seite in das Browserfenster geladen wird. Zum Glück lässt sich dieses Problem mit der *Suchen und Ersetzen*-Funktion von Dreamweaver sehr einfach lösen.

1. Drücken Sie im *Site*-Fenster die Tastenkombination [Strg] + [H] (Mac-Benutzer drücken Command + [H]). Auf Ihrem Bildschirm erscheint das Dialogfenster *Ersetzen*.

2. Geben Sie in das Dialogfenster folgende Informationen ein:

Option	Wert
Suchen in	*Aktuelle Site*
Suchen nach	*tag* (im linken Listenfeld) *a* (im rechten Listenfeld)
+	*Mit Attribut* (im linken Listenfeld) *Href* (im zweiten Listenfeld) = (im dritten Listenfeld) *[any value]* (im vierten Listenfeld)
Aktion	*Attribut einstellen* (im ersten Listenfeld) *Target* (im zweiten Listenfeld)
In	_top
Groß-/Kleinschreibung beachten	Nicht aktiviert
Unterschiede beim Leerraum ignorieren	Aktiviert
Reguläre Ausdrücke verwenden	Nicht aktiviert

3. Klicken Sie auf die Schaltfläche *Alle suchen*. Dreamweaver meldet Ihnen, dass der Vorgang in Dokumenten, die nicht geöffnet sind, nicht rückgängig gemacht werden kann. Klicken Sie auf die *Ja*-Schaltfläche, um zu bestätigen, dass alle Fundstellen ersetzt werden sollen.

4. Auf Ihrem Bildschirm erscheint das Dialogfenster *Ersetzungsfehler*, das Ihnen anzeigt, dass das Ersetzen des Tags in der Datei *Recreation\Recreation.html* einen ge-

schützten Bereich einer Datei geändert hätte, die eine Vorlage verwendet. Diese Meldung bezieht sich auf das Bibliothekselement der Navigationsleiste, das Sie im dritten Projekt angelegt und angewendet haben. Die *Ersetzen*-Funktion hat das Bibliothekselement verändert. Alles, was Sie jetzt noch tun müssen, ist, die Datei zu aktualisieren.

5. Klicken Sie auf die *OK*-Schaltfläche, um das Dialogfenster *Ersetzungsfehler* zu schließen. Klicken Sie auf die *OK*-Schaltfläche, um das Hinweisfenster mit dem Suchergebnis zu schließen. Klicken Sie dann auf die Schaltfläche *Schließen*, um das Dialogfenster *Ersetzen* zu schließen.

6. Klicken Sie im Site-Fenster doppelt auf die Datei *Recreation/Recreation.html*, um diese in einem Dokumentfenster zu öffnen.

7. Wählen Sie im Dokumentfenster *Recreation.html* den Menübefehl *Ändern > Vorlagen > Aktuelle Seite aktualisieren*.

8. Schließen Sie *Recreation.html* und klicken Sie auf die *Ja*-Schaltfläche, um die Änderungen zu speichern.

Überprüfung der Browserkompatibilität

Sie müssen Ihre Web-Seiten auch auf ihre Kompatibilität zu unterschiedlichen Browsern prüfen, schließlich sind die Browser ja die Schnittstelle zwischen Ihrer Web-Site und deren Besuchern. Sie haben sich dafür entschieden, die Web-Site für die Versionen 3 und höher der beiden beliebtesten Browser, dem Netscape Navigator und dem Internet Explorer, zu entwickeln.

1. Markieren Sie in der Auswahlliste *Lokale Ordner* des *Site*-Fensters den Ordner *Glendale*.

2. Wählen Sie den Menübefehl *Datei > Ziel-Browser überprüfen*. Auf Ihrem Bildschirm erscheint das Dialogfenster *Ziel-Browser überprüfen*.

3 Halten Sie die Strg-Taste gedrückt (Mac-Benutzer drücken die Command-Taste) und markieren Sie im Dialogfenster *Ziel-Browser überrpüfen* folgende Einträge (vgl. Abbildung 6):

- Microsoft Internet Explorer 3.0
- Microsoft Internet Explorer 4.0
- Microsoft Internet Explorer 5.0
- Netscape Navigator 3.0
- *Netscape Navigator 4.0*

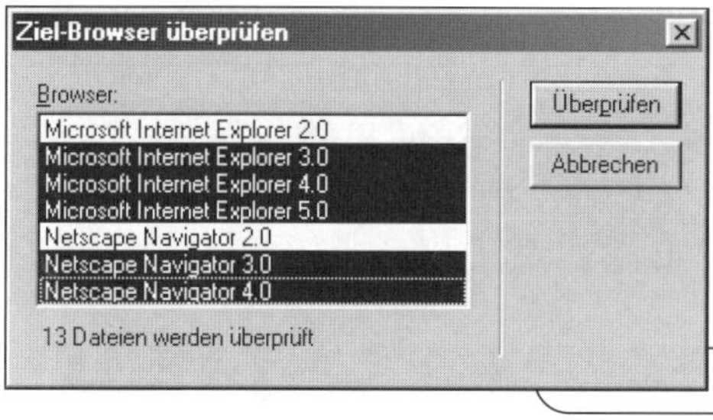

Die Auswahl der Zielbrowser

Abb. 6

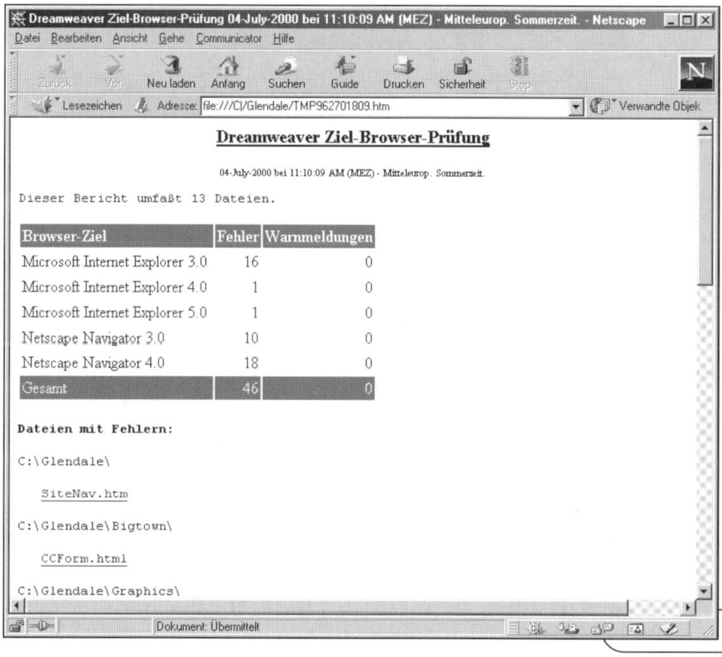

Der Prüfbericht im Browserfenster des Netscape Navigators

Abb. 7

4 Klicken Sie auf die Schaltfläche *Überprüfen*. Nach der Überprüfung der Site-Dateien, wird Ihnen in Ihrem Standardbrowser ein Bericht angezeigt (vgl. Abbildung 7).

Der Bericht beginnt mit einer Zusammenfassung der Fehler, die in den Dateien gefunden wurden. Es folgt eine Auflistung der Dateien mit Fehlern. Die Dateinamen sind mit den Fehlerspezifikationen verlinkt, wie in Abbildung 8 zu sehen ist.

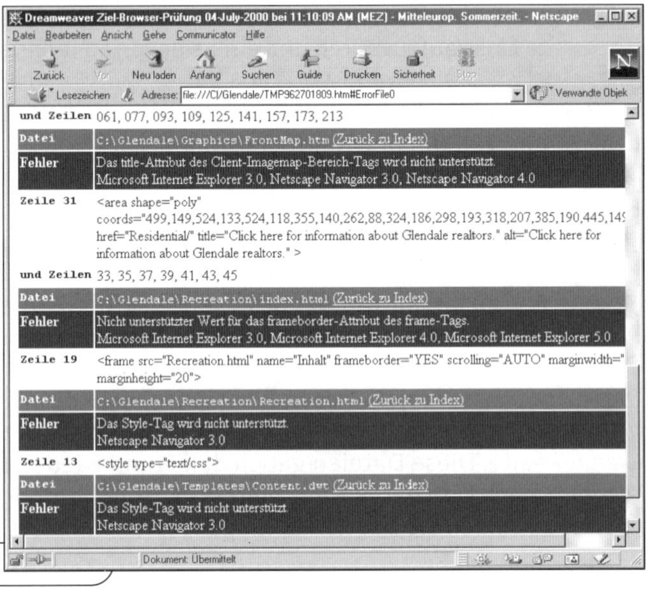

Die Fehlerspezifikationen der Zielbrowserprüfung

Abb. 8

Die meisten Fehler werden den Besuchern der *Glendale*-Site kaum auffallen. Der schwerwiegendste Fehler beispielsweise, der in der Auflistung erscheint, ist, dass das *onMouseOut*-Attribut des Hyperlink Anchor-Tags nicht vom Microsoft Internet Explorer 3.0 unterstützt wird. Dies bedeutet, dass Besucher, die den Internet Explorer 3.0 benutzen, kein komplettes Image-Rollover angezeigt bekommen, wenn sie den Mauszeiger über die Navigationsschaltflächen bewegen.

Andere Fehlermeldungen zeigen an, dass Benutzer des Internet Explorers 3 Frameborders angezeigt bekommen und keine Titel in der Image Map sehen. Benutzer des Netscape Navigators 3 werden die CSS-Stile nicht sehen, die Sie den Überschriften der

Inhaltsseite *Recreation* zugewiesen haben. Keiner dieser Fehler hindert jedoch die Besucher daran, sich die Inhalte der Seiten anzusehen oder durch die komplette Web-Site zu navigieren.

Zusammenfassung

In diesem Projekt haben Sie aus dem *Site*-Fenster von Dreamweaver heraus Ihre Web-Site auf Fehler geprüft und diese beseitigt. Sie haben dabei folgende Aufgaben erledigt:

- Sie haben den *Hyperlink-Prüfer* eingesetzt, um fehlerhafte Links aufzuspüren und einige davon zu reparieren.
- Sie haben die *Ersetzen*-Funktion von Dreamweaver eingesetzt, um bestimmte HTML-Tags der Site zu finden und zu ersetzen.
- Sie haben die Funktion *Ziel-Browser überprüfen* eingesetzt, um einen Bericht über die HTML-Elemente anfertigen zu lassen, die von bestimmten Browserversionen nicht erkannt werden.

Dies ist das letzte Projekt dieses Buchs. Auf der CD, die dem Buch beiliegt, finden Sie im Ordner *Projekte* eine Kopie der Dateien der *Glendale*-Site. Diese Dateien geben den Stand wieder, den die Web-Site nach Durcharbeitung aller sechs Projekte erreicht hat. Auf der CD finden Sie also keine fertige Web-Site.

Nun haben Sie genügend Erfahrungen gesammelt, um Ihre eigene Web-Site zu gestalten, auch wenn Sie vielleicht noch ein paar zusätzliche *Glendale*-Seiten erstellen sollten, um noch mehr Praxis zu bekommen. Sie könnten sich zum Beispiel noch einmal die ersten Projekte vornehmen und ein *index.html*-Frameset, einige Inhaltsseiten und eine Inhaltstabelle für den Bereich *BigTown* anlegen. Sie können dafür noch einmal den Text und die Bilder des Bereichs *Recreation* verwenden oder aber mit Dreamweaver und Fireworks eigene Texte und Bilder erstellen.

Stichwortverzeichnis

F

G

H

I

J

K

L

Q

R

S

T

U

W

Z